U0691894

记忆百年中国

BAINIAN ZHONGGUO

钟文 —编

我所知道的 蒋介石

中国文史出版社

图书在版编目（CIP）数据

我所知道的蒋介石 / 钟文编 . -- 北京：中国文史
出版社 , 2020.8
（百年中国记忆）
ISBN 978-7-5205-2196-3

Ⅰ . ①我… Ⅱ . ①钟… Ⅲ . ①蒋介石（1887-1975）
—传记 Ⅳ . ① K827=7

中国版本图书馆 CIP 数据核字（2020）第 157488 号

责任编辑：胡福星

出版发行：**中国文史出版社**
社　　址：北京市海淀区西八里庄 69 号院　邮编：100142
电　　话：010-81136606　81136602　81136603（发行部）
传　　真：010-81136655
印　　装：北京新华印刷有限公司
经　　销：全国新华书店
开　　本：16 开
印　　张：38.75　字数：555 千字
版　　次：2021 年 1 月北京第 1 版
印　　次：2021 年 1 月第 1 次印刷
定　　价：98.00 元

文史版图书，版权所有，侵权必究。
文史版图书，印装错误可与发行部联系退换。

百年中国记忆书系

总策划、主编

刘未鸣

副主编

唐柳成　张剑荆　段　敏

百年中国记忆之民国政要丛书

主　编

张剑荆　段　敏

责任编辑

（按姓氏笔画排序）

刘　夏　胡福星　梁玉梅　窦忠如　戴小璇

出版说明

本书是在2003年出版的《我所知道的蒋介石》一书基础上，重新进行收集整理和编排，内容更加充实，囊括了人民政协征集的"文史资料选辑"和"文史资料存稿选编"中所有关于蒋介石的"亲历、亲见、亲闻"史料，最终收录的文字量比2003版多了一倍多。

因蒋介石作为重要的历史人物，参与了大量的历史事件，其间的关系错综复杂，难以彻底划清，在编排方面全书按不同的标准分为五章：第一、第二、第五章按时间顺序，基本覆盖了蒋介石从登上政治舞台到失败的全过程；第三章讲述派系纷争、第四章着眼于日常小事，时间跨度较大，因此单独成章。

本书所收录的文章，角度各有不同，细节丰富，对于读者更好地认识蒋介石本人及其代表的国民党政府，有一定参考价值。有一些细节因年代久远无从具体考证，仅属参考。欢迎读者批评指正。

CONTENTS 目 录

第3章　派系纷争

第4章　亲随眼中的蒋介石

第 5 章　大打内战的总统与黯然落幕

第1章　从溪口到南京

蒋介石在溪口

张明镐

蒋介石统治旧中国二十多年的历史事实，几乎妇孺皆知，但关于蒋介石在家乡奉化溪口的有关情况，以及蒋氏门中的秘史，外界虽有一些传说，却多是语焉不详。我于1924年毕业于日本东京高等师范学校，1928年10月，蒋介石要办武岭学校，委我当了武岭学校校长，因而我和蒋家一班"皇亲国戚"，如蒋介卿、孙琴风、宋周运等交往频繁。兼之我又是奉化人，对蒋介石的家史及其行为略有所知。现就记忆所及，提供一些资料，作为整理蒋介石史料的一点参考。

为了充实资料，我还访问了全国政协委员毛懋卿、奉化九六老人孙表卿，承他们不厌其详地加以补充。

蒋氏先系及其家族

一、蒋氏先系之谜

溪口是奉化北乡一个商业发达的市镇，地处四明山南麓，那里的居民以蒋、周、毛、任四大姓为最多，约占全镇人口百分之八十。四姓之中，蒋姓尤多。

溪口蒋姓分支甚多，蒋介石的族派里奉一出家的和尚为太公。相传南梁时，奉化有蒋宗霸者，常与岳林寺的游方僧号布袋和尚者为友。蒋宗霸笃信佛教，布袋和尚教他常念"摩诃般若波罗蜜多"为日课，乡人遂称蒋宗霸为摩诃居士。这个摩诃居士后来弃家出走，拜布袋和尚为师，在宁波东乡小盘山上筑庵静修，死后就葬在小盘山上弥陀寺旁。蒋宗霸有兄弟二人，他是老二，所以溪口蒋姓家族的子孙都知道小盘山有所谓"摩诃太公"的坟墓，每年清明时节例须前往祭扫。

蒋氏在溪口发族始于何时？祖先究从何处迁来？这一问题，蒋姓子孙向有不同的说法，从来没有过定论。在宗法社会中，这本来是一件平常的事。蒋介石坐上了"民国皇帝"这个宝座后，效法封建帝皇修谱耀宗，对此颇加重视。蒋氏历代沿传下来的家谱记载就有两种说法：一说溪口蒋姓是从江苏宜兴迁来的；另一说是从宁波城里迁来的。1947年下半年，蒋介石要重修家谱，派他的秘书沙文若去进行。沙文若两次派人到宜兴多方探查蒋氏祖宗遗迹，据回报认为查无实据，难资凭信。次年，蒋介石自知政治命运不长，迫不及待地派沙文若去复查，限期三个月查清，重修家谱。沙文若以时间太迫，面有难色，蒋才宽限至六个月完成。

修谱工作，名义上由吴稚晖、陈布雷两人为正副"大总裁"，实际是由沙文若负全责。沙于1947年由京来甬，找到他的朋友冯孟颛、朱赞卿、杨菊庭三人从旁协助，并向各人赠送蒋介石签名题款的照片一帧，以示"宠待"。于是经过初步商讨，由朱赞卿提供地方志和各姓家谱一类的藏书作参考，冯孟颛拟定修谱条例，杨菊庭写文章考证蒋氏始祖的来历。沙文若自己带着两个帮手去到宜兴遍找当地蒋姓旧谱，一一查对考稽，找不出奉化蒋氏始祖来自宜兴的根据。后来杨菊庭根据蒋氏旧谱内来自宁波的一说，言明为四明的"竹湖蒋氏"，他便在这"竹湖"两字上大做文章，从清初全谢山所著《湖语》一书里找出"腰带湖即古之竹湖"这一说法。他又从《四明谈助》里查到：北宋时，有个金紫光禄大夫蒋浚明，生有二子，二人同年中进士。蒋浚明的老师奉稷就命名其家第为莲桂坊，从此竹湖就以莲桂坊而得名。而蒋浚明原籍奉化，杨菊庭以此为据，作了一篇

《莲桂坊蒋氏考》，证明北宋时代的蒋浚明为溪口蒋姓的祖宗。

蒋介石这次重修宗谱，追溯先系，巴不得找出一两个有地位的祖先，用以煊耀门楣，所以看了《莲桂坊蒋氏考》，便大为赏识，急命吴稚晖撰文镌碑，在宁波白水巷蒋氏宗祠（即莲坊街蒋家祠堂）前立石作传，奉蒋浚明为蒋氏祖宗。沙文若另撰《先系考》一文，与《莲桂坊蒋氏考》均附载于新修的蒋氏宗谱中。

二、蒋介石父兄的身世

其实，蒋介石的祖宗是谁，已属渺不可稽，姑妄言之，不能作为史实依据。溪口老年人中，尚知蒋介石的祖父蒋玉表，贩盐出身，到了晚年就在镇上开设玉泰盐铺，先以酿酒贩盐为主要业务，以后逐渐扩大营业范围，兼营食米、菜饼及石灰等项。这家盐铺传到蒋介石父亲蒋明火（字肃庵）手中，业务达到顶点，与溪口大地主毛颖甫（绍遂）所开设的太昌盐酒店及离溪口十里肖镇孙昭水开设的永兴行是同业，三人互相勾结，关系搞得很好。他们除自己酿酒外，盐和石灰两项，均须至外地采办。盐是从余姚和宁波运来；石灰产自富阳。蒋明火因为经常要到外地去办货，便委托葛竹人王贤东掌管店务，兼任司账。

蒋明火原配徐氏，1874年生女名瑞春，嫁与任宋村宋周运为妻；1877年生子名周康，字介卿，号锡侯。徐氏死后，蒋明火续娶肖镇孙姓女为继室。孙氏无所出，寻亡。旋由其店中多年当手王贤东作媒，聘娶王的堂妹再嫁妇王采玉为填房，她就是蒋介石的生母。

王氏生二子二女：1887年生长男名瑞元（即蒋介石，阴历九月十五日生）；越三年，生长女，名瑞莲，嫁给后竺村竺芝珊为妻；又过三年，生次女名瑞菊，出生不数月即夭亡；瑞菊死后过三年而生次男瑞青，养到三岁又死了。奉化旧俗，富裕人家对未成婚的子女死后，父母仍须与他们凭媒聘娶，名为"阴配"。会有当地开设南货号王永泰的主人有女新亡，两家门当户对，就以王氏女嫁给瑞青阴配为妻，也算结了一门儿女亲家。

1895年，蒋介石九岁（虚岁，下同）时，他的父亲蒋明火染时疫暴卒，玉泰号店务由其异母兄蒋介卿掌管。蒋介卿年十九岁，娶妻单氏，兄弟分家而居。玉泰号及外面放出的账款，均归蒋介卿。王氏及其亲子介石，分得老宅三间楼房，小溪岙法华庵田地三十余亩和一片竹山。蒋介卿是不信佛教的。有一次奉化岳林寺和尚来化缘，适介卿与人雀战失利，回头看到身边有一僧人驻足旁观，认为和尚是"空门"，就迁怒于他，怒而打了和尚秃头一下。王氏与之争吵，从此母子间感情失和。后来蒋介石在《哭母》一文中有"内弭阋墙之祸"这样的字句，即隐指兄弟分家、母子失和这件事而言。

蒋介卿出身虽为廪生，实际不学无术，是个十足的草包子、糊涂虫。他性情暴躁，仗势欺人，闻名闾里。他平生有三种爱好：一好嫖妓，二好骂人，三好赌博。自父亲去世后，接管玉泰号当了大老板，终日在店内邀集一班同业友好，打麻将取乐。有时他输了钱，与人发生争执，动辄就打别人耳光。溪口人多知他有蛮横不讲理的粗暴作风。1921年春，由蒋介石推荐，他曾出任广东省英德县知事，带了同乡俞飞鹏去接任。他在英德县长任内，胡乱治事，声名狼藉，不久就被撤职。新任县长前往接替时，发现县内库存欠亏，省府要扣押蒋介卿，经蒋介石去电缓颊，大意说"关于蒋介卿移交时所欠款项，概由本人负责，准其交卸回籍"。从此他便回到奉化溪口闲居。直到1927年时，蒋介石在上海大华饭店与宋美龄结婚，蒋介卿以家长身份主持婚礼，宋美龄知他赋闲家居，介绍他出任浙海关监督。浙海关监督官俸每月三百六十元，管辖镇海、象山、慈溪海门等十三个常关（后缩编为十一个），每个常关例须向监督"孝敬"，每月一百元至三百元，视关卡大小而定。蒋介卿于1928年5月1日上任，至1930年春，以其营私中饱之所入，在宁波城内九曲巷购置精美住宅一所。此人好色如命，先纳妓女程爱卿为妾，同居一年余离去，后又纳妓柯姓女。蒋介卿在浙海关监督任内，仗乃弟势力，兼任浙省府委员。1933年春，浙海关将十一个常关划归通税局管理，内部人事略予压缩，成为一个清闲的衙门。蒋介卿在宁波买屋纳妓，声名很坏，蒋介石也觉得有碍他的"政誉"，会有镇海贵驷桥人刘灏（曾任黄埔军校教育长）因患神经衰弱症不堪军职重任，蒋着其于1935年7月接替浙海关监督，仍保留蒋介卿为浙省府委员职位。当刘灏奉命前来接任时，蒋介卿怕办移交，对其亲信秘书忻葭昌说："老忻，不瞒你说，我生平最怕的是办移交，这事全仗你偏劳了。"忻如命整理公事账册，草草了事。蒋介卿卸任后，宋美龄一度想叫他做上海江海关监督，而蒋介石怕乃兄在官场出丑，对蒋介卿说："此事暂缓进行。"以后就没有下文了。蒋介石在经济上尽量供乃兄挥霍享用，却不愿放他去做大官。此后蒋介卿就一直在溪口作威作福，成为当地的土皇帝。

1936年12月，西安事变突然爆发，消息传到溪口。那天蒋介卿适在任家吃进谱酒，他是修谱的大总裁，正当高踞上座，举杯畅饮之时，忽闻乃弟介石被扣消息，惊慌失措，立即掷杯罢宴，回到家中，就一病不起。蒋介石从西安被放回南京时，蒋介卿病势已沉重，其女华秀打电报向蒋介石陈述病况，蒋复电说："昨日接到华秀电，长兄有病，在家静养，派人送参。"次日，果然送来人参十支，可是蒋介卿病已入膏肓，无法挽救，拖延到是年十二月二十七日，就不治身亡。他有子名国柄，宁波商校毕业，1928年到日本士官学校学陆军，"一·二八"后回国。蒋介石派他在俞济时的八十八师充见习官，他不去。在溪口闲居了几年，后来又跑到庐山去见蒋介石，当面要求工作。时适陈诚在旁，蒋就对陈说："国柄的差事交给你安排。"事后陈诚派蒋国柄为某部团长。陈身怀委令去找蒋国柄，遍找无着，原来他已去汉口游历，陈只得如实告诉蒋介石。蒋闻而大怒，从此不再委蒋国柄差事，蒋国柄就一直在溪口闲居。他与原配妻子闹离婚，再娶肖王庙孙维梅为妻；后来又在杭州迷恋一女，互论嫁娶，对方坚持须与孙女正式离婚，才肯嫁给他，而其父蒋介卿极力反对。国柄以所愿不遂，受刺激而精神失常，从此成为一个疯疯癫癫的痴子，以后一直没有做过事。抗战时，溪口沦陷，蒋经国接他到赣南去住。全国解放前，又随蒋经国流亡台湾，生一女已长大成人。

蒋介卿尚有一女名华秀，由李宗仁介绍嫁给桂系军人，姓韦，当任团长，是白崇禧的外甥。抗日战争时，华秀随夫去重庆，委托律师黄荣昌将乃父在宁波九曲巷的住宅高价出售。当时有一投机商人想与蒋介卿的家属通好，毫不思索地将此宅买下。

三、关于蒋母王采玉

蒋介石的生母王氏名采玉，生于1864年阴历十一月初九日，是本省嵊县葛竹村人。其父王有则，以贩卖土产为业。她有兄弟五人，四弟王贤巨，五弟王贤裕，余二人不详其名。王氏先嫁给本地人某某为妻，夫亡，在娘家茹素念佛，度其寡居生活。但那时王氏只有二十二岁，她的哥哥王贤巨、王贤裕都劝她改嫁，庶能终身有靠。适蒋明火继室孙氏新丧，由其堂兄王贤东说合，嫁给蒋明火为填房，次年（1887年）生蒋瑞元（即蒋介石，又名周泰），其后生女名瑞莲、瑞菊及子瑞青。

1895年，蒋明火染时疫去世，王采玉又成了寡妇。王氏带着亲生的两个儿子和一个女儿，与前妻所生子蒋介卿分宅而居，抚养着三个均未成年的孩子，内心是非常苦闷的。她除了诵经拜佛聊解心烦外，将全部希望寄托在蒋介石身上——"望子成龙"。谁知蒋介石偏不争气，从小就顽皮淘气，使她大为失望。王氏是个火气大、性子躁的妇女，教不好她的儿子，便痛加鞭笞，采用打骂来教训子女。后来蒋介石到了统治者地位，自述童年时代这一段经过，将王氏对他的打骂，喻之为"孟母断机"，实际情况是如此而已。

蒋介石十五岁时与毛福梅结婚。因婆媳二人个性不同，感情不很融洽。

王氏在生前曾对蒋介石谈起自己百年后的坟地。因为蒋介石的父亲和前妻徐氏、孙氏的坟墓合葬在溪口镇北一里许的桃坑山，如果将王氏棺椁与他父亲合葬，王氏就得屈居徐、孙之下，这是王氏所不愿的。蒋介石当初曾向他的生母建议，将桃坑山父坟迁葬，单独与王氏合穴，但王氏亦不愿这样做。她态度坚决地说："瑞元（蒋的小名），你千万要记住，我将来坟墓不要与你父亲合葬。"蒋介石是个满脑子封建迷信的人，他请了广东和江西走红的风水先生在溪口附近到处找寻"龙潭虎穴"、子孙兴旺的好坟地，最后选定在白岩山山呑，作为他母亲的墓穴。

1921年6月14日，王氏因患心脏病致死。蒋介石当时已进入国民党的上层集团而初露头角。11月间出殡时，孙中山曾派许崇智为代表前来致祭。蒋介石得势后，在蒋母墓道半山中起造坟庄三间，题名为"慈庵"。他撰了一篇题为《先妣王太夫人事略》的纪念文，夸耀说："中正年十八蓄志东渡习陆军"，实际上他到日本进振武学校是在1908年，应该说是二十二岁。王氏是个粗识文字的女子，能念《心经》及《大悲咒》。他在事略中竟说："先妣于楞岩维摩金刚观音诸经皆能背诵注释，尤复深明宗派"，把一个封建迷信的念佛老婆子说成一个精通经典的佛教徒了。

四、毛福梅、姚冶诚、陈洁如

蒋介石于1901年娶奉化岩头村人毛福梅为妻，1910年生子名经国。毛福梅生于1882年阴历十一月初九日，比蒋介石大五岁。毛福梅的父亲毛鼎和在岩头村开设毛祥丰南货号，大家都叫他"祥丰老板"，是个封建道德观念较强的小商人。毛福梅嫁给蒋介石后，夫妻二人感情平淡，貌合神离。直到1905年，蒋到宁波文昌街陈家祠堂读书，王氏命他将毛福梅带去伴读，赁屋居住于植物园，照料生活。这一时期，蒋对毛福梅感情较好，雇用一个梳头娘姨供毛氏使唤，又聘请同学林绍楷的妹妹林瑞莲教毛福梅读书，但时间只有六七个月，蒋就把毛福梅送回溪口。此后蒋介石考入浙江武备学堂，再进保定军校，又由保定军校提拔资送留日，学习军事，很少有回家聚居的日子。1913年以后，蒋介石在上海花天酒地，娶娘姨出身的姚冶诚为侧室，从此对毛福梅更加冷淡了。毛氏和婆婆王氏终日以念佛度其余生，常到雪窦寺朝山进香。该寺住持朗清和尚迎奉权贵，对她们婆媳俩大献殷勤，特地在雪窦寺后院布置一间清静的客房，作为憩息之所。毛福梅还出大洋八百元，修筑入山亭到雪窦寺长达五里的崎岖山路。她除在家宅后院布置小佛堂外，还在溪口镇后畈田野上另造摩诃殿，作为经常念佛之所。1927年时，蒋介石与宋美龄议定婚娶，先回到溪口强迫毛福梅写离婚笔据，不过离婚后仍住在蒋的老宅丰镐房，生活由蒋供给，仍为蒋氏家族之一员。其时蒋经国已在苏联留学，闻知其父遗弃生母毛氏，写信给他母亲，百般慰藉。毛氏也把全部期望寄托在蒋经国身上。1929年夏，我适在溪口武岭学校校长任内，有一天，蒋宅佣人叫我去，说是大师母（指毛氏）有请。我匆匆赶到丰镐房，见到毛氏时，她拿出一封信给我看，说："这封信是经国写来的，别人看我不放心，你是校长，不会读错的。"（实在她已叫别人看过，因信内说到今后不再来信这一句话，她不信，认为有错，所以叫我重读。）我从她手中接过来一看，信中大意说：母亲多年来内心的苦闷，处境的恶劣，我是非常清楚的。但我对家庭方面是有难以想象的烦恼和愤恨。现在我决定今后不再来信，等到我学成回国，我什么地方都不去，必定第一个先来看望母亲。我从头到尾读蒋经国的来信并加以耐心的解释，当她听到她的儿子今后不再来信的话时，顿时改容失色，哑然无言，眼泪夺眶欲出。我只得没趣地告别而回。

1939年，阴历十一月二日，溪口惨遭日机轰炸。毛氏因患丹毒（即流火，也称大脚疯）多年，双足行动不便，当敌机向丰镐房用机枪射击时，她从卧房内逃出，行到后宅大墙边，被机枪击中要害，倒在墙边。其时大墙适倒，瓦砾压在她的身上，肚肠都被压破流出，睹状甚惨。其子蒋经国从江西赶回溪口治丧，在毛氏遇难处立一石碑，题上"以血洗血"四字。此碑于溪口沦陷时，被日本侵略军拆去。

蒋介石的侧室姚冶诚，江苏吴县人，生于1881年。据早年跟随蒋介石的蒋小品说：姚冶诚原为陈英士家娘姨。反袁之役失败时，沪军都督杨善德派员缉捕蒋介石，蒋逃进陈宅，躲避在姚冶诚卧室内，后来蒋遂纳姚为侧室，同居于法租界贝勒路三六九号。当时戴季陶住在同益里，张静江住在环龙路，三人住所相距不远，暇时过从甚密。戴季陶是蒋介石拜把兄弟，关系尤其超乎一般友谊。戴性好渔色，但惧内特甚，瞒着他的妻子纳一日妇为妾，于1916年生一子。初犹包瞒隐蔽，嗣因日妇染病身故，遗下婴孩无人抚养，若将其领回戴宅，恐遭大妇之忌，只得与其盟弟蒋介石相商，就以此子送给蒋为养子（但开始时以代养为名），归姚冶诚领养。此子就是蒋介石的第二个儿子蒋纬国，实为戴季陶之子。那时蒋介石在上海花天酒地，挥霍无度，家中雇用一个厨司（蒋小品）、一个当差（毛延寿）和一个女佣翠娥，工资常常发不出，若辈的日常生活靠来客外赏维持。许崇智每次去蒋宅，必赏茶包五十元。此外又找了一批朋友打牌抽头，由姚冶诚发给他们三人平均分用，完全靠打秋风度日。蒋的友人中以张静江最富，他是湖州南浔四大豪门之一。蒋介石在上海活动的经费以及他个人的生活费用，均仰给于张静江。由蒋介石经手从张处陆续支用的钱，竟十余万之巨。后来蒋暗使姚冶诚拜张为过房爷，从而使张对这笔钱无法开口，不了了之。

姚冶诚无所出，她将戴季陶子代养，后来就当作她亲生的儿子看待，所以此子（即蒋纬国）长大后也视姚为亲母。姚没有文化，蒋介石不久又搞上了另一苏州女子陈洁如，对姚冶诚就疏远了。陈洁如原籍苏州，生于1906年，自幼生长在上海，受过中等教育，能说俄语。蒋介石对外交际应酬，常带新宠出入于社交场中。1924年春，蒋任黄埔军校校长，带了陈洁如住在广州。姚冶诚则抚养蒋纬国，仍住在上海贝勒路。姚被蒋淡忘既久，心颇不安，忽生一计，给蒋纬国拍了一张照片，冒用纬国的名义，写一封家信寄给蒋介石，信内说："我（纬国自称）已好久没有见到亲爱的爸爸，心里非常想念，如果我能长上翅膀，我一定飞到广州去探望您老人家了。"蒋接此信，读了又读，将信中附来的蒋纬国照片插在写字台纸板右上角的皮插里（当时还不用玻璃板），瞧了又瞧，忽然对其私人机要秘书毛懋卿（毛福梅哥哥）说："赶快拍电报叫纬国来。"这样，姚冶诚就带了蒋纬国不召自来，在广州住了些时日，再回上海。

北伐期间，蒋与宋美龄日益接近。姚、陈已不为蒋所重视。蒋宋结婚前，蒋先给陈洁如大洋十万元，促其离国去美深造，并着蒋的侍从秘书陈舜耕陪她去。而姚冶诚仍以蒋纬国的养母身份移居苏州，蒋托吴礼卿（曾任贵州省主席）照料姚等生活。蒋纬国住在苏州，蒋介石常派侍从接蒋纬国到南京或溪口小住数天，宠爱有加。解放前夕，姚随蒋纬国逃往台湾，母子仍同住在一起。至于陈洁如，据汪日章说：他于1932年担任蒋介石侍从秘书时，接到陈洁如写给蒋的几封信，蒋批示送五万元给陈，以后就没有来信了。陈洁如于抗战时期住在上海，解放后为上海市政协委员。1963年经批准特许去香港居住。

五、协议离婚的一幕趣剧

宋美龄下嫁蒋介石，提出一个先决条件，是要与蒋的原配毛福梅及侧室姚冶诚、陈洁如脱离夫妻关系，宋自己也与刘纪文割绝友谊之爱。此事对姚、陈两人来说，是容易办到的，因她俩根本没有跟蒋介石举行过正式婚礼，属于同居性质，既无正式夫妻的法律手续，自然可以不了而了。但毛福梅是结发妻，蒋介石唯一的亲骨肉蒋经国又为毛所出，她在蒋族中的地位，已属不可动摇，况且她是一个封建礼教观念十分浓厚的旧式女子，坚决不肯离婚，这事就十分为难了。

1927年冬，蒋介石回到溪口，与毛福梅办理离婚手续。姚冶诚带着蒋纬国也来到溪口，住在肖王庙孙琴风家里。由孙琴风夫妇与双方讲妥离婚条件：今后姚冶诚仍由蒋按月支付生活费用，蒋纬国归其抚养，姚与蒋介石脱离同居关系。毛福梅坚决不肯与蒋介石离婚，蒋介石实际上也没有驱逐她出蒋门的意图，只因宋美龄非比别人，逼于形势，不得不办个离婚手续，使宋美龄争得一点面子，成为名副其实的"蒋夫人"。最后，蒋允毛离婚后仍住在溪口蒋宅，保持丰镐房主妇的地位，才达成协议。

假戏真做，为了完成离婚的法律手续，蒋介石找人草拟一份与毛福梅共同署名的"协议离婚书"，送到奉化县政府备案。其时奉化县县长徐之圭，是我留日时的同学。是年5月间，我到奉化有事去看他，他兴奋地向我发出一阵神秘的微笑，接着对我咬耳朵说："老张，你这次来得很巧，我给你看一件东西。"他随即从办公抽屉里郑重其事地取出一份文件递给我。我仔细一看，原来是"蒋总司令"与毛福梅的协议离婚书。徐之圭举起右手大拇指得意地说："本老爷三生有幸，办此千古大案。"我也诙谐地说："贵老爷若主持公理，在这份协议离婚书上批个'不准'二字，定必流芳百世，扬名千古。"徐反问："敢问阁下长几个脑袋？"我为之语塞，彼此哈哈大笑。

当时在奉化县批准了蒋介石与毛福梅协议离婚后，居然在上海、宁波各报上刊登离婚启事。其中有一段妙文，说是蒋与姚冶诚、陈洁如二人丝毫没有关系，还有此两人今后行动与蒋某无涉等语，这真是天大的笑话。天下妇女如此之多，怎么单说蒋介石与姚、陈二人无关，岂不是欲盖弥彰，弄巧成拙，反而露出了马脚。

此后蒋偕宋美龄回到奉化时，住在武岭山脚新宅，取名"乐亭"，老宅丰镐房仍归毛福梅掌握。蒋介石还于1932年，为毛氏在村后地畈上另筑三间平屋，名"摩诃殿"，是纪念三房太公摩诃居士蒋宗霸的，作为毛氏拜佛诵经的家庵。宋美龄向有晏起的习惯。蒋介石起床后，相隔一个半小时，她才起床盥洗。每次蒋介石来到奉化，常常清早起来，带着卫士步行到丰镐房老宅，毛氏知蒋回籍，早为他做好艾青团子一类点心，供蒋享用，用毕早点后，回转乐亭，宋美龄往往还在蒙被大睡。侍卫人员多是蒋的族人或同乡，非亲即邻，即使是宋的随身副官，也多为溪口蒋族中人，谁也不会把蒋介石的私访行动告诉给宋知晓，宋一直蒙在鼓里，不知底细。

六、"太子"蒋经国、蒋纬国

蒋经国生于1910年，自幼在溪口长大。七岁起，进入武山庙内武山学校读书。武山学校为蒋姓本族所设。蒋经国在武山小学毕业后，本乡便没有高一级的学校可读。这时蒋介石在广州，正是苏联帮助孙中山先生进行国内革命的时候，国民党要人纷纷派遣自己的子弟去苏留学。1925年，蒋经国才十五岁，便被蒋介石当作政治投机的工具，遣送他去莫斯科深造，长期旅居苏联。直到1937年4月，由宋美龄办理回国手续，促其回国。蒋经国在苏联娶俄女方良为妻，生一子名爱伦，这时已有三岁了。他带着方良与爱伦离苏归来，住在杭州西泠饭店。当由杭州市市长周象贤打电报给在溪口料理蒋介卿出殡的蒋介石。而宋美龄预知小蒋回国，早在杭州法院路蒋公馆等待。蒋介石接到电报后，立即赶到杭州，在西泠饭店面告其子于次日去拜见"后母"宋美龄。蒋经国当然唯命是从。第二天蒋经国带着方良和爱伦，连同行李一起载车到法院路本宅。蒋介石假作犹未见过蒋经国，笑迎其子，经国先叫其父，再呼宋美龄为母。宋这时笑逐颜开，见经国从苏联带来的皮箱已旧，立即吩咐副官蒋富寿去为蒋经国夫妇购置衣履用物。蒋经国见宋后一天，又带着妻儿赶到溪口，在丰镐房会见阔别十三年的生母毛氏。时其娘舅毛懋卿为鄞奉长途汽车公司总经理，闻讯前来相见。毛氏见其子到来，知他已见过了宋美龄，一时悲从中来，哽咽流泪，不发一言。毛氏亲兄毛懋卿更是怒不可遏，就对蒋经国拍桌大骂，责问他当初从苏联写最后一封信来，是怎样说的！你母亲等待你十三年，今天你果真回来了，你就将前言忘记得干干净净，这不是比狗彘都不如吗？骂得蒋经国无话可答。母子相对以泪洗面。本来是久别重逢的喜事，反而闹成一场戏剧性的悲剧了。

蒋介石夫妇为了清除蒋经国旅苏多年来思想濡染的影响，特地请了一位姓徐的老学究，在乐亭教蒋经国读古书，并做三民主义的阅读笔记。蒋介石还请了人陪蒋经国读。宋美龄汇来法币十万元，当作杭州认母的见面钱。毛氏自嫁至蒋宅后，从未接纳过如此巨款，不觉破涕为笑。方良偕爱伦住在丰镐房，与毛氏做伴。她初来时不懂中国话，后来慢慢地学会了几句，而且生活习惯逐步中国化，喜搓麻将，终日乐此不倦。蒋经国在溪口读了二年古书，蒋介石一直没有让他出去做官。后来江西省主席熊式辉到溪口会见蒋介石，为了讨好奉迎，向蒋建议愿带蒋经国到江西去，委他赣南行政专员兼保安司令。方良后来又生一女名爱敏，一子名爱慧，搓麻将爱好如前。1939年冬，毛氏被日机炸死，蒋经国从江西赶回奔丧，方良偕子女同来，在武岭学校后面空地上为毛氏安葬，并在丰镐房后宅立一石碑以资纪念。

解放前一年，蒋介石迫不及待地命他的秘书沙文若重修家谱，对他的祖先作了许多考证；而对毛氏和蒋纬国的安排，却颇费苦心，不知如何称呼才适当。后来还是由修谱大总裁吴稚晖异想天开，称毛氏为蒋母王氏的义女，是蒋介石的"义姊"。至于蒋纬国，当然不能说是领子，为戴季陶日妇所生，由姚冶诚抚养长大的，竟在新谱内把他以红线吊在宋美龄名下，冒充为宋氏所出，真是滑稽可笑。此事被蒋经国的娘舅毛懋卿闻知，曾数次赶到南京力争，并向蒋经国说："你若知有生身母亲，不应承认此谱。"但蒋经国表示出于严命，无可奈何。毛懋卿对他厉声大骂，他只能硬着头皮听下去，而充耳不闻。

蒋纬国生于1916年，宋美龄与蒋介石结婚时期远在蒋纬国出世后十二年，蒋氏新谱内竟说蒋纬国为宋氏所出。由此一事，可见其虚构历史之甚。

蒋纬国因自幼归姚冶诚抚养，溪口老家很少去。记得在蒋母王氏逝世后，蒋介石带着蒋纬国前来奔丧，这时他年方六岁。蒋介石娶了宋美龄，蒋纬国不肯认宋为娘，母子感情不洽。所以蒋介石每次回到溪口，带了蒋纬国就不带宋美龄，带了宋美龄就不带蒋纬国，以免母子间更趋恶化。蒋纬国长大后，就在苏州入学读书，是一个十足养尊处优的公子哥儿。蒋介石是个政治投机家，国共合作时期，他将大儿子蒋经国遣送到苏联留学。希特勒称霸、法西斯主义猖獗全盛时期，他又派遣蒋纬国到德国学炮兵。所以蒋纬国回国后，就成为炮兵营营长，后来擢升为装甲兵团团长。蒋纬国娶西安大华纱厂大老板石凤翔之女石静宜为妻。据香港来人说，石静宜逃到台湾后，因某走私案由她幕后操纵，国民党立法院提出追究缉查，事情闹大了，她只好服毒自尽以免破案丢脸。蒋纬国继娶台湾小商女为妻，蒋介石夫妇以女家出身寒微，认为门户不当，但蒋纬国爱她年轻貌美，坚主婚配，老头子只得勉为允诺。

七、一群"皇亲国戚"

蒋介石最"尊敬"的亲属是他娘舅孙琴风。孙为蒋明火继室孙氏堂兄，商人出身，有目疾，在宁波浩河街开设新顺木行。蒋介石在外读书时，曾得孙资助成行。其后蒋爬上政治舞台，想给娘舅封官赐爵，但孙琴风以为从政不如经商，不想下海，后来蒋介石就请他在溪口主持蒋宅丰镐房。蒋在溪口大兴土木，耗财达数十万，均由孙琴风掌握银钱进出。孙无子，以侄儿孙经骥为过房子，后来经蒋提拔为农民银行发行主任。孙经骥子义宣，上海圣约翰大学毕业，初充侍从室助理秘书，逃往台湾后，蒋介石送他一万美元叫他到美国留学，曾任蒋集团驻旧金山领事。

蒋介石的姊夫宋周运，住在离溪口二里的任宋村，粗识文字，出身农民。此人爱钱如命，很是吝啬。1930年9月，我为学校公事常去看他。当时蒋的丰镐房老家主人有二：一是孙琴风，年老目花，终日坐在室内谋划一切；另一个就是宋周运，专事外面奔跑工作。有一天，他从外面回来，跑得上气不接下气。问他何以至此，他说："刚从宁波步行回来，所以跑累了。"当时鄞奉公路已于是年5月通车，问他为何不乘车，他说："买一双布鞋只要大洋四角，汽车票来回需一元六角，可买四双布鞋，我可用两年，太不上算了。"宋有长子名涨林，在农民银行当一小职员；次长涨生，一度在丰镐房当账房（涨生有子名明义，现在台湾）；三子名祥生，女名林香，嫁与邻村王阿孝为妻。

蒋介石的妹夫竺芝珊，店员出身，文化不高。他于北伐誓师前被蒋罗致去当广州佛山的筹饷委员，以后又提升为苏州税务局局长、中国农民银行常务董事、津浦铁路车务总段长等职。其子竺培风，学航空。回国以后，蒋介石对他期望甚深，视为维护国民政府的后起之秀。蒋介石是一个道貌岸然、不苟言笑的伪君子，但对蒋纬国和竺培风，却是另一种神态，还可以跟他说几句笑话。竺培风在重庆时，娶四川军阀杨森之女为妻，生一女，解放战争之初，竺培风驾运输机装运军需物资前往西安胡宗南军区，因载负过重，飞机在驶过河南境内时失事，竺培风坠机殒命。侍从以此死讯进告蒋介石，蒋正在批阅公文，惊愕失措，悲痛得把手中握着的一支毛笔，猛地一掷，立即停止办公。

蒋介石母亲王氏方面的本家，后来经蒋提拔起来的有王氏的堂曾孙王征莹（号惜寸）。此人在剡壮毛家滩蒙馆教过书，曾任浙江省财政厅厅长及中国农民银行常驻监察委员多年，在杭州造币厂附近造了许多房屋。解放前跟随蒋集团逃亡台湾。又有一个贪污有名的王震南，是王氏堂兄绰号"小汤果"的儿子，北伐时在总司令部充军法处处长。国民党于1948年10月在上海发行金圆券，搜括民间存贮的黄金和美钞时，王震南适为上海市特刑庭长，将一批被蒋经国扣押的经济犯抓在手中，利用职权，大肆敲诈，得以私囊饱满。上海申新纱厂经理荣鸿元，据说曾被他敲了一笔竹杠。

我同蒋介石接触的一些情况

李奇中*

我同蒋介石的接触始于黄埔军官学校第一期。那时，我是学生，他是校长，完全是一种师生关系，尔后也仅仅是一般工作关系。因此，虽然我同蒋介石接触的次数不少，但值得记录的似乎并不多。现将记忆所及的一鳞半爪，略为记述如次。

一

1924年，国民党和共产党合作创立黄埔军官学校，学校的总理是孙中山先生，校长是蒋介石。我从长沙前往广州投考黄埔军校第一期，获得取录。第一期学生于5月入伍，6月16日正式开学。开学典礼的会场设在本校楼下过道，搭了一个台子，台上的白幕布上贴着"亲爱精诚"四个正楷字，这是蒋介石定的校训。开学典礼由蒋介石主持，孙中山以学校总理身份出席了大会。孙中山的右侧坐着夫人宋庆龄。蒋介石始终保持立正姿

---

* 作者系黄埔军校第一期学生，后曾任黄埔学生军连党代表、国民党军第七预备师副师长、师管区司令等。

势，极其严肃地站立在孙中山的左前方。孙中山在大会上宣读了训词：

> 三民主义，吾党所宗。
>
> 以建民国，以进大同。
>
> 咨尔多士，为民前锋。
>
> 夙夜匪懈，主义是从。
>
> 矢勤矢勇，必信必忠。
>
> 一心一德，贯彻始终。

接着发表演说。大意是：第一，中国革命之所以至今没有成功，主要是没有革命军队。今天开这个黄埔学校，是以这个学校的学生做根本，建立革命军，诸位学生就是将来革命军队的骨干。独一无二的希望，就是创造革命军来挽救中国的危亡。第二，什么叫作革命军呢？就是要有革命的基础，所谓革命基础就是革命主义，就是救国救民的三民主义。大家要信仰三民主义，实行三民主义。第三，革命军人要不自私自利，不怕困难，不怕死，要敢于一个人打敌人十个、一百个、一千个，要少数人打多数敌人。第四，革命军人要有革命志气，就是要有大的胆略、大的目标，就是救国救民的大目标；革命志气的最终表现，就是不怕死，舍生取义，不成功便成仁。诸位一定要立志做革命军人，一定要完成救国救民的大业，担负起这个责任，从今天起共同担负这个责任。

我们学生都是坐着听训，而蒋介石却始终立正，恭听孙中山讲话，最后并做了总结性发言。他说，我们师生都敬听了我们最敬爱的总理的训词和讲话，我们衷心拥护。对于这个讲话，我们要当作终身格言，身体力行，贯彻不懈，矢志做一个真正的革命军人。诸位同学一定要立志，要有革命军人的志气，要有不成功便成仁的牺牲决心，一定要努力实行三民主义，完成救国救民的伟大事业。希望大家一心一德、亲爱精诚地共同担负起这个责任，以孚我们总理的期望。

这是我第一次见到蒋介石的情景。

二

黄埔第一期学生自1924年6月开学后，于同年冬末毕业。在半年左右的时间里，我们无论在课堂、操场、野外，蒋介石都亲自临场督促，尤其是操场术课。

操场是校舍东面七八百米的一块大草地。我们每天上午下午都出操，由总教官何应钦、总队长邓演达、副总队长严重领队到场。蒋介石几乎每次必到。他一来到操场，总教官何应钦便发出"立正"口令，全体就地肃立，以示尊敬和迎接，然后他向蒋介石报告当时所授科目和进度。蒋介石有时还亲自检查各队的操练，纠正学生的动作，讲解每个动作的要领和掌握好要领的重要性，颇为详细。有时，俄国顾问教官也随同蒋介石去操场或野外看操，随时纠正学生的动作。蒋介石不一定与学生收操时一道退场，有时先退场，退场时仍由何应钦发"立正"口令相送。

由于蒋介石想把黄埔军校当作培养他的骨干力量的一个基地，因此他在培养第一期学生上不惜花费心血。例如督促教官编选教材，极力主张采用俄国式的，反对日本式的（何应钦则主张使用日本式的，因大家不赞成，仅仅聘请日本教官教授刺枪术）；采用修改过的典范令，采用俄国式的制式动作如正步、疏开队形、散开队形等等；又如采用俄国式的军服军帽，总之一切都想仿效俄国式。蒋介石还采用个别谈话的方法，分期分批找第一期学生个别谈话，或邀请到他家里做客，以示关怀。

三

蒋介石有三宝——《俾斯麦传》《曾（国藩）胡（林翼）治兵语录》《曾文正公家书》。他把这三部书当作他修身的蓝本、处世做人的规范和事业的指南，天天读它，默记它，常常引用这些书里的东西。这三部书真可谓是他的命根子。

有一天晚饭过后，蒋介石把我们第二队第三区队学生邀请到他的家里做客。第三区队队长蒋鼎文是蒋介石最喜欢的一个队长。我当时是第三区队的学生。蒋介石对大家说，今天邀你们来做客，可以随便些，想怎么玩就怎么玩，不要拘束。接着又宣布说，家中藏有我的三件宝贝，你们哪个如找到了，重重有赏。

同学们于是有意"装疯"，到处寻找"宝贝"，楼上楼下，各个角落，连厕所都找遍了，每找得一件就拿去给蒋看，但蒋都说不是。找了好大一会儿，谁也没有找到那个所谓"宝贝"。我们同学当中有个李之龙（此人在入学黄埔之前，已从苏联学习海军回国，善于交际），是在蒋公馆混得最熟的一个。这时，蒋夫人姚氏（蒋的次子蒋纬国的养娘）暗示他说，校长的"宝贝"是藏在校长床上枕头底下的三部书，他天天要拿着阅读的。李之龙果然在枕头底下找着了这三部书。蒋介石高兴地说，对，这就是我的"宝贝"。接着，蒋介石又说，这三件"宝贝"打算印出来发给大家，希望大家像我本人一样，天天读它，念念不忘，把它们作为做人做事的根本。

四

在黄埔军校第一期时，俄国运来了一批军械，以后又陆续运来几批，作为建立新军之用。有一天，学校派我们第二队学生出差。临行之时，蒋介石对我们训了话，大意是：今天第一次派你们出差，要晓得这是一件秘密事情，乘夜坐船去，要严守秘密，不准乱说什么，试试你们，看你们能不能保守秘密。革命军人应该懂得保守秘密。这是一次锻炼，我信任你们。于是我们星夜坐船出发，沿珠江而下，拂晓前到达虎门，驶向一艘预先停泊在那里的苏联船。这是一艘货轮，舱面上用大木头掩盖着，这时我们才明白出差是干什么来的了。我们的船与苏联海轮一靠拢，那船上的苏联人就有几个跳到我们船上，同我们握手问好，李之龙就上前当翻译。他们问我们打不打瞌睡，问这问那，表示亲切友好，接着和我们中的一些人一起上了这艘苏联船。他们上船后，吊开大木头，船上便露出一箱一箱军火。他们把它卸到我们的另一只船上，卸装完毕后，又用大木头盖上，驶回黄埔。

后来，黄埔掌握了分配苏联武器之权。所谓黄埔权力，亦即蒋介石的权力。蒋介石凭借黄埔权力，可以明目张胆地抗拒孙中山的意旨，独霸苏联援助的武器，不给一枪一弹与别的军队，如滇军、湘军、桂军，甚至粤军，以致激起各方军人的反抗。蒋介石更假平叛之名统一了军权。

五

1924年12月，黄埔军校第一期学生毕业。这期共五百名学生，经过半年的学习训练，特别是以政治部主任周恩来为首的政治教官不断对我们灌输革命思想，大家都认为自己已成了一个新时代的军人，兴高采烈，怀着冲锋陷阵、奋斗牺牲的决心离开了黄埔。毕业典礼上，蒋介石又一次对我们训了话。

这次训话，除了他的那些老生常谈以外，还将他母亲对他的教训重复一次。蒋介石说，他同原配妻子结婚的当天，他的母亲突然痛哭起来。他便问母亲，孩儿娶亲是大喜事，应当特别快乐才是，为什么不但不快乐反而哭泣起来，这是什么缘故呢？母亲于是拉他坐在身边，边哭边说，你要知道我为什么哭泣，我是在替你担忧。你从今天起就算成家立业了，就要独立生活，走你自己应走的道路了，我不晓得你能否谨记你母亲平日给你的教导。我是守寡把你抚养大的，费心千万，只望你一朝出头做一个像样的人，你能这样吗？老娘实在放心不下，因此，深为你担心，总希望你能成名做大事，使我放心。蒋说，这是我母亲的谆谆教诲，殷殷期望于我的。现在，你们今天毕业了，从此将要各自独立工作了，如同我母亲期望于我的那样，担心你们能否成人成事，能否为校长争气。

六

我们第一期同学毕业后，即分派工作，有的派往军校教导团担任连排长，有的担任连级营级党代表，有的派到续招的学生第二期、第三期担任队长或区队长，有的派到校长办公厅服务。当时，我被派为连级党代表。党代表系一种政治工作性质，派任为党代表的人，在到差之前，须先到一个短期训练班集中训练。我们在训练班吃饭都是同校长办公厅的人一道吃，每天三顿都一起。校长办公厅设在头一排房子的楼上。每顿吃饭，都是蒋介石坐在当中的主席，右边坐着何应钦、邓演达，左边坐着王柏龄、严重。两边各设一排长条桌子，坐着各级官长，我们党代表在进门这一边即主席右边，每席六个人。政治部主任和政工人员没有在一起吃饭。用餐时先由校长发"开动"口令，于是大家严肃安静地吃饭。吃完后各人仍然坐着不动，要等到下面汇报和上面指示完毕，再由校长说声"随便"，才退出饭厅散去。天天顿顿如此。因为我天天在那里吃饭，所以听到蒋介石不少发言，也不外是奉公守法、为党为国、矢志忠诚等老调。倒是有一件事可谓一叶知秋，值得一记，经过是这样的：

有一天，蒋介石把我们党代表二十多人叫到校长办公厅（在饭厅的一头第二进的大屋里）听候训斥。原来是学校设有党代表制，廖仲恺是校党代表（廖被刺后由汪精卫继任）。廖不住校，但随时来黄埔。某日，我们讨论党代表归谁领导的问题时，认为教导团的党代表理应由校党代表廖仲恺任命，而工作系统则应归政治部指导。营级党代表茅延桢（原第一期第二队队长）主持讨论。教导团各级党代表除两个团党代表（一团廖斌，二团王登赢）以外，所有二十多个营连党代表都同意这个意见。大家既然同意了，于是由茅延桢领头，一起到广州去找廖仲恺，要求这样办。大家在茅延桢带领下，上了黄埔到广州的专用船——大南洋渡船。

谁知这事被蒋介石知道了，当我们乘的船正准备起航时，蒋派人来勒令我们下船，不准到广州去，并命令我们立刻到校长办公厅去听训。

来到校长办公厅，只见蒋介石大发雷霆，怒气冲天，脸色铁青，精神紧张万分。他坐在办公桌旁，我们大家立正站在他对面。蒋介石破口大骂说，你们想造反吗？这还了得！你们还未走上工作岗位，羽毛还未硬，就想造反吗？你们都是我亲手教养出来的，我是校长，是老师，你们就想造反吗？你们应该服从校长，一切行动就应该听我校长的，只能听我校长的。你们想要到广州去找廖党代表，你们要晓得廖党代表和我是一个人，一切都交给我了，就是一切事情我一人说了算。他一边说话，一边抽开身边的办公桌抽屉，拿出两个图章摆在办公桌上。又说，你们看，这是我校长蒋中正，这是党代表廖仲恺，我喜欢用什么图章就用什么图章，我就等于廖党代表，蒋中正就是廖仲恺，你们懂吗？你们要到广州去找廖党代表，这种行为对不对？

大家不敢回话，蔡光举（第一期同学，营级党代表）答道：报告校长，不对，请校长莫怪，从今以后听校长的话。好像蔡光举是代表我们二十多人意见似的，既然有蔡光举出来答话，茅延桢也就不便再说什么了。过了一会儿，蒋介石方怒气稍敛，说，你们这次行动是个大错误，你们今后再不犯这样的错误就好。

蒋介石这种一反常态的做法，使我十分惊讶，引起我对他为人的怀疑，但是实质究竟如何，当时也弄不清。后来才懂得，这是个原则问题，是权力问题。在权力问题上，蒋介石是从不让步的，从不宽容的，一旦他认为自己的权力受到损害，便真情流露，现出他的独裁本性。

七

黄埔军队的第一次东征，第一仗就打淡水。淡水是进入广东东江的第二道门户，第一道门户是惠州。蒋介石率领黄埔军校教导第一团何应钦部、第二团王柏龄部于1925年1月底进抵淡水附近，准备攻取淡水城。广东军阀陈炯明部莫雄一个旅加上其他队伍共三四千人之众，正据城死守。我军两个教导团的兵士大多数是江苏、浙江招来的新兵，营连排各级干部则完全是黄埔军校第一期毕业学生和队长担任，山炮兵第一连是军校在校本届毕业的第二期学生。新兵新干部初次上阵，从未听过枪声炮声，只有革命勇气和锐气，毫无作战经验。淡水筑有高大城墙，颇称坚固，敌人以为固若金汤，可望守战无虞。

为了攻城，我军特别挑选了一个由十人组成的奋勇队，以党代表蔡光举、赵枬、张远韬、游步瀛、李奇中等组成，做爬城先锋。攻城开始前，蒋介石除对两团官兵打气外，还特别召集奋勇队员讲话。蒋介石说，现在是你们大显身手的机会，要奋斗牺牲，英勇向前。我在学校所教导给你们的一切本事，都靠你们亲身实践，总结成绩，谁学得好，谁学得不好，都会在阵地上检验出来。今天是你们英勇行动的起点，要冲锋在前，带着队伍爬城，谁先爬上城墙并踏进城内，歼灭敌人，谁就得头功，谁就算是我的好学生。我自己也会带领队伍上前杀敌，共同奋斗。

这是蒋介石第一次在战场上向学生打气。头一炮倒真是打响了，我们很快攻下了淡水城，全歼了守城之敌。

八

进驻淡水城后，队伍继续攻击前进，连战连胜，敌人节节败退，我们陆续占领了海丰、陆丰，进驻揭阳。这是1925年2月的事了。从此，军校教导团出了名，东江一带老百姓还传出许多奇闻，说黄埔学生军勇敢善战，所向无敌，有如天降神兵，又有俄国人督战，又有机关炮、大炮，说得神乎其神。

3月12日拂晓前，我们两个团分别到达棉湖、鲤湖附近，并展开了攻势，与迎面之敌陈炯明主力林虎、李易标两部共约一万敌军激战。在棉湖地区，教导团第一团正面战斗特别激烈，激战至中午以后，鲤湖方面的第二团还无动静，以致形势危急，阵线动摇，伤亡甚重。一营营长蒋鼎文负伤，撤下火线。一连除我和司务长阎国福二人安然无恙以外，所有连长以下的官兵全部阵亡，士兵伤亡三分之二，剩下的部分被迫撤退至团指挥所附近待命。这时，有少数敌人冲到团指挥所附近，何应钦亲自督促特务连及卫士排抵抗涌来之敌，方得转危为安。此时，炮兵连因炮打不响了，也撤退至团指挥所附近。

这时，蒋介石和苏联顾问都来到团指挥所。蒋介石看到团长何应钦面带愁容，一言不发，便带着笑容说道，何团长，要顶住，一定要顶住，倘若不顶住，稍为后退，影响全局，我们将无路可走了，广州也将靠不住了。何团长，千万要顶住。他说这句话时，好像心里十分担忧。稍后，蒋介石一眼看见炮兵连连长陈诚也来到团指挥所，便对他说，你几门炮真的打不响了吗？你为什么不亲自试试呢？陈诚只得重新把炮架起，亲自瞄准，亲自拉火，不想炮还真的打响了，头一炮正打中团指挥所前面密集的敌人，打死甚众，顿时使得未死的敌人四散逃命。此时，其他各炮也打响了，命中了敌人目标，接着延伸射击，敌人纷纷后退，我们前线打得很苦的官兵乘势猛烈追击，遂转败为胜。这时，鲤湖方面的第二团也接上了火，两方夹击，敌人全线溃败，我们便全力向兴宁、五华猛追。

几门炮为什么打不响，其原因在于每门炮连续打了一个上午，撞针红了，变软了，所以撞针失灵。后因撤下休息了一段时间，大约炮身冷了，撞针又变硬了，所以再次一打就打响了，并不是陈诚有什么神通。蒋介石异常高兴，立即命令提升陈诚为营长。后来，蒋介石和何应钦都以这一天为棉湖胜利纪念日，尤其是何应钦，每逢这一天都邀请参与棉湖战役的人聚餐。

九

1925年10月第二次东征时，我被调到第二师五团一连当连长，不再担任党代表职务了。这个连担负广州卫戍司令部的警卫任务，包括守卫国民党中央党部、汪精卫公馆、廖仲恺公馆和蒋介石在广州的公馆（蒋介石分别在广州市和黄埔两处居住）的保卫任务。当肃清广东军阀时，还曾负责逮捕魏邦平、梁鸿楷等人。记得那一天，我率领谭肇明这个排，到达魏邦平住处搜捕。魏邦平住在广州市西关，公馆占有半条街之大，仅是家中的电风扇就有二十多台，使女丫头甚多。没料到排长谭肇明怀有私心，除乘机大发洋财外，还强占了一名漂亮丫头，租了房子藏起来。此事被蒋介石知道后，非常生气，当即把我这个当连长的叫去询问。我当时对此事一无所知，被蒋狠狠地训了一顿，随即叫传谭肇明。

谭肇明是黄埔一期学生，陕西人，是一连中尉排长。谭肇明到了蒋介石跟前，蒋态度严肃，满脸怒气，对谭严厉申斥，说他忘记了校长教训的根本，破坏了军纪。遵守军纪做不到，还能做到舍死拼命吗？说他犯了大罪，如不严办，就不足以服众。当即把谭肇明绑起来送去枪决。

十

惠州城之战是第二次东征的决定性战役。陈炯明第一次被黄埔学生军打败，退入闽赣边境后，乘黄埔学生军回师广州整肃滇军、桂军军阀之际，又死灰复燃，率领其主力万余人来到惠州，凭据惠州坚固城池及附近有利地形，企图在惠州同蒋介石决战，夺取广州。

　　蒋介石此时已扩充了军事力量，由两个团扩充为军，名为国民党党军第一军，蒋介石自任军长，周恩来升任军政治部主任，第一师师长何应钦，第二师师长王懋功。此次东征，由何应钦率领第一师沿海丰、陆丰直驱潮汕，蒋介石亲率第二师的第六团攻取惠州城，第二师四、五两团留守广州。第六团是俘虏的滇军士兵，干部全系黄埔学生，但团长却为滇军过来的刘耀辰。这个团在强大的炮兵支援和苏联顾问的参谋下，经过血战，攻克了惠州城，歼灭了全部敌军。

　　惠州城攻下后，蒋介石建了大功，国民党中央党部特派三位夫人——蒋介石夫人陈洁如、汪精卫夫人陈璧君、廖仲恺夫人何香凝，去惠州慰劳蒋介石，并派我这个连的大部（一部留广州守卫）护送。

　　我们一行先是乘火车到石龙，由石龙换乘小火轮，沿东江上驶，直达惠州。蒋介石预派副官在江滨码头迎候。因副官是骑马来的，陈璧君会骑马，便商请副官把马让给陈璧君骑，我们一行步行。谁知马失前蹄，把陈璧君摔下马来，跌伤了。副官只好找来担架把她抬着走。到了司令部时，蒋介石亲临大门外迎接，态度极其和蔼，亲切热忱，并亲自扶着陈璧君走进屋里。

十一

　　1934年6月16日，在南京举行的黄埔军校成立十周年纪念大会上，我又见到了蒋介石，自惠州之役以后已约有八年没有见到他了。当时，他对我打了个招呼，并让我改日到他家里见。过了几天，蒋介石找我去见，同时被接见的还有黄埔一期同学李及兰（原任旅长，当时在陆军大学学习）和贺衷寒（当时任政训处处长）。

　　我们是在中央军校蒋介石的官邸见到他的。这是一栋两层洋楼，楼下是小客厅，大约楼上是他的卧室和书房。楼下陈设极其简单，进门对面摆了三张沙发，一个玻璃面长方茶几，左上方摆了一个玻璃面圆桌，桌上摆了一个插花的花瓶；进门这一边摆了几张弹簧座椅。我们就在进门这边座椅上坐下了。当时，蒋介石正在大客厅会见客人，直到客人走后，才来到小客厅，又上楼去换了衣服便下楼来了。他坐在正中的长沙发上，面带笑容，首先问李及兰，问他夫人掉水失命，再娶了没有，问他上陆军大学后觉得怎么样，又问他需不需要钱用等等，然后用红蓝铅笔在便条纸写了发几千元字样的条子交给李及兰。接着问贺衷寒有什么事情，贺汇报一些情况，请求帮助解决了一些问题。然后问我，他说，好多年不见了，我是挂念你的，无奈我的事情比较忙，没有照顾到大家，致使你们有的走偏了道路。又说，团结就是力量，同学要团结，同学好比兄弟一样，要团结起来就不怕别人欺负了。比方一把筷子，单独一根容易折断，捏拢成一把就不容易折断了。同学也是一样，人也是这样，要大家团结起来，彼此相亲相爱，精简团结，不要不团结，不要分裂，这个道理应当懂得。我校长在学校教诲你们的中心点，就是要团结，要亲爱精诚，顾全大局，要为救国救民革命到底。他还对我说，你想进陆大可以报名。

很奇怪，谈了这么多话，蒋介石就是不提共产党的事。

十二

1937年8月13日，我从陆军大学毕业，后分配在西安行营工作，行营主任是蒋鼎文。是年冬天，我奉调为第七预备师副师长，驻长沙。因为领取全师装备，我由长沙去武汉晋见蒋介石。那时，湖北省政府所在地是委员长行辕，蒋介石就在那里办公。

我来到湖北省政府委员长行辕。那天，适逢周恩来和陈绍禹、秦邦宪也在那里。蒋的侍从副官蒋国涛负责接待。蒋国涛也是我们一期同学，同是周恩来的学生，大家坐在候见室闲聊。我自被捕坐牢出狱与共产党组织失去联系以后，直到这时才与周恩来取得联系。周恩来当即介绍我认识陈、秦二位，并约定我到汉口太平洋饭店××号房间去找他。

　　蒋国涛先请周恩来、陈绍禹、秦邦宪去见蒋，大约属于礼节性拜访，不一会儿就辞出了。我和蒋国涛送走他们三位后，便随他进去见蒋。

　　蒋介石坐在办公桌旁，一边看公事一边很客气地叫我坐下。他说，现在是打日本帝国主义，大家一定要出力，要有牺牲奋斗精神。看样子，日本帝国主义很厉害，它是想要灭亡中华民族的，恐怕战争要拖得长，或许非打三年五年不可。好在我们中国人多，有志气，人心齐，一心一德，同赴国难，相信中国是不会亡的，是一定能够打垮日本帝国主义的。但是，我们中国人还不够团结，尤其是各派人士不够团结，这是值得注意的一个问题。希望你们拿出两次东征的本领和革命精神，奋勇前进，跟随校长干到底。最后说到领取部队装备的问题，他说，好、好，便用红蓝铅笔和便条纸写明，到后勤总部照开列的项目如数照发。

十三

　　1942年，中国和美国合作在桂林办了一个干部训练团，宗旨是学习训练美制兵器的构造和使用，学习美国的战术。张发奎以战区司令长官名义担任干训团团长，罗卓英任教育长，美国人安姆斯将军任总顾问，教官全是美国军人。学员队的各级队长则是由各部挑选受训来的干部，学员则为各整编制的团长以上官长编成。整编师准备一律配备美国援助中国的武器装备。

　　我是由霍揆彰推荐给罗卓英的，罗卓英打算叫我担任常务副总队长。所有总队长、副总队长都调各军军长充当。

　　桂林干训团是一件新鲜事情，前去桂林之前必须晋见蒋介石。这次，蒋是在重庆歌乐山接见我的。抗战时期，一切从简，室内陈设极其简单。侍从副官俞济时（也是我黄埔一期同学）接待我。蒋介石知道我是要到桂林去为罗卓英帮忙的，很高兴，第一句就问我同罗卓英共过事没有。蒋说，桂林干训团是中国和美国合作办起来的，是非常重要的，关系到我们军队的整编问题，因为所有整编的部队都将要使用美国装备。我们干部必须好好掌握军械的性能和使用方法，弄懂它在战斗中和战术上的知识，学习它，熟练它，将来好好运用它。你这次去桂林务必好好帮助罗教育长，好好同美国人合作，要信任美国人，美国人就会把真本领教给我们的干部。我们打算用美械装备几十个师，这些整编师是有特别意义的。抗战必定胜利，我们中国军队一定会变成世界上最好的军队。

从蒋介石这次谈话中，可以预测他是别有用心的。整编师是有特别意义的这些话，以及尔后招募青年军这件事，表明他正处心积虑，准备将来大打内战。

十四

1943年，我调任四川隆富师管区司令，负责兵役工作。到任之前，我又去见了蒋介石。这次是在重庆曾家岩见到的。蒋介石的官邸在重庆歌乐山，距重庆约二十里，但他日常办公则在重庆市曾家岩，这里原是四川一个军阀的公馆。

这次，蒋接见的头一句话就是问我对兵役工作有没有把握。他说，当前抗战，需要兵源补充甚紧，而适龄的民众又畏首畏尾，多不愿意当兵，逃避兵役的人很多，这是什么道理呢？我想最重要的一点就是办理兵役工作的人员不卖力。听说征来的壮丁新兵吃不饱，还有的人虐待壮丁新兵，这些现象不好。现在你担任兵役工作，一定要好好做这件事，首先督促下边要让壮丁新兵吃得饱，尤其不可虐待。你去的那个地方的内江、自流井，听说有副委员长冯玉祥夫妇在那里帮助做些兵役方面的宣传工作，你务必多多请教他，接受他的意见。你要知道，我们中华民族必须从日本帝国主义侵略压迫之下求得独立自由，才是我们的出路。我们中华民族要求得独立，还要求得富强，首先必须打倒日本帝国主义，要打倒日本帝国主义就要做好兵役工作。所以你去承担这个任务，工作是很重要的，切不可轻视它，一定要做好这个工作。

蒋介石入参粤幕到出长黄埔军校

*罗翼群**

余之认识蒋介石是在1916年冬上海中华革命党活动之际，而与之共事则自1918年春援闽粤军成立初期开始。其间由于廖（仲恺）、邓（仲元）之关系，余与蒋介石公私接触较多。迨邓、廖先后殂谢，1926年第二次东征之后，余以反对蒋在潮梅复弛赌禁事，受蒋扣留旬日，脱身后遂避往日本，与蒋关系从此疏远。兹篇所记，为蒋出任黄埔军校校长前十年间事，余对蒋生平活动内幕耳闻目击较多者也仅此。历年已久，记忆或有不周之处，愿读者加以补充指正。

1916年5月，中华革命军讨袁军事还在进行之际，陈英士在沪被袁方买凶刺死。孙中山先生自日本东京回沪主持大计，对英士殉难，深为恸悼。蒋介石向随英士，且为英士幕下亲信助手，见中山先生回国，即向中山先生表示竭诚效命，中山先生遂以重英士者而垂青于蒋。此中关系，人多知之。当时中山先生积极布置讨袁军事，除命许崇智图闽（初命许在沪助英士），命邓仲元赴港协助朱执信图粤，及其他同志分赴川、滇、黔、陕、

* 作者曾任广州军政府少将参军，援闽粤军总部中校副官、代理副官长，粤军总部参议兼省长公署参议，广州大本营兵站总监、军需总局局长等职。

鄂、湘、皖、赣、桂各省活动外，曾派蒋介石赴鲁任山东讨袁军①总司令居正的参谋长。未几，在全国上下一片反对帝制声中，袁以羞愤病死，中山先生乃命各省讨袁之中华革命军次第收束。于是各省参加中华革命党或中华革命军之人员，遂不少相继到上海待命。我亦于是年冬奉召抵沪，初寓法租界协平里4号邓仲元寓所，旋迁入环龙路44号中华革命党总事务所。

当时蒋介石赁居法租界新民里11号，地点与协平里、环龙路均相距不远。蒋常到仲元住所及中华革命党总事务所，余之认识蒋亦在仲元座中。仲元也尝邀我同去访蒋。当时中华革命党人士失意之余，在上海多无所事事，故日中多到蒋寓所闲谈聊天。蒋表面上非常好客，应酬来往，每见其"座上客常满，杯中酒不空"。且寓中常设有麻将、扑克各一台，以备各人消遣，并常留大家在寓所用膳。当时蒋与其如夫人某氏②同居（某氏即后来蒋纬国之养母），她是上海娘姨出身，颇善应酬，并能弄沪菜数味。蒋间亦去往酒楼，叫叫条子，或至长三堂子（上等妓院）做做花头。但我见蒋不大下场参加赌博，别人玩得热闹时，他常常独自在书房做读书写作状。因此大家亦不便扰之，宾主之间，各适其所。余间进其书房，见其书架上摆满线装或洋装书籍，大抵都是一些中外古今的兵书，从《孙子》《吴子》《六韬》《三略》《纪效新书》《练兵纪实》到曾国藩、胡林翼的全集，以及《拿破仑本纪》和当时军校所用的典范令。壁间还挂有中外舆图。在当时革命低潮之际，中华革命党人一般意志比较消沉，但蒋则极力以读书好学表示其振作精神，颇得到一般同志的称道。在中山先生心目中，蒋当时亦为一"深娴韬略"的少壮干部，故凡有关各省军事问题，均常传语"请介石前来以备咨询"。

余与邓仲元自辛亥革命后，相从有日，几于无所不谈，在沪时闲常亦道及蒋介石。仲元谓蒋此人是上海通（似从坏的方面说），所交朋友流品甚杂（当时如杨虎、孙祥夫、马伯麟等及其他帮会人物都常与蒋来往）。

---

①　据《蒋介石年谱》，山东讨袁部队名称为"中华革命军东北军"。

②　1916年前后与蒋介石在上海同居的是姚冶诚。

蒋用钱手头甚松，往往拆东墙补西壁，表面阔绰，实则空虚。邓还告我，蒋今年（1917年）春节似不好过，曾向他开口借钱，但邓当时无款，手上只存有二十一英金百枚（时值欧战影响，英金价跌，所值不过四百元），但蒋仍要了去应急。邓又说："不过蒋还讲信用，旬日之后便送回我五百元，可谓本利双收，实出我意料。"又一日，仲元一时兴到，说从来没有逛过"么二堂子"（上海二级妓馆），拉我一同找蒋介石担任向导，蒋便带我们前去一连逛了好几间。普通每家"丢盘子"（打茶围）银圆一元，但蒋为了表示其为阔客，每一家出门时都从腰包里掏出两元，掷于盘中，铿然有声。仲元对蒋颇另眼相看，闲谈中亦尝对我称道蒋之长处，谓蒋对朋友同志颇为谦逊有礼，而又间能周人之急，故人多乐与之游；并谓蒋不仅肯研究兵学书籍，对各省军政形势及当时政治派系现状，亦极注意，预言蒋将来当有出人头地的一日。

仲元在春间以积劳赴日本（时邓的眷属尚在东京）休养后，余迁居环龙路44号协助朱执信搞事务所的文书工作。当时见中山先生遇有讨论党政重要问题，亦常邀请蒋介石参加，至于有关军事大计，则必召许崇智、蒋介石（仲元在沪时亦必出席）及有关人员商议。可见当时蒋已取得中山先生的信任，跻于决策核心干部之林。

1917年，中山先生南下护法，国会非常会议选举中山先生为海陆军大元帅，党内要员（包括章太炎、陈炯明）云集广州。这一年间始终未见蒋介石前来，但中山先生尝接张静江、戴季陶、居正、田桐、陈中孚五人联名自上海来电推荐"蒋介石才堪大用"。[1]1918年春间，中山先生曾在粤以大元帅名义任命熊克武为四川督军、杨庶堪为四川省长。当时杨曾来电商请中山先生以朱执信为省署秘书长、廖仲恺为财政厅厅长、蒋介石为省警务处长。当时杨略知中山先生在粤环境困难，希望中山先生转而注意利用四川天府之国的有利条件，但由于熊克武部下挡驾，廖仲恺在入川中途亦

---

① 作者自注：此系当日大元帅府机要室译电科员梁烈亚所说。梁在解放后任上海文史馆馆员。

不得不折回上海，而蒋介石适已入参粤军戎幕，此议遂未实现。中山先生回广州开府后，卒以见扼于桂系军阀陆荣廷、莫荣新及背后有政学系岑春煊等而以失败告终。1918年5月，中山先生被迫离广州而返上海。

在粤护法事业虽告挫折，但中山先生已于1917年冬因获朱庆澜（原广东省省长）之助，取得省防军二十营改组为援闽粤军，作为革命的基本武装力量。时陈炯明任援闽粤军总司令，邓仲元为参谋长。由于仲元之献议，中山先生遂说服许崇智（时任中华革命党军务部部长兼大元帅府参军长）屈就援闽粤军第二支队司令。时余亦以帅府少将参军奉调任总部中校副官代行副官长事（副官长黄强常在外办理交际），协助仲元处理工作。仲元虽身居幕僚长地位，但为人态度谦逊，极注意为中山先生延揽人才，谈话间常以蒋介石、吴忠信二人为念，并谦称自己论才略不如蒋、吴。一日，仲元嘱我发一电报到上海邀蒋、吴二人来粤襄助军务，电稿由我执笔，大意略谓"本党以未得革命基本武力，护法事业迄未进展，现已由先生（谓中山先生）取得省防军二十营，组成援闽粤军，以竞存为总司令，弟忝任参谋长，汝为亦出任支队司令，佥议电请两兄枉驾来粤，参与戎幕，弟尤感盼"等语。是时粤军各营已于1月间开赴潮梅指定地区集中，总部设汕头琦碌。未几，蒋介石、吴忠信果联袂来到汕头粤军总部，屈就总部上校参谋之职。蒋介石与广东发生关系及此后进一步更取得中山先生信任自此始。时为1918年春2月也。

蒋介石、吴忠信之入幕援闽粤军，虽事前亦得陈炯明之赞同，初来时陈对蒋介石尤倚畀甚殷，于是粤军援闽全盘作战计划均交蒋负责草拟，经陈、邓核定即发交各部队执行。不久，余与吴忠信奉命出佐许崇智。尽管如此，蒋对陈颇有成见，余曾多次亲听到蒋对人表示：此来系追随中山先生革命，而非为陈炯明卖力。

由于蒋处处以中山先生忠实信徒自居，故在当时陈左右中，遂逐渐引起嫉视。

援闽粤军从5月17日开始向闽边进攻。在总攻前，中山先生曾到大埔三河坝及梅县松口等处鼓励前方将士，并召见各支队司令。蒋介石是时亦奉陈炯明命，到前方各支队视察，并征询大家对作战计划有无意见。蒋当时态度表现很谦逊，每次开会，自己不多发言，听取各将领意见。是年秋，正当闽南、闽西战事胶着之际，蒋曾自告奋勇，请陈派部队交他指挥，计划挺进福州。当时陈即就粤军中比较有战斗力的部队中抽派统领梁鸿楷、丘耀西所部各三营，另附炮数门，成立一个第六支队，由蒋担任支队司令。初时，蒋率军锐进，攻克永泰，距福州仅一百二十里，但被闽督李厚基在闽垣集中强大兵力反攻，结果蒋军不支，退出永泰。不久，南北议和，蒋遂辞去支队司令职仍回上海。粤军整编后分两个军，陈炯明以总司令兼第一军军长，许崇智为第二军军长，邓仲元为总部参谋长，蒋介石为第二军参谋长。但蒋并未到部队就职，唯间或来往于上海漳州之间。或云系与张静江合作经营交易所，获利以佐需饷。是时正当五四运动之际，中山先生思想上亦受新思潮所影响，一面筹划改组中华革命党为中国国民党，并命左右刊行《建设杂志》以广宣传；一面又准备派出干部赴欧洲各国（包括苏俄）考察。初时拟派廖仲恺、朱执信、蒋介石三人，嗣以仲恺职管度支，一时不便出国，仍决定由朱、蒋二人前往。最后由于形势急剧变化，中山先生乃急于回师广东，故又将派员出国考察一事搁置，转命廖仲恺、朱执信二人两度赴漳州敦促陈炯明回师，唯陈对回粤缺乏信心，迟迟不肯执行。蒋介石当时在沪力陈陈炯明不可靠，自己亦表示不愿接受第二军参谋长新职。几经中山先生及朱、廖两人敦促，蒋仍借故返回奉化溪口原籍，未即前往就职。蒋当时一方面因系对陈炯明不满，认为陈炯明对中山先生无拥戴诚意，且亦由于个人在粤军内部受到陈炯明左右如叶举、洪兆麟等的排斥。第二军军长为许崇智，蒋与许虽有金兰之谊，但每对人批评许生活浪漫，办事不认真，讥为不能大有作为。中山先生洞悉其情，乃通过朱执信去函劝蒋对陈、许两人不可太过决绝。《朱执信集》（民国十七年七月上海建设社版）载有当时朱致蒋介石一函如下：

介石我兄：

竞存的电信来后，汝为、仲元的电报也来了，料他不致变更。冯启民君昨天由厦门到。他说你走之后，汝为派人来请你回去，并且说即刻要出发，照汝为来电是十号动身，那也还不算假。现在对于竞存与汝为，似乎不好太过决绝，你看如何？孙先生叫我到香港，我打算礼拜四早上的船去，先经厦门，再到香港。如果没有效果，还是一个月内回来，如果有希望，就有两三个月耽搁。但是我决不带兵，事定之后，我还是到欧洲去。因为波兰媾和的事，英法意见冲突，现在的情形，是英意为一党主和，美法为一党主战，欧洲局面很有变动的样子。我们的游历计划，不要给他拦断了。希望你能给我一个信（礼拜三以前）。请你和你母亲的安。

大符，九、八、十五

蒋接朱函后，当时曾交冯启民（蒋当时的亲信左右，但后为蒋所杀）带一复信给朱执信如下：

执信吾兄：

冯君礼拜二晚到舍，接读手教，如当时复书，计时已经不及展阅，因最快亦须于礼拜四早方得送信至上海也。近日粤局如何，不胜遗念。弟看定粤军战胜，必于吾党无甚利益，且内部复杂，共事皆非常为难，故决不参加，以徒劳无功，何必多此一番也。现在只想赴欧，别无他志，赴欧之资尚不难筹。吾兄如能同行，实为万幸。未知尊意如何，请示复。弟中正启。再者弟约8月杪可以到沪[①]。

从蒋复执信函中，可以看出蒋当时既是坚决拥孙反陈之一人，对日后

① 作者自注：此信从未发表，原件系由执信内侄杨君在执信所遗文件中发现，后送给我阅过确为蒋的亲笔。

陈炯明之谋叛，亦是有一定的预见。执信旋回港。陈炯明亦被朱、廖两人说服，率粤军出发回粤。粤军攻下潮汕及东江上游之后，续向河源、惠州进攻，又因敌军增援，战事乃呈胶着状态。中山先生以形势紧急，乃嘱张静江派人催促蒋介石返回部队，闻当时还送了大洋一万元给蒋做安家费。蒋乃于1920年10月初由沪抵汕头转东江上游就第二军参谋长职。时军长许崇智兼任右翼军总指挥，因作战积劳卧病，在军休养，蒋遂兼代总指挥之职，指挥作战。已而魏邦平、李福林两部在省河宣布独立，敌军后方感受威胁，且各地地方团队及绿林又纷纷反正，莫荣新所部桂军见大势已去，遂狼狈撤退，粤军于10月下旬长驱直下广州。

蒋介石当时以代右翼总指挥随军入穗。未几许崇智病愈视事，蒋又因母病离粤返奉化原籍。

当时粤军一再改编，拟议中曾内定蒋任炮兵司令或某一路司令，但蒋皆不肯接受，只挂第二军参谋长衔往来于粤沪之间。

1921年援桂胜利之后，中山先生主张北伐，由广州出发桂林。蒋又回穗，仍以第二军参谋长名义并参加大本营戎幕，随先生出发桂林。行次梧州，蒋奉中山先生命前往南宁与陈炯明磋商北伐军事。蒋晤陈后，谈话不投机，遂于即晚不辞而行，回梧州向中山先生报告。当时北伐事大，尚有赖于陈炯明所部粤军之支持，中山先生分析情况后，决定亲自命驾南宁。商谈结果，陈炯明表面上不敢阻挠出师北伐进驻桂林，但态度仍甚暧昧，随即"凯旋"回粤，主张保境安民，休养生息；并试行所谓民选县长，扬言要建设广东为模范省。实则暗中与滇唐（继尧）湘赵（恒惕）呼应，搞所谓"联省自治"，且与洛阳直系头子吴佩孚亦有勾结。

其时大本营总参谋长为李烈钧，但由于中山先生对蒋信任，大本营所有机密计划，蒋均经常参加决定。1922年3月上旬，粤军参谋长邓仲元在广州东站被刺殉难，中山先生在桂闻耗深为震悼，深知此举必为陈部反动分子所为：邓仲元一死，更难希望陈炯明对北伐有所支持；其时又因赵恒惕阻止北伐军道出湖南，中山先生遂召集旅长以上军官集会决定改道北伐，移大本营于韶关。在会议上，蒋力言陈炯明所部粤军不稳，必须首先回师予以解决，否则北伐后方一旦有变，前途堪虞。但李烈钧则主张仍首先前进北伐，暂时将陈炯明问题搁下留后解决。会上，蒋之意见受到许崇智、吴忠信等之支持，李烈钧意见成为少数，最后遂由中山先生决定回师广东，坐镇广州，所有参加北伐部队大部分陆续由桂林移至粤赣边境待命，小部分则沿漓江、西江东下，行次梧州，陈炯明忽来电辞职（闻陈因得粤军第二军许部旅长谢文炳密报，谓中山先生回师将于陈有所不利），时胡汉民与蒋介石均在中山先生侧，力主对陈不再迁就，准予辞职。中山先生是时仍欲转圜，乃复电陈予以慰勉，着其来肇庆相会。后以陈迟疑不来，谓其抗命，乃决定免去其广东省省长兼粤军总司令职，仍留其陆军、内政两部长虚衔①。廖仲恺当时在广州任大本营财政次长代部长职，以事赴肇迎驾。已闻得中山先生要下令免陈职，但尚未发表，乃急即回穗，劝陈赴肇解释误会；另一方面复嘱罗翼群急电胡汉民力陈免陈职之不利，请先生暂勿发表，待陈面商再定。但胡复罗电略谓"先生不能收回成命，借重竞存之处甚多，仍请竞存来商"等语。陈既悉中山先生已下令免其职务，遂称病匆匆离穗赴惠州休养。中山先生旋即回广州坐镇，蒋介石亦随来——时伍廷芳已奉派为省长，粤军总部撤销，所有粤军统归大本营直辖。一切部署既竣，5月初，中山先生出发韶关，蒋又离穗赴上海②。直至6月16日事变发生，中山先生蒙难避往永丰舰上时，蒋始由上海径回黄埔，登舰扈从。当时中山先生左右甚少得力军事人才，见蒋来极为高兴——左右人士也以蒋能来共患难为难能可贵。此役在舰坚持斗争凡五十余天。直至北伐军许崇智等回师讨逆失利，中山先生始偕蒋等离舰经香港赴沪。由于蒋过去曾力言陈炯明不可靠，中山先生至是亦更嘉其有先见之明，自此宠信有加。蒋复著有《孙大总统广州蒙难记》一书自我标榜。中山先生亲为写序，中有"陈逆之变，介石赴难来粤，入舰日侍余侧，而筹策多中，乐与余及海

---

① 据李凡著《孙中山全传》，1922年4月21日孙中山免去陈炯明的内务总长、粤军总司令、广东省省长三项职务。

② 据《蒋介石年谱》载，1922年4月23日蒋介石离开广州赴上海。

军将上共死生"之语。蒋自此身价更高，成为中山先生左右重要人物之一，且在军事上尤较许崇智、李烈钧等更为中山先生所倚重。

　　1922年冬，许崇智率所部第二军与黄大伟、李福林两部讨逆失利，转而攻下福州。驱走闽督李厚基后，中山先生命许组织东路讨贼军，以许为总司令兼第二军军长（黄大伟为第一军军长，李福林为第三军军长），并以蒋介石为总部参谋长。此时蒋极注意培养个人威望，过去蒋本亦好在风月场中流连，但此次入闽，则道貌岸然，生活上表现十分谨慎，对各方面应酬，除必要外，一概谢绝。军中同事对蒋之作风改变，咸以为异，嗣后一些花酒场合，对蒋也不敢邀约。蒋此时对许崇智身为主帅，常在招待所宴客并召南台妓女入城侑酒，未免过于浪漫亦不以为然。尤其是对第一军军长黄大伟之恃功骄纵，入闽后纵容所部搜刮公私财物，更为反感，曾在中山先生面前力加抨击。但有一事，亦足说明蒋当时所为不外乎装腔作势，彼入闽后亦曾将大批珍贵图书据己有。当时许军攻克福州后，曾封占章景枫（章为闽督李厚基属下红员，任闽省烟酒公卖局长）公馆作为贵宾招待所。该屋房舍甚多，陈设宏富，余时先在后座居住。蒋介石由沪来任总部参谋长，亦在此居住。蒋旋因公去上海（当时许崇智、蒋介石必欲去黄大伟，经请得中山先生电召黄大伟速来沪面商讨贼大计，黄颇怀疑而不即行，蒋乃急与偕行。有人不知内幕谓蒋同情黄，实非也。观后来中山先生允免黄职，蒋即返福州，便更明白了），行前饬其随从将章景枫过去所藏之珍贵古籍打包一同运赴上海。余见状深以为异，盖军中曾规定任何人员不得擅取当地公私财物。蒋当时亦曾据此以弹劾黄大伟，何以竟贪图便宜，自干法禁。且章景枫公馆内陈设书画古玩用物甚多，过去招待廖仲恺、汪精卫、居正等来此小住时，均不拿走东西，仅见刘纪文曾私自欣赏取去一部分图章石。余当时曾将蒋劫取图籍之事向许崇智报告，许谓这些书籍蒋既喜欢拿去，听之可也。时许对蒋极为客气，蒋每次往来，许皆饬军需处厚送赆仪及安家费用，在福州时如此，在广州时亦常如此。

　　蒋在福州任总部参谋长时，与黄大伟摩擦甚多。事实上入闽之役，各部在途中纪律甚佳，但入闽垣后，军中纪律逐渐松弛，黄所部军队，亦不例外，黄个人更骄纵跋扈。攻下福州之日，黄大伟、李福林两部首先进城，便不待许崇智之许可，擅自委派主要财经人员（黄以其所部参议陈劭先任福建财政厅厅长，参谋长张定理任福建烟酒公卖局局长，支队司令龚师曾任闽海关监督；李福林亦效尤，以其参谋长练炳章任福建盐运使，副官长冯次琪任省警务处处长），致令许内损统帅权威，外失友军信约（许原与王永泉约定攻下福州后，福建地盘归王主持，而由王援助许军回粤讨贼）。又黄对许、蒋态度倨傲，遇事均不大买账，甚至召开会议亦常不到。许、蒋遂有非去黄不可之势，而蒋且以办事不能如意，不久便表示要辞职返沪，几近要挟。中山先生闻讯，曾函劝其忍耐工作，略谓"现在我有了福州地盘，对外说话也就比较有力，联俄之事，亦将告成，一切将由仲恺来闽面详"云云（见中山先生致蒋介石1922年11月21日函），蒋接信后始中止离闽①。

1923年1月中旬，由滇桂军组成之西路讨贼军已克复广州，蒋介石在福州闻讯后，乃于1月下旬偕我和李福林同轮赴沪谒中山先生；并以整饬军纪为名，促中山先生下令免去黄大伟军长职。黄以后投奔陈炯明叛军。

中山先生于是年2月21日自沪返抵广州，宣布复任大元帅职，当时同行返粤者有蒋介石②、廖仲恺、张继、何成溶、陈树人、陈策等。大本营在广州成立后，蒋介石被任代总参谋长（原大本营总参谋长为李烈钧，时以闽赣粤边防督办名义，奉命赴潮汕收抚叛军洪兆麟、赖世璜等部），蒋随中山先生驻大元帅府（河南士敏土厂），一切军事部署，皆由蒋主之，中山先生对蒋可谓言听计从。余当时奉命任大本营兵站总监，实为蒋介石及廖仲恺二人之所推荐也。4月间，沈鸿英奉北京政府之命为广东军事督理，旋为滇桂军及在粤之粤军迅速予以击溃。蒋于沈军溃败后，于7月间又赴上海，8月奉派

---

① 据王俯民著《蒋介石详传》（上册）载：1922年11月27日蒋介石不听孙中山、张静江的劝阻，返抵上海，次日由宁波回家中。12月18日奉孙中山电命回闽上任。

② 据王俯民著《蒋介石详传》载：蒋介石于1923年4月15日由上海赴广州。

赴苏俄考察，10月间中山先生复任命李烈钧为大本营总参谋长。

先是，在中山先生未回粤前，由于廖仲恺之奔走协助，联俄联共大计业已确立。有名之孙越（飞）宣言发出后，苏俄方面即先后派政治顾问鲍罗廷、军事顾问加伦将军来粤。当时沈鸿英、陈炯明等叛军虽已受挫，但仍未能予以消灭，尤其是陈炯明叛军大部盘踞东江，一部邓本殷等盘踞南路。在粤之滇军杨希闵、桂军刘震寰等部将领，骄悍异常，且蓄意养寇自重，不愿认真进击东江叛军，致令由闽回师之许崇智东路讨贼军在潮梅地区受挫。其时蒋介石、廖仲恺（时任大本营财政部部长兼广东省省长）目击大本营所辖各军，虽号称十万之众，月糜巨饷，然军纪败坏，作战不力，深知非另立革命武装，不足以应付形势之发展，乃建议中山先生设立军官学校，造就军事干部人才，建立党军。得中山先生同意后，即由廖与苏俄政治顾问鲍罗廷商定，派蒋介石前往苏俄考察。蒋过去本有与朱执信赴欧考察之计划，朱死难后，军事形势变化复杂，考察计划曾一度搁置，至此遂得偿所愿。且在联俄联共时代，蒋得膺此命，亦为其日后伪装左派增加政治资本。蒋赴苏考察为期约三个月。回国后，与廖仲恺拟定军校章程，并得中山先生同意，择定黄埔前陆军小学及海军学校旧址为建校地址。苏俄方面亦派来军事顾问和军事教官，协助筹划一切。

1924年1月，国民党第一次全国代表大会召开。国民党经此次改组后，对创建军校事更加速进行。其时主要问题在筹措经费。廖仲恺原任广东省省长，改组后，即受到国民党内右派的攻击，谓廖个人兼职太多，揽权太重。中山先生为谋求党内团结，遂同意让廖辞去省长一职，专办党务及筹办军校。继任省长为大本营秘书长杨庶堪。时蒋介石适由上海回广州，闻廖仲恺卸去省长职务，即大表不满，认为军校筹备期间，所需经费，有赖于广东财政之挹注，杨庶堪原籍四川，又非财政专才，且不如廖之与苏俄关系融洽，如让廖去省长职，对军校之筹备工作，势必受到影响。其时军校开学在即，蒋向杨要求筹拨巨款，杨当时又无法应付，蒋遂在中山先生面前要求仍由廖仲恺复任省长。中山先生亦以为然。蒋此时曾以亲笔函致杨庶堪，促杨为党国计，立即辞职；杨遂悄然离穗经港赴沪。时我适在港秘密运动陈炯明部反正，正是前数天，杨曾以亲笔函征求我任省署顾问，回省赞襄。我方考虑复杨婉辞，而杨忽来见访，杨晤我时曾谈及蒋函中措辞十分凌厉，令人难堪，但为顾全公谊私交，乃决定退避贤路。谈及军校经费时，杨还说："在广东筹款，自己确不如廖之有把握，所以前曾函请老兄回省相助。"杨辞职后，中山先生不顾某些人之反对，立即复任廖仲恺为广东省省长。时廖已被派为军校党代表。由于廖之多方筹措，经费问题遂获得解决。该校经中山先生予以正式命名为"陆军军官学校"，以1924年6月16日正式行开学典礼。此盖根据蒋介石建议，以纪念中山先生广州蒙难之役，且强调办军校目的在于完成国民革命，欲达此目的，首先必须消灭东江陈炯明叛军（事实上，第一期学生已在5月初入伍）。

根据个人回忆，在黄埔军校筹备之际，蒋早已取得中山先生之极大信任，其赴苏俄考察殆全为设立军校及建立党军而取法苏俄之意愿。蒋在大本营中已身居重要之军事地位，且又得廖仲恺及中共方面之支持。校长一职，已有非蒋莫属之势。当时亦并无其他人选之传闻（覃异之在《黄埔建军》一文中谓曾有以程潜任校长，蒋介石、李济深分任副校长之说，但我当时在大本营方面并无所闻）。

当军校筹办期间，时人狃于旧见，未予足够重视，唯中山先生及廖仲恺等高瞻远瞩，对军校之期望特殷。迨大本营用帅令发表"特任蒋中正为陆军军官学校校长"时（5月2日），各方面对校长一职竟给予"特任"的崇高地位（当时文武官吏之最高职级）实出意外。其时蒋以在党资格尚浅，国民党改组时并未列名为第一届中央委员，在酝酿改组期间，蒋正赴苏俄考察之际，不作其他政治地位之逐鹿，亦颇在中山先生面前博得好印象。中山先生发表蒋为校长之同日，又任命蒋兼任粤军总司令部参谋长（蒋日后即利用此地位夺取许崇智军权），旋复任蒋兼长洲要塞司令，以便于拱卫黄埔军校之安全。此后，蒋遂以军校校长身份，日益取得权力，而厕身于党政军红员之列。

当黄埔军校行将成立之际，中山先生对军校干部人选极为重视，除已内定蒋介石为校长，廖仲恺为党代表外，其他主要干部，初步拟定以李济深为教育长，戴季陶为政治部主任兼政治总教官（并以罗翼群为经理部主任，时我以另有重要任务在港未能回省担任而辞，遂不设经理部）。蒋乃推荐自己之业师周骏彦任经理处处长，其戚俞飞鹏副之，而以我之同学黄天民任出纳科科长（后蒋提拔其为军事委员会禁烟处处长），盖蒋素谬以我在粤能为其筹款臂助者。蒋任校长后曾函请广东筹饷总局设法月拨一万元为军校伙食费，我当时新接任该局总办职，查得全部饷项已被滇桂粤湘各军分配净尽，无可挹注，旋发觉过去烟赌承商每月例有致送总办干脩五千元之数，当时乃一面饬承商按月照送，一面报明大本营即将此款按月拨助军校伙食费。虽然只能达到蒋所要求之半数，但蒋事后也表示满意（至1925年间军校大扩充，招收第四期学生入伍之际，我曾与所部潮梅军干部筹集大洋三万元为蒋之助，这是后话，略于此一提）。

廖仲恺当时为支持黄埔军校鼎力之人，军校从筹办到开学，一切经费，均赖廖在拮据中设法筹拨，备极艰苦。军校初办期间，每月常有发不出工资之困难，有一个月仅由廖仲恺设法筹得大米一百多包应付员生吃饭。或传当时苏俄方面曾有巨款见助，似无足证，但有俄轮运来大量煤油变卖，卖得之款，亦系由大本营财政部门统一分配，当时并无指明分配军校多少。又见苏俄援助军械若干，亦无确数。询曾任军校军械处长之邓士章（中华人民共和国成立后在北京任全国政协委员），他回忆说："军校成立之初，由于苏俄军械未运到，仅由石井兵工厂拨出步枪三百支。以后，苏俄曾由海参崴运来军械两批，都是日式步枪及轻重机关枪、炮数门。为了保密，并不全存校中，部分存长洲要塞及军舰上，所有分发皆由蒋介石亲笔下条子，究竟数目多少，当时不仅军械处处长不清楚，甚至连蒋介石本人也没有详细清单，只有苏俄顾问才清楚。军械库内工作人员都由蒋派自己的同乡担任，但彼等对军械是门外汉，既没有将军械分类，也没有编制详细表册。我在校时间不久，又值两次东征及讨伐杨刘，亦无时间为之整理。故苏俄援助军械，种类数目各若干，一时尚无根据奉告。"

蒋自回粤任大本营参谋长后，气焰已逐渐高涨，任军校校长后更以进步自居，对各军将领，均不放在眼内，且一反当年在上海时之喜交游和好联络的态度，平日不甚与各军人物来往应酬。其时在粤滇军自恃讨陈、讨沈及平定商团之乱有功，态度亦十分骄纵，其中尤以范石生（滇军军长）对蒋最为不满。彼等既深憾蒋目中无人之作风，且对蒋当时所标榜之"军队党化"口号极为反感。其间一度曾传说有人计划行刺蒋介石。犹忆中山先生1924年冬北上之际，曾亲到黄埔军校讲话、留别，余等均随同前往欢送中山先生离粤。当时余亲见范石生只随兵舰送中山先生至黄埔码头，但借辞身体不适，拒绝登岸入军校，在公众眼中，露骨地表示出其对蒋（也可以说对军校）之不满。

蒋当时兼任粤军参谋长，但粤军方面如梁鸿楷（军长）、张国桢（军长）、张民达（师长）等，对蒋亦有芥蒂。许崇智虽为蒋之上司，但由于中山先生对许生活作风颇有意见，蒋对许亦颇有微词，在各军内部用人行政方面，彼此意见常相左。蒋既掌握军校，对粤军亦认为成分复杂，意存歧视。在中山先生及廖仲恺在世时，蒋与粤军之间之矛盾尚不显著，迨中山先生及廖先后谢世，蒋即利用军校及党军之势力，逐许崇智，杀张国桢，囚梁鸿楷等，而粤军统帅之大权遂被蒋攫取手中。

蒋介石迫逐许崇智下野前夕见闻

林 祥*

    1925年9月19日晚上，粤军总司令许崇智被其部下参谋长蒋介石逐迫下野，蒋介石夺取了许的兵权。

    蒋介石当时除任粤军总司令部参谋长外，还兼任黄埔军校校长、广州卫戍司令，许崇智和蒋介石，原是拜把兄弟，蒋在许前，至为恭顺，实则内怀篡夺，秘密进行各种手段对许。当时粤军总司令部，便在广东省旧咨议局，前面是东校场，蒋任外职，甚少到总司令部办公，总部来往公文，由参谋处处长冯秩斐办理。副官长陈可钰患病，久不到职，由副官处长冯次琪暂代，冯又兼中山筹饷局局长、军法处处长，极为许崇智所信任，故总部事务，全由他一手包办，成为粤军最红的一员。但冯好货财，庸碌无能，蒋之倒许，策划甚久，冯却茫然不知。许虽微有所闻，但不详其真相，在部内又无可共相商之人；他的兄弟许济，任第四师师长，亦是无能之辈；且许济部下的参谋长蒋伯诚、旅长谭曙卿，皆为蒋所收买。第二师师长张民达是一个有见地有能力的将领，1925年春，攻克潮汕之后，愤蒋行动自专，目中无许，知蒋久后必反，亦欲除蒋。他由梅县乘船往潮汕，决心解决蒋介石时，不幸船经潮安湘子桥溺水身死。许失去张民达以后，

---

    * 作者时任广东宪兵营营长。

44

剩下来的不是利禄之辈，就是碌碌庸才，几乎无一人可做许之左右手者。

蒋之倒许，酝酿时间很长，计划周密，除收买许济部参谋长蒋伯诚、旅长谭曙卿外，其他第一师师长李济深和该师旅长陈铭枢等均为蒋介石收买过去。谭旅驻守广九路的石滩，监视在石龙的莫雄旅和第三师（后来这两部均被缴械），第一师独立旅张发奎早知风声，先已开入高明县附近。

蒋介石布置已定，乃发动倒许，时在9月19日晚，当晚8时许，忽有军队一连人左右，从外间开来，先在东校场，面对粤军总司令部立定；继而横排前进，向粤军总部外分左右散开。当时我任广东宪兵营营长（系独立营，由总部直辖），营部驻在总司令部内，卫兵将门前有兵向总部开来情况向我报告，我以粤军总司令部系国民政府高级军事机关，且又是最高的行政会议所在地，居然有人敢派兵将总部包围，感到惊异，立即点起"广东宪兵营"灯笼，向该包围部队长官质问。他们答称是"奉卫成司令部命令，来向粤军总部警戒的"。我转到后门查看（即现时的先烈路），又见有重兵扼守包围。我见这种情况，不知发生了什么事，更不知如何应付。我想只有打电话向总司令报告，才能清楚原因，便立即到楼上看看有什么人在。走到副官处，只见冯次琪独自在那里看公文，其余各处都寂无一人。我对冯说："总部现在被卫成司令派兵包围。"冯闻言即面色苍白，额汗涔涔，不能置答。正惊惶之际，冯的老婆在家打来电话，说家中四面被军队封住门口，不许进出，冯颤声答以"唔怕唧！唔驶慌（不要怕，不要慌）！"仅仅两句，放下电话，颓然坐下不发一言。我对此情况，还是不明所以，只有下楼，指挥宪兵加强门卫，并亲到门外马路站立，观察动静。忽有一部汽车驶来总部门前，我即喝令停止，问是谁人，车内一人下车，我认识他是许济的参谋长蒋伯诚。我对他说："今晚总部戒严，汽车非经检查，不许通过。"蒋即取出一封信，信封外面写"呈总司令许钧启"几个字，说："这封信是蒋参谋长（蒋介石）要我送去面呈许总司令的。"我即任他通过，又到楼上告知冯次琪，冯神色惊惶，不知如何是好，我们想不出什么原因，对坐默然良久，心情十分不安。约半个钟头，桌上电话铃响，是许崇智给冯次琪的电话，冯听过电话把耳筒放下后对我说："刚才蒋伯诚送参谋长的亲笔信去见总司令，函内大致说'广东军队把持财政，总司令太过忠厚，无法整理，请总司令暂行离开赴申三个月，俟打理就绪，请总司令回来'等语。"我即对冯说："这是参谋长倒总司令的台了。包围总部就公然造反了，不如我们乘夜打出去，保护总座出石龙、东莞，这是一个彻底的应变办法。"冯说："这是不能轻举妄动的，事情内容如何，有国民政府负责。"我年少气盛，愤愤不平。谈话未已，忽电话铃声又起，又是许崇智给冯次琪的电话，许说："我将今晚之事，用电话告知汪先生（汪精卫），汪先生答我说：'这是对的，应该明日去上海暂住。等大家整好财政后，请你回来就好了。'汪先生都这样说，我没办法了。"冯次琪悲容满面，漫漫长夜，行坐不安。第二天（20日）拂晓，黄埔学生军闯进总司令部，把全部公物看守冻结，不许翻动，全部接收了。这天早上，第一师第一旅旅长陈铭枢，带着蒋介石出去面见许崇智，说陪同许崇智即日启程赴申。船票早已订就了，许已被劫持，任人摆布，于是颓然随陈铭枢前往上海。许的粤军总司令，便被蒋介石夺过去了——陈铭枢也是被蒋介石收买的，倒许的密谋，他也参加，目的是想升任师长。许被迫下野，以后蒋介石升他做第十师师长，但人数不够。便将广东宪兵营拨归他凑成第二十九团，以孙绳为团长，这时，我就离开这宪兵营营长的职务。

是日（9月20日）晨，何应钦自造币厂来电话，询问尚有何人留在总部。我答以"有冯次琪在，余无他人"。何以惊诧的语调问我："冯次琪还在吗？"我告知冯，冯惊得面无人色，颤声问我："现在黄埔学生军把守门口，如何出得去呢？"我答："不怕！我有办法，今晨适追悼廖仲恺，借总部为追悼会会场，你可卸去军服，改穿长衫，戴上黑纱，做参加追悼会的人，杂在追悼人群中混出去。"我刚把冯次琪过关之事设计好，罗翼群因追悼廖仲恺人来与我迎面相值，我将昨夜与今晨的事变告罗，罗即匆匆退出。果然冯次琪照我的计划，混出去了。许崇智被蒋介石迫逐下野一事，就这样结束了。今天，冯次琪不知何往，只剩下我一人，这有关历史事实，我是目击者，我年已垂暮，如果我不提供，会把真正历史遗漏或者可能以后会失实。罗翼群曾在《广州文史资料》第四辑写过陈铭枢带蒋介石信面呈许崇智，请许赴申，这是9月20日早晨的第二封信，9月19日晚上，蒋伯诚奉蒋介石命带信给许崇智，请许赴申，才是第一封信，罗翼群写陈铭枢带信是所闻失实的，这里一并订正。

我所接触到的蒋介石

季　方

黄埔军校时期的蒋介石

　　1924年黄埔军校开始一个时期，蒋介石经常亲自检查教官、学员等的训练与生活情况，常常在早晨起床号吹过后即直闯教官、学员的卧室巡视。有些人以为校长（蒋）不在校而睡懒觉者，常被他集合起来训斥。他当时不吸烟不饮酒，据说与他在日本和上海时已判若两人。他在校时必到餐厅与教职员一起就餐，教职员必须等他动箸而后动箸，大有严肃认真励精图治之概。当时他对国民党内的西山会议派也表示反对，常说他们反共，我们要反反共。在每次开校务会议时，大都由他一个人作训话般的交代，很少听到不同的意见，民主的空气是闻不到的。在对待人的态度方面，尽管有些人生活腐化，甚至阳奉阴违，但表面上唯命是听接受训斥者，反而可以得到他的信任，以后得到军事重任者此类人不少。但他对那些自觉自爱表里如一而有骨气的人，则尊而不亲，甚至敬而远之。他对共产党同志的态度固然如此，即对邓演达、严重等也是这样。

　　1925年东征讨伐陈炯明时，蒋介石打着黄埔军官学校的旗帜，亲自率领两个教导团，联合粤军许崇智部两个师共同作战，实际上是以黄埔军校为主力。由于干部和战士都受了政治训练，士气与一般的旧军队不同，虽然队伍编成不久，军事训练不够精干，可是冲锋陷阵还是很勇敢的，但作战指挥水平很不一致。当时第一团团长是何应钦，第二团团长是王柏龄，我是第二团第二营的党代表兼营长（临时性的，因营长请假）。淡水之役，攻进城以后，王柏龄命令我营任搜索城厢之责，其他各营均出城追击。我在任务完毕后即集中在他的身边待命。这时前方从山中枪声激烈，他要我率领一个连到前方侦察侦察。我首先占据了一个比较突出的前进阵地，随即与敌人接触，不久被四面包围而被俘虏。当时敌人所要的是我身上的财物如钢笔、手表、钞票等，对我是什么人并不重视，只要求我们抬着他们的伤员一起退却，并要求跟他们一起干，说当兵的到哪里都一样。我看他们还不知道我是营长，就乘机脱逃。经过几天的艰苦跋涉，终于回到校部见到了蒋介石。我向他汇报经过情况，蒋对我勉励了几句，就要我去第一营任党代表，该营营长是顾祝同。据说王柏龄在这次战役结束时手中仅仅控制着一个连，其他营、连都失却了联系。蒋对此很生气，对王说我要你担任的是团长而不是连长，就把王的团长职务撤掉，以参谋长钱大钧接替之。这是王第一次失宠于蒋的事。

东征进展很快，潮州、汕头等重要城镇犹如摧枯拉朽得到收复，周恩来同志受任为汕头行政公署主任。这是领导着等于广东小半个省的整个东江地区的重任。此外，还设立了黄埔军校潮州分校。这之后，两个教导团扩编成以何应钦为军长的第一军，并任命周恩来为政治部主任，旋即回师广州，平定了滇桂军的叛乱。

"中山舰事件"前后的蒋介石

自开办黄埔军校至东征讨陈以及平定杨（希闵）、刘（震寰）的滇桂军，基本上统一了两广，这时蒋的声望是相当高的。王柏龄、潘佑强等右倾分子，鉴于以青年军人联合会为核心的进步力量日益强大，乃成立以戴季陶为孙文学说大师的孙文主义学会（当然是得到蒋的同意的）以谋抗衡，时在蒋的面前进行挑拨。蒋自孙中山在北平逝世，黄埔军校党代表廖仲恺在广州被暗杀，把国民党元老胡汉民借廖案嫌疑逐出广东后，本想大权独揽为所欲为。这时，由汪精卫接任了军校党代表的职务，但蒋认为汪精卫是容易对付的，所难与者乃同共产党人在一起，总要讲一点民主和平等，不能独断专行。蒋已久怀鬼胎，所以像"中山舰事件"就很易发生。

"中山舰事件"的经过是这样的。1926年3月19日夜晚10时许，我正在校长办公厅处理一些来往文件，忽接驻在广州的海军局电话，说校长要两艘兵舰，今晚只能先来一艘宝璧舰，另一艘中山舰明天早晨才能到达。随后宝璧舰即来校部报到请示行止。时蒋不在校部，我根本不知道校长要兵舰的事，而教育长邓演达已在办公厅旁的卧室入睡，我即向邓报告请示。邓也不知道校长要兵舰的用意，就说要宝璧舰停泊待命好了。翌晨（即3月20日）中山舰刚开到黄埔港，不知何故又奉命开回广州。到了上午10时许，李济深（军校训练部主任、粤军一师师长）乘汽艇来到校部与邓密谈了半小时之后即与邓同赴广州。临行前，邓悄悄对我说："校长疯了，他突然集结部队如临大敌，把俄国顾问都监视起来了，其中必有误会，我要去见校长弄清真相。"据说蒋见到邓时似觉突然，原来蒋所得到的密报是共产党运用其海军局局长李之龙（共产党员，黄埔第一期毕业）的关系，将中山舰露械升火与黄埔邓演达联合行动图谋不轨，所以惊慌失措。今见邓来，心中已有所悟，但口中却不能不说集结部队以防不测。邓就要求蒋同进步青年站在一起，了解实情查明真相，首先要停止军事行动，自愿以身做质。蒋至此不得不接受劝告，但装腔作势地逮捕了李之龙，另派一个名叫欧阳格（孙文主义学会的人）的接任中山舰舰长，要邓回黄埔戒严。

邓回校不久，欧阳格即开中山舰到黄埔，要求邓到舰上去商议要事。我同严重、张治中等考虑怕有阴谋，劝邓不要上当，因告以邓有要务处理，暂时不能离校。不久，蒋来电话要邓去开会。在会上，邓见欧阳格也在座，即向他道歉，说适才因有要事未能应邀，请原谅。蒋听到邓的话之后即怒目而视欧阳格，说你要找择生（邓的别字）做什么？欧阳无言以对。

邓在离校期间，先是潘佑强（黄埔第一期学生，孙文主义学会头头之一）来校要集合学员讲话，后陈继承率领一个营要来黄埔上岸，均被维护军校秩序的严重、张治中等严词拒绝，说除非有校长亲笔手谕，任何人不得来校作任何行动，所以这些阴谋均未得逞。过了四五天，蒋始到校视事，但神色沮丧，很不愉快。我就将宝璧舰与中山舰先后开到黄埔的经过向他汇报，他说此事现在不要外传，其中另有别情你不知道。邓教育长还悄悄地对我说：要当心校长，怕他自杀，因为这样的事很难交代。

　　事后获悉，原来3月19日那天，有一艘上海来的商船在虎门遇盗，急到黄埔军校请求追查，学校的管理处就用蒋的名义（没有通过教育长与办公厅）电话海军局要他们派两条炮艇（供巡逻之用的小型舰只）来黄埔协助。不知怎的竟把炮艇改换成军舰，造成一场莫须有的悲剧。但蒋竟借此机会提出整理党务案，要加入国民党的共产党员与加入共产党的国民党员都要造册登记，要求不得跨党，并派邓演达去接替周恩来同志的潮州分校教育长及第一军政治部主任。从此蒋在黄埔的声望一落千丈，一些比较"左"倾的人对黄埔的前途又悲观失望起来。汪精卫在"中山舰事件"后就没有露过面。在一次大会上，学生中有向蒋要求校党代表来校者，蒋说汪已不知去向叫我到哪里去请呢？陈诚为了此事，也曾一度离开黄埔。那时像我这样的人，不了解共产党的政策怎样，也无从打听，只是心中纳闷而已。适我前妻张怀德于3月初在广州病故，我把她殡殓之后翌日即回校照常工作，至此乃借运送妻柩回籍之名离开了黄埔，实在不想再回军校了。后来听说共产党顾全大局，对蒋忍让，共策北伐大计。不久，有电催我返粤，于是我就参加了北伐军总政治部的工作。

北伐时期的蒋介石

　　"中山舰事件"之后，共产党方面好像谅解蒋是误会，蒋也默认是个误会，解除了对俄国顾问的监视，释放了李之龙，逮捕了欧阳格。那时蒋还羽毛未丰，如果与共产党决裂，局处广州一隅将毫无办法，因此不得不与共产党共谋北伐中原，终于1926年7月出师北伐。蒋任国民革命军总司令，兵分两路：东路以何应钦的第一军为主，出潮汕向闽浙进攻；西路军有张发奎、唐生智、程潜、李宗仁等部，还有王柏龄的总预备队。蒋的总部是同西路大军一起，出韶关向湘鄂赣等地进发，面对着吴佩孚、孙传芳等北洋军与英、法、美、日等帝国主义势力的大敌。我们总政治部除主任邓演达，带着胡公冕同志负责的宣传大队同第四军的先头部队一起行动外，其余宣传、党务、总务三个科由我负责随同蒋的总部一起行动。蒋经常骑马，有时乘肩舆。我因同工作同志一起行动，不便乘马或坐轿（按规定科团级以上都备有轿马），蒋在路上见了总要问声："怎么不骑马？"或者说："没有预备轿子吗？"这大概是表示他对干部的关切吧。

在西路大军突破汀泗桥、贺胜桥等吴佩孚的长蛇阵以后，就直扑武昌城下。守将刘玉春深沟高垒坚持不屈，蒋乃派邓演达为攻城司令，他自己要去南昌亲自督战，要我分率一部分总政治部工作人员随同前往。因为第六军与总预备队在几天前一度攻克南昌之后，原北洋军阀邓如琢部来了一个反攻，程潜、王柏龄所部竟不支而溃。程的第六军在退出南昌后犹能收集所部重整旗鼓，王柏龄则多日不知下落。蒋的总部进驻高安以后，始由王的党代表缪斌向蒋请罪。蒋很生气，要王不再出头露面，给了他数千元到日本去避风，这是王柏龄第二次失宠。蒋于是加调了刘峙的第二师又把南昌城围了起来，蒋与刘等亲到城的周围查看，决定暂时撤围。蒋又回驻高安，乃又增调朱培德的第三军，党代表是朱克靖，终于胜利攻克南昌，收容了两个多师的俘虏。时武汉的总政治部已提升郭沫若为副主任，即派他来南昌接替我的工作。后蒋要我去新编二十二师任党代表兼政治部主任，师长是陈继承，与严重的第二十一师一同编入东路军前敌总指挥白崇禧领导下，向浙江挺进。由于孙传芳部驻浙军长周凤歧、省长夏超的投诚起义，除了温处地区小有接触外，如入无兵之境，很快地进入了杭州。时蒋的总部已由安徽、南京等地进抵上海。

北伐的胜利，真似摧枯拉朽，势如破竹，为辛亥以来历次战役所未有。我怀着兴奋愉快的心情同陈继承师长首先到上海同蒋汇报请示。蒋询问了一些杭州概况以后，批评了陈过兰溪时娶一船娘为妾的事。陈唯唯认错以后，蒋要我回到他的总部工作，没有说明任何原因。那时我还一点也不知道内部已发生了重大变化，就说："那我先回杭州把政治部的工作交代清楚后再来。"蒋同意，我就与陈继承匆匆回杭。西湖的春光虽美，我亦不敢留恋，就急急忙忙地回到了上海。这时蒋已真相毕露，把各级部队的党代表一律撤销，显然是要成为军事独裁的架势。他封闭武汉中央派来的总政治部驻沪办事处，不准其进行职权范围以内的活动。因为蒋此时在军事上羽翼已经长成，有足够的力量与武汉中央相对抗，经济上已有江浙财阀为之撑腰，并与北洋军阀相勾结，对帝国主义则妥协，如不准群众要求收回租界等。这都是出乎我意外的事，真是不知所措，只得称病住院以便观察考虑。有一次在总部遇见蒋的机要秘书陈立夫，他说校长正要问你病好了没有，并问你愿做什么工作，现在政府部门也很需要人！我想自从到了黄埔以后，从来没有征求我愿做什么工作的意见，而我总是哪里需要就到哪里去，因此对陈的说话心中有些奇怪，就随口说了一句："我还是干干部队的政治工作吧！"陈说："那好。第一师政治部主任鄞俤已另有任务，你就接替他的工作吧！"我只好答允了。第二天陈就把蒋的任命状派人送到医院来，并嘱咐说薛岳师长已率司令部开赴南京，要我把政治部也马上赶上去。这时我不得不着急起来，心想如去南京就无回旋的余地，眼看出师北伐时的政治口号如打倒军阀、打倒帝国主义、打倒贪官污吏、打倒土豪劣绅、建设廉洁政府、耕者有其田等已不能兑现，我们这些做政治工作的人怎么交代呢？我急忙找相知有素的同盟会老国民党员赵舒（原任新编周凤岐为军长的二十六军的党代表）相商。他也感到蒋已背叛了孙总理的三大政策，反共清党势在必行。原来蒋在黄埔军校初期的表现是投革命之机，不如此不能取得孙中山总理的信任，更不能博得共产党人与进步师生的信任，那时蒋的羽翼还没有长成，现在他已具备一些反共独裁的资本，看来这种局势已是无可挽救的了。于是我俩一致决定改装易服结伴同行，搭乘长江货轮逃往武汉，这是1927年3月底4月初的事。过了不久就发生了"四一二事件"，从此我对蒋介石就成了不辞而别的永别了。

从假革命到反革命的蒋介石

李仲公[*]

1926年7月27日，蒋介石带领国民革命军总司令部高级干部从广州向韶关出发，靠着苏俄顾问之襄助、共产党之支援、全国各地工农运动之配合，一路浩浩荡荡地向长沙前进，不到五个月，下武昌、汉口，克九江、南昌，取得了第一期北伐的胜利。

蒋介石当时的假革命姿态，有他的一系列言行可以作证明。在言论方面：从出兵韶关起，他一路上无论到长沙、到江西、到武汉，所有在群众大会上的演说和对军队训话，都仍然继续着过去在东江、在黄埔的声调，高喊着"反苏俄就是反革命""杀共产党员无异自杀""要工、农、兵联合起来革命才会成功"和"打倒帝国主义""打倒军阀""打倒劣绅土豪、贪官污吏"这一类响亮的口号。尤其在长沙发布的《北伐宣言》，更严正地驳斥直系军阀吴佩孚"讨赤"的谬论（本宣言是交我起草，经他几次修改决定的）。所以，此时的蒋介石，帝国主义和北洋军阀都是以"赤化分子"看待他的。在行动方面：他表面上仍然继续着取消反共的"孙文主义学会"和取缔"西山会议派"，并接近左派的作风。国民革命军总司令部重要的职位，仍保留一部分苏俄顾问和中共党员。如苏俄加伦将军仍

　＊　作者时任北伐军总司令部秘书处处长。

以高等军事顾问随同行营出发襄赞军务，各军中的苏俄顾问也不少。此外如国民革命军第二军政治部主任是李富春，第三军政治部主任是朱克靖，第六军政治部主任是林伯渠，到打下南昌的时候，警卫团团长还是金佛庄（前）和蒋先云（后），都是中共党员。再加上还有国民党内和无党派的"左"倾分子，如总政治部主任是邓演达，副主任是郭沫若，秘书处处长是我。以上所举的事例，说明蒋在北伐初期尽管是在"中山舰事件"之后，仍然是想利用苏俄和中共的帮助，没有清共、绝俄的勇气和决心的。

1926年7月北伐所采取的战略，是中央突破的战略，就是第一步用精兵突进的战术，先打直系军阀吴佩孚，直出长江，进取武汉。这本是一个带有危险性的战略。在广州开军事会议的时候，各方面都有不同的意见，最后是由于苏俄顾问加伦等的坚持而蒋加以决定的。其所以危险，是因为当时的形势：右翼有孙传芳五省联军的牵制，左翼有袁祖铭黔军的压迫。对孙的方面，一面利用孙与吴佩孚之间的矛盾，由蒋派蒋作宾到南京向孙联络，许以国民革命军苏、浙、皖、闽、赣五省联军右翼总指挥的名义，孙虽未接受，但表示互不相犯，保境安民；一面则令第一军何应钦从潮、汕入福建，令第二军鲁涤平和第三军朱培德向高安取南昌，以防堵孙军之侧击，右翼压力因此减少。唯忠于吴佩孚之袁祖铭，统率黔军近十万人刚被川军刘湘打败，从四川撤兵回黔，正就吴委任的川黔边防督办，受命出兵湘西，向辰州、沅陵进发。此时，湘军唐生智正担负着进攻汉阳的任务，来不及西顾，左翼因此感到很大的威胁，就不能不采取适当的措施。行营抵长沙，蒋采纳了我联合川军、分化黔军的建议，就派我为代表密赴重庆并到贵州赤水，完成了使川军刘湘、赖心辉和黔军周西成接受国民革命军军长的委任和拥护北伐、服从国民政府的任务，这才迫使袁祖铭在辰州就国民革命军左翼总指挥职而解除了左翼的威胁。由于左翼威胁的解除，整个西南方面已无顾虑（时云南军阀唐继尧因内部龙云和胡若愚正与其弟唐继虞斗争，无力过问外事。川军驻成都之邓锡侯、刘文辉和驻万县之杨森亦对蒋表示服从）。在这种形势之下，北伐军才能以急速进军以中央突破的态势向长江进击，经汀泗桥一战，以第四军中共党员叶挺之一个独立团击破了吴佩孚的前线主力，随即配合第六和第七两军向武昌进攻，同时第八军亦进逼汉阳，因而到"双十节"就克复了武汉三镇。而向闽南、赣东两路前进之第一军与白崇禧率领之第七军也转取攻势。江西中部，在蒋亲自督率之下，到11月8日打下九江之后也收复了南昌。战局至此，就取得了第一期北伐的胜利。也就由于这个胜利，蒋介石的声望顿起，野心益炽，而日益加强其久已准备的军事独裁阴谋。

1927年1月9日，我随蒋从南昌到武汉，此时他正处于"四面楚歌"之中。因为在九江到汉口的兵舰上，有向他多说话的机会，我力说国共合作和维护北伐统一战线的必要；并提出不必坚持中央留赣（时各方面对国民党中央和国民政府移汉与留赣之争议正激烈），总司令部在前方关于行政、财政、外交之措施以及高级文武官吏之任免，可采用向中央报告的方式，以减少反独裁者之攻击和加强国共合作、团结左派以巩固革命战线，完成北伐的建议。他都同意我的意见，并说："我已准备请汪先生回来，并改组总司令部，可约择生（邓演达的字）任参谋长帮同谋划一切，而以郭沫若任政治部主任（郭原是副主任），你到汉口可将我意与择生商量……"这是蒋当时的心情和打算。不料当晚7时，邓演达领导武汉各界在武昌旧督署（即蒋临时行署）设宴欢迎，各界列席者四五十人，鲍罗廷与蒋同坐首席，邓致欢迎词后约半小时，鲍起立，以极严肃的态度和极尖锐的词锋对蒋作严正的批评，大意是指责蒋实行军事独裁，违背"三大政策"和"总理遗嘱"，使革命统一战线有中途破裂的危险。词毕，大家待蒋说话。他不发一言，勉待席终，竟不与鲍握手，向大家点头一笑而散。我看此情形，便问邓："鲍何以如此？"邓答："鲍的话是过火一点，不过，我前次飞到南昌牛行车站去看他（指蒋），进了许多忠告，他总是固执不听，鲍批评批评也好。"他又说："后天在汉口开几十万人的群众大会欢迎他，教他再看看人民的力量。"我当留邓细谈，仍本着我一向认为此时反蒋，必将导致内战，致北伐中途挫折，徒利于帝国主义尤其是日本帝国主义和北方军阀的主张，并将我同蒋在兵舰上一段谈话告邓，劝邓任总司令部参谋长，阻止蒋不致向反革命路线发展，以全革命而维大局。邓也颇动心，当嘱我："他有何反应，望即告知。"邓去后，我即登楼见蒋，他无别语，只说"你马上告孟副官密令兵舰升火，在文昌门等候，不可宣泄"。我见事濒决裂，便顾不得守密，立用电话告邓。邓答："我即来。"邓于夜间10时赶至，蒋已就寝，闻邓来即起床相见。邓谓："今天鲍确失态，请以外国同志的关系原谅他。唯后天的群众欢迎大会出于一片热诚，务望暂留出席，以慰三镇人民之望。"经再三婉说，蒋亦不责我泄密，当允暂留，并嘱邓"可多与仲公谈谈"。邓退后即同我交换意见，当时邓亦实无反蒋的决心（当十几天前蒋督师攻南昌的时候，北方盛传蒋已被孙传芳的飞机炸毙，邓到牛行车站看他回转汉口曾公开辟谣）。而事却有意外的发展。12日，蒋出席群众大会之后，仍匆匆地登舰返九江，临行留我多与邓和陈公博商讨，两三天后约邓同来庐山。第3日即15日，蒋促"前来浔"之电至。我适感冒，邓先行。我迟两日于18日晨赶到牯岭。一见蒋面，蒋即说："我刚才大骂择生一顿，你去替我安慰安慰他。"（我问侍从副官是何情况，据说"骂得邓主任哭了"）我即驰赴招待所看邓，至则邓正同何香凝和顾孟余进行密谈。我当约邓到另一室致蒋意，邓则大变态度，不容解释，只愤慨地说："他真无可救药了！看他失败吧，中国的革命不是离了他不行的，我们奋斗吧。"并且对我说："你也不要对他再存幻想了。"到此，我再也无话可说便辞回，以比较轻松的言辞报蒋，而邓竟于午后不告蒋而赴南昌（据说是鲍罗廷在汉密电邓："不速走必被扣留"）。大概是因为副主任郭沫若在南昌主持政治部事务，须与面洽。第二日即接到邓已回转汉口之报告。蒋知时局已濒破裂的边缘，因而召集"庐山会议"。

此时国民党的中央执监委员，属于胡汉民派的如邓泽如、萧佛成、古应芬、许崇智、冯自由、伍朝枢等，因胡被逐事还留在广州、香港间静观变化；属于西山会议派的如谢持、邹鲁、覃振、居正、林森、石青阳、傅汝霖等，因被开除党籍或被取缔，尚留在北平、上海间观望风头；属于"左派"的首领汪精卫尚未返国，其余如陈公博、顾孟余、陈璧君、陈树人、柏文蔚、朱霄青、王法勤、王乐平、白云梯、恩克巴图、潘云超、甘乃光等，和真左派的宋庆龄、何香凝、陈友仁、彭泽民、邓演达等，以及太子派的孙科、吴铁城等，都集中在汉口；元老派如蔡元培、李煜瀛（石曾）等则都散在各地。所有应蒋约到牯岭的，只有他的嫡系和元老派的一部分如张人杰、吴稚晖、宋子文、孔祥熙、陈果夫、谭延闿、李烈钧、丁惟汾等少数的人，因此不足法定人数，并没有开成正式的会议，只是以座谈会的形式开会。在会上，蒋也表示尊重第二届二中全会关于提高党内民主的决议，并赞同中央移汉和改组总司令部调整职权，独坚持驱逐鲍罗廷回国，结果以谭延闿主张对鲍"善遣"了事。会上空气，仍然主张全党团结（唯吴稚晖强调不应同左派合作，那时的汪派也是"左派"）。这就是蒋召集的所谓"庐山会议"的经过。

　　1927年初春"庐山会议"结束，时值阴历除夕，蒋接到南昌卫戍司令王均部下因闹饷发生兵变的报告，遂于2月2日离牯岭返回南昌。此时武汉已公开地发出反独裁、反蒋的号召，但蒋仍然写亲笔信派陈铭枢到汉口，劝邓演达任总司令部参谋长，并嘱我以调郭沫若为政治部主任事向郭征其同意，其意尚在图缓和，同时又叫我发电向在浙江前线之何应钦和白崇禧征询意见。接着我随同中央党部移汉口（我兼中央党部书记长），临行他还是嘱我劝邓演达不要走极端。此时蒋还是没有清共、绝俄的勇气和决心，也没有与武汉决裂的意思。这当然不是说他不想这样做，而是由于当时的形势使得他不敢这样做也不利于这样做。因为：一、共产党方面，在陈独秀的领导之下正在酝酿陈、汪合作，关于对蒋的态度，还要待汪回国再作决定；二、武汉方面正在得势，虽然估计汪领导的假左派与邓演达领导的真左派终难合作（陈公博已对蒋有所表示），但由于鲍、邓的联合和配合中共"左"倾派的力量，尚能左右大局；在汪派未反革命之前，也还是一个不容轻视的敌手；三、西山会议派和在粤的胡派正以反共的"先知先觉"自居，打着"卫党救国"的旗帜向蒋讲合作的条件，而蒋正在期待汉方形势的发展，是否合作，还不想遽作决定；四、宁、沪尚未攻下，蒋的嫡系军队第一军由何应钦率领一部分攻入闽、浙，虽已得手，但由王柏龄统带的号称精锐的第一师却在江西被孙传芳部谢鸿勋军打垮。

上面说的是"庐山会议"前后的情况。到1927年2月下旬，形势就急转直下了。武汉方面，在鲍、邓主导之下，于3月7日国民党中央召开的第二届三中全会，对蒋作出免去中央常委主席、军事委员会主席和组织部部长，调为军事委员会委员的决议。同时，中共也在积极地动员全国各地工、农运动，一致倒蒋——又一方面，蒋在2月17日已占领杭州，3月下旬占领南京和上海；4月3日，汪精卫回国，蒋与晤面，汪也同意对共制裁；胡派和西山派见蒋态度转变，也有拥蒋一致反共的表示。此外，在财政和外交方面，主要是争取美国支持方面，蒋不但得到宋子文的帮助，更得到江浙买办资本集团的支援，这样，他就决然地走到了公开反革命的道路。继南昌组织AB团捣毁左翼的国民党市党部和暗杀赣州总工会委员长陈赞贤及指派杨虎、温建刚在九江、安庆对工人血腥镇压之后，更疯狂地在上海组织以青红帮黄金荣、张啸林、杜月笙为首的"中华共进会"进行"四一二"大屠杀，而成为中国第一号的反革命罪魁祸首了。

蒋介石1927年下野返浙点滴

章 培

1927年8月，蒋介石以国民革命军总司令名义，指挥徐州战役（当时孙传芳取得张宗昌支持，又卷土重来），结果失利而"下野"，众所周知，但详细经过，却鲜见记述。我曾随北伐军东路军经赣、浙入沪，对蒋介石、白崇禧之间的矛盾，有所了解，当蒋下野后，其侍卫长王世和是黄埔军校第一期毕业的，与我同驻宁绍地区，常有往来。后至1943年，王世和参加陆大学习，我适在陆大执教，茶余饭后，常谈及往事。兹就所知，追述于下。

白、李、何"逼宫"

徐州战役，蒋介石失利，对北伐军造成损失较大。在南京总司令部召开的一次高级军事会议上，蒋介石先发言，谓检讨此次徐州战役失利，主因在黔军王天培军不听指挥，贻误戎机，致遭失败，言下不胜悻悻。接着白崇禧发言："总司令太辛苦了，应当休息休息，让我们试试看吧！"李宗仁接着表示同意白的意见。何应钦默不发言。会议不欢而散。

会后，蒋独自在房里踱来踱去，约半小时后，对王世和说："你打电话请敬之（何应钦）来！"何接电话后赶到，蒋亲切地问他："敬之，你对白健生（崇禧）的提议以为如何？"何说："在当前形势之下，我也只能同意他们的建议。"言毕，何就反身告辞。蒋深为失望，盛怒之下，命王世和叫警卫师师长姚琮来见他。姚来后，蒋命姚从速集合全师，跟他回浙江。姚说："我的师已经分散，集合不起来。"蒋更怒不可遏，把姚琮骂走后，又对王世和说："你赶快集合全团跟我走！"王外出集合队伍，但其中邹公瓒一个营，也听命于何应钦而不愿走。王只剩下两个营，而且搞不到交通工具。蒋无奈，只带一个秘书、两个卫士回奉化老家去了，命王世和率队随后步行赴浙。

据事后王世和告诉我，当时蒋一直认为何应钦与他都是日本士官学校出身，而且是黄埔的老帮手，当时只要何与蒋一心，掌握黄埔军还是没有问题的。因此，只要何应钦支持他，事尚可为。

周凤岐"逐客"

当时浙江省主席兼二十六军军长周凤岐，本来是跟孙传芳到江西阻挡北伐军的；但在夏超失败之后，他虽回浙，也不见容于卢香亭，被逼而投靠白崇禧。在白所指挥的三大战役中，颇能振奋立功，尤其在上海的"四一二"反革命事变中，他是代替白崇禧屠杀共产党人而回浙江兼任省主席的。

浙江省防军指挥官蒋伯诚，原来是北伐军第一军的参谋长，蒋介石以总司令兼第一军军长，何应钦是代理第一军军长。

蒋伯诚想带兵，到浙江任省防军指挥官，知道我是夏超部下的统带，就邀我当他的省防军第六团团长，担任宁波、绍兴十四县的治安，这是1927年上半年的事。

当年8月10日，我接到蒋伯诚急电，要我即刻赴沪，有要事面商。11日晨抵沪。蒋伯诚见到我就说："你来得很好，但有人说你倒向白崇禧了。

总司令回奉化，想不到周凤岐这个坏蛋，派了一个秘书，带五万元送总司令，且要他赶快离浙，以免他办事为难。总司令气极，命我派兵扼守钱塘江，本月15日起，将浙东税收，一律截留充饷，并给我三百黄埔学生，要我组军守江。我在宁绍只有你这一团主力，你看怎么办？"我说："我团是驻防部队，分驻十四县，有固定任务，充其量只能集结一个营。周凤岐有一个军，以一个营守钱塘江沿岸，以御一个军的进攻，无异暴虎冯河，我是不干的，难道区区一个周凤岐，您就没有办法了吗？"蒋伯诚问计，我说："您去见何应钦，就说总司令本是第一军军长，现在下野回老家都不行，您、我当代军长、参谋长的颜面何在？您此去一方面向他汇报总司令回浙的实际情况，顺便摸摸底，到底周凤岐这一手是自己搞的，还是另有渊源？"

蒋伯诚一听言之有理，当夜赶赴南京，见了何应钦，何说："周凤岐是白健生安排在浙江的，应请健生来解决。"当即电话告白崇禧。白到，听了蒋伯诚的汇报，大骂周凤岐胡闹。最后决定将周凤岐撤职，以总司令部参谋处长陈卓接二十六军军长；由何应钦兼任浙江省主席，而以浙江省防军指挥官蒋伯诚兼代。

蒋伯诚这下来了个两面光，自己也捞到个代理省主席，好不高兴。回沪后真有点忘形，连称我是他的"诸葛亮"，即命我偕他赴宁波。抵甬，立即以省主席名义召集开会，到会的有宁波警察局局长蒋鼎文、我和我团第一营营长蒋伯雄。会议决定：命蒋伯雄率所部到奉化严密警戒，保护总司令安全，并要我代表他每周去伺候总司令一次。我当时考虑到团里有不少共产党人，我三弟秋阳化名章乃起任团军需主任，我害怕经常离开会出意外；另一方面我也有自知之明，这位总司令我是难伺候的，我是干不好也干不了。我沉思了一会儿，正拟托词，蒋鼎文插进来说："章团长负担十四县治安，责任不轻，恐难离开；我只要将局事托交张剑吾督察长兼代，可以专心去伺候总司令了。"我闻之，乐得顺水推舟，这个差事，就让他去顶了。

侍卫队抢劫余姚银行

过几天，王世和带两营侍卫队步行到达百官镇，状况十分狼狈，大有草木皆兵之势。王到团部和我商量，要求暂住团部，以避白崇禧的追击，并知我与白是保定军校三期同学，要我照拂一下。我因上述种种原因，不愿意他驻在我团部或附近。我说："这里地形我比你熟悉，我扼守曹娥江，保护你的部队乘火车到宁波，保护总司令。否则，你怎么称是侍卫长呢？又侍卫谁呢？"他一听，正合他心意。他是怕我不让他走，故意这样探探我的口气的。当即给他们吃过饭，联系好火车上路。谁知车过余姚时，就有两个连一定要下车，将余姚中国银行劫掠一空，带枪上四明山当土匪去了。原来这两连中多数人本来就是四明山土匪出身，真所谓兵匪一家了。我曾为此电告蒋伯诚，他回电要我严守秘密，以免有碍听闻。他另派人去处理银行被劫事，而这两连人仍入山为匪，在治安上给我增添不少困难。

不久，蒋介石赴日本，王世和借总司令部侍卫长名义，在宁波简直闹得像个土皇帝，娶了军装店的女儿陈佩玉做老婆。结婚之日，门前张灯结彩，真是车水马龙，贺客盈门。我当然也是贺客之一。后来，蒋介石从日本回来，宁波同乡，群起告了王世和一状。结果王被蒋介石拳打脚踢，揍了一顿，以平众愤。

绍兴遭池鱼之殃

蒋介石下野这幕丑剧，是国民党内部倾轧、矛盾的结果。但是，蒋介石早就有意改变第一军为浙江籍，以便作为他个人的本钱。所以在浙江搞了十个总司令部的补充团。其补充第二团及第六团，就在我的辖区。第二补充团驻五夫营房，团长萧健是黄埔第一期毕业的，知道蒋介石下野后，整个团就自动解散了。第六补充团驻绍兴城内，团长刘保定，黄埔一期毕业，他到绍兴不久，就娶了参议院议长王家襄的女儿，知蒋下野后，以军饷无着为名，向绍兴商会借到十万元，带着新婚的老婆走了。其部下的营连长，也要了五万元，并缴了绍兴县公安局七百支枪，但缺乏子弹，知道我团子弹很多，只有一个特务连在身边，决定要来偷袭。幸而绍兴人对我有好感，设法利用铁路的电话，报告我团。我侦知情况确实后，即对团部及分驻在嵊县、新昌、上虞三县官兵作紧急部署，并电告蒋伯诚。蒋伯诚也认识到绍兴人是不可侮的，即回电要我对叛兵格杀勿论。当叛兵进袭百官我团部时，被我迎头痛击后，即向嵊、新、上三县逃窜，被我团先后缴枪七百余支，俘人近一千，只在曹娥江畔毙了两个持枪抢劫的士兵。在三界捉到一名黄埔四期生，他持手枪抢劫商铺，被逮住以后，我团中校团副杨步飞，系黄埔一期毕业，要求保释。因三界系三县交界地区，司法权在三县，经三县会审后，结果仍被枪决了事。蒋介石第一次下野，仅在我所知的宁绍地区，其扰民害民，殃及人民群众的事件，即有上述之多。

替死鬼王天培

北伐军自从蒋介石叛变革命以后，实已失去其所谓国民革命军固有的本质。嗣后徐州之役，实质上也就是新旧军阀之战。蒋为了推卸失利的责任，嫁祸于王天培。

何应钦在贵州与王天培同时当旅长，向来不和，到1920年何被逐出贵州，王天培也是逐何的干将。现在何应钦既是南京军事委员会三巨头之一，又兼浙江省主席，王天培的命运就很危险了。

我团少校团副童厥初，原任浙江省防军副官处科长，他就是奉命去执行王天培死刑的见证人。据童告诉我，王天培解职后，原来是要他到杭州西湖休养的，接着何应钦就派专人送来军委要枪决王天培的命令。王天培很迷信，临刑还拿出一颗保命的"舍利子"（佛骨）。

何应钦此举既报了私仇，又可讨好蒋介石，为以后共事留余地。

蒋介石第一次下野与复职的经过

曾扩情

作者曾任蒋介石的"黄埔同学会"秘书。在蒋介石于1927年第一次被迫下野时，作者秉承蒋介石旨意，纠集黄埔同学会成员，制约接管蒋嫡系部队的何应钦，使何处处碰钉子。何深深感到黄埔系部队仍牢牢掌握在蒋介石手中，而不敢轻举妄动。黄埔同学会为蒋介石复出，立下了汗马功劳。作者亲睹蒋介石第一次下野与复职的全过程。本文对这一历史事件的前因后果作了客观的叙述，颇有参考价值。

蒋介石第一次下野与复职经过的情况，极为错综复杂，非我所能道其详尽，只就我见闻所及和亲身经历的一些情况概述如下。

下野的原因

1. 国民革命军第六军军长程潜，于1927年3月24日占领南京后，感到蒋介石迫不及待地赶到上海，只顾以自己的武力占据要津，专为反苏反共的背叛行为作筹划。因而愤走武汉，不愿与之共处。其部队交其师长杨杰统率（杨为此在报上发表了一篇很详尽的讲话，意在说明未能把程留下引以为憾）。此虽属一种消极行为，但对武汉方面的反蒋来说，却起了促进的作用（这时正是武汉方面到了反蒋的高潮），给了蒋介石以猝不及防的打击。

2. 蒋介石从北伐各次战役中所缴获的武器装备和收编曹万顺（福建周荫人的师长）、周凤岐（浙江军军长）等人的军队，以及程潜留交给杨杰统率的军队，都归他第一军的节制之下。这使蒋介石的军队不仅未在北伐战役中有所削弱，反而大大地加强了；而李宗仁、白崇禧等的军队，却是损失多而增补少，与蒋介石的兵力相比，众寡悬殊。蒋介石到南京后不久，事先未取得李、白等人的同意，即令成立一个"编遣委员会"，设主任委员一人，由陈诚充任，设委员11人（都是蒋系的人，我就是委员之一），主持所有国民革命军的编遣事宜；各军按比例缩编，即军缩编为师；师缩编为旅；旅、团以下类推。这样下来，蒋介石的兵力并不因缩编而比原来的减少，减少的只是李、白等人的兵力，这不能不激起李、白等人的强烈反对。同时蒋介石来自江、浙财团的所有贷款又不公开，装作若无其事的样子，更不能不激起李、白等人要他拿账打算。这样的权力冲突，更不能不给武汉方面以可乘之机，不惜以兵戎相见。

3. 同年7月15日，汉口国民党决议与中国共产党分裂，但仍以蒋介石背叛革命之罪，派唐生智督师讨伐。这更使蒋介石处于内外夹攻之中，有不得不下台之势了。

4. 由于何应钦是蒋介石唯一的统兵大员，故蒋介石仍舍不得下最后的决心下台，指望何应钦能为他誓死效命进退与共。不料何应钦竟以"当此内外交迫的形势之下，总司令不如暂时退休以图再举，较为得计"的几句不负责任的话来答复他。这才使蒋介石感到已走投无路，不得不于8月13日那天通电下台了事。

上述各原因，虽性质有别，但迫使蒋介石的下台，却起了相互促成的作用。

蒋介石下台时的公开表示

从蒋介石下野电文的语气中，不仅看不出对程、李、白、何等人有何怨言，就是对下令讨伐他的唐生智等人，也是很平易地说：同属国民党同志，何忍因意气之争而兵戎相见，愿引退以求全云云。当时曾有不少的人为此而赞美蒋介石大有"政治家"的风度。其实不过是为了下台后保留余地，便于作上台的打算而已。因为要想重新上台，仍不能不同这些人混在一起合伙谋利。所谓"退后一步自然宽"，几成了争权夺利之辈的共同"信念"。

蒋介石下野后图谋再举

1. 制约何应钦。蒋介石下野时虽对何应钦怀恨在心，无如在当时的情势下，除何应钦外，还找不出第二个有相当地位的人来代替他；故仍不能不把自己的军队和一切有关军事机构都交由何接管。但又不能不对何有所制约。其时我重任黄埔同学会秘书，蒋介石为了使同学会摆脱何应钦的控制，特令我把同学会迁到杭州，接受朱绍良的监督指挥；所需经费，分向周骏彦、朱孔阳、陈果夫等人领取（周曾任黄埔军校经理处长，朱曾任总司令部军需处处长，陈是蒋的存款代理人）。其主要任务是：收容失业同学集中训练，以备陆续任用；并团结在职同学站稳"黄埔"立场，不受何的随意指挥。何应钦初始尚无意识，于不知不觉中碰到许多钉子，例如：

何应钦于蒋介石下台后不几天，即迁就李、白的主张，下令把蒋在下野前所成立的七个补充团一律撤销。蒋闻之，痛斥同学会不号召补充团在职同学严加拒绝，并声色俱厉地说："不得已时，上山当土匪也得把补充团保留下来。"这就鼓动了补充团退职下来的同学纷纷去找何另派相当的职务，有不派不了之势，搅得何应钦寝食难安。

　　紧接着，何应钦又在李、白逼迫之下，下令驻在京沪一带由黄埔同学所掌握的军队开往江北，防堵孙传芳和张宗昌军的再次渡江反攻，所遗地区交由李、白军队接防。同学会立即号召团长以上的同学，在上海朱绍良家开会，置何的命令于不理。如强制执行，虽称兵抗命亦在所不顾。弄得何亲身出马说服，卒未说服得了。

　　何应钦鉴于上述情形后，才觉得离开了蒋的黄埔学生，不是随意调动得了的。从此以后，未取得大多数同学的同意，再也没有随意下命令了。"同学们"也就改变态度，对他表示恭顺，说什么"只要教育长本着校长的意旨来领导我们，我们无不以爱戴校长之心来爱戴教育长的"。这就使得何应钦在黄埔同学拥护之下，由总指挥而兼任了浙江省府主席；他又不能不转过来秉承蒋介石的意旨，发表蒋鼎文为某师（番号记不起来）师长驻防浙江。这就从军事、政治上控制了整个浙江省，为收容失业同学施以集中训练，创造了充分有利的条件。总共集中有2000名左右的"失业同学"，成立一个军官训练总队于杭州，由贺衷寒任总队长，主持训练事宜，所需经费全向浙江省府取给。

　　经过上述曲折的过程，作为蒋介石复职的本钱来说，可算已基本上具备了。

　　2. 计骗李宗仁。蒋介石虽遭李宗仁等的威逼下台而心怀愤恨，但如得不到他们的谅解，这些人就难免会为其复职活动制造重大阻力。蒋因知张静江、蔡元培、吴稚晖、李石曾等老辈，尚为李宗仁等所尊重，同时又是自己的挚友，特于出游日本前夕，嗾使他们发表所谓"分治合作"的主张，以游说李等。其大意是：把江苏、浙江、安徽、江西、福建、湖北、湖南、广西、广东等九省划作四个区域：以江苏、浙江、安徽三省归蒋介石统治；以江西、福建两省归何应钦统治；以湖北、湖南、广西三省归李宗仁统治；以广东一省归李济深统治。彼此各治一方，开诚合作，为完成北伐和统一国家的历史任务而相互支持。其结果如何，留在下面说明。

　　3. 同宋美龄结婚的意图。蒋介石下台后不久，就见报载有同宋美龄结婚之说。我们认为是报纸的有意中伤，这等于讨小老婆，不会实有其事。

待到他出游日本之前夕，借住在上海拉都路吴钟（忠）信公馆时，我同黄埔同学酆悌、冷欣等十余人去见他，还未来得及发问，他就抢先问我们在报上看到他要同宋美龄结婚的消息否？我们说见着，他即大发其议论说："这是千真万确的事，因为我是继承总理领导革命的人，而家有老婆数个弄得混乱不堪。大学云'家齐而后国治'，家既不齐还能致力于革命事业吗？因此，非把旧有的老婆解除婚约，另与新的女性宋美龄结成夫妇关系，不足以齐家治国"云云。据当时人们的看法，所有这些都是故作掩饰之词，其真正的意图是因为宋美龄生长在美国，同美国的一些上层人物不无千丝万缕的关系；与之结为夫妇，可代表他同美国有关方面互通情款，而得到应有的支持。从结婚后，凡遇有国内外危难的时候，无不派宋美龄亲身赴美"告哀求援"，即可证实以上看法。

4. 出游日本的行动。蒋介石下台不到两个月的期间，即作日本之游。临行前特发表谈话，意在说明先到日本小住一时，然后去欧、美作长期游历，以广见闻而增知识；从此不愿过问国家大事，只以国民一分子尽到应尽之责云云。临行时，浙江省府特赠旅费5万元，并在报上表明这是特例，不适用于其他人士。同行的人，除熟悉日本情形的张群、刘纪文两人外，还有秘书杨麟（黄埔一期同学，四川人）和交际员胡静安，以及有关服务人员共十余人。到了日本之后，特留张群住在东京帝国饭店内，而本人则同其余人员往来于箱根、日光等名胜之区，做悠然自适之状，不再言欧、美之行。据当时所透露的消息，张群常与日本特务头子头山满秘密来往，进而与其他政界人士进行联系；而蒋介石本人亦与头山满在某地见过面，并亲笔题"中日一家"四字条幅送头山满作纪念。据廖宗泽（军统特务，四川人）说：有人曾在头山满家见到这个条幅。这不难看出蒋介石出国前的讲话纯属欺人之谈，有不可告人的秘密，只是非我所能洞察其底蕴罢了。

蒋介石回国复职

到了11月下旬，张静江等四人，以"分治合作"的主张，已获得李宗仁、李济深等的同意，特联函蒋介石请立即回国复职，以实现以上主张，以免日久生变。托我带往日本面交。我抵东京时，由张群同杨麟两人到车站接我，随即由杨麟陪我去日光向蒋介石投信。蒋介石一见大悦，立即亲笔复函，决于一周左右回国，内有"只要敬之听我的话，可同我一起不必分开"的几句话。叫我立即带回面交张等。我连东京都没有住上一宵就赶回国来，可见蒋介石想回国的心情是何等的急切。果不出一周，他就回到上海，于12月10日恢复他的总司令职了。

蒋介石在复职的前夕，即公开发表与旧有老婆解除婚约的书面谈话，说什么"为了革命有不得不然之势"；并赶忙信奉"基督教"，取得教徒的身份，以与宋美龄看齐；特假华丽的大华饭店，在某牧师主持之下，隆重而铺张地与宋美龄举行结婚仪式。李宗仁等亲来参加婚礼。

蒋介石复职后回到南京的第一件事，就是趁何应钦从徐州总指挥部（当时何应钦任国民革命军总指挥，总指挥部设在徐州）来南京向他请示之际，于某日天未明时，未通知何同行，即专车去徐州下令解除何的总指挥职，改任为国民革命总司令部参谋长，其总指挥一职，改派其军长刘峙升任。这不能不出乎何的意料，同时又以参谋长一职，虽属明升而却是暗降，使何处于哭笑不得的境地，乃携带其眷属遨游于上海、杭州之间，有不愿就参谋长职的意态。后经其妻舅王伯群晓以利害后，才勉强地把参谋长一职接受下来。

蒋介石争夺政权的序幕战

艾毓英*

嗾使党羽发动政变

1927年11月，蒋介石取得了日本军阀和政客的支持从日本归国以后，就与以汪精卫为首的武汉国民政府勾结，准备演出一幕"宁汉合作"的丑剧，为他的东山再起创造政治条件。其政治阴谋本来早就在上海法租界拉都路策划好了，但苦无发动政变的借口，得不到舆论的支持，乃发动一个对国民党中央特别委员会进行挑衅的政治序幕战，于11月中旬，嗾使他的亲信党羽丁惟汾、陈果夫、段锡朋、谷正纲、吴挹峰等在南京大石桥国民党中央党务学校校长办公室举行秘密会议，决定在南京血花公园（原来的秀山公园）择日举行"首都各界市民大会"，在会上通过促开国民党二届四中全会、拥护蒋汪合作、拥护宁汉合作、取消中央特别委员会、改组国民政府、欢迎"蒋总司令"复职等政治提案，这是蒋介石嗾使党羽发动政变的动因，也是造成所谓"一一·二二"惨案的真正渊源。

---

* 作者当时系国民党中央党务学校学生，充任该校学生会常委。

党校师生四处活动

秘密会议举行以后，丁惟汾、陈果夫、段锡朋、谷正纲等分别约集在特别委员会成立以前与南京市党政军民众团体有关系的党校学生会商，指使他们立刻向有关的机关团体进行活动。我因在进党校以前，曾充湖北旅京学生会会长及全国学生总会执行委员，因此我的任务是被指定策动湖北旅京学生会及全国学生总会出席参加由中央党务学校（简称国民党中央党校）所发起的首都各界市民大会筹备会，并支持其一切政治提案。其他党校学生中的活动分子，如王献芳、周颖、黄世杰、刘家树、龚励初、项定荣等也分别被派往暂编第十军（夏斗寅所部）特别党部、南京市妇女协会、南京市总工会、南京市商会等机关团体作同样的政治活动，至一些驻南京的党政军机关、团体、学校，则由丁惟汾、陈果夫、段锡朋、谷正纲等亲自出马，进行拉拢勾结。经过这样东拉西凑，成立了所谓"首都各界市民大会筹备委员会"。筹委会开过几次会以后，由段锡朋提出于11月22日在南京血花公园举行市民大会。大会职员，自然是以党校师生及拥蒋团体的代表为骨干，段锡朋任大会主席团总主席，谷正纲为总指挥，所有大会的标语、口号、游行旗帜及其他宣传文告，都由党校供给，所谓首都各界市民大会的内幕，就是如此。

血花公园飞溅血花

11月22日上午10时，南京各机关、学校、民众团体都已按照市民大会筹委会的通知，陆续到达了血花公园。大会准备开幕的时候，主席团忽然接到首都卫戍司令部的口头警告说："今天的大会有共产党捣乱，不准开会。"这是一个晴天霹雳。党校的师生们为蒋介石策划经营的卷土重来所迫切需要的"民意"与"舆论"行将呼之欲出时，刹那间将要变成"苍狗白云"，风流云散，自然是五内如焚，忧心忡忡。素以猴急暴躁著称的谷正纲，尤其面红脖子粗，手足不知所措。还是段锡朋老谋深算，临事沉着。他略经闭目凝思以后，立即向谷正纲说：一面宣布开会，一面派遣代表到国民政府及首都卫戍司令部申述开会理由。谷当即指派我为大会代表，乘坐党校汽车到国民政府及卫戍司令部说明开会原因，同时宣布开会，以造成既定之局。当大会进行到讨论提案，通过拥护召开四中全会，取消中央特别委员会时，直达血花公园的复成桥上忽然枪声大作，到会群众有很多人受伤，除花牌楼某布店的店员立即饮弹毙命外，党校学生袁大熙和周颖也受了重伤；另外，还击毙了正在场内放牧的几匹马。一时会场秩序大为纷乱，到会群众，特别是青年男女学生东奔西窜，互相践踏，呼号叫喊，震撼天地，血花飞溅，纸片狼藉。蒋介石的党徒们所阴谋策划的一个所谓首都各界市民大会在白崇禧所指挥的首都卫戍司令部的枪弹与刺刀下，不能不偃旗息鼓，如鸟兽四散了。

利用惨案　扩大事态

11月22日，血花公园流血事件发生后，蒋介石抓住这个机会，利用市民的鲜血，向南京国民党中央特别委员会发动政治猛攻：丁惟汾、陈果夫、段锡朋等秉承蒋介石的意旨，于当晚在大石桥中央党务学校会议室召集党校干部、学生代表及校外拥蒋团体代表举行"一一·二二"惨案后援会。会议中，除决定组织本身的若干问题以外，采取了以下的几种行动。

一、在首都展开游行示威，扩大宣传中央特别委员会指挥军队枪杀首都市民造成惨案的严重罪行。

二、派遣代表向上海正在举行的国民党二届四中全会预备会请愿，惩办"一一·二二"惨案凶手邹鲁、谢持、居正、林森、覃振、田桐、潘宜之、王昆仑、傅汝霖、彭革陈、葛建时、张贞等十二人。

三、派人到各地特别是上海、杭州、安庆、南昌等处组织

"一一·二二"惨案后援会，一致主张惩办凶手，抚恤被难家属。

抬尸游行　血衣招展

党校学生袁大煦因流血过多没有得到及时适当的治疗，在南京鼓楼医院毙命。丁惟汾、陈果夫及段锡朋等看到袁已身亡，不仅不迅速妥为安葬、抚慰被难者家属，反而把死者尸体当作争权夺利的政治资本，对当权的中央特别委员会加剧其政治攻势，发动全校学生抬着袁大煦的尸体沿街游行，并搜罗当时一些血染过的秽衣，夹在竹竿上面迎风招展，呼喊嘶叫，造成一种极端腥臭恐怖的气氛，冀图借此激起市民的愤怒，赢得政治上的同情，为蒋介石的法西斯军事独裁，铺平道路。

当抬着袁大煦尸体的游行队伍经过国民政府门前时，段锡朋指挥围住国民政府大门，将尸体横陈门前，指派我为代表，到国府常委室递交请愿书，并要求常委李烈钧出来接见游行群众。李当即光着头，穿着黑色的呢质猎服，两手背在后面，低头沉思地同我一道步至国民政府门口，先抚尸流了几滴眼泪，然后向正在高呼口号的学生表示歉意地说："不论事情真相如何，反正流血事件出在首都，死难的学生是无辜的。我是国民政府的负责人，不能事先防止事情发生，以致事情发展到这样严重的程度，毫无疑问我应引咎自劾，并负责善后事宜；至惩凶及其他等等，待查明情形后，依法办理。"请愿群众经李烈钧这一番表面沉痛而内容空虚的假惺惺抚慰以后，喊了一阵口号，就离开国民政府转向其他街道进发。

游行队伍到了南京奇望街国民党南京市党部，领队谷正纲下令队伍停止前进。数百学生将市党部团团围住，摩拳擦掌声嘶力竭地高呼："铲除西山会议派""改组中央特别委员会""打倒南京市党部""惩办'一一·二二'惨案凶手""为袁大煦烈士复仇"等口号。最初，市党部的大门还是敞开着，只是没有人出来理会，其后，连大门也关上了，任凭如何叫喊，总是充耳不闻。游行群众看到得不出什么结论，乃将挂在门口的国民党南京市党部牌子砸成碎片，还捣毁其传达室，在墙壁四周贴满了如上所叫喊的标语口号以后，才整队扬长而去。

借口惩凶　夺取党权

蒋介石看到丁惟汾、陈果夫、段锡朋、谷正纲等已按照他的指示，在南京造成了血花公园"一一·二二"惨案，已有了有力的武器，可以在他与汪精卫共同导演下的上海法租界拉都路国民党二届四中全会预备会上，对中央特别委员会栽赃问罪，从而达到他排除异己、抢夺党权的目的，于是命令丁惟汾率领党校学生王献芳和我，冒充首都"一一·二二"惨案后援会请愿代表到上海向四中全会预备会请愿，事实上是党校的训育主任丁惟汾和两个学生政客向"蒋校长"请示阴谋活动。记得是11月26日上午8时，丁惟汾偕同王献芳和我到上海法租界拉都路325号蒋的住宅。蒋介石穿着和服式的浴衣，趿拉着黑色纹皮拖鞋，蓄着仁丹式的小胡子，在楼上会客室里接见我们。王献芳递上请愿书，蒋介石装模作样地看了一遍以后，就连声说："可以，可以。"请愿书的内容自然不外：

一、立即召开中国国民党第二届第四次中央执监委员全体会议；

二、撤销违背党章的中央特别委员会；

三、改组国民政府；

四、惩办"一一·二二"惨案凶手邹鲁、谢持、林森、居正、覃振、田桐、潘宜之、王昆仑、傅汝霖、彭革陈、葛建时、张贞等十二人；

五、抚恤被难烈士家属；

六、拥护蒋汪二人合作；

七、拥护"劳苦功高的蒋总司令"复职。

最后，蒋介石询问了一些关于所谓惨案前后的情况，并指示王献芳和我，即日在上海招待新闻界，扩大宣传特别委员会的罪行，并到沿江各省组织"一一·二二"惨案后援会对南京中央特别委员会声罪致讨，所需活动经费都由陈果夫拨发。

我们离开蒋公馆以后，蒋就将我们所递交的请愿书提交当日的四中全会预备会讨论。由于这幕丑剧对于汪精卫的卖身投靠来说，也是相对有利的，因而在会议上，惩凶案也得到汪派中委的支持，而使以西山会议派为核心力量的中央特别委员会分子受到左右夹攻，踯躅在十里洋场的下野军阀蒋介石就在这样的阴谋布置之下成为二届中央的中心人物（一届中央的时候，蒋介石还不是中央委员），在会上大有不可一世之概。

趁热打铁　推波助澜

国民党二届四中全会预备会在上海法租界拉都路举行以后，蒋介石的东山再起，虽已成既定之局，但国民党的首都毕竟是在南京，而不是在上海的法租界，预备会议并不等于正式会议，也就是可能并不等于现实。蒋介石要把可能变成现实还得要趁热打铁再努一把力。就在11月26日的晚上，蒋介石命令陈果夫到王献芳和我住的上海亚洲旅馆指示招待新闻界的事宜。陈果夫当即发给了一笔钱（大约是一千元）叫我们实报实销。我们得到陈果夫的指示和活动经费以后，就立即行动起来。

我们为抓紧宣传机会，好使蒋介石早日回到南京掌握党国大权，凡力之所能及，一点也不保留。我当晚即和王献芳商定：一面缮写请柬约请上海各报社、通讯社，主要是申、新、时、民国、大美等报，及申时、路透、同盟等通讯社，派遣记者到一品香大饭店参加宴会，并听取关于首都"一一·二二"惨案真相报告，又唯恐请柬送不到，还另打电话通知。请柬与通知办完以后，我还在深夜拟好报告原稿，几乎忙碌了一个整夜。27日下午4时，上海中外各大小报社、通讯社、杂志社记者七八十人，齐集一品香三楼宴会大厅，王献芳和我出席招待。来宾当中，还有由陈布雷分别联系的。宴会开始后，由王献芳和我相继报告惨案经过情况。当王献芳正在大放厥词的时候，不意记者当中有一名叫陈德征者（国民党上海市党部的宣传部部长兼上海《民国日报》总主笔，隶西山会议派）听到我们揭露西山会议派时，就站起来与我们争辩，意图捣乱会场。经陈布雷（时陈任《时事新报》主笔）出来调解，各报记者亦举杯言欢，不必争论。陈德征单枪匹马没有起什么作用，就挟着皮包，悻悻然而退席了。招待会完毕之后，各报社记者因为大吃大喝了一顿，同时又看准了政治风向，料知蒋介石必然赢得这场胜利，于是次日的上海各报纷纷或详或略地登载了所谓"一一·二二"惨案的新闻报道，使蒋介石在所谓民意与舆论方面取得了第一个回合的胜利。

招待新闻界的任务完毕以后，我与王献芳结束了上海之行，于11月28日拿着一卷登载了"一一·二二"惨案消息的各种报纸，回到南京中央党务学校向段锡朋、谷正纲报告在沪见蒋介石与招待新闻界的情形（当时丁惟汾与陈果夫均留在上海参加预备会）。报告完毕以后，王献芳和我都得到段锡朋和谷正纲的嘉许。稍事休息以后，段又召我至办公室，并取出一大封早就写好的介绍信，命我于当晚乘招商局的轮船溯长江而上，到安徽、江西等省策动各省党部速即成立"一一·二二"惨案后援会，俾于南京举行国民党二届四中全会时，用民众团体的名义向四中全会表示意见，对中央特别委员会施加政治压力，以有利于蒋介石的复辟。我奉命后，即携带着段锡朋所交给我的一封介绍信，乘江安轮先到安庆上岸，住安庆大东旅馆，略事休息后，即到安徽省党部会晤该党部委员路锡祉、葛晓东。路、葛两人均系留日学生，他们在日本时曾参加国民党驻日西巢鸭党部，与西山会议派有些联系，但与湖北的蒋作宾关系尤深。我由于递交了蒋作宾的介绍信，他们两人表示愿意支持我的行动，并当即命令他们的秘书约集安庆省会各民众团体举行"一一·二二"惨案后援会筹备会，由我出席报告。我参加了该部所召集的筹备会后，即又乘轮西上，于12月初，由九江乘南浔路火车到达南昌，与江西省党部委员兼组织部部长萧淑宇晤见。萧淑宇与刘侃元都是段锡朋的挚友，他们的政治立场与段锡朋是一致的（同属AB团分子）。我由于段锡朋的介绍，萧表示热烈支持并指派组织部秘书廖负苍（廖系我湖北第一师范同学）协助我进行一切。时陶希圣充任南昌《民国日报》主笔，陶是段的北大同学，又是我的湖北同乡，因为有了这些有利条件，所以在南昌的活动比较热闹些。在那里，不仅很快地成立了惨案后援会，还在南昌招待了新闻界，出席了各团体的报告会，在南昌《民国日报》发表了特讯，把江西当作进攻特别委员会的重要政治基地，这时长江中下游就成为蒋介石的政治中心。

卷土重来　殃民祸国

12月间，国民党二届四中全会在南京开幕了。蒋介石由于在下野期间曾住在上海和日本，先后同日本帝国主义与国内买办资产阶级进行了许多不可告人的阴谋活动，得到了他们的谅解与支持。到国民党二届四中全会开幕的前夕，又与汪精卫互相勾结，取得了汪派中委的拥护。"一一·二二"惨案发生后，又制造出对特别委员会进行挞伐的所谓民意与舆论，因而蒋介石的政治企图，在全会中遂得如愿以偿：中央特别委员会决议取消；国民政府明令改组；国民革命军总司令复职。这时的蒋介石赢得了对南京中央特别委员会争夺权势的序幕战的胜利。

蒋介石与上海帮会头子黄金荣的关系

黄振世*

约在1919年间，蒋介石在上海交易所充当经纪人：他在从事投机失败之后，确实弄得非常狼狈，欠了一身债务，被债权人逼得无路可走，生活也受到严重威胁，在上海无法立足。于是他想到广州避债，并投奔孙中山先生进行政治投机，但旅费缺乏，结果去找"海上闻人"虞洽卿商量办法。虞洽卿当时在上海商界虽然很有地位，却是一个买空卖空的"空壳老板""欠债大王"，不肯做这件赔本钱的事情，就代蒋介石出主意，介绍他去投拜黄金荣为老头子，一可以利用黄金荣的牌子去对付债权人，二可以向黄商借旅费。蒋、虞二人统一意见以后，先由虞洽卿去黄金荣处约好日期之后，再行陪蒋介石前去举行拜帖仪式。

这里得来一个说明：按照"安清帮"投师拜祖的常规，一般的压帖贽敬，从几十元至几百元，最起码的亦需五元至十元：若照当时黄金荣、杜月笙的身价，压帖贽敬至少是几百元，甚至有几千元的。贽敬越多，越受老头子的看重：1928年，我投拜黄金荣为师的时候，就曾花费贽敬二百元，捐助造"四教厅"款项五百元，门房、茶房以及其他小账三百多元，共计千元以上。拜师之前，要填具门帖，经黄金荣允准方可。这门帖是由

---

* 作者系上海帮会头子黄金荣的门徒。

黄金荣的账房间印就的，里面印着姓名、年龄、籍贯、住址、介绍人等，左角上还要贴上二寸的照片。门帖由黄金荣的秘书骆振忠管理。骆是上海人，经常办公的地方在账房间里，门帖也保管在账房间橱内。还有一奉名册，经常可以查考。这是一般情况。但是蒋介石拜黄金荣为师，却是另外一种情况。虞洽卿到八仙桥钧培里黄公馆，向黄金荣说明情由，要求录收蒋介石为门生。黄金荣因为虞洽卿在商界地位高、势力大，很想结交，所以对他提出的要求都无条件答应下来。虞洽卿因为不熟悉投拜老头子的手续，第二天陪同蒋介石到黄金荣处，只投递了一张写着"黄老夫子台前，受业门生蒋志清"（蒋介石的原名）的大红帖子，既没有拜师应有的蜡烛、香，更没有致送压帖的贽敬。但因为黄金荣事先从虞洽卿处知道蒋介石的困难处境和拜师的目的，同时也为了讨好虞洽卿，所以非但不计较压帖贽敬，还慷慨地赠送蒋介石旅费大洋二百元，并鼓励他去广州。分别以后，互不通信，以后也就事过境迁，淡然若忘了。

1927年北伐时，蒋介石第一次回到上海，住在贾尔业爱路（今改东平路），成为名震全国的北伐军总司令。一天，唐嘉鹏陪了北伐军某路司令王柏龄（王柏龄，扬州人，与唐嘉鹏是拜把兄弟，与蒋介石很投契，我曾亲眼看到他与孙中山、蒋介石三人在肇和兵舰上合摄的照片）去拜会黄金荣。黄金荣因此知道蒋介石就是当年的蒋志清，认为既是自己的门徒，又曾经有恩于他，飘飘然引为自得，以为可以光耀黄家的门楣了。这时唐、王二人向黄金荣提醒说，蒋介石如今是北伐军总司令、中国的第一个大人物，如果说出去曾经拜黄为老头子，于他面子有关，一定会触怒蒋介石，倒不如顺水推舟，反正蒋介石过去用的是蒋志清名字，又未举行过正式仪式，也未曾拉过场（帮会规矩，凡是录收新门生或徒弟时，设宴邀请同门师兄弟及有地位的帮会中人，互相介绍关系，称为"拉场"），外面无人知道。两人就教黄金荣隐没这段师徒关系，将门生帖子亲自送还给蒋，说明过去只凭虞洽卿一人自说自话，并未接受过拜师收徒之仪，只是以朋友看待，今后仍希望蒋介石只承认黄金荣是他的朋友，这样定会使蒋感激，将来可以受用不尽。黄金荣听之有理，就依计而行。

当时黄就托王柏龄代为向蒋介石请示，要求约定时间前去晋见。他又关照账房老骆（即是笔者拜老头子时黄金荣的秘书骆振忠的父亲，大家叫他老骆，名字已经忘记），将当初蒋志清的门生帖子拣出来备用。王柏龄辞行后，当日下午即打电话给黄金荣，说是已与蒋总司令约好，准定次日上午11点钟恭候大驾。第二天上午9点左右，王柏龄即到黄金荣家里，宾主在鸦片烟铺上共吸上等烟土达两小时，将近11点钟方才由王柏龄陪同黄金荣，到贾尔业爱路去拜会蒋介石。黄将门生帖子送还，并说了唐、王二人教唆他的一番话，希望蒋介石鉴谅海涵。当时蒋介石对黄金荣的这种诚意表示十分感激，口口声声称他"黄老先生"，并留他吃便饭。蒋介石对黄金荣的热情招待，被黄认为是毕生第一光荣；而蒋介石对黄金荣也是别有用心，企图利用黄金荣的帮会势力为他的反革命"大业"效劳。至于这一次唐嘉鹏、王柏龄教黄金荣送还帖子，究竟是出于蒋介石的暗示，抑或是唐、王二人的主张，当时黄金荣未曾明言，但是从经过情况看来，很可能是蒋介石本人的意图。

黄金荣自从送还蒋介石门生帖子以后，对于这件事就矢口不谈，但与蒋介石的关系却更加密切了。"四一二"反革命事变前，蒋介石派遣陈群、杨虎二人到上海，首先与黄金荣联系，要黄联合其他上海帮会头子，组织大规模的反革命势力。于是由黄金荣邀请帮会头子杜月笙、张啸林等，共同策划，以"中华共进会"名义登报公告，号召与帝国主义勾结的上海帮会流氓分子，帮助蒋介石屠杀共产党员、工人纠察队员和进步分子。据亲自参加这次反革命事变的董明德（镇海人，黄门弟子之一，与我是拜把兄弟，当时是上海市公安局侦缉队分队长）告诉我，当时参加反革命事变的帮会各路人马是这样分配的：

属于黄金荣门下的有唐嘉鹏一路、丁永昌一路，再由唐嘉鹏的门徒王文奎、樊良伯分成两路，另外有金廷荪、马祥生各一路（金、马不是黄金荣门徒，算是客卿）。

属于杜月笙门下的除了杜门徒之外，还有顾嘉棠（他是杜的大帮凶，并且与杜是同参弟兄）一路、芮庆荣（又名小阿荣，是上海八股党之一，是季荣庆的徒弟）一路、孙嘉福一路、荣炳根（烂脚炳根）一路、袁珊宾一路、胡阿炳（又名胡志芳）一路，这些都是杜月笙一党，而不是杜的门徒。

张啸林的门下，情况不清楚，但是人数不多。

黄金荣、杜月笙、张啸林三人，因为参加这一次蒋介石反革命政变非常卖力，成为上海"三大亨"，格外得到蒋介石的青睐。杜月笙更是从此爬上了政治舞台，成为流氓政客，又与军统特务头子戴笠结为生死之交。黄金荣则坐地分赃，成为"老太爷"。从此上海封建帮会与蒋介石反革命组织打成一片。每逢黄金荣、杜月笙家有婚丧祭祀，就一定有蒋介石的轴幛悬挂中堂，来装点他们的门楣。另外，在黄家花园（今改桂林公园）的四教厅前面，就竖立着一块高达六七尺的石碑，上刻"文行忠信"四个大字，上首是"中华民国十九年"，下首是"蒋中正赠"。从这些地方都可以看出蒋介石与上海帮会的密切关系。约在1937年，黄金荣到奉化雪窦寺访蒋介石后回到上海，他得意扬扬地对我说："蒋委员长对我特别客气，留我同桌吃饭，问我在上海是否与从前一样受到别人尊敬，叫我外事可以少管，年纪大了，主要是保重身体。"从这里也可以看出，蒋介石对这个流氓头子黄金荣，仍旧有着师徒的一般情谊。

第 2 章　积极反共与被迫抗日

回忆蒋介石对中央军校学生的笼络手段

赵　震*

蒋介石是靠黄埔军校起家的，以后一直牢牢地掌握着中央军校不肯放手，笼络和重用该校毕业生。目的是以军校学生掌握军队，再以军队掌握政权，实行独裁统治。

我在南京中央军校（第八期）受训时，蒋介石的官邸就在军校院内东北角，主房是一幢小楼，楼前约九十米处有一个六角亭，五面是窗子，一面是门。蒋介石偶尔去亭里小憩。亭子与校园相连，中间并无阻隔，学生常到亭子附近散步。有一次一位第九期的新生向亭子里张望，看见蒋正在里面，吓得回头就跑。蒋在"纪念周"上说："我是你们校长，学生见了校长跑什么？"当时我们这些幼稚的青年人听了，觉得很亲切。

说起"纪念周"，蒋介石只要在南京，每次"纪念周"他都要到军校向学生训话。从1930年至1937年（中间有一段时间我不在南京），我听他的训话有上百次，这样的反复灌输，确实使一些学生对他产生了一定的信仰。

他讲的话很长，内容多半是怎样做人，怎样做个军人，也谈到军事训

---

　　* 作者当时系中央军校第八期一总队骑科学生，后在该校一总队骑兵队工作。

练和总理（孙中山先生）遗教，以及政治、经济和外交等问题。他常谈到他在日本士官学校时看到日本军事训练如何好，军队如何强，国民性如何优越。他说国家不能统一就无法抗日，破坏统一的是共产党，共产党就是"汉奸"，非消灭共产党无以抗日，这就是"攘外必先安内"的理论。

1935年下半年，蒋介石对军校学生的训话在日本的报纸上（好像是《朝日新闻》）发表了，有关当局大为惊异，乃注意调查。后经宪兵司令部向军委会报告，说有两个军校学生去过日本大使馆。不久，十一期一总队骑兵队跑了两个学生，才确定去日本大使馆的就是那两个学生，记录蒋训话的内容并送给日本人的也是他俩了。

1936年初，我到该队工作时，听同学告诉我，那两个学生是日本军部派来的间谍，普通话讲得很好，行动也无异状。让外国间谍混入我们军事学校，并且潜伏了很久，可见当时人们的麻痹。

蒋介石除平时经常训话外，还要亲自参加每期学生的毕业典礼。在毕业典礼中有一项例行的点名，点名时他总是慢慢地点，从人的头上看到脚上，再从脚上看到头上，表示对学生的关切，偶尔也问几句话。我们那期有一位叫萧克拉斯的同学，蒋点名时问他："你是外国人吗？"萧答："不是。"蒋说："这个名字不方便，改了吧！"以后改叫萧亮开。抗战开始后，军校迁往成都，距重庆五百公里，但每期学生毕业时，蒋介石都要赶去亲自参加毕业典礼。

"九一八"后蒋以不抗日而被迫下野。那年年底的一天，在晨光熹微中，他召集中央军校、政治学校和遗族学校三校学生，在中山陵祭台上训话，训话后即赴明故宫机场乘飞机离京。只记得他讲话时怒容满面，眼露凶光。以后听说，蒋鉴于他第一次下野时军校学生挨过饿，这次给军校留下六百万元经费，可谓用心良苦。蒋下野后不久就又上台了。一次纪念周教育长张治中正向学生训话时，蒋突然从休息室里出来，张马上请蒋训话，蒋让张继续讲完，他坐在椅子上，频频以手帕拭面，似乎很焦急。这是他才回南京，一下飞机就先赶往军校，以示他对军校学生的重视。

我在军校受训时，每星期六中午各队派两个学生参加工字堂会餐。蒋经常参加军校会餐，有时偕宋美龄同往。我参加过几次会餐，开饭时奏乐，没听到蒋讲过话。这也是蒋向学生表示亲近的一种手段。

大约在1933年春末的一个星期天，我和几位同学去励志社玩。出来时看见驶来一辆小汽车，在大厅前停下，蒋上前拉开车门，扶下一位身着长袍马褂、头戴瓜皮小帽、背有点驼的老头，蒋一直把他扶入大厅。我们看着有些奇怪，觉得这个老头来头真大。第二天看报才知道是段祺瑞。当时认为，以蒋的地位，还能那样尊敬老人，令人可敬。

九期学生毕业时，每人发给一支佩剑，剑柄上一面刻着"赠九期学生佩"，另一面刻"校长蒋中正赠"，剑身的根部则刻着"成功成仁"四个字。以后每期学生毕业都发佩剑，佩剑成为军校学生的标志了。八期毕业时没有发，后来也补发了。这也是蒋笼络控制军校学生的一种方法。

1935年夏，蒋介石和宋美龄飞往兰州，布置对长征红军之阻击，住在甘肃省政府院内。当时我在第一师骑兵团当排长，驻兰州空星屯营房。团里有十几位九期学生在见习，胡宗南派他们担任蒋的警卫。这使这些军校后期学生们受宠若惊，感到这是校长对他们的信赖。

西安事变时我跟张治中先生在苏州，回校后听同学们说，军校学生听到蒋脱险的消息后，自动集合队伍，拖着军乐队上街游行去了。

以上两个例子，可以说明蒋介石对中央军校学生的笼络确实起到了作用。

蒋介石对他的学生，既有怀柔的一面，也有示威的另一面。

1939年"双十节"，十四期二总队在成都北校场举行毕业典礼，因为点名时政工人员动作不合规定，蒋曾大骂军校政治部主任邓文仪（黄埔一期生）。蒋在点名后召邓上台，蒋在休息室内，邓站在门外，蒋大声斥骂，台下皆闻。我记得他骂邓的话有："放你在哪里你都不好好干……"让台下听者都觉着难为情。

蒋也骂过曾扩情（黄埔一期生）。曾原系蒋的得意学生之一，是军校学生中第一个当上国民党中央委员的。西安事变时任"西北剿总"政训处处长，因替张学良广播而失宠。抗战时在西安胡宗南处闲住，一度任七分校政治部主任。蒋介石去西安视察时，他去谒蒋，行礼姿势不大好，蒋当众斥骂，说他不像个军人样子。事后他发牢骚说："曾扩情还不是过去的曾扩情吗？为什么过去什么都好，现在就什么都不好了呢？"

张治中先生也是黄埔系人，追随蒋介石多年，当过蒋的侍从室第一处主任，担任过军校教育长和其他要职，可以说是他最亲信的高级干部之一，但是也免不了受他的辱骂。1930年"讨伐阎冯"时，张兼任教导第二师师长，在掩护全军退却时损失严重。后来张到蒋的司令部（在陇海路某站火车上）去见蒋，蒋大骂张治中说："你还有脸来见我！"淮海战役将分晓时，张先生已是封疆大吏，坐镇西北。他和蒋通话建议与共产党进行和谈，蒋一接电话就说："你又是那一套！"马上把电话摔下了。

据侍从室的人说，蒋发脾气时，常以打骂部下来泄愤。他的随从副官必须随召随到，偶尔因疲劳打盹，听不见召唤，蒋过去就拳打脚踢，极其残暴。听说特务头子戴笠就常常挨打。

蒋介石禁烟政策的内幕

郭　旭*

禁烟督察处始末

1927年到1929年春，桂系军阀胡宗铎、陶钧盘踞武汉时，设立两湖特税处，专收由四川、湖南运到汉口或由汉口转运的鸦片土税及辖区种植罂粟和公卖、烟照等税，每月收入甚巨。当时这个处名义上属于财政部，实际上由桂系军阀把持，由胡宗铎、陶钧派其亲信叶波臣为处长，收入归桂系支配，桂系军阀靠此笔收入发财及扩充其武力。

1929年三四月间，蒋桂军阀混战，桂系失败，被蒋介石赶回广西老巢。蒋介石接收两湖特税处，派原湖北省政府财政厅厅长黄振兴为处长。1932年蒋介石在武汉成立豫鄂皖三省"剿匪"总司令部，自任总司令，以张学良为副司令[①]，将这个特税处划归三省"剿总"指挥。

---

*　作者当时曾在禁烟督察处工作，后任保密局经理处少将处长。原国民党重庆西南军政长官公署第二处处长兼保密局西南特区区长、原国民党河南省党部书记长李佩青为写作本文提供了部分材料。

[①]　1934年2月，张学良被任命为豫鄂皖三省"剿匪"副司令。1935年3月1日，国民政府军事委员会设立委员长武昌行营。

1933年，南昌行营成立。蒋介石搞所谓"新生活运动"麻醉人民，与此同时，由内政部提出所谓"分期渐禁"的政策，拟订十年禁绝鸦片的计划，于是将两湖特税处改名为禁烟督察处，划归南昌行营指挥，主管豫、鄂、皖、赣、湘、闽、浙七省禁烟，不久又将陕、甘、川三省划入，共计十省范围的禁烟工作，均由其办理。南昌行营秘书长、政学系的杨永泰保荐政学系李基鸿、黄为材分任正副处长。

1935年3月，南昌行营结束后，禁烟督察处改归武昌行营指挥。1936年9月李基鸿调任广东禁烟特派员，由黄为材继任处长，黄伯度、刘寿朋任副处长。后武昌行营撤销，禁烟督察处由财政部接管。

1938年，武汉被日寇占领前夕，禁烟督察处迁往重庆。

1942年，蒋介石以所谓十年禁烟政策到期（实际上，"二年禁毒，六年禁烟"计划在1940年到期届满），将禁烟督察处撤销，由内政部禁烟委员会承办其未了业务，其缉私业务和巡缉武装部队，由财政部缉私署接收改编。这是禁烟督察处成立与结束的始末。

禁烟督察处的组织概况

禁烟督察处内部分三大部分，即禁烟督察处处本部、会计处和总监察室。这三个机构是平等的，这是蒋介石为防止他的部下营私舞弊，采取内部互相监督、互相牵制的办法。兹将这三大部分的组织概况分述如下。

一、禁烟督察处处本部

禁烟督察处处本部，辖行政与查缉两部分，行政方面辖秘书室及四个科，领导各省禁烟分处、公卖所；查缉方面辖缉私室、巡缉团及监运所。

处本部设处长一人，1933年至1936年8月是李基鸿任处长，1936年9月李调任广东省禁烟特派员，由副处长黄为材升任。副处长原只黄为材一人，1936年9月黄为材任处长后，副处长增为二人，由黄伯度、刘寿朋充任。

秘书室综理该处内部事务及印信的保管；第一科是行政科，主管禁烟行政和人事；第二、第三、第四科，分管烟土、公卖、烟照、印花税等业务。

缉私室主管禁烟缉私，防止走私漏税。这个机构相当庞大，设主任一人，1933年至1935年冬是邱开基充任，邱因贪污案被重庆行营扣押后，蒋介石派军委会别动总队总队长康泽兼任，由贺明宣代为负责，直到1942年结束为止。

缉私室内设秘书室，综理内部事务；设第一、第二、第三共三个科，分管缉私行政、人事、查缉等事项。其附属单位很多，在上述十省内，重要据点各设有一个缉私专员室，担任查缉走私漏税的工作。

缉私室辖巡缉团一个团，团长原由邱开基兼任，副团长为蒋介石的侄外甥沈开越充任。康泽接任缉私室主任后，巡缉团团长由沈升任。这个巡缉团辖五个营，分驻各地协助缉私专员室办理缉私工作。以后该团改为别动队巡缉支队。

禁烟督察处监运所是主管监运烟土的，即将烟土从产区用武装监运到各地禁烟分处，以便分销公卖。监运所设所长一人，由陈德谋充任，所内设秘书室综理所内事务，设第一、第二两科分掌行政及运输事宜。

二、禁烟督察处会计处

禁烟督察处会计处，主管禁烟税收账目的登记，金钱的出纳、保管和支配。设会计长一人，蒋介石派其侍从秘书、政学系分子陈方兼任，下辖秘书室主管处内事务；设第一、第二、第三共三个科，分管综计、预算、稽核、出纳等事宜。会计处在上述各省有禁烟分处设立的所在地，设有会计专员室，办理当地税收的登记、保管、支配等事宜。

三、禁烟督察处总监察室

禁烟督察处总监察室，是主管禁烟的监督机构，即考核、调查禁烟督察处及所属分处、缉私专员室查缉所的人员有无贪污舞弊情事的。设总监察一人，蒋介石派其亲信、原三省"剿总"总务处处长、后任汉口公安局局长的陈希曾兼任。

总监察室内部设秘书室综理内部事务；设第一、第二两科，分管人事、行政及监察、调查工作。

总监察室在上述十省禁烟分处所在地设有监察分室，主管当地的监督工作。另辖一个禁烟密查组，主管各地禁烟的秘密监督和调查贪污不法的工作。该组设组长一人，蒋介石叫戴笠派周伟龙兼任（周当时任汉口市公安局第八分局局长）；副组长一人，由监运所所长陈德谋兼任。组员十余人，分驻各地担任秘密监督和调查工作。另设督察一人，是考核组内外工作人员的勤惰。

以上是禁烟督察处的概况。

实行毒化政策，公开贩运专卖

蒋介石的禁烟政策，实行所谓"寓禁于征"，即通过征税达到禁烟的目的，分种、吸、运、售四部分，美其名曰禁种、禁吸、禁运、禁售，其实质是公开贩运、专卖，对蒋管区人民实行毒化政策，以增加其特税收入。如刘峙任河南省主席时，其财政厅厅长万舞兼管禁烟事务，下令全省一律抽出几分之几的田地种植罂粟，每亩征收烟税法币二十元（当时法币一元等于银币一元）。湖南湘西洪江一带几乎全部种植罂粟，禁烟督察处在洪江设立分处，以低价向烟农收买烟土，由监运所派员携带巡缉团士兵运到各省、县公卖。

其公卖的办法，就是在上述十省的省城、县城、大市镇设立"土膏店"，一般称为"官膏局"，就是专门卖鸦片烟膏的店铺。每县县城内设立土膏店几家或十几家，由有钱有势的商人承办。土膏店分为头等、二等、三等，每月向禁烟机构或代办的县政府缴纳烟税，头等的税款多，二三等的税款少。凡经旧政府批准设立的土膏店，就可以公开销售鸦片了。形式上说，土膏店只供应该县已登记的烟民持烟民证去买的烟膏，实际上不管有无烟民证，任何人都可以去买烟膏，这样就形成公开吸食鸦片，公开销售鸦片，完全毒化社会了。如在1935年时，汉口就有大小土膏店共一百五十余家，它们的烟土来源，就是向禁烟督察处批购的。蒋介石这样公开贩运、专卖鸦片，一方面是增加其特税的收入，另一方面就是实行毒化政策，企图消磨当地人民的革命意志。

利用特税收入扩充军队，进行反共反人民的内战

禁烟督察处每月纯收入的特税（在1934年到1935年时），约为法币一百万元。此项收入，不归财政部支配，而是由蒋介石直接支配。蒋介石当时在南昌行营经理处内设立一个特税股，主管特税的收支和分配工作。1935年3月南昌行营改组为武昌行营[①]，特税股改为武昌行营第二处（经理处）特税股，特税股长始终是彭鉴，彭是蒋介石的亲信、军政部军需署署长俞飞鹏的亲信。禁烟督察处会计处将每月的收入报告行营，将款缴存四省农民银行，税款的支配都由行营决定。蒋介石将这一笔特税收入，拨作军费。蒋介石进行反共反人民的十年内战期间，主要是靠这一笔收入来支持的。

利用特税，设立四省农民银行，搜括人民的财富

1933年，蒋介石在汉口成立豫、鄂、皖、赣四省农民银行，其基金银币四百余万元，就是特税项下拨给的。当时四省农民银行在汉口设立总行，在豫、鄂、皖、赣及湖北宜昌设立分行、支行。到1935年改组为中国农民银行后，便在各省市设立分支行了。蒋介石规定，禁烟督察处所收的特税，都交给四省农民银行保管，四省农民银行就等于一个金库，也就是

---

① 台湾《民国大事日志》1935年2月28日记载：豫鄂皖三省"剿匪"总部撤销，改设军事委员会委员长武昌行营。又及：3月1日军事委员会委员长武昌行营成立。

蒋介石的私库。这个银行收到存款后，就记到南昌行营或武昌行营的往来户上，按旬、按月报告行营。1935年，四省农民银行在武昌行营内还设立一个办事处，由行营参谋长钱大钧的岳叔父欧阳升如任主任，行营第二处发给各单位的经费，就是由该行办事处支付的。

四省农民银行从1934年起发行纸币，在豫、鄂、皖、赣四省境内行使，除收购种罂粟的农民的烟土外，还在农村收购土特产，搜括人民的财富，中饱四大家族的私囊。

政学系、复兴社及军统局对禁烟机构的控制

禁烟督察处的行政机构，都是由政学系所控制，如该处先后任正副处长的李基鸿、黄为材、黄伯度、刘寿朋等，都是政学系分子，处内秘书、科长、科员及各分处的负责人，亦多是政学系分子。

禁烟督察处缉私室和巡缉团，是由复兴社的康泽派所控制，如1933年至1935年冬，缉私室主任兼巡缉团团长邱开基是复兴社康泽派的重要分子，邱被扣后，蒋介石派康泽兼任，更不待言了。其所属缉私专员、查缉所长及巡缉团干部，都是康泽的干部，尤其在康泽兼任缉私室主任后，将他在星子中央军校特训班所训练的毕业生，派充所属单位的干部，并将巡缉团改为别动总队的一个支队，其中下级干部多是由别动总队调充的。

禁烟督察处总监察室，则是由蒋介石的亲信所控制，总监察陈希曾是蒋介石的侍从副官，总务处处长是CC系陈果夫的族弟。

禁烟督察处监运所由复兴社控制，所长陈德谋是复兴社及军统分子，但军统对该所并未控制运用。

禁烟督察处总监室密查组由军统控制，戴笠利用这个机构，一面监视禁烟行政和缉私人员，调查他们是否忠于蒋介石，有无贪污舞弊情事，另一方面附带搜集各地社会情报。密查组组长周伟龙，副组长陈德谋，督察邢森洲、刘培初，组员倪超凡、何芝园、何龙庆、邹适、邓匡元、何际

元、郑海良、杜述照、贺鳌、翁一揆、洪承之、袁绍龄等都是军统分子，分驻老河口、汉口、宜昌、重庆、芜湖、潼关、洪江、福州、南阳、九江等处。这个组的工作，关于禁烟部分报告禁烟督察处总监察室，关于情报部分则是直接报告军统局（军统局以前是军委会特务处）。

复兴社分子在禁烟督察处内的倾轧

复兴社分子在禁烟督察处内控制缉私室巡缉团、监运所及密查组，他们分两派，即康泽派和戴笠派，彼此在蒋介石面前争宠，矛盾很深。主要是邱开基和周伟龙两人的倾轧。邱开基原是军统分子，曾任过汉口市公安局侦缉队队长，受戴笠的指挥。邱和康泽是黄埔军校三期同学，而戴笠是六期毕业的，邱看不起戴，不愿受戴的指挥，因此和戴闹翻了，脱离军统而和康泽勾结，邱之任禁烟督察处缉私室主任兼巡缉团团长，主要是康泽向蒋介石保荐的。邱自任缉私室主任和巡缉团团长后，因密查组是戴笠所控制，对密查组人员非常歧视，禁止其部下和密查组人员往来，而周伟龙对邱及所属人员的行动则非常注意。

1935年冬，密查组查得邱开基本人在汉口有收受贿赂贪污的事实，又查得宜昌缉私专员室科长某人是邱的亲信，也有贪污舞弊的情事，以及巡缉团某营营长在老河口附近包庇私烟等事，便报告禁烟督察处总监察室转报重庆行营（1935年10月间，张学良主持的武昌行营结束，禁烟督察处改归重庆行营指挥），重庆行营军法处电召邱开基赴渝，将邱扣押。稍后也电召周伟龙赴渝做证，并将周扣押。据说邱开基因为有康泽做后盾，反说周伟龙诬告他。当时康泽的别动总队在四川的势力很大，行营军法处对康不得不卖些人情，又知道周伟龙是戴笠的部下，不好把邱随便放，所以这个案子，摆了一年，迄未宣判。直到1936年西安事变发生后不久，重庆行营军法处一个高级军法官，把邱、周两人找去，对他们说：你们都是蒋校长的学生，现在蒋在西安被张学良、杨虎城扣起来了，你们不要在这里打官司了，快出去救你们的校长吧！说完后，就把邱、周两人释放了。周伟龙控告邱开基贪污案，就此不了了之。邱开基、周伟龙的倾轧，其实就是复兴社内康泽、戴笠两派系矛盾的反映，从邱、周倾轧事件发生后，他们之间的矛盾更加深了。

广东禁烟特派员公署的成立

广东禁烟特派员公署于1936年9月间由广东禁烟局改组而成。在陈济棠割据广东时代，通令粤北连县、连山、仁化、乳源、阳山、乐昌、曲江、始兴、南雄等县，利用山地种植罂粟，后来西江南路靠山各县都种植了。陈在广州设立一个禁烟局，名为禁烟，实际上就是鼓励种植罂粟，抽收烟税。这个机构非常庞大，除在广州设禁烟局外，在各县都设有查缉所、卡，并辖有禁烟缉私部队一个总队（等于团）专司缉私。这个禁烟局不归蒋介石的禁烟督察处指挥，而由陈济棠亲自掌握控制，派其亲信霍芝庭充任局长，每月特税收入甚巨。陈济棠盘踞广东称为"南天王"，不听中央的命令，自己扩充其陆海空军的实力，其财政收入来源主要是靠特税和赌税。赌税收入，陈还划出一部分用来收买其部属，如军长余汉谋、香翰屏、李扬敬、张达、缪培南各军，都划了一个赌区，由他们包赌，收入由各军各级部队长官自己去分肥，而烟税则是由陈自己支配，充作军费。陈在广东除拥有陆军十余万人，还建立了海军和空军，因此他敢于和蒋介石抗衡。在1936年，陈济棠和桂系勾结，发动两广事变，由于全国人民一致反对内战，主张抗日，两广事件不久即告平息。两广事件平息后，陈济棠下野，蒋介石的势力深入广东。同年9月间，蒋介石派李基鸿为广东禁烟特派员，接收陈济棠的禁烟局，改组为广东禁烟特派员公署，直隶于财政部，不归禁烟督察处指挥。其内部组织和禁烟督察处一样，分特派员公署署本部、会计专员室和监察室三大部分，但不同的是会计专员室和监察室是归特派员领导，而不是平行的。另辖缉私专员室，下辖查缉所四十余个，禁烟税警一个总队。

其人事，特派员是李基鸿，会计专员为了宇学、监察赵某、缉私专员李国基、禁烟税警总队长钟光潘、监察组组长由李崇诗兼任（李当时任广东禁烟特派员公署秘书兼广东财政厅及广东财政特派员公署秘书）。

1938年10月间广东被日寇占领前夕，广东禁烟特派员公署迁往粤北乐昌，到1939年春，因无税可收，即告结束，蒋介石将李基鸿调到重庆内政部禁烟委员会任主任委员。这是广东禁烟特派员公署成立和结束的始末。

广东禁烟缉私机关部队与海关缉私
机关部队合并的目的

陈济棠统治广东时代，还设立一个广东缉私总队，主管海关缉私。两广事件平息后，陈济棠下台，由财政部接收，将其隶属于广东财政特派员公署（特派员当时是宋子良），由戴笠保荐军统分子张君嵩为缉私总队队长，主管海关和盐务缉私。该处在中山设有中顺办事处，在淡水设有东江办事处，在梅菉（吴川）设有南路办事处，在江门设有五邑办事处，在汕头设有潮汕办事处，在海口设有琼州查缉区，在雷州设有高雷查缉区，另在沿海及交通要道各县镇设查缉卡所。另外，该处还辖有税警一个总队（等于团）。

1936年九十月间，蒋介石在广州指示宋子良和戴笠，将广东禁烟缉私机关部队与海关缉私机关部队合并，以免在各县各设查缉卡所，特别指示先将禁烟缉私部队与海关缉私部队合并，仿照财政部税警总团的办法，成立一个广东税警总团，将兵力集中统一使用。派张君嵩兼任广东税警总团总团长。宋、戴两人接到蒋介石的指示后，和广东禁烟特派员李基鸿商量，决定将禁私总队拨归广东税警总团指挥，改为该总团第二总队。不久又将禁烟缉私专员室撤销，其所属查缉卡所并入广东缉私总处所属查缉卡所。该总处另在韶关成立一个北江办事处，在都城成立一个查缉区，指挥西北江查缉所。郭旭于1936年10月间在广州听到戴笠说："委员长（指蒋介石）叫将禁私部队与海关缉私部队合并，主要是因为中央在广东的力量薄弱，因此叫合并起来，成立一个广东税警总团，将兵力集中使用，并指示广东税警总团先成立三个总队（总队等于团）和一个大队（等于营），将来扩充到六个团。目前以一个总队担任缉私，一个大队担任在广州的中央机关的警卫，其余两个总队分驻广州河南和西郊，担任广州的防务。"因为两广事件平息后，虽然党政、财政、经济都由蒋介石掌握，但陈济棠的军队十万余人，还是由余汉谋掌握，而中央部队在广东不多，因此成立广东税警总团，扩充蒋介石在广东的实力，以防止余汉谋发生异动，这就是蒋介石将广东禁烟缉私机关部队与海关缉私机关部队合并的目的。

综上所述，可见蒋介石的"寓禁于征"的禁烟政策的实质就是借禁烟为名，实行毒化政策，公开运烟专卖，加强对人民的搜刮，扩充其反动武力，进行反共反人民的内战及防止异己部队的异动。

蒋介石的"内政措施"内幕

汪振国*

　　国民党政府为了网罗一部分知识分子，以巩固其统治，由考试院每隔一年举办一次高等文官考试。我从武汉大学毕业后，在学校教了两年书，认为粉笔生涯没有前途，就参加了这一考试，竟被录取。由于名次较高（普通行政第三名），就分配到行政院的内政部工作。在内政部担任过荐任科员、科长、秘书、视察、地方自治专门委员会专门委员这类职务，前后将近十年，因而对内政部的一些内幕情况和反动措施略知其梗概。兹就现在尚能回忆的，略述如下，以供搜集史料者参考。

一

　　内政部一向被人们认为是一个冷衙门，依照《行政院组织法》规定，内政部虽居行政院所属各部会之首，其职能活动的内容也极其广泛，但却无一突出，好像无足轻重。因此人们总认为外交部、财政部或教育部比内政部重要。当内政部部长的，也往往自认为是闲职，把内政部看作国民

---

　　*　作者曾在国民党政府内政部任科员、科长、秘书、县长、专员等职务。

党政府的一个点缀部门。内政部部长这一席位，也往往被当作政治上一种拉拢酬酢的工具，历任内政部部长都是挂名而不到职的，且更动频繁，鲜有久于其任者。第一任部长为薛笃弼，第二任阎锡山，第三任赵戴文，第四任杨兆泰，第五任钮永健（代），第六任刘尚清，第七任李文范，第八任汪精卫，第九任冯玉祥，第十任黄绍竑，第十一任蒋作宾，第十二任何键，第十三任周钟；一直到蒋介石垮台，又换了几个人。这些部长有的任期不足数月；像阎锡山、冯玉祥、汪精卫等则不曾到任，由政务次长代理其职务。就是这样一个被认作闲散衙门的内政部，蒋介石却利用它在政治上起了不少作用。他把内政部部长这一职位作为拉拢、调节人事关系的工具：要拉拢阎锡山，就任赵戴文为部长；要调和宁、粤、桂的关系，就拉拢新桂系首脑之一的黄绍竑为部长；要何键让出湖南的地盘，就把何键请上内政部部长的宝座；要笼络龙云，就请来龙云的老师周钟当部长。每一任部长的更替都不是为着内务行政的需要，而是另有其政治目的。

内政部的内部组织虽经过多次变迁，但变化不大。内部分设民政、警政、礼俗、户政、地政、统计、营建诸司，秘书、参事、视察、编审、公报等室，此外还有禁烟委员会、图书杂志审查委员会、地方自治专门委员会、全国水陆地图审查委员会等。从这些机构的职掌上来看，大都是属于一般行政事务的性质，在实际政治斗争中，好像起不了什么作用，但在蒋介石"消极抗战，积极反共"的政策下，"做内政以寄军令"，这个冷衙门也变为反共反人民的一份积极力量。

当日本帝国主义对我国发动武装侵略规模日益扩大时，也是蒋介石进行"剿共"全力以赴之日。对日寇的侵略，蒋介石可以不加抵抗，东北、华北可以拱手送与外人，但对共产党却"寸土必争"，在江西对共产党一次又一次地进行"围剿"。蒋介石为了欺骗国人，掩盖其不抵抗主义，在国内外散布谎言，造谣惑众地说："政府不能运用全力抵御外侮保卫国家，是由于共产党的捣乱，耗损了国家的力量；要抵御外侮，必须先消灭共产党。"提出了"攘外必先安内"的反动口号，集中了更多的军队对红军进行"围剿"。同时在文化教育、经济交通、社会组织及内务行政各方面都一起动员起来，向共产党展开了四面八方的围攻。内政部在蒋介石的直接指使与运用下，也采取了不少反共反人民的措施。

首先是在内务行政系统方面，进行了一系列的改制：国民党政府内务行政体系本来是采用"三三制"的，即中央、省、县，这是属于国家行政的体系；乡（镇）、闾、邻，这是属于自治行政的体系。按照孙中山先生的学说，县本为自治单位，不属于国家行政体系，是以自治团体的地位受国家之委托，执行国家行政事务的。但蒋介石背叛了孙中山先生的遗教，对县组织法一再修正，为了适应他极权统治的需要，以训政时期约法为掩护，借口训政时期县的自治条件尚未具备，未便赋予自治团体的地位，因而把县这一级划入国家行政体系范围，只是在县以下，才推行地方自治；而县以下的所谓自治也是徒有虚名，全无实际。乡（镇）、闾、邻实际上也成了县的分支机构，虽有所谓闾、邻居民会议，乡（镇）民代表会，但这些所谓民意自治机构也不过是地主富农、土豪劣绅、流氓恶霸利用它伙同政府进一步压迫剥削广大劳动人民的工具而已。即使如此，蒋介石仍认为这种"三三制"的组织形式，行政权力不够集中，不能适应军事上"剿共"、政治上"防共"的需要。于是从省到县，各级行政组织进行了一系列的改革。其主要内容是：省县之间增设行政督察专员；县乡之间实行分区设署；县以下停办自治，推行保甲制度；颁行新县制，实行管、教、养、卫四位一体；省政府厉行合署办公；实行党政军团一元化。这一系列的措施都是为了加强官治，削弱民治；厉行集权，消除分权；提高人治，降低法治。它是为一个总的政治目标服务的，就是一切要有利于极权政治的发展，为蒋介石政治法西斯化服务，为防共、反共服务。

先谈行政督察专员制度。这一制度首先在"剿匪区"推行。开始是一种不固定的行政职务，只是巡回督察，不限区域，不设官署；以后划分一定区域，根据地理环境和形势需要以五县至十县划为一个督察地区，设置专署，专人负责。后逐渐成为一种固定的制度，督察的范围也逐渐扩大，不过督察专员的主要任务是配合军事"围剿"，集中所辖各县力量进行"清匪"工作。蒋介石认为这一制度在江西的反"共军"事中起了很大的作用，于是令行政院转饬内政部，推行于全国，并由行政院制定《行政督察专员公署组织通则》颁布施行。记得内政部在贯彻这一措施的公文中有"各省辖区辽阔，多者百余县，少者亦数十县，对一般政令之推行，督察难周，有鞭长莫及之感；由于交通不便，地势崎岖，在边远地带，更为共匪滋生之地；为了清匪安民，有设立行政督察员之必要"等语（大意如此）。可见行政督察专员设置并不是如《行政督察专员公署组织通则》中所说的只是为了帮助省政府督促各县推行一般政令，考察各县治绩，也不是像一般人所了解的是因人设事的一种行政措施，而是从反共的军事需要出发的。其后又于每一专署增设一保安司令部，与专员公署合署办公，由专员兼司令，并由省派一副司令（多为复兴社的骨干分子）负责指挥辖区各县的反动武装，专门负责"剿匪工作"。区保安司令部并直接掌握一部分团队，作为一区的核心力量。

至于县以下的分区，也是在这样的精神之下设置起来的，不过区署的设置只限于较大的县份，当时只作为县政府的派出机构，并不构成行政上的一级，所起的作用也不大。

第二个重要措施是停办自治，推行保甲制度。蒋介石为了进一步统治人民，更有效地进行反共防共，连有名无实的地方自治也索性取消，推行保甲。保甲制度是由上而下钳制束缚人民的一条锁链，统治者用这条锁链把人民一环一环地连锁起来，相互牵制，相互约束。在这一制度之下，整个政治基层组织都变成圈囿人民的牢笼，人民完全丧失了言论行动的自由，把一点最起码的民治因素也加以消除了。

内政部在接到蒋介石停办自治、推行保甲的指示后并不是立即奉行。因为在内政部中搞地方自治工作的人员，不少是受过资产阶级民治主义教育的，对英美地方自治制度及孙中山先生的均权学说抱有幻想，认为实施地方自治是奠定民主政治的基础，因此对停办自治，在思想上产生莫大抵触，对蒋介石的指示，开始时是采取敷衍延宕的态度，阳奉阴违，公文虽然照转下去，但并未认真执行。在内政部内部，自治与保甲之争，久而未决。1932年，黄绍竑接任内政部部长，他对这个问题很重视，且有自己的见解。他认为自治制度与保甲制度在性质上并没有什么区别，只是在组织、训练民众的方法上有所不同而已。他说保甲是自上而下的要求，自治是自下而上的发展；为了适应形势的需要，为了"清匪卫民"，实施保甲制度完全必要。他还说主张自治、反对保甲的人是别有用心，是想利用地方自治之名来达到地方分权的目的，利用地方分权来反对中央统一的局面。历任内政部部长很多都是不管实际业务的，以部长地位对具体业务发表其个人见解，黄还是第一人。不过，黄说主张地方自治反对保甲的人是别有用心，据我所知，与当时情况是不符的。反对保甲制度的只是些一般职员，及大学专科学校中的个别教师，都是受民治学说思想影响较深的一些文人。至于足以与蒋介石对抗的政治上的实力派人物，对这一措施并未加以重视，也就说不上利用自治来与"中央"对抗了。因为黄绍竑坚决要推行保甲制度，自治与保甲之争，也就无形平息了，内政部对保甲制度之推行，也由敷衍转入积极推动了。全国各省除少数边疆地区外，在内政部督促之下都一律实施。在推行保甲制度时，各省原设之地方自治筹备委员会虽未明令取消，但已成为掩人耳目的装潢而已。

这一制度以后发展到连保连坐切结，"一户通匪，九户同诛"，变得更严厉与残酷了。这一反动措施，据当时一些文件的报告与记载，对配合军事反共起了很大的作用。不仅在江西革命根据地，蒋介石利用保甲制度与碉堡政策相配合，给红军以很大的困扰，在其他各省，也对中国共产党所领导的革命事业起了恶劣的破坏作用。我当年在内政部民政司工作，常看到各省民政厅厅长送来的巡视报告，其中有"该县素为共匪潜滋之区，虽经迭剿，迄未根除，自从厉行保甲连坐办法以后，地方即渐趋安谧"等语。实际上保甲制度也并不是什么"剿匪"有效金丹，保甲制度也好，碉堡政策也好，并不能阻止人民革命事业之胜利。由于保甲制度的推行，地方上的地主、恶霸、流氓、赌徒，不是当上了保甲长，就是与保甲长贪缘为奸，横行乡里，鱼肉人民；利用征兵、征粮、征工、征料等反动政令的执行，对人民进行极残酷的压榨与剥削。人民所受到的痛苦真是罄竹难书。

在抗战后期，蒋介石又先后公布了《共产党问题处置办法》《沦陷区防范共产党活动办法》《异党问题处理办法》等一系列的反共法令，密令内政部配合乡镇保甲制度，认真执行。在沦陷区还搞过战地党政委员会，颁行沦陷区县政府组织办法，这些措施矛头也是指向共产党的。

由于停止实施《县组织法》《地方自治施行法》及推行保甲制度无法律上的根据，实施地方自治又是孙中山先生遗教的重要内容之一，因此自实行保甲制度、停办自治以后，各方面责难很多。蒋介石为了应付国内舆论，同时也要为基层法西斯政权组织披上"法律根据"的外衣，于1938年4月假手国民党五届四中全会提出了一个《改进地方行政组织确立地方自治基础》的提案，并成立了县政计划委员会，李宗黄（CC骨干）、王先强（曾任内政部民政司司长及浙江民政厅厅长）、雷殷（曾任广西民政厅厅长及内政部常务次长）及当时所谓县政专家，都网罗在内，负责研究拟订县各级组织的改革方案。到1939年，代替《县组织法》的《县各级组织纲要》正式公布了。根据《县各级组织纲要》来改革各县的基层行政组织，这就是当时所称的"新县制"。除了沦陷区另有《沦陷区县政府组织通则》以外，全国各县从1940年开始，都开始实施新县制，当时内政、教育两部，也把它作为重大的改革措施来推行。内政部根据《县各级组织纲要》的规定拟定了一个《地方自治实施方案》，教育部也拟定了一个《国民教育实施纲领》，先后公布施行。

我当时在内政部民政司任科长，主管这方面的业务。据我所知，新县制的实质并不是为了要实施地方自治，而是要厉行行政集权，加强对民众的组训与统治，为蒋介石的法西斯独裁政体，建立强固的基层政治基础。根据新县制的规定，县长不由民选，是政府委任的官吏，不但执行国家行政，而且监督地方自治之实施；县虽有县参议会之设置，但它对县政只有审议之权，县参议会的决议对县长并没有拘束力，实际上不过是县政府的一个咨询机关。所谓县是"自治团体"、是"法人"，不过是一个骗人的幌子而已。县长还兼军法官、国民兵团长、壮丁总队长、自卫总队长、田粮处处长、地方财务委员会主任委员、县行政人员训练所所长、"戡乱建国"委员会主任委员、党政军联席会报主席，有的县份还实行党政军"一元化"，国民党的县党部书记长也由县长兼任。这一系列的兼职，极大部分的职能都是为对付共产党的。县长集一县的大权于一身，对人民群众有生杀予夺之权，这和蒋介石比较是一个微小的独裁者。蒋介石所谓"一元化"运动，实际上就是国民党政权法西斯化的别名，还谈得上什么实施地方自治呢？而且所谓县参议会，也不过是集合地富阶级的代表人物作为县政府的御用机关，其作用只不过是进一步剥削压迫劳动人民，加深人民的痛苦而已。

依据《县各级组织纲要》的规定，县以下为乡（镇），乡（镇）设有中心小学及壮丁队，乡（镇）长、乡（镇）中心小学校长、乡（镇）壮丁队长都由一人兼任。乡（镇）以下，是蒋介石认为"清匪防共"行之有效的保甲，而且是作为新县制中的一个重点。保有保校，有保壮丁队，保长、保校校长、保壮丁队队长也是由一人兼任。乡（镇）中心学校的教员，兼乡（镇）公所的文化干事；保国民学校的教员，兼保干事。这是把桂系政治集团在广西推行的"三位一体"制度移植过来，推行于全国。这一制度的主要特点同样是在基层政治组织中实行行政集权，以便于对人民群众的控制，并通过国民教育之实施来统一人民群众的思想。根据新县制的规定，乡镇中心学校及保校把义务教育与成人教育合而为一，并制定公民训练标准，实施公民训练。所以，新县制之实施并不是放宽人民政治生活的幅度，而是把人民生活的圈子收得更小了，与地方自治的精神根本是背道而驰的。

在实施新县制、推行政教合一的过程中，谁先谁后，内政、教育两部曾发生过争执。因为《县各级组织纲要》只规定乡（镇）长、中心学校校长、壮丁队队长以一人兼任，但由谁来兼则不明确。内政部认为教育是在行政领导之下，是要依靠行政的力量才可以办好，而且乡公所是一乡政治之中心，必须由乡长兼任中心学校校长，才可使政教密切配合，顺利推行。教育部则认为政教合一之主要精神，是以教化民；国民教育之普及，人民文化程度之提高，是地方自治成败之关键，有决定性的影响，因此坚持必须由中心学校校长兼任乡（镇）长。这种争论，表面上看好像双方都持之有据，言之成理，但揭穿其内幕，不过是相互争夺对地方基层政治的领导权而已，其目的都是相同的：内政部是要用行政的力量来控制人民群众的一切活动，教育部是要通过教育的手段来统一人民的思想，目的都是要把人民管起来，只许向右，不准向左。

第三个重要措施就是省政府各厅处实行合署办公——省政府与各厅处实行合署办公也是先在豫、鄂、皖、赣、闽五省"剿匪"区内试行的。在省政府合署办公办法施行之前，各厅处局官署分立，各自构成行政一级，对上对下可以单独行文。这种制度从行政分工的角度来看，也是必要的，但与蒋介石厉行行政集权的要求则不相适应。因为厅处分立，各自为政，省政府的权力分散，行政首脑无法统御，省主席成了一个空职。其次是公文周转慢、层次多、效率低，往往为一个问题有关厅处争执不下，聚讼纷纭，把力量相互对消了，这样必有碍于"集中各级行政组织的力量对付共产党"。在实行合署办公以后，这种情况确实有所改变。当时"委员长行营"呈报国民党中央政治会议的一个文件中（这个文件曾抄发内政部）曾提到："在湖北、河南、安徽、江西、福建等省，施行合署办公办法大纲以后，改变了以往各自为政的现象，达到了层层节制的目的，省对部绝对负责，县对省绝对负责，在指挥措置上也就更加有力了，与军事上的配合也就更加密切了。"这是蒋介石对合署办公这一措施的评价。可见合署办公这一制度之实施，不单纯是为了提高行政效率、节省行政开支，更重要的是要配合"剿匪"军事上的要求。内政部对这一制度之推行也是认真贯彻的，还采取了一些补充措施，制定了《省政府合署办公施行细则》，作为各省合署办公的依据。

省政府实施合署办公后，县政府也实现了裁局改科。省县机构厉行行政集权，也就全部完成了。

二

内政部还有一个比民政司更重要的警政司。这个司在内政部有些特殊化，它的职能活动有表里之分，人们所看到的，只是其表面的活动，鲜有人知其活动的内幕，因此我所知道的情况也多半是一些表面的迹象。

警政司司长酆裕坤是复兴社的骨干分子，与军统头子戴笠的关系很密切，是复兴社派到内政部掌握全国警察组织的。警政司有几个科长如汪弼、蒋天擎也是复兴社分子。警政司所辖的警察总队，其队长不是军统分子就无法插足。警政司的一般干部如科员、办事员之类，极大部分是警校或军校的毕业生。从人事配备上看，可以知道，警政司完全是由复兴社、军统所掌握的。他们的活动不仅局外人很难知道清楚，就是内政部的部长、次长也可能不完全了解。

在蒋介石反共反人民的逆流高涨时，内政部警政司的工作显得最为活跃。抗战前在南京时，我看到酆裕坤是各司司长中最忙的一个人，每天都坐着一部小汽车进进出出。他平日寡言少笑，在部务会议中也很少说话，像个白面书生，但却掌握着全国的警政大权。警政司的同人都有些怕他，有时有些人在办公室中高谈阔论，但只要看到酆裕坤来了，就鸦雀无声，各回本座。从警政司平日所发出的公文看，其工作重点不是放在一般行政警察的建设，而是侧重于保安、刑事、侦缉这些特种刑警队的建立、组织与训练。对各省的警察训练所，从教官的配备到教材的编辑，都由警政司掌握。各省、市、县警察局局长人选的委派一般都是由酆裕坤请示军委会核定，内政部部长不过是依样画诺而已。

我曾看到警政司派往各省市视察人员的报告，这些视察报告送给各司传阅的，都是一般性的材料，机密材料从来不送给各司看，有时部长也很难看到，据说这类材料由酆裕坤报送军统局。

警政司附设有一指纹研究室，这项工作对外也不公开，据说这一工作是与军统局合作的。警政司司长室有一个卡片橱，里面有很多卡片，内容如何，外人也不知道。

警政司与派往各国的武官也有联系。这些驻外武官一般都是由黄埔学生、复兴社骨干分子充任。我在档案中曾看到过一件给德国使馆的公文，内容是委托中国驻德武官在德国购买有关警察器械、服制礼节等规定以及德国警察总监的组织情况的书籍，要他们把这些材料译好后寄回。这显然是要把希特勒一套法西斯的警察制度搬到中国来。

在重庆时，有一天我看到酆裕坤和一个我不认识的人走进他的办公室，同来的还有几个人，停留在外面未进去。我当时问警政司一个同事，他是什么人？这位同事说："戴老板来了。"我才知道来访的就是戴笠。

警政司对内政部内部人员的活动情况也进行监视，《防止异党活动办法》颁布以后，常有警政司的人到各司询问一些人事情况，主要是对新进去的职员的了解，对以往的情况也注意。例如在内政部撤退到重庆时（办公地址在重庆观音岩义林医院），我和部内几个同事曾组织过一个读书会（取名为"坚卓读书会"），我们自己出钱买了一些书籍，其中也有不少进步性的书刊，由民政司的一个同事程景负责，任人借阅。在重庆遭受敌机轰炸、内政部迁到乡下以后，这个读书会就无形解散了。但有一天酆裕坤还把我叫去，一再追问这个读书会的组织情况，问是谁发起的，参加的有哪些人。他们不仅监视内政部里的人事动态，也参加外面的活动。有一次国民参政会开会，我也去旁听，看到警政司的一个同事（姓范）和很多新闻记者一起坐在记者席上。休会时，他去找民主党派及中共的代表谈话，我问他："你什么时候当上了记者？"他笑而不答。

警政司在人事上也有内部矛盾，主要是戴笠与李士珍两派的斗争。戴笠掌握了全国军统特务系统，为了配合其特务活动，势必要把全国警察系统也抓在手中。戴笠还有一个野心就是要坐蒋介石之下警界的第一把交椅。警政司有人说过，戴笠要做中国的希姆莱。我曾听到警政司的一个同事说过："李教育长（李士珍是高等警官学校教育长，校长由蒋介石兼任）迟早是要被戴老板挤下去的。"李士珍也有野心，和戴笠明争暗斗，都想把全国警政大权抓到手中。李士珍有戴季陶给他撑腰，门生弟子满天下，两人互不相让，这一斗争一直到戴笠死后才停止。

内政部有一个县市行政人员讲习所，是调训各省市民政厅厅长、市长、专员、县长的机构。所长由内政部部长兼任。训练内容一般是有关内务行政方面的政策法令，但自蒋介石提出"攘外必先安内"的反动口号后，训练的内容也改变了，除了"总裁"言论放在首要地位外，还着重交流各省反共的经验措施。政治军事方面的教官也都由复兴社的黄埔生担任。

关于图书、杂志、报纸等出版物的审查、登记、注册，在形式上一向也是内政部主管，但实际上是由国民党中央宣传部负责，内政部和教育部不过是备员充数而已——内政部不断奉到加强对出版物审查工作的通知。当时除了有关科技方面的书刊比较易于批准注册登记外，其他带有政治性的书报，以及各种文字作品，除了歌颂国民党的以外，几乎都在取缔之列，除了一些御用文丐的作品和文化特务的东西以外，都无法通过。如果是用了红色的封面，哪怕其内容是批判马克思主义的，有时也被取缔或禁止出版；对于电影、戏剧也同样要进行严格审查，凡内容稍为进步或艺术性比较好的，也很难取得批准。由于对出版物和作品采取了这一系列反动措施，堵塞了正常的出版写作道路，人们的呼吸都被窒息了，一些黄色刊物、黄色电影也就风行一时，全国广大的青年和儿童所受到的毒害无法估计。当时对文化"围剿"的措施，还不限于对出版物及电影剧本的审查，对于进步的文人、作家、教师、教授、学生也进行迫害，这些人都随时有遭受逮捕、殴辱以及其他各种摧残陷害的危险。虽然这与内政部主管的业务无关，但与内政部对书刊出版的审查工作有关系，因为在进行出版物审查时，如认为某一本书或某一篇文章有问题，便将作者姓名通知宪警、特务机关。这些都是与蒋介石进行的军事"围剿"相配合的文化"围剿"。内政部虽不是进行文化"围剿"的主要力量，但通过图书杂志的审查以及出版物的注册登记，也起了一定的作用。

大约是1936年前后，内政部还曾举办过全国性的公民宣誓登记工作，每一个成年男女必须经过宣誓登记，领得公民证后才享有公民的权利。这也是国民党政权法西斯化的一项重要措施。宣誓的目的是要人们拥护国民党，反对共产党。这一措施因抗战爆发在大部分省份都未执行；办过公民宣誓的省份，也都是做官样文章，由乡镇保甲长在印好的誓词上代按上一个指模，老百姓根本就不知道有这回事的，但对内政部来说也是其反共反人民的措施之一。

关于国籍之取得与丧失也属于内政部主管。我记得当时外国人取得中国国籍的条件都很宽，因为当时我国国际地位低落，外国人要求归化中国的不多。但有一种情况是值得注意的，那就是归化中国取得中国国籍的以流亡在中国的白俄最多，这些白俄取得中国国籍后，往往其职业也同时得到安排。我记得有一次有个白俄来内政部领取国籍证书，有两个军人陪同。很可能是要利用这些白俄来进行反苏反共的活动。

内政部有一个礼俗司，它所搞的礼制、服制，以及对宗教、寺庙方面的管理都是朝着复古的方向进行的。在礼制方面，要恢复儒家礼乐的传统；在服制方面，要恢复蓝袍马褂；在宗教方面，以保护信仰自由为名，鼓励人们去礼僧拜佛，从各方面把人们的精神生活、意识形态向封建社会倒拉，宣称复古就是保存中国的民族精神，就是爱国主义的表现。有一次我们高等考试及格分发各部工作的人员到考试院去看戴季陶，他和我们谈到制礼作乐问题。他说，内政部有个礼俗司，这个司的工作在你们看来好像不重要，其实这个司的工作是关系到国本的。他并且说到"忠孝仁爱，一之以礼"等一套封建唯心的大道理，又说在政治上要"斥异端，辟邪说"，使总理之大道得行，也必须从礼乐方面下些根本的功夫。戴季陶所说政治上的"异端邪说"，不言而喻，指的就是马克思主义，指的就是中国共产主义革命运动。由此也可见，平时为一般人所极不重视的礼乐问题也被国民党政府用来作为反共反人民的政治手段，作为维持其个人封建独裁的工具。

内政部还有一个地政司。顾名思义，当然是管土地行政的，也就是奉行总理遗教，实施平均地权。但蒋介石统治中国二十多年，地主阶级的利益不仅没有丝毫损及，反而得到巩固和发展。我曾看到地政司所收集的材料，其中说明土地兼并情况较之1926年以前，更加显著。提到有一个县份在近十年之中有百分之五十的中小农都下降到贫农的地位。其上升为地主的家庭都不是以农为主，极大部分在外经商或在政府担任工作。这也说明国民党统治时期的地主阶级是和国民党政府的官商结为一体的。

三

对内政部所采取的一系列反共防共的反动措施，各省都是认真执行的。我到贵州视察时，贵州省主席吴鼎昌曾和我谈起，说贵州对于合署办公、专员制度、保甲连坐等办法之执行是比较彻底的。我实际看到的情况也是如此。例如保甲制度，在苗胞聚住的山区，也都建立起"守望相助"盘查监视的哨所。在广西更不必说，其基层组织在"三位一体"的形式之下，人民所受到的桎梏也就更加严酷了。

浙江在国民党统治下，办理所谓地方自治最早，蒋介石停办自治推行保甲，浙江也执行最为坚决。浙江所拟定的《浙江省保甲章程》曾经得到内政部的嘉许，并推广到其他各省。在《浙江省保甲章程》中对保甲的任务作了具体的补充与扩大，把《乡镇自治施行法》所列举之自治事项统统纳入保甲规约之内，并扩大其范围，举凡编门牌、查户口，"盗匪"警戒、情报搜查，交通防御、工事守护，自卫团队之抽调、服役，递步哨的组织、行人入境出境之检查，莠民之取缔，以及夜间巡逻放哨等，统统订入保甲任务之中。

浙江省呈报内政部停办自治、办理保甲，是在黄绍竑第一次主政浙江期间。这时共产党的革命势力正在浙东、浙南等地区蓬勃发展，黄绍竑目击"赤祸迷漫，闾阎不宁"就决心停办自治，办理保甲。他为了吸收"剿匪区"办理保甲的经验，还曾电请江西熊式辉挑选办理保甲有经验的人员，到浙江担任保甲指导员，并率先实行联保连坐的办法。我在开化任县长时，在档案中还看到黄绍竑有关办理保甲的手令与指示，其中曾提到

"唯有严密保甲组织，实行联保连坐，始足以防共匪之潜滋；唯有多筑碉堡，始足以防共匪之窜袭"等语。开化是一个山城，城内城外所建碉堡即有二十余座之多，这也是遵照蒋介石的指示，保甲制度与碉堡政策密切配合的措施：我任开化县长时，"新县制"已开始实施，省政府也有指示，要将保甲规约及联保连坐切结，订入自治规约之中。

关于行政督察专员制度之推行，浙江也是"得风气之先"，执行最得力的一个省份。在黄绍竑第一次主政浙江之前，已经参照江西的所谓分区督察的办法，在衢、温、宁三个地区设置行政督察专员。因为当时中共势力，在这三个地区最蓬勃，所以也就首先建立了这一制度，建立之动机与目的是极其明显的。黄绍竑到浙江后，认为这一制度不仅在江西，而且在浙江亦已行之有效，于是呈准内政部在浙江全省普设行政督察专员，将全省划为九个行政督察区，并规定专员兼所在地县长，以加强其权力。这九个督察区均于1935年前后全部成立。内政部制定《行政督察专员公署组织暂行条例》，普遍推行行政督察制度是在1936年3月前后，而浙江省却早于一年前已在全省推行了。黄绍竑第二次主浙，对这一制度又给予充实和加强。当时为了加强专署的军事力量，各专区已成立了区保安司令部，原意是要试行军事与行政的分工，专署负行政督察之责，区保安司令部负保卫地方"治安"之责。但行之未久，发现分工而不能合作，甚至引起矛盾，削弱了自身的力量。黄绍竑为了补救这一缺点，即制定了《浙江省战时各区行政督察专员公署暨保安司令部合并组织暂行办法》，其主要精神是在加强专员的权力，以便于更加有效地"统一调遣区内的自卫武力，以确保地方的治安"。同时由九个专区扩展为十一个专区。1942年内政部所定的《各省专员公署及保安司令部合并组织暂行办法》，大体上也是参照浙江这个办法拟定的。浙江省的专署和保安司令部的组织，除了江西以外，在各省之中是比较"健全有力的"。每一个区除统一指挥所辖各县的反动自卫武装外，都各自拥有一个区保安队。这些武力极大部分都是用之于"安内"，凡打击共产党最力的专员、司令，如张宝琛、罗浩忠、贺扬灵、鲁忠修，黄绍竑都认为是能员。黄绍竑所谓"专员制度之设立，在于督导考察各县政治，以补助省府督察之难周"，并不是实际的情况。

关于省政府合署办公这一措施，浙江贯彻的情况却不似以上几项措施之彻底，而且落在某些省份之后。省政府合署办公是杨永泰的杰作之一，首行之于江西，"完善"之于湖北。浙江执行此项措施之所以落后，是由于省府办公房屋小，不足以容纳各厅处于一署之中，战时省会又数度搬迁，更无合署办公之条件。因此在抗战前后，均未照内政部的规定实行合署办公。另一个原因，浙江是蒋介石的"帝乡"，担任浙江各厅处长的，都是蒋的亲信，不是CC就是复兴社、军统的骨干，后台硬，而且蒋对黄绍竑是明用而暗防，不愿其权力过于集中。CC控制的浙江省参议会，复兴社控制的浙江省保安司令部对黄绍竑都是多方牵掣。在这样的情况下，黄绍竑是集权有心，抓权无力，因而对这一有利于省主席集权的合署办公制度，在浙江未能得到贯彻执行。不过为了应付"中央"的政令，在某些方面还是采取了合署办公的精神，在事权上做了某些集中。例如厅办府稿以省主席名义行文；比较重要的问题经省府会议通过，再交有关厅处去执行；年度预算、计划之编制也是以省府统筹的形式出现。省府改组时各厅处长的人选，在形式上也是由新任省主席先向"中央"提出名单，经蒋介石同意后发表。这些做法都是与合署办公的精神相符合的。

蒋介石追堵长征红军的部署及其失败

晏道刚

1933年（在蒋军第四次进犯中央苏区后期）何应钦任我为"南昌行营"第一厅副厅长，处理作战业务。不久，蒋介石亲到南昌改组"行营"，我仍为第一厅副厅长主管作战业务。1934年3月，蒋创设"侍从室"以统率其随行人员，调我为侍从室主任。在举世闻名的中央红军二万五千里长征的胜利进军中，我随蒋往返于重庆、贵阳、昆明、成都、西安等地策划追堵。迫红军胜利到达陕北后，我又担任"西北剿总"参谋长，做蒋介石的帮手，干了许多大大危害人民的事情，因此对蒋介石追堵红军的阴谋内幕大体有所了解。今响应周恩来主席的号召，把蒋介石在这一时期追堵红军的情形，就我所能回忆到的如实揭露出来。但已年近八旬，事隔30年，错漏在所不免，请有关方面加以补正。

红军长征前蒋介石的反共策划

自1930年冬到1933年夏，蒋介石在江西发动一、二、三、四次对中央苏区的进攻均被红军挫败，损将折兵30万以上。"南昌行营"主任鲁涤平，因第一次失败被撤换；继任的何应钦，亦以二、三、四次的失败，怯

113

蒋谴责而惴惴不安。加以蒋介石径听陈诚报告不通知何应钦，听任陈诚将调赣参加反共的川军张英师突然缴械，使何十分气愤，事后虽经贺国光等密告蒋介石记陈诚大过一次，以敷衍何的面子，但何终觉对陈的指挥不便，借故返回南京。蒋介石乃亲到南昌，一再改组"南昌行营"，以江西主席熊式辉兼"行营"办公厅主任，"行营"原参谋长贺国光为第一厅厅长，"行营"秘书长杨永泰兼第二厅厅长；扩大职权达于粤闽湘赣浙五省，变该"行营"为党政军一元化的最高法西斯权力机关，与当时的行政院院长汪精卫权力冲突亦在所不顾。

蒋介石痛心于以往迭次失败，在痛苦中受到了一些教训，改弦更张，放弃了长驱直入打运动战的作战原则，一面调整部署，发表顾祝同为北路军总司令，以陈诚为北路军前敌总指挥，率领第三、六两路军由北向南进攻苏区；同时以重金收买陈济棠为南路军总司令，出兵两个军封锁赣粤边境；一面由我和贺国光归纳各方面建议制定"稳扎稳打，步步为营，修碉筑路，逐步推进"的办法，辅以杨永泰建议的保甲团练政策，企图构成包围圈，断绝苏区物资来源，迫使红军进行阵地战来比力量拼消耗。蒋介石大肆宣传他在军官训练团所说的"三分军事，七分政治"的方针，以所谓政治围攻、文化围攻、经济围攻、交通围攻，配合数十万兵力的军事围攻。蒋介石这些毒辣阴谋在1933年10月以前逐步付诸实施。我和贺国光还挖空心思替他制订了各个阶段各种情况变化的军事部署计划。

约在1933年冬，十九路军陈铭枢、蒋光鼐、蔡廷锴等在福建组织"人民政府"，发动反蒋，使北路军的进攻计划受到很大影响。当时蒋介石进到抚州指挥，深恐红军与十九路军联合，神色异常紧张。好几次我与他同坐汽车时，见他忽而自言自语，忽而挥拳舞掌。他坐在房子里就不时拿出他自己所著的"剿匪手本"中的军歌高声歌唱。每逢他出现此态时，宣铁吾（蒋的侍卫长）就找我去看，说他又在发神经了。宋美龄到抚州，发现蒋的床下隐藏着他的原配老婆带给他的宁波小菜罐坛，都被宋掀出打破了。在痛苦中还夹杂着"吵架打罐"的小插曲，确实使蒋的日子不太好过。每天晚餐后，蒋就找我和林蔚去问是否有红军与十九路军联系的情报，嘱我们密切注意，并每日派飞机轰炸红军，侦察其行动方向。后来未发现红军与十九路军联系的征候，蒋才决定亲自飞往建瓯指挥进攻十九路军的战事。

1934年2月，蒋在解决福建事变后，趾高气扬，以为又可以专心对付红军了，乃将进攻福建的二路军、四路军、五路军编为东路军，以蒋鼎文为东路军总司令，卫立煌为前敌总指挥，转头向西进攻苏区。约在3月间，蒋又发表何键为西路军总司令。何即在长沙召集有关头目开会，并请行营派员指示。蒋乃派我飞往长沙与何会商调整西路军指挥序列，督促何执行围攻计划，允许何在湖南发行公债作为反共经费。何键并请我对在湘鄂赣边及赣江西岸参加围攻的湘军、杂牌军、蒋嫡系军各部队长传达蒋的意旨及对红军作战应注意事项。蒋介石恐西路所属各军头目不听何键的命令，要我特别注意从中协调。

1934年4月以后，蒋介石令各路军步步向苏区进攻。我随蒋回到庐山策划指挥，并举办军官训练团统一战术和政治思想。当时，东路军李延年纵队在朋口，汤恩伯部在泰宁，遭红军反击受创；北路军陈诚的三路军在黎川以南之团村、黎川西南之横村及南丰之王家山、五都寨等地区，也受到红军反击；南路军李扬敬纵队在粤赣边之筠门岭，受到红军反击。由于蒋军据有碉堡线，在红军迭次打击下，虽有很大的损耗，但包围的总形势仍能维持；而且蒋军官兵对修碉技术日益熟练，依靠兵力优势，五里一推，十里一进，给苏区增加不少困难。是年夏，陈诚部攻破广昌，薛岳部侵占兴国、古龙冈，迫使红军退至白水、头陂、驿前构筑工事进行阵地战。蒋介石看到红军采取打正规战和他拼火力，马上把重炮兵调到江西配合他的十个纵队近30个师兵力加紧进攻，遂于9月攻占宁都、石城。

1934年9月，蒋介石曾对我们几个高级幕僚说，看来红军现已无法施展其机动灵活的战术，只能局促回旋于堡垒之间，已成被动之局。他于是下令各路军加紧包围，还写了许多亲笔信给高级头目们勉以雪一、二、三、四次"围剿"失败之耻。这时蒋介石口口声声要把红军消灭在包围圈内，做梦也没有想到红军竟能够突围长征，夺取胜利。

上述这些就是1933年4月至1934年9月红军长征前，我在蒋介石身边所亲见和自己参与策划的一些基本情况。

蒋介石得悉红军西移时的决策

1934年9月底，蒋介石认定江西围攻的大势业已完成，胜利在望，显得飘飘然。他每和我们侈谈形势时，扬扬得意地说："湘鄂赣边红六军团是在西路军围攻下站不住脚才不得已而西移的。孔荷宠投降是红军瓦解的先声。"以此显示他的指挥比别人高明。在谈到红军历次提出北上抗日及合作抗日时，他总是诬蔑红军说："他们有什么力量抗日，无非是诱使我军放松包围。"他强调说："不消灭共产党就不能抗日，因此我们更应对共军加紧包围，聚而歼之，不使漏网。"这些谈话正是暴露了蒋介石"先安内、后攘外"的卖国政策。

国内舆论自《塘沽协定》之后到"五次围剿"后期，对蒋不抗日专反共的搞法早已不满，华北人民尤其激烈。蒋认为这都是对共产党同情，对当前"围剿"非常不利。为了便于一心对付红军，收最后围歼之功，约在1934年10月上旬蒋偕宋美龄下庐山去华北视察，杨永泰和我随行，历经北平、察哈尔、归绥、太原、西安各地，分别接见了当地军政头目。当时"北平行营"主任何应钦回南京去了。蒋在北平接见的，有原东北的军政人员莫德惠、王树常、马占山、苏炳文、米春霖、邹致权（张学良之办事处主任）等；在察接见宋哲元等；在归绥接见的有傅作义及蒙旗德王、云王、沙王等；在太原与阎锡山密谈多次；在西安接见杨虎城、马鸿逵等。蒋对这些人大肆宣传他那"不是不抗日，是共产党拉住了后腿，非消灭共军不行"的反动谬论，争取大家同情他反共，以缓和国人对他不抗日的攻击。

10月中旬突接"南昌行营"转来情报，知道红军主力有突围模样，前锋已通过信丰江（即桃江），蒋鼎文东路军先头已由长汀逼近瑞金。于是蒋介石匆匆赶回南昌，立即召集杨永泰、熊式辉、林蔚、贺国光和我商谈对策，议论纷纷，对红军行动方向作了如下判断：

（一）由赣南信丰入广东。蒋认为：红军利在乘虚，如进入粤境，逼得粤军不得不拼命抵抗，倘被前后夹击，是难于立足的，那是他们的不利之路，去了亦无足为虑。

（二）从赣南经粤湘边入湘南，重建苏区。蒋认为赣粤湘边区是政治上的薄弱点所造成的军事薄弱点，且中央红军入湘后有与贺龙部会合之利，应加重视。

（三）进入湖南后出鄂皖苏区再北进。蒋认为这是当年太平天国北进路线，政治上威胁较大，可以考虑。

（四）经湘西入黔、川再北进。杨永泰以为还要考虑红军尔后渡长江上游金沙江入川西的可能性。蒋说："这是石达开走的死路。他们走死路干什么？如走此路，消灭他们就更容易了。"

随后蒋还对大家说："不问共军是南下或西行、北进，只要他们离开江西，就除去我心腹之患。"又说："红军不论走哪一条路，久困之师经不起长途消耗，只要我们追堵及时，将士用命，政治配合得好，消灭共军的时机已到，大家要好好策划。"

1934年10月18日，红军西移前锋迅速达到赣湘粤边。从蒋军东路军占领瑞金所得资料中已明确：红军不是战术机动，而是战略转移；不是南下，而是西进。蒋介石在南昌于是日下午7时召集我和贺国光谈，拟订初步追堵的计划要旨，限9时以前发出电令。当时我正患偏头痛，勉力支持草拟计划电文，每隔十几分钟蒋即以电话催问贺国光是否拟就。贺对我说，蒋似有迫不及待，挂电话听筒之声甚重，要我迅速草拟让他去看算了。依计划要旨发出的电令大意有：1.西路军何键部除留刘膺古纵队于赣西"清剿"外，主力悉调湘南布防，依湘江东岸构筑工事进行堵截，并以有力之一部在粤湘边境堵击，该路总部移驻衡阳；2.南路军陈济棠部除李扬敬纵队留置赣闽边"清剿"外，主力进至粤湘边乐昌、仁化、汝城间地区截击，该路总部推进至韶关；3.第四集团军主力集中桂北，总部移至桂林；4.北路军顾祝同部以第六路军薛岳率所部包括吴奇伟、周浑元两个纵队担任追击。

"追剿"军前敌总指挥委何人担任的问题，蒋初意是内定陈诚，而陈却保荐薛岳。后来蒋同意以薛岳充任，决定抽出九个师的兵力归薛岳率领；陈诚则任预备总指挥，集中亟待休整的嫡系部队作为机动兵团策应各方面的需要。迨11月上旬，红军先头到达粤湘边，蒋认为何键原是西路军总司令，红军进入西路作战地境，一面明令发表何键为"追剿总司令"，一面命我电告何键指明薛岳所部入湘后悉归何统一指挥。但蒋并未把这样做可将何键部调离湖南而使何键更易受控制的企图明确告知薛岳。这件事曾引起狂妄自大的薛岳不服。我当时对调动嫡系及何键的部队没有顾虑，只想到两广是半独立状态，不如湖南那样基本上能控制得住，蒋粤、蒋桂之间疑忌很深，粤桂怕蒋军嫡系乘机入侵并不亚于怕红军。当蒋命我严电陈济棠、李宗仁全力防堵时，我曾对蒋说："粤桂是否依我们的计划办事乃是防堵的关键，应派员妥为联系才能贯彻命令。"蒋说："你不用管，命令只管下。他们不照我的命令行事，共军进去了他们受不了，他们执不执行我的命令是第二步。"几句话使我进一步认识到蒋对粤桂的阴谋诡计。

11月间，追堵部署初步完毕，蒋介石即调整留在江西各围攻部队的部署，分区清乡，划定好几个"绥靖区"，订立各种清乡规章，采用所谓"剿抚"兼施的毒辣手法来危害人民。军事部分由第一厅主办。政治、经济、文教部分由第二厅和办公厅主办。同时借口红军可能去西南，蒋介石把他策划已久的组织参谋团入川的计划乘机拿了出来，决定以行营参谋长贺国光为主任率参谋团进驻重庆，统率川黔各部配合反共。

在粤湘桂边布置各道封锁线和追堵措施

粤湘桂边区封锁、追堵红军的部署和战役，自始至终都是蒋介石亲自在南昌指挥的。名义上何键是"追剿"总司令，薛岳是前敌总指挥，事实上在派系林立下的国民党政权，牵涉到三四个省、上十个军（粤军两个军、湘军三个军、桂军两个军、薛岳所率嫡系三个军）三四十万兵力的规模，即令蒋介石亲自出马也是不可能指挥的，因此始终是以南昌行营这套机构在那里敷衍行事。

红军西进，于10月下旬突破赣南余汉谋部的封锁线（即第一道封锁线），蒋介石即电陈济棠、何键出兵火速在汝城、仁化、乐昌间地区阻截（即第二道封锁线），并指示他们分兵在乐昌、郴州、宜章、临武间沿粤汉路南段利用原有碉堡加强工事作防堵措施（即第三道封锁线）。当时湘军主力已来不及向粤边靠拢，只能次第集结于衡阳、郴州间，在汝城守备的只有陶广所部一个旅。粤军一、二军主力及几个独立师原已集结于湘粤赣边，这时陈济棠令李汉魂统率独三师、独二旅及第二师赶到乐昌、仁化、汝城附近进行堵截。11月上旬（9日、10日左右）粤军和红军在延寿圩、靶子场、珊瑚岗附近激战两日，陈济棠曾向蒋告捷，虚报伤亡及俘获红军人数，发现中央红军一、三、五、九等军团番号。蒋介石认为延寿战役是弄清红军情况最有意义的一仗（在这一仗以前行营命空军侦察红军动向，总是找不到真实具体的情况）。与此同时，何键以原在湘南的一个旅（旅长钟光仁）守汝城，在11月上旬也与红军打了几天，没有激烈战斗，估计红军对汝城意在牵制。何键向蒋介石告捷，无非表示湘军反共是卖力的，在湖南境内抗击红军他是舍得牺牲的。自11月上旬经过湘粤边阻截之后，蒋介石对红军情况自认为已经比较明了。

蒋介石为了对付红军长征的行动（当时称为突围）虽考虑了几个方案，而在他心目中最害怕的是红军在湖南重建根据地，怕中央红军与贺龙所部红军会合，将来在鄂湘川黔建成一片苏区。故当11月中旬红四路军、红六路军主力先后行进至郴州、耒阳、衡阳之线后，蒋认为红军已经"流徙千里，四面受制，下山猛虎（指红军放弃根据地），不难就擒"，乃以在湘江以东（即第四道封锁线）"围歼"红军为指导方针，令何键、薛岳在衡阳开军事会议。

当时蒋指示何、薛的部署要旨有如下几点。

（一）以二十八军刘建绪率章亮基、李觉、陶广、陈光中四个师，即开广西全州依湘江东岸布防，与灌阳夏威所率的十五军切取联系，进行堵截。

（二）以吴奇伟率第四、第五两军主力韩汉英、欧震、梁华盛、唐云山、郭思演五个师（这五个师是归薛岳直辖的），沿湘桂公路进行侧击，保持机动，防止红军北上（是怕与红二方面军会合）。

（三）以三十六军周浑元率所辖谢溥福、萧致平、万耀煌师尾追红军，取道宁远进占道县加以确保，防止红军南下进入桂北。

（四）以二十七军李云杰率王东原师及其所兼之二十三师，取道桂阳、嘉禾、宁远，沿红军前进道路尾追。

（五）以十六军李韫珩率所兼之五十三师，取道临武、蓝山，沿红军前进道路尾追。

这个五路进军的湘江追堵计划，蒋介石是很用了一番毒辣心机的。他处处从人地相宜着想，认为何键与李宗仁、白崇禧有私交，以湘军入全州，彼此不会猜忌，必能合力封锁湘江，堵住红军去路。桂北设有民团，亦可使过境红军遭到一些困难。李韫珩、李云杰都是湘南人，所部多系嘉禾、宁远子弟兵，跟踪追击地势熟悉，可收地利人和之便。蒋介石认为，以精锐之周浑元军抢占道县，压迫红军西进，吴奇伟军沿永州西进，阻遏红军北上，企图逼使红军强渡湘江，形成在大军前堵后追、左右侧击之下于湘江东岸进行决战的有利形势，必能造成红军最大伤亡；如果红军不渡湘江则只有转入粤北或桂北，当时陈济棠已有好几万人集中粤湘边，红军欲仓促建立苏区亦不容易。当蒋在南昌决定这一计划时，我个人也认为红军在战略上已陷入不利态势，是否能渡过湘江、潇水这一条地障，的确是红军成败的一个大关键。

蒋介石在下达命令时，怕他手下的头目们不认真贯彻执行，叫我引用古代兵家尉缭子的四句话："众已聚不虚散，兵已出不徒归；求敌若求亡子，击敌若救溺人。"把它写进电令中。他妄想他的喽啰们能够依照他的计划行事，依托有利地形，发挥优势兵力，上下同心，追得上，堵得住，好好打一个歼灭战。

当红军先头部队越过粤汉铁路宜章、临武地区，蒋在指示何键、薛岳部署的同时，曾电陈济棠派兵进占连县、星子防堵，并指定李汉魂（由于延寿战役见重于蒋）率二三师人编一个纵队进至蓝山、江华地区防堵红军入粤。那时蒋为利用粤军参战，要我们在电令措辞上尽量客气，特别是对粤军仁化、延寿之役一再嘉勉。

红军进入湘粤边时，蒋只命白崇禧在桂北防堵；当红军进据湘南后，蒋即电白崇禧集结桂军主力于灌阳以北各关口，与湘军合力在湘江东岸"消灭"红军，并要白崇禧至灌阳指挥。这时蒋介石为了利用桂军，特别发了一笔相当大的军费（具体数字记不清）。总之蒋介石是挖空心思策划湘桂军联合作战堵击红军，唯恐不达目的。

湘桂边的追堵战役进行的时间将近两周（由1934年11月21日至12月2日），真正苦战的时间约为一周，使用兵力二三十师。这个时期，蒋介石是聚精会神，行营则函电交驰。陈诚自调预备军总指挥后，基本上是待在蒋介石身边，赞助策划。由于薛岳唯陈诚之命是听，因此第六路军的行动多由陈直接秉承蒋的意旨行事。有时蒋陈密议的问题，作为侍从室主任的我也不知道。在11月下旬会战开始后，蒋介石曾亲笔写信给第六路军薛岳以下各军师长，诬蔑红军为"流寇"，认为这次向西突围已"势穷力蹙"，规定该路军九个师以穷追为首要任务，信中且有"毋容红军再度生根"等狂言。蒋惯于用权术收揽部属为其卖力，他自己写信频繁，内容不给别人知道，我只是事后与蒋闲谈中了解一些（当时蒋派有飞机一队驻衡阳助战，蒋的信件均由我通知飞机空投）。

在战役过程中，战报雪片飞来，我阅后凡属重要的即交给蒋的机要秘书汪日章摘要转给蒋看。我素知陈诚、薛岳见重于蒋，蒋对薛的来电比较重视，因此薛岳的来电在当时是不能积压的。至于这个仗是怎样打的，时隔太久，只能记忆大概如下。

（一）薛岳所率吴奇伟部及直辖部队，由于红军不是由永州北上与红二、六军团会师的，该部在湘南境内没有战斗。但薛对何键的湘军及白崇禧的桂军这样摆长蛇阵未阻止红军通过湘江，曾向蒋表示他的不满，对白、何等怕"中央军"抢地盘的处置也有所揭露。这一点我当时是理解到的。薛岳所率周浑元部，这次也没有大的战斗。唯该部抢先占领道县，使红军行动受阻，达成战略任务，曾受到蒋的嘉奖。

（二）湘军刘建绪部在全州觉山堵击红军两天。红军主力是从觉山以南的文市向界首渡湘江的。刘建绪及何键向蒋告捷，虚报伤毙红军人数。他们为逃避湘江失守之责，曾指控桂军撤出文市以南各关、私自转移兵力并未通报友军之罪。何键、刘建绪作战一贯要滑头，我知之甚深，对他们这种所谓捷报，我心里很明白。但嗣后蒋介石未曾追究湘江失守的责任，还给何、刘两人嘉奖。非何键嫡系的湘军李韫珩部由于进入湘南时间迟，沿途没有和红军接触。湘军李云杰部在宁远天堂圩及湘江东岸的下灌、水车附近与陈光中部合力对红军后卫作战，蒋介石对李云杰也有嘉奖。

（三）桂军白崇禧所指挥之夏威、廖磊两军在前线的部队，为保全实力，未照蒋介石的指示扼守灌阳以北完成堵击任务，自动撤至灌阳、兴安间新圩附近占领侧面阵地，阻击红军掩护部队，打了两天，红军主力即安全渡过湘江。事后白崇禧亦来电虚报战果。这件事却大伤蒋介石的脑筋，既不敢责备，又不愿嘉奖。

当此战役最紧张的时刻，蒋介石在南昌心神焦急，随时查询部队到达位置，计算红军实力。当时行营综合各方来电，估计红军渡过湘江向贵州前进途中实有兵力不过三四万人，认为红军牺牲，损耗很大。唯蒋介石意犹未足，责怪桂军避开正面，以致功亏一篑。

自从红军西征后，我们在蒋身边的一些人闲谈时，总说追堵部队谁也不愿猛追强堵，怕接近红军被红军反击挨打，采取的是"送客式的追击，敲梆式的防堵"。蒋军不得人心，士气不振，于此可见一斑。

在贵州指挥黔、川、滇作战的挫败

（一）红军入黔初期蒋介石的企图

1934年12月红军突破湘江向贵州前进时，蒋介石担心中央红军会走萧克的老路与贺龙会师，除电王家烈率黔军在黔东堵截外，一面电何键、李宗仁派兵尾追，一面电薛岳率主力经武冈、芷江入黔以防阻红军会合。1935年1月，红军主力击破黔军渡过乌江解放遵义，蒋乃将防堵红军会师的任务交给刘建绪，令刘部进至黔东石阡、印江沿乌江东岸布防，并电原在鄂川边的徐源泉（第十军）派兵进至酉阳、秀山与刘建绪部联防。当时湘西红军正在沅陵以北进行反攻，策应入黔的中央红军。何键深恐湘军入黔后他自己失去控制，乃借阻击湘西红军为由，苦苦要求调回其亲信部队李觉、陶广、章亮基等师回湘西，蒋介石允其所请，于是刘建绪只带四个师布防黔东。这时蒋令薛岳率所部八个师不顾王家烈是否愿意，乘黔军新败之余，以急行军长驱进占贵阳，沿途并未与红军发生大的战斗。

在政治上，蒋介石早已安下乘追堵红军的机会，完全掌握西南的一个双管齐下的阴谋。我最初是从陈布雷处得知这一阴谋的。当红军于12月进入黔边时，蒋在南昌对陈布雷说："川、黔、滇三省各自为政，共军入黔我们就可以跟进去，比我们专为图黔而用兵还好。川、滇为自救也不能不欢迎我们去，更无从借口阻止我们去，此乃政治上最好的机会。今后只要我们军事、政治、人事、经济调配适宜，必可造成统一局面。"薛岳进占贵阳，正是这一阴谋的具体行动。

（二）川、滇、黔边追堵战役的挫败

红军于1935年1月中旬由遵义西进时，蒋介石认为红军已威胁川南，可能北渡长江，急电驻川参谋团贺国光及四川军阀刘湘组织"川南剿总"，派潘文华任总指挥，进驻泸州，集中二十一军可能抽集的兵力在赤水、古蔺、叙永地区布置堵击，封锁长江。又令滇军龙云派兵入黔堵击，封锁横江；令黔军王家烈部渡乌江尾追红军；急调上官云相部由豫鄂入川集结于川黔边之松坎（蒋一度计划调第三军王均部滇军入黔，后来怕龙云误会而中止）；令薛岳以周浑元部渡乌江进至黔西、大定（现名大方）侧击；控制主力吴奇伟部在贵阳待命。1月底，川军旅长郭勋祺率兵9个团在土城附近顽抗两昼夜，被红军击败。蒋据报后认为郭勋祺"鏖战有功"，立即升郭为模范师师长；同时以守乌江的侯之担作战不力，令参谋团拘押查办。

在红军压境下，蒋对川、黔军阀一赏一罚，不仅是施展其对部属威胁利诱的惯技，也是他欺软（黔军阀）怕硬（川军阀）的表现。

2月间红军进入滇东行动情况不明时，蒋介石从贺国光、薛岳送来的情报中，知道有遵义会议，从此毛主席全权指挥红军行动，引起他很大注意。他一方面认为红军内部意见有分歧，幻想红军会不统一，会各据一方；一方面觉得更应加紧围攻，不可轻敌。蒋随即调整战略部署：以何键为一路军总司令，刘建绪为前敌总指挥，负责对付贺龙、萧克的红二、六军团；以龙云为二路军总司令，薛岳为二路军前敌总指挥，兼贵阳"绥靖"主任，负责对付中央红军；以朱绍良为三路军总司令，杨虎城为副总司令兼前敌总指挥，负责对付徐向前的红四方面军及徐海东的红二十五军。

在贵州的二路军作战序列也重新划分，以吴奇伟部编为第一纵队，周浑元部编为第二纵队，滇军（第十路军）孙渡部编为第三纵队，黔军王家烈部编为第四纵队，湘军李云杰部编为第五纵队，川军郭勋祺部编为第六纵队，湘军李韫珩部编为第七纵队。蒋介石妄想将红军压迫于长江以南、横江以东、乌江以北和以西地区"聚而歼之"。正当蒋介石打着这个如意算盘时，不料2月下旬红军挥戈东向，击破王家烈在习水前线部队，势不可当。蒋得此情报，研究对策，认为红军北渡西行均遭阻拦，黔北穷困，不可久留，回师向东一定是再图去湘西与该地红军会师。于是急命薛岳拿出吴奇伟部由贵阳驰援王家烈坚守遵义、娄山关，令上官云相部驰援桐梓，令刘湘督促郭勋祺部尾追，并令一路军何键注意黔东防堵。虽然是仓促应战，但以为围攻军队已处于绝对优势，这样就可扼阻红军。哪知到了2月26日左右，红军竟乘胜再度攻取遵义城，击破了王家烈直接指挥的好几个团。吴奇伟部赶到遵义城外接战，不到一天就被红军打败，狼狈退回乌江南岸。事后得知吴、王两部，伤亡损耗在万人以上（柏辉章、韩汉英、唐云山三个师均被歼过半，郭勋祺师在温水尾追的损失不计在内）。这是蒋介石布置川、黔、滇围攻中最大的一次失败，他在指责薛岳的电文中认为这是"国军追击以来的奇耻大辱"。

红军挥戈东向，二渡赤水，打了蒋军一个措手不及，这是蒋介石最初意料不到的，也就是毛主席牵着敌人的鼻子走使他不得不犯错误的一个明显例证。

（三）再度乞灵于碉堡战术

在遵义战败后，蒋介石坐立不安。两三天后（1935年3月2日）他就飞往重庆，住在范庄（范绍增之家），陈诚和我随行。遵义失败的真情，陈诚为掩盖薛岳，不敢如实向蒋报告。我当时也有顾虑，因为薛岳部队一向归陈指挥，薛部失败，陈不说而我说，不仅陈不满于我，蒋也会以我有嫌隙于陈，对我不满。蒋到重庆后，不仅因前方打败仗恼火，另外又因何应钦在北平受到国人责难，且遭日寇的过分侮辱（甚至日本一个士兵就可以到何之办公室直呼其名而唾其面），赖在南京许久不回北平军分会，使他更加大发脾气，责骂何应钦"怕死就不要穿军服"。我委婉建议蒋作出处置，稳定一下华北局面。蒋生气地说："拿什么处置？抽部队去？你看抽什么部队到华北去和日本顶？共军把我们的人力、物力、财力都消耗了，拿什么打日本。"这些话说明蒋一心反共，不惜向日寇屈膝。

薛岳、吴奇伟在陈诚庇护下没有受到蒋介石的惩处，王家烈迭失桐梓、仁怀、遵义等地，蒋一时也不便追究，只针对这一教训下了一道命令，大意是：今后在前线作战，不论是追是堵，是攻是防，如不与阵地、城池共存，未奉命即逃避者（指王家烈逃离遵义），一律治以失土纵敌之罪。

蒋在重庆不久，约在3月中旬，亲笔写了一封长信给吴奇伟，勉吴"雪遵义失败之耻"，指示对飘忽不定之"共军"作战要极慎重。蒋写后面交贺国光与我火速派飞机空投给吴。

红军在遵义获胜后，约在1935年3月9日左右复全师西进，这一招又出乎蒋介石意料。当郭勋祺率部首先到达遵义时，蒋介石还认为是胜利，再度犒赏该部以资收买。虽然这次郭师尾追红军只是扑空，在蒋介石看起来川军还是十分卖命的。正当蒋介石捉摸不定之际，红军已三渡赤水。这时蒋在重庆范庄和我们讨论时认为：红军战力仍未稍减，不可轻视；贵州西北地瘠民贫，大军行动不仅米粮困难，就是柴草也不易得，红军徘徊于此绝地，乃系大方针未定的表现。这一段长江两岸多系横断山脉，山势陡峻，大部队无法机动，今后红军只有化整为零，在乌江以北打游击。因此，决定严密封锁，再把碉堡政策拿出来。于是他指示薛岳令各纵队尾追侧击，采取在江西修碉围攻的办法，步步向赤水包围；并调李韫珩部由黔东开遵义，在该城周围修碉；调上官云相（第九军）在桐梓、遵义间修碉筑路；电告刘湘加强泸州上下一带长江防线，并挺进至长江以南叙永、赤水、土城、古蔺地区修碉封锁；电龙云以孙渡部进至大定、毕节以东地区防堵，修碉封锁，并切实加强封锁横江。3月下旬各方来电，碉堡大致完成，乌江南岸各渡口，乌江北大定、黔西、金沙、仁怀、遵义、桐梓沿线都已初步形成碉堡线。蒋介石当时沾沾自喜，认为这本旧皇历——碉堡战术，是"消灭共军的可靠法宝"。

（四）蒋介石在贵阳惊慌失措

1935年3月24日蒋介石扬言"督师"，偕宋美龄由重庆飞抵贵阳，随行的有蒋的顾问端纳、陈诚和我。随后何成浚、吴稚晖、陈布雷也专机飞来。当时蒋抱定与红军一决雌雄的战略企图，野心勃勃，一抵贵阳即对党政军人员发表了一篇盲目乐观的"训话"。他说："共军已是强弩之末，现今被迫逃入黔境，寻求渡江地点未定，前遭堵截，后受追击，浩浩长江俨如天堑，环山碉堡星罗棋布。"在他看来，红军已到了"走投无路"的困境，他的决策是迫使红军不得不进行决战。他当即督促薛岳尽量把部队向川南紧缩包围圈，以为红军再无回枪之力。

但没有几天，约在3月底（确期欠详）薛岳转据周浑元来电：该军在仁怀以南之鲁班场、枫香坝附近防线被红军袭击，打鼓新场也发现红军。蒋还以为这是红军的战术行动。接着忽报在4月1日左右红军先头在安底坝将江防部队击破，巧渡乌江。红军这一意料之外的战略行动，遂使蒋介石惊慌失措手忙脚乱。

从得悉红军渡乌江之日起，蒋实际上就以战场指挥官自任，撇开了薛岳的贵州绥署和前敌总指挥部，亲自打电话调动部队。薛岳变成了一个侍从参谋，等于一个高级传令军官。蒋有时还耳红脸赤骂个不停。每一道调动指挥部队的电令，薛岳非经请示不敢做主。在4月2日左右，蒋介石召陈诚、薛岳、何成浚和我一起商谈。大家判断红军这个行动，一是乘虚袭击贵阳，一是仍图东进与湘西红军会师，两案之中以后者公算较大，但两者都威胁贵阳的安全，当前应以确保贵阳为急。蒋介石随即作出决定，严令前线各部队衔尾疾追，调遵义李韫珩纵队迅速南移至息烽堵截，调李云杰纵队由黔东西进占领黄平、余庆地区堵截，调大定孙渡纵队限期东进集结贵阳，另外电刘建绪、徐源泉等部布置东西防堵，廖磊部在南面布置防堵。薛岳奉命之后，即用火急电报和电话下达命令，声嘶力竭。当时贵阳只有郭思演的九十九师所辖四个团的兵力，而且这四个团的大部在外围担任守备，城防兵力包括宪兵在内不足两个团。原来在遵义打败仗的唐云山、韩汉英两部分驻息烽、清镇，一部守乌江南岸，犹如惊弓之鸟，根本没有战斗力，蒋也知道这些部队不能再作战。其中只有驻在黔西的唐师陈金城团比较完整，薛岳限令该团昼夜兼程赶到贵阳警卫。4月4日蒋接李韫珩电告，该纵队在息烽县的黑神庙与红军遭遇，打了一仗，得知红军先头已过息烽的情况。蒋介石立即传令嘉奖李韫珩并给犒赏，同时立即召集我们商量对策。他外表装作镇定，但内心则有异于平常。当时我们认为，红军距贵阳仅百余里，判断红军急求东进，估计在优势兵力跟踪尾追下，顿兵攻坚难免受挫，可能不致进攻贵阳城；即使有靠近贵阳的行动，也只是虚张声势，掩护主力东移。在贵阳的守城部队只要坚守撑持一天，追击部队即可赶到。但当时贵阳兵力单薄，援军（指孙渡部）尚在向贵阳疾进途中，必须妥为安定人心，并加强城防工事。此外，则命令甫抵清镇之空军第三队，必须更番侦察敌情并探明追击、增援各军位置。为了保障蒋个人安全，令韩师组织有力部队确保清镇飞机场不得有误。

4月5日左右，在贵阳东南几十里地区不断发现情况，贵阳人心惶惶。蒋心神不安，竟步出行辕查勘城区工事，申斥郭思演督责下属不力，玩忽职守。（事后我对陈诚说了，陈深悔过去不该提拔郭当师长，认为太不替他争气，随后即予以撤换，由傅作芳接充。）蒋的侍从们要我劝蒋不要疏忽。蒋为人虚伪，每当军情变化时总要表示其临危不怯的样子，以掩饰其贪生怕死的内心。我只好写一条子交宋美龄请她规劝。

4月5日夜，贵阳外围风闻有红军游击队活动，蒋又问黔灵山、东山、螺丝山、照壁山、图云关、大小关等处的工事及城防守备兵力强度，特别关心清镇飞机场的情况，彻夜不安。是夜蒋泻肚子，翻腾一夜，宋美龄伤风发烧。次晨一早侍从副官蒋孝镇挨蒋大骂，责怪不该让他住透风的房子。蒋孝镇心有不服，对我说："他受惊了怪房子。"此事隔了30多年，我记忆犹新。蒋夫妇及一些高级随员当时的狼狈情景可以想见了。

约在4月6日（或7日），滇军孙渡纵队先头急行军三四天走了400多里路终于照蒋的电令赶到贵阳，并确实固守飞机场。薛岳马上领着孙渡及陆续到达的各旅长去见蒋介石。当时这些所谓"勤王之师""救驾部队"的来到，蒋真是喜上眉梢笑在心头，嘉奖他们动作迅速，作战勇敢，对该纵队及各旅长均有犒赏。孙渡在贵阳周旋不到一天即奉命率部向龙里前进，途经黄泥哨（距贵阳30里）即与红军便衣队接触，遂进至观音山乃与红军先头遭遇，激战竟日。蒋为此电龙云嘉奖孙部忠勇善战乃龙训练之功。这时蒋亲自命空军侦察并轰炸红军。空军人员发现红军在离贵阳东三四十里处转向西南疾进，把所有东追的蒋军甩在龙里以东地区。到这时，蒋介石才算初步解除警报。从此红军调开了云南的堵军，甩开了后面的追军，坦行无阻，大步前进，再一次证明毛主席的战略运用，把蒋介石放在股掌之上。当时蒋介石还大肆宣扬他用兵如神，指挥若定，为自己遮丑。可是追击部队师长万耀煌（我在陆大五期的同学）在贵阳时曾悄悄地对我说："共军转个弯，我们腿跑断。"他这话真是一语道破真情。

（五）压迫王家烈交出贵州军政权力

蒋介石搞垮贵州主席兼二十五军军长王家烈的一些策划，是他布置长追红军的时候就便收拾川、滇、黔的阴谋之一。贵州军阀王家烈所部在西南四省军阀中力量比较薄弱，所部号称五个师，其中犹国才、蒋在珍、侯之担三个师均割据一方，名义上归二十五军，实际上王指挥不了。王所能掌握的只有何知重、柏辉章的一、二两师十多团人。在薛岳进入贵阳的三个月中，早已把王的罪状向蒋揭露，并向何、柏两人进行了分化收买工作。1935年4月前，红军尚在贵州时，以情势紧张，蒋对王还有所利用，所以迟迟未动手。迨至4月上旬，红军主力西征入滇，4月中旬黔境战事已近尾声，由黔军编成的二路军四纵队留在大定、黔西整理。当时黔军非王嫡系的各师已完全脱离王的指挥，薛岳取得蒋之同意吞并了侯之担师。犹国才的吴剑平师得力于龙云的支援，蒋在珍师得到刘湘的支援，都保存了番号。蒋决定将王部何、柏两师并入"中央"建制，给以一○二、一○三师的番号，将14个团缩为6个团，由南京军政部直接发饷。

蒋介石决定先让王家烈在所任"主席"和"军长"两个职务中任选一个，逼王交出贵州军政权力，并着我去大定与王商议。4月20日左右，我由贵阳出发经过黔西，适遇六纵队（川军）与四纵队（黔军）为驻地问题闹纠纷，经我劝解停止下来。我便到大定见王向其传达蒋意。王最初表示两个职务都不愿放弃，理由是："军长不兼主席就军费无着，主席不兼军长就无有保障。"我只好对王说："你想两者都不丢，恐怕两者都不保。"王于是借口要与两师长商量再决定，意在求援于何知重、柏辉章两人。我乃密与何、柏两人会晤，诱以利之所在，说明不要军这一级，可编为直辖师，可以领十足军饷，再不会受王家烈从中克扣。何、柏两人听我这样一说，都表示赞成王辞二十五军军长职专任主席。王找两人商谈时，表示如两者不可兼得时，愿辞主席干军长。何、柏两人不便当面反对，却在暗中纵容部下包围军部闹饷。王再与我会谈时，表示愿干军长辞去主席。我把何、柏两人向我讲的话如实告王，并询王是否知道有士兵包围军部闹饷之事。王遂改变主意，表示还是干主席辞军长，以免兵变。但是王却举棋不定，过了一会又对我说，还是想干军长辞主席。我便对王说："你控制不住军队，军长怎么当呢？"王说："只要有饷，军长还是可以干的。"王要我对他的部队讲讲话，表示"中央"支持他。我拒绝了，只劝王还是干军长好（我当时是秉承蒋意让王先辞主席再说），今后不克扣军饷就行了。

王家烈恐风声传出，部下对他不客气，要求随同我一道去贵阳。王到贵阳，蒋即要我带王去见他。王当面向蒋表示辞主席职，蒋甚喜。王问何时交卸，蒋告以不必急。当日蒋还假惺惺地亲自到王家中看王。次晨蒋问我："吴礼卿（忠信）现在哪里？"我反问是不是要找他。蒋说："你不必找，已交布雷去找了。"事后我对何成浚说，我猜着一定是吴忠信要当贵州主席了，果然次日即发表吴继王任主席职。

据我当时了解，王家烈与桂系军阀长期勾结，蒋去王当然会引起桂系反感（特别是在经济上切断了广西对贵州鸦片烟过境的税收）。蒋知吴与李、白有交情，所以起用吴忠信以缓和与桂系的矛盾。王家烈的主席下台后，蒋为敷衍王的面子，发表王一个"二路军追剿总指挥"的空衔。王回到大定整编部队，因师长们早被蒋介石收买了，再度向王闹饷。蒋此时故意坚持部队未缩编，未经点验即不发饷。在众叛亲离、上下夹攻的情况下，王被迫回贵阳向蒋辞总指挥及军长职，于4月底调为"军事参议院"参议，军权被蒋夺去。迫至5月初，王随张学良离开贵阳到武汉行营服务。王离黔时蒋送他5000元旅费，遂又特准免考入陆大肄业。大军阀吃小军阀是必然的事，不足为奇。蒋介石排除异己，妄想巩固他的统治，趁反人民的机会扩大他的权力，运用狡猾手段吃掉王家烈，从这段情况里也可窥见一斑了。

飞昆明策划金沙江、大渡河的追堵

（一）云南金沙江南岸的作战情况

红军于1935年4月中旬向云南疾进，所向无敌，很快就突破了犹国才盘江八属的防地渡过北盘江（这也是一条地障）。蒋介石在贵阳急电龙云，命将云南仅有的一些军队布置于滇、黔边黄泥河以东防堵，下令薛兵亲率吴奇伟、孙渡、周浑元、李韫珩等部尾追。薛岳以地形熟悉的滇军孙渡部作为前锋（李云杰、郭勋祺、王家烈三部留黔，原在遵义打败了的薛岳嫡系之两个师残部也驻贵州整补），分三路西追，月底沿红军去路到达云南境内，沿途在滇、黔边的兴仁、黄泥河、平彝、白水有些接触，没有大的战斗。滇军旅长龚顺壁一度负伤，蒋曾发给一些治伤费。对于留在乌江北岸的一部红军，蒋命令各军追堵，也没有什么大的战斗。这一支红军后来也顺利地经水城渡过乌江上游进入云南。

5月初，红军主力分向沾益、马龙、寻甸、嵩明前进。龙云当时因滇军仅有的六个旅主力早已外调，坐守昆明空城，只有卢汉指挥的一些团防及警卫部队担任守备，十分恐慌。蒋介石要薛岳兼程驰援，不料红军甫抵昆明附近又转头向昆明西北前进。当空军侦知这一情况时，蒋介石和我们研究，认为红军声东击西，真正企图是强渡金沙江无疑，便令薛岳率各纵队跟踪北追。蒋在电令中有"同仇敌忾，灭此朝食"之语，妄想消灭红军于金沙江以南地区。他以李韫珩部经会泽向巧家北追外，其余主力经寻甸、禄劝、武定向元谋尾追。此外，他又分电西康刘文辉（二十四军军长兼川康边防总指挥）派兵扼守金沙江各渡口进行阻截，将船只悉送北岸，严加控制。他命令空军每天在巧家渡口、寻甸属之洪门渡口、禄劝属的绞车渡口、元谋属之龙街渡口进行侦察。约在5月7日，薛岳、龙云两人乘飞机到金沙江侦察后来电告蒋，始知红军主力已在后卫掩护下巧妙地突破了刘文辉部防线渡过金沙江。向绞车渡前进的周浑元部，向巧家前进之李韫珩部，向洪门前进之孙渡部，向龙街前进之吴奇伟部，均为红军后卫所牵制，稍有战斗；旋又得知红军取道通安正在围攻会理。蒋介石乃命薛岳以李韫珩部为先头由巧家渡江驰援会理，周浑元部继续前进；前敌总部及吴奇伟部从元谋渡江继续追击；孙渡部滇军留在金沙江南岸沿江掩护。事后得知红军在云南过境时，禄劝、武定、会泽、寻甸、富民、宣武各县县长，在龙云压迫下率领团队顽抗红军，被击毙县长数人，还有因作战不力被龙云处死的县长数人，团队伤亡数以千计。另外还听到有一个赤手空拳的参议寻某，因督战不力被龙云处死。龙云这种种的做法，当时甚得蒋的欢心。

（二）飞昆明部署大渡河的会战

约在5月12日（或迟一两日，记忆不确），蒋得悉红军全部渡过金沙江，薛岳所部也渡过了一部，此时会理正在红军围攻中。我随蒋介石乘飞机至昆明，此行随从人员不多（只有军事人员，没有党政人员）。到昆明后住在五华山龙云布置的房子里，共计住了20多天。蒋在昆明的措施，除拉拢龙云之外，主要是部署大渡河的会战。我回忆所及，有如下几件。

（1）当薛岳所部渡过金沙江后，蒋令薛岳转告前线各军，行动要稳扎稳打，每到一地先做工事（主要是碉堡）才能入营。这是因为吃了红军几渡赤水的亏，有此教训了。

（2）电令刘湘以二十军全力及二十一军之一部归杨森指挥，火速至大渡河北岸防堵；令刘文辉将二十四军大渡河以南部队（约六个旅）统归刘元璋率领受薛岳指挥，堵截红军北上，掩护薛岳部主力北进；二十四军主力布防大渡河北岸严密封锁，指定杨森、刘文辉到汉源指挥。

（3）电勉大渡河南北各军，大意是：大渡河是太平天国石达开大军覆灭之地，今"共军"入此汉彝杂处，一线中通，江河阻隔，地形险峻，给养困难的绝地，必步石军覆辙，希各军师长鼓励所部建立"殊勋"等语。

（4）当刘元璋守会理到了第六天的时候，蒋下手令升刘为中将旅长，犒赏一万元交飞机投送，以收买刘文辉所部为其出力。当红军在5月16日左右，达成围困会理取得休整的任务后继续北进时，蒋命侍从室发一电令，通告川、黔、滇各军"嘉奖川军刘元璋守会理之功"。

大渡河会战计划，策动的总兵力计10余万人，5月中旬以后各部依计划行动。蒋介石曾两次由昆明乘飞机到前线上空，利用通信袋向各部队指挥官投下"手令"，指示机宜，表示他亲临前线督战和官兵同甘共苦的样子。空军队长张有谷在当时也是很卖力的。可是蒋介石梦想红军重蹈石达开一样的覆辙并未出现。红军到泸沽之后，只一部经大树堡，主力却分两路，一路从安顺场强渡大渡河击败了刘文辉的守军，一路迂回到泸定桥击败刘文辉另一部守军，渡过大渡河取道汉源（在汉源也打了一仗）、天全、芦山、宝兴，在六七月间和红四军团会合于懋功（现名小金）了。

当红军渡过大渡河后，薛岳命李韫珩率所部及指挥川军刘元璋部三四个旅过河尾追红军，经汉源、泸定北进金汤、丹巴。薛岳率主力经汉源、大相岭集中雅安，沿途虽没有战斗，但官兵死亡及病号很多，部队人少枪多，弹药无法携带，士兵拖得疲惫不堪，到达雅安时约在6月中旬了。

关于尾追红军的任务，川军杨森自告奋勇，率该军及邓锡侯、刘湘之一部共九个旅经芦山向宝兴追击北上。所谓南追北堵的大渡河会战计划就是这样收场。蒋介石在昆明住了三个星期，随战事的发展，于6月中旬由昆明飞回重庆。约在7月初间又由重庆乘汽车到达成都进行下一幕的活动。

（三）收买龙云与对付李、白的诡计

蒋介石5月中旬到昆明，即以金钱地位向龙云拉拢。蒋知道云南军阀自辛亥革命以来，从唐继尧起都有谋黔野心，龙云扶持犹国才、王家烈的事实就是这种野心的暴露。过去蒋桂战争时期，龙听命于蒋，派兵围攻南宁，被白崇禧反攻才收兵。这次红军入黔，滇军服从蒋的命令作战，获得蒋一再嘉勉。追红军入滇进入龙云老家时，龙云利用团队抵抗红军也极为顽强。蒋军当时只能控制贵州，无力深入控制云南。龙云断然拒绝薛岳部进入昆明，就是抗拒“中央军”侵占其地盘的反映（这件事薛岳的部下向蒋控告过龙云）。针对这些情况，蒋介石在未到云南前，财政部部长宋子文送来的特支费100万元，除在贵阳开支一部分外，都交我带来昆明。凡龙云求蒋补助的各项费用，蒋都从宽批发，以示关怀信任。蒋对昆明各界人士讲话，总是当众表扬云南军队训练有素，团队组织严密，以肯定龙云统治云南的政绩。蒋在昆明亲自和龙云密谈多次，我未参加，不知具体内容，但事后和蒋闲谈中也了解到一个大概。其中有“中央”提高龙云在滇、黔方面的权力，要龙云在滇、黔方面作为“中央”的支柱（蒋利用龙反桂的故技）。蒋还在口头上答应将来成立“滇黔绥靖公署”统率两省军政，由龙云主持。蒋当时面嘱我与龙云多加亲密联络。龙云在蒋到昆明几天之后的一个傍晚，组织群众手持火炬列队“庆祝”蒋的到来。6月上旬红军越大渡河向大小金川前进时，蒋准备离开昆明，龙以黄金制的大牌子上刊“蒋委员长莅滇纪念”字样献蒋，也送了一个小的给我，对其余侍从人员都有分送。蒋离昆明去成都时，还剩下特支费现洋14万元没有开支完，

我问蒋是不是带走。蒋说："何必带走，给志舟（龙云号）去算了。"我乃将此款亲交龙云。

这里为揭露蒋对军阀们的统驭和收买手段，特补充一段有关滇、黔绥署问题所引起的蒋桂暗斗过程。事情是我亲身干的，记述如下。

我随蒋离滇后即仆仆于蓉、渝之间，有一天（日子记不起了，大概是1935年7月中央红军与红四方面军会师之后），广西第四集团军参谋长叶琪来重庆找我（叶和我是保定一期同学），说他想和蒋见一面。我问叶矮子（诨名）有什么事，是不是奉李、白之命而来。叶声明不是奉命而来，但又是为"中央"与李、白的关系而来。叶说，"中央"与广西老整着不好，他想出来调和一下，希望蒋给他一点面子。我说，此志可嘉，要什么面子呢？他说："讲出来可笑，广西的将领都很穷，希望蒋给我20万元买东西送他们。"我说："你的货还没见到就先要钱。"我把叶之来意告蒋，蒋说："我不答应他。你不要说已经告诉我了。"我又说："这点小事，给叶琪一个面子算了。"蒋说："摆着再谈。"我于是招待叶琪住下。蒋去成都，叶也来成都。1日清晨，蒋找我，要我把叶琪扣卜来。我问蒋是什么意思。蒋说："香港有电来说，叶是来用缓兵之计的，将煽惑四川将领。"我问是不是蒋伯诚（蒋介石派在香港搞特务工作）来电得来的消息。蒋说："不止他一方面的消息。"我对蒋说："不会如此。你不要以为北伐时期叶在芜湖替唐生智用过缓兵之计，就认为他一来就是用缓兵之计的。"蒋说："叶琪缓兵之计用的不止一次了。"我说："叶在桂系是二等角色，李、白不会牺牲他的。"蒋未置可否就走了。过两天蒋又问我把叶琪扣了没有。我说："没有，扣了不好，已派人监视着（其实我也未派）。"过了半小时，我对蒋说，现在"中央"与桂军对峙，不宜再生枝节。蒋乃说："不扣也可以。你可对他说，回去叫李、白不要同陈济棠一道。送他8万元回去吧。"叶琪回到南宁没有见着李、白即堕马而死。蒋恐他要叶琪转达李、白的话没有传到，乃命我以吊叶琪之丧为由去南宁与李、白商谈。我由成都乘军用机去贵阳与吴忠信、顾祝同商量后，偕韩德勤一道到南宁。李、白让李品仙与我商谈。李提出组织"桂黔绥署"的条件。我问李是否还有活动余地，弄个两广或湘桂绥署是否可以，活一点我们才好做文章。李说："你先把桂黔绥署的条件告蒋再说。"我回到成都向蒋复命。蒋说："黔省我已答应龙云组织滇黔绥署了，不能为讨好李、白得罪龙云。他们（指李、白）不要把龙看差了。龙并不比李、白差。湘桂绥署之议可以考虑。"于是我去电李品仙，旋得李、白直接给蒋复电，内有"桂黔是我们提出的。桂湘是晏提出的，我们没有这个意思"等语。此后一个时期"桂黔""滇黔"之议都没有进行。迫至1936年桂系公开反蒋后，蒋才发表龙云任"滇黔绥靖主任"。蒋桂争权，矛盾百出，但贵州却是一个焦点。蒋得到贵州地盘，可以改变鸦片烟输出通道，在经济上扼杀桂系，所以桂系对此在所必争，争不到就摊牌。这从李、白派叶琪来会蒋，从蒋派我去会李、白的过程中可以看得很清楚。

在成都采取一箭双雕的阴谋

（一）红军一、四方面军会师前后的四川形势

在1935年以前，为了对付红四方面军在川陕边区所建立的根据地，蒋介石以刘湘为四川"剿匪总司令"，将川军主力20余万人编为六路进行围攻，但迭经红军打击，伤亡很大，弄得川军焦头烂额。因此蒋特派参谋团入川，一面担任策划，一面督战，规定川军各路师长以上头目要定期向参谋团作军事报告，凡属向刘湘总部报告军情一定要分报贺国光的参谋团一份，以加强控制。同时由参谋团派出军事督察专员到各军师随军行动实行监军。蒋并派特务头子康泽率别动总队数以千计的别动队员渗透到川康各地进行所谓组训民众，监视地方官吏，作为蒋的耳目。1935年二三月间，红四方面军放弃川陕边苏区向西突破嘉陵江、涪江，一路由广元经平武，一路由苍溪经剑门关、江油，一路由阆中、梓潼齐集北川，遂又渡岷江入川西。蒋得悉川北红军渡过嘉陵江，便将放走红四方面军徐向前部的罪名加在川军二十九军田颂尧头上，将田撤职查办，杀鸡给猴子看，使川军

头目有所恐惧。1935年6月间，红四方面军与中央红军会师于懋功（现名小金）时，刘湘、贺国光等人估计红军实力，计红四方面军所辖四、九、三十、三十一等四个军约有4万人，中央红军一、三、五、九军团二三万人，合计当在6万人以上，分别占领岷江以西地区，北自松潘附近，南至理番、汶川，西迄大小金川之懋功。川军在刘湘、贺国光策划下，仍按一至六路进行部署。在蒋介石未回到成都以前川军各路位置大致如下：

第一路邓锡侯部（川军二十八军）进至北川西北地区；

第二路孙震部（川军二十九军）进至北川西南地区（岷江东岸）；

第三路李其相部（四川边防军两个师）进至汶川地区；

第四路杨森部（川军二十军）由宝兴向懋功前进；

第五路唐式遵部（川军二十一军一部）进至茂县附近；

第六路王缵绪部（川军二十一军主力）进至茂县、汶川间地区向理番推进。

约在7月上旬，全川形势除蒋嫡系胡宗南部占据川西北的平武、松潘外，岷江沿岸各要点几乎均被川军所占据。中央红军主力似有计划地分向西北转移，缩短防线模样。以上是我随蒋介石由昆明飞抵重庆从参谋团贺国光那里所了解的概略情况。当时贺国光的看法是：自红军撤出川北以后，在参谋团督促下，川军形势比较有利。

（二）初到成都的下马威

约在7月上旬（日子忘记），蒋介石由重庆乘车到成都，时薛岳所率的吴奇伟、周浑元两个军及二路军前敌总部直辖各师已到达成都附近，形成蒋嫡系部队控制了四川的局面。这时蒋的气焰顿高，比这年3月初到重庆的情况很不一样。这一方面是与薛、胡等部入川有关，一方面也和蒋已控制了黔、滇两省有关。6月下旬，杨森率该军及二十一军、二十八军各一部追击中央红军，于占领芦山、宝兴越夹金山向懋功前进时，在灵关附近要隘与红军后卫接触，该部夏炯旅截获一部红军伤病员，摄影宣传，诡称为灵关大捷。蒋来成都得悉这一情况，以杨森反共积极，马上通令嘉奖（蒋收买杨森即从这次起的）。与此对照，刘文辉部先在安顺场、泸定桥两处被红军突破大渡河防线，蒋恨在心头，当时未加处理，只命刘文辉督部尾追。随后又命归李韫珩指挥的刘元璋部三四个旅直趋金汤阻击红军侧背，其中刘元琮旅抵金汤时又被红军击败。此外红军渡过大渡河经芦山、宝兴北进，先头进抵懋功以西地区，也将刘文辉据守于丹巴、大金川西岸的余松琳旅击败。蒋介石甫抵成都，即根据参谋团贺国光所报刘文辉部在大渡河、金汤、大金川再三败北的情况，电令刘文辉将刘元琮、余松琳（刘元琮是刘文辉的侄子，余松琳是刘文辉的大邑同乡）两旅长押解参谋团法办，给刘文辉以打击，使川军头目不敢不卖力气。蒋介石的下马威是有其阴谋的。据我所知大渡河战役以前蒋介石派西康活佛诺那回康北宣抚，派李韫珩部驻康定不走，除反共原因外，震慑刘文辉是个主要目的。

（三）调集川军主力封锁岷江

蒋介石到成都设行辕之后，我担任的侍从室主任与参谋团主任贺国光在工作上有些分工，我主要负责党政方面的协调工作，关于四川反"共军"事方面由贺负责。因此我在成都这个时期策划军事方面的具体工作比较少一些，只能从蒋与幕僚们商讨的大问题上了解一个大概。

蒋在成都行辕和我们一班幕僚研究过川西地形，认为红军分据千里山岳"番"民地区，东扼岷江，西迄大小金川至通河（即大渡河上游）边，北至松潘附近之叠溪，南至懋功，处处布防，几万红军兵力不够分配；且川康边陬民众以游牧为生，宗教迷信浓厚，粮食只有青稞、玉米等杂粮，加以天气奇寒，夹金山以北有终年不化之雪山，松潘草地乃北面天然地障，飞渡不易，因此北堵南追，集中主力封锁，红军插翅难逃。

据贺国光、杨永泰等人说，徐向前部有赤化西北打通苏俄国际路线的企图，与中央红军会合之后，其策略如何虽不明确，但只要蒋军封锁得紧，在此地区盘踞不会持久。杨永泰并强调采取江西的经济封锁是十分重要的。于是蒋接着召集川军各路总指挥刘湘、李其相、邓锡侯、孙震、唐式遵、王缵绪、潘文华等人在成都开会（杨森未来）。蒋在会上先说明对红军在川西意图的判断，拿出他要各路川军集中力量迅速压迫红军于岷江以西加以包围封锁的计划，指示各军在"四川剿总"指挥下同心协力，寻求最后胜利。后来川军第三路李其相部攻占松潘、茂县间之叠溪时，贺国光与刘湘曾召开一次叠溪会议，川军各路均派员参加。会议内容除了交换岷江沿线封锁情报和交流作战经验外，主要是认为红军粮荒严重，决定采取"困死政策"，一面交换岷江沿线封锁情报，一面交流作战经验，并决定强迫藏民区实行坚壁清野。会上定出两项毒辣的禁令：（1）前线军民有偷运粮食到苏区者处死刑；（2）藏民有参加红军、供应乌拉者以通敌论罪。至于川军各路20余万人具体进攻与执行情况，我就不甚了解。

（四）调薛岳部入甘肃进行堵截

蒋介石于7月下旬（或中旬）在成都行辕（设在刘文辉私宅）召集薛岳所部少校以上军官讲话并给予犒赏之后，另召集该部师长以上头目举行会议。蒋在会上指出，根据胡纵队情报，红军先头已抵毛儿盖，当前红军主力可能向西北行动，但松潘西北是草地不能行动，其突围路线可能是两条，一条从毛儿盖、松潘经腊子口出甘南，一条从理番出平武、青川、碧口沿阴平故道再出文县、武都。当前在甘陕边凤县、两当地区活动的徐海东部（红二十五军）有进出甘南接应红军主力北上的企图。在会上，蒋介石决定命薛岳率部于8月上旬将二路军前敌总部推进至文县，周浑元纵队推进至武都，对徐海东部布置堵截，以吴奇伟纵队北进至平武、青川与胡宗南部联防；以三路军胡宗南部归薛岳指挥，集中松潘、樟腊营、黄胜关，并以胡部进出上下包座担任封锁，堵截红军主力北上。以上归薛岳统率的嫡系部队约在14万人，在8月间均就战略位置。当时川甘边区交通不便，军粮补充十分困难。蒋要参谋团仿"南昌行营"的老办法，组织铁肩队几个支队约二万人专门运粮到前线。肩夫昼夜络绎于途，备极辛苦，累死无数。

（五）檄调大军入西北

1935年7月间，红二十五军撤出鄂豫陕游击区，西进至商县、洛南、山阳，消灭杨虎城部几千人，8月间取道凤县进入甘南。成都行辕当时由川军杨森部进抵懋功（现名小金）西北之绥靖（现名大金）所获情报中，知道中央红军已纷纷备粮北上。这时蒋介石判断红军会向西北前进，乃先后调动大军进入甘陕地区。

首先，他同意朱绍良的请求，调七路军毛维寿所率前十九路军改编的四十九、六十、六十一等三个师分别由安徽、河南、河北三地调集甘肃，归朱绍良指挥。这三个师抵甘之后，蒋介石即免毛维寿职，所部拨归胡宗南指挥，南调至松潘担任堵截。其次，他从豫皖边调第三军王钧部（原滇军朱培德旧部）到甘肃以确保兰州安全，于8月以前在洮河两岸的和政、临洮、渭源、陇西、武山、天水之线构筑第二道封锁线。此外，他还从江西调第三十七军毛秉文部（原湘军底子）到甘肃静宁、会宁、华家岭、隆德地区构筑第三道封锁线。在8月中旬前后，他又调东北军张学良所部的骑兵军何柱国部进驻平凉，五十一军于学忠部进至甘肃之天水，一部挺进兰州；其余五十七军董英斌部、六十七军王以哲部已进入陕西，一部进至平凉、固原地区做最后堵截准备。最后，他又电驻宁夏的马鸿逵第十五路军派兵进出固原及甘陕边之环县布防。

以上七八个军的兵力多达二三十万人。蒋介石估计红军主力如北进甘肃，在北面堵截的兵力已不足为虑。

（六）红军越过草地突破胡宗南部防线胜利北上

在蒋介石的"统一川军、困死共军"的阴谋下，前方在八九月间已布置就绪，蒋遂在峨眉举办训练团，训练川军头目们，我亦随往。这时，突然接到薛岳、胡宗南来电说，红军已从草地到达巴西，正同该纵队骑兵团激战中。9月中旬，又得悉驻守上下包座的伍诚仁师封锁线被红军突破消息。蒋介石在震惊之下火高万丈，即将该师长撤职查办。接着，蒋介石急电甘肃朱绍良，令陇南土匪出身的新十四师鲁大昌部扼守岷县及腊子口，另令胡宗南回甘肃，又令王钧所部在岷县及天水、武山地区利用已构筑之工事布置堵截。但是不久即接朱绍良电，红军通过岷县哈达铺时，先头不足万人，没有发现后续部队，已在9月下旬通过渭河王钧所部防线。王钧在武山阻击不力，备受蒋介石的申斥。蒋随即径电毛秉文打气，大意是要毛效法湘军"先贤"左文襄（宗棠）在西北所创之楷模，使尽全力确保两宁（静宁、会宁）定西封锁线，以树最后"歼灭""共军"之功。后来该军只在通渭及华家岭地区打了一下，这道防线即被红军突破。10月间，红军如入无人之境，翻过六盘山，又突破平凉、固原间马鸿逵部及东北军骑兵军的堵击，扫除沿途障碍，取道环县，胜利到达陕北吴起镇。

9月底，我随蒋下峨眉山时，蒋心情忧郁，暴躁异常。因为据朱绍良电告，华家岭之役从俘获中得悉：这一路红军系红一、三军团，由毛主席率领。蒋从此知道毛主席行踪后，认为"六载含辛茹苦，未竟全功"，时生慨叹。他随即下令胡宗南率第一师回甘肃天水整补，下令薛岳率各军从川甘边区撤回四川待命。

（七）夺取川康两省政权所进行的阴谋活动

1935年八九月间，蒋介石为趁机囊括川康政权，采取了许多措施。我回忆所及的有如下几件，这些都是他统一西南迷梦不可分割的部分。

1. 统一整编川军及对付刘湘

四川自辛亥革命后20多年中俱是分割局面。第一次国内革命战争时期，四川境内有二十、二十一、二十三、二十四、二十八、二十九等六个军。由于没有统一军费，各军自行割据，滥事搜刮民财，形成所谓防区制。军里的编制、装备、训练，五花八门。自红四方面军入川以后，四川军阀相顾恐惧，惶惶不可终日。蒋介石趁追击红军机会调大军入川控制了川康之后，曾对刘湘说"我来是帮你统一四川的"，以安刘湘之心。蒋对如何统一四川军阀，初意是犹豫不定的。究竟是扶植刘湘统一各军，或者是由"中央"直接统率各军，当时蒋介石幕僚的意见并不一致。杨永泰主张扶植刘湘统一各军最力，他是有拉拢刘湘壮大政学系的阴谋的。蒋最初对这意见颇为所动，后经蒋的嫡系将领说明这是想在四川养小老虎，壮大了要咬人的；而且川军其他将领以刘湘去统率，均将有不安，所以此议作罢。蒋介石最后采取的办法，是略为提高刘湘的地位，各军的番号仍予保全，只统一其编制。如刘湘的二十一军，当时就有100个团以上，为了满足刘湘野心，将该部扩编为二十一、二十三、四十四三个军，以唐式遵、潘文华、王缵绪为军长；另保留一个独立师，以范绍增为师长。刘湘则仍以总司令名义，统率他的原属部队。至其他各军则统属"中央"，在名义上仍归刘湘指挥。各军编制也予以统一，番号重复的则加调整。川军整编后仍有30余万人。

蒋一面提高刘湘的地位，一面又分化刘湘的部队。刘湘所部头目中唯潘文华与刘湘靠得最紧，唐式遵与王缵绪都有分化的可能。唐式遵较为笨拙，名利心切，对蒋颇献殷勤。蒋早有意培植唐以分化刘，可惜唐的能力不够，声望提不起来。这是蒋对刘湘的阴谋。然而刘湘亦是富于机谋，他一面对蒋虚与委蛇，表示服从；一面暗与广东陈济棠、广西李、白勾结，以为外援。我记得蒋在峨眉办军官训练团、刘湘任训练团副团长时（约在1935年8月），有一次蒋命我陪同刘湘到蒋的住室去谈话。我与刘湘一坐下，蒋突然声色俱厉地说："甫澄（刘湘之号）！我不佩服你。你既与我合作，为什么又派张表方（张澜之号）去两广来反对我？他们能给你些什么呢？"刘没答话。移时，我见情形很僵，便对刘说："还有什么话说没有？如果没有什么说的，我陪你回去。"刘即向蒋告辞同我一道走了。两小时后，蒋又找我去，说："我明天回成都去，你即打电话给贺国光，叫他派队伍到夹江渡口接我。"蒋介石亲自这样安排，颇有为他自己注意路途安全之意。

刘湘部队整编问题既已解决，其他各军改编均可迎刃而解。蒋乃将杨森部保留二十军番号，刘文辉部保留二十四军番号，邓锡侯部改为四十五军番号，孙震部改为四十一军番号，川军各师、旅、团均编以正式番号。蒋对川军的整编，在人事安排方面，师长以下的人员均按此次对红军作战是否出力以为标准。蒋介石向来以钱与官为他实现阴谋的法宝，常说："只要人们还要钱要官，什么事就好办了。"与此同时，蒋介石在军训与思想方面也采取了一些措施。

统一川军的军事教育：川军过去各军自行培植干部，各设军官学校。军官中除老牌陆大、保定、留日士官、四川速成等学校出身外，几乎没有黄埔出身的，有之也立足不住。蒋介石这次乘整编机会裁编不少川军，除老弱遣散回籍外，精壮可用的编余士兵几万人编给薛岳的二路军补充，留下一部编铁肩队（运输部队）。蒋将编余军官几千人，送入中央军校成都分校受训，派李明灏充主任。一面施行转业教育，一面统一典、范、令，进行所谓新的战术、战斗法则的军事教育，毕业后就成为他的学生。李明灏原是南京中央军校教育处处长，他就把南京的一套悉数搬来。蒋介石的这一招，在于树立川军军官的所谓黄埔精神（四川人当时称为"半黄马褂"，即半个蒋介石黄埔生之意），也是他的阴谋之一。

统一川军的政治思想：蒋介石还办了一所峨眉山训练团，一共办了三期（每期近1000人），时间是8月、9月、10月三个月，每期三周左右毕业。蒋自兼团长，以陈诚、刘湘任副团长，杨森、邓锡侯、刘文辉等任团副，其余各军长任大队长，各师长轮任中队长，旅长任区队长。轮训武官营长以上和文官县长、中学校长以上人员。训练内容主要是要打破四川军阀割据观念，接受所谓"拥护领袖、复兴民族、忠党爱国"的法西斯思想和"先安内而后攘外，要安内必先剿共"的卖国政策，企图于训练之后使全川军、政、文教骨干人员都是同学关系。这也是蒋介石统治阴谋之一。

但是，川军头目对受过训的各团、营长亦有防范。这些人员毕业回去后，各军阀们又进行一次消毒训练，以对销蒋介石的收买。有一次刘文辉、邓锡侯和我在一块谈天，邓对我侃侃而谈，刘文辉马上说："你（指邓）不要乱说呀！"深怕邓对我说了什么秘密似的。峨眉山训练是蒋毒化西南各省特别是对川康军政人员最狠的一着棋。我是保定一期、陆大五期出身，蒋就用我向川军高级头目中保定、陆大出身的拉同学关系，要他们忠实拥蒋。我在这方面是做了一些帮凶工作的。

2. 设立"重庆行营"，彻底控制西南

1934年12月，蒋在重庆设立参谋团，先说不过问政治，只是策划反共军事。但该团入川一年，贺国光为了取信于蒋，绞尽脑汁，将蒋拉拢收买

的阴谋渗透到四川军事、政治、经济各界，为蒋统治西南各省奠定基础。迨至1935年10月，中央红军业已到达陕北，那时峨眉训练结束不久，蒋认为时机已到，即将参谋团改为"国民政府军事委员会委员长重庆行营"。蒋以最忠实于他的顾祝同充当行营主任，原参谋团主任贺国光充副主任，将参谋团的各处扩大为厅，辖区为川、康、滇、黔及西藏，所有各省区民、财、建、教都在控制之列。所有西南各省军队，重庆行营都以蒋介石名义来指挥，处处想方设法取代刘湘的权力，进行各种各样的分化。从重庆行营成立后，蒋介石就比较露骨地直接插手拉杨森、孙震。顾祝同则暗地拉笼刘文辉、邓锡侯、唐式遵（均是顾的保定同学），刘湘的总司令权力则每况愈下。在这时期，举凡蒋介石所管辖的什么CC、复兴社、政学系等都钻到川康黔来了。长期以来蒋的势力想插到西南来，从此便达到了目的。在骨干群中，贺国光、杨永泰、陈布雷和我是卖了不少力气的。

西安"西北剿总"的下场

1935年11月至1936年西安事变前夕的一年之中，"西北剿总"策划围攻陕、甘、宁革命根据地，是蒋介石发动十年内战中的最后阶段。我是1936年2月间调充"西北剿总"参谋长的。作为幕僚长，我了解一些具体内幕，下面分别揭露蒋介石、张学良两人当时对红军的策略和蒋张两人的分歧情况。至于反动军队作战经过，我只能回忆一些片断。

（一）中央红军抵陕北后，蒋介石对其他方面红军的围攻

1935年10月，中央红军到达陕北后，11月、12月两个月和1936年1月，我还是跟在蒋介石身边。蒋这时对红军区分三个方面分别作战：（1）对陕北根据地，由"西北剿总"张学良负责；（2）对回据川西的红四方面军，由"重庆行营"顾祝同负责；（3）对湘、鄂、川、黔边根据地，由"宜昌行辕"陈诚负责。蒋本人不像长追中央红军时那样直接插手指挥，只是从

战略上作全盘指示。

1935年10月间，蒋介石召张学良、顾祝同、陈诚、薛岳、刘湘到四川开会时，曾决定集中主力作"彻底消灭"红军的部署。会议采取的主要措施是调薛岳的二路军四个军东下，加入川鄂边归陈诚指挥的战斗序列，进攻红二方面军。旋因红四方面军在11月间从草地回师，重新占领宝兴、芦山、名山、荥经、汉源并包围了雅安地区，蒋乃停止薛岳所部东调，改令该部西开，协助川军全力进攻川康边区红军。关于这方面的作战是重庆行营指挥的，我不清楚，只知是年冬川军败讯频传，追薛岳部加入战斗后，始稳定下来。1936年二三月间，红四方面军转移后，川康战事始告一段落。至于蒋介石对付红二方面军，除原有刘建绪、徐源泉等所率各纵队在鄂、湘、川、黔边境围攻外，并从江西及鄂赣边、豫皖边抽调樊崧甫、孙连仲、汤恩伯各军10余万人向湘鄂边进攻。迨1936年一二月间，红二方面军长征入黔，蒋介石要顾祝同到贵阳指挥，命刘建绪率领李觉、樊崧甫、郭汝栋、郭思演、郝梦龄各纵队长追；并命龙云再度派出滇军堵截，发表龙云为"滇黔剿匪总司令"，统一指挥这些部队，具体战斗经过我也不清楚。这是我来到西安任参谋长以前随蒋来往于成都、重庆、南京所了解的一些战况。当时蒋介石看到红二方面军离开湘西，感到异常高兴。

（二）"西北剿总"的成立及蒋介石对陕北初期的围攻

设立"西北剿总"是1935年10月1日发表的，蒋介石自兼总司令，调武汉行营主任（原豫、鄂、皖三省"剿匪"总司令）。张学良为副总司令，代行总司令职务。以钱大钧为参谋长，但钱久不到差，于是张向蒋请求于贺国光、林蔚和我三人中派一人任他的参谋长。林、贺均不愿就。我虽不愿就这参谋长，但更不愿再待在侍从室。于是蒋决定把我和钱大钧对调，我乃被派到西安任参谋长职。1936年2月我临行时向蒋告辞，蒋只说："西北剿匪任务重大，你要好好帮助汉卿（张学良号）去完成。"没有说及其他。总部辖区是陕西、甘肃、宁夏、青海四省，所以当时马鸿逵的第十五路军、西安绥署主任杨虎城的第十七路军、兰州绥署主任朱绍良的第三路军及青海马步芳部，均受"西北剿总"节制。山西虽不含，但阎锡山派进陕北的孙楚部也在被指挥之列。当时张学良所部东北军的兵力装备，非一般地方系军队可比。张学良共辖五个军与两个独立师共20余师人，除万福麟的五十三军主力留北平外，其余于学忠的五十一军、董英斌的五十七军、王以哲的六十七军、何柱国的骑兵军，均在1935年9月先后到达陕甘边区。这样，张学良指挥的兵力约在30万人，与当时陕甘宁的红军比较是十与一之比，在数量上蒋军占绝对优势。

蒋介石对陕北红军刘志丹部红二十六军的围攻已有多年，原以杨虎城所指挥的井岳秀、高桂滋、冯钦哉等部，并配合山西阎锡山所派西渡黄河的部队及宁夏马鸿逵所派进入陕北三边的部队，围攻两次均告失败。蒋介石乃调在中原担任尾追红二十五军徐海东部进入陕南的东北军王以哲部（六十七军，辖刘翰东、吴克仁、周福成、何立中四个师），开赴陕北洛川准备再度进攻。王部于1935年9月间曾进占延安。当红军二十五军长征抵陕北并和红二十六军合并为红十五军团时，王以哲因已占领洛川、鄜县、甘泉、延安之线，认为红军力量不大，除修碉外，戒备疏忽。不料月底甘泉突被红军包围，王乃派一一〇师何立中部南解甘泉之围，维护交通。这时张学良已命东北军五十七军董英斌部（辖牛元峰、江维仁、沈克、常经武及董自兼的一个师共五个师）入陕直开宜川、延川、清涧之线，与王以哲合力修碉围攻。惟当时中央红军长征已到达甘肃，蒋介石改令五十七军火速开平凉。10月间，毛主席率中央红军长征到达吴起镇时，红十五军团已击败王以哲部一一〇师，何立中部于甘泉以北之劳山，并加紧包围了甘泉城。这时五十七军回师庆阳、合水，蒋介石又电该军经鄜县到甘泉解围，并对陕甘宁边区进行三次围攻。11月下旬该军进抵直罗镇之一〇九师牛元峰部又被红军消灭。甘泉之围迟至次年春始解。劳山、直罗、吴起三役，张学良部损失师长两员，骑兵一个师，步兵两个师，共兵力两万余人。中央红军北上陕北后，声势浩大，迫使东北军人人自危。在东北军高级军官中，由于何立中、牛元峰被击毙之后，军心动摇。张学良甫经出师，即一蹶不振，加以受红军号召停止内战的影响及对蒋介石拒绝补充的不满，因而苦闷万分。蒋介石驱使东北军反共，所谓三次"围剿"，在1935年底就宣告结束。

（三）对红军东渡黄河以后的措施

1936年2月，张学良到南京开会，接受蒋介石围攻陕北红军重新部署的指示。此时由于红军有一部已东渡黄河进入山西，太原绥署主任阎锡山正竭尽全力在汾河地区进行阻截。会后蒋介石命张学良火速回去，张乘专机绕道武汉偕我一道回西安。3月以后，在陕北的红军一、三、十五各军团除留置一部外，主力均在晋西，于是东北军王以哲部得以解甘泉之围。守城的一二九师参谋长张文清所率——〇师残部困守甘泉数月，为张学良挽回一些面子，张文清便一跃而升一〇八师师长。蒋介石为给东北军打气，也予张文清以奖赏。张学良由南京回西安后，即到洛川设指挥所，亲自驻在前方指挥。他一面令各军（主要是十一、三十七、五十一、五十七、六十七等军及骑兵军）在陕甘宁边迄陕晋边，西自正宁、栒邑、淳化，东迄鄜县、甘泉、延安、延川、清涧、绥德、米脂之线筑碉进行封锁；一面调杨虎城的孙蔚如军由陕南进至陕北与高桂滋、冯钦哉等部进驻宜川、延长、延川之线进行封锁（杨部缺开拔费，我挪借东北军军费10万元发给该军以促其行动，事后多次报请蒋介石发给，终未予归还）。约在是年4月间（时间欠详），蒋介石为了集中力量堵截红军东征，与阎锡山商妥组织一个晋绥陕甘四省边区"剿匪"总指挥部，以陈诚任总指挥，在二三月以来先后调集嫡系部队汤恩伯、李仙洲、关麟征等10多师人入山西，此时均归陈诚指挥。阎锡山则以李生达为陈诚的前敌指挥官，准备渡黄河西犯，以策应蒋嫡系部队在山西方面的进攻。这时张学良怕重蹈何立中、牛元峰败亡的覆辙（"西北剿总"为检讨劳山及直罗镇战役，曾召各高级将领开过一次会议，研讨失败的教训），在洛川迟迟未使各军行动。约在4月下旬，"西北剿总"得到蒋转据阎锡山所报红军主力均已入晋西，要求西安、陕北军队及时东进以收夹击之功的电报，"西北剿总"却以红军只是一部过河，主力仍在陕北的实际情况复告蒋介石。但蒋则相信阎的报告，怀疑张学良畏缩不前。张乃与我商议，要我飞往南京面报蒋介石。我赶往南京径去见蒋。蒋仍坚信阎锡山的报告，指示驻陕甘各军从速向陕北进攻。我再次见蒋，也不能消除他的成见，我不得要领，只好回陕。

约在五六月间，得悉红军确已从黄河东岸回师，前线突然紧张。虽知红军已发出"停战议和，一致抗日"的通电，但蒋置之不理，下令陈诚在山西率领各部渡河西犯，严令张学良督率所部北进。以上是红军东渡黄河前后蒋介石加强兵力围攻的一些措施。自1936年6月底以后，在陕甘的东北军及杨虎城部与红军可以说只是保持对峙状态，基本上没有发生大战斗。当时总部特务科科长江雄风综合各方情况，迭向蒋介石报告张学良所部和红军已有默契的模样。我当时亦只知东北军怕与红军作战，下面与红军有某些来往是事实，但由于蒋的严厉督促进攻，责任所在，不能不将张之处境困难、部下不听张之指挥据实告蒋。

（四）山城堡战败后蒋介石的毒计及其破灭

1936年五六月间，陈诚以"四省边总"名义在山西指挥大军向西进犯。"西北剿总"奉蒋之命也令前线各部北进。但在6月间，两广军阀发动"六一"事变，进兵湖南。蒋介石为对付两广，忍痛从甘肃抽调胡宗南部南下，并从其他方面抽调兵力南下，陈诚也被调往南方指挥。这时陕北前线由于东北军、十七路军避战，进展缓慢。红军当时为打破包围，也变更计划，主力转向西进。张学良此时由洛川回到西安，一面电马鸿逵、朱绍良派兵阻截，一面除留陕北封锁线及守点部队外，抽调东北军的六十七军、骑兵军向陇东推进。

9月间，蒋介石利用分化利诱手段瓦解粤桂的军事行动，使两广事件得到所谓和平解决。接着蒋又将南下兵力抽回来加强反共力量。当时红二、四两方面军由西康北上已进入陇南，蒋介石命重庆顾祝同派川军孙震、邓锡侯等军由川北进入陇东堵截，命兰州朱绍良以王钧、毛秉文、胡宗南等军在陇南堵截，电西安张学良派何柱国、王以哲等军进至平凉、固原堵截。结果处处扑空，红二、四两方面军部队在中央红军接应下于1936年

10月在甘肃之静宁、会宁胜利大会师，然后取道固原以北之七营及靖远、海原、同心地区到达陕甘宁革命根据地。（后来"西北剿总"据马步芳电告，始知红四方面军之一部兵力计红五、红九、红三十等三个军在靖远以北渡黄河后向新疆进军，被马步芳、马步青所部在武威、永昌、临泽、高台地区击败，蒋方所谓高台大捷即指此事。）

约在11月中旬，蒋介石错误认为红军三大部队已会合于陕甘宁边区，力量有限，乃策划集中兵力由庆阳、固原、七营、同心、中宁地区向环县地区进攻。其部署是以马鸿逵的十一军在中宁，王钧的第三军在同心，胡宗南的第一军由固原以北编为左纵队（另有毛秉文的三十七军，于学忠的五十一军均受朱绍良控制为预备兵团），张学良的六十七军王以哲部配合骑兵军一部在固原、庆阳间地区作为右纵队，均向环县进攻，其余各军亦在原封锁线向陕北进攻。此时张学良依命传达，而内心抑郁不安。东北军前线各军则阳奉阴违，按兵不动。王以哲军由于用无线电呼叫不应，命令无法传达。胡宗南率部按蒋令向环县东北前进，他既不向"西北剿总"报告（胡心目中向来轻视张学良），又不与友军联系，孤军深入。约在11月5日，这个纵队的先头部队（李铁军等师）在山城堡吃了败仗，损失两三旅人，其中廖昂旅被全歼。第一军第一师是蒋介石的起家部队。蒋闻讯大为震怒，严电斥张追究责任，限期复电，意在惩办王以哲。张学良上下为难，惶恐不安，数日不至总部。我亲往其家商谈。张在此情景下向我诉说："我遭国难家仇，受国人唾骂为不抵抗将军，对不起国家，对不起百姓，对不起部下，处此环境，有何面目……"言罢凄然泪下，我竭力安慰，劝张向蒋当面解释，以免电文难以表明心迹。张觉得只有如此，乃在11月下旬飞抵洛阳见蒋，备受蒋的斥责。

山城堡战败后，蒋介石存心更加狠毒。当时由于两广问题业已解决，百灵庙被傅作义部收复，三大红军又集结在一个地区，蒋认为此乃十载以来难得之良机，乃亲去洛阳指挥。蒋鉴于东北军及杨虎城部厌战、避战，乃先后调集在江西参加过五次"围剿"的嫡系部队蒋鼎文、樊崧甫、万耀煌等所属20个师以上，加上原在西北的嫡系军队及西北地区的地方系军队，总兵力达60多个师计200多个团，企图一举摧毁陕北红军根据地。他计划以蒋鼎文为副总司令，卫立煌为前敌总指挥，将张学良、杨虎城换下来。然而，正当蒋介石大举进犯红军的狠毒部署已定，只等通过西安会议付诸行动之际，张学良、杨虎城等人响应共产党停止内战一致抗日的号召，发动了西安事变，阻止了这一预谋计划的实现。

（1966年5月）

拘留中的蒋介石

宋文梅*

在12月12日清晨八时三十分，我奉张、杨两将军命，往新城大楼负责管守由临潼扣留的蒋介石。我同部属刚到达地点，孙铭九营长与唐君尧旅长押送蒋介石到来，蒋因惊惶过度，不能步行，我同孙营长共扶蒋至新城大楼东厢室中。

蒋介石面色惨白，须发如霜，因未戴假牙，两唇内凹，着古铜色春绸丝棉袍，只穿衬裤，脚穿上海造鹿皮底圆口便鞋，左右足踝处，皆有荆棘划伤血痕，因翻墙跌伤，腰部弯曲。我同孙铭九营长扶蒋坐椅上后，孙即辞出，向张、杨两将军报告经过。

天气虽严寒，蒋面部却流淌汗水，他坐椅子上，以右腿置左膝，全身发抖，呼吸喘急，并不断出声长吁。我为了缓和蒋之神志，即劝其应镇静从事，他低首无一语。我继续劝告，并请其饮水，在十分钟内，共饮白开水约十杯，但态度惶惑不安，我便告蒋："稍停，张副司令即来！"

约九点半，张学良将军来新城大楼，见我即握手慰问，并详询蒋介石情况，便入蒋住室，我随张学良将军后。蒋见张来，神色突变，但仍坐椅上，继续出声长吁，张学良将军即告蒋："委员长，受惊了！"蒋未答。

---

* 作者时任十七路军特务营营长。

张学良将军又说："我们受全国人民的要求，发动这次事件。我们内心纯洁，完全为国家着想，并非为私人利益打算。现在，我们民族危机，已到这样严重阶段！政府不为民族生存着想，反继续进行内战。凡有血性的人，无不义愤填膺，而委员长独持偏见。今天，希望委员长平心静气，勇于认过，爱惜国力，能联合全国力量，坚决抗日，以争民族生存，则学良及全国人民与愿足矣。"

张学良将军与蒋谈话时，蒋介石面现青黄色，两目发痴，身体越发颤抖，手端茶杯，亦战栗不已，并急急答张学良将军：

"你既为国家事，应先送我到洛阳再谈，送我到洛阳再谈！"

张学良将军继续厉声斥蒋：

"国家民族今日成此局面，谁使为之？日本进占沈阳后，都责学良为卖国贼！究竟谁是真正的卖国贼？试问九一八事变，是谁阴谋诡计所促成？谁坚持不抵抗？反复嫁祸于人！请将这些事件真相，向全国人民公开，谁是谁非？自有公论。狡计阴谋，岂能永远蒙蔽人民的耳目！"

张学良将军理直气壮，侃侃而谈。蒋介石耳赤面青，不住讷讷：

"你既为国家事，送我回洛阳再谈。"

张学良将军继续说：

"今日之事，岂容搪塞了事！我们仍希望你勇于认过，群策群力，共赴国难！如你仍执拗不悟，固持偏见，自可由群众公裁！"

蒋介石闻由"群众公裁"，即惊恐失色地向张学良将军说：

"以往，我待你如何好！你竟想把我交群众公裁！你既为国家事，速把我先送回洛阳再谈。"

蒋辞毕，瞑目坐椅上，默无一语，唯身体仍发抖不已，脸上青筋暴起，历历可辨。当时，我见此种谈话，不会有结果，便劝张学良将军退出。

张退出后，蒋介石坐椅上，仍恐惧不宁，继续出声长吁，连饮开水数杯。饮时，因手颤动，使水不断滴衣襟，置杯时，几使倾翻。移时，向我询问，他的侄子蒋孝镇在何处，要我带蒋孝镇来新城侍候他。我即答蒋："蒋孝镇尚未来西安，待来后再说。"蒋仍发抖不已，我恐怕他因穿衣太薄，即取来皮袍一件交蒋。彼因神志慌乱，执拗不穿，我即暂放一旁。

时已正午，蒋忽要与邵力子主席谈。我即请邵来蒋室。蒋见邵时，已较平静，邵入室，蒋仍坐椅上未动，我让邵坐蒋对面椅上。蒋问邵："你从什么地方来？"邵答："从绥署卫士队队长室来。"蒋问："钱慕尹（即钱大钧）在何处？"邵答："慕尹胸部受伤，已入院治疗。"谈至此，蒋、邵皆默坐无语。我仍伫立一旁，以听此谈话。稍时，蒋介石要我站室外，我即出，唯将室门大开，他们谈话，我仍可听见。蒋见我出室后，将门大开，竟气汹汹拍桌呵斥："我委员长和邵主席谈话，你竟敢站在面前！我要你出去！你为什么又把门大开？"蒋即起身，怒气冲冲，亲为合门。彼合门后，我复将门推开，径入室中告蒋：

"请不要生气，我们系奉命令在此。且今日之事，无不可闻者，何须再秘密。"

我谈话至此，邵力子即告蒋："宋营长是委员长的学生，是军校八期的。"蒋闻邵语，立即转色笑谓我："噢！我认识你！我给你谈过话，也点过你的名，还记得！还记得！"我想：你是委员长，如何能认识我！就随口说："我已经被学校开除！"蒋没等我说完，即刻问我："学校为什么开除你？"我答："教育长要开除我，原因我不知道。"蒋介石连声说："我认识你，认识你！"我即告蒋："你们谈话，我站在这里，没有关系，请谈吧！"

蒋介石估计我不会离开，即开始与邵谈。问邵：

"西安发生事情，你事先知道否？"

邵答："不知。"蒋闻邵语默然。邵即心平气和缓缓地告诉蒋："今天已发生这件事，希望委员长仔细考虑。事实上，由于日寇不断的侵略，造成全国人民的愤愤，如果政府没有良好的办法，自然会酿成变故。今天要弥补，尚未为晚。"

蒋细听，仍不作答。邵继续告诉蒋："抵御外侮，法国是最好的榜样，他们建立了人民阵线。这种办法，我们未始不可采取。在中外历史上，当外侮来的时候，息争，合作，以御外侮的事情很多，希望委员长有鉴及此。"

邵委曲劝告。蒋介石在邵力子谈话时，自始至终，未置一答。中间曾长长叹气数次。邵讲完，两人默坐片刻，蒋告邵："你先回去吧！"邵即辞出。

邵去后，蒋即向我要纸笔，我取来放桌上，彼默想一时，即给其妻子宋美龄一电，书毕，交我，并问："是否可即发出！"我答："可。"该电原文如下：

"南京蒋夫人，中决为国牺牲，经国、纬国系我子，亦即你子，希关照。蒋中正。"

当蒋书电文时，我伫立桌旁，猜度他可能给南京国民党要员，嘱托什么大事，不料他在此紧迫时期，竟斤斤于他的老婆和儿子（这时，蒋介石的两个儿子，还都没在国内），谁能说他不自私自利呢！

将此电文我即交张学良将军，于当日发出。此时，蒋已有倦意，乃劝彼入卧室稍憩，并劝其吃饭。彼似饥而欲食，但恐有意外，仍在疑惑。我即告蒋：

"这里的饭是很干净的，不会有任何意外事情发生。如果因没有戴假牙，这里有麦米粥，希望吃点还是好。"

蒋介石听我说后，不语亦不食。我再劝彼："今天所发生的事情，是国家大事，应平心静气，设法解决，不应意气用事。而且，在西安方面，并没有危害你生命的企图。以往的事情，总算过去了。现在大家都非常纯洁，非常真心，希望你能检讨错误，改变作风，与全国人民，密切合作，一致对外就好了，并没有其他坏意，希望你力持镇静。"

蒋闻我言后，即说："如果是你们自己做的饭，吃些也好。"

我即命西安绥靖公署的司厨，预备麦皮粥。蒋介石因腰部跌伤，躺卧床上，不能持饭盒，由我为其递去。蒋时年虽五十，发白无龄，骨瘦颧凹，宛如七十岁人。食毕，呻吟不已！并告我："上年来西安时，即住斯室！"

言下，颇有今昔之感。我问蒋饮水否，彼答："想喝些橘汁。"我即令人买橘子榨橘汁，盛一玻璃杯中给蒋，彼一饮而尽，似觉甘美，并语我：他最喜喝橘汁。

时国民党南京政府，已知蒋介石被拘西安，派飞机三十六架，在西安市上空低飞威胁。当由新城大楼飞过时，机声震耳欲聋，蒋卧床静听，问我是哪里飞机，我出去看后回屋告蒋："是洛阳飞机来西安示威者。"蒋听后语我："我固知政府飞机，又来西安。"

蒋语时，有自得意。稍停我即告蒋："国民党执政十年来，给人民做了些什么？为什么在日寇疯狂进攻中，政府不谋方略，抵御外侮，反向敌人屈膝求和，又在国内进行屠杀呢？谁能对这种对外献媚，对内屠杀的领袖，甘心顺服呢？"

蒋闻我言后，说我受了"反动派"宣传的毒，我接着又谈道："谁能歪曲真正的事实呢？'德日协定'、'日意协定'对中国没有影响吗？南京政府秘密承认中日满防共协定，南京政府想方设法和法西斯德、意亲睦，请问德、意是帮助中国抵抗侵略呢，还是协助日寇侵略我们呢？南京政府极端反对苏联，苏联是侵略我们呢，还是同情和帮助我们呢？我们现在如果和日本开战，依南京政府今日的外交关系，谁是我们的舆图呢？谁能实际坚定支持我们呢？"

蒋介石在和我谈话时，静静地听着，我又谈到南京政府特务人员鱼肉人民的情形。最后我告蒋："我是军校学生又是中级军官，为什么会产生这种思想呢？"

蒋默不作声，唯作思维态。我乃请他心神安定，即离内室坐外间。

蒋卧床上，一直在呻吟。晚间，饮橘汁一杯，至夜一时，辗转反侧，不能入寐，时发呻吟声。我曾入室，一再劝慰，望其心境爽朗，从容应变。蒋似悟我语，但仍通夜未寐。我恐发生意外，始终静坐外间，直至黎明。

昨夜九时许，张学良将军来视蒋，以其假寐，未见面即去。今晨八时张又来，蒋卧床上，两人谈话，仍参差不合。张学良将军去后，我劝蒋："应接受张、杨两将军所提出的停止内战、联合一致抗日的主张。否则，对自己对国家，非徒无补，反益增困难。"蒋闻此语作静思。移时，要我请杨虎城将军来见他，我答应去请，但杨因事务忙，未及时前来。

正午，蒋介石要我取纸笔，置彼床边一小桌上。并告诉我，他颇感困倦，需要休息，要我离开内室。我察情况有异，即假装离室，唯将内窗帷折一角，走出后，复返外室，由窗帷折角处，见蒋起坐床上，左手扶纸，右手执笔疾书，神色慌张，时写时瞭望，迅即完毕，复置纸笔原处，将所写纸折叠存手内，又如前假寐。一小时后，我进室问蒋喝水否，彼即告我，他要找邵主席谈话。我即命人请邵。邵来后，坐蒋卧床侧椅上，我立蚊帐侧面。邵仍劝慰蒋。蒋以我未在室内，拟将所书纸条交邵，邵知我在侧，即告蒋谓："宋营长仍在这里。"两人谈话，即快快而止，邵便去。至于蒋介石所写纸条因未搜查，故未发现，究不知书何语。

此时，蒋心已平静，困已入睡。午后，蒋复要见杨虎城将军，杨来后，与蒋语约十分钟，告蒋以此次事变之主因，并说明他和张学良将军纯洁的动机，希望蒋为国家计，应详细考虑西安各将领及各救国团体所提之八大主张。杨并敕敕温言慰蒋，蒋态度亦安定。

杨虎城将军去后，蒋介石找我要书读。我为松懈蒋之紧张情绪，即以日本作家所著《长安古迹考》一书送蒋。彼以兴趣不合，稍翻阅即交我，要我另调一本。我即以蒋介石自己在所谓"剿共"战争中编著之《教·养·卫》小册子送彼，蒋甚喜，反复翻阅。

蒋介石一直躺卧床上，曾告我：孙中山先生在中山舰遇难时，唯他一人在侧事。

黄昏时，张学良将军来看蒋一次，但未多谈，只告蒋：以在新城大楼诸多不便，拟移他处。蒋未肯。至夜十一时，孙铭九营长奉张学良将军命，拟移蒋至西安高桂滋宅。我即转告蒋，蒋疑有不利，执拗不移。我复告孙，孙以奉命必须搬移，要我劝蒋，蒋恐惧不肯移。最后，我请孙铭九营长入室共劝，蒋介石见孙腰间带有手枪，心神不宁，告孙："你在日本上学时，我对你很好，你还记得否？我是政府的行政院院长，应该住在西安绥靖公署里，因为绥署是受行政院管辖的，要我搬移，我不愿去。"

孙铭九营长和我再三劝告，蒋竟恐惧万分，忽然以被蒙头不答。我乃与孙商议，现已夜深，明日再移，孙同意。即返复命。蒋以此惊惧，竟彻夜失眠。

至14日清晨，蒋介石以一夜未寐，致患重感冒。头依枕侧，鼻涕长流，又呻吟不已，不胜其痛苦状。并要求我，给彼几片阿司匹林。我告蒋：有病时，我当报告张学良将军知，请其派医生前来医疗，医前，未便随意吃药。蒋即告我，只要将我营中军医请来治疗即可。但我为审慎计，仍然请张学良将军派医生前来。

下午五时许，张学良将军偕端纳来新城见蒋。此时，中共代表周恩来先生已应邀来西安。张学良偕端纳新城见蒋的时间是1936年12月14日，周恩来到西安的时间是12月17日，为了对西安事变后各种政治问题磋商的方便，即移蒋介石住西安高桂滋宅中。

看守蒋介石三日记

王志屏*

　　震惊中外的西安事变的发生，与当时国际和国内的形势，与张学良、杨虎城两将军的处境和思想都是分不开的。由于事变进行得很秘密，当时我虽是杨将军的卫士队的卫士，事前却一无所闻，绥署参谋长和孙蔚如军长、赵寿山旅长、孔从周旅长也仅是12月11日晚9时，才由杨将军召见面授机宜的。我把我看押蒋介石的几件事，回忆如下。

　　1936年12月12日早晨7时许，我奉派和朱子明、上官克勤等到新城大楼去值勤，大约上午9点钟，由外边开来了三辆汽车，车上架有轻机枪，坐满东北军士兵，随后又到了一辆小卧车，在大楼西边小门口停住了。我正在那里站岗，车门开后，由里边架下来一个人，经过我跟前，我一看这不是蒋委员长吗？看看那个狼狈样子，光着头没戴帽子，上穿一件古铜色绸袍，下穿一条白色单裤，赤着脚，小腿上还有斑斑点点的血迹，扶他的是孙铭九营长。我向他们立正敬礼，蒋介石的脸上勉强露出笑容，口里还说不要敬礼。蒋被扣押在大楼东边北屋里间，我们三个卫士负责看守：朱子明、上官克勤在房子里面，我在外边。蒋介石进了屋子后，先给他拿去棉被子盖上。因为天气很冷，宋文梅营长叫朱子明将房门关上，蒋介石则叫

---

　　* 作者时为杨虎城将军卫士队卫士。

开开，宋说我是奉命行事的。蒋问宋奉的谁的命令，宋答说，奉杨主任的命令，蒋很生气地说什么狗屁主任，你们给我开开，最后还是打开门了。又给他端去木炭火盆，他说不要，又叫端出来了。这时，宋文梅说，报告校长，我还是你的学生呢！蒋问宋是几期，宋说是黄埔四期，但没毕业。蒋又问为什么没毕业。宋说："学校说我有问题，将我开除了。"蒋说等我回去查明给你补发毕业证书。蒋又问宋："你现在干什么工作？"宋答："现任西安绥靖公署特务营营长。"蒋说："好好干，今后前途大有希望。"蒋又问宋有钱没有，宋答有。蒋叫宋给他买一套毛衣。宋去不多时就买来了一套毛衣，另外还买了一双驼色棉袜子。蒋将毛衣穿上又去穿袜子时，发现袜子是驼色的，就大发脾气，问宋为什么买带红色的袜子，我不要，赶快给我换。13日中午，蒋介石向朱子明借钱，叫朱给他买两角钱的糖，给他冲糖水喝。朱子明将此事告知我，我又转报王华亭副官，王叫我到大厨房去拿，我到大厨房拿来了一包约有十斤重的糖交给朱子明。蒋看到后说："我向你借钱系私人关系，张学良的糖，我坚决不喝。"朱问我怎么办，我又问工副官，工副官骂我们说，你们太笨了，你可找一张纸少包点，就说你们在街上给他买的，这样蒋就喝了。

12月12日上午10时左右，张学良副司令来了，他看见我们都把手枪别在外边，就对我们说："你们都把枪装在枪套里，如果别在外边给委员长送水送饭时，他将你们的枪抢走了自杀怎么办？他现在跑不了。"说罢就进了屋子说委员长受惊了，这是西北军民一致的意见。他把八大主张给蒋看，蒋把纸掷到地上说什么狗屁主张，简直是卖国主张。张副司令又说："只要你抗日，我还是拥护你。"蒋这时竟要起流氓说，你把我放回去，否则枪毙我好了。13日，张又见蒋，还是劝蒋接受八项主张，他捂着耳朵不听。张又说："委员长给各将领讲话说什么失去东北是我的责任，我命令部队抵抗，你却下令后撤。"蒋说："我叫你后撤，你就后撤吗？"张说："我是一个军人，军人是以服从命令为天职，军人不服从命令就不是军人。"蒋被张问得无言可答，就不说话了。如此多次争吵很厉害，有些话我听不清。12月13日，蒋叫邵力子见他，邵一进门，蒋就骂他是饭桶，又说以前我问你，张和杨不和是真的吗，你说是真的，我还叫你在中间给他二人调解。可是现在呢，他们两人竟把你我都扣起来了。邵只好说："现在事已至此，请委员长应以国事为重，他们的主张似乎是可以考虑的。"蒋介石不理，并埋怨邵，平日怎么一点也看不到你们，真是无用。12月13日，蒋找杨虎城将军去见面，蒋问杨这回的事，你知道吗？杨说知道，这是我和张副司令应西北军民一致的请求。蒋一听就再也不吭声了。14日，张副司令把蒋介石转移到高桂滋公馆去了，以后的事我只听说经过中共中央代表团的到来，于12月25日和平解决将蒋送走了。

我们从"双十二事变"和八年抗战的亲身经历中认识到，第二次国共合作把全国人民团结起来，发挥了不可战胜的力量，现在怎能不盼望国共第三次合作之早日实现，振兴中华呢？

蒋介石召开国民党元老秘密会

吴先树*

　　1937年7月卢沟桥事变爆发后，平津先后沦陷于日本帝国主义之手，日军并继续增兵向南推进。这时，国民党内部的主战派和亲日派在抗战的问题上仍未取得一致意见，不断展开激烈的斗争。

　　1937年7月25日晨，先岳父覃振被召从上海回到南京。我们在家为他准备好了午饭等他回来吃，可是中午12点多了还不见他回来。大家等得着急，因为这天日军又向平津大举增兵，华北形势十分严重，都希望知道一点关于时局的消息。我们一直等到下午1时左右岳父才回来，他刚进饭厅坐下我们就问："怎么才回来，饭菜都冷了。"他说："今天一下车他们就邀我去开会了。"我们又问："开什么会？"岳父说："今天老蒋约我们几个老头子在陵园韩公馆（韩复榘寓所）开了一个紧急会议，到会的有吴稚晖、汪精卫、何应钦、冯玉祥、居正和我等共13人，都是穿长褂子的。"我们又问开会的内容是什么？他接着说："讨论了打（抗日）与不打的问题。"谈到这里，岳父振奋而高兴地说："老子今天发言，可算是舌战群儒，最后我们主张抗战的人，完全取得了胜利！"并低声严肃地说："我们决定打，老蒋也没话说了。"于是我们又问："现在平津危在

---

　　*　作者系国民党元老覃振之婿。

旦夕，打日本强盗还值得讨论吗？"

　　岳父就把开会的情形讲出来。原来，当天首先发言的是何应钦，他强调说："作战要靠军队，中国军队不行，尤其是缺乏先进武器弹药、军需粮秣，接济也很困难。如果拿这样的军队去同日本军队作战，顶多能打几个月就要垮。现在有人指责我们不抵抗，不实行对日作战是妥协投降等等，这是不明白我们军队实力的人，是对我们的恶意攻击。依我看，不打还可以幸存，等待时机。要打么，只要几个月就会完全失败，所以我不主张打。"何应钦反反复复地从这方面从那方面足足说了两个钟头。总之，说过来说过去，就是说不能对日作战，实在令人发指难忍。等他刚刚说完，吴稚晖马上站起来发言说："强寇压境，打有打的好处，能够争点民族气节。可是，不打有不打的好处，免得生灵涂炭，日本单独要亡中国也是亡不了的。"

　　吴稚晖说来说去，也是模棱两可，没有一定的主张。等他说完覃振就开腔了，他说："何敬之的意见和主张我不赞成。自从九一八事变以来，我们就采取不抵抗政策，让日本鬼子未打一枪，未开一炮就强占了我们东北四省，使四省同胞陷于水深火热之中，难道还不令人痛心吗？其后一退再退，签订了淞沪、塘沽等丧权辱国的协定，也没有使日本鬼子停止侵犯。现在日寇的野心已是一清二楚，它不仅要侵占东北四省，而且得寸进尺，继续要强占华北，然后再占领全中国，现在还谈什么一面抵抗，一面交涉，已是行不通了。国人也不会答应，现在唯一的办法和出路就是打！同小日本鬼子打到底，中国军队虽然不行，只要全国同胞万众一心，上下一致，精诚团结，我想小日本鬼子是可以打倒的。再者，中国是有几千年历史的文明国家，向来具有崇高的民族气节，谁都不会甘当亡国奴，我想这一仗早就应该打。中国没有亡于清政府之手，也没有亡于袁世凯、段祺瑞的时代，那么，如果现在还不敢奋起抗战，那就会亡在我们国民党手里，我们能够对得起我们的祖先和子孙后代吗？从这一点来说，我们更应该打！现在，华北的局势，特别是平津的情况万分严重，共产党的军队已经北上抗日，有的将领也纷纷要求北上抗日，东北以及关内各地的抗日义勇军风起云涌，难道我们还能阻止他们抗日吗？我想我们不能再存什么等待时机的想法，应该当机立断，宣布对日作战！"

覃振的发言刚完，冯玉祥接着发言，他的话慷慨激昂，言辞恳切。他说："大家知道，我是主张抗日的，现在我还是主张抗日。强盗打进院里来了，我们不打他，他就不会走。日本的军队虽然强，武器虽好，但我们的人多，枪炮使完了还有大刀，所谓众志成城，他们奈何不得我们。飞机在天空扔炸弹，犹如麻雀在天空拉屎，从来不会落在人的头上，也没有什么可怕。怕的是我们不打，现在到了民族危亡的关头，我诚恳地要求即日宣布对日宣战！"说到此，冯玉祥声泪俱下，在座者深受激动，同声喊"打"，于是蒋介石也表示说："大家不要激动，我们就决定打。"

稍后老岳父又说："今天老蒋临时召集这么一个秘密会议，看来又是他的诡计，他自己本来不想抗战，又想利用我们这些老头子来替他背肩（负责）。这是他惯用这一手，真狡猾。"最后，他又嘱咐我说："你父亲（先父吴景鸿，当时任中央公务员惩戒委员会委员，患半身不遂）年老病重，行动不便，你要赶快把你父亲和两家老小送回湖南。打起仗来，京、沪两地都不是安全地方，你自己就留在这里。"

事隔多年，全凭记忆，遗漏在所难免，仅供参考。

（1966年）

1937年庐山茶话会

周北峰*

1937年夏天，蒋介石在江西省的庐山召开了一个会议，预订的计划是分三批召集全国各地的学者和知名人士与会，定名为茶话会。这个会议就是史称的"庐山会议"。

第一批于7月初召集。听说我们敬爱的周恩来副主席也参加了这次会议。会议上无非是由蒋介石的一些御用文人，连篇累牍地讲些什么"忍辱负重"，暂时做些抗战准备，以待时机到来，即"对日寇决战"之类的话。

第二批于7月下旬召开。我被邀请参加了这次会议。会议是由蒋介石亲自主持。在这次会议上，蒋只说了很简短几句话，就由当时的行政院秘书长张群主持。第一天会议，尽说了些自欺欺人的妄言。当时参加的除了各地的大学教授和文人外，就是陈立夫在全国各大学的拥护者。这些人每于有人提出要求抗日的主张时，他们就接着附和一阵。

第二天会议又开始了，由当时的教育部部长王世杰发言。又是重复了"忍辱负重"，对反抗日本的侵略要待时而起的不着边际的假话。这一天出席的有蒋介石、汪精卫，还有陈立夫、周佛海等人，仍由张群主持。与

---

* 作者系知名学者。七七事变与冀鲁抗战，文史资料存稿选编抗日战争（上）1937年庐山茶话会。

会的人听了他们的谰言，忍无可忍了，于是就哄然而起向蒋介石质问。北京大学教授戴修瓒挺身而立（别人发言都是坐着即席发言），声色俱厉地向蒋介石说："请问委员长，您说'和平不到绝望时，决不放弃和平；牺牲不到最后关头，决不轻言牺牲'。（这是《何梅协定》后，国民党提出的遁词，以缓和人民的抗日情绪。）是否可以进一步向国人明白宣告，如果华北已成了东北，平津已成了沈阳，是否就是和平已到了绝望，牺牲已到了最后关头？"此时全会场寂然无声。陈立夫一再向他豢养的所谓学者示意，当时有武汉大学校长胡某人起来对戴修瓒先生的质询作答辩。同时还有昆明师范大学的教授杨立奎，也是陈立夫的走卒，接着胡某人发言。大家听他说了一两句话，就哗然了。在座的陈立夫的其他走卒，也不敢发言了。

会场沉寂了几分钟，蒋介石用手猛击桌面，起立大声地说："当然啦！如果日寇再逼进一步，全国人民就无可再忍了，这就对日寇的侵略非抵抗不可了。只是全国应战以后之局势，就只有牺牲到底，无丝毫侥幸求免之理。如果战端一开始，那就地无分南北，人无分老幼，无论何人皆有守土抗战之责任。今天我就回南京，会议由张群秘书长继续主持，大家各本自己的见解向中央提出抗日方略，并希望以这个会议的名义向宋哲元委员长建议，与中央军很好地配合向日寇展开全面战争。"当时即由汪精卫持笔拟了致宋哲元的电报，着与会人员全体签名。在签名中，汪精卫和蒋介石小声地说了些什么，大家都无意去听。在大家逐一签名时，与宋哲元有特殊关系的北平大学教授燕树棠为宋哲元把军队于一夜之间就撤到保定以南作了些解释，大家纷纷予以反击。签名后，蒋介石说这个会原定分三批召集，这样第三批就不召集了。昨晚，日寇已由平汉路向南挺进。宋哲元委员长已将军队撤到保定以南，他本人到了乐亭。这个茶话会就算结束了。

蒋介石在会议上经戴修瓒、江庸几位先生们质问后，说了战事一起，就地无分南北，人无分老幼，就都一定要起而奋战的几句话。大家于散会后，在庐山的仙岩饭店餐厅中议论纷纷，大致都对蒋介石这样表态表示惊奇，多数人都予以赞成。正如《毛泽东选集》合订本（1946年4月版）第316页所说的："这个谈话，确定了抗战的方针，为国民党多年以来对外问题第一次正确宣言。因此受到了我们全国同胞的欢迎。"

在宣布会议就此结束的第二天，会议秘书处通知我和王禄勋（山西大学校长）说："汪精卫先生于中午约请能返回北方的与会先生们，在他寓中便餐。"因为此时平汉铁路火车只能通到石家庄，所以能返回原地的只有我们二人。别的如北平、天津、保定、济南、开封等地的与会人员都不能回去了。席间汪精卫说："蒋先生昨天在会场上即席说的话是把话说'脱'了。这个样子，抗日也亡国，不抗战，共产党便有借口起而反对中央，结果也有亡党亡国的危险……"另外并嘱咐了些我们回去后与阎锡山要说的一些话。午后教育部部长王世杰召集了个座谈会。会上说："一时不能返回北方的大学教授们，暂时先在武汉大学住下，再候安排。"我们于当天下午就下了庐山返回武汉，在武汉也没停留，即乘平汉路车到石家庄，转道正太铁路回到了太原。我们到太原向阎锡山面谈了庐山茶话会的情况，并将汪精卫的态度也谈了。阎毫无表示，只是说了些闲话，我们就告别了。

这时我接到傅作义先生的电报，希望我到绥远一行。这几天日寇已开始轰炸太原，山西大学也向南迁移到了运城。我将我的妻子派人送回晋南运城附近（虞乡县）的家中，我就到绥远去。到绥远时，南口战事已打得很激烈了。我与傅先生谈话后不数日，傅先生便率部到张家口指挥作战去了。绥远到太原的交通已断绝了，所以我在绥远住了些时候，便由宁夏乘飞机到西安转回晋南；在晋南临汾与傅作义先生会了面，傅邀请我到他驻地汾阳柳林镇，我便由此与傅先生结合了，并代表他到延安拜见毛主席，以后就在傅部担任政训工作。

（1979年）

相持阶段的重庆见闻点滴

郑 坡*

日本侵略者于攻占广州、武汉后，由于兵力不足，加上国民党军队的抵抗及中共武装从敌后的不断攻击，不得不停止战略进攻，转入保守占领区，因此从1939年开始就出现了敌我相持的阶段。

在相持阶段中，国民党军委会后勤部于1939年迁到重庆，但因蒋介石于1938年12月8日由桂林飞抵重庆关系，所以俞飞鹏部长、端木杰副部长、秘书长史济寅和我也提前于1938年12月中旬来到重庆，在飞来寺设立小机构办公，与军委会切取联络。

蒋介石于抵渝的第二天即约汪精卫、孔祥熙、王宠惠等谈话。汪精卫强调与日继续作战，不能取胜，反而增加重重困难，蒋未置可否。16日汪又单独去见蒋，适蒋小恙，略谈片刻即告辞。18日汪飞昆明，行前5日先派周佛海到云南去联络龙云。19日汪赴河内时龙云也去送行。29日汪在河内发表艳电响应近卫声明。由于汪16日在渝单独会见蒋略谈片刻，因此外界传说蒋、汪默契行事。待至汪精卫的重要骨干曾仲鸣在河内被刺身亡后，默契行事传说才告平息。后来，我在侍从室碰到戴笠，据戴说刺汪者是越墙进旅社，由内线侍者陪至汪住房门口，哪知汪这天与曾仲鸣谈得很晚，

---

* 作者当时系国民政府军事委员会后方勤务部副官处副处长。

闻叩门声，曾代汪开门被刺。汪出走后，戴笠拟在昆明机场行刺，因蒋嘱俟汪逆迹显露时再行动，所以迟至汪到河内发出艳电后才下手。

1939年春，侍从室改组为三处：第一处有六个组，主管军事、警卫、特工、总务等项。主任初为张治中，张调任总政治部后改由林蔚接任。急需军务指挥皆由该处参谋组办侍参电，由蒋亲署，各部队、各军事机关必须认真执行。第二处主管机要文件、蒋对外发表文告、讲话底稿等项，主任一直是陈布雷，后来又从奉化选调同乡袁孟纯、孙贻、王宇高三人加入第二处，专编民国十六年后蒋的事迹及蒋家家史。第三处主管人事，主任是陈果夫，主要任务是遴选各省、市行政干部，经常派员分赴各地考察有特殊政绩者，签报蒋介石破格提用。

有一天我在参加国民政府"纪念周"时，听到蒋介石报告说：大家不要以为苏联帮助我们抗战力量少，苏联在人力、物力方面帮助我们确是不少。而英美到目前为止，有什么帮助我们？只不过购买我们一些白银而已。蒋的侍卫官蒋国涛对我说，这是蒋一时脱口说出，"纪念周"后蒋即吩嘱各新闻记者不可发表他的谈话。当时苏联有大批专家、空军人员、汽车驾驶员来到我国志愿服务。

夏初（1939年），蒋介石根据孙中山先生"精神可化为物质力量"的学说，倡仪国民精神总动员，把戴季陶所拟的"国家至上，民族第一，军事第一，胜利第一"和"意志集中，力量集中"的口号作为动员的准则，并举行国民精神总动员大会，在军事委员会广场召集重庆各界人员听训，会后举行火炬游行。

1940年元旦，蒋介石召集各部、会、局、处长以上干部聚餐，席间仅汤一盆，面包夹咸肉一盆，白糖红茶一杯。据云蒋特别关照国难期间，应厉行节约。饭后，蒋介石发言说：抗战以来，我国在政治上、军事上都存在着不少缺点，要转败为胜，必须各抒己见，群策群力，希望大家不受拘束，踊跃发言。第一个发言的是周亚衍，第二个发言的是程泽润，随后很多人发言，我也发了言。我说：中小学课本内容必须改编，应多采用振奋民族精神和抗战有关的材料，如小学课本内的狗叫猫跳的题材，应加调换。蒋听后，"唔！唔！"直点头由旁记录呈查。

蒋介石在抗日期内，自奉确是"节约"。据侍卫长俞济时告诉我，一日蒋听说每天杀一只鸡，嘱司厨改为两天一只，厨司以汤菜乏味，乃阳奉阴违，仍是每日一鸡。凡应蒋邀吃饭的高级军政官员，屡屡因菜少得不敢下筷，多有顿饭半饱之感。蒋介石也便服到重庆各商店市场察访，可是手下们闻讯事先布置了一套办法，如蒋到米店、布店询问价格时，店主会折价以对，蒋听后，认为物价还不太贵。

自从武汉、宜昌陷敌后，敌即利用宜昌为起飞基地，频频空袭重庆。在没有防空能力的情况下，重庆任凭敌机狂轰滥炸，全市居民稠密及商店林立的地段，几乎全被炸毁、烧毁。敌机先用炸弹，接着投下凝固燃烧弹，最后用机枪扫射。有一次三天三夜连续轰炸（即疲劳轰炸），致使人民生命财产遭到惨重损失。还有一次大隧道被敌机炸坏，闷死及伤的约达3000人，40辆大卡车整整运了三天的尸首，状至凄惨。因此，老百姓恨敌、恨蒋的情绪，一时高涨难以平抑。

那时英法慑于日军的压力，答应日军的请求，封锁了滇缅路和滇越路，至此西南国际交通线完全断绝，抗战更加困难。可是浙江宁波尚未陷敌，许多商人便由宁波套购物资，运销内地，形成畸形的繁荣景象。

由于宁波为后方物资输入的港口，因此商贩竞集，市面繁盛。宁波防守司令王皞南，贪污受贿，声名狼藉。为了续弦，曾派专轮到沪迎接新娘。事被蒋介石侦悉，电令三战区司令长官顾祝同查办。顾转令第十集团军总司令刘建绪询查，同时又派军法监倪弼赴宁波协助查处。刘建绪即以召开会议为名，电王皞南前来金华，王至就被扣押。刘建绪曾到滨口会集商界询查，证实王受贿及纵容原配妻弟贿卖入口证件等事属实后，执行枪决，临刑前准其与现妻见一面。同学庄又新对我说，王案是他的父亲庄辛墅向蒋介石揭发的，因乃父与蒋是同学关系，故敢揭发。

另外，我在重庆还未调到部队工作时，有一件事情给我带来一种是非混淆、赏罚不明的感觉，这就是兵役署署长程泽润致死的离奇情节。

当兵役署扩充为兵役部、鹿钟麟部长行将视事的时候，程妻余惠芬对人说："往日算命者，程署长五十岁时有一大关，现今寿期将近，这一关可以度过了。厄运则应在丢官上面了。"部中同事及挚友于程的五十寿辰，备席祝贺兼示欲送厄运之意。席间突接电话，说委员长叫程立刻到曾家岩新兵团部去，程即放杯前往。至则蒋介石怒斥程办理兵役不善，并令程跪下，旋令禁闭在新兵团内的小房里。这时何应钦赶到，蒋始息怒，对何说你看兵役办得这样糟，说完话就走了。

第二天将程解到军法执监总部查办。经执监总部调查，证明这个新兵团早已拨为运输署兵团，事故不应由程负责，但因碍于蒋命，就判程五年徒刑。军法执监总部因事出冤枉，拟俟蒋怒息后，准其保释。故程在狱生活准其勤务兵一人入内照料。

事隔数月，戴笠以查知程建造私宅时，曾派新兵替他搬运砖瓦，大概还有贪污行为等情上报。蒋于是手令枪决，着由戴笠执行，不经军法总监处决。因程是何应钦的亲信，恐何出面阻碍杀程，故改由戴笠执行。是日程早饭后，还不知死期降临，迫执行者持令前往出示时，程才愕然，索笔写遗言，并责蒋昏庸不分是非。笔被执行者所夺乃止。这时程妻事前已接通知，备棺在外，枪声响彻，入内收尸而去。

至蒋介石何以得知新兵团事故？是由其子纬国报告的。因纬国是日适至曾家岩友人家赴宴，突听得邻近新兵团的新兵哀号惨叫，疑是长官体罚新兵事件，因而回家报告乃父。但总的原因是兵役办理不善，已引起各方责难，因此杀程以殉责难。同时还牵涉到何应钦包庇事，故杀程以儆。

（黄家瑞　整理）

我们所知道的关于美蒋勾结的内幕情况

廖耀湘　杜建时

美蒋关系的起源

1937年中日战争发生，当时美国的对华政策是隔岸观火，保持所谓静观沉默态度，并想压制中国抗战，指使蒋介石对日妥协。但是这时中国人民抗日的要求已使美国无法遏止，日本侵略者占领上海、南京、武汉以后，更加疯狂，美国乃采取让中日战争打下去，借日本扑灭中国的革命火焰；同样，借中国人民力量削弱日本，自己却装出一个严守中立的伪装面孔。

1941年太平洋战争发生，日军偷袭珍珠港，并在亚洲大陆上遂行其南进政策。法国殖民军首先在越南向日军投降。英国殖民军统治的缅甸、马来亚、新加坡以及泰国、印度均将不保。柏林、东京、罗马轴心，大有会师伊朗之势。英国希望中国军队出兵缅甸，牵制日本侵略军于缅甸北部地区，以免日本侵略军由新加坡、仰光沿海经阿拉干直闯印度。

早在1941年1月间，国民党重庆政府应英国之邀，组织了一个印、缅、马军事考察团，以国民党军事委员会办公厅主任商震为军事代表团团长，侍从室主任林蔚为副团长，率领第五军军长杜聿明及陆海空军人员十余人赴印度、缅甸、马来亚进行军事考察，由英国驻华武官丹尼斯陪同前往。

当时拟订了一个中英合作的防御计划，由国民党方面预备十个军的兵力随时开赴缅甸，策应马来亚和印度。蒋介石希望保持仰光海口和滇缅公路的军事补给线，至是，乃派罗卓英、杜聿明率领第五军、第六军、第六十六军进入缅甸援助英军，阻击日军。

此时，美国既成为中国对日作战的盟邦，即对蒋介石政府陆续给予军火物资的援助，先后给予财政贷款和中美租借协定共13.7亿美元；先派陈纳德的第十四航空队（又称飞虎队）来华，继派史迪威充任中国战区美军司令和蒋介石的参谋长，以指挥国民党军队及掌握有关作战的训练装备补给等问题。这是蒋介石派熊式辉和宋子文先后赴美国洽商谈妥的。美国的目的，一方面是援助中国人民抗日，另一方面是为它自己取得英法在东方殖民的统治地位。蒋介石这个大政客对美国则用不支持则拆伙的无赖手段，索取大量军火和金钱，扩充自己的实力，准备用来消极抗日、积极反共。因此，构成美蒋勾结复杂矛盾的关系。

史迪威与蒋介石关系的始末

中国远征军第一次入缅作战的失败和史迪威指挥驻印军打通滇缅公路的作战经过是这样的。

中国远征军第一次入缅作战失败退入印度的经过概况

1942年春（3—5月），蒋军配合盟国作战，为了阻止日军攻占新加坡向缅甸疾进直入印度的猛烈攻势，应英国的请求，组织了远征军，第一次入缅作战。当时远征军的编组，是以第五军杜聿明部和第六军甘丽初部为主干，由杜聿明以远征军副司令长官的名义负指挥的责任。后来（约在4月中）才派罗卓英任司令长官，并增派六十六军张轸部入缅，共为三个军。入缅作战的目的是想占领仰光，保持这个唯一的出海通路。但日军已抢先占领了仰光，远征军不得不在仰光的外围与日军作战。

　　当时入缅作战的中国军队，士气非常旺盛，在仁安羌把截断英军退路的日军打退，把英军主力救出重围，在仰光外围同古接替了英军的阵地，尔后又担任后卫，掩护英军主力按计划安全撤往缅京曼德勒地区。英军原定在那里集结，再会同中国军队发起大规模反攻，收复仰光。但英国军队并没有信守诺言，到达曼德勒立即迅速渡伊洛瓦底江向印度退却，置中国军队于死地而不顾。蒋介石才知道上了英国人的当，只是哑巴吃黄连，说不出苦，从而迁怒于史迪威（因史迪威以中国战区参谋长的资格，随中国远征军司令长官罗卓英一同入缅，蒋介石并托史迪威特别关照中国入缅军队，要史担任英军统帅亚历山大与中国远征军最高司令部之间的联络，并指导作战），不过外表还是非常客气，并未见诸辞色而已。

　　当英军由曼德勒地区撤入印度，中国入缅远征军主力第五军（三个师及直属部队与张轸军之新三十八师孙立人部）陷于三面包围之中，史迪威偕同远征军司令长官部及长官罗卓英，随英军退至伊洛瓦底江西岸，想沿江至密支那再退入中国境内。他们进至卡萨（密支那以南约3日行程）附近，史迪威得报，日军已进入八莫、密支那，长官部与所有军队退入中国的归路，已被截断。史迪威认为只有迅速跟上英国军队退入印度，再无他策。中国远征军司令长官罗卓英接受了史迪威的意见，命令杜聿明并直接命令孙立人师立即跟随英军经陆路（实际是缅甸与印度东北角唯一简易汽车路，以北就是野人山原始森林，几乎是无人烟的区域），向印度英伐尔撤退。

　　就战术与地形而言，史与罗的决定本来是最合理的决策，但实际掌握部队实力的第五军军长兼远征军副司令长官杜聿明，不愿意退往印度，仍想绕密支那以北地区回国。据杜聿明说，日本人当时尚未进入密支那（但史迪威的情报正确得多，日军正向密支那疾进中），所以他不服从史迪威与罗卓英的命令。史、罗当时陷入十分困恼与危急的状态中。英军已退远了，中国部队长不听命令，远征军长官部当时一个警卫连都没有，只是孤零零的一个司令部。史迪威又得报（他当时与英军还通无线电报），日军已离开他们的驻地卡萨不远，他急不暇择地即偕罗卓英与长官部的官员，丢了一切车辆（卡萨以西没有汽车路）、行李（他们没有骡马），自己背上一支冲锋枪，徒步而行，饥疲交迫地走了三个星期，才到达印度，会合英军。史迪威在同古、斯瓦、巧克巴当、索吉等战役中与中国将领在指挥方针上意见分歧，因而认为中国高级部队长不听命令，促成他尔后对中国军队一些偏激的想法、看法和逾越常规的做法。他认为中国军队高级将领都不能信任，尤其厌恶杜聿明。所以后来杜聿明被迫退入印度时，他立即把杜聿明赶回中国。廖耀湘到印度边境时，史迪威的参谋长柏特诺上校来接廖，并对廖说，从现在起，你们是Stiwell's boys（即史迪威的孩子们），不再与杜聿明有任何隶属关系，也不能再听他的话与任何命令。这时史迪威就开始产生一种新的打算，即掌握中国流入印度的这支部队，作为他个人英雄与冒险事业的政治资本，并把它变为变相的美国雇佣军。

杜聿明是实际指挥第一次入缅军队的高级将领，但他当时既不知英国的作战方针，又不知缅甸地理与特殊的气候，徒使中国军队做英军的替死鬼。在军队撤过伊洛瓦底江由江西岸向密支那撤退途中，又迟迟其行，考虑抢运英军丢下的大批军用物资。他命新二十二师在卡萨以南一个地区停留三天，致使日军先我至卡萨与密支那，使最后归路断绝。他不知道缅北与印缅间地形与季候大变化的情况，竟又自作主张，不听罗卓英与史迪威的命令，想经由野人山中、印、缅未定界区域退回中国，致令全军陷入死地（雨季中到处是水，羊肠小道大部淹没，又无粮食），使军队饿死、病死、溺死一大半。新二十二师9000余人，到印度只剩饥疲之众约3000人。他自己几乎因回归热死去。他的电台也丢了，又不能与中国和英军任何一方联络，真是危急已极。当时蒋介石十分惶急，托史迪威并通过他找英国人到处寻觅搜索。后来在缅北大洛地区，始由史迪威派来的飞机发现地面上一些寻觅粮食的士兵（因飞机飞得低，发现士兵军帽上有青天白日帽徽，飞机上人员不管是与不是，就把给养药品，而后又把无线电池、电台、信号等投下来），才联络上，但士兵已死去1/2以上。蒋介石接纳史迪威意见，命令杜聿明按飞机丢下的地图和路线退入印度。沿途由美机与中航机集中投粮，美国人与英国人派人至野人山与沿途经历的部落酋长接洽，为中国军队修桥开路，历时约三个月，才陆续到达印度极东北的一个角落，最后始脱离险境。

当杜聿明决定退往野人山时，也命令新三十八师孙立人跟他退往野人山。但孙立人曾直接得到史迪威与罗卓英退往印度的电报，他行至野人山附近，看到形势不对，便不再服从杜聿明的命令，自行改变道路，再回转去走英国军队退走的老路，赶在大雨未到之前到达印度。所以他那一师人员马匹、装备尚无损失，而且收容一部散兵与侨民，一同退入印度。史迪威和罗卓英得到这支部队，非常高兴。这时，史向英国人说话才有一点资本。因为那时英国急需军队守卫印度，哪怕一个连一个营都很好。这也是后来史迪威看重孙立人的开端。

孙立人到达印度和在野人山找到杜聿明的部队之后，史迪威就立即打算要掌握中国所有入印部队，把它变成美国变相的雇佣军，直接作为他个人的政治资本，首先把他最厌恶的杜聿明赶回中国。蒋介石与中国入缅高级将领甚至士兵，在缅甸受英军欺骗之后，都痛恨英军。但退入印度，又一次不能不寄英国人的篱下。在此种情况下，蒋介石和一般官兵都认为美国人还是比英国人要好一点，所以又觍颜托史迪威照顾。流入印度的中国部队，后来统编为驻印军，以罗卓英为驻印军总指挥。由史迪威出面负责向英国人领取饷薪、人马补给，转交给中国驻印军部队，并由美国运武器，由中国内地空运新兵，重新整补，充实驻印军各部队。史迪威又从美国调来大批军官在兰姆伽成立训练机构，训练驻印军官兵。根据蒋介石的意思，史只居于中介联络地位，中国驻印军的指挥权与行政权，仍应由中国自己将领即罗卓英负实际责任。由英方领来薪饷、粮秣、被服等补给物资，应该交罗卓英按中国军队法令习惯发给各部队。但史迪威在1942年春第一次缅甸战役失败之后，认为中国高级军官指挥无能又不服从命令，对杜聿明在最后紧急情况下不服从他退印度的命令尤为深恶。他对蒋介石的越级指挥及罗卓英不能严格掌握所属入缅部队，都深刻不满，认为这些都是1942年春缅甸战役失败因素（这些都是史尔后亲自对廖耀湘说的）。因之，他决心不要驻印军的中国高级将领和营以上的中级军官，只要尉级以下军官及士兵。史本人及一般美国军官都夸称中国下级军官及士兵能打仗、吃苦耐劳、服从和勇敢，但认为中国中级以上军官不行，甚至对廖耀湘当面都说这种极不礼貌的话。史既存有这种偏激思想又决心这样干，所以他首先发动驱逐罗卓英及其总指挥部的所有高级军官，以去掉驻印军的首脑，然后再分别宰割两个师，去掉两个师长及团营长，改由美国军官直接统率驻印军各个单位，好像当年英国军官直接统驭印度殖民地军队一样，把驻印军变成名副其实的美国雇佣军，用以作为他（史迪威）的政治资本。史迪威这些思想和行动（罗卓英、廖耀湘和孙立人等都曾把它报告过蒋介石），曾深深激怒了蒋介石（后来廖耀湘会见蒋介石时，蒋曾当廖之面大骂史迪威）。

史迪威企图直接控制驻印军与蒋介石对史的不满

蒋介石与史迪威之间的矛盾，实质上就是蒋美之间的矛盾，从史迪威驱逐罗卓英事件起就开始加剧。驻印军当时是唯一流入外国的中国军队，是蒋介石所说的"孤儿"，部队虽少，但他十分注意。有问题就会闹到他那里，他也不得不亲自处理或过问。史迪威既决心驱逐罗卓英，首先就在蒋介石那里控告罗卓英与美国人"不合作"。当时"不合作"三个字在美国人心目里是一件大大的罪行。师里有好些中下级军官，只要是美方在备忘录中有"不合作"三个字，就要求调职甚至撤差送回国。至于在重庆、兰姆伽各地散布罗卓英指挥无能、没有统驭力、不知如何训练所属军队去打日本人，更是毫无忌惮地公然进行。最后史迪威在重庆一次重要会议上竟公然攻击诋毁罗卓英（这些都是罗的参谋长杨业孔回重庆后写信告诉廖耀湘的；何应钦来印度兰姆伽时也曾同廖谈过），含沙射影地说罗卓英总是向他要钱要饷，他不知道究竟要这些钱并要求直接掌握这些粮饷干什么？意思是指罗卓英贪污吃缺。实际上史迪威已组织好补给与财务机构，企图掌握驻印军命脉，不愿把粮饷交给罗卓英，而要由美国人直接发给驻印军各团队（甚至不经师部）。当时与会者一时不明情况，为之哗然，甚至有人认为罗有辱"国体"。蒋介石即电召罗回重庆询问情况。罗卓英据实将史迪威要直接控制驻印军命脉，与直接掌握驻印军指挥和行政权力实际情况面报蒋介石。蒋介石内心十分抵触，但仍保持镇静，不愿因这些"小事"得罪史迪威，因而得罪美国。他表面上一团和气，顺应史迪威的愿望，立即把罗卓英免职，并把驻印军长官部大小官员空运回国。蒋任命史迪威兼任中国驻印军总指挥，全权统驭驻印各部队，直接指挥驻印军的两个师（尔后陆续增至三个师，最后增至两个军五个师）。

罗卓英被调回国之后，史迪威并没有放弃他那"只要兵不要官"的想法和做法，改用变相的方法以美国军官替代中国驻印军的师、团、营的军官。他在驻印军中委派师、团、营三级的美国联络官。各级联络官各有佐理人员及电台，形成师、团、营的指挥部。在兰姆伽整训时，举凡经理、补给、装备、训练、指挥，等等，史迪威都经由联络官这一系统直接命令部队行动（中国军官通常也得到命令的副本）。有时，史迪威将军队调动之后，中国军官才知道，甚至不知道。一次，史迪威将新三十八师的师直属部队调走之后，师部才知道。当时驻印军的两个师长，最后只保存一点点人事权限，保存一点点主权象征。驻印军中的中国军官，凡与美国人不和者，即以"不合作"的罪名撤职空运回国，引起驻印军官兵强烈的民族感情，上下非常愤慨。廖耀湘、孙立人等把这种不能容忍的状况，直接电报蒋介石，并准备必要时率军经由西藏回国，不甘愿这样寄人篱下，受人侮辱。蒋介石的内心对这些事非常抵触，甚至恼怒（尔后蒋介石亲自当廖耀湘之面骂史迪威为"帝国主义者"，把我们当北洋军阀对待。史迪威一贯看不起蒋介石，在史的日记里和同他亲信谈话时，经常称蒋为"蠢宝"），回电要他们忍辱负重，不能乱动，应虚与委蛇。蒋非常注意驻印军情况，当即派军政部部长何应钦从重庆飞印度兰姆伽驻印军营地抚慰驻印军官兵，并对廖耀湘和孙立人（当时只有廖、孙两个师及几个重炮团）传达蒋介石意旨。主要仍然是忍辱负重、虚与委蛇，先领取武器装备，并利用美国训练机构把官兵都训练好，团结自己官兵，自己内部暗中保持整然系统，凡部队长与美国人有摩擦者，暂时调换职务……总之只要把武器装备拿到手，美国人最后总不能把我们的部队带走，等等。廖耀湘和孙立人当时把史迪威及柏特诺等种种违反国际常态的做法，一一告诉何应钦并转呈蒋介石。也提到1942年史迪威与英国人利用中国军队做替死鬼，最后将其置之死地的情况，尔后应特别当心，不要再重蹈覆辙。必要时，我们要靠自己（因日本当时有随时打印度的可能，以策应德国法西斯在苏联的攻势），准备好由西藏退回国内。何应钦说：1942年入缅战争和悲惨结果，委员长都知道，现在情况委员长也深刻知道和深深挂念，委员长与史迪威也是虚与委蛇。

接着何应钦谈到史迪威要直接掌握运入国内的武器装备，不愿交给军政部统筹支配，甚至要由他挑选部队加以装备，由他训练、补给、指挥。何当时提到史还要直接装备云南卢汉等人的部队，蒋介石和他本人都非常伤脑筋，都不能不虚与委蛇，因蒋介石不愿因史迪威一人而开罪美国。所以何当时结论式地说："你们更应体贴委员长苦心，忍辱负重，千万不能出乱子，影响大局。"何应钦回国把驻印军当时情况和官兵感情转告蒋介石。蒋介石为避免廖耀湘、孙立人与史迪威及其参谋长柏特诺等直接多所摩擦，引起最后决裂，他又送去一个性情最温和的郑洞国来到兰姆伽当新一军军长，把当时驻印军仅有的两个师（尔后再运来一个师）编为一个军，隶属于驻印军总指挥部。一方面实行何应钦说的自己暗中保持整然的体系，另一方面使郑洞国居间缓和各师长与史迪威及柏特诺之间的直接摩擦。最后蒋介石还派他的儿子蒋纬国到驻印军任职，也意在联络美国人，居间协调感情。但是这种叠床架屋的指挥体系，曾引起史迪威的抵触，他根本不许郑洞国过问指挥、行政与补给等事，把他闲散丢在一边。郑只能作为当时驻印军精神领导的象征而已。

史迪威违反蒋介石的意图指挥驻印军孤军深入缅北

1943年下半年，史迪威本人即倾全力计划准备调动军队回师缅甸，纵然英国军队不动，他决心指挥中国驻印军三个师单独打入缅北。云南怒江两岸的中国远征军部队（卫立煌指挥），则渡怒江与驻印军会师，以打通中印公路。当时蒋介石与史迪威等都迭次请求英国尽速反攻缅甸，但英国一再欺骗中国，口头答应得很好，但按兵不动（当时蒙巴顿勋爵任东南亚盟军最高统帅，曾到重庆，预允尽速反攻缅甸，但就是按兵不动）。史迪威不管蒙巴顿如何行动，他都要全力以赴。1943年冬，他亲自指挥中国驻印军部队与一部美军（一个步兵旅及一个工兵团与庞大的后勤部队），第二次翻过印缅边境的野人山进入胡康平原（即伊洛瓦底江一个重要上源），与日本十八师团前哨部队和前进据点实行广正面的接触。

由于史迪威使用美国联络官控制驻印军的阴毒办法，引起中国官兵的极大反感，既达不到统御的目的，更不利于指挥作战。1943年冬，新三十八师在回师缅北的初期各个战役中，都遭受严重的挫折。例如美国联络官指挥新三十八师的一个营作战，在大洛前线受挫，三个月没有一寸的进展。1944年1月上旬，新二十二师超越新三十八师进出大洛、猛关一带，该师师长廖耀湘命令所属之六十五团团长傅仲良不依照史迪威及联络官的作战计划，而改向大洛进军，全歼大洛日本十八师团的一个加强营，揭开打回缅北胜利之端。史迪威因六十五团团长不听他的命令，将他撤职并准备遣送回国，改以美国军官加伦上校接任六十五团团长。廖耀湘以傅仲良打了胜仗，同时认为美国军官来当团长是干涉师内主权和行政，乃坚决拒绝，并报告蒋介石。蒋复电认为处置得当。这一事件引起新二十二师全体官兵与美国人之间的大摩擦。美国在新二十二师的联络官史密斯上校、六十五团联络官菲西中校与史迪威总部的部分人员以及其他多数美国联络官，亦都认为史迪威在这一事件上处置失当。廖耀湘以得到蒋介石的支持，更坚持不让步。当时部队已进入战地，正处于作战紧张期间，师内大多数的美国联络官认为不能如此僵持下去，这对作战及中美关系都不利。史迪威最后被迫收回成命，恢复傅仲良六十五团团长职务。这是史迪威在驻印军中横行霸道第一次受到的最不体面的打击。在这以后，史迪威才停止直接干涉新二十二师的行政。美国联络官则主要负责补给，帮助策划作战，代史迪威检查作战任务之执行。

蒋介石热望与英国蒙巴顿所指挥的东南亚盟军主力（英国）共同反攻缅甸，但不主张驻印军孤军冒险入缅，重蹈1942年第一次入缅失败的覆辙。1943年12月初旬，蒋介石在参加开罗会议之后回国途中路经印度时，停下来找廖耀湘、孙立人和史迪威面询情况，并讨论反攻缅北的军事问题（当时驻印军三个师只有廖、孙两师训练完成，并正在陆续向印度东北部集中）。蒋介石在开罗会议归途虽很高兴，心情舒畅，但他始终未得到蒙巴顿即以主力支援驻印军反攻缅北的确切诺言。因此，他主张暂保留原态势，不宜孤军深入密支那地区。蒋介石亲自拿地图当面指示廖、孙与史迪威（由宋美龄翻译，无他人参加），最前线暂停止于当时的到达线（猛关西北伊洛瓦底江北源即清德温（Chindwin）江上的一条支流，在新平洋以东约20公里），以等待英国军队主力的行动。

不到一个月，即1944年1月初旬，史迪威即违背蒋介石当面亲授的机宜，认为当面之敌，只日本十八师团，又没空军掩护（当时美国十三航空队已集中于该方面直接支援驻印军，故已能绝对制空，并形成压倒优势），而当时十八师团火力稍逊于驻印军的廖、孙两师，加上美国一个步兵旅与后续可能调用之新三十师，认为占绝对优势，可以一举进出密支那，打通中印公路。因而立刻发动大规模行动，首先攻破猛关，击破十八师团的主力，前锋利用空投补给，不顾后方交通，直薄密支那地区。

当时廖耀湘、孙立人一方面打电报报告蒋介石，一方面仍遵照史迪威的命令行动。蒋介石对史迪威拿中国军队冒险孤注一掷的办法是不满意的。他打电报给廖、孙等一方面服从命令，同时应小心谨慎；又电史迪威要他注意与盟军协同行动，并婉劝他不要冒险深入。史顾虑廖、孙随时可能直接接受蒋介石的命令行动，使他感到不安。史在猛关前线曾单独找廖耀湘谈话，不用翻译，直接用英文和法文交谈。史首先对廖说，他现在处于很为难的地位，虽然打了胜仗，但重庆反对他的意见和作战方案。他问廖："你是不是接到蒋委员长的直接命令？"随即又说："上次缅甸作战（指1942年入缅战役），我确知他直接发令指挥下面的部队，结果之惨，你是知道的。如果他这次仍然是那样做法，那你我都可能功败垂成。为了共同事业的胜利，迅速地打通这条通往中国之路，我希望你要支持我的断然打通这条路的作战计划。"他又说："我俩都是正直的军人，不是政客，应该以军人的态度和思想方法考虑当前的敌情和任务，并根据以作决心处置。"

在猛关战役以后，廖耀湘对史迪威有了良好的印象，并被他激昂的态度所感动。当时廖并不掩饰和蒋介石直接有电报往还，但对史表示，只要对共同的事业有益处，只要确有把握打通中印公路，而又不使军队陷入孤军深入的境地，决定支持史迪威的作战计划，忠诚地执行他的命令。史迪威表示很高兴，并分析了当前敌情与怒江方面的敌情。蒙巴顿在猛关胜利后，曾亲自到猛关前线视察，已部分出动英军（一个师，尔后在猛拱与驻印军协同作战），直接支援驻印军，并准备继续增加。史迪威向廖耀湘保证绝对的制空权，无论山顶水涯，他完全保证人马粮秣械弹的空投，根本不依赖地上交通，更不必有后顾之忧，并保证永远不会发生1942年第一次入缅那样可耻的情况。因此，消除了廖耀湘和他部下的顾虑，准备一往直前地打下去。当时廖把史迪威的企图和信心直接电报蒋介石，主张暂时放手让他去干，并建议蒋利用英国粮饷、营房、教练设备和美国的武器与技术训练，再空运两三个军在印度就地训练装备，随中印公路之打通，携带大批武器、装备、车辆回国。蒋这次赞成进军缅北，不再坚持原地停止以待英军出动的意见，但未答应立即增加兵力。史迪威对廖耀湘积极支持他打通中印公路的作战计划及从旁对蒋进言，以减少这方面的阻力，表示感谢，减低了过去的摩擦抵触，不再干涉廖师的内部事务，并保升廖为新编组的新六军军长。

但是打通中印公路的作战，并不是一帆风顺的。在驻印军主力深入缅北到达密支那与猛拱外围地区的同时，日本缅甸方面军总部为截断驻印军前线部队后方补给联络与扰乱整个印度打击英军，集中了五个师以上的兵力，沿1942年英军由缅甸退却的那条公路及两侧地点，直接进攻印度东北军事重镇英伐尔。英伐尔以北90公里，就是加尔各答至里多空运基地的铁路干线，而且距里多空运基地（驻印军前线各部与对昆明内运武器弹药的大基地与仓库集结地）不远。日军如入无人之境，一举即攻至英伐尔城郊，不仅震动驻印军，而且震动全印。所谓东南亚盟军统帅蒙巴顿更是慌作一团，集中英国驻东南亚全部空军、全部装甲车队（当时整个英伐尔四周上是一道用战车构成的铁墙），抽调来了几乎可以抽调的步兵师（约20个师），最后还把驻印军新成立的新三十师最后一个步兵团都拉上去充预备队，才把日本人阻住，然后才稳定下来成胶着状态。日本军队久攻（约三星期）不下，最后还是因天雨道路泥泞，又无法制空，被迫撤退。英军惨胜，连跟踪追击的能力都没有，日本人走远了，才慢慢地像老牛一样逐次向缅甸推进。

当日军进攻印度东北部英伐尔时，进入缅北的中国驻印军官兵都感动摇，因为这是对缅北驻印军第一线主力的一个致命的威胁。如果攻击成功，则入缅军的空运基地和通加尔各答的铁路线，都将一齐被截断。廖耀湘甚至打算在最坏的场合下（即日本进占印度），由印度东北部之沙地耶翻喜马拉雅山向西康之巴塘、里塘退回中国（廖曾在一个英国种植茶园的大庄园主那里看到一份详细地图，知道那里有一条羊肠小径可通，甚至可走骡马，只约一星期行程，没有人烟）。日本前线军队也宣传要把入印中国军队第二次困死在野人山。蒋介石这时也有一点沉不住气，要求停止向密支那前进，要求确保退路安全，不能再一次使中国军队困逼野人山中。史迪威比较明了全盘状况，认为更要加速向密支那、猛拱前进，再一次找廖耀湘谈话，稳定军心。他说："蒋深受日本人进攻英伐尔的影响，只怕退路被截断，这是没出息的想法，眼睛不能总是看后面。蒋以为日本人集中力量进攻英伐尔，对我们的后路将造成莫大的危险。我则认为日本人这场进攻，给我们带来莫大的好处。首先，这压迫印度的英国人，不能不拼全力与日本人作战，迫使英国军队不能不与我们一同打回缅甸去。其次，日本在缅甸的主力打击方向没有指向驻印军，使我们避开了这一猛烈的冲击，这对我们是一件大好事。现在已不是1942年日本直下新加坡、缅甸的时候了。印度的英国人已获得了喘息与准备的机会，他们这一次决心保护印度，首先决心在英伐尔站住脚。他们空军占压倒优势，有那样多的战车、重炮与步兵师，后方交通又如此便利。日本人仅靠一条急造的军用公路，又不能从空中补给第一线的兵团（这一点史迪威判断是正确的，因为尔后的事实证实了）。现在英国人已在英伐尔城郊站稳住脚，在英国这样火力杀伤之下，日本人纵然攻击精神旺盛，也不能经受较长时日的消耗。"他认为驻印军正应乘日本人进攻英伐尔，不能调集强大的预备队向我们反攻的机会直捣密支那，打通中印公路。史迪威调新三十师之一个团及美军的一个混成团，由崇山峻岭热带森林中的羊肠小道，用重金雇用土民带路，秘密行军约两星期，完全靠空投补给，出乎日军意料地接近密支那地区，并一举占领密支那飞机场，立即以大批飞机大胆地空运新三十师主力在密支那机场，冒敌炮火着陆。随后利用日本人在雨季不易增援密支那的时机，经约一个月反复强力攻击，打下缅北日本人最重要的战略要点。当即与由怒江东岸进至腾冲的远征军五十四军方天部会师，迫使日军由整个战线撤退。

史迪威对日军攻英伐尔不能成功的判断，与乘日军攻英伐尔之际，利用缅北日军之空虚薄弱的机会，孤军深入密支那，最后打通中印公路的计划成功了。在日本被迫由英伐尔退却之后，蒋介石也认为中印公路打通的可能性大大增加。他这时也同意增加驻印军的部队，特出云南空运五十四军两个师即十四师与五十师在印度东北部着陆，在战场直后方装备训练，于1944年9月初扩编为两个军，即新一军与新六军。新一军辖新三十八师与新三十师，以孙立人充军长；新六军辖新二十二师、十四师与五十师，以廖耀湘充军长。

美蒋关于装备中国军队问题，尤以装备八路军问题，发生矛盾和破裂的情况是这样的。

在装备中国军队的问题上美蒋的主要矛盾

史迪威想利用装备问题，抓住大量中国军队，把它变为变相的美国雇佣军，即由国民党出人，美国人给予装备，一切行政指挥，由美国独揽，不容蒋介石过问。这说明美国无视中国的主权，体现为史迪威的野心勃勃。

当驻印军进攻缅北的时候，史迪威曾对廖耀湘说，他早已建议蒋介石多运一两个军进印度，装备训练，但蒋介石不愿意，好容易才说服他把一个破烂的补训处空运来印度编为新三十师。史又说，蒋介石以为把军队送到印度，似乎就失掉了他的样子，宁愿把这些部队放在云贵山区，吃不饱、穿不暖，拿几支旧步枪，一点战斗力都没有。这里有武器装备，因空运力有限，运不出去（即运不进中国内地），有枪没人揹。由昆明回印度基地的运输机，大都是空机返航，没有货物可运，可以大量运兵。他希望廖耀湘从旁建议蒋介石增派军队来。又根据一些美国人说，中国共产党的军队是很有力量的队伍，能同日本人打，只是缺少武器。史迪威当时正是代表了美国人这一思想，并不把中国共产党军队排斥在抗战之外。当时史迪威曾坚持要装备共产党的军队，同时也准备装备地方部队，如李宗仁、白崇禧、张发奎、余汉谋、卢汉等部队，以牵制蒋介石。而所有装备部队，都要由其选调。这虽引起蒋介石的不满，但还可以容忍下来，唯独在装备共产党军队的问题上，最后非导致决裂不可。

据汤尧的材料，1944年7月，史迪威曾给军委会后方勤务部一份备忘录，质问该部补给单位为什么独独没有十八集团军（即八路军），同属中国抗日部队，应给以同样的补给，以增加战斗力量。该部各业务部遂据以拟订对十八集团军的补给计划，并在计划上附一发给十八集团军朱总司令的电稿，请派定兵站分监和表报人马武器种类数量和兵站线路，以便经常补给。这一稿案由汤尧以该部参谋长身份提请部长俞飞鹏判行。可是当俞看到这一草案时，就大骂糊涂不止。他一面电话召集各业务处长来开会，一面用墨笔将草案画一对角线的×字，甩到办公室门外地上，口中恨恨不绝。等到各处长到后，俞指着地下草案问："谁叫你们这样计划的？不是关照过你们不要补给奸军吗？"参谋处中将处长冯环说是史迪威建议的。俞大怒说："你们听委员长的还是听史迪威的？真是岂有此理！中国人就是喜欢听外国人的话，天生亡国奴相。下次再要这样糊涂，就报告委员长，以勾结奸匪论罪。"

到了1944年8月桂林柳州会战前夕，汤尧随参谋副总长白崇禧到柳州指挥第四战区张发奎部作战。有一天晚饭后两人同到立鱼峰后面散步，看见美国空军返航，汤说："幸亏他们来了，不然像桂柳今天的情况，敌机还是天天光顾，我们连散步也不可能了。"白说："他们也许不会在中国长久打下去。"汤惊问原因。白说："因为史迪威建议补给八路军，恼怒了委员长，不加考虑地就致电罗斯福，请他撤回史迪威，否则就要与日本人议和了。议和就是不必再打了。得罪了罗斯福、史迪威，他们的空军还不一并撤回吗？"说完又叹了一口气说："老蒋只顾自己，连国家民族的利害也不顾及了。比如我们广西人，打了六七年，流血流汗不知多少！不知增加了多少寡妇孤儿！才给了我们五路军五个军的补给，后来又撤销了一个八十四军，只给四个军经费。这次桂柳作战，只给这一点粮饷弹药；至于官，更没有我们的份儿了。"

蒋介石赶走史迪威的经过

史迪威的职务是中国战区参谋长（即蒋介石的参谋长），但他不按蒋介石的意图办事，不执行蒋介石的命令，许多处置均独断专行，不与蒋介石商量，因此，蒋、史之间产生矛盾，其主要矛盾是：

1. 史迪威要求直接掌握即直接编组、训练、指挥、补给国民党远征军部队。他借口高级将领不听指挥，曾当面要求蒋介石将师级以上高级将领和司令部全部撤销，由他统辖师以下部队对日作战。

2. 史迪威曾当面向蒋介石提出：为了集中力量早日击败日本，主张以美国武器装备第十八集团军（即原来的八路军、新四军），主张装备非蒋嫡系的广东、广西、云南部队。

史迪威的主张与蒋介石一贯反共的政策相反，因此蒋对史深怀愤恨，但又唯恐与史迪威正面冲突会使蒋美之间发生更深抵触，于是在史迪威问题上采取了容忍的态度。

据蒋介石当时的中将参军朱世明（蒋、史之间的联系人）说："史迪威很少与蒋介石见面，每次见面都有话不投机半句多之感。"又说："蒋介石对史迪威的意见虽然很少作正面答复，但面子上仍表示敷衍。"

蒋介石与史迪威长期处于矛盾之中。当美蒋成立了四个方面军及预备方面军时，史迪威要求将军长以上、至少集团军以上的中国将领一律撤换，改由美国军官担任。蒋未同意。史对蒋威胁说："如不撤换，中国军队就不可能对日反攻。美械以后也不再装备蒋军，而装备八路军和新四军。"蒋介石在一怒之下，致电罗斯福，便把史迪威赶走。当时的情形是这样的：

　　大约是在1944年10月中旬一个星期六的下午，应蒋介石之约，杜建时随伴赫尔利去重庆南岸黄山别墅与蒋介石共度周末。赫尔利到达别墅时，蒋介石在山顶他的住所里睡午觉。杜建时和赫尔利走进山坡上一栋名叫老草房的客房里休息。过了不久，忽然国民政府中将参军朱世明随伴史迪威走进了老草房，彼此寒暄了几句之后，史迪威拉着赫尔利走到里面一间房里去。杜建时和朱世明仍然坐在外面客厅里，隐约地听到赫、史两人在里面讲话，谈什么却听不清楚，只偶然听到赫尔利说"不行，不行"。杜建时问朱世明："史迪威也是应邀来别墅度周末吗？"朱世明回答说："不是。史迪威要求见蒋介石，蒋召他来的，大概谈完话就走。"

　　4点钟时，有人来请史迪威、赫尔利上山顶。当他们走进山顶客厅时，蒋介石已在客厅里，大家坐下。史迪威沉着面孔向蒋介石说了几句很不自然的客气话之后，从口袋里掏出一封信来，他说这是罗斯福总统给委员长的一封信，随着就将信交给朱世明。朱刚刚把信抽出来，蒋介石看到信的下面有中文译文，他好像已经知道信里内容似的，面带着怒容，从朱世明手里把信抢过去，仅仅看了两三眼就把信放在桌上，仰着头一言不发，就这样阴沉了五六分钟，双方都不说话。后来还是史迪威首先开口对朱世明说："你问问委员长有什么指示没有？"朱世明译给蒋介石，蒋介石仰着头看天花板，不作回答。这时客厅里的气氛十分紧张。又经过了几分钟之后，史迪威对朱世明说："我办公桌上堆着很高的公文等待我批阅，委员长如没有什么指示，我就回去了。"朱世明又翻给蒋介石，蒋介石仍然不理。这时赫尔利插嘴说："事情需要考虑，我们告辞吧。"杜建时刚把这句话翻给蒋介石，蒋介石就站起来向赫尔利望望，勉强对赫尔利微笑一下之后说："好吧，我们回头再见。"在史迪威和蒋介石全部谈话时间内，蒋介石没有看过史迪威一眼。回到老草房的客厅之后，史迪威和朱世明就走了，临行时，史的面色很难看。

老草房的客厅里，只有赫尔利和杜建时，按一般规律，他两个要到山顶上和蒋介石一同进晚餐。那天却不同了，6点钟的时候，蒋纬国（蒋介石次子）来到了老草房，对杜建时说："我父亲今天有些不舒服，赫尔利不要上山吃饭了，就在老草房晚餐吧！"饭来了，赫尔利带着沉重的心情坐在饭桌上，衔着香烟，玩弄他的刀叉，很久不吃饭。杜建时和他说笑话："吃饭吧！吃饱了，有精神，问题就容易想通了。"赫尔利说："我们做了一件不应当做的事，把事情搞复杂了……麻烦……麻烦……"接着又说："史迪威硬得很，本来问题就不容易解决，问题再加上问题，就更不易解决了。"他又说："华盛顿把蒋介石看得太简单，把解决中国的问题看得太容易，才做出这样的错事。"

当时杜建时还不清楚罗斯福信上说的是什么，就听不明白赫尔利这些话的真意，但体会赫尔利发牢骚是对罗斯福的信表示不满，对史迪威的处置表示不满。

第二天（星期日）早晨8点多钟，将的侍从室主任林蔚来了，首先找杜建时，问杜有什么事发生？杜将昨天的情况告诉了他，他听了之后就上山见蒋介石。回来后，杜建时问林蔚，信上说的是什么？林蔚说："罗斯福要求委员长把中国军事指挥权交给史迪威，由史迪威来统领中国部队对日作战。"又说："美国根本没有把中国放在眼里，才发生这样怪事。"

当日（星期日）下午，赫尔利和杜建时回到军政部招待所，当天晚上，赫尔利和他的文书上士起草电报稿子，11点钟，美国大使馆来了一个职员，把赫尔利的电报取走。当时杜建时意识到赫尔利的电报是打给罗斯福的，可能是向罗斯福反映史迪威和蒋介石的矛盾，可能是提出他解决史迪威和蒋介石矛盾的意见。

过了两天，军委会参谋总长何应钦，询问杜建时关于史迪威去黄山的情况，杜把当时的情况告诉了他。何应钦说："真岂有此理，没有别的办法，只有让罗斯福把史迪威调走。"何又说："史很坏，调开了他，事情就好办了。"

过了几天，史迪威的上校秘书刘耀汉（中国人，与杜建时是亲近朋友）告诉杜建时说，他要随史去美国。杜故意问刘，史为什么回美国？刘说："史迪威和蒋介石搞不拢，蒋介石要求罗斯福调回史迪威。罗斯福接受了蒋介石的要求，已明令调史迪威回华盛顿。"1944年10月21日，史迪威卸职回归美国。

据廖耀湘所知，史迪威开始并没有想到蒋介石会要同他最后破裂。他在得到蒋介石要撤他的职要求调回美国去的消息时，曾感到意外。他曾力图挽回，写了一封亲笔信给蒋介石，答应不装备共产党的军队（这是史迪威的亲信和他的秘书刘耀汉告诉廖耀湘的），但事情已不能挽回了，蒋介石的电报已经打出去。因为蒋介石对史迪威的感情和观感坏极了。1944年底，廖由缅甸回到重庆看蒋介石，有一次谈到美国联络官与史迪威问题时，蒋还大骂史迪威说："其他美国人都好，只有史迪威是一个帝国主义者，他要干涉中国内部的事情，他想统治中国（这都是蒋介石亲口说的）。"可见蒋介石决不会因史迪威的一纸信而改变他的决定。又据廖耀湘的看法，蒋介石认为史指挥三个中国步兵师打通中印公路，与他指挥几百个师在全国战场相比较，简直不算一回事。他以为史被调回国，则他在中国的使命就算是失败。但美国人和罗斯福当时不是这样看法，他们认为史利用中国三个师打回缅北，开收复全缅的端绪，是一个英雄。这与麦克阿瑟打回菲律宾同样传为美谈，几乎一致承认史是一个良好的战场指挥官，甚至有些不满意史氏个人脾气的美国人都如此承认。所以史被召回国后，即被任命为美国第十军军长，担负进攻日本琉球群岛的责任，大大出乎蒋介石意料。因此蒋介石在1945年春到云南曲靖校阅新回国的新六军时，曾对廖说："你们应同史迪威常通信，保持良好关系。他现在的职位和所在的作战地区很重要，将来可能就是这批人在中国沿海登陆……"似乎蒋介石这时感到某种程度的顾虑和懊悔之意。

赫尔利在重庆

1944年9月，蒋介石给国民政府中将参军兼国防研究院副主任杜建时一项任务，对杜说："美国总统私人代表赫尔利要来重庆，你去招待他，务使他在生活上心情舒畅，不要刺探他心事，发现什么问题，随时和我直接联系。"1944年9月6日，赫尔利和他的随员美国陆军骑兵上校马堪及文书上士某到达重庆，住重庆两路口军政部招待所。自1944年9月赫尔利到达重庆起至11月他被任为美国驻华大使止，杜建时经常到军政部招待所招待赫尔利，并常陪同其赴重庆南岸蒋介石的黄山别墅与蒋会晤。杜建时并没有参加赫尔利和蒋介石的正式会谈，也没有参加赫尔利调处"国共问题"的会谈。因此，只能写出以下片段的回忆。

赫尔利初次会晤蒋介石

赫尔利到重庆的第二天，就由杜建时陪同到曾家岩"官邸"去拜会蒋介石。赫到达官邸时，宋子文已在大门口迎候，赫和蒋介石会谈了一小时。在座的有宋子文和杜建时，所谈的内容，主要是赫尔利说明他的来意。他首先恭维了蒋在抗日战争中"对中国和全世界的贡献""是令人尊敬的"。其次他说："中国抗战了很久，在各方面都会存在着困难，为了早日击败中美共同敌人——日本，我们应当互相援助。"他说罗斯福派他来华的任务是援助中国早日战胜日本，维护中国国民政府的巩固，拥护委员长是中国的领袖。他说到"领袖"二字，特别把声音提高，把右臂举起，表示他的兴奋情绪。此时蒋满脸笑容，向赫尔利频频点首，表示感谢。蒋介石说："我们十分欢迎你。你们的帮助，是会解决中国困难的。"最后他对赫尔利说："以后我们要谈的事很多，请你和宋子文联系。你随时想谈，我们就可以见面。"临别的时候，蒋送赫到大门以外。

赫尔利见蒋介石的第二天，蒋介石亲自到军政部招待所回访赫尔利，带去很多的鲜花、茶叶、糖果等礼品。蒋在那里和赫谈了十几分钟就走了。谈话的内容是蒋介石告诉赫尔利关于重庆气候情形和生活上一些应当注意的事情，没有涉及任何问题。

荻拔斯（Depass）谈赫尔利来华目的

1943—1945年，美国驻华上校武官荻拔斯，与杜建时是美国参谋学院的同班同学。由于荻在中国住过十几年，自命为"中国通"，就对中国留学生分外要好。抗日期间，荻在重庆充任武官，又与杜建时时常来往，彼此互为关照，私人感情甚好。赫尔利到达重庆后，荻常到军政部招待所与赫密谈。大约在10月上旬，杜建时约荻拔斯在杜家中晚餐。饭后，杜问荻，赫尔利来中国的目的究竟是什么？荻说："赫来中国的主要目的是协调蒋介石和中国战区美军司令史迪威的隔阂。"他说："美国人民要求美国政府赶快击败日本，迅速结束太平洋战争。中国如能以有力部队反攻日本，多方面对日本进行压迫，就可以早日胜利结束战争。但是用'长期抗战'来拖垮日本，或等待美国在太平洋上击败日本的做法，是与美国的希望不相吻合的。因此，史迪威要求蒋介石在抗日时期团结共产党，抽调西北胡宗南部队使用于抗日方面，并极力主张军事援助的物资应分配于包括十八集团军在内的抗日部队。这样就可以对日积极作战，发动大规模的攻势而早日胜利结束战争。史迪威这些要求和主张，被蒋介石所拒绝，而毫无通融余地。因此，史迪威与蒋介石产生了隔阂。"荻接着说："史迪威的个性很强，一定要坚持他的主张，就使这个问题成为僵局。"他又说："史迪威的主张，不是史个人提出的，是根据华盛顿的指示和考虑实际军事情况而提出的。盟国之间的合作，双方面均须乐于考虑双方最主要的共同目的，蒋介石坚持自己的主张，也使僵局无法打开。"他说："罗斯福为了消除这个隔阂，派赫尔利来中国，从中协调。"他又说："赫来到这里已经一个来月，几次与蒋介石商谈这个问题，到现在还没有呈现什么可能的转变。"最后他说："史与蒋的矛盾，起源于对待共产党的问题，要解除蒋与史的矛盾，必须同时调处国共之间的问题。赫尔利来华的另一使命就是调处国共问题。美国人调处国共问题，主要是为了早日击败日本和巩固国民党政权。"

几天之后，杜建时把获拔斯的谈话告诉了蒋介石，蒋未发一言，只说："你常和他们接触，有什么侧面消息，直接告诉我。"

在1944年10月中旬一个星期六的下午，蒋介石约赫尔利去重庆南岸黄山别墅与他共度周末，适史迪威持罗斯福给蒋介石的一封信来见蒋介石，终于发生了史蒋之间的最后决裂。蒋介石赶走了史迪威，赫尔利大伤脑筋。前面已详细叙述，不赘。

赫尔利参加调处国共问题

大约从1944年10月中旬开始，赫尔利从中调处共产党和国民党反动派的矛盾问题。会谈的地点在重庆军政部招待所。共产党方面是由周总理代表出席，国民党方面是由军委会政治部部长张治中、外交部部长王世杰代表出席。每隔三五日，赫尔利分别约请双方代表会谈一次，一共进行了五六次。杜建时没有参加会谈，不知会谈的内容。

约在10月上旬的一个上午，赫尔利随员陆军骑兵上校马堪，乘飞机去延安，杜建时把这件事告诉蒋介石，蒋听了很诧异，显出不悦的面色。他当时把他侍从室第六组组长唐纵（军统特务头子）叫来，问唐是否知道马堪去延安？唐答不知。蒋想了片刻之后，对杜说："马堪赴延安的事，赫尔利不告诉你，你不要问他。"赫派马去延安做什么？杜不知道。由事实说明蒋介石对这件事也是不知道的。几天之后，赫尔利在黄山别墅与蒋介石共度周末时，赫尔利对蒋介石说："为了调处容易，让马堪到延安向共产党打个招呼。"蒋介石听了，佯作不知地说："很好，很好。"

在1944年11月初，蒋介石侍从室主任林蔚对杜建时说，赫尔利要到延安去，让杜预为安排，并让杜送赫尔利去飞机场。就在同一天，赫尔利也告诉了杜建时，他要去延安，并说："我将从延安给蒋介石带来好消息。"

11月中旬，赫尔利从延安回来，由宋子文陪同见过蒋介石之后，显得非常沉闷。一天晚上赫尔利与杜建时闲谈，告诉杜在延安的一些情况，说了一些他和毛主席会谈的零碎情况，即发牢骚说："抗日战争之后，中国万不可再打内战。为了防止内战，最好和最紧要的方法，是设法让共产党把军队交出来。"又说："要共产党交出军队，必须让共产党参加政府，作为交换条件。""成立以国民党为主有共产党和其他党派参加的政府，共产党是赞成的。""成立有共产党参加的政府，中国一切军队都听从这个政府的命令，这样实际上就是把共产党的军队拉出来了。有问题在政府解决，就可以避免内战了。"他又说："但是蒋介石不赞成，他认为这样做不通。"他最后说："最重要的是引诱共产党交出军队，无论付出什么代价，如能做到这一点，就算成功了。"

在1944年12月里，赫尔利病了十几天，蒋介石亲自携带着鲜花和哈密瓜到军政部招待所看望赫尔利。两个人谈起来，首先从哈密瓜谈起，逐渐又谈到对中共问题上。赫尔利说："最近接到华盛顿两通电报，美国政府很盼望委员长对中共问题作出决定。"蒋介石频频点首。赫尔利又说："怎样才能统领共产党的军队，求得全国军事统一，是目前的首要问题。要达到这个目的，必须在政治上让步，请委员长对此早加考虑。"蒋说："不忙，不忙。现在还不能作出决定，看局势怎样发展以后再说。"赫就没再向下讲了。

有一天蒋的侍从室主任林蔚代表蒋介石来看赫尔利的病，之后，林蔚对蒋介石说："赫尔利闹的是心病，事情搞不通，心里不痛快。"

当时杜建时还听到片段的一些话，但那些具体的话想不起来了。据此，他意识着从11月下旬到12月底赫尔利都在劝蒋介石在政治上"让步"，在政府中容纳共产党。赫在劝导蒋容纳共产党的目的，是为换取共产党的武装部队。当时美国的如意算盘是想把中国全国武装部队控制在蒋介石手里，从而使美国便于侵占和奴役中国。但是蒋介石在这一点上另有他的打算，与美国同床异梦，始终没有接受赫尔利的劝告。

魏德迈来华充蒋介石参谋长的内幕情况

魏德迈来华就任蒋介石的参谋长

美国决定调走史迪威后，其参谋部给赫尔利来电，提出魏德迈与×××两人继史迪威充蒋介石参谋长的职务，让赫商请蒋介石选定。

1944年10月下旬，赫尔利在重庆蒋介石住宅与蒋会晤，在座尚有杜建时和蒋的侍从室外事高级参谋皮宗阚。其主要谈话内容是：赫尔利说美国参谋本部提出了魏德迈和×××两人继任史迪威参谋长职务，并且介绍了魏等两人的简单历史情况。魏德迈年轻英俊，性情很好。又说："这两个人都能服从委员长的指示，请委员长选择决定。"蒋说："我在印度见过魏德迈，他很好，欢迎他到中国来。"据杜建时所知，关于魏德迈的历史情况：魏原系德国人，后移居美国。魏在德国军官学校和参谋学院学军事，回美国后又在美国参谋学院学军事。约在1925年前后，魏充美国步兵第十五团中尉副官时（团长马歇尔），曾在天津住过一年。1942年英美联合成立的"东南亚盟军总司令部"，以英国人蒙巴顿为总司令，以美国人魏德迈为参谋长，驻印军总指挥史迪威兼充蒙巴顿的副职。当时驻印军受东南亚盟军总司令指挥，因而魏德迈对于史迪威的职责和他所办的事情，相当熟悉。

1944年10月31日，是蒋介石的生日，赫尔利到重庆山洞蒋"官邸"为蒋祝寿。赫对蒋说："今天我的寿礼是把美国英俊的将军魏德迈请到中国来。他已经在今天下午到重庆，暂时和我住在一起。"（住军政部两浮支路招待所）赫又说："请指示时间，让魏德迈来见委员长。"蒋介石说："请先告诉他，我们很欢迎他，明天就可以见面。"蒋当时指示杜建时陪同魏德迈到重庆城内蒋住宅与蒋会晤，并指派杜建时做蒋介石与魏德迈的中间联系人。

1944年11月1日，魏德迈与蒋介石在蒋住宅第一次会晤，在座的还有赫尔利、杜建时和皮宗阚。蒋、魏谈话主要内容是：魏德迈对蒋介石表示服从。魏说："我是委员长的参谋，参谋的任务是忠实地执行委员长的命令，把委员长的命令变成有效的实际行动，而且使这一切行动都适合委员长的企图。"又说："军事上一切重要事情，都要向委员长请示后再办。"又说："史迪威过去的一切计划，大致我都清楚，实施的具体情况，还不十分了解，过几天之后，等我把全盘情况搞清楚，再向委员长请示办法。"又说："经我的要求，美国政府派索尔登来华接充史迪威驻印军总指挥的职务。索尔登是很能务实的人，希望委员长同意。"蒋介石对魏德迈表示欢迎，问魏住的地方合适不合适，希望魏随时和他保持接触。在魏提出索尔登充任驻印军总指挥后，蒋回答说："很好，有机会希望见面。"谈话约有一小时，魏德迈对蒋介石毕恭毕敬，用美国部下对长官的礼节对待蒋介石。蒋则满脸笑容，表示欢迎魏的意见。已往史迪威傲慢专横，不把蒋放在眼里，结果弄得很僵，魏则一反史迪威的作风，对蒋表示顺从。

美帝对蒋军的补给、装备、训练措施

1. 装备国民党军队的目的、方针和实施办法

甲、目的方针。使国民党担负供给对日作战较多的陆军，以补美国人力与陆军兵力之不足。而当时的直接目的是打开一条接受美援的陆上交通线，开放一个最近的海上港口。质言之，即打通中印公路和仰光。当时史迪威认为印度的英国军队靠不住，必须主要依靠中国的军队。这一点是史迪威亲自同廖耀湘谈过的。

根据上述目的，由美国出钱出装备补给，国民党出人，所以得由美国选择装备哪些部队，从而为引起蒋介石与史迪威的摩擦矛盾的原因之一，魏德迈仍然继续上述的目的及方针。

乙、实施办法。当时决定首先补充扩大驻印军六个师，并着重装备之，作为打通中印交通的主力；其次是从国民党驻云南部队中，找出一部分较有战斗力的部队就近加以装备、训练、编组，于驻印军进至预定目标时（密支那地区），配合作战，进出怒江西岸，夹击日军。

为了进一步迅速取得美械物资，配合当时美国在西太平洋逐岛尔后越岛进攻，当时曾计划随中印交通打通后，再打开一个直接出太平洋的海口，并计划把当时已编练好与作战较有力量的驻印军海运至西太平洋麦克阿瑟作战地境之内，在中国东海岸协同美军登陆，再以由美国装备整训的国民党部队，由内陆配合打出去，接应登陆的部队。所以当时史迪威决定在云南国民党部队之外，再在湖南和广东、广西地区选择若干部队，加以装备训练。在桂林、芷江、衡阳，曾组织大规模空运基地、训练学校与基地仓库。

为了接应美军由东海岸登陆，史迪威像在印缅战役组织V. Force（利用土著居民组成敌后活动的侦探、搜索、情报和游击部队，从空中补给联络）一样，组织一批敌后活动部队，即后来改编为交警的由戴笠与美国人成立的特务武装。以上计划是史迪威拟订，魏德迈仍继续执行的。

丙、装备国民党军队的实际情况。据廖耀湘所知，由史迪威经魏德迈前后装备的国民党军队共39个师，至马歇尔来华调处时为57个师。据徐远举所写有关萧毅肃的材料，美国每天从印度以50架飞机运送武器到云南方面装备国民党39个师。徐远举听郑介民说，在1948年美帝又装备了国民党12个师。据说那时有武器无弹药，美国又把关岛所存的一批剩余物资廉价卖给国民党。据覃道善所知，美国装备蒋军10个军计30个师。又由于国民党军当时每师的人数不同，不能携带规定的装备数量，有半美械师、全美械师，有以两个师的装备分配军属的3个师，自行调拨，因此数字参差。根据覃道善、韩浚、廖耀湘等所写的材料，以装备30个师计算，除新一军、新六军所辖6个师在印度装备外，在国内装备的共有10个军，其番号如下：第二军、第五军、第八军、第十三军、第十八军、第七十一军、第七十三军、第七十四军、第五十三军、第五十四军。

美械装备陆续运到，蒋嫡系部队和地方部队都争取美械，于是原定的12个军各部队的装备数字也不能获得齐全，形成各军、师的装备数量各不相同，仅能大致相同的怪现象，将步兵轻武器抽出一部去装备第六十二军、第四十六军、第五十二军。

美械装备的师，全师有冲锋枪约1080支，卡宾枪约540支，步枪约4500支（新一军、新六军每师有步枪7000余支），重机枪72挺，轻机枪约270挺，六〇迫击炮约170门，八一迫击炮约36门，山炮12门。此外尚有军属榴弹炮（10.5cm）12门和军师工兵和通信器材，等等。

2. 训练与补给的机构

这部分也是史迪威创始，由魏德迈继续规划的。当时美国首先在印度兰姆伽成立训练总机构，包括以训练美械装备的国民党部队各级部队军官，首先训练驻印军官兵与云南国民党接受美械的部队军官。有战术训练班、步、炮、工、通信兵训练学校。在印度那合尔成立一个训练国民党空军的机构。尔后史迪威在云南昆明及广西桂林成立训练机构，内包含各兵科学校，并由此训练机构直接装备训练特种兵部队，如10.5重炮部队等。其计划及创始人是史迪威。魏德迈来华后，全盘接收其班底，并继续执行和发展其已创始的计划。在抗战结束时，美国在国民党区域的训练机构，计参谋训练学校一个，步兵学校、炮兵学校、中美混合空军学校各一个，中美联合训练陆军学校两个，特别训练班五个。

在云南负责装备训练、控制国民党军队的是美国准将窦尔恩。在桂林主持的，也是史迪威由印度兰姆伽调来的干部。

在补给方面主要为装备，包括械弹、车辆、油料、被服等之接收储存与运输，全部由美国担任。当时后方补给基地为印度之加尔各答，在印度东北部之阿萨姆的里多地区铁路终点，设有美国专门补给驻印军与中国境内接受美械装备部队的大仓库群及大空运机场。这也是驻印军与协同作战之美军进攻缅北时（1943—1944年）的兵站基地，尔后又成为云南美国装备的国民党军队械弹汽油等军援物资补给基地。

在云南昆明地区组织大转运基地与各种物资储备仓库，并建立能起落重型运输机的大机场。昆明一地不够，尔后又在昆明以东的沾益和宜良两地建立机场与仓库。与在桂林建立一个大训练教育机构的同时，并建立一个大补给基地，扩大该地机场，建立各种物资储备的大仓库。这些设置后来为日军所占领摧毁。

桂林失陷后，美方（魏德迈时代）积极建立贵阳中间补给基地与湖南芷江前进补给基地。在日军投降时，芷江已成为美国在中国设立的最大补给与空军基地之一。

3. 关于运输问题

甲、空运。当时运输，主要靠空运，完全由美方负责。当时经由著名的驼峰由印度至昆明，再由昆明至重庆、桂林及其他各地。美国建立了经常的繁忙的空运班次，在印度和缅甸战场上，主要也依靠空运。担任这一任务的为美国第十三航空队。印度至昆明和昆明至其他各地，似也由第十三航空队加上中国境内陈纳德指挥的空军部队担任，详情不大清楚。

乙、汽车运输。由印缅至昆明，再由昆明至桂林，尔后贵阳与芷江地区间短途军用物资，尤其补给美械装备各部队的军援物资，几乎完全由美国汽车部队担任。如由沾益与贵阳至芷江补给第四方面军械弹的公路运输，就是由美国汽车部队担任。当时在印缅有一个汽车兵团，专门补给驻印军部队。中印公路打通后，这些部队扩大了，主力调到中国。

丙、美国在中国负后勤主责以供应中国美械装备部队与驻中国美军的负责人是戚弗斯（Cheves）。此人原在加尔各答负驻印军与驻印美军补给总责，是史迪威用的人。魏德迈来华后不久，就打通了中印公路，军运大增，必须有一重要而熟悉这方面全局的负责人，所以把戚弗斯由加尔各答调至昆明负上项责任。尔后他还兼国民党××的名义。

打通中印公路经过

打通中印公路，开放后门这事，由史迪威规划开始执行，并已完成了打通该路最艰巨的一段，即由印度至缅北密支那的一段。魏来华时，即举荐索尔登（Sulton）将军指挥驻印军，会同由美国装备的云南国民党部队（卫立煌指挥的远征军），由怒江会师畹町，约在1944年10月间，就开始了这个战役。驻印军由缅甸密支那向八莫、南坎攻击前进，会同英军打下了卡萨（密支那至曼德勒间的大城市，伊洛瓦底江的水陆码头），另部由卡萨八莫之间的小路南进，截断畹町至腊戍间的交通。约在10月中旬，驻印军到达了南坎，接近了腊成至畹町的公路。适逢日军在桂柳会战之后，以一部兵力向贵阳进军，引起了蒋介石与初到重庆的魏德迈的惊慌失措。美国惊呼"不能让重庆垮台"的口号。魏德迈建议蒋介石与东南亚盟军统帅协商，命令索尔登将军把缅甸战场上正向畹町腊成公路前进的新六军主力空运回国，以拱卫重庆，而免蒋政权崩溃。

中印公路就当时军事、政治、经济情况来说是有很大价值的。当时美军物资的进口港是加尔各答，由加尔各答有铁路直通里多以北的山脚，美帝在里多建筑有大飞机场、大仓库，随着驻印军的进展，在猛关南北，都建设有飞机场和仓库。这条公路，成为蒋接受美援重要的输血管。史迪威在驻印军前进时，跟着就修了一条公路与油管。中印公路打通后，还不等于修通。魏德迈继史迪威的计划将全线修通，把油管一直延伸至昆明，即由加尔各答经缅北直达昆明。这条公路，据说是世界上最难开辟，而且造价最高的一条公路。这条油管，据说也是当时最长的油管。由于美国急于要利用中国方面的人力，而蒋急于要得到美国的大量物资援助，所以用最大的力量，终于打通和修通了这条公路和油管。

魏德迈对桂林、柳州沦陷的惊惶

1. 桂林、柳州沦陷，魏德迈的不满

1944年11月11日桂林、柳州相继沦陷，11月14日魏德迈在惊惶的心情下，在重庆蒋介石住宅与蒋会谈。魏向蒋叙述桂林撤退的混乱情形，并对蒋部队不战而退，只两天失陷桂林、柳州表示不满。他说到桂林是美经营很久的前进补给基地，那里有设备较好的飞机场和仓库，还有一些训练和补给机关，桂林撤退时，均行破坏，损失很大。他说尔后前进补给基地设在哪里成为目前的重要问题。

2. 美国抢救蒋政权

1944年11月29日，日军已越过河池、南丹、六寨进入贵州。当时蒋美方面都不明确日军的真正企图，判断日军有可能以打通大陆交通线作掩护，实际上向重庆进军。美国人认为如果日军向重庆进军，重庆就可能垮台，担心蒋介石可能同日本妥协。所以美国人有"不能让重庆垮台""我们不能失去重庆"等说法。美不希望蒋介石这样垮台。当新六军从缅甸八莫前线空运回国的时候，廖耀湘曾向索尔登将军建议，完成打通中印公路这个功亏一篑的任务后再空运回国。索尔登说，那时恐怕太迟了，我们不能失掉重庆，失掉了重庆，中印公路与仰光海口开放，都再没有用处。这不仅攸关中国战局，也攸关盟军大局。可见美挽救重庆蒋政权的决心了。

当时贵州情况紧急，蒋介石要魏德迈调动美国空运部队，从西安空运汤恩伯及胡宗南部队两个军增援贵州，问魏调集大量空军有无困难，要多少运输时间，需要做哪些准备？魏德迈询问周至柔关于西安、宝鸡飞机场设备情况，又问美机T-46型、T-47型、T-54型运输机使用西安、宝鸡飞机场有无困难？周至柔作了答复。魏又问汤恩伯及胡宗南部队的编制、装备情况，林蔚作了答复。于是魏回答蒋说："可以调集足够使用的美国空运部队。"又说："做好准备工作，下达运输命令后，50个小时内，美国首批空运部队可以到达西安。如待运部队预先做好准备，飞机不在飞机场上停留过久，7日至10日内，可以将两个军全部运至贵州。"蒋介石听了很高兴，当面指示周至柔与魏德迈即刻会商有关空运的一切准备问题，认为这是中国第一次大空运。

与蒋介石要求魏德迈空运汤恩伯部队的同时，魏向蒋建议说，为确保四川，必须守住贵阳；为万全之计，建议调驻印军的新六军空运贵州，确保贵阳。蒋介石同意了魏的建议，决定调新六军即日空运云南沾益，转用于贵阳战场。据廖耀湘的所知，魏德迈令知驻印军总指挥索尔登将军立即派飞机把新六军空运回国。索尔登遵照办理，把新六军由八莫、密支那、猛拱与前线直后方简易机场，同时日夜起飞空运。不仅把人员武器装备，而且连同马匹，大批吉普车、拖车、轻重炮，都空运至昆明、沾益、宜良机场着陆。约五天工夫就空运完竣。据美国人说，这样大规模的连同骡马都在内的紧急的空运，连他们在那里的美国人都尚是第一遭。由这些建议和措施，可以看出当时魏德迈对于挽救国民党失败的危机是如何担心和努力了。新六军集结沾益准备车运贵阳时，日军的先锋部队已在贵州独山附近与汤恩伯的部队接触，由于日军兵力受阻，自动向柳州撤退。新六军就作为蒋介石与魏德迈手中的直接战略预备队。

3. 美国空军惨炸中国人民

桂柳会战后，第四战区司令长官张发奎率长官部逃至六寨时，被美国空军误认是日军的追击部队，加以疯狂的轰炸（一说美空军恨张发奎等不战先逃，欲用轰炸手段阻止其向后狂奔），炸死炸伤中、少将幕僚，包括参谋长在内共十余人，校尉级和士兵很多。又美工兵在河池南丹附近炸桥梁，将过桥的难民炸死甚多。两事发生之后，魏德迈在中美参谋会报提出这一情况，蒋方面的汤尧、张秉钧、郑介民等都认为应该加重处分美空军负责人员和工兵指挥人员。魏德迈狡辩，说应由张秉钧和汤尧两人负责，说什么后方勤务部应预先收容难民，以免阻塞战场，妨碍战斗部队的战斗行动；而军令部早应将陆空联络信号，通知地面部队，严令实施，才不会有这次误会。汤尧抗辩说："从任何学理上，找不出应由后方勤务部管辖难民的条文。"魏说："清扫战场开辟道路，怎说不是后方勤务？"汤说："那是追击敌人，在战斗部队追过去之后的勤务。在退却时，后勤部队要先撤退，怎能替战斗部队清扫战场？而且本部组织法，并未规定有这项任务。"魏说："我现在就命令你担任这项任务。"汤说："我无权力担任这个任务，要看俞部长肯不肯接受你这个命令。"魏愤怒离座去找蒋介石吵闹，蒋迫不得已作了以下的措施：（1）派社会部部长谷正纲到贵阳去收容难民；（2）扩大中美参谋会报组织，增加军政部部长陈诚、军令部次长刘斐、后方勤务部副部长端木杰，调齐福士到昆明担任中国战区后勤司令，汤尧为副司令兼昆明补给司令参加，以解决这一问题。

4. 湖南雪峰山的反攻

衡阳失陷，守军方先觉投敌，蒋军一泻千里。魏德迈建议蒋介石，要第四方面军在安江、洪江坚持抵抗，美方则以大量械弹补给第四方面军，并把新六军空运芷江，在芷江建立基地。魏集中美国在中国与印度的空运主力，像由缅北空运新六军一样，在几天之内就把该军主力集结在芷江，并立即派遣先头有力之一部，进据沅江上游重要城镇的安江与洪江（离芷江各约40公里的重要外围据点），稳定了战局。然后再举整个第四方面军全面反攻，以新六军作战略预备队直接支援，反攻得到了成功。这是当时所宣称的雪峰山战役。这一战役中的日军，是确遭击败被迫撤退，挽回桂柳战役国民党军闻风溃逃不可收拾的情况。当时陆军总司令何应钦与美国总联络官麦克鲁代表魏德迈亲到芷江前线视察布置反攻。在缅甸的索尔登将军也由缅甸飞至芷江，观察美国在中国战场上第一次帮助中国作战补给状况，并为他指挥过的新六军打气。

打开直通太平洋海口的作战计划

1. 芷江战役后廖耀湘所知的情况

芷江战役以后，廖耀湘曾建议何应钦与麦克鲁乘胜收复衡阳，打通湖南与广东的交通线，以新六军沿芷江、邵阳、衡阳公路推进，作进攻衡阳的主力。何应钦当时认为有考虑的价值。麦克鲁则断然对廖说，新六军是蒋介石与魏德迈的直接战略预备队，不能轻易使用，还有更重大的任务；应马上利用机会加紧补充兵员，加强攻战训练，加强汽车成队运输与空运之研究和训练。他随即命令芷江美国基地发给大量训练弹药与练习汽车成队输送的汽油。至于下一重要任务是什么，他未明说，但意味着是要开放一个直通太平洋的港口。尔后廖同新六军总联络官费利浦谈论这一事件时，费利浦说："应该在太平洋上打开一个直接海口，一条4万吨的海船就可轻易解决多少问题。"当时也谈到开放海防与广州的可能性，因为这是中国腹地和西南抗战根据地和太平洋上美国麦克阿瑟军队最近而又有铁路连接中国腹地的近代大港口。当时判断以开放广州的可能性甚大。日本投降后，麦克鲁与廖同到南京受降，麦克鲁把这个计划告诉了廖。即美国准备协同中国开放广州，准备把新六军与驻印军在缅北的其他部队一举空运至广东、福建边境某机场降落。直趋香港、广州与美英登陆军队会合。第四方面军则直出衡阳以阻止武汉日军南下之计划。

2. 魏德迈与蒋介石商谈这一作战计划

魏在1945年1月中旬，带其参谋处长顾德门到蒋介石住宅与蒋会谈，并有蒋的侍从室主任林蔚、外事参谋皮宗阙和杜建时在座。会谈内容是研究所谓"修订的作战计划"，魏携有修正的作战计划要图一张，上面显示着敌军与蒋军的一般态势和作战指导的一般标示，并附有作战计划全文。兹简述其要点如下。

甲、敌情判断。敌人在长江以南，从武汉至广州，从衡阳至海防（兵力数目记不清），其主力集结衡阳广州两地区，其他粤汉、湘桂两路及全部区域占领要点，兵力分散，配备稀疏，随处都可突进和渗入。目前敌军的企图，是要巩固武汉至广州、衡阳至海防区域内的占领，保持其自东北至南洋的南北联络，以便依据大陆对中美联军作持久战。

乙、作战方针。收复广州，打开海口，打通粤汉路、湘桂路交通线，于广州衡阳两地区分别组织两个会战，先收复广州打通海口。在广州地区歼灭敌人后，即向衡阳地区进攻，务期于两个战役中歼灭现在湖南、广东、广西地区内敌军主力部队。

丙、作战准备与开始作战时间。自1945年2月开始作战准备，俟美国海空军控制全部太平洋及中国南海海域后，即开始进攻。预计不迟于1945年6月30日。

丁、作战部署。

（1）对广州的攻击部署的编组。由美国军官索尔登少将任指挥官，直接受中国战区参谋长兼中国战区美军司令魏德迈指挥，所属部队有新一军（孙立人部）、新六军（廖耀湘部）、第六十二军（林伟俦部）、第四十六军（黎行恕部）、美国海军陆战队一个加强师（或一个军团，记不清楚）、英国陆军一部。

（2）对衡阳攻击部队的编组。指挥官由蒋介石指派中国高级将领担任，在作战指挥上应多考虑中国战区参谋长魏德迈的意见。所属部队为第三方面军汤恩伯部、第四方面军王耀武部、第三战区顾祝同之一部、第九战区薛岳的残部。

（3）对越南攻击部队的编组。第一方面军卢汉部、美海军一部，卢汉任总司令。

（4）预备部队的编组。预备军司令长官杜聿明。

（5）空军。战略空军，美国航空大队；配属空军，中国航空队。

（6）补给。对美式装备部队的补给由美国后勤部担任。

戊、攻击准备行动。

（1）攻击广州的准备行动。

第一方面军沿滇越铁路向海防方面压迫敌人，但避免决战，务求以攻击手段逐渐消灭敌人小部，以达到牵制敌人于海防地区之目的。

第二方面军首先克复南宁，将指挥中枢推进到南宁，占领南宁后，即以六十二军、四十六军为基干，分别在广东、广西收集各地游散部队、地方团队及各处壮丁编为志愿军，穿着当地农民服装，装备美国轻武器及现代通信和破坏器材，以间隙突入战法，深入广东、广西各要点，以游击方式分别消灭敌人小部队或可能消灭的较大部队，并破坏敌人交通通信，务使第六十二军、四十六军到达广州地区后，即并归对广州攻击部队内，受美国索尔登指挥。

第三方面军首先克复桂林，将指挥中枢推进至桂林，然后向湖南衡阳、耒阳之线逐步前进，分别消灭敌人据点，在我军进攻广州时，务能在衡阳、耒阳之间，阻止长沙、衡阳敌军向广州方面增援。

第四方面军沿洞庭湖南侧沅陵、常德向衡山地区前进，分别消灭敌人据点，在我军进攻广州时，务能在衡阳西北地区牵制衡阳之敌，阻止衡阳之敌沿粤汉路向北逃窜。随情况发展应与第三方面军对衡阳之敌形成战略包围的态势。

新六军在适当时机用美国航空大队运输机空运至第七战区内，在广东梅县西南地域内的飞机场着陆，如情况许可，着陆后即向河源方向前进，准备协同中美联合登陆部队进攻广州。新六军直接受美国指挥官索尔登指挥。

新一军在索尔登直接指挥下在缅甸原防地待令，在适当时间从仰光用美国登陆艇运到广州附近海域跟随美国海军陆战队加强师在广州湾登陆，协同美军加强师、新六军、第二方面军的六十二军、四十六军向广州地区敌人进攻。

美国海军陆战队加强师在适当时机由魏德迈指挥到达广州附近海域，在广州湾附近强行登陆，尔后即归索尔登统一指挥。

美国部队一部与美国陆战队登陆，同时，在香港、九龙等处强行登陆而占领之。在攻击准备行动完成后，由蒋介石、魏德迈决定开始攻击日期。在广州会战中，务期能全部歼灭广州地区之敌并占领广州地区，开辟海口。进攻广州时，由魏德迈负责调动美国大量战略空军参加战斗。

（2）对衡阳的攻击计划。

第三、第四方面军，在策应广州地区会战的同时，随情况的转移，利用各种机会，形成攻击衡阳敌军的有利态势。

广州会战胜利结束后，根据当时情况，将攻击部队转用衡阳方面，具体计划，在广州会战结束后再行策订。

蒋介石在会谈的当时就表示同意魏德迈的修订计划。随后又问魏德迈怎样在广东、广西以六十二军和四十六军为基干编组"志愿军"的问题。魏答，以该两军为领导基干，组织广东、广西地方武力，配备美国轻便武器以及美国新式通信和破坏器材，在广大地区内进行游击战，使游击战与正规战相配合，进展可期迅速。蒋介石说，曾在湖南南岳设有游击训练机关，几年以来训练了不少游击干部，可用这些人担任组织"志愿军"。由戴笠主办的"中美训练班"，在各战区均设有游击部队，可装备他们，让他们担任游击任务。魏又说，游击部队最好是由游击区内当地人组成，熟悉当地情况，才能展开游击。蒋说，从现有的游击队中挑选广东、广西人或熟悉地方情形的人去担任，不必另行组设新游击队。后来魏好像是已经体会了蒋不愿以美国武器装备广东、广西正规部队和地方团队的心思，没有再坚持他的意见。

关于补给问题，魏向蒋保证驻印军及美械装备的部队作战需要的武器弹药、通信器材、车辆汽油等的补给，由美国后方补给机关直接负责供应，保证充分补充。

魏德迈又向蒋介石说明，美国空军将在反攻时期投入前所未有的大量空军，配合陆上作战，并要求蒋介石指令扩大芷江以及第九战区的资兴与第七战区的梅县等处飞机场。最后魏对蒋说，这次计划是以美国空军、海军、海军陆战队和美国的装备补给运输配合中国陆军的大会战，一定可以战胜敌人。这个计划因日本投降并未实施。

中美参谋会报情况

1. 参谋会报的组成

魏德迈到重庆后，住大溪别墅。他为了了解情况，就要求每星期开中美参谋会报会两次，双方交换情况，由他以中国战区最高统帅部参谋长身份亲自主持会报。美方参加的为美军参谋长马克鲁少将，后勤业务主持者齐福士中将，汽车运输专家某上尉和主管后勤的上校参谋一人，主管作战的上、中校参谋各一人，主管情报的上校一人。中国方面参加者，后方勤务部参谋长汤尧，军令部第一厅厅长张秉钧，第二厅厅长郑介民，担任翻译的中将高级参谋何世礼，少将高级参谋刘耀汉。但到了12月，魏德迈鉴于许多重大问题，汤、张、郑三人都不能负责决定而扩大了组织，由陈诚、刘斐、端木杰参加。

2. 业务内容

最初只交换中美双方情况，只限于中国战区范围以内的情况，如敌人到达地区，我军空运情况、美军空战及轰炸情况照片等。后来逐渐扩大业务，举凡作战计划应互相抄送一份，而后即作为会报决定的计划，再交由中国的主管部门用蒋介石的名义发号施令。凡中国向美国要求援助（如美械装备中国部队、战略空军的推进、补给物资的增加等问题）和美方要求中国的事项（如美国空中堡垒到华后使用特别机场的建筑和由印度到中国的输油管铺设等问题），都通过中美参谋会报加以决定。但人事调整及部队调动，彼此互不干涉。作战计划及补给计划，仍由军令部和后勤部草拟，由魏德迈决定。但内容多不更改，只由魏加一"x"或"w"等符号，即作为中美会报所决定的计划，再交回各主管部用蒋的命令实施。至于重大问题，如美械装备某部队的问题，概由蒋最终决定，魏从未坚持过，充其量如青年军的装备，魏只说"现在尚无这种多余武器运来"而已。这大概是受了罗斯福指示，免重蹈史迪威覆辙陷于僵局之故。但看魏于1947年7月第二次来华对蒋态度傲慢，对记者宣布国民党政府上下贪污，官员腐化无能，不给蒋留丝毫余地的情况，可知魏在当蒋参谋长时还是"忍辱负重"哩。

3. 参谋会报所决定的重大事项和魏德迈的一些指责

就汤尧所了解，1944年10—12月有以下一些情况。

甲、决定的重大事项。

（1）魏认为反攻后不能用战区的战斗序列，更反对战斗序列的时时变动和越级指挥，即不通过手臂来指挥手指的做法。他说："这种反攻部队应不受战区的限制，也不能受战区的指挥。指挥的人，必须是资历最高、能符合战区司令长官众望的人。"所以决定在1944年12月成立一个中国战区陆军总司令部，以何应钦任总司令，下设四个方面军，撤销远征军司令长官部。

（2）魏坚决主张兵员的给养，一定要使每人每日有3600卡路里的热量，所以每人每日必须吃肉半磅，黄豆或花生米1/4磅及少量奶制品、水果、油盐等。当时何应钦曾以"中国人从幼不必吃肉，只吃饱就行了"，俞飞鹏曾以"补给鲜肉为难事"来推诿，都遭到魏德迈无情的驳斥，说："最好你们留着肉给日本人来吃。"

（3）举凡武器弹药服装一切战斗物资，由美方供应，但主副食除外。魏说："我不能从1万多公里以外的美国去运粮食肉油来中国作补给之用，你们的粮食做什么用的呢？"

（4）魏德迈规定中国战区陆军总司令部指挥的各部队，由美国SOS直接补给；旧的各战区守势部队，则由美方供应物资，通过原后方勤务部进行补给。

（5）魏建议成立一个战时汽车运输统制局，由俞飞鹏兼局长，以统一征用商车。

乙、魏德迈对国民党的一些指责。

（1）魏反对成立青年军，说："为什么穷人（指普通兵，均系强拉穷人来当兵，或富人出钱买穷人来替代当兵）和富人（当时决定召集青年学生编成青年军，而学生当然是富人的子弟）的儿子服兵役，也不一样呢？如果是一样的话，为什么又另外编成什么青年师青年军呢？难道穷壮丁来当了兵就变成了老年军吗？"这是在1944年12月中美参谋会报上，根据中方提出青年军的武器问题，魏德迈说这番话的，所以他没有给青年军以装备。

（2）魏指责蒋军汽车部队卖黄鱼票，回空搭载商客货的办法（原先各汽车部队的驾驶兵，都偷卖黄鱼票，搭载商人商货。自魏到华后，首先用几个技术顾问配属汽五团钱立部，钱立怕这些丑事给美国人知道，所以公开由该团部统一卖票分配各车运输，巧立名目为回空征油费）。魏德迈说："回空车应给战场服务人员免费乘坐，除了装不下之外，须尽量给人利用。因为他们也是为战争服务的，为什么要他们出钱。至于商人商货，只应由商车运输，必要时商车还要征来军运。"

（3）有一次魏到西安视察，胡宗南为讨好起见，除了周到地招待以外，更选训练最好的部队作战演习给魏看。当时天寒地冻，士兵犹赤足无鞋袜地奔走，在已割过的高粱地上，　不小心赤足踏在锋利如刃的高粱桩上（俗名高粱茬子），刺入足心，鲜血淋漓，而仍要表示精神，不稍停留。魏在一次闲谈时说："中国人真勇敢，也富于爱国心，否则他们会投降敌人的，不知为什么带兵的人这样不人道。"

（4）魏主张第一线战斗部队除在前方作战之外，其余一切政治、经济、交通、卫生，都应划归后方勤务部范围，一则免伤指挥官的脑筋，使能专心运用战术争取胜利；二则一切为了胜利，才能配合军事，不能听其各自为政。

（5）有一次魏在中美参谋会报上宣布："今后再不准中国军官的女眷搭乘美国军用飞机，本来我们不反对你们人员乘坐便机便车，因为这次由江西飞重庆的便机，经过衡阳上空时，飞机发生故障，我们的空勤人员都准备跳伞了，机上有你们军官的女眷几个人，她们胆小，不敢跳伞，而美国人都养成对女人的'礼貌'，不肯强制她们跳，又不忍看着她们死，迟疑间机落人亡，只一驾驶员先跳未死，回来报告。我们训练一个空勤人员不是容易的，这样牺牲太不值得了。你们的军官为什么要携带家眷呢？现在不是打仗吗？如果要解决性欲，可以嫖妓女。当然，我不管这些事，但不准再搭乘我们的飞机了。"

（6）关于军事最高组织，他反对用委员会制度，他说："应该由国防部统一军令、军政，而由参谋总长以元首名义指挥陆、海、空、勤四个总司令。部长则隶行政院，联络政治军事，使之协作。"这就是所谓总长用才、部长用能，亦即抗日胜利后蒋设立国防部部长的先声。据美国军事代表团说，这是世界上最新的制度，连美国也只是才研究出来而尚未及实施的制度。

（7）魏德迈的唯人才主义非常强烈，只要是人才，品德和政治背景，并无关系，如齐福士的贪污案都不在意。他认为这在对外战争中是没有关系的，甚至敌人也可利用。他曾介绍管押在重庆集中营里的希特勒德国的两个军人给蒋介石当顾问，说他和那两个德国人是德国陆大的同学，深悉其军事长才。那时蒋政权已对德宣战了。

（8）魏反对粮食征购，他说世界任何文明国家，都是向农民征收现金税，而把现金交给军队，随时随地再向农民购买所需要的粮食，这样可以减少运输之繁。

美国帮助蒋介石抢劫胜利果实

1. 麦克阿瑟命令日军向蒋投降

麦克阿瑟以远东盟军总司令名义命令日本政府与日本中国派遣军总司令冈村宁次，在中国战区的日本军队（包括越南日本侵略军）只能向蒋委员长（当时所谓中国战区统帅）及蒋委员长所属之军队投降。这无疑是命令日本政府与在中国的日本军队不能向中国共产党军队投降，有力地帮助蒋介石下山抢夺胜利果实，并使之"合法化"。1945年8月日本政府宣布投降后，冈村宁次立即派遣其总部参谋处长今井武夫至湖南芷江，第一次向何应钦（当时陆军总司令）接洽投降。在仪式上萧毅肃（陆总部参谋长代表何应钦）、麦克鲁（魏德迈的副总司令并充何的美国总联络官）就根据麦克阿瑟上述命令，命令今井武夫转令冈村，中国战区的日本军队无条件地向蒋介石及蒋介石所属军队投降缴械。今井武夫当即无条件接受并转报冈村。

何应钦要日伪军控制所占领的地区和要点要线，等待国民党军队之来到，并坚决拒止共产党军队之接收，必要时可以防御反击，这也是在第一次接见今井武夫时用备忘录规定的。所以解放军接收天津、开封、郑州日本侵略军时，日军竟敢公然抗拒回击，就是根据何应钦转奉麦克阿瑟的命令的结果。

2. 魏德迈集中飞机空运国民党部队抢占重要城市

魏德迈根据麦克阿瑟上述命令，立即集中中国与印度境内所有美国军用与民用飞机空运军队，帮助国民党抢占京、沪、平、津各大城市。首先集中空运驻湖南芷江的新六军至南京（1945年8月16日起），控制日侵略军总部及冈村宁次，压迫他绝对服从何应钦和蒋介石命令。接着又把上项飞机集中广西柳州空运九十四军和汤恩伯总部至上海，抢占上海这一工商业中心与沿海的最大城市（1945年9月4日起开始空运九十四军）。尔后再集中空运九十二军至北平着陆。而上述三大城市都是长期以来为解放军敌后武装所层层包围着的。没有美国空军帮运，则蒋介石国民党军队当时不可能占领，最低限度不可能迅速到达这些城市。

3. 美军抢占天津、秦皇岛等广大地区

1945年8月下旬，解放军向天津日本侵略军进攻，迫其投降缴械，曾发生激烈的战斗，冈村报告何应钦请示，当令坚决反击，并给冈村以1945年8月23日那个反动命令，称解放军为"股匪"，命日军坚守天津、开封、郑州等据点，必要时尚应向解放军"收复失地"。何应钦当即汇报蒋介石，蒋介石大为震动，也震动其美国主子。蒋立请美政府与魏德迈援助，请美国派兵占领津沽至秦皇岛一带地区，以免万一落入共产党之手。蒋美当时还制造一种恶毒谣言，说蒙古及苏联军队已秘密进至张家口地区，准备帮助共产党军队占领平津，以作为美侵略军登陆的理由（当时对外面则说帮助受降和遣俘）。这些谣言是当时何应钦陆军总部的美国总联络官麦克鲁告诉廖耀湘的。据麦克鲁说，这些情报来自冈村宁次总部。他还说："美国必须派军队先在天津、塘沽、秦皇岛一带登陆以帮助国民政府军队接受平津及华北日军的投降缴械，不使这些要点落入共产党和苏联之手。"当时即已暴露美国反共反苏、觊觎中国的真面目。

美军占领上述滩头阵地之后，首先以军舰30余艘从越南海防把五十二军运至秦皇岛登陆。又于1945年11月11日由上海把十三军运至秦皇岛登陆，并以飞机援助上述两个军立即攻占山海关，长驱进入东北，第一步跃进至锦州，再跃进至沈阳。与此同时，美海军又昼夜帮助蒋介石从海上运输侵占东北的后续部队。1945年12月下旬，美海军从上海运送新六军，尔后由广东运送新一军经秦皇岛登陆侵入东北。尔后又从越南海防把五十三军周福成部和云南六十和九十三两个军海运东北，还有七十一军和几个交警总队也从海上经秦皇岛运入东北。秦、葫两岛，后来就成为美国补给侵略东北解放区国民党部队的主要海口。

美国之所以出这样大的力量，从海空帮运蒋军队侵犯东北，就是要经蒋介石之手控制整个东北，作为反苏反共的根据地。廖耀湘听说，杜鲁门在1945年8月中苏友好同盟条约签字以前两三天打电报给蒋介石，要求中国不要在条约上签字（以前是美国赞同过的）。蒋介石曾立即打电报给宋子文不要签字，但宋接到和译出这个电报之前，已经签了字，再没有办法反悔。当时美国已感觉它那时的力量已远较雅尔达时代大得多，想经蒋介石之手，推翻雅尔达协定，以遂其独霸满蒙的阴谋。

据于斌告诉廖耀湘，1947年7月22日魏德迈第二次来华，曾到东北实地考察，结果认为蒋介石再不能控制东北，必须美国亲自出马设法控制东北，否则东北就会落入共产党和苏联之手。因之他建议美国，通过联合国托管东北，以达到控制东北的目的。但是必须蒋介石同意，美国才能出面。所以魏德迈在南京力劝蒋介石出面请联合国托管东北，由美国用联合国名义把东北拿过来。但当时蒋介石尚为着个人"荣誉"打算，不敢在九一八事变以后再来一次卖国勾当，没有答应。于又说，魏第二次访华回国后，竭力主张美国应立即大规模援助蒋介石，否则蒋介石难逃失败的命运。魏在美国参众两院外交委员会做证时，竭力鼓吹援助国民党政府的必要性和紧迫性。最后外交委员会主席（民主党人忘其名）问魏德迈这样一个简明扼要的问题："蒋介石是否代表美国利益？"他并要魏负责想一想之后，不要讲其他的话，只用Yes与No，即"是"与"不是"简单地回答。魏在考虑后，肯定断然回答Yes即"是"。当时美国两党反苏反共政策只有一个，但在做法与方式上内部有所争论。在援助蒋介石问题上，也有不同的意见。但自魏第二次来华后，美国援助蒋介石又趋积极，派来更多的军事和其他多种顾问，扩大了美国驻国民党以巴大维将军为首的军事顾问团。约两个月之后，战争贩子布立特提议以13.5亿美元的代价动员中国4亿人民在麦克阿瑟指挥下对苏作战，并说："这对美国是一个极大的利益。"国民党政府对布立特提议表示欢迎。也就在这时，即1947年10月27日美国通过中美救济协定，以2700万美元物资援助国民党打内战。

1945年12月间，魏德迈在上海曾对廖耀湘说："我不久以前曾到印度加尔各答和印度东北部里多地区，那里美国的SOS（即后勤部）的许多大小仓库中，不知有多少援助国民党和补给美国军队的械弹和其他军用物资。当时美军大都复员回国，这些仓库里的物资正设法处理，准备烧毁了事。我看到那些械弹物资，现在都是国民党军队所急需的物资，我要他们不要烧毁，并已采取措施，从加尔各答由海道运至京沪地区，准备交给国民党军使用。"以上都说明美国帮助蒋介石抢夺胜利果实，进行大规模内战，一系列的阴谋措施和美国侵略中国的野心。

魏德迈二次来华在天津和东北的情况

魏在天津的情况

1947年8月天津市市长杜建时接行政院及北平行辕的来电，说魏德迈将于8月某日来天津，其目的是为了解天津情况，饬注意防范不利于国民党的人与其接近。与此同时，杜建时接到魏德迈及其随员伍上尉分别来电，说他们将去天津（伍上尉是广东台山人，生于美国旧金山，曾在苏州东吴大学和美国加州大学毕业，通中美两国语音。1944年魏第一次到重庆时，由杜建时介绍充魏的随从副官，担任翻译工作。魏回美国时，伍随其回国。1947年魏第二次来华仅带伍上尉一人随来）。

魏德迈于1947年8月到达天津，住美国总领事施迈斯家中。据在天津的美国商会会长何德士说："魏到达天津的当天晚上，由美国总领事施迈斯召集美国领事馆高级人员及在天津的一部分美国商人座谈。魏向他们询问：1.天津的金融情况；2.天津人民（指资产阶级）对蒋介石及其各级政府的支持情况；3.美国海军陆战队进入天津时，天津市政府及天津人民对美国军队的态度。"

魏到达天津的下午，其随员伍上尉对杜建时说："魏这次来中国的目的，是为了了解中国的具体情况，主要是了解中国人民（指资产阶级分子）是否支持蒋介石及其政府。美国执政人中，很多对蒋介石印象不好，认为如要改变国民党政府的颓废现象，必须迫使蒋介石放弃政权，选一有民主气息的真能与美国合作的人组织政府。"杜建时问伍上尉，美国想选择哪些人来代替蒋介石呢？伍上尉说："不知道。"又说："美国很注意桂系和政学系的人。"杜问伍，明天魏到市府时，将谈些什么问题？伍说可能谈一些关于天津市政建设、学校、医院等情况。杜根据伍的透露，连夜制成了几张关于市政建设、公共事业、学校、医院等统计图表，悬挂在市长会客室。

魏第二天上午9时，到市府与杜建时会谈。在座的还有美国驻天津总领事施迈斯、伍上尉、市府外事处处长李大为等。

魏首先问杜建时关于天津建设情况及学校、医院的情况，杜即指墙上悬挂的图表作了答复。杜和魏系美国参谋学院同学，又在重庆过从甚多，且彼此常说笑话，就中断了对魏的答复，对魏说："中国的市政和美国不同，在共产党包围下的天津市政又与南方的广州、上海不同。今天的天津市长，既无力大兴土木进行建设，更无暇常到各学校医院进行视察，摆在市长面前最严重的问题很多，如解决吃穿的粮食棉花问题，迫及民生日益贬价的法币问题，与市政府对立的罢工罢课问题，为保护城市安全而配合军事进攻解放区的问题等。"接着，魏用似说笑话的口吻说："还有一件使你头痛的问题，你还没有说出来——你们党政军不能合作互相攻击的问题。"杜也用似说笑话的态度答复说："我们军政双方，不但能够合作，而且合作得很好。问题是在党（国民党天津党部）、团（三青团天津支团）、参（天津参议会）之间，因为他们根本不做事，就没有合作不合作的问题，他们的彼此攻击，是为个人的争权夺利。中国有句谚语'胳臂断在袖子里'，我不愿把这些丑事告诉你。"魏问杜："天津这些严重的问题，有没有解决的办法？"杜说："现在还找不到解决的办法，除非在军事上取得绝对优势（包括精神条件在内），压迫共产党到东北或西北一个整个区域内，然后在政治经济上从事改革，才有解决的希望。到处有共产党军队，到处有战争，就无法解决这些严重问题。"魏问："怎样在军事上才能取得优势？"杜说："需要美国平等的，真诚的，中美两国成为一个整体的，在精神上、物质上和方法上的援助。"魏说："谁能保证国民党的部队不把美国援助的武器，交给共产党军队呢？"杜说："因噎废食，是中国一句谚语。国民党军队在作战失败后，把武器交给共产党军队是病象。有病当然不好，有病应当由医生和病人合作设法治疗，不可因有噎病就不再给东西吃。"魏说："最重要的还是你们自己坚强起来，任何援助，都只能是一种营养、一种工具。怎样健康起来，怎样增加力量，需要一套消化和锻炼的过程，这是你们自己应当建立的。"这次谈话有一点多钟。

　　魏到天津的第二天中午，杜在天津"铁路宿舍"宴请魏德迈。饭后谈话，在座的有十一战区副司令长官兼天津指挥所主任上官云相、六十二军军长林伟俦。上官云相问魏德迈此次来华有什么感想？魏说："我到中国听到最多的是'美援'之声和共产党的问题。为中美友好，在中国困难的时候，应当对中国进行援助，援助的目的是为扶植中国能够自力更生。"又说："中国共产党的问题，需要你们自己解决。必须你们显示你们确有战胜共产党的基本力量，然后在你们做不到的事情上，才能得到美国的援助。"

魏到天津的第二天下午3时，在天津德翠园美国总领事施迈斯家中分别约请南开大学校长张伯苓和天津仁立毛织公司总经理朱继圣谈话。事后据伍上尉说，魏与张伯苓谈话时，问张是否愿意支持蒋介石及其政府？张表示：蒋介石抗日终于取得胜利，功在党国，应该支持他。他的政府有坏的也有好的，在战后政府困难时期，自然应当支持。魏与朱继圣谈话时，问朱对国民党政府的观感？朱表示愿意支持国民党政府，唯国民党政府很坏，必须改革。

魏到天津第三天下午，由美国驻天津总领事施迈斯为魏来津举行酒会，参加酒会的有二三百人。杜建时在酒会上要求魏德迈以同学友谊关系作一次私人谈话。魏表示，他也想和杜作一次倾谈。当晚9时，杜与魏在施迈斯家中密谈。首先杜问魏这次来中国的主要目的是什么？魏犹豫了一下子之后说："是为了解中国的实际情况。"他接着说："战胜日本之后，中国的问题，比抗战期中还多，还严重，蒋介石一意孤行，把局面搞得很僵，是否还有什么办法把局面转变一下。寻找一项办法，就是我这次来中国的目的。"魏问杜："你们能够战胜共产党吗？"杜说："不能。"魏又问："你们会被共产党击败吗？"杜说："也不能。但是连年战火，越打越困难，结果是两败俱伤。"魏说："你们怕困难，共产党不怕困难。你们像一块冰在光滑的地板上滚，越滚越小。共产党像一块冰在起伏的雪地上滚，越滚越大。这是一个危险的发展。"杜建时问："既然如此，美国对于国民党政府，究竟作何打算？你是否已经找到了你所想找的办法？"魏说："办法还没有找到。我以前和你谈的都是实话，美国只能援助你们自力更生，由你们自己解决你们自己的问题，美国绝不能使用武力帮助你们打内战。"随后改变了题目，谈了一些蒋介石政府的军事教育和军事补给的问题。这次谈话，约有两小时之久。

魏德迈离天津时，伍上尉对杜说："魏在天津接到天津各处来信约百封，其中有恭维国民党政府的，也有责骂国民党政府的。魏只看了几封，全部信件均交由美国总领事馆转送南京美国大使馆了。"

魏走后，国民党中统局华北站主任郭紫峻对杜说："魏来津，我们以天津人民身份写了几十封信表示拥护政府，听说共产党写了一些信反对政府。"

魏走后，杜将魏到天津的全部情况，主要是魏对蒋和其政府的态度和表示，亲笔写信告诉了蒋介石。蒋复电说："继续与魏保持联系，争取美援，并影响其对政府的观感。"

魏德迈在东北的情况

据文强提供材料：魏德迈来华，将到东北，蒋即连电熊式辉，指示他妥为准备迎接事宜。随即又派了国防部参谋总长陈诚飞到东北，积极做军事上的布置，要东北保安司令长官部准备好一份当前敌我态势的详细报告，内容在着重说明情势之危急；但又不敢明言蒋之无能，及其失去人心的真实情况，而将造成的不利情势，诿之于苏联，硬说苏联暗中在军事装备上，接济人民解放军。同时还诬蔑蒙古人民共和国及朝鲜人民共和国在苏联培植下的军事力量，协同东北人民解放军作战。还着重地暗示出来，如不再作紧急的支援，则东北有拱手让与俄国人的可能……为此，东北行营主任熊式辉一再挖空心思，曾多次召集行营参谋长董英斌、副参谋长董彦平、第二处处长文强、参谋处长关卓伦等以及杜聿明的参谋长赵家骧（代表东北保安司令长官部），亲自指点，限期作好向魏德迈的那份书面报告。陈诚为了达成这一任务，在沈阳坐候了一星期，并以所谓四平街大战有功官兵叙勋颁奖的烟幕，掩盖他当时东北之行的不可告人的目的。

当陈诚飞抵沈阳做了阴谋布置的第三天，蒋介石又派外交部部长王世杰秘密地飞到了沈阳。熊式辉与王世杰到沈阳的当晚，即在东北行营四楼熊的办公室，召集秘书长胡家凤、高级参议邹静陶（此人系留美学生，自称熟悉美国情形）、第二处处长文强、行营政工处兼东北保安司令长官部政工处处长余纪忠、杜聿明的政治顾问焦实斋（即东北保安司令长官部顾问）等人开会，限于魏德迈特使来东北视察之前（当时约相距订期尚有十天光景），必须完成一份有关东北军事、政治、经济各方面的书面报告，要详明扼要。由于王世杰部长业已说明了魏这次来华，目的在于了解我国全盘情势，以备华盛顿的决策。除军事部分另有专人起草和整理外，要胡家凤总其成，搞好报告的内容。后又经胡家凤两度召开具体分工的会议，指定焦实斋、邹静陶两人负责搜集和整理有关政治、经济方面的材料；余纪忠搜集整理有关蒋军部队政工设施、士气好坏以及与东北老百姓间军民关系等方面的材料；文强专门整理有关东北解放军的实力调查、分驻区域等方面的材料，其重点是捏造事实，证明苏联支援了人民解放军，并诬蔑朝鲜、蒙古两国也是在苏联指使下协同作战的。

在这个布置下，自熊式辉以下的喽啰们，不分昼夜地在一星期内整理了三大部报告书：第一部分是有关军事的；第二部分是有关政治、经济、文教的；第三部分是有关所谓情报调查资料。其中关于军事、政治、经济、文教部分的，提供材料人文强没有过目；关于情报调查资料，由文强亲自整理成一厚册。由于本着熊式辉的意图，这份材料除了捏造诬蔑苏联如何接济装备东北人民解放军一类莫须有的谎言之外，而且又找来苏联红军与日本人合拍的照片，硬说日本人是中共人员。他们还搜集苏联遗弃的电台、武器等，通过照相技术，合拍在一张照片上，硬说成是苏联接济中共的所谓人证物证。他们把这些材料分送给魏德迈一份，陈诚、王世杰各一份，另一份送蒋介石。

魏于1947年8月初到东北，从到达至离开共只三天。熊式辉当魏到达的中午去见他，原准备了一肚皮经过蒋介石的指点，又经过陈诚和王世杰的传达，所谓目的在争取"美援"的一番说辞。不料魏并不爱听这些，因为他在南京以及各地都听惯了。每当熊还不曾谈到题上，就被魏从中打断，或者心不在焉地且听且与其偕行的顾问之流的中国通"交头接耳"，弄得熊非常窘迫。最使熊恼怒但又不敢形诸于色的是魏忽然问道："打仗要注意控制病床，现在东北能控制多少病床？长春有多少？沈阳有多少？"这一问题问得熊瞠目以对，不但答不出数字，也是他从来不曾想到的事，只好含糊其词地说："要问我的卫生处长才知道。"这一回答顿时使对方很不高兴。魏简直是用开教训的语调说："阁下是东北最高军政负责者，连病床多少都不曾了解，又怎能打仗呢？我看东北处于不利的形势问题，原因在于平时对官兵的关心不够……"这番教训一开，熊面红耳赤，也不好谈什么了。熊没精打采地回到自己的办公室向幕僚们大发了一顿牢骚，说魏这个外国人太不通人情世故，大事不谈，专谈些小事，为他有生以来从未见过的怪人，等等。当时在座的胡家凤、许鹏飞（许是熊的机要秘书）、邹静陶、文强等人，也只好为之长叹。

在魏到达的当天晚上，熊在铁路宾馆举行鸡尾酒会招待。会前熊特别找到该行营第二处处长文强谈话，嘱咐他："鸡尾酒会一定要到，以便在酒会上介绍与魏见面，借明晨他到抚顺参观之便，在火车上找机会与其谈话，务必将东北有关情况（指捏造的情报与证人、证物一类的事）详细向他谈出。老头子（指蒋）指示争取美援的方策，在东北方面就靠你这一招了。"熊还顾虑到文强没有勇气作长谈，于是补充说："你可以大胆地谈，不会像'病床数字'那样碰钉子的。我与他在见面谈话中，提到过你，已引起了他的注意。"

魏带着人批顾问随从人员，又加上陪行的新六军军长廖耀湘和文强、唐燕（唐曾任北平军调部国民党方面办公室主任，当时任蒋军保安师师长）以及蒋在东北负工矿管理之责的高级头目，还有不少的教会头目，拥挤在一列专车之中。由沈阳到抚顺的两个半小时的行车中，魏与蒋方中陪去的头目，很少谈话，而被接待到一间密室去谈话时间最长的是教会头目，但不知究竟谈了一些什么内容。因而在去抚顺的途中，文强没有找到与魏作长谈的机会，只是在返回沈阳的途中，魏通过唐燕作翻译，才与文强作了一个小时的长谈。而文强所谈的，主要是根据事先准备好的一部有关东北的"调查资料"从头到尾谈了一遍，其重点是着重捏造的事实和证物，对苏联和中共进行诬蔑侮辱。魏听完文的说明之后，要求将那一部有关"东北情报调查资料"的东西送给他，并又反复地询问了蒙、朝配合东北人民解放军作战以及苏联装备支援的情形。魏还提出一个问题，说："苏联红军缴获日本关东军100万人的装备与对俄作战的大量物资到哪里去了呢？不就是支援中共的最好实物吗？何必一定要苏联本国制造的军火呢？"魏这些话，似乎要从文强身上找到更多的证据，哪怕是捏造的也好。总之这次文强遵照熊式辉的指示完成了他的任务，当复命时，还受到了熊的嘉奖。

魏到抚顺后，主要是亲自到各矿井去视察号称煤都的开采设备情况，每到一处都有专人为之详加说明。说明的情况，也无不根据事先准备好的图表，并于说完之后把一切的图表、说明书等照例收入魏的一个随从秘书的大皮包内。此外魏既未参加招待会或发表谈话，也未多作停留，当天下午就到鞍山钢铁厂去参观了。

其次是视察了青年军二〇七师的驻防部队。魏与二〇七师师长罗又伦作了几十分钟的谈话，特别询问了美械装备的情况及战争能力等。罗又伦与孙立人、廖耀湘、唐燕、蔡文治这些蒋方亲美军人一样，在抗日战争期间，即深得美国欢心，因而魏也就特别对他表示好感。

当天下午，几乎是原班人马转车到鞍山去参观钢铁厂。在行车来往途中，魏主要与廖耀湘谈话。魏当时很关心由美国装备训练的新六军的情况，问新六军各部队由印缅回国的老兵尚存多少，枪械弹药补充的情况，车辆的数目和状况，服装和主食副食医药等情况以及官兵士气，等等。廖说新六军在东北参加不少战役，消耗很大，又不能休整补充，完全被拖垮了。由印缅回国的老兵老班长老下级官，因伤亡、迁调、退伍、逃亡的很多，每个步兵连由印缅回国的老兵老班长平均不过10个人左右。部队兵员缺额多，无法及时补充，每连只不过100人上下，自动武器大都消磨太厉害，冲锋枪有好多已不能连发。新六军重炮损失了两门，山炮损失了六门，更重要的是自动武器和迫击炮没有充足弹药补给，尤以炮弹奇缺。其次，汽车和其他特种车辆，都已到报废年龄，只好用"车吃车"的办法来维持一部分运输。医药设备及服装暨主副食都很差。美式服装除官长及少数老班长外，都没有。主食勉可维持，副食很差。新六军战斗力赶不上当年的1/3，官兵素质减低，士气战志都低。新六军名称虽在，内容全非。希望美国能多予援助。魏德迈听了廖的报告，不胜感慨！认为美国为国民党装备了这样一些部队，自己连维持的力量都没有。他说："想不到你们消损得这样快。"魏廖谈话中，魏问廖一个预示性的问题："你看你们在东北还能支持下去吗？能够支持多久？"廖说："只要增加军队、增加补给、增强空运和空军支持，我们还是能够支持下去，最低限度我们能够长期巩固占领沈阳、营口、葫芦岛、锦州这一三角地带。"魏很注意廖回答的态度和回答的词句和口吻，好像觉得廖的话很幼稚，他笑了笑说："你觉得你们能够长期维持下去吗？"此外没说什么话，只是向廖微笑了一下。廖当时还不明白魏德迈上述那种半带暗示的词句和语调究竟是什么意思，只是认为他对当时国民党东北局势感到悲观而已。后来才确切知道他比国民党任何反动高级统治者（包括蒋介石在内），都更敏感地预感到甚至预见到国民党已不能用自己的力量保有东北。他个人当时就已决定美国应经由联合国用自己的实力进占东北。由此可见魏的阴狠与毒辣。另外魏又问熊式辉和杜聿明一些贪污渎职情形。廖说："这是他们私人行为，我不清楚。"接着魏仍与一批穿天主教黑衫的神甫密谈最多。这些神甫之类的教会头目，比地头蛇还要精灵地了解中国社会情况。据唐燕向文强说："魏来华主要就是依靠教会人士供给情报。我想你在这次陪同他到抚顺、鞍山的车中，便会深深感到的。"

魏到鞍山时，从日军手中接收的钢铁厂，只有一座平炉在生产，其余都在瘫痪状态，充分表现出国民党反动派的无能。魏非常感慨地走遍了各大小厂房，参观了技术工人的出钢和轧钢板的表演，一直是以轻蔑的态度摇头挥手而过。担任说明的蒋方人员，便添油加醋地诬蔑苏军进军东北时破坏以及在中共的破坏之下，才会如此瘫痪。铁矿砂原料不畅，也是影响恢复生产的原因之一。对于真正破坏了生产设备、盗卖了机器物资的蒋方，却俨然说成是维护者。魏一如在抚顺一样，将说明图表等一一收入了大皮包之内。

魏在参观中发现了一件极感兴趣的事，他久久站立在一座被炸毁的高炉前仔细地观察，而且还要随行人员拍摄了照片。原来那座日本式高炉铁塔式的建筑物残骸，是日本投降前由美国飞机自四川和陕南安康起飞远航战略轰炸的结果。日本投降后，一直没有恢复旧观。由此证明当时日本帝国主义是受到了相当严重的威胁的。在引导参观的人作了为美国吹嘘的一番说明之后，魏不禁眉飞色舞。魏在鞍山市作了两小时的视察，也没有发表什么谈话，于当日薄暮时就赶回沈阳，次晨即回北平去了。魏在临行前还收到一大包有关东北人民控告熊式辉、杜聿明以下的一班贪官污吏的信件。这对尔后熊、杜两人的下台和东北行营、东北保安司令长官部的撤销，有一定影响。

郑介民传出的有关魏德迈来华的阴谋

魏于1947年7月第二次来华，为时1月，匆忙地飞遍了东南、华北、东北各重要城市，回到南京后，于8月23日出席了蒋介石召开的"国务会议"。魏在会上为蒋打内战撑腰打气，俨然太上皇一样，蒋介石唯命是听。郑又谈到魏归国前曾参加过一次军事会议。郑介民告以详细的敌我态势的情报判断。魏于听完报告之后指出，刘伯承所部已渡过了黄河，如不在淮河平原上将其消灭，只要进入了大别山区，就是难以对付的了。他建议蒋介石集中1000辆汽车以上组成兵团，配备轻快的机关枪，集中火力，一鼓作气将刘邓大军消灭掉。他认为白天有空军监视牵制着，使刘邓大军不敢行动，估计一通宵也难走上四五十公里，用汽车截击，配合空军的轰炸扫射，一定能达成全歼的任务。魏这项建议，蒋介石十分重视，而郑介民亦满想趁此机会抓到兵权，出任该项汽车兵团总司令。郑介民向文强说完这段话时，还一再称赞魏"有远见""确实有一套"等语。后来因为蒋集中千辆以上汽车不易，而刘伯承率领的部队早渡淮河到达大别山区。魏的这个阴谋未能实现。

美军盘踞天津的情况

美海军陆战队侵入天津情况

1945年8月，日本投降后，河北省全部为中国人民解放军所控制，仅北平、天津、唐山等城市和平榆铁路线尚为日军及汉奸部队所霸占。大约在9月初旬，人民解放军曾由天津西北部西车站附近攻入天津。蒋方在重庆听到此消息大起恐慌。蒋介石与驻中国美军司令魏德迈，为抢夺中国人民胜利果实，在蒋军未能到达平津之前，指使美帝海军陆战队第三军团从太平洋上的欧口那瓦岛以船舶运输兼程运至塘沽海口侵入中国霸占天津，强力阻止中国人民接收天津等处，并造谣说蒙古及苏联军队已秘密进至张家口地区，帮助共产党军队占领平津。

美海军陆战队第三军团参谋长瓦尔屯准将，率参谋副官数人于1945年9月21日，先乘飞机侵入天津，在顺德饭店开设指挥所，勾结当时国民党反动派天津市政府警察局局长李汉元（李于9月20日以前从重庆飞到天津，为反动政府预为布置）及第十一战区前进指挥所高级参谋施奎龄（十一战区指挥所于9月20日前先派人到北平为该战区预为布置）等，为美军侵占天津做种种准备，主要是搜集情报和占领营房。1945年9月29日美海军陆战队第三军团司令罗基少将率所属第一师先头部队开始从塘沽登陆侵入天津。其后续部队陆续从塘沽秦皇岛等处登陆，侵占天津、唐山、北戴河、秦皇岛等地，以后又侵占了北平。该第三军团司令部设于天津市内承德道天津图书馆内。

美侵占天津后，该军团部第二处（情报处）伪称："美军来津是受中国政府委托遣送日本俘虏和日本侨民，并不做其他事情。约在1945年内完成遣俘遣侨任务后即撤走。"这是欺骗宣传，遣俘遣侨仅是工作的一部分，它用这种工作掩蔽它的侵略阴谋。

1945年10月1日国民党反动派天津市市长张廷谔、副市长杜建时（杜兼北宁路护路司令）赶到天津，当即与美第三军团司令罗基、参谋长瓦尔屯会晤。美向市长要求，为美占领军购买食品。因此，市府成立了"盟军招待委员会"，由杜建时任该会主任委员、杜用文为副主任委员。

1945年10月5日第十一战区司令长官孙连仲到北平，在北平成立第十一战区长官部，美第三军团司令罗基曾去北平与孙连仲会晤。十一战区副参谋长吕文贞说，罗基与孙连仲只谈遣送日俘及日侨事，未及其他问题。事后十一战区组成塘沽港口司令部，派刘雪松为司令驻天津，勾结美军做遣俘遣侨工作。

1945年10月15日起至25日止，蒋军第九十四军由上海空运至天津。九十四军军长牟廷芳、副军长杨文瑔到达天津后，即与美军司令罗基会晤，商谈移交防务事项。美军随将天津塘沽地区防务，交给九十四军担任。

蒋为勾结美军，将天津"受降"任务交给了美第三军团。1945年10月6日，美第三军团司令罗基在天津该军团部门前举行受降典礼，并接收了在天津的日本军队全部装备及全部军用物资。尔后美军又将其接收的日本军用物资移交蒋后勤部。

1946年秋，盘踞天津的美军变更部署，撤销海军陆战队第三军团番号，司令罗基、参谋长瓦尔屯被调回国，第一师师长派克因年老退休亦被调回国。同时派来美军少将何华德来津，充美军驻天津司令兼第一师师长。直到1947年春，在中国人民的驱逐下，美军始从天津、北戴河、秦皇岛等处撤走。从天津最后撤退的时间是1947年6月。

美军侵占天津的目的及其具体行动

1. 为蒋抢占天津

为了抢夺中国人民的胜利果实，在蒋军未到达平津以前，由美军抢占天津，阻止中国人民解放军的接收。当美军侵入天津后，即在天津周围要点，如东西北等车站、海河码头、南货厂、南开大学、北洋大学等处，派步哨或小部队驻守，并以装甲汽车装载美军小部队在天津周围如南大堤、津塘公路、西车站、北车站、西沽、王家场、宜兴埠等处巡视。在天津市区内，美军宪兵队曾伙同天津市警察局、保安队组成"巡察队"，乘坐美装甲汽车在天津市内各街道作巡回游查，并在要路口设临时哨所，监视人民行动。

美军军团司令部到天津初期，与十一战区天津办事处（主任杜建时兼）勾结，举行军事会报，每星期二、五在十一战区办事处举行。出席会报的，美方有该军团第一处处长布朗上校和该处参谋，战区办事处方面为该处高级参谋刘大凯及天津市政府警察局局长李汉元。军事会报内容主要是交换情报，如天津市内情况、天津市郊及北宁路沿线解放军活动情况，美根据情报进行军事部署。

自1945年9月29日起至10月20日前后止，天津市内及其四郊，均为美军所驻守。1945年10月20日前后，蒋军九十四军从上海乘美国飞机陆续到达天津，美军始将天津"防务"移交九十四军。九十四军接防后，美军宪兵与侦察队混合编成的所谓"军纪纠察队"经常乘汽车在天津市区内巡查，或在其驻地附近巡守。美国军团部对外宣称："军纪纠察队"是纠查美国军队的军风纪。事实上是迫害中国人民的暴力。美帝纠察队在天津天祥市场附近打伤三轮车夫，在德士古油库附近击毙行人，等等，都是他们迫害中国人民的铁证。

2. 帮助蒋军屠杀人民

美军公开声称不替蒋军"打内战"，而暗中却支持并伙同蒋军进行内战。1946年五六月间，美军第三军团司令罗基约驻在天津的九十四军副军长杨文瑔会谈，罗告诉杨一个重要情报，说："共产党军队要在最近进攻天津。"并问杨："九十四军有无击退共产党军队的力量？"杨答："有，九十四军完全是美式装备。不过现存弹药不多，如果战事发生，美军可否为九十四军补给弹药？"罗答："可以。"杨又问："如果发生战事，九十四军须到天津外围进行作战，天津市内防务，可否由美军担任？"罗答："可以担任。"

又如天津市政府警察局有保安队2000余人，装备很坏。1946年五六月间，美军参谋长瓦尔屯勾结警察局局长李汉元，唆使李汉元使用美国自动步枪训练保安队，由美第三军团派美国教官并借大批自动步枪给保安队。经过三个月的训练，保安队全部士兵都学会了使用自动步枪。瓦尔屯对李汉元说，在必要时，美军将自动步枪发给保安队使用。

又如美救济总署中国分署署长赖普汉来到天津，美驻天津总领事施迈斯指使警察局局长李汉元，在赖普汉到市政府访问时，将警察部队结队在市府门前经过，使赖普汉看到这些警察部队，然后由施迈斯向赖普汉提出装备天津警察部队的要求。赖普汉接受了施迈斯的建议，允许装备天津警察部队。以后美认为国民党反动派不能控制华北，因而没有实行。

又如1947年5月间，侵占天津的美军部队行将撤离天津之时，蒋介石派国防部第四厅厅长杨业孔去天津与美驻天津司令何华德会晤，杨业孔要求何华德于美军撤出天津时，将美军部队所有武器（主要的是战车、炮、汽车、交通通信器材等）留给蒋军。何华德同意杨的要求，并向华盛顿请示。华盛顿唯恐将武器留给蒋军，不久即会"转送"给解放军，而未予批准。

3. 勾结蒋军霸占交通线

美海军陆战队第三军团在天津登陆后，与九十四军及护路部队相勾结，逐步在北宁铁路沿线分向北平及唐山、滦州、昌黎、北戴河、秦皇岛等处开展，并在上述各地驻扎部队。

美军队以保卫其后方补给为借口（当时美军补给系由秦皇岛经北宁路运至天津），唆使天津铁路局为美军准备专车，车上搭有美军部队，在自秦皇岛至天津之间往来行驶，以控制交通，并在铁路沿线直接搜集人民解放军的情报。

自1945年10月1日至1946年，美空军战斗队每日数次派其P40型飞机在天津至山海关之间及天津至北平之间铁路沿线作低空示威飞行，威胁铁路沿线人民。

在1946年间美为霸占津榆间铁路交通，曾伙同蒋军九十四军四十三师在北宁路旁临榆县海阳镇及北戴河等地攻击人民军，并解除人民武装。又有一次在昌黎附近攻击人民军，被人民军击败，有美兵四五人被俘。又有一次美军为确保秦皇岛交通要点，曾伙同九十四军四十五师向山海关进犯，霸占了山海关、大朝阳、觉山寺一带地区。

1946年美军企图霸占平津公路（当时河西坞、安平、马头镇均属解放区），以扩大其活动范围，美军不断以其搜索队乘装甲车及吉普车在天津至河西坞公路上进行窜扰。有一次美搜索车突入安平，为当地人民军击溃，打死打伤美兵数人（所谓"安平事件"即指此事）。自此，美军不敢再行进犯。

第 3 章　派系纷争

蒋介石对谭延闿系的利用和排斥

李家白*

　　蒋介石自从骗取孙中山先生的信赖，从而获得军事大权以后，一意在军队中结党营私，排斥异己，以巩固其独裁统治。在国共合作时期，对共产党员领导或参与的部队视若仇雠，固不待言；在国民党系统的部队中，他也一贯采用扩充嫡系并以收买、利用、挑拨离间、借刀杀人以至以武力吞噬等等办法，排斥或消灭异己。蒋介石与冯（玉祥）、阎（锡山）、李（宗仁）、白（崇禧）以及粤系、东北军之交恶，以致造成连年的军阀混战，主要原因在此，这是尽人皆知的。即使是比较接近蒋系并一贯为其忠实服务的杂牌部队，也难免被排斥、消灭的命运。

　　我自1923年随谭延闿所部湘军入粤参加革命，直至抗日战争时期，均在谭延闿系国民党军队中任职。回忆所及，就亲身经历及见闻，将蒋介石排斥异己的种种阴谋记述于后。

＊　作者时系国民革命军第二军第五师参谋长。

一

谭延闿自接受孙中山先生节制后，1923年秋，以建国湘军总司令名义，统率宋鹤庚、鲁涤平、谢国光、吴剑学、陈嘉佑等部号称五个军由湘入粤（当时我任宋鹤庚部团长）。在始兴击退了北洋军阀方本仁的进攻，然后参加东征陈炯明之役，巩固了广东革命根据地。1925年，建国湘军改编为国民革命军第二军，谭延闿当军长，鲁涤平为副军长，辖第四、第五、第六师及一个教导师，我任第五师参谋长。此时，蒋介石已经篡得军政大权，自任国民革命军总司令，将其嫡系两个教导团扩编为第一军：编制与各军相同，而且装备特好。我所在的第二军全军仅有步枪一万支。第五师有三个团、一个特务连，每团三个营一个机枪连，每营四个步兵连，每连只有"七九""六五"步枪八十余支，全师约有步枪三千支及极少数的马克沁机枪。

1924年北伐前夕，苏联援助大批枪械，均被蒋介石控制。由于曾布洛斯基任第二军顾问，力为争取，我第五师才分得俄式步枪一千支、机枪十余挺，换下一部分缺少弹药的"六五"步枪和不堪使用的"七九"枪，实力稍得增强。北伐军去江西前夕，因弹药不足，我奉命赶回广州，因蒋已出发，才面请总参谋长李济深批发子弹十万发。自此以后，直至1938年，除武汉政府时期一个短暂时间外，我部均在蒋介石隶属之下，参加了无数次的内战及抗日战争，从未见蒋介石给予一械一弹之补充。这种情况本难令人置信，然而事实确属如此。因此，我们也不得不另想办法，补充战役之消耗。

我师北伐，在吉安击败了北洋军阀蒋镇臣师，缴获步枪一千余支、小炮十门、"七九"子弹四万发；随即又在南昌城郊歼灭蒋师残部，缴获步枪两千余支、机枪十挺。1929年，蒋桂混战时，在鄂西截击桂系李宜暄师，又缴获大量械弹，均不上报上缴，不仅陆续补充了历次战役的损失，且有剩余。师长谭道源命其亲信成立修械所，将破烂武器修好出卖，还生财不少。

原国民革命军第二军的首脑谭延闿、鲁涤平、谭道源等都是典型的官僚，只图个人享受，既谈不上有什么革命理想，也没有强烈的事业野心，自北伐前改编隶属蒋介石指挥之下，就采取了唯命是从的态度。宁汉分裂初期，第二军虽因俄顾问及共产党揭露蒋介石之反叛事实和一时利害之冲动由南京折回武汉方面，曾经奉命在鄂西击退杨森的进攻，对保卫武汉起过一定作用。但随即附和汪精卫之流，背叛了革命。谭延闿且悄赴南京，把第二军投入蒋介石怀抱；在反共战争及蒋介石对冯、阎、李、白及粤系军阀的混战中，一贯充当了蒋介石的忠实走卒，真是无役不从、唯命是听。

在国内一切政治军事动乱中，二军系统的将领从来没有也不敢背离蒋介石，或有任何违背蒋介石意旨的表示，不敢与反蒋势力有任何勾搭，在杂牌队伍中，可说是唯一没有与蒋介石发生过摩擦的部队。谭延闿且将其女嫁给蒋介石的亲信陈诚，借此裙带关系，也有助于加深彼此的信赖。尽管如此，第二军系统各部始终未能争取列入蒋介石的嫡系。平时被克扣饷粮，不给补充，情况已如前述。与其他杂牌部队一样，第二军也一直受到歧视排斥，终归被其吞噬消灭。第二军教导师陈嘉佑部在武汉政府时代一度扩编为第十三军；1929年蒋介石对部队实行缩编，第二军及第十三军又被编为十八师及五十师；他的嫡系各部则名为缩编，实际不断扩大。1930年第一次反共"围剿"之役以后，十八师、五十师实力大为削弱；加上戴嗣夏的四十六师，合编为二十二军，以原五十师师长谭道源为军长（我随调军部参谋长）；实际上由蒋介石及其南昌行营直接指挥到团。军部对各师人事、编制、给养、指挥，均无权过问。所颁军部编制虽与嫡系各军同样庞大，但每月仅发经费一千二百元，零用也不够。谭道源领了这个军长空衔，干脆不要什么编制，只带几个随从，迁驻高安、武宁、宜春一带，闲谈打牌消遣。更滑稽的是拨归二十二军建制的四十六师师长戴嗣夏始终没有来军部和我们见过面，有时连他的驻地我们也不得而知。这当然是蒋介石的又一套把戏。

二

蒋介石对付杂牌军队的常用手法是：有用时，拉拢、收买、利用；不用时，歧视、排斥，挑拨离间，借刀杀人；一有机会，就把你吃掉。原二军系统的部队是杂牌军中比较接近蒋介石的，二军首脑谭延闿、鲁涤平之流，依靠蒋介石做了大官，连继承他们的谭道源也博得一个国民党中央监委的头衔，蒋不时对他有所馈赠。但蒋介石对他并不放心，除经常派有特务监视外，每当政局动荡之际，总要派人以点验、视察、联络为名，来到部队，实则密加监督或者同时用重利收买，使你为他出死力。据我所知，例如，谭参加蒋介石对冯、阎之战，蒋曾密赠谭道源特别费十万元，并以许多甜言蜜语表示笼络。1929年，讨伐张发奎之役，陈嘉佑派人来我部活动，意在劝说谭道源反戈助张倒蒋（陈为原二军老将领，任十三军军长时，谭道源任该军副军长，旧谊甚深。此时，陈参加改组派活动）。蒋介石疑谭有二心，也可能早已获得特务情报，几乎同时派人赶到谭师进行"安抚"监视；另一方面，又示意陈济棠代他密赠谭道源十万元。谭对蒋的用心非不深知，但他本无二志，乐得因势利用，以图自保，终于谢绝陈嘉佑，助蒋讨张。但一旦战役结束，蒋介石目的已达，就把他打入冷宫，连所受损失也不过问了。

蒋介石排斥消灭杂牌军队的阴谋手段，绝非我们身受者所能罄述，就我见闻所及，还可以举出一事。

1929年春，谭道源师驻湖南常德时，何键勾结桂系向谭师进攻，谭退处湘西，旋奉蒋介石命，自湘西出鄂西截击由武汉溃退的桂系部队。5月，谭师在宜都、枝江与桂系李宜暄师作战。李宜暄等原拟觅路窜回广西，蒋介石因恐桂系窜回老巢，留下后患，故命谭师截击；但又恐谭师力有未逮，不能完成任务，故又令贺国光代表他驰往李宜暄处告以蒋意："只要李、白退出武汉，消除割据局面，对李、白所属桂系各军一视同仁，决不追究，你们都是国家军队，当可留下，听候安置，不要有何顾虑。"李宜暄表示接受。后突被我师攻击，李愕然质询贺国光，贺无以对，但说：
"我也不懂，大概是误会，我马上打电话去问个清楚。"并说要制止谭师
进攻，他却借故丢开李宜暄走了。谭师攻击李部，激战不克，电报南京，
向谭延闿告急，谭以告蒋介石，蒋答："打不下，就算了吧！"及至谭延
闿复电到我师，我们已将李宜暄部解决。捷报到京，谭延闿又以告蒋，蒋
表示极为欣慰。谭延闿电复谭道源师长，大意说：你们坚决敏捷完成统帅
使命，又能不暴露统帅意图，极蒙嘉许云云。由此可见，蒋介石处心积
虑，消灭异己，是不择手段的。李宜暄固然受了骗，谭道源也没有得到好
处，只从李宜暄手里夺得大量械弹。蒋介石明知我们虏获不报，他也就有
功不赏，彼此装糊涂算了。

我与蒋介石的几次接触

刘万春

北伐战争是中国共产党和国民党合作进行的革命战争。这个战争符合革命发展的需要和广大群众的要求。北伐军的锋芒所向,势如秋风扫落叶。但是,蒋介石发动的反革命政变,使这次革命战争遭到局部的失败。由于历史原因,我从这时开始,与蒋介石有过几次接触。

首次在汉口与蒋介石的接触

1926年我任国民革命军独立第八师第一团团长。独立第八师师长是刘春荣(保定军校毕业)。该师原属北洋部队,驻在湖北省沔阳县,1926年参加国民革命军,直属总部指挥,1926年底调汉口刘家庙,拨归国民革命军北伐军前线总指挥李宗仁指挥。

1927年1月8日,蒋介石与国民革命军总司令部总参议何成浚等来武汉视察部队。1月10日上午,由李宗仁、何成浚陪同,蒋来到刘家庙火车站第八师师部。由于事先没有通知,师长刘春荣匆忙接待。刘春荣陪着蒋介石、李宗仁、何成浚来到我团驻地,我团正在出体操课目,各营、连分别练习刺枪、木马和单双杠等项目。

当时，我正穿着绒衣在一营二连与士兵一起练单杠，忽听得一声"立正"口令，我回头一看，只见蒋介石、李宗仁、何成浚由师长陪同已到眼前，我急忙去抓军装上衣。蒋介石说："呃呃，练吧，练吧。"我向蒋介石敬礼并报告操练项目后，蒋介石频频点头说："继续练下去。"李宗仁插话说："刘团长你也会盘杠子？"我回答说："能练几个简单动作。"师长刘春荣插话说："他还会倒立，打车轮。"蒋介石听后说："刘团长你练一练嘛！"我答应了个"是"，就先做了个正面上的动作，接着是杠上倒立，又做了四圈车轮，然后旋转三百六十度下杠。蒋介石看后微笑着说："练得不错。"接着又让士兵们练了几个动作。士兵练完后，蒋介石边走边说："兵贵在质，刀贵在刃。平时多下功夫苦练，战时就会少流血。"蒋又对我说："你练了几年？"我回答说，从上陆军预备学校、保定陆军军官学校，一直到现在没有间断。蒋又问我是保定军校哪一期，什么地方人，我一一做了回答。蒋介石说："咦！"顺手指着前边一个佩手枪的随从副官说："王副官是你们直隶省同乡（后知王副官名世和），他的武术不错。"这时，王副官向我会意地一笑。

蒋介石、李宗仁、何成浚和刘师长又走到我团第三营操场视察了各连体操。蒋介石离开时对我说："你能同士兵一起操练，这样做很对。你还要注意多做野外演习、实弹射击……"蒋介石、何成浚上汽车时，李宗仁说："赏给刘团官兵五千元菜金。"

善后裁兵会议期间，我与蒋介石的接触及见闻

1928年4月，北洋军阀除张作霖所部仍盘踞在直隶、察哈尔、热河和东北三省外，吴佩孚、孙传芳等均已被消灭。

这一年5月中旬，独立第八师在国民革命军第四集团军（总司令李宗仁）前敌总指挥白崇禧率领下，沿京汉线北上，5月底和李品仙、廖磊各军一起克复保定；北洋军阀张作霖率奉军于1928年6月上旬向山海关外撤退；

国民革命军前敌总指挥白崇禧同国民革命军第三集团军总司令阎锡山于 6 月 11 日联袂进入北京。

1928 年 6 月 14 日，蒋介石委派国民革命军总司令部总参议何成浚率行营参谋长王伦等数十名工作人员于 6 月 22 日来到北平，行营公署就设在东城铁狮子胡同。我团（独立第八师第一团）奉总指挥白崇禧命令担任总部驻北平行营公署警卫任务。

6 月 26 日，蒋介石偕同总司令部参谋长李济深，中央委员吴敬恒、戴传贤、李烈钧、张静江、张群等从南京乘军舰经汉口北上。28 日到达汉口。30 日晚，第四集团军总司令李宗仁亦随同北上。7 月 1 日到达郑州，第二集团军总司令冯玉祥从开封到郑州车站迎接。次日，冯亦随同蒋、李等分乘专车北上。第三集团军阎锡山派第三集团军前敌总指挥徐永昌到保定迎接。7 月 3 日，蒋、李、冯等到达北平。阎锡山、白崇禧、何成浚、第二集团军副总司令鹿钟麟、北平战地政务委员会主席蒋作宾、河北省主席商震等均到车站迎接，蒋介石下榻于中南海西四所。蒋介石来北平之前，曾电行营主任何成浚，要何在碧云寺预备行寓，不住城内，并要何代他声明：当此革命尚未成功，总理灵榇尚未安葬，万不可筹备欢迎，以忘国难。何成浚接蒋介石来电后，令行营参谋长王伦率领我和副官长等，查勘通往香山碧云寺的道路以及碧云寺住所。经我们查勘，道路稍加修理即可使用，居住房屋稍加整刷，亦可居住。我们向何成浚报告后，何考虑到蒋的安全和办公不便等因素，仍决定将蒋的住所安排在中南海。何成浚一面电告蒋介石，一面借蒋来电大肆宣传，说总司令欲住碧云寺，以示对总理无限忠诚与崇敬之心云云，提高蒋介石的声望。

蒋介石决定于 7 月 6 日去碧云寺向孙中山先生灵举行祭告典礼。7 月 5 日，我奉命率两个营担任警戒任务。我先派一个营担任通往香山道路两侧警戒，然后，亲率一个营担任碧云寺四周警戒。

7 月 6 日上午 8 时许，蒋介石偕同冯玉祥、阎锡山、李宗仁、李济深、李烈钧、吴敬恒、戴传贤、张人杰、张群、蒋作宾、李煜瀛、白崇禧、何成浚、鹿钟麟、商震、徐永昌等三十余人去碧云寺，祭孙中山先生灵。由蒋介石主祭，冯玉祥、阎锡山、李宗仁襄祭。当司仪人宣布祭告典礼开始，全体肃立，高呼"向总理行三鞠躬"时，蒋介石忽然抚棺大哭，李宗仁、戴传贤也随之大哭，吴敬恒则大声号啕，冯玉祥、阎锡山、李济深、白崇禧、李烈钧、张群等人也频频揩泪。宣读祭文后，以蒋介石为首绕孙中山先生灵柩一周，然后在碧云寺稍事休息，于上午11时许返回城内。

1928年7月8日，蒋介石在总部驻北平行营公署召开了善后裁兵会议。

蒋介石为了扩大实力，实现独裁统治，借口北伐战争基本完成，民众亟待休养生息，以国民革命军总司令身份提出：完成革命最紧要的问题厥唯裁兵，用于筑路、治水、开垦及采矿等方面。他说：裁兵之前先成立编遣委员会，委员除由中央选派一部外，各集团军均可推荐。

蒋介石利用冠冕堂皇的言辞掩盖着诡诈的权谋，遂使冯玉祥、阎锡山、李宗仁等人除了一致表示同意之外，再也说不出半个"不"字。于是，蒋便拿出预拟的裁兵计划和裁留标准方案进一步逼众人表态。裁兵计划方案要旨是：全国设五个编遣区，即四个集团军各成立一个编遣区，中央设一个直属编遣区，分三期实行：第一期从1928年10月开始裁减若干；第二期从1929年4月开始裁减若干；第三期从1929年10月开始裁减若干；最迟不得超过1930年6月。最后定全国缩编为一百个师，师的编制分甲、乙、丙三种：甲种师属步兵两个旅，每旅三个团；乙种师属步兵三个旅，每旅两个团；丙种师属两个旅，每旅两个团。裁留标准大体是：

一、按部队素质与武器数目为标准分别裁留；

二、考核军官、军佐的标准是：凡在各种军校毕业、身体强壮、有学识、堪任现任军职者以及正式军队出身、有经验与劳绩者；

三、士兵的标准是：二十岁以上三十岁以下、身高四尺半以上、体格强壮、无不良嗜好和无疾病者；

四、编余合格军官、军佐，在可能范围内由各编遣区设法安置；

五、对各种学校毕业的编遣军官、军佐，可受退役待遇；

六、其他编余官兵无法安置者，一律遣散。

在善后裁兵会议上，冯玉祥对蒋介石提出的裁兵计划和裁留标准，殊感不服。他说：总司令提出最紧要的问题厥唯裁兵，建设国家，使老百姓早日过好日子，此举势在必行，无可非议，但就目前来说，裁兵原则应裁弱留强，裁无功留有功，全国北伐军既是直属中央统一指挥，裁遣对象首先应是新收编的那些部队（当时蒋介石收编吴佩孚、孙传芳、直鲁联军张宗昌部共约二十万），不应先裁北伐有功的部队，更不应裁遣一部，又重新扩充一部。再者，如对编余各种军校毕业军官、军佐给予特殊照顾，那么对战功劳绩卓著的行伍出身的军官，又如何安排呢？何况，张学良现仍占据东北三省，虽军力暂时受挫，但觊觎关内之心未死，如果略有举动，则直、鲁、豫等省首当其冲，应稍待东北问题得到解决后，从明年开始大量裁兵不迟，目前，各集团军应先行淘汰老弱为宜。

在会议上，老奸巨猾的阎锡山也不满蒋拟订的裁兵计划和裁留标准，但他不动声色，慢条斯理地说：焕章说得对，东北三省问题尚未解决，社会也尚未安定，裁兵应从长计议，不宜急于大量裁减，可先裁老弱官兵；对编遣官兵也应先有个具体方案，如果没有具体妥善安排办法，将给社会带来更大的混乱。

李宗仁态度稳重，不慌不忙地说：裁兵裨利于民，势在必行，但焕章讲得也颇有道理，"老则安之"，弱老裁退后，皆能安居颐养；"裁无功留有功"，利于求进鼓舞人心，不失为上策。裁兵应全面考虑，既要看以往的战功，又要注意军队以后的素质。兵不在多而在精，历史上的官渡、赤壁之战，出奇制胜，以少胜多，很多例子都能说明这个道理，总座优先照顾各军校毕业军官，就是基于这种考虑。看来目前裁士兵容易，裁军官较难，应充分考虑安置办法，以免实行裁编时发生问题，不利于国家建设。

蒋介石听了冯、阎、李等发言后，又强调说：裁军建国关系国强民富的大业，是我辈的神圣使命；精于军队，利于国家，兵贵于质，不在于量；各集团军先自行认真淘汰老弱，不得再招募新兵补充缺额；裁兵细则，待中央编遣委员会正式成立后详细研究，制定具体方案，由各编遣区实施。

善后裁兵会议经过六天钩心斗角的争论，就这样结束了。会后第二天

（大约是7月15日），蒋介石在中南海怀仁堂宴请冯玉祥、阎锡山、李宗仁、李济深、李烈钧、吴敬恒、戴传贤、蔡元培、张人杰、张群、何成浚、白崇禧、鹿钟麟、韩复榘、商震、徐永昌、蒋作宾、李煜瀛以及刘春荣、李服膺等六十余人。在宴会上，蒋以盟主的身份，发表了一番堂而皇之的演说，大意是：我们是总理的信徒，炎黄子孙，打倒列强，铲除军阀，救国救民，实现三民主义是我们应尽的天职；北伐完成，施行善后裁兵，创建生产机关，治水、开垦、筑路、采矿等，总理的建国方略均已提及，裁兵整编部队，绝非凭个人所臆断，而是依据国家局势和财政情况而提出的。既然大家一致同意裁兵，各集团军先行淘汰老弱士兵，今年即应开始实施。愿诸君精诚团结，共同努力，实现建国大业。

善后裁兵会议未能达到削弱阎锡山，特别是冯玉祥部实力的目的，蒋介石殊感不快。在宴会上，蒋、冯、阎、李虽然碰杯寒暄，虚伪应酬，但却掩饰不了内心的互相怨恨。如冯玉祥对蒋介石不满，曾有一段故事：冯面带笑容，操着很重的保定方言讥讽地说：喔，息得（保定民间的轻蔑语气）你的兵天天大鱼大肉大米饭吃着，身体有多么棒，希望也给我们留几个窝窝头、一两块老腌咸菜吃吧，不然，就要把我们饿坏了！蒋对冯的这种挖苦话，深悟其中含义，但是表面显出毫不介意，只是用手指着冯面向阎、李等人哈哈大笑说：焕章大哥真会说笑话！阎、李等人随之大笑。据闻事后蒋回西四所，大骂冯是老兵油子。

7月16日晚10时，蒋介石在总部驻北平行营公署召见英国驻华公使（姓名忘记），一直密谈到凌晨1时许，才一起走出行营公署，分别乘车离去。

按当时陆军礼节规定：凡是高级军官出入营门时，担任警卫的部队必须在大门外列队行举枪礼，迎来送去。那天正刮大风，担任警卫任务的我团二营六连连长王志诚见列队持枪站在门外的士兵被风吹得睁不开眼睛，加之等候时间很长，士兵十分疲倦，王连长便令士兵暂回室内休息，令排长马占海到里院放哨监视，以便蒋介石走出客厅时，立即通知大家列队相送。

17日凌晨1时许，蒋介石与英国公使密谈结束，走出客厅，排长马占海很快回来，命令休息的士兵站队，由于时间仓促，队形不齐，个别士兵风纪扣没有扣好。

　　第二天，何成浚的副官长张笃伦训斥我团第二营营长梁子彦说："昨夜警卫排送总司令和英国公使出行营时，队伍站得很不整齐，总司令的副官来电话说：昨夜总司令很不高兴。你们以后要特别注意，万不可疏忽大意。"梁营长一听，顿时吓得一身冷汗，出副官处后，马上找王连长询问昨夜的情况，随后又向我汇报了事情的经过。我深知惹下大祸，蒋介石在洋人面前丢了面子，决不会就此罢休，心想：硬着头皮等着挨骂吧！

　　这天下午，我向何成浚检讨了自己昨夜失职经过。何说：告诉梁营长，以后要多注意，不可松懈。正在这时，何的副官进来报告：总司令从中南海来了。我走出何的住室，到门外等候。约五分钟后，蒋介石从西四所驱车而来，蒋介石在门口下车，由何陪同走进办公室。我去二营营部。约一小时后，副官处打电话通知我到何的住室。我去后，何说："前天，第三集团军总部朱授光参谋长据警备司令李服膺报告，现在北平驻军单位较多，又有许多留守处，不断发现有官兵在各娱乐场所闹事，现拟扩大军警督察处，请求行营指派部队参加。我已对朱参谋长说了，由你团派一个连参加，直接归督察处指挥（当时我团官兵佩戴的袖章有'行营公署'四个字）。"何又说："告诉官兵，到督察处一定要起模范作用，同山西部队搞好团结，共同协力把社会秩序搞好；你和团副也要常去检查。"我一一答应。

　　从何的住室出来，我便到副官处与张笃伦谈论李品仙、廖磊等部留守处官兵在戏院打架砸妓院等事。何的副官忽然来对我说："刘团长，总司令叫你。"我到蒋的办公室，何也在场。我敬礼后，站在一旁。蒋介石说："目前，驻北平的部队纪律很不好，有的部队士兵在里弄里打狗抓猫，宰了吃肉，这成什么体统！必须严肃纪律，维护秩序。何主任命令你团派一个连去军警督察处担任督察任务。"这时，何插话说："已告诉刘团长，特别注意军风纪，在督察处要起模范作用。"蒋介石突然把脸一沉，训斥说："昨夜我和英国公使出行营时，看到你团警卫部队，队形不齐，服装不整，大大不如在汉口的时候。调你团担任行营警卫任务，更应勤奋，做到警卫任务与训练两不废弛。缺乏训练的军队，实战时必将一触即溃。"蒋这时双目一瞪："哼！灰东西（坏东西）就是灰东西，永远改变不了！"蒋骂完，忽又转变语气说："要像过去一样，奋发努力，好好干哟！革命事业，需要智勇双全的人去完成。"我连答："是！是！"蒋又问："你团到北方来，士兵逃亡多不多？"我答："逃兵不多，全团只有四十余名缺额。"蒋说："你可派人回你老家招募一些会武术的人，把缺额补足。"何插言说："过几天你就派人去招吧！"我连答："是，是。"

在庐山军官训练团期间，我与蒋介石的接触

1931年九一八事变以后，蒋介石为了贯彻"攘外必先安内"的反共政策，于1933年7月起在江西庐山设立庐山陆军军官训练团，轮流调集军官，施以法西斯的军事和政治训练，并从事收买和分化地方军阀的军官。

庐山陆军军官训练团是蒋介石精心炮制的训练军官骨干的组织。我在参加军官训练团之前，担任太原绥靖公署少将高级参谋兼独立第七旅参谋长职务。独立第七旅是原徐永昌的国民第三军缩编而成的。这年3月，我突然接到"剿共"总部总参议兼第五纵队司令刘绍先（我与刘是朋友，又是保定军校同学）来信，邀我到庐山筹办军官训练团的工作。来信大意是：委座为统一全国军官的思想认识，决定开办庐山陆军军官训练团，我奉令担任筹备主任，特邀弟来庐山协助工作。又说：此行既可摆脱在山西派系中做清客的困扰，又能与故友、同学重聚，更能经常聆听总裁教诲；这也是辞修兄之盛意，望弟毋辞为幸。

我接来信后，反复考虑，觉得去庐山参加训练团工作对自己大为不利，其原因是：我在1930年任国民革命军第二十军第二旅旅长时，参加了阎、冯反蒋的战争，后因第十三路军总指挥石友三在河南考城（今兰考县）被蒋介石重金收买，背叛阎、冯投蒋，致使陇海路全线失败（徐永昌任陇海路总司令），第二十军被迫从兰封县高坝圈一带撤至黄河北岸辉县

县城附近休整，蒋介石派高参窦某持信劝说军长刘春荣脱离阎、冯，配合第二十六路军孙连仲部进攻山西，被刘春荣拒绝。蒋恼恨在心，饬令孙连仲威胁，同时密派特务打入部队，用重金收买了二十军军部特务营营长陈秉仁等人。10月2日上午8时，刘春荣在辉县城内召开全军团长以上军事会议，准备向山西晋城一带转移。这时，特务营营长陈秉仁突然率兵包围会议室，陈秉仁首先开枪将军长刘春荣打死，随后又将十四师旅长包秉镜、团长梁子产、窦汝璋等九人枪杀，蒋介石即将部队拨归孙连仲改编。我因不愿投蒋，遂率部队从辉县高山村北上，原拟投奔张学良，经过河北省顺德十三路军石友三防区时，石以与刘春荣有盟兄关系，愿帮助棉衣四千套，并派石总部参谋长唐邦植招待（我同唐是保定军校同期同学）。我旅正在休整时，石部总指挥孙先前配合孙连仲部将我旅包围缴械。我只身逃往天津，因蒋介石下令通缉，不得已又逃往太原，后经徐永昌保荐，遂任太原绥靖公署高参兼独立第七旅参谋长。

由于有过这样一段历史，所以我给刘绍先复信说：我万分感激兄和辞修兄的盛意；但因我是被通缉的罪犯，至今心有余悸，我害怕"聆听总裁"教诲，若变成总裁"叫跪"，可就完了。我派人将信送给刘，十天后刘回信说：辞修再三说，国难当头，匹夫有责，往事不必再提，愿以生命担保弟之安全。我接到回信后，遂向徐永昌作了报告，经徐同意，我才决定去庐山。我离山西时，徐永昌又给陈诚写了信。

1933年3月下旬，我从山西到庐山牯岭，先与刘绍先、陈诚会晤。数日后，庐山陆军军官训练团团本部在庐山海会寺内正式成立（海会寺古刹在五老峰下西侧），我被任为庐山陆军军官训练团交际课少将课长。

5月4日，蒋介石任团长，陈诚任副团长的庐山陆军军官训练团第一期举行开学典礼。蒋介石于5月2日下午，由庐山牯岭来到海会寺，陈诚、刘绍先（办公厅主任）、贺衷寒（政治总教官）、周亚卫（军事总教官）等迎至蒋介石住所（在海会寺东南二百余米平坡上，预先用木板搭成木板楼共十二间）。

陈诚、刘绍先回团本部（海会寺）后，刘对我说："刚才辞修向委员长汇报团本部各课室职员和各营营长、连长姓名时（营长、连长由现任军长、师长调来充任），特别提到你已调来担任交际课课长，说你到后工作很好，在山西工作也很好。散会时，委员长还问到性村（刘春荣军长的别名）死后家庭情况。辞修问委员长，什么时候我把刘课长带来，汇报汇报山西部队情况，委员长答应今天晚上去。"刘又说："辞修让我先告诉你，晚上八九点钟领你去，你精神上先做一些准备，委员长问你什么，回答什么。如果训你，要克制和表示忏悔。我想委员长不会训斥你，不过注意些为宜。"听了这一席话，我心里惴惴不安，后悔不迭。

晚8时许，陈诚把我叫到他的办公室，问："绍先告诉你今晚见委员长了吗？"我答已告诉了我，随后跟陈来到蒋的住所。陈对侍从宣铁吾说："向委员长报告一声，我同刘课长来了。"宣铁吾报告后，我随陈诚走进办公室。蒋介石坐在沙发上，我们向蒋鞠躬敬礼，蒋让座，陈诚坐下后，我仍站着向蒋致候说："委员长好！"蒋说："坐下吧。"我才坐下。蒋问我哪年去山西的，山西部队官兵素质、上下关系以及训练情况和官兵抗日情绪如何，等等。我回答说：我是1931年秋到山西的。独七旅原是徐永昌国民第三军缩编的，官兵大部是河北、山东人，素质尚好，部队训练重野外演习、技术和实弹射击，成立了班长训练班，并经常举办军事项目比赛和运动会。山西部队素质却不同，步兵较好，骑兵较差，还有少数吸大烟、白面（海洛因）的，中、上级军官大部是保定军校毕业生，下级军官大部是太原学兵团毕业生。官兵抗击日寇，收复失地的情绪很高。山西省山多地少，老百姓生活较苦，晋西北老百姓，每年有许多逃往绥远河套地区开垦。

蒋又问山西境内有无共产党部队活动，我说靠近陕西黄河的水和县西区，有时发现少数共产党赤卫队活动。

蒋最后问，刘春荣不幸被害，他的家庭情况怎样？我说：刘军长死后，其父母妻儿，依靠他弟弟们经商维持生活。蒋装出惋惜神情说：刘军长是个很精干的人，惨遭不幸，可惜！可惜！其实，刘春荣就是蒋暗害的。

蒋又鼓励我说：陈副团长调你来受训并工作，应像过去那样，做事要踏踏实实，兢兢业业，做一个忠于党国的军人。我连声答应："是！"

蒋介石对杂牌军一贯玩弄收买、分化的手段。在军官训练团每期训练结业前六七天，蒋定来庐山海会寺团本部，找受训少将以上军官个别谈话。在谈话时，他总是拉关系，表示信任，根据需要"加官晋爵"。

兹将亲自经办的几件事实忆述如下。

一、收买韩复榘部第十二军军长孙桐萱

孙桐萱是韩复榘部总指挥兼第十二军军长，山东省的第二号人物。蒋介石感到韩复榘不甚驯服，不是利用开办军官训练团的机会，电召孙桐萱来庐山任训练团第一期第一营营长。

孙桐萱和我是河北省交河县泊镇小同乡，孙在训练团任职时，我俩常聊天谈家常。在第一期快结业前十天，孙对我说："我父亲今年8月20日是七十整寿，我打算烦副团长（陈诚）向委员长要一张相片作为纪念品，你看恰当不恰当。"我说："我向副团长报告后，再答复你。"我向陈诚报告后，陈说："委员长三两天来后，我从中说一说。"陈又问我，你和孙军长过去认识吗？我说："我们是小同乡，我家住在镇上，他家住在乡下，相距不过十几里，孙的父亲当写账先生。"

6月1日蒋介石来到庐山陆军军官训练团，将参加6月5日上午举行的第一期结业典礼。6月4日陈诚对我说："孙营长（孙桐萱）向委员长要张相片，委员长同意送张照片，另外还送点别的东西。委员长下午4点钟叫你去见他。"下午4时，我到蒋的住所，宣铁吾报告后，领我到蒋的办公室。蒋命我坐下后，问："孙军长的父亲过去是干什么的？"我说："他父亲读过三四年书，后在泊镇一家商店里写账，现在老家里还有两位叔父种田。过去孙军长家里人口多，生活困难。他年轻时投到冯玉祥部下当兵，当了营长以后，就把父母接到一起奉养。"蒋说："人有孝敬父母的品德，定能忠于党国。岳飞能精忠报国，就因为他最孝。"随后又说，"我送给孙军长的父亲寿幛、寿屏六幅，另送五千元给孙老先生添些零星东西。明天结业典礼后，我要离开这里，不能亲自交给孙军长，你可到陈副团长那里去取东西，代我转送，说我祝贺老太爷健康长寿。"6月5日上午结业典礼结束后，陈诚回海会寺团本部路上对我说："委员长送给孙军长的父亲的东西和五千元支票，刚才宣铁吾对我说，已送到团本部，吃完饭后，你到我房里去取。"

饭后，我带人将东西取来，只见寿幛上款写的是孙伯父大人七十寿辰之禧，下款是蒋中正赠。陈诚另送寿幛一架。我晚间把寿幛、寿屏、支票一并交给了孙桐萱。孙接收蒋、陈赠送的礼品时，笑容满面，感激万分。

6月7日，陈诚宴请各营、连长。宴会后，孙桐萱再三向陈诚说："委员长对我的深恩厚德，我一生感念不忘。"从那以后，孙桐萱一度对蒋感恩不忘。

二、借视察回族食堂之机，收买拉拢受训回族军官

军官训练团为了照顾回族受训军官的宗教信仰和生活习惯，责成我筹办成立回族食堂（因为我也是回民）；并建一间"水房子"（淋浴室），以便利受训军官们能按时做礼拜；又从南昌清真寺请来两位阿訇，一位主持礼拜，一位管杀鸡宰羊烧开水；厨师由我的厨师马振海担任。

7月上旬，当第二期开学数日后，有一天午饭时，蒋介石由陈诚陪同来到海会寺西南坡回族食堂视察（当时受训军官大多是马鸿逵、马鸿宾、马步芳所部及其他部回族军官，连同我和一位军事教官在内共有二十二人）。我见蒋、陈来到食堂，忙喊了一声"立正"，正在吃饭的受训军官们立即起立，蒋连声说："坐下吃饭吧！"军官们坐下后，我跟在蒋、陈后面，蒋边走边问我："他们吃南方菜对口味吗？光吃米饭习惯吗？"我回答说："炒菜的厨师是河南人，做的是北方口味的菜。我们隔两天吃一天面食。"蒋见每桌上有四菜一汤，便问军官们说："你们饭菜够吃吗？"军官们回答："够吃。"蒋见桌上有一盘炸牛肉条便说："这炸牛肉条火色不错。"说着又转头问我："这厨子是河南人，他会做红烧鱼吗？"我答："能做。"走出食堂门外，蒋对宣铁吾说："今天午饭让这个厨子做两个菜吃。"宣问："做两个什么菜？"蒋说："一盘红烧鱼，一盘烧牛肉条。"

蒋介石接着问我："他们每人多少菜钱？"陈诚插话说："受训学员

每月每人十二元。因为他们人少,每月每人另加两元。"蒋走到淋浴室,进里面看了看,对陈诚说:"回族人冲淋浴的习惯很卫生。我们搞新生活运动,应该提倡洗淋浴。"陈答:"是,是。"

我送走蒋、陈回饭厅吃饭时,听见不少回族军官对蒋这种虚伪关怀,极为感激,有的说:"委员长对我们回族人多好啊!"

蒋介石为了收买拉拢回族受训军官,每期结业时,赠送将级军官景德镇的餐具两套,校级军官各送景德镇的餐具一套,另送将校级军官每人一张蒋的照片,上书"某某同学",下书"蒋中正赠"。蒋的这些手段使很多受训军官误认是蒋对他们的信任。

三、拉拢总指挥马鸿宾

马鸿宾,回民,任某路军总指挥兼第十四军军长。庐山军官训练团第二期开学前,调任为庐山军官训练团副团长(总指挥一级高级军官调来受训者,都授予副团长名义)。

马鸿宾过去曾任过甘肃、宁夏两省主席,在甘、宁、青各省回族中,素孚众望,信奉伊斯兰教特别虔诚,不管公务如何繁忙,每天五次礼拜从不放过,如因太忙错过一次礼拜也要补上。日常的肉食,非经阿訇念《古兰经》宰的牛羊鸡鸭,他是不吃的。马鸿宾在庐山陆军军官训练团期间,每日三餐都由他的随从副官来回族食堂取去。

在第二期结业前两天(大约是8月1日),陈诚告诉我说:"委员长今天下午与马副团长共进晚餐,叫你准备一桌回教饭菜,开饭时你也陪同一起吃饭,不然,马副团长害怕不是回饭,就不敢吃了。"

这天下午4时,蒋介石与马鸿宾个别谈话。五时许,侍从宣铁吾给我打电话,说:"你早点来吧!委座与马总指挥谈完话后,就开饭了。"我去后,谈话尚未结束,便先到办公室主任钱大钧房里,一边聊天一边等。半小时后,宣铁吾来报告说:"请开饭了。"我随着钱大钧来到饭厅,蒋介石也领着马鸿宾走进饭厅。我向蒋敬礼,蒋介石一面还礼一面说:"这桌饭菜都是刘课长办的,我很喜欢回教人做的菜。"马站起来说:"谢谢委员长赐宴。"又说:"我每天吃饭都承刘课长照顾,吃得很好。"蒋说："调刘课长来团办回族伙食，就是为了受训回族军官饮食方便，汉人厨子不懂得回教的生活习惯，饭菜做得也不合口味。第一期时，我和马景援（马步芳的儿子）、马敦静（马鸿逵的儿子）谈话，问他们这里生活怎么样，他们高兴地说，食堂里很好，有个阿訇照顾，生活和在西北一样方便。"马对蒋奉承说："这是委员长的恩赐。"钱大钧插话说："中央各军事学校也都有回教伙食。将来你们可选派一些下级军官到步校、骑校上学，能增长军事知识，对指挥作战大有好处。"马说："我回防后，先选派一批。"

蒋接着说："我在兰州、宁夏银川参观清真寺，看到礼拜的人很多。清真寺建筑得宏伟美观，打扫得干干净净，保护得也好。阿拉伯的建筑，真有'天方夜谭'的神奇色彩。现在甘、宁两省有多少清真寺？"马回答："甘、宁的大清真寺，大多是元、明、清朝代建筑的。在甘、宁两省，凡有回教居住的村庄都有清真寺，到底有多少没有统计。清真寺保管得好，主要是本地回教人自己管理，一切修缮费用，都是回教百姓自愿出的'乜贴'。"蒋不懂"乜贴"是什么意思，侧身问我什么叫"乜贴"。我说："乜贴"两字，是阿拉伯文的译音，意思是"捐献"或"施舍"，在《古兰经》上有一条规定：伊斯兰教徒有义务向礼拜寺捐献财物，施舍穷人。蒋听完后，对钱大钧说："回族人这种精神可嘉。修理清真寺，也应像修理喇嘛庙一样，由蒙藏委员会拨专款。"钱说："回南京后，我向蒙藏会提一提。"蒋又问马鸿宾："军队有阿訇吗？"马回答："各师、团、营、连都请有阿訇，他们不穿军装，营、连的待遇按排级发薪，师、团的阿訇待遇高些。"蒋又问我："山西部队有阿訇吗？"我说："晋绥军部队中回教官兵不多，没有阿訇；我旅对回教士兵的办法，是把各营的回教士兵，集合在一起，编成一班或一排，再多就编一个连，选派回教班、排、连长充任，由回教官兵自己办伙食。"蒋听到这里，转脸对钱大钧说："这样办好，少数回教士兵集合一起编成班、排，他们在一起生活方便，可以通令各部参照办理。"

我和马鸿宾离开蒋的寓所，一同回海会寺团本部。路上，马对我说：

"委员长对咱们穆斯林，真是无微不至地关怀，使我非常感动；回防后，为表示对委员长衷心感谢，一定炸油香（'油香'表示庆祝或纪念），请阿訇念经，谢主（真主，中国回民对真主习惯上称'主'字）。"

蒋介石的权诈之术，当时确使一些人受了蒙骗，以至肝脑涂地。

蒋介石宰割刘珍年部的片断

刘　操*

　　蒋介石自四次"围剿"遭到惨败以后，就于1933年7月组织行营，并亲自坐镇，发动了对红军的第五次"围剿"。为了弄清军情，利于反共，同年9月，他责令行营第二厅厅长晏勋甫组织三个军事视察组，每组设军事视察员三人，内有一人任组长，分赴北路军、东路军和西路军视察。我当时的名字叫刘云飞，任南昌行营少校待遇的服务员（月支生活费六十元），也被派为军事视察员，与来金章、卞泰荪为一组，以来金章为组长，负责视察北路军。我们视察的重点是刘珍年遗部的第二十一师，故对于蒋介石宰割刘珍年部一事略有所闻。

　　1932年至1933年初，时任十七军军长的刘珍年称兵山东胶东十余县，割地称雄，积极扩充势力，野心勃勃，和蒋介石任命的山东省主席韩复榘抗衡争霸。他与韩长期互不相让，经常兴师争斗，不但祸及人民，更是影响了蒋介石在山东的政权统一。蒋介石就利用韩、刘矛盾之机，玩弄手段，从中调和，以收渔人之利。他一方面设法把刘珍年部调离山东，来笼络韩复榘，使韩更加亲蒋；另一方面又用升官许愿的欺骗手法，调刘珍年部到江西参加反共，给他当炮灰。在刘珍年部开到江西后，蒋介石又背弃

---

　　* 作者又名刘云飞，时为国民党南昌行营少校服务员、军事视察员。

诺言，不但不给刘珍年升官加禄，还要把刘珍年部队的番号由军缩编为师，使自命不凡、野心勃勃的刘珍年极为不满。于是，刘企图率部窜回山东胶东，重整旗鼓，独立称王。蒋介石获知以后，就以召见开会的名义，将其扣押，又以不服从指挥、图谋不轨为罪名，将其杀害，并强迫其遗部留在江西参加第五次"围剿"。

刘珍年被枪毙后，其部下愤愤不满，怨声沸腾。蒋介石就将刘珍年的助手梁某（名字忘了）任命为第二十一师中将师长以缓和空气，又利用同乡观念，对该部进行分化。因为刘珍年部是在山东胶东一带创立的，多为鲁人，蒋介石就调他的山东籍亲信学生，他的嫡系部队——胡宗南部的一个少将旅长李仙洲为第二十一师副师长，使其利用同乡身份，搞好关系，以便进行分化，密谋吞并。李仙洲在蒋介石嫡系部队中，是一个对人比较"忠厚"的"好好先生"，容易消除或减弱刘珍年遗部官兵的愤懑和戒心。这就使得一部分人倾向于李，走亲蒋的道路。继而蒋又运用升、调、撤、免的手段，对刘珍年遗部进行人事调整，实行吞并，而对于忠实于刘珍年的旅团主官，则千方百计地罗织罪名，进行迫害。兹将我们这个视察组所干的二三事，陈述如次。

一、成见对人，疑神疑鬼。蒋介石枪毙刘珍年后，最担心的问题，就是怕刘珍年的亲信分子铤而走险，投向共产党。我们这个组就把视察刘珍年遗部的第二十一师作为重点，作为第一个视察单位。视察组长来金章老奸巨猾，为了预防视察刘珍年遗部时会遭暗害，就在由南昌出发的前一天下午，亲到第二十一师驻南昌办事处接洽，通知他们，我们这个组要到该师视察，使之不敢轻举妄动，并从中观察，以防意外。该师驻南昌办事处负责人（师部的少校副官主任，姓名忘了）闻讯后，马上用长途电话向他们师长梁某报告，并决定于翌日用他们师的旧式客车，由该师少校副官主任陪同我们前往该师师部驻地。翌晨7时，他们就驱车来迎接我们起程，沿途殷勤招待。当时，该师师部驻江西铅山的河口镇。我们的汽车行至距河口镇的最后一站时，该副官主任借用汽车站的长途电话，与他们师部联系。当汽车开到他们师部门口时，梁师长、李仙洲副师长率领师部各处处长列队欢迎，随后把我们安排到师部附近的一个旅馆里。在房内只有我们三个视察员时，我悄悄地对来、卞两人说：看他们的招待表现，对于"行营"所派的视察人员是很尊重的，他们还是想投靠"中央"，追随"委座"的。如果对他们不深加追究与刘珍年同谋的问题，他们是不会铤而走险的。来、卞两人大为不然，说：他们的殷勤招待是假的，是手段，是耍的缓兵之计。我说：我们也不要过于成见用事，不看现实。来、卞两人严肃地对我说：您太幼稚了，这样简单地看问题，会上当受骗，贻误大事的。我们应当抓着疑虑问题，到各方面调查了解，才能完成我们的视察任务。

二、与李仙洲密议，防范事变。我们到达第二十一师师部后，梁师长、李副师长设宴欢迎我们。宴后茶余，视察组长来金章想从其参谋处了解点情况，就对梁师长说：师长的事情很忙，我们到参谋处问问前方的情况吧。梁师长说：我们师都在后面整训，没有前线部队，关于敌情问题，都是由上级通知的，我们师没有派出侦察部队，他们也不知道新情况。来金章遭到婉言拒绝，就改到李副师长房内坐坐，梁师长也就回到他的房内去了。来金章就向李副师长询问关于部队的情况。李副师长嗫嚅地说：刘珍年被枪毙后，全师官兵都极为不满，梁师长比较温和，但内心也是疑虑不安。很多刘珍年的亲信官兵，情绪都很激动，特别是该师某旅赵旅长（番号和名字都忘记了）是刘珍年的知遇心腹，即是公开谩骂，毫无顾忌，似乎想铤而走险的样子。"委座"为了防止事变，已采取措施，把我们这个师的部队分散驻扎，一个旅随师部驻在河口附近，一个旅驻贵溪。驻贵溪的这个旅就是最嚣张的赵旅，于是又把这个旅分散驻扎，其旅部率一个团驻贵溪城，另一个团驻距贵溪城二十里的地方，同时都有友军监视着他们。现在他们要想全师集中暴动是不可能的了，但部分出事还有可能，特别是对于赵旅分驻在距贵溪城二十里处的一个团，要严加注意。因为他们单独驻在一个关口上（关名忘了），要想拖队伍走是比较容易的。在密议中，李副师长还一再地打招呼，讲话要小声，周围住的都是他们的人，他们要是听到了，可不得了。还说我住在这里就像身处虎穴一样，并说你们在我房里不要太久，久了他们会疑心的，会使我更加处境困难。他又强调说：赵旅长对于刘珍年的被枪毙是极为不满的。你们到他那个旅视察，他会把一切牢骚不满，甚至谩骂的话，都会说出来的。你们对于他的问题，就可以了解得更清楚、更全面了。但是，你们是"委座行营"派来的，千万不要住在他的旅部里，因为他对"委座"很不满。他是个很鲁莽的家伙，要防范他在夜间秘密下毒手。密议就此结束，我们告别而去。回到旅馆后，来金章很不满地说：你们看，"委座"叫他来整编这个部队，他却这样的胆小，连句话都不敢说，还能整理好这个队伍吗？我们当即把李副师长所说的刘珍年遗部的情况，向南昌行营作了书面报告。

我们在河口镇视察了两天，就到上饶视察，在会见第八路总指挥赵观涛时，向他报告了刘珍年遗部的问题，并请其注意防备。他说，他已责令第六师师长周岩密切注意。我们为了确实弄清第二十一师赵旅长的反蒋情况，就专程到该旅的驻地——贵溪视察。到了贵溪城以后，为了防备出事，我们先到了驻贵溪城的第七十九师视察。该师师长樊崧甫，浙江人，曾任北路军总指挥陈诚的参谋长。谈及第二十一师驻贵溪的赵旅问题，我们便将李仙洲所说的有关情况告诉他，请他防备赵旅铤而走险。樊师长指手画脚地说：我早就准备好了，他要是动一动，我就解决他那个龟儿子。我们在该师了解了一些情况后，才到第二十一师的赵旅视察。赵旅长对我们表面上还是颇有礼貌的，口头上也说欢迎欢迎，但神色上却是迎而不欢。在交谈中，他滔滔不绝地称赞刘珍年是如何的为国为民，想干些事业；如何的精明强干，年轻有为；如何的吃苦耐劳，廉洁奉公；如何的创办干部训练班，想把部队训练好，还一再地称赞刘珍年是一个了不起的青年将领。他谈话时，眼中噙着泪水，表现出很沉痛的样子。在我们面前，他虽然没有公开谩骂蒋介石，但很明显的是替刘珍年鸣冤叫屈，埋怨蒋介石错杀了刘珍年。交谈后，我们托词还要到第七十九师视察，就辞别而去。事后，我们就把赵旅长和我们的谈话，他替刘珍年鸣冤叫屈的言论和表情，向行营作了书面报告，但不知以后的结果。

三、故设圈套，诬蔑陷害。来金章是南昌行营第二厅上校参谋，他早就知道蒋介石严令禁毒，并出有布告，晓谕全国军民："凡是吸食毒品，或贩卖毒品者一律枪决"；也曾风闻蒋介石为了筹措经费，秘密经营毒品，既是禁毒的长官，又是贩毒的罪魁。但来金章为了对刘珍年遗部的头目罗织罪名，收集罪证，就不惜昧着良心，设立圈套，诬蔑陷害。一天晚饭后，他对专门招待我们的一个少校副官说：我们出去玩玩吧。那位副官说：好，委员想到哪里玩？来金章就鬼鬼祟祟地说：这里有鸦片烟馆吗？找一个好一点的地方，咱们抽两口吧。那个副官听了，神色惊异地说：现在委员长有禁令，凡是吸毒和贩毒者一律枪决，公开的大烟馆是没有了。来金章说：公开的没有了，秘密的也没有了吗？你打听打听看。那个副官察言观色地沉思了一下说：听说有个秘密烟土行，里边的设备很讲究，他们的女主人还是个很漂亮的交际花呢，但他们很有势力，一般人不能进，我是从来没有进去过，只是听说的。来金章说：你去交涉看看。那个副官说：现在吸食鸦片是要枪毙的，我不敢去。来金章说：我们只是去玩玩，没关系，有事我负责。那个副官说：那么，我就去问问看，并说，如果说委员们要去玩玩，他们或者肯答应的，要是那个女主人肯出来招待，那就很好玩了。说完他就交涉去了。那个副官去后，来金章就对卞泰荪说：他们这个土匪队伍的头子，还有不吸食毒品的吗？他们可能早就去过。过了些时间，那个副官很得意地悄悄地对我们说：他们答应了，不过，他们那里住有你们行营里一位参议，谁都不敢去，委员看，能去吗？来金章说：没关系，可以去。我当时不知道他们的目的，认为委员长正在严令禁毒之际，身为"委员长行营"派出的视察人员，公然吸食毒品取乐，影响太坏，怕被行营知道，会受到严厉惩办，就称病未去。晚上，来、卞两人回来后，还交头接耳地谈论那个副官，说真是神通广大，无孔不入。来金章还得意扬扬地说：果然不出我的所料，他们这个土匪队伍的头头，还有不吸毒品的吗？后来由卞泰荪主笔向行营写的视察报告，即歪曲事实，说第二十一师的招待副官神通广大，无孔不入，招待他们到有行营参议住的秘密鸦片烟行里吸食毒品鸦片取乐，作为视察所得的重要材料。后来我曾听到担任西路军视察组长（南昌行营少将参议）的刘耀说：委员长知道此事后，颇为不满，曾对第二厅厅长晏勋甫予以申斥，可能是因为公开了他的丑恶秘密，但来、卞两人没受处分。

四、公开敲诈，反诬害人。在我们结束视察第二十一师师部的前一天下午，来金章对那个招待副官说：我没有自卫手枪，你们师里手枪多不多，能不能送给我一支？那个副官说：我去看看。过了一会儿，那个副官就带来三支勃朗宁手枪，并说：我们的师长叫我送给三位委员每人一支。来、卞两人欣然受领，并连连致谢。我因为怕行营知道，会追究查办，不敢接受，当即婉言谢绝。我就向那个副官说：你们前方的军官自卫重要，我在后方安全，无须自卫武器，有了这种东西，还会增加累赘，有所不便。梁师长的盛情，我只好心领了。关于这个问题，以后来、卞二人在写报告时，不提来金章向第二十一师招待副官索枪之事，而只说梁师长送给他们两人每人一支手枪。这就颠倒了事情的本质，把来金章向第二十一师敲诈勒索枪支的贪污问题，变成了第二十一师梁师长向视察人员赠送自卫枪支的行贿问题。

蒋介石是怎样搞垮贵州军阀王家烈的

熊绍韩

排斥异己势力，吞并杂牌队伍，是蒋介石对付内部派系势力的一贯做法。贵州军阀王家烈，就是在蒋的残酷倾轧之下，垮得最惨的一个。蒋介石是怎样搞垮王家烈的呢？这要从第二十五军创始人周西成说起。

黔军内部两派势力之恶斗以及与何应钦的关系

黔军在反对袁世凯称帝胜利后，发展为两师，王文华任总司令兼第一师师长，袁祖铭任第二师师长。王出兵援川，在重庆筹得巨额饷款，他扣发军饷，私运巨款回贵阳修公馆，遂被官兵截夺。王怀疑是袁祖铭指使，故逼黔督刘显世将袁撤职。于是军内形成王、袁两派，矛盾愈演愈烈。接着，王又派卢焘率在川的黔军回黔倒刘（刘显世是川滇黔联军副总司令、贵州省长，王文华的叔丈人、舅父），王为避嫌，挟持袁祖铭出去游历，袁则派人刺杀王文华于上海，继而驱逐王派人物。而王的妹夫何应钦，时任总司令部参谋长和第一混成旅旅长，是王派坐镇贵阳的干将。王被杀后他逃到昆明，挨了一枪，辗转至广州依附蒋介石，后来在南京掌了大权，终于勾结唐生智谋杀了袁祖铭及其部将彭汉章、朱崧、何璧辉，还把袁部北伐有功的第十军军长王天培押至杭州西湖枪毙，为王文华祭坟。这就是王、袁两派互相仇杀的历史。周西成是袁部将领，周、袁是儿女亲家，故对何应钦怀仇颇深，对蒋介石更心存疑惧。何应钦对蒋介石长期图黔是竭尽心力的，王家烈不过是最后的牺牲品。

周西成治黔时与蒋介石对抗

原第二十五军是贵州地方部队，系第一任军长周西成所创建、发展起来的。因所有师旅团营长大多是桐梓人，故贵州人称之为桐梓系。周在同云南龙云作战阵亡后，由毛光翔继任，后又由王家烈取而代之。周、毛、王三人均以军长兼任贵州省政府主席，先后统治贵州达九年。

周西成当营长时，驻在黔桂边境，就与李宗仁、白崇禧结成深厚友谊。在周统治贵州时期，一直走的西南路线，靠在广东购进枪炮弹药等军用物资，以桂系李、白为奥援，外抗蒋介石的中央，内压异己派系。

在周西成执政时，蒋介石在贵州是很难插足的。国民党中央党部曾派张道藩到贵州主持省党部，要发展党员。周说：不必个别吸收，我代表贵州七百万人全体入党。旋由政务厅把八十一县的户口册交了一份给省党部。省党部拿到不好不办，就把贵阳的户口册圈了一些人作为党员，其中有鸦片烟馆的烟堂倌，一时传为笑话。一次蒋介石给张道藩一个密报，电报局交给了周西成（因邮电要检查，特别是国民党中央的）。周硬逼张交出密电本，译出电文内容是：嘱张办理贵州党务，要同继斌（周号）商量。此事才算了结。张在贵州待不下去，只好回南京。后来南京拍摄了一部电影叫《密电码》，即反映此事。我于1927年到贵阳，初次见周时，周指着会客室内的陈设说："南京骂我是土皇帝，土皇帝就土皇帝。你看，我这里的门帘和椅垫都是绣龙的。"说明周的反蒋态度是不加掩饰的。

周西成死后，毛光翔、王家烈相继主持贵州军政，蒋政权不相信他们，云南的龙云想吃掉他们，四川的刘湘威胁他们，他们从利害上考虑，不能不继续走周西成开辟的道路，靠拢两广，以图生存。

蒋介石蓄意图黔

蒋介石为了企图"统一"川滇黔，早已处心积虑要从薄弱环节的贵州开刀。加之何应钦因在贵州失败怀有宿怨，十分仇视袁祖铭的残余势力。为了吞并周西成这一股割据势力，蒋、何曾屡次挑起贵州内部和滇、黔两省的战争。

一、一箭双雕，周西成、李棠同归于尽

1928年冬，蒋介石指使（袁祖铭旧部）四十三军军长李燊回黔倒周。两军在黔东一带激战数月，李部溃不成军。李燊逃往云南求救，龙云派大军入黔，助李作战，周西成阵亡于黄桷垭。

周死之后，该军副军长毛光翔号召全军为周报仇，开始向贵阳反攻。龙云因其对手胡子嘉、张汝翼两部近迫昆明，遂将入黔滇军调回云南。李燊当了十八天贵州省主席，也跟着逃跑了，辗转至香港，人疲财尽，终因戒鸦片烟病痢而死。这是蒋介石图黔的第一个阴谋，置周西成、李燊于死地，可谓一箭双雕。

二、挑起内讧，王家烈取代毛光翔

毛光翔进驻贵阳，国民党中央照例任命他为贵州省政府主席，兼第二十五军军长，后又加上一个第十八路军总指挥的头衔。他袭周西成的余威，军内、省内基本上相安无事。他对两广仍靠得很紧，对国民党中央虽不像周西成那样明目张胆地对抗，却也是不即不离，阳奉阴违。当时盛传一个笑话：毛派他的经理处长邱文伯任驻京办事处代表，邱初次见蒋介石时，拿着长长的牙骨烟袋，对蒋说："敝省主席对贵委员长是衷心拥戴的。"邱固然从未出过省门，没有政治交际经验，但他反映了毛的左右对

蒋是什么态度。

蒋介石看到毛光翔不为他所用，便加紧拉拢王家烈，分化二十五军。王是副军长，因湘西一次发生兵变，受当地的请求到了湖南洪江，兼任湘黔边区司令。洪江是贵州鸦片烟出口要道，国民党中央设有"特税"机关，专收"黔土"过道税，收入颇丰，这就是王家烈的军饷来源。王的参谋长何知重（系王的姨母弟兄，周西成曾评价何说："此人不可重用，如他得势，我们这个团体就会垮呀！"）野心发作了，为王策划买枪买弹，扩充部队。蒋介石得知这一情况，便电召王家烈到南京，热情接待，慰勉有加，并发给德国九子步枪一千支（据说是毒弹头，中弹的人见血封喉。王的第一团就是用的这批步枪，成为全军的王牌部队）。王的部队扩充到好几个团，于1932年春，得到蒋介石支持，率其精锐第一、二、三团由洪江直趋贵阳，向毛夺权。其他师、旅长犹国才、侯之担等态度不明，只有蒋在珍、宋醒主张打。毛的母亲是周西成的姑母，坚决不许打，她说：这支军队是大家创建的，王绍武（家烈号）是出了大力的。以前周继斌曾说过：他之后，依群（毛群麟）绍（王绍武）佩（江佩药）用（犹用依）的次序继承下去。继斌干了三年，你（指毛）也干了三年，现在应该让王绍武来干。你们决不能为争权而打仗，破坏团体，伤害百姓，自毁继斌和你的功德。毛遵母命，和平移交，避免了内战。王夺得军长和省主席，国民党中央立即任命。毛只保留一个空架子的第十八路军总指挥，不久就把总指挥部移驻蒋在珍师部所在地遵义。

毛到遵义后，犹、蒋、宋（醒）暗中联合，密谋倒王。蒋、宋先动，约定在黔西鸭池河集中，进攻贵阳。王在贵阳有四个团，以三个团对蒋，一个团对宋，在鸭池河接触。宋部战败，退至毕节被消灭。蒋部亦节节败退，王部直至遵义城下，正准备攻城，贵阳却发生事变。原来，王同犹国才情感密切，不相信犹（副军长）会反他。直至犹发动攻势的前两天，还接济王三万元，所以王对犹毫无怀疑和戒备。犹深知贵阳空虚，集中全力袭击贵阳。王无力应战，只好撤出贵阳，到榕江集中部队，调回攻遵义的三个团，并由何知重率在洪江的部队赶来，反攻贵阳。城破时，毛、犹、蒋狼狈逃走。王又重掌军政大权，但是内部分裂更加深了。

三、蒋介石步步进逼，王家烈乖乖下台

在内部四分五裂的情况下，王家烈只得对蒋介石输诚，希望得蒋的支持，保住其权位。蒋介石见时机已到，决定搞垮王家烈，统一贵州，于是发动攻势，步步进逼。

第一步，蒋介石提出要改组贵州省政府，取得王家烈的同意后，由国民党中央派何辑五（何应钦之弟）任民政厅长，双清（王文华系政客）任建设厅长。王旋以贵州人的名义，提出双清是何应钦等在贵阳失败出走时屠杀绅耆熊铁岩、郭子华等的策划者之一，去电拒绝。何、双二人已行至重庆，不得到任。蒋介石图黔倒王第一步没有成功。

第二步，蒋派李仲公为代表，到贵阳向王试探，可否将省主席、军长让出一席。由于李不是蒋的亲信，负不了责任，故也没有取得结果。

第三步，蒋派何成浚到贵阳，明白向王提出，蒋意要王选择，任省主席就让军长，任军长则让省主席。王驻洪江时，何为武汉行辕主任，受何指挥。王奉召到南京见蒋，路过武汉时，何又接待过他，所以王对何是信赖的。此事在王的内部经过激烈争论，文班主张留省主席交出军长，理由是没有政权，军饷无着，军长还是垮台；武班主张留军长交省主席，理由是没有军权，那个空头省主席更垮得快些。王本人认为：自己是军人，不宜搞政治，向何表示，决定交出省主席专任军长。这是蒋第三次图黔倒王取得了一半成功：给王还留了个尾巴——军长。

还有一个使蒋成功的重要原因：在红军将到黔境时，王的爱妾万淑芬带了几万元出去避难。她到了南京，自称是王派去的代表，要求见蒋，由宋美龄出面接待，安排她住在励志社，设宴招待自不必说，蒋亲自接见她，表示对王的信任和慰勉，并送王二十响连发枪二百支，还送万淑芬旅费一万元，并派飞机送她回黔。万淑芬向王汇报了在南京同蒋宋接触的情况，王得了这个定心丸，更放心蒋介石不会把他搞垮。

两广得到王家烈交出省主席消息后，马上进行磋商，决定由李宗仁、

白崇禧用白绸写信，缝在二十五军驻粤办事处处长王节之的西服上装里，专车赶回贵州遵义，面交王家烈。信的内容是：你已交出省政，蒋可能以军饷卡你。我们决定由广东每月接济你三十万元以及所需的枪弹等，你即将部队集中在黔南一线（贵州都匀、独山等县），与廖磊部（桂军军长，已驻在黔南）切取联络，蒋如进逼，就同他打响。王家烈看信之后，没找任何人商量，很轻松地说："算了，抽猴子上得了树，抽狗是上不了树的，我不能干。"在其左右亲信都为之叹息。

最后一幕终于开始了。1935年1月，薛岳率吴奇伟、周浑元两个军进驻贵阳，这是蒋介石图黔倒王最后一场斗争。自薛岳率军进驻贵阳后，陈诚为先行，接着蒋介石带着宋美龄以督师为名到了贵阳。蒋曾巡视贵州省政府和第二十五军军部，并由军部操场后门到王家烈公馆看望。万淑芬此时尚蒙在鼓中，怀着荣幸的心情欢迎宋美龄去游螺丝山王阳明祠，宋也接受了万的邀请。到约定的那天，这个名胜地警卫森严，成为禁区，只是一群官眷的大小轿子飞奔而至，兴高采烈地准备欢迎第一夫人，不料望眼欲穿，仍不见贵宾惠临。万派人去催请，宋传话说她的身体不舒服，不能去了。这个回话，像一瓢冷水浇在欢迎者的头上。官眷们垂头丧气，伤心流泪。万淑芬既感到丢脸，更为今后境遇悲伤，周西成的遗孀钱氏看到丈夫创建的家业即将完蛋，两人不禁抱头痛哭。

蒋介石到贵阳，并非单纯为了督师"剿共"，主要目的是来彻底解决王家烈的问题。王虽交出了省主席，但还掌握一个军的武装，他对此是不放心的。据说，陈诚主张把王杀掉，蒋没有采纳，他说："王绍武个大心直，本人并不坏，坏在他的左右。"担心二十五军几万之众，杀一个王家烈，兔死狐悲，会激起大乱。于是采用分化手段，对王家烈说，部队未经中央点编前，只发伙食费十万元，点编后再照中央军待遇。蒋明知王部有十五六个团，共两万多人，十万元吃饭也不够，实际上一文也没给。这就是李（宗仁）白（崇禧）信中所说的，以军饷来卡他。另一方面，蒋暗中收买王的师长何知重、柏辉章（据传，何、柏各得三十万元）要他们煽动官兵反对王家烈，促其下台。何、柏确实执行了蒋的指示。王家烈在黔西时，一天，第三团（团长周相魁）由外地开来，王到住所门前去看，周团官兵沿街叫骂："王吞口发我们的欠饷！""他不发，抠他的屁股。"士兵骂街，竟没有一个官长出来制止。王回到卧室，躺在床上自言自语："这样的兵还能带吗？"嘱秘书拟电报向委员长辞职。王连发四次辞职电，蒋一时拿不准主意，没有表态，特派侍从室主任晏道刚前往黔西大定了解情况。晏了解到上述情节，得到何、柏的保证，加上王也表示：他辞职别无他意。晏乃约王同回贵阳见蒋。蒋问王为何辞军长之职，王答为了促成委员长的统一，别无他意。蒋明知王部欠饷很多，又问："你交代有没有困难？"王毫不考虑地答道："没有困难。"蒋又问："你交代后能不能离开贵州？"王很爽快地回答："马上就可以走。"蒋说："你回去休息，让我考虑。"蒋当即批准王辞去第二十五军军长，调任军事参议院参议，并宣布撤销第二十五军番号，命令何知重接收第二十五军军部物资（原许何继任军长，未兑现）。几天之后，蒋召见王家烈，蒋说：明天张汉卿副总司令飞汉口，你可不可以同他一起去？他的专机很大，你去还可带着眷属。王答应同张飞汉口。蒋即送旅费三万元。王回家后，陈诚来送行，其实是探察王是否真准备走。陈与王正在谈话，万淑芬闯进房来，当着陈的面，要王分那三万元，作遣散在公馆的卫士、大班、马夫、厨子等开支。王挥手道："陈总指挥在这里，等下再说！"万退出后，陈稍坐即辞去。王关上房门，同爱妾梁氏睡觉，避免万氏纠缠。第二天黎明，王带梁氏驱车赴清镇机场。到机场后，才同军部参谋长谢汝霖通电话说："我即将同张副总司令飞汉口，军部结束事宜，请你帮忙。"谢愤恨他事前毫无商量，就这样走了，谁收拾这个烂摊子，听完把话筒搁下，一声未吭。王家烈从此结束了他的政治生涯，离开了贵州。蒋介石长期图黔的阴谋，终于轻而易举地实现了。

王家烈被蒋介石踢出了贵州，当时贵州人士乃至云南的龙云都为之不平，带着讥笑地议论："王绍武太没出息，三万元就把贵州出卖了。"（晏道刚文说是五千元，那就更廉价了）。确实，王家烈是极其轻率、疏于戒备的。蒋介石初到贵阳时，军部经理处就把积欠官兵薪饷二百余万元和欠工商户四万多元，列表两张（一繁一简）交王带在身上，找机会向蒋报告，请求拨款解决。王在辞职时，蒋问他交代有无困难，他竟答没有困难。与此同时，伤病官兵到军部索欠饷，占各处办公室为寝室。各工商户（债权人）抓兑金库负责人到公安局和法院打官司。王离贵州后，闹得更凶。各界舆论也认为王在贵州刮了三年，连工商户这点钱都骗了。当时军部存有大批电器材料，值二三十万元。经理处提议，请何知重（蒋令何接收军部物资）拨几万元的电器材料还给工商户。但何受原电务处长糜君谟的怂恿，卡住不给；嗣后，他们拿去开电料行，变为他们的私人财产，致使工商户到处控诉，反王派大肆咒骂。最后，经理处整理了从王任军长到垮台三年的收支账目，列表登载《贵州日报》，声明单据俱在，无论机关、团体或个人如有怀疑的，请审查。登报几天之后，一般贵州人包括新的当权者认为：王部有十五六个团，三年只用八百二十余万元，并不多，欠军饷外债，势所难免。责难之声逐渐减少。

蒋介石两次派我入川的内幕

曾扩情

一

蒋介石自任黄埔军校校长以来，即以孙中山先生的唯一继承者自居，尤以1928年由日本回国，复任国民革命军总司令后，更为热衷于此。为了赚取人们以信仰孙中山先生的情感意识来信仰他，特把孙中山先生写给他的亲笔信函数十件精印成册（用优质的宣纸，长尺余，宽可六寸），广为传送。是年10月，蒋介石特派我到四川，主要任务就是把这本册子分赠各军军长，如杨森、刘湘、刘文辉、邓锡侯、田颂尧等人，并指出其中孙中山先生对胡汉民、汪精卫两人有所批评的一函，强调地对我说："从这一件函的文句，可以看出孙总理在世时，对胡、汪两人并不重视和信任。以他两人意志薄弱，不足以胜任繁剧，更不足以担当革命重责，只能在一般的政治交往上当当代表，应付场面而已。望向川中各军领导人，对此加以恳切的说明：不要指望胡、汪两人对国家大事有何决定性的作用。"这毫无疑义的是假孙中山先生的大帽子，来压倒他平日视为主要政敌的胡、汪两人，以抬高自己的身价，意图博得四川军人对他的特别信仰。我就本着他这样的意图，由南京去四川。

我原拟先到万县（杨森驻在地）见杨森，把上述的册子赠送他一本，但刚到宜昌时，就适逢杨森发动了对刘湘的战事，即停留在宜昌，等战事结束后才进入四川。不出旬日之内，杨森即败退到渠县，无继续作战的余力，战不停而自停了。由于"成则为王、败则为寇"，杨森的国民革命军的第二十军军长的名义，即在刘湘的电请之下被解除，而以投降刘湘的师长郭汝栋升充。这只有把赠送杨森的那一本册子，转赠郭汝栋了。

我先到重庆（刘湘驻在地）见刘湘，继去成都（刘文辉、邓锡侯、田颂尧等驻在地）见刘文辉、邓锡侯、田颂尧等，再去涪陵（郭汝栋驻在地）见郭汝栋。除把上述的册子分别赠给他们，并代表蒋介石致以慰问和把他所交代的话作了一般的传达外，我更强调地为蒋介石宣扬说："孙中山先生逝世后，只有蒋总司令才是唯一的继承人。他自任黄埔军校校长以来，为时不过三年之久，即完成了孙中山先生未竟之志，统一了两广，取得了北伐的胜利。他不仅现在才成为孙中山先生的继承人，即在未任黄埔军校校长以前，从孙中山先生写给他所有的信函来看，都对他具有特别的信任。孙中山先生之以革命的黄埔军校交给他承办，绝非出自偶然。到了今天，他不仅是全国军人的唯一领袖，而且已成为整个国家民族的唯一领袖。只有在他的领导下，才有军人的出路，才有国家民族的独立自由。"在成都、重庆两地的所谓群众的欢迎会上，亦作了如上述的讲演。总之，此行是专为蒋介石做说客的。

在当时的情势之下，我的瞎吹瞎擂，是起了或多或少的麻醉作用的。尤以刘湘等人得到了蒋介石赠给他们的册子和听到我的瞎吹后，不仅对蒋介石表示了所谓竭诚拥护之意，而且对我亦作为一个所谓贵宾来看待。凡我所到之处，无不受到当地军民等的郊迎郊送和隆重的款待。最值得指出的是：刘湘不仅口头表示拥蒋，而且还有具体的行动表现。到1929年的3月间我还留在重庆的时候，适逢桂系在武汉方面称兵反蒋，刘湘即在我的敦促之下，立即派其师长唐式遵率约一师之众，顺流东下，响应蒋介石讨桂之战。这对于桂系的放弃武汉退回广西以自保，是起了相当的威胁作用的。

由以上的种种情势看来，我认为蒋介石所交代我的任务业已圆满达成。遂辞别各军，回南京复命。临行时，收到各军所赠的程仪（三千元、五千元不等）和银耳、虫草以及绣花被面之类不一而足。当时由罗承烈主编的某小报，曾有"绣花被面的特派员"的讽词。我当时不仅不以为耻，反认为无负此一行，有"衣锦还乡"之感。

二

蒋介石于1930年10月，结束了对阎、冯的战争后，即拟先求得四川的安定，解除西顾之忧，以便用全力来"剿灭"江西方面的红军。因鉴于在对阎、冯的战争中，刘文辉等曾有响应阎、冯所组成的"扩大会议"的鱼电，唯刘湘未曾异动，因而有进一步倚重刘湘的策略：假以必要的权责，形成安定四川的重心，能在任何情势之下，有权利来防止类似鱼电等的行动。同时对刘文辉等亦持包容的态度，若不知有什么鱼电，以安刘文辉等的心，免于逼走极端，为此特于是年11月，再派我到四川，为上述意图而奔走。

我到了四川，除代表蒋介石对刘湘致以亲切的慰问，表扬其在对阎、冯战争中的镇静风度，将更有所倚重外，对刘文辉等亦致以慰问和期许之意。在任何的场合中，对鱼电都没有丝毫的流露。这不仅使刘湘感到与"扩大会议"无关而自慰，对蒋介石有进一步的推崇；而刘文辉等亦由惶惑不安的心情而放心，对蒋介石的态度有了好转。我在这样的情势之下，受到了比前一次到川更为隆重的招待。刘湘且派其秘书陈学池专负招待之责，对我的饮食起居，无不投合我的生活习惯和特别所好，做到了无微不至的安排。

在以上的情境当中，我认为蒋介石这一次的意图已基本上收到了效果，特电请蒋介石作进一步的指示。随即接到他的复电，要我征求刘湘的同意，邀请刘湘到武汉面商要计。刘湘当即应允，并积极准备武汉之行。唯还未成行之际，事为局处在川北地区的杨森、李家钰（邓锡侯的师长）等所察觉，齐集在邓锡侯的师长陈书农所驻的合川县城，连同陈书农等欢迎我到合川一行，有所表达。我以他们同属四川的将领，并处于比较失意的地位，对我的欢迎，当比刘湘等的欢迎更为诚意，特请得蒋介石的许可，应邀前往。临行前，为了怕引起刘湘的猜忌，特请其指派担任招待我的秘书陈学池陪同前往，以证明我对他决无不利的言行，但以刘湘认为无必要而作罢。

我到达合川时，受到了杨森、李家钰、陈书农等的盛大欢迎，比在重庆、成都等处所受到的欢迎更为热烈，并特别邀请成都的川剧名角，赶来欢迎会上作了精彩的表演。此外，杨森、李家钰等特郑重地向我提出"刘湘为人居心叵测，决不可重信，他现在总对蒋委员长表示拥护，完全出于一时利害的应付，遇到不如他的意愿时，就会翻脸不认人，甚而称兵作乱的。望转请委员长予以默许和必要的支持，俾便对刘湘采取军事行动，把他逐出重庆，断绝其对外的联系，使之失所凭借，不敢为所欲为，这才能真正解除中央的西顾之忧"云云。我除劝慰他们暂可不必性急外，并愿将他们的好意转报蒋介石，对他们给予相当的培植，能在川中将领中占有一定的地位，有过问川事之权。这虽未能满足他们当时的愿望，却使他们感到尚有发展前途，也就不再有任何要求了。

我回到重庆后，即闻刘湘对我合川之行深致不满，认为既要对他有所倚重，又何得与反对他的人们交往，可见对他的信任不专。但仍积极做武汉之行的准备，所乘的轮船和随行的人员，如秘书、参谋和副官等等均已指定，其主要的行李，都已送上了船，约定于某日早晨，（约在1931年3月初）由我陪同乘船去武汉。我即根据上述情况，电报蒋介石，随即接到复电，谓已在武汉等候，并拟于刘湘乘船到宜昌时，由汉口派飞机来接，改乘飞机去武汉，俾得早日会见。哪知临行的前夕，突闻刘湘身得重病，生死莫卜，无从作武汉之行。我明知是托故装病，仍作为他是真正得了病去慰问他。他在床上呻吟不已，迷迷糊糊地好像不认识我一样，但脸上却看不出有什么病容。我特劝慰他好好地静养，一俟病体复原精神恢复后，再与蒋介石约会，共商安川大计，以无负蒋介石的殷切属望。

据知道其中隐情的人告知我，刘湘平日所奉之为师的妖道刘从云，乘刘湘对我合川之行不满的情绪，特指点刘湘说，据他的占验，武汉之行有百害而无一利，好则另给相当的名义，羁縻在南京；不好，则加以软禁，祸福难测；无论好与不好，都无回到重庆之望，因此决不可有武汉之行；公然谢绝，势有不可，只有托病之一途。这就使我乘兴而来，败兴而去；更使蒋介石的意图，终于落了空，有啼笑皆非之感，这是为我始料所不及的。

三

1932年，我任"国民党四川省党务特派员"，常往来于成都（刘文辉所在地）、重庆（刘湘所在地）两地，从事党务和有关军事政治的活动，却同刘湘处得较好，可以参与他有关的阴谋诡计。刘湘早有独霸四川的企图，唯碍于刘文辉的势均力敌，难以实现。1932年的夏秋之间，刘湘趁蒋介石在江西"剿共"军事的失败，料知蒋将有求于他，又趁我留在重庆的时候，特取得我的同意，授意其秘书长张必果（于抗日前病死）会同秘书余维一（曾任国民党中央通讯社社长，解放前任重庆聚兴诚银行高级顾问、杨粲三的秘书）草拟一个所谓"安川剿匪"的计划，托由我送江西抚州面交蒋介石核定（此时蒋介石驻江西抚州城一个中学内，指挥"剿共"军事）。计划的内容大致如下：

在江西的"剿共"军事虽暂有不利，但只要能确保整个的四川不遭到"共匪"的侵袭，使它圈处在江西的一隅，就不致蔓延成为全国之患，终有被剿灭的一天。唯要达到这样的要求，就得先求四川军民财政的统一。这一要求之所以不能实现，完全由于刘文辉在作梗。刘文辉所霸据的地盘独广，且皆属富庶之区，他以省政府主席的职位，不仅不奉行中央的政令，而且别有异图。凡遇政局发生变化，他无不乘机鼓动，站在与中央为敌的一边。如附和唐生智的叛乱行动、响应"扩大会议"的鱼电等等，真不一而足。如不能把这种状况根本改变，不仅四川永无统一之望，予"共匪"以可乘之机，而且再有政局的变化，他又会故态复萌，加重中央西顾之虑。要改变这种状况，并无若何困难，只要假我以应有的权责和予邓、田两军的相当利益，就能形成对刘文辉夹击之势，解除其武装，占领其地盘，去掉其主席，以达到军民财政的统一。这不仅能防止"共匪"之侵袭，而且还有余力以备中央"剿共"军事的调遣。

其实刘湘的真正企图，只在于打垮刘文辉，形成独霸四川的局面。所谓以备中央"剿共"军事的调遣，并非真意。刘湘常对其有关人员表示："剿灭共匪，为当前刻不容缓的要图，但不同于一般的战争，能战则战，不能战则可以不战；而且成败乃兵家之常，不因一时的成败，而决定个人一生的存亡得失。如"剿匪"之战一旦发动，就是生死存亡的关头，有我就无匪，有匪就无我，绝不是随意得了的事情。因此只有采取积极措施，而拒匪于四川之外，不致首当其冲，乃为上策。"所以刘湘的所谓"剿匪"，不过以之投合蒋介石的意图，骗取其信任而取得相当的权位，得以便利行事罢了。但我认为：只要能打垮刘文辉，也就有利于"剿共"，并还可以消除蒋介石对刘文辉迭次反对他的隐恨，因此就乐得把刘湘的计划面交蒋介石核定。

蒋介石看了刘湘所陈的计划后，颇觉喜形于色，立即亲笔复刘湘一函，致以亲切的慰问和嘉勉，并责成刘湘晓劝川中各军："懔于赤祸的严重，捐除嫌怨、泯息内争、团结一致，为剿灭共匪而早作部署，否则共匪一旦窜入四川，将难免遭其各个击破，同归于尽，悔之无及。"这表明他对四川各军的一体看待，若无轻重厚薄之分。却又关照我以我的名义密电刘湘：如能有把握，在很短的期间内解决刘文辉，可便宜行事。同时蒋介石要我去南京，面请行政院院长汪精卫发表刘湘为"四川剿匪总司令"，预作"剿匪"的部署，以壮江西"剿匪"的声势。

刘湘接到蒋介石的亲笔信和我的密电后，已了解了蒋介石的真正用意，就毫无犹豫地积极准备解决刘文辉的军事行动。在我还未转回四川以前，约在1932年10月间，二刘的第一次战争，就在江津、泸县一带发生了。

这一次战争的结局，刘湘虽夺取了刘文辉在川东南一带的广大地盘，却未能把刘文辉的军事力量多所削弱，而刘文辉仍稳住成都，当他的四川省政府主席。这是与刘湘的预期目的相差很远的。

四

到1933年的5月间，我仍以党务特派员的名义到了成都。有一日，忽然接到邓锡侯的电文一件说：刘文辉突然发动军事侵袭他的防地，变生不测，仓促出城，未及走辞为歉云云。我随即转到成都西御街刘文辉的住所，问刘文辉是否发动了对邓锡侯的军事行动。他说："实有其事，这是由于我的军队多地盘少，不能不要邓锡侯让出相当的地盘，来养活我的军队。事出权宜，在几天内就可获得解决，不致使战争扩大。"我当时没有表示可否，内心却很不以为然，但又认为是刘湘进一步解决刘文辉的大好时机，随即转到重庆，策动刘湘乘势进攻刘文辉，以完成第一次战争所未能达成的目的。

刘湘不仅同意我的看法，而且还认为是降伏邓锡侯、使其唯命是从的大好时机。为了降伏邓锡侯，在刘、邓战争开始的时期，刘湘故持镇静，若无其事然。等待刘、邓两军，在毗河对岸相持不下时，知邓锡侯有向他乞援之势，乃唆使其所供养的妖道刘从云向邓锡侯施展道法，收之为弟子，然后允予出兵援助。邓在迫不得已的情势之下，不能不屈膝相从。这就使邓锡侯名虽为刘妖道的弟子，其实已落入了刘湘的彀中，不能不唯刘湘之命是从了。

在上述情势下，刘、邓之战就演变成为二刘之战。邓锡侯在刘湘的指挥下，从东南北三方面围攻刘文辉。刘文辉虽在岷江西岸抵抗了一个时期，卒以兵无斗志，不能不退保西康，以图再举。刘湘这才达成了他预期的目的。

在这一段战争的时期，红四方面军已进入四川，占领了巴中、南江等县为根据地。这就使刘湘虽不愿在"剿共"之战首当其冲，而迫于自身的危亡关头，也不能不勉为其难了。

在我报请汪精卫发表刘湘为"四川剿匪总司令"时，汪虽面允，却留中不发。据刘湘的财务处处长刘航琛对我谈，刘湘为了急欲取得这个名义，以便在四川各军中起号召作用，而达到独霸四川的企图，曾以十万元银币贿买陈璧君，促使汪精卫早日发表。但陈虽收了贿款，适值汪精卫与张学良不协而辞去行政院院长，卒未能促其实现。

在二刘第二次战争刚结束，刘湘由重庆进驻成都的时候，蒋介石即直接发表刘湘为"四川剿匪总司令"，并取得刘湘的同意，派"武汉行营"主任何成浚为刘湘就总司令职时的监誓员。蒋之所以派何，以何是他的老友可谈私话，能代表他进一步地拉拢刘湘，为"剿共"而多所出力。刘之同意派何，因刘、何两人早已结成朋友，利害与共，能代表他在蒋介石面前讨便宜。原来刘湘为了与何成浚保持经常的联系，特派其亲信邱甲为驻武汉代表，随时向何献殷勤。不仅何、刘两人成为利害与共的朋友，而邱亦成为与何嫖共赌无话不谈的人了。

我于8月初，在南京代刘湘领得总司令的关防，转到武汉，随同何成浚乘水上飞机去四川，面交刘湘。随机的有何的总参议陈光甫和刘湘驻武汉代表邱甲两人。

何成浚同我等到达重庆那天，由刘湘的师长范绍增招待在他家中住宿一宵。除饷以盛宴外，特腾出其邓姨太太的专房，为何下榻之所，并以极为珍贵的南土漂烟，作为恢复监誓大员在机上疲劳的享用。另把陈光甫和我两人各安排在一间很时髦的客室，特叫来有名的妓女陈八和马九两人，作为我两人的临时伴侣，使我当时感到作为一个四川军人的客人，真是"别有风味"。

次日，由范绍增派汽车五辆，护送何及我等去成都，陪同的有王陵基、刘航琛、邱甲等人。车抵成都牛市口时，刘湘已率领其文武官员，和邓锡侯等迎候多时。据说在车未到达前，查获了一个由刘文辉派来混在人群中意图刺杀刘湘和何成浚的人，但我并没有见着这个人，其下落如何亦无所闻。

何成浚及我等到达成都后，被招待在邓锡侯的师长邓国章家中，极尽铺张之能事。除大宴小宴外，每餐无不珍味备陈，吃着不尽。在何的床上，不分昼夜地摆设一个极为精美的烟盘，南土漂烟，取之不尽，用之不竭。除刘湘与何成浚两人的秘密谈话别有所在外，凡来见何的有关人员，无不面对烟盘，互叙寒温，谈论所谓"剿共"大计。

在刘湘宣誓就任"四川剿匪总司令"职那天，除刘湘表示"誓以至诚接受中央任命，团结全川军民，为剿灭共匪而努力到底"外，邓锡侯则表示："愿在刘总司令统一指挥之下，以完成剿灭共匪的任务，牺牲一切在所不辞。"何成浚在其讲话中，首先以得被任为刘总司令就职的监督员为无比的光荣；次则代表蒋介石，对刘湘和奉行"剿共"命令的川中各军首脑，致以慰问和嘉勉；末后，则讲在"剿共"当中，如遇有困难，当代请中央设法解除，请尽量利用四川的人力物力，中央当予以必要的补给云云。最后在我的讲话中，主要针对川中军人的切身利害来讲，认为："在川各军，如不团结一致，在刘总司令统一指挥之下各尽其剿共之责，一旦四川为共匪所全部占有，不仅各人的权位难保，而且将死无葬身之地，因共匪对任何军人，是毫不留情的。"

何成浚此次之到四川，不是单纯地当一个监督员了事，主要在于代表蒋介石对刘湘的特别信任和倚重。除赋予刘湘独揽四川军政大权外，在财政上，准予发行相当数目的公债；在军队的装备上，除必要的补充外，特给予在国内外购买一切装备的便利等等。这就相当地满足了刘湘的愿望，从而博得刘湘对他更为亲切和尊重。何辞别时，刘湘赠他的滋养品，如银耳、虫草之类，不下几十斤之多，还赠了金丝猴皮和不少的锦缎以及川绣被面，以及川绸等不一而足。赠陈光甫的物品，仅在数目上略少于何成浚。此外赠了我一张金丝猴皮，还发表我为教导师师长。刘湘之发表我为师长，名虽对我的酬报，其实在于用我的师长名义，好向蒋介石领取一师人的全套装备。我之愿意接受这个师长的名义，是认为：在四川当一个师长，同其他的川军师长一样，能任意地榨取老百姓，成为阡陌连田、甲第连营的富翁，一生享用不尽。唯未得蒋的许可作罢。

以上形形色色，有些属于生活细节，似不足以成为历史资料。但细究起来，所有这一场反共、反人民的罪恶根源，无不与这些细节息息相关，特写出来，聊备一览。

刘湘与蒋介石的钩心斗角

邓汉祥

新军阀混战时期刘湘和蒋介石的互相利用

四川军阀历年混战的结果，在防区时代形成了两个派系：（一）以刘湘为首的四川速成系，主要分子有杨森、唐式遵、潘文华、王缵绪、王陵基（王曾在四川陆军速成学堂任过教官）、傅常、郭昌明等；（二）以邓锡侯、刘文辉、田颂尧为首的保定军官系，主要分子有黄隐、陈书农、刁文俊、牛锡光、董长安、曾南夫、孙震、夏仲实、唐英、张为炯、张致和、向传义、吴景伯、田伯施等。其中以1926年至1933年间刘文辉的防地较为富庶，川西南的最重要地区大多是他的防地，共七十余县。

刘湘霸据川东，防地虽不甚广，但因重庆为重要商埠，他采取远交近攻策略，一面遏制保定系，使其无法补充军实，一面利用长江交通，买枪械，设武器修理所（即变相兵工厂）、炼钢厂等，大事扩张。又因蒋介石"四一二"背叛革命后，对工农红军发生广泛的断断续续的战争，同时更因蒋要消灭异己，造成清一色的蒋家天下，同桂系李宗仁、白崇禧，湖南唐生智，广东李济深、陈济棠，以及阎锡山、冯玉祥等前后发生了若干次的内战。在这过程中，他不能不拉拢长江上游的刘湘作声援，而刘湘更想利用接近蒋介石来便利他的企图。

在刘湘任二十一军军长的时代，在军部内设有特委会，以他的同学李根固主持其事（李曾任二十一军军部副官长、重庆警备司令、宪兵司令等职）。所谓特委会，就是专为对付共产党而设的机关，后来刘兼四川善后督办，更扩张为清共委员会，军、警、宪都参与其事。当时在他的防区所属川东各县，革命工作人员受其残害的很多，其办法分为杀、关、放三种：

（一）情节严重而又坚持革命立场的，大多被杀了；

（二）嫌疑稍重、态度不十分坚强的，就扣押起来；

（三）间或有立场不稳、登报声明退出进步关系的，就释放了。甚至利用个别的作为工具，帮助特委会调查、破坏地下革命干部的工作。震动一时的"三三一惨案"①，虽系刽子手王陵基、蓝文彬等所造成，但刘亦不能辞其责。

1930年，蒋与阎、冯战争发生时，张学良在两者之间，有举足轻重之势，蒋介石派张群做代表到沈阳去运动张维护"中央"。同时，阎锡山派他的秘书长贾景德，冯玉祥派他的总参议薛笃弼，也到沈阳包围张。而刘湘为探讨张学良的真实态度，以便决定他对双方的策略起见，特委托我前往谒张。因我和张原来有交往，晤谈时张便向我说："恶政府胜于无政府，蒋介石诚然不对，但阎锡山、冯玉祥又有什么对的呢？我已决心维持南京政府，并经电约热河、吉林、黑龙江各地负责人来沈阳面商。如他们赞同我的主张，我就一面通电，一面率兵进关。但因我目前的处境关系，时机还未成熟，现在对两方的代表不能不说两种话，请你务严守秘密。"我将这个情形电知刘湘后，刘就极力表示靠紧蒋介石。当时刘文辉的代表冷杰生、张笃伦走汪精卫的路子，在北京扩大会议活动。刘文辉、

---

①　1927年3月31日，重庆国民党左派所领导的莲花池省党部，于通远门打枪坝召集群众大会，反对英美军舰炮击南京。刘湘及所部师长王陵基、旅长蓝文彬，江巴綦南各属团练总指挥曹燮阳、大队长申文英等唆使便衣部队袭击会场，男女学生及群众死伤数百人，省党部执行委员杨暗公及陈达三、《新蜀报》主笔漆南薰等先后遇害。

邓锡侯、田颂尧反蒋"鱼电"发出后，声言要派兵去援助阎、冯。而刘湘则公开地说，成都方面如果要发动，他就要起来制止。

1929年春夏之间，蒋介石同桂系在武汉发生战争，刘湘有举足轻重之势。当时他坚决倾向蒋方。1931年，刘湘的代表钟体乾到南京，蒋曾向钟体乾提出要求，大意谓两广方面将有异动，中央要集中力量对付彼方，鄂西的红军，他势难兼顾，请转达刘湘派兵到鄂西担任"进剿"红军的责任，将来武汉都可以交给刘湘；并许了刘湘若干包袱，对钟体乾个人也十分客气，称呼他为"老前辈"。刘湘经钟转达后，认为有发展机会，就派王陵基、郭勋祺等部到鄂西"围剿"红军。所以在购买械弹及机器方面，南京中央确给了刘湘一些便利。从形势上看来，刘湘和蒋介石似乎很接近，实际上则彼此互相利用，并非推诚相与。

在速成、保定两系的对峙中，刘湘、刘文辉势均力敌，两人均有统一四川的企图。他们尽管有叔侄关系，但因利害冲突，复有学派之不同，于是就形成势不两立的局面。故1932年冬，竟演成二刘之战。刘文辉失败退至雅安后，偏处一隅，形势远不如昔，而过去又曾一再反蒋，但是他处在这种环境之下，还能够保持相当力量，后来到1949年12月在彭县起义，确非易事。①

1933年，工农红军进据通南巴各县后，蒋介石以刘湘为"剿匪总司令"，所有邓锡侯、田颂尧、李家钰各部都归刘湘指挥。但据刘湘云，邓、田各部对他的作战计划，采取阳奉阴违的态度，所以对于川北红军，始终没有办法。当他的直属部队王陵基、唐式遵等部在万源被红军击溃后，实力损失很大，又夹杂有所谓刘神仙的关系，前线部队内讧甚烈。当时刘湘感于川情复杂，而黄埔系的四川人，复揣摩蒋介石的心理，在各军以及刘湘直辖部队之间进行挑拨离间。刘湘甚为懊丧，曾电蒋辞职，并约我自沪来渝，我代表他到庐山去见蒋介石，提出几项要求并以辞职相要挟：（一）各军不奉命，而又有一些黄埔学生在四川挑拨离间，请示如何

---

① 刘湘被红军击败后，蒋介石派参谋团入川控制川局。

办法；（二）各军向他请求临时补助军费，他以川东一隅的财源，自顾不暇，请中央酌给巨款，以便支应；（三）请接济他若干机关枪及炮弹等。我到庐山，先将刘湘无法负责、不得已而辞职的情形向蒋的秘书长杨永泰危言耸听地谈了一番，然后才去会蒋。因杨已先同蒋商量有结果，故我一见蒋面，所有的问题都得到相当解决。当时蒋介石向我表示立即电饬川中各军务必服从刘总司令的命令，如有违命的，准由刘先行撤职后报中央；如有假借中央名义在四川挑拨离间者，准由刘拿办，一面给现款五十万元、炮弹五百发，并给有迫击炮等。

　　1934年10月，江西工农红军突围北上抗日，蒋介石赓即电约刘湘到南京面商，一面杨永泰、张群到上海请我电催刘早日东下。我电知刘后，刘又电约我到汉口等他来先行会商。我到汉口与刘湘见面时，刘问我："你看蒋这回约我来，要谈些什么问题？"我说："蒋表面上必定讲些加重你的责任、提高你的地位及如何信赖你等好听的话，实际上就是要利用你阻止红军北上，以期达到他两败俱伤的愿望。同时他还会借防堵红军为口实，派重兵入川，实行掌握川局。"刘湘说："我们的处境相当困难，只有在两害取轻的原则下来决定态度，等我深思熟虑后，再行详商。"我与刘由汉口出发，系坐船到南京，船到武穴时刘湘又同我密商。刘说："我的主意已经打定。红军的目的究竟是在拿四川或是过路，现在尚难判断。假使他们的目的在拿四川，当然我们吃不消；但是以官兵保卫桑梓的关系，又是以逸待劳，也未尝不可一拼；幸而站得住，四川依然是我们的。如果红军的目的，只是在假道，那就更不成问题。但如果蒋介石借这个机会派军队入川，则我们同红军作战的结果，幸而胜，也是替蒋造机会；若失败，那就更不必说了。所以无论如何，要阻止蒋派兵入川。我们到南京后，就本着这个意思相机应付。"

　　刘湘抵南京时，除蒋介石外，所有各院部的负责人都到下关码头来迎接。刘在京住铜银巷办事处，休息片刻即由杨永泰陪同去见蒋介石。蒋向刘说，有许多重要事同甫澄兄商量，你在途中辛苦了，请你稍为休息后，我们再详细谈。刘湘为避免见忌于蒋，故意装着笨拙的样子，话都说不清楚。下来后，杨永泰向我说："你这位伙计是个刘璋，怎么担得起重任？"我说："你不要把人认错了。"跟着蒋介石命杨永泰、张群、吴鼎昌三人同刘湘谈问题，他们三人商量结果，决定先约我谈，然后再晤刘，较有伸缩余地。于是杨、张、吴就向我提出了蒋介石的具体意见，主要就是：要刘组织四川省政府，担任主席；四川善后督办署改为川康绥靖公署，由刘兼主任；现举国的共产党都要到四川，蒋决定仍要刘兼"剿匪总司令"，但以一省的力量担任这个艰巨的责任，很难有把握，蒋拟派十个师分头由川东、川北两路入川协助作战，所有入川的中央军及四川各军，统归刘湘指挥调遣；至军费及械弹等，中央更应负责。他们的话说完后，我回答说："这个布置很周密，但四川军民的心理，我们应特别考虑到。我是贵州人，我深知过去因滇、黔军队以及北洋军几次入川蹂躏地方，四川人对客军的印象历来就很坏。现在中央军固然同滇、黔、北洋军不同，但是一般军民认为是客军则一也。四川全省军队约有五十万人，如果因为这十个师入川的关系，而使五十万人生出主客利害不同的心理，不肯努力作战，刘甫澄个人纵然肯负责，恐亦无济于事。"杨、张、吴对这一点都提出不同的看法，并说了许多解释的话。我将同杨、张、吴谈话的情形转告刘湘，刘说，这个意思表达到就够了。同时又告诉我说："你再会到杨、张、吴时，就说我愿意尽力效命疆场，但总司令一职，责任重大，请中央指派资望较高的人去担任，我愿听指挥。"经一再往返磋商，蒋见刘的态度坚决，不愿弄成僵局，始打消派兵入川之意，而另组织参谋团入川帮助；又提出贺国光为参谋团主任，因贺与刘湘是四川速成同学的关系。同时组织四川省政府，蒋介石提出以康泽为保安处处长，蒋志澄为教育厅厅长，其余人员统由刘湘推荐。刘只承认蒋志澄的教育厅厅长，拒绝康泽做保安处处长；后来康泽率别动队随参谋团入川，分驻交通要道各县，表面上说是为了清查共产党，暗中则进行破坏刘湘的活动。1935年1月，参谋团到重庆时，工农红军已到贵州遵义，刘湘同贺国光会商结果，派郭勋祺、潘佐等部向贵州土城方面，派廖泽等部向贵州松坎方面，阻击红军。后来红军由云南、西康经川边北上，刘湘又率重兵在邛崃一带阻止。

参谋团入川后刘、蒋的明争暗斗

参谋团到重庆不久，就改为军事委员会委员长重庆行营，专管川、滇、黔、康的政治、军事、经济大事，蒋介石并亲自来川主持。行营秘书长就是杨永泰，贺国光改任参谋长。表面上蒋介石说扶助刘湘统一川康，实际则企图拉垮刘湘，直接掌握川康。这个时候，刘湘如芒刺在背，时感不安。刘湘虽亦扬言拥蒋，暗中则多方防止蒋的势力侵入四川，蒋、刘矛盾，因之日趋尖锐化。刘每天所搜集的情报，内容大多都是关于复兴社分子对他进行破坏活动的情况。1935年2月，川省府在重庆成立，蒋刚到重庆，就叫他的秘书长杨永泰向刘湘说："重庆行营要仿武汉行营的先例，在重庆训练四川县政人员，训练完毕后，交由省政府以县长、区长委用。"当时刘湘坚持此项训练应由省府主办，并以去就力争，结果改由行营同省府合办，由刘湘主持其事，另由行营派王又庸任该所主任，以省府秘书长及各厅处长为教官。关于法律的课程，由高等审判厅厅长担任；三民主义的课程，由国民党书记长担任；保甲法令，由行营派程懋型专任；并由行营派复兴社分子担任军事管理和军事训练的责任。于是1935年的四五月间，在重庆成立县政人员训练所，招考学生约四百人，凡国内外大学毕业、在军政机关服务一年，或高中毕业、在军政机关服务四年者，皆可报考。开办后由我以省府秘书长的名义代表刘湘主持一切。刘湘并谆嘱我要用全副精神来注意此项训练，绝对不要受训人员走"中央"的路子，因为要利用这些人员到基层去防制"中央"的势力侵入地方。又以受训人员全部都是四川人，我便暗示他们一定要拥护刘湘，跟着省政府走，才会有前途，并明白告诉他们，县长、区长是由省府委派，行营虽然可以管省府，但绝对不能委县长、区长。一般受训人员因自身的利害关系，当然倒向省府方面。受训期间，规定为三个月。约在1935年7月，省府由重庆迁到成都，县政训练所也随之搬来成都。在第一期将要毕业的时候，适蒋介石在峨眉调训全川中上级军官，并命县训所受训人员前往参加训练，于是该项人员又到峨眉受训后，才回成都考试毕业，毕业时分为县长班及佐治班任用。县训所前后办过三期，共毕业一千零七十人。在刘湘任川省主席时期，县训人员担任县长的经常保持八九十人。全川五百多个区长，完全是县训人员充任。县训所二、三两期受训人员，绝大多数仍是考试来的，有一部分是调训现任县长，有很少数的人，是由邓锡侯、刘文辉、田颂尧、李家钰、杨森等各个军事长官保送的。入所后，规定集体加入国民党，也不过是照例文章。这是蒋、刘争取行政干部的经过事实。

1935年夏，川省府颁布在成都征收房捐的命令，尹昌衡、胡景伊、刘存厚等联合部分武备生准备起来反抗，并以运动罢市相要挟。刘湘为贯彻他的命令及保持省府威信计，就派兵把尹、胡、刘的住宅监视起来，表面上说外间谣言甚多，特派兵来保护，请"尹都督、胡都督、刘将军不要出去"，以免发生危险，一面并逮捕了几个武备学生。这时候蒋介石为讨好那些反抗分子，命刘湘立刻撤去包围尹、胡、刘住宅的队伍，并释放扣押诸人，刘拒未照办。蒋、刘的斗争，就更表面化了。

蒋介石为笼络川军中上级人员，曾在峨眉组织军训，并亲临主持，而以刘湘副之。刘为缓和彼此间的冲突，曾向蒋谓："湘的胃溃疡病十分严重，自知有生命危险，来日无多，其所以勉强担任川省军政职务者：一因受委员长的知遇，当此国家多事之秋，不忍决然引退；二因受地方父老之培植，在四川担任军政职务二十余年，无一善政报答桑梓，不能不力疾从事。四川是国家后防重地，委员长在川对于国防上的布置，请放手为之；关于四川军民两政的措施，亦请明白指示，湘无不唯命是听。但希望中央在川人员通力合作，方能收指臂之效。"刘当时大有垂涕而道之概。蒋聆悉后，很肤泛地答复说："甫澄兄，你的意思很好。你安心好好养病，以后有事，就叫秘书长、参谋长来见我。"刘湘回成都将这个经过告诉我，认为蒋介石这条路是走不通的，于是决定采取两面手法，表面敷衍蒋，暗中则加强防蒋的布置。对外切实联络两广、云南各反蒋派，以作声援，先后派张斯可、李星辉、刘亚修到两广活动，派魏子铣、李叔尧到云南接洽，龙云也派胡郁苏当代表，长驻重庆。凡关于反蒋方面的接头事宜，刘指定总参议钟体乾、参谋长傅常负责，这一类有关函电，统由绥靖公署办理。关于敷衍中央方面的接洽，则指定秘书长我负责，往来的函电，由省政府办理。

两广事变与刘、蒋矛盾之发展

1936年夏，广东陈济棠通电反蒋，桂系亦准备发动，情势甚为严重。蒋曾电刘要他通电指责陈济棠据地称兵，破坏国家统一，其用意就是逼刘表明态度。当时刘在大邑县安仁镇家里，我持电前往面商。我开口就说，四川输赢吃糖的机会到了，这回蒋同两广打的结果，必定两败俱伤，无论谁打胜，都非拉拢四川不可。我主张先打一个冠冕堂皇的通电，再坐观成败，刘极不赞同。刘认为应响应两广，壮其声势，若不然，两广先败，四川更无法对付蒋，要我回省通电，以一百字为限，使两广看去不是在帮蒋，但对蒋也必须敷衍。我回成都照刘的意思发出通电后，刘湘也赉即来蓉，秘密召集主要干部商讨此事。开会时参谋长傅常及潘文华等都主张立即发动，先包围成都中央军校及重庆行营，把它接收过来，我未说话。最后刘又问我对大家的意见是否赞同，我说："原则赞同，但采取的步骤应慎重考虑。因两广反蒋固然一致，但内中分歧很多，而且蒋介石一贯以挖墙脚的办法对付各省，陈济棠的部下是否有被蒋收买的，尚难断定。如果我们马上发动，万一两广内部有问题，不能支持，则蒋介石的矛头必然就会转向四川。我认为目前只能暗中准备，俟双方战事到重要关头，再采取行动，较为稳当。"刘湘当即表示同意，但散会后，仍由绥靖公署密令所部军队夜里向成都、重庆两地集结。殊陈济棠通电不到三天，陈的部下余汉谋就发出反陈通电，广东的空军也变了，于是未放一枪而陈济棠就垮了台。这时刘湘很着急，曾到贵州馆街我的家里，要我代表他到庐山去见蒋，我说，这个时候去，没有什么作用。刘说："现在非去不可，蒋对我们究竟是什么态度，必须探讨清楚，才好决定应付之方。"我即到庐山，蒋一会见就怒容满面，喊副官把地图拿来，指着地图说，甫澄夜里调动某些地方的军队，作附和陈济棠反抗中央的活动，我已经很清楚。愤怒之情，溢于言表。我当即力为解说，极端否认调兵的事情，并谓即令有此事，也是为了"剿匪"，而不是附和陈济棠，因四川的土匪同哥老向来互通声气，所以"剿匪"的军队一定要在夜晚行动，才不会泄露，并举过去刘湘维护蒋的许多事实，来证明刘绝对不会附和陈济棠。因而蒋的气始稍平，最后写了一封亲笔信交我转给刘，略示敷衍，但内心上对刘已结成不解之怨。

刘湘始终顾虑的，是怕蒋介石收买他的部下，挖他的墙脚，于是把原来二十一军有名无实的武德学友会充实起来，表面上以崇尚武德、研究军事学为号召，实际上则是团结所部拥护防蒋，并由傅常、张斯可向刘介绍郭春涛、高兴亚、郭秉毅、汪导余、李荫枫等为武德学友会设计委员，另外以彭光汉、刘兆藜、潘佐等为核心，专门考查各级军官的言论行动，密报刘湘，作为各级军官升迁奖惩的参考材料。刘并在成都调训营长以上的军官，由各设计委员分别担任讲授有关思想方面的课程，至精神讲话，则由刘湘与我每星期各去讲两次。自张斯可代表刘湘在广西签订反蒋抗日联共的《红、桂、川军事协定》[①]，商定如果蒋介石不抗日，还打内战，就联合起来反蒋。以后刘曾派王干青代表他到延安，延安也派李一氓代表来川，嗣后又派罗世文代表来成都。在这个时候，刘自知力不敌蒋，为图生存及割据四川，不能不联络蒋的敌对势力。然而他既要"联共"，对过去摧残进步人士的那一套反动措施，就不能不收敛起来，这对发展民主抗日力量是有好处的。

1936年8月发生的成都大川饭店事件，也是蒋、刘暗斗的事件之一。是

---

① 据张斯可谈，西安事变发生后，他即由北京到桂林，代表刘湘同李宗仁联系，探询桂系对于时局的态度，当时中共亦有代表在桂。张回川将会商结果向刘湘报告后，刘又命他赴桂签订这个协定。张因患中风症，记忆力很差，只记得当时代表桂系签字的是李宗仁，至于代表中共签字的代表姓名，他已想不起来。

年6月，南京外交部曾电刘湘说，日本拟在成都设立领事馆，刘湘复电，以成都既非商埠，又无日侨，更无条约的根据，且东北沦陷后，川人仇视日本的情形甚为激烈，请外交部慎重考虑，严词拒绝。8月20日前后，日本派来设领事馆人员深川经二、渡边洸三郎、田中武夫、濑户尚四人，住骡马市大川饭店。刘湘毅然拒绝，决定办法三项：

一、派员到大川饭店向此四日人说明成都不能设领馆，劝其早日离开，如果善说不行，即由武德学友会策动成都各界示威游行，压迫他们出境。

二、为了避免中央特务捣乱，并为将来应付中央预留地步，暗中策动抗日民众团体，邀请蒋介石在成都的特务分子参加指导游行。

三、示威游行时，军警只能维持秩序，不准干涉。在示威游行的时候，特务分子不敢公然违反群众的意旨，不得已勉强参加。在进行中，刘湘叫人用手提照相机把特务沿途活动的情形完全照下来。群众经过大川饭店，竟将该四日人痛加殴击，渡边洸三郎、深川经二二人当场毙命，其余二人负伤未死。事件发生后，蒋介石想借外交问题收拾刘湘，曾电责刘湘事前既未防范，事后又不缉凶，对该事件应负完全责任。刘湘复电说，此次事件由成都中央人员领导发动，又系爱国行为，事前未便阻止，事后无法缉凶，并将当日运动中所拍各种照片函送南京。蒋介石无法嫁祸，始改由南京外交部负责交涉①。

刘湘在西安事变以后的思想变化

刘湘的思想，起初反共，继因利害关系，向延安靠拢，可以说还是一种手段。"双十二"事变发生时，刘湘召集干部会议，傅常、潘文华等主

---

① 据台湾刘绍棠主编《民国大事日志》载：8月27日成都暴动案凶犯两名枪决。

张立即发动，调集军队包围成都军校及重庆行营。我不同意这个办法，说："如果张学良把蒋介石杀了，所谓军校、行营，还搬得走吗？如我们这个时候发动，假使张把蒋放了，我们怎么下台？"刘湘赞同我的主张，并要我去安慰在成都的蒋系人员。时何应钦忽派他的胞弟何辑五来成都，找我介绍向刘接洽，大意谓黄埔系推何应钦为总司令，蒋死后，黄埔的力量，何领导得起来，希望同刘合作，一面他还要到昆明去联络龙云。何辑五并说，他哥哥主张派飞机去炸西安，就是逼张杀蒋的意思。殊正说得很起劲的时候，张学良就把蒋介石放了。于是何辑五恐慌万状，不敢回南京，便改装飞回上海。刘湘虽然没有发动，但成、渝两地的特务曾借此事向蒋多方挑拨。蒋对刘的恶感，更如火上加油。后来刘湘听说是因为共产党不主张杀蒋介石，张学良才把蒋放了，始而很诧异，经过几天的思考，他便大声地说："共产党真是以国家大局为重，不计恩怨。共产党经过长征，到北方不久，在军事、政治、经济各方面尚待布置，这时如果把蒋介石杀了，全国不知有几人称帝、几人称王，必然演成混乱局面，徒为日本人造机会而已。这事确是为国家大局着想，抛弃历年和蒋的积怨，标举外御其侮的大义，并且有当家做主的风度，非有伟大的眼光和气魄，决不能做到这步。"共产党对这一件事所表现的伟大气魄，的确感动了刘湘，因而他对共产党初由仇视转变为利用，再进一步变为推崇，是经过一番过程的。从他在国民党三中全会所提的提案来看，就可以证明他的思想确有转变。1937年春，刘湘在反共的国民党三中全会上，能够大声疾呼，主张"集中人才，精诚团结，解放言论，发扬民气"，且对"国家人才之受摧残，即元气之受损伤"痛切言之，此已可表明他内心确有转变，至其措辞之不能不相当含蓄，在当时自有其不得已之苦衷，明眼人不难一望而知。

川军整军会议

1937年6月中旬，蒋介石电刘湘嘱即派全权代表到南京，有事相商。

这时候全国各省都比较平静，刘湘认为蒋一定要打他的主意，初派建设厅厅长卢作孚代表前往，意在探明蒋的意旨，再设法应付。殊卢到重庆晤贺国光后，因贺说卢同刘的关系不够，仍回成都。因而刘又改派我前往，刘并向我说："无论蒋出什么题目，我们抱定一个'拖'字来应付，拖一天有一天的机会，总以避免和他冲突为上策。"我到南京，飞机场有五六十个新闻记者包围我，因当时特务散布谣言，说四川要造反，故记者特别注意。经我负责声明四川很安静，记者始散去。蒋派他的副官长姚琮到机场接我，要我立即往见蒋。晤时蒋直截了当地说：四川的军队太多，应该缩编。四川一省，相当于欧洲一个大国，甫澄身体多病，兼管军民两政，深恐他体力不逮。中央拟派能够同他合作的人去任省政府主席，甫澄专负绥靖地方的责任，使他便于休养，对地方和他个人都是有利的。我当即负责代刘答复说："缩编军队，如果四川各军在一个标准之下，同时进行，自无问题；至军民分治，请中央再加考虑。因四川在防区时代，混乱多年，人民深受其苦。自前年省政府成立、川政统一后，关于地方治安及用人用钱各方面，始稍有眉目，今截然划分，军政民政由两个人负责，恐难收辅车相依之效，转增中央西顾之忧。"蒋毫不为动。我又说："委员长日理万机不便多来麻烦，可否指定一位负责人员从长研讨，使汉祥多有陈述的机会。"经蒋指定何应钦之后，我向何说："缩编军队和军民分治两件事，何不分两个步骤办理？如果同时进行，难免不逼得狗急跳墙。先缩编军队，过一些时再提出分治来，同样可以达到中央的愿望。这是一件大事，望同蒋先生熟商之。"何将这个意思转告蒋后，第二次我见蒋，蒋就没有再提军民分治的话了，只是说准7月1日在重庆开整军会议，派何应钦代表到渝主持。我回蓉时将接洽情形详告刘湘，刘即分电蒋、何表示拥护整军会议。

何于6月28日飞渝。刘湘部下，大多阻止刘到重庆，并有三个旅长跪在地上痛哭，说到重庆非常危险，万一被扣，就毫无办法。刘向我密商，问我究竟是去好还是不去好。我说："假使我替蒋介石策划，绝不采取扣留你的办法，因把你扣起来，你的几十万军队仍然会成问题。不如采取用绳子勒死的巧妙办法，先缩编军队，再军民分治，最后调你到中央去当个部长，岂不比较省事得多吗？但这还是我个人的推测，最稳当的办法，是你坐汽车前往，我乘飞机先去，俟何应钦到渝，我先同何密谈，从何的态度中就可以作有力的判断。我晤何后，即秘密到璧山来迎你。届时如果有顾虑，就以旧疾复发为借口，中途转回成都；倘无顾虑，便大大方方地进重庆。"刘极表赞同。我即先飞往重庆晤何，首先就说，此间的谣言甚多。何问什么谣言，我说："不外说，整军就是对付刘甫澄。"于是何尽量解释。我又说："蒋先生的把戏很多，谣言不能认为毫无根据。"何慨然曰："我是贵州人，如果蒋真要下手刘甫澄，我肯来当刽子手，同四川人结不解之仇吗？"何说这个话的时候态度很自然，我因同何有同乡同学的关系，认定何这话绝不是欺骗他的，于是当夜赶到璧山将经过详告刘湘，刘始决心到重庆。

7月1日①整军会议开幕，何应钦代表蒋介石说明整军的意义后，军长李家钰首先发言，说他在前方同红军作战，刘湘就在后面收编他的军队，他想不通这是什么道理。何应钦立即制止说："我们这个会议有一定的范围，李军长的话是横生枝节，出乎范围以外了。"李就没有往下再说。开会的结果：

一、各军缩减十分之二；

二、团长以上军官，由中央直接委派；

三、川军的军饷，每月由军政部派员点名发放。这一来，蒋介石把川军的用人权、经济权都拿走了。各军事长官，尤其是刘湘，当然不愿意，但因不愿和蒋破裂，挨头一刀，不能不勉强接受。

在会议将要结束的时候，"七七"事变忽然发生，何应钦便匆忙回南京，大家以为所谓整军会议，必然是无疾而终了。殊8月3日蒋介石在南京召集国防会议，全国各军政负责人员都前往参加。刘湘、我8月3日午后二

---

① 据台湾刘绍棠主编《民国大事日志》载：7月6日川康整军会议开幕。

时同到南京①。

　　刘湘随即前往见蒋。蒋向刘说，我晓得你今天来，故决定今晚开国防会议，请甫澄兄务必参加，一切事情，我们另外约时间再谈。开国防会议时，头一个发言的是蒋介石，其次是阎锡山，再其次就是刘湘。当时刘湘在会场里竭力主战，并说四川可以出兵三十万，供给壮丁五百万和粮食若干万石。在群情激昂的情况下，蒋介石也不能不主战。

　　次日早九点钟，何应钦在顾祝同家里约我去商量事情。我到顾宅时，何应钦即将蒋介石写给何、顾二人的亲笔信交我看，信中的大意是说，他4日早八时飞往庐山，准5日九点以前回南京，叫何、顾同刘湘详商如何贯彻执行整军会议的决议案，以及四川出兵抗战共分几路，每路的人数和指挥人员如何决定，叫何、顾于5日九时去报告他。我看毕这个信，便向何、顾说："现在既决定抗战，何必还要说执行整军会议案呢？刘甫澄个人对此不会有什么问题，但川军官兵必然会因此发生一种误会，认为中央不相信四川将领，减少他们抗战的兴会和勇气。你们两位就地位说，就同蒋先生的关系说，都要向蒋先生陈明利害，打消此意。"我正在拿着信向何、顾谈话的时候，忽然刘湘来回拜顾祝同，我不能不把蒋的原信交给刘看，刘沉不住气，当时脸色就变了。于是何应钦向刘说："这件事我们认为还应该商量，所以先同其阶兄谈，请甫澄兄暂时不必参加，俟我们商量妥后，再同你说。"于是刘湘就先走了。何、顾看出刘湘脸色不对，才答应向蒋去说，要我5日十一时到何应钦家去听回信。我届时前往，何向我说："蒋先生对整军会议案认为必须贯彻执行，意甚坚决。"我将何的话转告刘湘，刘湘说："我们想法子溜回四川再说。"我说："要溜也不要露马脚，不然就恐怕走不了。"是日下午五时，蒋介石在孔祥熙家里打电话约我去谈话，一见面蒋就问我："你们这几天商量得怎么样？"我说："出兵的事已商量好，分为两路，邓锡侯部由川北开拔，取道陕西；刘主席所部，则顺江东下。这样分开来，沿途的给养和交通工具，都不感到困难。

---

　　① 　据台湾刘绍棠主编《民国大事日志》载：8月7日刘湘自四川抵南京。

至执行整军会议案，刘主席向来服从命令，没有什么意见。不过我替委员长设想，当此抗战用人之际，整军会议案可否暂缓执行？"我的话还未说毕，蒋就发脾气了。蒋说："世界上无论任何国家，军政不统一，那个国家还有办法吗？"我又说："云南、广西、山西，军政都还没有统一，也不仅四川一省特殊。"于是蒋更怒不可遏了。我在急不择言的情况下，就大胆地说："如果因贯彻执行整军案而川军调不出来，怎么办呢？"这一句话确打动了蒋介石，蒋便顺风转舵说，暂时则可，永久则不可。我说："抗战结束后，全国军政统一，四川自然不会例外。"于是蒋介石又说："财政厅厅长刘航琛大嫖大赌，不理正事，太不成话，告知甫澄另推荐一人，把他换了。"我说："现在正要出兵，财政上骤易生手，恐有妨害。可否告知刘主席先准备一个适当的人，等出兵告一段落，再行撤换刘航琛。"这个时候，蒋因稍为冷静，故对我的建议亦表赞同。

我回到铜银巷办事处，将同蒋谈话的经过详告刘湘。刘说："蒋的话靠不住，我们总以设法溜走为妙。"我俩正在谈话时，蒋介石忽然来电话说，他就到办事处来看刘湘。蒋来到和刘湘握手后，就说："甫澄，我们两弟兄自从北伐以来，你对国家和我个人的维护，我是不会忘记的。现在要抗战，四川对国家的关系更重要了，以后希望你多负责任，整军案俟抗战结束后再说。不过我过去总以为事必躬亲，才放得下心，必须与我有关系的人，才是人才，才肯重用。这一念之差，几乎把国家误了。我现在则不然，譬如宋子文当财政部部长，我只把财政方针告诉他，至于如何安排，如何去做，我决不过问。又如现在我所用的人，有许多是素昧平生的。不过我过去这些短处，甫澄兄或多或少亦不免有相同之处。四川地方之大，人口之多，不亚于欧洲的大国，希望甫澄兄在军政两方面提纲挈领，多延揽人才，前途一切，自然会收事半功倍之效。"蒋走后，刘湘很高兴，向我说："老蒋今天算同我说了几句知心话。"我说："还是'川军调不出来怎么办'这句话起了作用。"

川军出川抗战与刘湘之死

刘湘回成都同邓锡侯商定，邓亲率陈书农、孙震、李家钰等部十余万人由北路出发，刘亲率唐式遵、郭勋祺、饶国华等部约十万人从东路出发。当时刘湘的病尚未痊愈，我曾劝他不必亲自出去。刘说："过去打了若干年的内战，报不出账来，今天有了抗战的机会，不能不尽力报国，争取个人在历史上的篇幅。而且我这次调出去的军队，约占全部半数以上，如果我不亲自去指挥，不到半年就会被蒋介石分化或消灭了。"刘湘布置就绪后，省政由秘书长我代理，绥靖主任职务由总参议钟体乾代理，刘湘率兵出川抗战，任第七战区司令长官。刘湘到南京之日，日军已将逼近镇江。蒋一见面，就说要刘守南京。刘为坚决主张抗战的人，不能说不接受此项艰巨任务，但事实上南京绝对守不住，其结果将不但牺牲川军，且将落失守南京的罪名。因之，刘湘很踌躇，向蒋说："我刚到南京，队伍究竟到了什么地方，等我马上去弄清楚，再来回话。"刘湘原来有严重的胃溃疡病，辞别蒋介石出来，在车上大吐其血，竟至昏死。蒋一面派船把他送到汉口医治，一面派陈诚为第七战区副司令长官，并把刘湘所兼的集团军总司令委唐式遵接任。刘湘到汉口后，病稍愈，得悉蒋介石这两道命令，异常愤慨。跟着唐式遵又派人向刘索取集团军总司令印信，刘更为痛心。因唐本是刘的心腹，被蒋介石收买后，忽然改变态度，刘湘当然是想不通的。这是刘病加重的主要原因。1938年1月20日，刘湘临死的头一天，何应钦去看他的病，谈话很久，他或不免又受了一些刺激，第二天[1]便死了。

刘湘死后，外面盛传他是蒋介石毒死的，其事虽然不确，但由经过的一切情形看来，可以说刘湘完全是被蒋介石气死的。

---

① 据《民国人物大辞典》（河北人民出版社）：刘湘死于1938年1月23日。

蒋介石派张群图川的经过

邓汉祥

蒋、张的历史渊源

前清光绪末年，张群同蒋介石（当时名蒋志清），在保定进陆军速成学堂，而且同讲堂同寝室，彼此交谊甚笃。当时速成学堂总办段祺瑞挑选学生到日本进振武学校，张、蒋二人也在选送之列。振武毕业后，蒋、张均分配入联队见习。适辛亥武昌起义，陈其美在上海独立，组织都督府，陈任沪军都督，黄郛任参谋长。黄在日本进测绘学堂时，同蒋、张二人都认识，于是蒋、张二人就到东京同盟会办事处请发回国路费，由同盟会办事处负责人任鸿隽各给老头票三百元。他们便联袂回上海经黄郛推荐张群任都督府参谋，蒋介石以浙江同乡的关系，委为团长。1913年二次革命失败后，陈其美被刺身死，张群仍回到东京进士官学校，蒋介石就在上海同杨虎等过流氓生活。

张由日本士官毕业回来，即加入政学会。1916年春，政学会拥护岑春煊在肇庆组织军政府，反对袁世凯的洪宪帝制，章士钊任秘书长，张群任副官长，杨永泰任广东省长，而幕后主持人就是唐继尧的代表李根源。因云南是反对帝制首义省份，所以李颇为各方所重视。章士钊、杨永泰、李根源等，都是政学会的主要分子；张群依草附木，也成为政学会不可缺少的人了。1916年6月6日，袁世凯死后，7日黎元洪依法继任总统，段祺瑞为国务总理，肇庆军政府就因之取消。后来，李根源到北京任农商总长，张群在农商部的名义是参事上行走，杨永泰、章士钊等仍充国会议员。这一批政学会的主要分子，在北京多方包围黎元洪。当时所谓府院之争，政学会诸人都是站在总统府方面。1918年，熊克武做四川督军时，张群任成都警察厅厅长。胡景翼及岳维峻先后任河南督军时，不知张群因什么关系，得任开封警察厅厅长。

张同霸据苏、浙两省的军阀孙传芳素有交往，1927年蒋介石北伐到南昌时，委张群为总参议，意欲使张说服孙传芳，不战而收复苏、浙。在这过程中，张群纵然没有达到蒋介石的企图，但蒋认为张有智谋，从此就更加倚重了。

蒋介石窃据国家政权后，先后任命张群为上海兵工厂总办、军政部次长、上海市市长、湖北省政府主席、外交部部长等职，便一跃而为蒋介石参与帷幄的主要分子。张群为扩张他的政治势力，并向蒋介绍杨永泰做"江西剿匪总司令部"的秘书长。在张群、杨永泰呼朋引类、广植党羽的情况下，政治、外交各方面都布满了他们有关系的人，于是一般都呼他们为新政学系。其实所谓新政学系，并无组织，而且张、杨都避讳政学系的名称。

抗战前的四川局势

当1930年夏，蒋与阎、冯发生战争，张学良在两者之间，有举足轻重之势。蒋介石派张群到沈阳去运动张学良维护中央，阎、冯也派代表去包围张。张学良对张群说，他绝对维护中央，但对阎、冯的代表又说："咱们北方人，当然站在一块。"张的用意究竟何在，谁也不能断定。这时适邓汉祥代表刘湘到沈阳，因邓和张原来认识，故张对邓比较重视，几乎随时都在见面。张群想在邓处探讨张学良真正意旨所在，对邓异常敷衍，并坦率地向邓说，他过去在四川带熊锦帆系的色彩很重，刘甫澄与熊有政治宿怨，对他也不免有误会，请邓向刘解释。邓电刘湘后，刘立即致电张群表示联络，因之张对邓更为亲切。

在蒋与阎、冯战争中，约1930年9月，刘文辉曾发出"鱼电"反蒋。后来张学良发表"巧电"附蒋，奉军陆续进关，阎、冯就垮了。这个时候，邓汉祥问张群，对刘文辉的事可否向蒋疏通。张说："我不能负责答复，好在我们就要回上海，转去再商量。"到上海后，张群向邓说，蒋在奉化，他要去会蒋，关于刘文辉的事，问邓怎么办。邓说，由刘湘电蒋，替刘文辉说情，蒋即根据这个电表示宽容。张又说，这也是一个办法，要邓打电话给刘湘速来一电，由他转蒋。这一公案，就是由这个途径解决的。蒋回南京后，张群又来告邓速商二刘提出解决四川问题的具体方案来。邓因而飞重庆晤刘湘，商量结果，刘湘主张军民分治，他任善后督办，刘文辉任省政府主席。事实上，他们两人行使职权，还是只能及于他们自己的防区范围。

1932年冬，二刘因利害冲突，且因速成、保定两系派别之不同，竟以兵戎相见。刘文辉失败退守西康，形势远不如昔。刘湘则因战胜，大为扩张，实力乃驾乎各军之上。这是二刘消长的关键，也是速成、保定两系升降的重要关键。1935年2月，刘湘任四川省政府主席，兼川康绥靖主任，川政始告统一。

这个时期，刘湘和蒋介石的矛盾异常尖锐，刘企图割据川康，蒋则处心积虑消灭地方力量，直接掌握。蒋、刘的矛盾始终无法消除。

反对张群主川的斗争和被王缵绪出卖的经过

抗战军兴，刘湘率兵出川抗战，于1938年1月21日病死汉口。蒋介石认为拿四川的机会到了，于是下令撤销刘湘所担任的第七战区，撤销川康绥靖公署，以张群继任川省府主席。消息传来，群情愤极。当即由武德学友会召集会议，反对张群主川，反对裁撤川康绥靖公署。邓汉祥原来没有加入武德学友会，在开会的时候，有人提议约邓来参加，共策进行，因而推三个人去请邓来。邓到会场，极端赞成反对中央对四川的两道命令，并主张必须联络邓锡侯、刘文辉两部一致行动，无论如何，可以断定蒋绝对无法分兵来打四川，只要我们团结一致，坚持到底，蒋非收回成命不可。会众极端赞同。当时武德学友会是由省府保安处处长王陵基领导，王的态度亦甚坚决。

蒋在束手无策的情况下，便约在汉口的傅常、刘航琛、卢作孚去商谈。蒋说，川康绥署可以保留，张群单独一人到川接任省主席，所有原来的委员、厅处长一律不动，要傅、刘、卢三人回成都传达这个意思，一面以集团军总司令名义暗中收买王陵基。

傅、刘、卢到成都，先同王陵基联络好后，即由王陵基请邓汉祥及各师长到他家里吃饭。邓刚进门，傅常就说："我们昨夜晚到得稍迟，来不及看你，以后四川的事，还要请你多费心。"邓问傅："这话是什么意思？"傅就把蒋介石叫他们回来传达各节详告邓。邓说："这个办法，别人的意思怎么样我不管，我是不赞成的。张群早来我晚走，晚来我早走。好在我是贵州人，我的去留，不发生任何关系。"当时二十一军各将领对邓有相当信仰，邓的态度很可以影响一般军官的心理，于是群起附和邓的意见。王陵基见事不妙，便主张饭后到武德学友会召集团长以上军官开会决定。开会的时候，傅、刘、卢在王陵基家里坐候消息。因武德学友会就在文庙后街王陵基住宅的对面，开会时有人说傅、刘、卢是汉奸，又有人说刘湘被蒋介石毒死，毒药是由傅常拿去的，并有主张杀傅常者，于是会场空气甚为紧张。王陵基竭力替傅解释，并以身家性命担保，始告无事。反对张群主川及撤销川康绥署命令，则全体一致。

傅、刘、卢见情形不佳，遂即飞往汉口向蒋介石报告，把反对中央命令的责任，完全说是邓汉祥一人从中作祟所致。蒋不得已，便自行转弯，把张群调为重庆行营主任，命二十一军将领推一人代理主席，他再从长考虑人选；一面由前方调邓锡侯回来任川康绥靖主任。至代理主席人选，刘文辉、邓汉祥及各将领都认为以潘文华为最适当。潘初已承认，后来忽然变计，说王缵绪诡计多端，对二十一军的内容，知道得很清楚，如果不把他拉住，他必然倒在蒋介石方面做破坏工作，不如把主席给王，使他站在我们这方面，较少顾虑。因之，遂决定王缵绪代理主席，并由武德学友会推派代表到汉口见蒋，请求发布命令。时邓锡侯已回成都就绥靖主任职，蒋又电约邓到汉口商询后，始发表王缵绪代理主席，邓汉祥仍做秘书长。

从此之后，邓锡侯、刘文辉、潘文华、王缵绪、邓汉祥五人每日轮流做主人，借吃饭为名，商量如何把持川康、保持实力，如何表面拥蒋，暗中多方防制，使蒋对川康无从下手。五人晤面，可谓无话不谈。在这当中，适蒋介石约龙云到汉口，龙飞抵成都凤凰山机场时，邓锡侯、刘文辉、潘文华、王缵绪、邓汉祥一同到机场接龙。五人同龙云在机场闭门密谈，邓锡侯首先发言，请龙在成都留几天，以便详商一切。龙说："我今天非走不可，因飞机是包到汉口。本来我此次不想去，因蒋来电说，如果我不去，国际上很受影响，就是有谣言，说云南要投降日本人，所以我不能不去。我想先到汉口问蒋，他对军事、政治、经济、外交各方面的布置如何，他所谓抗战到底，底究竟在什么地方。我把这一些问题都弄清楚后，再回成都详细商量。"于是刘文辉接着说："我们五个人都要谈话，恐怕时间来不及。我想请鸣阶做代表，他的话就是我们几个人的意思。"邓汉祥接着说，川、滇、黔、康，唇齿相依，地理历史，风土人情，都有密切关系；抗战期间，这几省成为后防重地，应如何切实团结，共策进行，尚望龙大力提掣。龙亦诚恳表示愿意合作。

龙由汉口回来头一天，在邓锡侯家里吃饭，商量川、滇、康合作问题，座中只有龙云、刘文辉、潘文华、王缵绪、邓锡侯、邓汉祥六人。饭后，没有多谈就散了。龙云行至中途，忽又折转到贵州馆街邓汉祥宅向邓说："我们云、贵是一家，我请问你，他们几个人究竟靠得住靠不住？他们过去都是打过仗的，是不是真的能够合作？你一定很清楚，请你告诉我，我才好下决心。"邓说："他们几位都感觉蒋的路走不通，联合起来，尚可图存，各自为谋，则终必同归于尽。就他们的利害来分析，他们不会靠不住。四川人的性情，同云贵人不同，尽管打过仗，事过境迁，也就无所谓了，不像云贵人打过仗就成终身的冤仇，这是四川人的长处。因此他们的合作不会有问题。"于是龙云又说："合作要不要有一个书面的东西？"邓说："当然要有书面的东西才好。"龙说："有书面的东西，万一泄露出去，使蒋介石知道，岂不增加麻烦吗？"邓说："这是文字上的技术问题。"龙云接着说："我要回去抽鸦片烟，请你先预备一个稿子，我们两个人商量后，明天再同他们一起决定。"龙走后，邓即将稿拟好：第一条，拥护抗战国策；第二条，如有违反国策的，就是川、滇、康三省的公敌，为保证抗战国策，三省在政治军事经济各方面要实行合作。邓将这个稿子交龙看后，龙甚为满意。龙说："我们这个盟约交给蒋介石看，他也不会有话说。"次日在刘文辉家吃饭，经六人共同研究后，一致赞同。龙云说："签字后，关于合作的具体办法，我回去再派参谋长、秘书长到成都来共同研讨。"

龙走后，蒋介石即电约王缵绪到汉口，王请邓锡侯、刘文辉、潘文华、邓汉祥到他家里吃午饭，出示蒋电，并征求大家的意见，他是不是应该去。大家一致主张他去，并催促他即日包飞机前往，一面由刘、邓、潘联名电蒋介石请发表王缵绪为四川省政府正式主席。

王走后，龙云来电说，他接蒋电，谓川情复杂，请他不要干预。而王到汉口第二天，蒋就任命王缵绪为四川省主席，邓汉祥调重庆行营第二厅厅长，其余旧省府人员，亦全部更换。这时张群已到重庆接任行营主任，电约邓锡侯、刘文辉、潘文华、邓汉祥到渝面商一切。晤时，张群首先说，要同大家合作，他在中央地方兼顾的原则下，效力桑梓，请大家不要怀疑他。邓锡侯恳切表示："通力合作，极表赞成，唯此次省府改组，王缵绪任主席是我们大家请求的，不过把鸣阶原任的秘书长委陈筑山接替对于各方联系颇感不便。若仍以邓为省府秘书长，则合作更易贯彻。"张承认负责电蒋照办，随即接蒋复电，说邓做秘书长，王主席不赞成，又证以龙云接蒋电所云，邓、刘、潘等才恍然大悟已被王缵绪出卖。

事后始知，王缵绪从代理省主席起，即同军统特务骆德荣、史良等勾结一气，把每天同邓锡侯、刘文辉、潘文华、邓汉祥等密商对付国民党中央的情形详报蒋。龙云在成都商谈的经过，王亦尽情密报。正在邓汉祥坚持不到行营的时候，蒋忽电张群要邓汉祥立即到汉口。张群又向邓、刘、潘说："蒋先生对鸣阶很有误会，此时他去，必然要吃亏，只要他就任行营第二厅厅长，暂缓到汉口亦可。"邓、刘、潘因被王缵绪出卖，不免惶惧，于是劝邓务必到行营工作，同张群靠紧，借张的关系来掩护川康地方力量。邓汉祥因而才到行营就职。

张群在错综复杂的情势下掌握川政

张群同蒋介石关系固然很深，但复兴、CC两派同他的暗斗亦很剧烈。张要借川康的力量支持他，也很想通过邓汉祥来联络邓、刘、潘。邓汉祥在这个情况下，因而两面见重，左右逢源，但实际上同张群只是互相利用，并没有发生任何组织关系。在这个过程中，张仰承蒋介石的意旨，处心积虑，总想掌握川省政权。

1939年秋，彭光汉、刘树成、周成虎、谢德堪、陈兰亭、刘元瑭、杨晒轩等七将领，由邓、刘、潘策动，联名电蒋，揭发王缵绪祸川十大罪状，请中央罢免王的省主席职务，以谢川人。当时张群想利用这个机会继任川省主席，但邓、潘、刘表面纵然同张密切联系，实际仍不愿张掌握省政。于是由邓汉祥婉劝张，俟时机成熟再行着手。但蒋又不愿刘、邓来做主席，不得已由蒋自兼。

在这个时候，张群为进一步拉拢川康各方人士，乃商由蒋介石发起组织川康经济建设委员会，聘请邓锡侯、刘文辉、潘文华等以及两省党政军负有声望的九十多人做委员，蒋介石兼任该会委员长，以邓汉祥为秘书长，实际上是张群负责主持。1940年秋冬之交，在成都开全体委员大会，原决定蒋亲来主持，临时改派吴鼎昌、贺耀组代表他参加。开会结果，经济建设委员会结束，另筹川康兴业公司，请中央拨款四千万元，川、康两省拨款一千万元，另外募股两千万元，凑足七千万元为建设基金，并推张群为川康兴业公司董事长，由邓锡侯、刘文辉、潘文华三人联名电蒋报告开会议决各情。蒋复电完全照办，并认为张群的布置已告成熟，于是电贺耀组转商邓、潘、刘，说他不能兼顾省政，拟任命张群继任川省主席，希望刘、邓、潘协助张群。贺耀组转达蒋意后，邓锡侯、刘文辉、潘文华、邓汉祥即在方正东街刘文辉家密商，当时提出迎、拒两种办法，结果认为拒绝不可能，只好表示赞同。此张群继任川省主席之所由来。

　　蒋介石命张群图川之主要目的，是借抗战为名，尽量利用川省的人力物力，一面促使张分化刘、邓、潘各部，以期达到逐渐消灭川、康地方实力。在张任省主席的五年多当中，每年征粮九百万担，要拨三成（即二百七十万石）给中央，每年中央又要向四川人民借粮九百万石，共计每年中央在四川拿去的粮食是一千一百七十万石黄谷。强迫征去的壮丁，在张主川期间，约五百万人以上。在人力、物力方面，张群可谓完全达到蒋的要求。至消灭地方力量一层，纵然没有完全做到，但潘文华部可以说绝大部分被消灭了，邓、刘两部正规军，所剩下来的合计不到四师人，邓锡侯最后所掌握的只有一旅人。但邓、刘的政治地位利用张群掩护，也曾起过一些作用。例如，在珍珠港事件之后，国际形势日渐有利于我国，张群问邓汉祥："蒋先生要裁撤川康绥靖公署，你看如何安置邓晋康才好。"邓汉祥说："川康绥署，蒋先生认为是赘瘤，川康的军人则认为是他们生存的保障，现值抗战紧要关头，中央每月多花一点法币有什么关系。假使因裁撤川康绥署而使川康军队生异心，维持两省地方的治安，至少中央要添调五师人来。这不是邓晋康个人的问题，你务必向蒋先生痛陈利害，打消此意。"张说："这事属于军政部范围，那你就要去同何敬之商量，我同他一道去向蒋先生说。"邓即去找何应钦，请何同张一齐见蒋，并要何坚持保留川康绥署，借以示惠川、康两省军人。何欣然接受，因而川康绥署未被裁撤。

　　又在抗战刚要结束的时候，张群向邓汉祥说："请你告诉刘自乾，丢掉军队耍政治，丢开地方到中央。"邓问："到中央去做什么？"张说：

"任蒙藏委员会委员长。"邓转达刘后答复张:"军队和地盘交出来,自乾很愿意。但他说在军政界任职多年,毫无成就,不特灰心,而且惭愧,他决定回家当老百姓,不愿到中央去。"邓接着又说:"我不过为你设想,你任省主席以来,在实力派方面,只结交了邓、刘两个朋友,坐滑竿已经不成形式。再把刘去掉,仅剩下邓一个人,更不成形式。以你同蒋先生的关系,对于自乾都不能保全,谁还肯来走你的路子呢?而且西康乃不毛之地,刘自乾又力量有限,他还能做得起什么怪吗?为蒋先生设想,抗战刚胜利,就下手刘自乾,其他各省,不免人人自危。为你计,为蒋先生计,撤换刘都有影响。"此事经得到打消,张群在其中确起了相当作用。

抗战结束后四川局势的变化

1946年5月1日,南京财、粮两部召集各省主席财政厅厅长开财粮会议,邓汉祥代表张群出席。邓由南京会毕回来之前夕,吴鼎昌向邓说:"蒋先生决定岳军来做行政院院长,请你秘密告诉他准备。他走后,四川主席何人继任为宜,他应早有安排。"邓回成都转告吴意,张群说:"继任主席,不外邓、刘二人。刘恐怕蒋先生通不过,邓不会有问题,但他是著名的水晶猴子,以后联系上不无顾虑。如果决定以他任主席,那就必须你做秘书长。"后来张离四川,关于省府人事,就是照这样部署的。

1948年2月前后,成华大学、四川大学两次游行请愿,都曾闯进省府,且成华大学学生曾在省府内盘踞数日。成、渝两地的特务头子曾扩情、徐中齐、陈介生等全体联名电蒋,谓两次学生游行,捣毁省府,都是共产党策动的,邓锡侯软弱无能,请蒋另选有气魄、有担当的人员来做主席。时蒋介石在庐山,便叫王陵基准备回四川。蒋回南京后,命行政院院长张群电约邓锡侯到南京,授意邓辞职,而以王陵基接任川省主席。王遂于4月9

日来成都接事，头一天就演成"四九惨案"①。

1948年4月1日，蒋介石在南京召集国大会议，选举蒋为总统。蒋仍拟以张群做行政院院长，但依法行政院院长必须立法院通过，而立法委员中绝大多数是复兴、CC分子，一致反对张群。张见形势不佳，乃避往重庆。邓汉祥于南京国大开会完毕回川，飞抵重庆，适张群、杨森均在飞机场，一同来成都。到后，张向邓说，他在中央处境很困难，打主意仍到四川来布置西南，但必须设法拉拢重庆市市长杨森和川主席王陵基。于是张群便约刘文辉、王陵基、杨森在中央军校商谈。张说："抗战期间，四川对国家在人力物力各方面都有很大的贡献，但地方并没有得到相当的代价，这就由于我们几个人，连晋康在内（时邓在上海）没有切实联系所致。今后我们几个人应彻底合作，切实做到四川人大团结。"于是杨森说："重庆一市，在政治上关系很少，譬如唱戏，我只能扛旗打伞，够不上当正角。"接着王陵基说："在四川讲团结，以张先生同蒋先生的关系，绝对

---

① 1948年4月9日，成都四川大学、成华理学院、华西大学等校学生千余人赴国民党四川省政府请愿，要求配给平价米（当时四川省政府供给各大学学生的平价米，仅及需要量的三分之一）。是日，王陵基刚到省府就职，得报后立令成都警备司令严啸虎派兵沿街戒备，省府内外除调大批军警布防外，并在大门两旁架设机关枪十余挺，如临大敌。学生游行队伍到达后，推派代表六人入内见王陵基。我是时因代前任省主席邓锡侯办理移交，王接见学生时我亦在场。学生代表还未开口，王陵基就拍桌大骂："你们今天是来向我道喜的，还是来同我开玩笑的？我告诉你们，我是不容许学生捣乱的。"他一面骂，一面就伸手摸他身上带的手枪。我恐怕出事，就把王陵基推到后面寝室里去，并劝学生回去用书面来交涉。学生代表出去向全体请愿学生传达后，群情异常愤怒，有一部分学生闯进省府。闯进来的学生进来一个绑一个，共绑了一百多人。同时，在省府大门外面学生也遭到军警的凶殴，并有一女生被刺刀刺伤。惨案发生后，各校成立"四九血案后援会"，举行罢课，要求严惩凶手，释放被捕同学。至16日，川省府被迫将被捕学生全部释放。

不会有问题。但我们几个人则不然，蒋先生向来忌讳别人搞小团体，如果要这样做，那就请张先生同蒋先生商量。"尽管刘文辉当日赞成张群的说法，但杨、王的表示，无异于唱反调。张会后将此情形告知邓汉祥，说："我们有邓、刘做基本，我想商请蒋先生把重庆绥靖公署改为西南军政长官公署，我到重庆来担任这个职务，王、杨都在管辖之下，不怕他们不就范。"

后来张群到重庆接任西南军政长官，杨森、王陵基对张的一切指示，都采取阳奉阴违的态度。时刘文辉、邓锡侯、邓汉祥天天聚议，想利用张群的关系推倒王陵基，夺取省政，其办法就是策动川康渝的国大代表、立委及省市参议员起来反对王陵基。

1949年6月初，熊克武以川康渝国大代表联谊会主席的身份提议，省主席王陵基举措乖方，祸川殃民，请由会中推选代表向西南长官公署控诉王陵基，请求转报中央，立予撤换，并经开会推定黄瑾怀、李蜀华、杨叔明三人代表到渝请愿。三人到长官公署时，由副长官钱大钧接见。三代表历数王陵基摧残教育，漠视民意机关，骄恣颠顸；庶政废弛，贪污淫秽，声名狼藉，吁请长官公署转呈中央罢免王陵基，另拣贤员安定川局。钱大钧当面表示，事体重大，尚需详加调查。第二次三代表又去见张群，张答称："各位日前所陈各节，已经转报中央，只有静候裁决。"当时在重庆的川康渝国大代表、立监委员、省市参议员罗承烈、吕超、冉仲虎等开会欢迎黄、李、杨三人。他们在会中说明来渝的经过，并吁请在座诸人共同发起川康渝国大代表、立监委员、省市参议员联谊会，会众一致赞同，并决定此会简称民联会，又商决在渝会众联袂赴蓉开会。随即发出通知，于6月底以前齐集成都开会。

是时张群以伪国大代表身份来蓉出席。张群到成都的当日夜晚，即在邓锡侯家吃夜饭，座中有熊克武、刘文辉、向传义、王缵绪、邓汉祥等。邓锡侯首先说："诸事齐备，只欠东风，请岳军兄拿话来说。"熊克武接着发言："王陵基太不成话了，省主席非换人不可。如果岳军来兼任，我愿当委员。"邓锡侯、王缵绪也做同样的表示。张群说："这算一个方案。第二个方案，恢复川康绥靖公署，仍请晋康兄任主任，把训练民众、组织民众，划归绥靖公署办理，缩小省府职权。"邓锡侯首先说，他绝对不再做绥靖主任，其他诸人也一致反对第二个方案，只赞成第一个方案。次晨张群约邓汉祥去，说，反对王陵基，他根据各方的意见，当然可以主张；但撤换王陵基之后，非他兼任不可，他自己怎么好出口。邓说，当然由民意机关派代表去请愿。

在国大、立委、省市参议员开会的那一天，王陵基在会上致辞，大骂这个组织是违背中央意旨，勾结共产党分子，并威吓大家勿以身试法，彼已将崇宁民联组织击溃。因之，更激起会众的愤怒，而会众又时与刘文辉、邓锡侯、邓汉祥等暗中接头。于是在会内外运用之结果，卒通过政治自治、经济自给、武力自卫议案多起，又公推吕超、向传义、胡恭先、杨叔明四人携带省参议会弹劾王陵基案及民联会改革川康政治案、加强民众武力案，飞往广州向代总统李宗仁、行政院院长何应钦陈述，请撤换王陵基，以张群兼任川省主席。吕超等控诉结果，李宗仁、何应钦都表示此事仍须蒋先生才能做主。时张群亦到广州，张密告吕、向、胡、杨四人，说王陵基已经向蒋控诉民联会是勾结共产党、反对中央的组织，且说张群为民联会所利用，蒋颇为所动，撤换王陵基恐不易做到。于是四代表仍回成都。

局势演变至此，刘文辉、邓锡侯、熊克武等认为非另想办法不可，于是联袂赴渝会张群。洽商结果，由军政长官公署聘请川、康、渝邓锡侯等三十余人为委员，组织川康渝民众自卫委员会，聘熊克武为主任委员，负川康两省组织民众、训练民众之责任。当时他们估计四川民间可用的枪支至少有二百万支，想把这个力量拿上手，作为迎接新局面的准备。刘文辉、邓锡侯等7月14日由重庆回蓉向邓汉祥说，要加紧把自卫委员会早日筹备成立，一面委托邓汉祥到渝晤张，探询中央的军事部署究竟如何，以便应付。

邓到渝问张群："时局日趋严重，共产党终必到四川来，可以断言。蒋先生对四川作何打算，请你将内容告知，我才好在川康方面努力运用。"张说："中央决定调一百万大军来保卫四川，现正准备给养及防守工事。"邓说："准备是一回事，事实上的演变，又是一回事。过去在东三省及河南、淮海各地何尝没有准备，但结果都失败了。万一四川事出意外，最后的打算如何，不能不未雨绸缪。"张群说："中央对重要城镇，非到万不得已时决不放弃，放弃时除了有关军事的建筑外，绝不破坏，以便卷土重来，容易恢复元气。譬如李书城在武汉做地下活动，中央早就知道，其所以没有下他的手，就是让他存在，到中央撤退时可以减少地方的牺牲。四川到万不得已时，可以照武汉办理。但刘、邓决不能做李书城，这个话也不能使刘、邓知道。"

邓回成都，将张的谈话密告邓、刘，跟于8月1日在前川康绥署成立川康渝民众自卫委员会，发表宣言，只说保卫川、康的安宁，俨然在国共之间以第三者自居。于是王陵基和特务就拿这个宣言做材料，说该宣言态度暧昧，连"戡乱"的字眼都没有，向蒋介石攻击自卫委员会。蒋对熊克武本有宿怨，因之，令行政院院长阎锡山严令取缔自卫委员会。阎致自卫委员会的电话，该会成立于法无据，着即停止。王陵基并通令全省，如有同自卫委员会往来的，立予拿办。自卫委员会遂无疾而终。

解放前夕蒋、张在四川的最后挣扎

1949年12月1日，张群同蒋介石逃到成都。2日午后五点，张到玉沙街刘文辉宅打电话给邓汉祥，约到刘家晤谈。一见面，张群向邓说："我们现在有四件事要讨论：一、蒋先生应不应该复总统职；二、拟以东路及川西坝作最后挣扎地，军事上应如何部署；三、王陵基非撤换不可，以何人接任相宜；四、自乾、普康两部应如何打算。"张群的主要目的，是在探察刘、邓的态度。当时邓汉祥答复："蒋先生应不应该复职，要看国际上有没有必要。至拿川西坝作最后挣扎地，能够使用的军队有好多，能征惯战的将领是谁，只有蒋先生才知道，局外人不敢妄参末议。至王陵基的主席今天换不换，也没有好大关系，所谓船已下滩，为时已晚。关于刘、邓两部的自处，连日也曾经商及。"邓的话至此，刘深恐露出马脚，便接过去说："我同晋康，力量本来有限，但绝不畏难，必与共产党拼命到底，这是我们报答国家、报答蒋先生的最后机会。"刘说得非常诚恳，张群听了很高兴。饭后分手，张说，他明早去会邓后再来详谈。

次晨张同邓锡侯谈话中，尽量拿话打动邓。邓无意中说出"我们原来组织自卫委员会就是拿来做桥梁的"这样一句话，张回励志社打电话约邓汉祥去。刚坐下，张就问邓："邓、刘同你说话，有没有保留？"邓说："不会有保留。"于是张又说："刚才邓晋康说，你们原来组织自卫委员会，就是拿来做桥梁，这个桥梁过到什么地方去？"愤怒之情，溢于言表。邓说："邓晋康是有名的水晶猴子，他要造反，肯同你说吗？他明明是一句开玩笑的话。他们是官僚、地主、军阀，共产党那条路，他还走得通吗？"

3日午后七点，张群又约邓汉祥到励志社说："邓、刘只有一个办法，就是同胡宗南同屋办公，同时作战。他们的家眷，同熊先生、向育仁和你先到台湾。将来在成都作战之结果，幸而胜，国家有办法，个人有办法。假使失败，我负责把刘、邓送到台湾。"邓当即到玉沙街同刘文辉一道去会邓锡侯，晤商结果，认为他们的家眷同熊、向及邓都不能到台湾，只答应他同胡宗南一起作战，拖时间找机会离开成都。随后三人又同到玉沙街刘宅把熊克武、向传义约来，由邓汉祥转达张群所说各情。熊克武坚决表示不到台湾，向传义声明愿意去，经刘文辉严词责备，向亦表示不去。邓即设词回复张群说："已约他们几位当面转达你的意思，熊坚决表示不去，说他自从在广州虎门被关闭以后，到现在一直没有负任何责任，这个时候连居处都不自由，言之泪下。向愿意去，但又自言自语地说，平时做议长，四川有事就走了，难免不受人责备。刘自乾说，他的妻子有嗜好，到台湾不方便。邓说，他只有一个妾，是黄毛丫头，连牛市口都没有到过，把她送到台湾，近于开玩笑。至于我到台湾，又要增加你的麻烦，你给我找一张飞机票，我到香港住在我女儿家里，较为省事。"张聆悉，很不自然。

12月5日午后三点，邓汉祥在刘文辉家里，张群在电话里向邓说，请约刘文辉马上到励志社有事商量。邓同刘刚进门，张群指着刘文辉说："刘自乾，你究竟打什么主意？"刘说："我原想同共产党拼了，打不赢就去做喇嘛。现在共产党从玉树方面到西康，要做喇嘛也不行了。"说着又问张："这几天东路怎么样？"张群更老羞成怒地说："你不要问东路西路怎么样，问你怎么样？"于是邓汉祥向张群说："这事很简单。蒋先生要邓、刘两部如何作战，下命令就是了。如果周到一点的话，请你约胡宗南、顾祝同和邓、刘商量决定作战计划，再请蒋先生下命令更好。"当时张群并没有回答邓汉祥，就拿起电话找胡宗南说话。胡的参谋长接电话说，胡因事到绵阳，已由绵阳起飞回来，再有半个钟头就可到成都。于是张群说，等他和胡宗南约好，再通知开会，刘、邓便辞出。

行至中途，邓向刘说："聚会地点，以在玉沙街你的家里为妥（因刘文辉家里有两连守卫的兵），如果在别处，万一被扣，毫无办法。"于是邓又回励志社向张说："自乾的房屋较宽，厨子亦较好，我想叫他准备点便饭，今晚就在他家里去会谈如何？"张说："很好。"说着又拿起电话找胡宗南说话。时胡已回来，约好当夜七时在刘文辉家聚会，谈至十一时始散。

在谈话中，刘文辉故意说："假使我和晋康原有的力量现尚保存，共产党来了，我们两个人都担得起这个责任。现在力虽不逮，但有一兵一弹，都非拼不可。"胡宗南接着说："刘先生，你不要灰心，我的四十万军队交给你指挥。"当时彼此钩心斗角，情形甚为紧张。

邓、刘次日即向邓汉祥谈，认为三天之内出不了城，就很危险。7日早张群飞昆明，九时蒋介石通知刘、邓于当日下午四点到军校晤面。邓、刘与邓汉祥会商，认为今天非走不可，乃于午后一点潜由崇义桥新繁往彭县起义。张群8日由昆明回来，曾打电话找邓汉祥，邓亦避未见面。

蒋介石命我组织别动队的经过

康 泽*

一

1933年6月，我在南京办《中国日报》，同时兼任复兴社宣传处处长。接到贺衷寒从南昌打来电报说，蒋介石要召见我，要我即日起程。我赶到南昌，首先同贺衷寒见了面。贺衷寒当时是国民政府军事委员会政训处处长兼南昌行营政训处处长，同时又是复兴社的书记。他对我说："老头子（指蒋介石）到抚州前方去了，让我们一起到抚州去见他。"于是，我们一同乘车去抚州，同车去的还有邓文仪、梁干乔、邱开基。邓文仪是蒋介石的侍从秘书，梁干乔是宪兵司令部的政训处处长，邱开基是蒋介石的侍卫队长。

到达抚州的当天下午，蒋介石在抚州江西省立第八中学的后院里，召见了我们五个人。蒋介石说："我们今后进剿赤匪，要稳扎稳打，步步为营，决不能让后方发生空隙，使前方部队有后顾之忧。因此，我想成立一个特务警察队，专门担负巩固后方的责任。这支部队要负责组训民众，清剿散匪，恢复地方秩序，确保交通安全等等。你们按照我的意思，先去研

＊ 作者曾任国民政府军事委员会别动队总队长。

究研究看。"我们五人齐声应"是"。

第二天，我们又同车回到南昌。随即由贺衷寒召集开会，共同研究蒋介石这次所交代的任务，决定各人先拟订计划方案，共同研究讨论后，再由一个人负责整理综合，写成具体的计划方案，呈报蒋介石审阅。前后共计开会三次，结果是贺衷寒、梁干乔和我各自提出了所拟订的计划方案，邓文仪和邱开基二人没有提出具体方案。贺衷寒、梁干乔和我所拟的三份计划，大家讨论了以后，决定由贺衷寒负责整理呈报。后来，贺衷寒就把他的计划写成主文，把我的计划列为附录，对梁干乔的计划没有采用，就呈报给蒋介石去批了。

过了几天，我忽然想起贺衷寒把我的计划列为附录，这样怎么会引起蒋介石的重视呢？岂不是白费力气吗？于是，我又将所拟订的计划缮写了一份，送给蒋介石核阅。又过了几天，贺衷寒对我说，蒋介石批准了我的计划，把他的计划批驳了。在我的计划上，蒋介石批的是"照办"。

我所拟的计划，名为"特务警察队计划大纲"，其主要内容是：

（一）召集中央军校失业同学五百人，加以短期训练，作为特务警察队之骨干。

（二）特务警察队设总队部于抚州，分设大队于崇仁、宜黄、南城、黎川、永丰、乐安各地。

（三）各大队应于所在地区，分别构筑碉堡，训练民众，清剿"散匪"，开办中山小学，设立平民施诊所。一地区设施妥善后，再向另一地区继续前进。

（四）特务警察队之行动，务须与正规军取得一致，随正规军之进展而进展。

（五）特务警队之编制，以正式队员九人，预备队员六人，编为一个分队。每分队设分队长、分队副各一人，三个分队编为一个区队，三个区队编为一个中队，三个中队编为一个大队。总队长之下，设参谋组、指导组、交通组、总务组。

（六）特务警察队之武器、装备、被服、装具等项根据任务需要，请由军政部制备照发。

（七）特务警察队之经费，另造预算，其人员之待遇，另案报核。

（八）特务警察队之教育训练，应根据其任务特点，另订计划实施。

二

我的计划被蒋介石批准后，即由南昌回到南京，把中国日报社社长职务交给任觉五代理，接着又和中央军校毕业生调查处接头，同他们商量研究如何召集失业同学的事宜。蒋介石随即发表我为中央军校驻赣暑期研究班主任，韩文焕为副主任，柏良为秘书，并预定传胜兰为教务组组长，陆梦衣为训育组组长，肖武郎为总务组组长。

我在南京把各事料理完毕，即返回南昌，积极着手筹备，并商借南昌江西省立第二中学校址，挂出了"中央军校驻赣暑期研究班"的牌子，开始办公。中央军校毕业生调查处通过各省分处先后调来八百多人，共编为两个大队：第一大队以马维骧为大队长，第二大队以龚建勋为大队长。以后，人员陆续增加，豫、鄂、皖、赣四省会计人员训练班和四省的党务人员四十多人，也根据蒋介石的命令，先后参加进来，合计共有人员一千三百多人。于是，我又另外编成了第三大队，以公秉藩为大队长。第一大队和第二大队驻南昌江西省立第二中学，第三大队驻南昌郊外第五军"烈士"陵园附近。

8月1日，第一大队和第二大队正式开学。课程有三民主义、国际形势、兵学四大教程摘要、情报学、游击战术、宪警须知、保甲须知、夜间教育、野外演习等等。除此以外，当然还有一些结合当时政治形势的所谓精神讲话之类。训练时间为一个月。期满后又按照蒋介石的命令，开赴庐山参加庐山暑期军官训练团第三期受训，编为第四营，以韩文焕任营长。第四营在庐山受训的成绩表现非常突出，不论是军纪风纪，内务野外，处处都比第一、第二、第三营领先，在群众当中普遍流传着第四营成绩好的说法，这个消息一直传到蒋介石的耳朵里。有一天，蒋介石在总理纪念周上问陈诚："哪一个营成绩表现最好？"陈诚当众回答说："第四营最好！"蒋介石点头笑了。

9月下旬，贺衷寒来到庐山，通知我去牯岭开会。当时参加开会的人有贺衷寒、邓文仪、萧赞育和我共四人。开会的目的是为了推举别动队总队长。他们三个人都是湖南同乡，事先串通一气，共同推举桂永清为总队长，推举我为该总队的政训处处长，叫我签字同意他们的这个意见，以便联名呈报蒋介石。当时桂永清是中央军校军官训练班主任兼教导总队总队长，又是德国陆军大学毕业，资望较我高，贺衷寒等想用他来压倒我。我不同意他们的意见，拒绝签字，结果闹得不欢而散。

会后当天晚上，蒋介石叫我去见他。我把暑期研究班迁到庐山海会寺如何培训别动队干部骨干的前后经过，扼要地向他报告了一番，并请他决定总队长的人选。蒋介石说："别动队的总队长，就是你好。"他就拿起笔来写了一张"派康泽为别动队少将总队长"的"中正手启"。从此，我即接任。

我原来打算成立的特务警察队，为什么忽然又改为别动队了呢？在这里补述一下。

别动队这个名称是在8月下旬才定的，最初是杨周熙提出来的：杨周熙曾参加过派赴欧洲的军事考察团，回国以后，把在欧洲各国，尤其是在德国和意大利的所见所闻，写成了一本意见书。在这本书里，他向蒋介石献计，主张中国应当效法德国纳粹党的办法，组织党卫军，实行法西斯式的独裁统治。他建议，根据中国的历史特点，中国的党卫军应当定名为别动队。蒋介石当时正在模仿希特勒和墨索里尼，对杨周熙的这个意见书很欣赏，并批交我审查。我看了这个意见书之后，觉得别动队名称可以采用，便呈复蒋介石批准，把特务警察队改称为别动队了。我为了想利用杨周熙的考察所得来协助建立别动队，便请他当了别动队的中校总队副。

9月底，庐山暑期军官训练团第三期结束。蒋介石叫我接收该团的营具、帐幕、武器、教材等项，办理中央军校特别研究班。此时，贺衷寒把豫、鄂、皖三省团队干部训练班迁到庐山海会寺来。我为了免除同干训班主任蒋伏生有摩擦，让他们驻庙宇，我率学生驻室外。后来因为气候逐渐寒冷，庐山海会寺风大，加上饮水困难，我就呈请蒋介石批准，把学生移驻到星子。

又过了三个多月，大概是1934年的2月间，邓文仪派了一个情报人员到庐山视察。那个人来到庐山蒋伏生的驻地以后，看见他们的军风军纪不甚整饬，有些树木被他们砍伐了一些，庙里的和尚、当地的居民，都有不满的意见。他就把这些情形，汇报给邓文仪。邓便偷梁换柱，添枝加叶转报给蒋介石，硬说是我干的。蒋介石听了非常生气，来电大骂我约束不严、有伤军人名誉等等。我接到电报后，没来得及申辩回答，就到福州视察去了。

我从福建视察回来，当面向蒋介石汇报视察经过，顺便谈到庐山驻地砍伐树木的事。我说："庐山驻的是蒋伏生的豫、鄂、皖三省团队干部训练班，我早已搬到星子去了。"蒋介石说："蒋伏生不归你管吗？"我说："蒋伏生不归我管。"蒋介石说："那，你一起管好了。"于是，他就拿起笔来写了一张条子："豫、鄂、皖三省团队干部训练班，着即归并于中央军校特别研究班。"这样一来，蒋伏生的"班底"没有了，他自己以后干什么，我也就不得而知了。中央军校驻赣暑期研究班从蒋伏生的团队干部训练班并来以后，不久又改为豫、鄂、湘、皖、赣、苏、浙、闽八省团队干部训练队。后来又改为中央军校特别训练班，仍然叫我当主任。这是1934年3月以前的事。

1933年9月间，我由星子回到南昌，率领第一大队和第二大队开回南昌改编。我保举韩文焕、胡国泽为总队副，刘伯龙为参谋组组长，张辅邦为指导组长，余拯为交通组长，贺明宣为总务组长，组成总队部。仍以马维骥为第一大队大队长，龚建勋为第二大队大队长，公秉藩为第三大队大队长。改编后的第一大队驻南城、黎川，第二大队驻崇仁、宜黄，第三大队驻永丰、乐安。总队部驻江西抚州。别动队从筹备到成立，大概是经过了四个多月的时间。

三

1933年11月间，第三大队接防崇仁、宜黄原第二大队的防地，第二大队奉蒋介石的命令开到金豁地区向当地红军游击队进攻。我记得在金豁某地一次战斗中，别动队有一个名叫洪京兆的队员，被红军游击队击毙。当时我为了鼓舞"士气"，便乘机大嚷大叫，煽动别动队队员要为死难的"烈士"复仇。别动队队员在我的煽动之下，把那支游击队打败，并俘虏了两个游击队员，把他们押在洪京兆的坟前致祭，然后枪杀。这种残暴野蛮的血腥罪行，拿它同人民解放军优待俘虏的宽大政策相比，真是有天壤之别。谈到这里我内心沉痛，愧悔交集。

后来，我又执行了蒋介石连续给我的许多命令，其中有的是叫别动队执行战地宪兵任务，协助友军维持军风军纪；有的是叫别动队抽调人员开设电台监视站和军邮局，担任战地电讯监视和邮件检查传递责任；有的是叫别动队担负检查护路责任，如指令南浔路和南萍路均归别动队检查维护等等。

1933年12月间，蒋介石又下手令将江西保安师第一、第二、第三师拨归我指挥。当时这三个师除第一师师长有人外，其余两个师都没有师长。我便保举张雪中为第二师师长，史鸿烈为第三师师长；后来原任第一师师长（名已忘）离开，我又保举郭礼伯为第一师师长。熊式辉当时是江西省政府主席，他觉得部队归我指挥，经费由他从江西省财政拨付，不大合算，就借口江西财政困难，于1934年冬呈请行政院批准，把江西省的保安师统统裁撤了。

当1933年11月间，陈铭枢、蒋光鼐、蔡廷锴等领导十九路军在福建成立人民政府时，蒋介石命令在江西的部队分几路向福建前进，叫我派别动队一个大队随军进入福建。我即派第二大队龚建勋部进入南平、福州、厦门、漳州等地。这时驻江西的别动队向南丰、广昌前进，总队部由抚州移驻吉安。

1934年4月间，蒋介石命令我成立第四大队开往湖北。我就把中央军校特别训练班第一营全体学生编为第四大队，以该营营长曹旭为大队长。九十月间，蒋介石又命令我成立第五大队，我就任命特别训练班第二营营长肖树经为大队长，把他所带的全体学生编为第五大队。

11月间，刘湘指挥的川军在通南巴地区被红四方面军打得大败，四川全省震动。刘湘慌了手脚，迫不得已，跑到南京向蒋介石请求援兵。蒋介石看到这是中央军进入四川的大好机会，便答应了刘湘的请求，除了派中央军入川之外，还派别动队入川。1934年11月，蒋介石召我去南京，指示说："别动队派入四川，要去收买民心，把兵力分驻在要点要线，指导人民，构筑碉堡，推行新生活运动，不要同流合污。"当时我连声称是。蒋介石交代要我加紧准备。我即预定第一大队、第三大队、第五大队为入川部队，因为第一大队大队长马维骥、第三大队大队长曾晴初都是四川人，情况熟悉；第五大队大队长肖树经是贵州人，入川后如果再向贵州发展，人地也比较相宜。安排既定，我就命他们积极着手准备。

蒋介石又命我兼任入川参谋团的政训处处长。我接受这一任命后，马上就选派了一批先遣人员到各方面去做联系工作，并选定叶维任参谋团政训处的副处长，王元辉任秘书长，毛嘉谟任政训处指导科长，史百英任宣传科科长，叫他们先集中在星子，待命出发。

1935年1月，贺国光率领着参谋团的人员先到重庆。2月间，参谋团政训处人员，由王元辉率领，别动队的第一、第三、第五大队由公秉藩以支队长的名义率领，各由现地开拔，大约在3月下旬先后到达重庆。我随蒋介石于3月6日坐飞机前往重庆。接着蒋介石就离开重庆飞往云南，不久又转到贵州。他在贵州打电报给我，令我即派别动队一个大队进入贵州。我当即指派第五大队肖树经部日夜兼程前往。这时，留驻在四川的第一大队和第三大队，则分别驻扎在重要的交通点线上。

蒋介石令我抽调一批人员担任监察各部队执行命令的情况。当时查出川军师长罗泽洲执行命令不力，立即通知刘湘将其撤职查办，这是入川后的第一炮。这个时期，别动队在四川表面上仅仅是做着推行新生活运动和训练保甲这两件事，尽量避免同刘湘正面冲突，但仍不能避免刘湘的猜忌，险遭他的毒手。4月间，我回四川安岳故乡省亲，在家吃住了几天，便取道成都回重庆。当我经过成都时，某天午后七时，我坐着车子经过一条街，忽然听到前面有喊打喊杀的声音，远远看到一群武装士兵蜂拥而来，准备拦截我的去路。我看情势不对，即刻下车往一家院内躲避，恰巧这家院内住的是我的亲戚，由他们设法掩护，我才得脱险。

成都卫戍司令李宏锟听到这个消息，非常惊慌，他深怕我追究责任连累到他，为了推卸责任，他马上抓了几个人，送交我来治罪。我审问了一下，知道他们和我并没有什么私人仇恨，为了避免事态扩大，引起意外麻烦，我就把他们释放了。

6月中旬，我奉命以国民军训总指导员的名义着手筹办四川学生暑期集训事宜。7—9三个月里，又奉命协助办理川、滇、黔三省军政人员集训。因为集训地点在峨眉山，所以外间称它为峨眉山训练团。蒋介石自任团长，刘湘任副团长，陈诚任教育长，邓锡侯、孙震、刘文辉任团副，其他的各级干部则由别动队和追击军的人员分别担任。这个训练团有瓦解刘湘势力的作用。刘湘非常害怕，这批受训人员结业后，他自己又另外在重庆白市驿办了一个训练班，把这批人重新训练了一番，然后才敢放他们返回原单位。

1935年六七月间，西康罗那活佛到重庆来见蒋介石，他对蒋说："假若共军进入西康，我将纠合民兵（指僧俗人员）扼险固守。"蒋听了颇为高兴，对我说："罗那回西康去，可派别动队帮助他。"我即指令驻西康的大队派一个分队随罗那做卫队。后来都被红军打垮，罗那亦死，派去的别动队也溃散了。

八九月间，峨眉山训练团快要结束的时候，蒋介石和刘湘发生了一场正面冲突。有一天，蒋介石在他的寓所里召见刘湘，谈话之间，不知为了什么，蒋介石突然大发脾气，声色俱厉，拍桌子大骂刘湘。刘湘被骂得一言未发。我听到这个消息，匆忙跑去见蒋介石说："刘湘这个人，阴狠毒辣，诡计多端。他处事能够做到'忍、等、狠'三字。就是遇见事情，如果力不能敌，他能够忍得；如果时机不到，他能够等得；如果抓住机会，他就能够狠得。对这样的人千万不可轻视。"蒋介石听到我的汇报以后，当天晚上就到刘湘的寓所去看他。

这时期在峨眉山担任警卫的外围是刘湘的一个旅，内部则由别动队负责。从峨眉山到成都的公路沿线，完全靠四川民团警戒。这些民团我已经派人联系，把他们拉了过来，并嘱咐他们随时准备应变。

当时在重庆的国民党中央军很少，仅仅有一个宪兵营和一个炮兵营，另外就是别动队的教导队和特务队（即警卫连）。还有新生活运动促进会的工作人员，也都武装起来。蒋介石对我说："重庆是中央军的入川基地，必须严加戒备，坚决固守，以待后续部队到达。"蒋介石把重庆的部队统统交我指挥，指令浮图关为固守重点，并要我准备一个月的粮食和饮水，坚守待援。我为了确保这个入川基地，特地在浮图关上挖了一个大水池，蓄水备用，并开办了合作粮店，以调剂粮食供应。这时刘湘经常以三倍到五倍的兵力对我进行包围，且占据了附近营房一部，用他的炮兵部队瞄准我们的驻地，剑拔弩张，大有一触即发之势。10月间，因南京发生了汪精卫被刺事件，蒋介石回去处理该案，重庆方面交参谋团主任贺国光负责应付，紧张情势才渐渐缓和下来。

蒋介石曾于八九月间命令我派别动队两个大队开赴陕甘地区，我即从江西抽调第二大队，由四川抽调第三大队，合编成了一个支队，归公秉藩率领开往陕甘。因此，在四川的兵力就更为单薄了。后来蒋介石叫我成立第六大队。我派中央军校特别训练班第三营营长安汝毅为大队长，以特训班毕业学生为基干，即时成立，担任勤务。

1935年11月间，我鉴于任务繁重，别动队的兵力不敷应用，呈准蒋介石又成立了第七大队，以潘佑民为大队长。这样，别动队就辖有七个大队的兵力了。

四

1936年12月西安事变爆发后，四川形势更加严峻起来。别动队在四川办理的国民军训和壮丁训练全停了下来。刘湘更显得跃跃欲试。他将包围重庆的兵力又增加了很多。参谋团这时已经改为重庆行营，由顾祝同任主任，贺国光为副主任兼参谋长。他们也弄得无奈，想不出什么好办法来。行营的重要公文，也不得不利用夜晚以汽车向浮图关运送存放，以防万一。

我是在江西星子、海会寺听到西安事变的消息的，当即坐船到武汉，转到南京。在武汉接到陕甘地区的别动队打来长途电话，得知驻在西安城里的一个中队被杨虎城部缴械，其余的别动队均暂撤至安康境内集结。后来又接到邓文仪由南京打来电报，要我"迅速派遣别动队一队开往南京，武装维护团体"。我对邓文仪的这个电报，当时并没有答复，打算到了南京以后，看看风声再说。

到了南京以后，我首先去见戴季陶。戴对我说，他参加了中常会议，会上议论纷纷，主战主和的都有。其中争执的主要焦点是有关蒋介石的安全问题。当时他主张立即下令讨伐张学良、杨虎城，同时用大军把西安城团团围住，迫使张、杨释放蒋介石。会上多数人都附和这个意见，唯有孔祥熙坚决不同意这个主张，孔祥熙说："这样蛮干恐怕是火上加油，万一张、杨铤而走险，蒋介石的安全一定要发生问题。"会上就戴季陶和孔祥熙的意见进行表决，结果是戴季陶的意见被通过。孔祥熙起立还想再说，戴季陶连忙向孔祥熙作揖，孔祥熙只得哑口无言。会上决定以何应钦为讨逆军总司令，即刻下令讨伐，并决定由孔祥熙代理行政院院长，何应钦以参谋总长身份代行军事委员会委员长的职权。而对当时担任军事委员会副委员长的冯玉祥，并未新加任命，还是让他当他那个有职无权的副委员长。

　　我听了戴季陶的这些谈话之后，心里总算有了底，于是又去见宋美龄。她告诉我说，她准备到西安去营救蒋介石。

　　当时别动队的总队部驻在重庆，部队则散驻各地。我将可能调动的兵力勉强凑成了三个营，率领着星夜向西安进发参加"讨伐"张、杨。部队走到鄂西的途中，得到西安事变和平解决的消息，蒋介石已被张、杨释放，并且由张学良亲自护送回到南京。于是我就命令部队停止前进，各回原防。这时得知在四川的别动队也安全渡过因西安事变而引起的各种困难关头。同时还接到驻在西安城里的那个中队的电报，深知他们在西安事变发生时，化装躲避，把电台、武器、弹药等项分散隐匿，并设法与杨虎城部沈玺廷旅取得联系，策动沈玺廷叛变张、杨，把全旅人马拖过来了。

　　西安事变解决后，别动队驻在西北地区的第二大队、第三大队、第四大队都集中到王曲整训。驻在四川的第一大队、第六大队、第七大队，仍然对刘湘保持戒备状态。

　　西安事变以后，我又回到四川探听虚实。这时，薛岳指挥的追击军已经进驻成都附近。我到成都去拜访薛岳，打算和他交换一下有关四川问题的情报和意见。薛岳对我说："刘湘表面上不敢对委员长有意见，却迁怒到你我二人身上。他私下对人说，他对中央最恨的有两个人：一个是薛岳，一个是康泽。他恨我，我是知道的，不知道你是怎么样得罪了他？"我回答说："刘湘对我恨入骨髓，我早已知道。委员长对付刘湘有三套法宝：一套是叫杨永泰利用四川的国家主义青年党替刘湘办县政人员训练所，和刘湘拉拉扯扯，借以分散麻痹刘湘的政治势力；一套是叫贺国光在军事方面和刘湘敷衍应付，使刘湘在军事上疏于戒备；一套是叫我用复兴社、别动队、新生活运动促进会等组织，办军训、练保甲、搞新生活运动，拉拢社会力量，制造民间舆论，瓦解分化刘湘的军心士气。委员长并且告诉我，应当独自做出成绩来。因此，我在四川的工作，较露锋芒，不像杨永泰、贺国光那样含蓄。在具体工作上免不了和刘湘磕磕碰碰，当然就容易遭受到刘湘忌恨。我曾借整顿黄埔同学纪律为名，对在刘湘部队里的黄埔同学，奖励表扬了两个受刘湘冷遇的人，又惩罚批评了两个得到刘湘赏识的人。这样一来，刘湘便认为我在变相干涉他的内政。我最使刘湘头痛的事情，是别动队在四川制造舆论，发动人民团体呼吁刘湘应当率领大军出川抗日，借此逼迫他离开四川。刘湘之所以恨我，这也是一个重要原因。"

五

1937年一二月间，蒋介石在奉化给我打来电报，命我去见他，征询我对四川问题的意见。我就把我的意见向他说了一遍，他点头同意，叫我仔细考虑一下，再写一个书面意见交给他。我因为手边材料不全，立即由奉化回到南京，住在中国日报社新租的大楼上，把处理四川问题的意见书写好，用火漆加封，送交侍从室转呈蒋介石亲阅，随后我即回到星子。

3月初，蒋介石命我到西安去分别召集四川各军、师代表到西安会面，秘密传达他的意图。他为什么指令西安作为会晤川军代表的地点呢？主要原因是为了避免外人耳目和防止引起刘湘怀疑。我到了西安以后，立即打电报给邓锡侯的代表康纪鸿，王缵绪的代表袁育梵，范绍增的代表等，叫他们马上到西安来见面。这些人都是要求解决刘湘的"积极分子"。他们来到西安以后，我分别和他们见了面，把蒋介石对四川的意图传达给他们，并且对他们说，中央军准备分两路进入四川：一路由陕西入川北，一路由湖北入川东。希望他们能够切实掌握部队，注意通信联络，不失时机，配合中央军的行动，采取有效措施，一齐把刘湘彻底解决。那些代表们听了我的传达以后，都表示得很积极。会晤的结果很圆满。我即和顾祝同商量，决定以他的名义写一封信给蒋介石，内容有两个部分：一部分由我起草，说明我召集四川各军代表会谈的种种情况；一部分是由重庆行营起草的军事部署和作战计划。信写好后，由我带回面报蒋介石。

我和四川各军代表会谈之后，立即派别动队第三支队长曾晴初转回四川传达我的意图，指示别动队和所联系的各单位今后应如何行动和处置。

并分别写信给贺明宣（别动队的总队副）、任觉五（复兴社四川支社书记）等，告诉他们蒋介石对解决四川问题的意图，叫他们根据这个意图制订计划，采取措施，准备行动。另外，对别动队本身和所联系的军队、民团等，应当如何行动、如何部署、如何配合等等，也都做了具体指示。曾晴初走后，我即携带用顾祝同名义写的那封信，回南京去面报蒋介石了。

4月间，蒋介石到了上海，打电报叫我去见他。我到了上海，蒋介石对我说："听说四川灾情严重，能不能按照计划用兵了？"我说："据我了解，四川灾情并不严重，仅仅是局部地区遭受旱灾，大部地区还是呈现丰收景象。用兵之后，即使有些地方受灾，我们还可发放赈济，借此表示中央对四川人民的关心。况且我们准备已经妥当，四川的反刘将领又都表现得非常积极，解决四川问题的时机已经成熟，只待中央一声令下，有把握把刘湘彻底解决。"蒋介石听到我这番陈述以后，沉思了一会儿说："好好，我再研究一下。"

于是，我从蒋介石手中接过那两个文件，就退出来了，张冲也跟着走了出来。走到大门旁边，张冲对我说："兆民兄，你过去没参加过这个谈判吧？我是参加过的，是同立夫先生（陈立夫）一道参加的。这个谈判从去年就开始了。军队先答应是三个团，后来又答应六个团到九个团，最后谈妥是十二个团，编成六个旅三个师。其余的部分，有的谈妥，有的没谈妥，正在讨价还价地商量。我们一道回南京吧！到了南京，我准备详细地和你谈谈。"我说："我得先去武汉办点事，回头再到南京请教。"于是，我和张冲分了手。

我在去武汉的途中，把那两个文件看了，觉得共产党的宣言太冗长，对军队整编后所遗留的问题，一时还提不出什么意见来。到了武汉稍微处理了一下公事，就急忙赶回南京。

6月左右，四川整军会议在重庆召开，何应钦、顾祝同等在参加会议以前，先到庐山见蒋介石请示机宜。蒋介石叫顾祝同转告我说："刘湘对你的意见很大，重庆整军会议，你自己不参加为好，可派两个情况熟悉的人参加会议。"我明白蒋介石的用意，便派曾晴初等参加了会议。

重庆整军会议正在开始商谈的时候，七七事变爆发，抗日战争开始了。在这种形势下，重庆整军会议就不得不迁就刘湘的意思来整编川军。他本来只有四个师，这次借机会整编成三个军，并把裁减下来的人员编成二十多个保安团。几个反对刘湘的四川将领，愤愤不平，但在那种形势之下，也只有哑巴吃黄连、肚子里叫苦而已。

抗战初期，河北、河南、江苏、山东、南京、上海等地一些拥有武力的地方势力的头目，同我有过联系。我把这些情况报告给蒋介石。蒋介石叫我酌量给他们以游击支队司令的名义，归别动队指挥。这样的游击支队司令，经我委派的大约有三十个，因为距离远，他们的情况，我没有细问。另外蒋介石还令别动队整编过三个师的部队作为游击部队的基干：一个是三十四师，我派公秉藩为师长；一个是冀东保安团队，我把它改为一一八师，以张砚田为师长；一个是一九三师，以李崇鉴为师长。至于别动队本身，在抗战开始时也有一些变动。第四大队改编为执法总队，拨归军法执行总监部节制指挥。其余的那六个大队，则分别编成第一、第二、第三支队：第一支队以曾晴初为支队长，驻河南，后来随第一战区的部队撤退西移，驻到郑州、新乡一带；第二支队以马维骥为支队长，驻四川重庆；第三支队以肖树经为支队长，驻津浦铁路沿线和京沪铁路沿线地区。这时别动队的总任务是肃奸防谍，协助支军维持军风军纪，同时有防止中共秘密活动之作用。

1938年秋冬武汉会战后，蒋介石在南岳时，曾对我说："把别动队调到这里来，统筹全国游击事宜如何？"我说："我研究一下，再报告委员长。"到了1939年春季，我觉得别动队的用途有重新调整之必要。当即向蒋介石提出下述三个方案，请他决定。第一个方案是：把别动队调到重庆附近，编为警卫军，担负大后方安全巩固之责；第二个方案是：调别动队驻南岳附近，统筹全国游击事宜；第三个方案是：别动队的名称驻地不变，继续执行现任务。蒋介石采用了第一个方案，将别动队改编成为两个正规师，即新二十八师和新二十九师。从此，别动队的名称就不复存在了。

（高德昌　记录整理）

蒋介石假征藏以图康的经过

伍培英

一

1942年冬季，蒋介石给了刘文辉一个密令，大意是说：西藏地方当局拒绝"中央"开辟国际联络线——修筑中印公路、修建拉萨飞机场，阻碍继续抗战；并与外国勾结，擅自设立"外交局"，与"蒙藏委员会驻藏办事处"为难，企图分裂国家。为了坚持抗战、维护统一，对藏用兵。以驻防西康的第二十四军为主力，由西康省政府主席兼第二十四军军长刘文辉担任指挥，另由青海省政府主席马步芳派骑兵三千人协同作战。第一步夺取昌都，第二步向拉萨推进。要刘文辉拟具作战计划，派人去重庆与军令部洽商进行。

当时我任第二十四军参谋长。刘文辉接到上项密令后，找我去共同研究。对这个问题，我们认为，首先要弄清楚：这个仗应不应该打和能不能够打，然后进一步判明蒋介石搞这一手的真正企图何在，我们应采取什么办法来对付他。当时综合各方面的情况，作了如下的分析。

（一）这个仗应不应该打的问题。西藏自1941年英国策动卖国分子对具有爱国思想的摄政（藏王）热振施加种种压力，热振被迫将摄政职位让给大扎后，西藏地方政府（噶厦）大权为大扎、鲁康娃、索康、宇妥、

315

罗桑扎西、夏格巴、拉鲁、夏苏、柳霞、帕拉等一群帝国主义的走狗所把持。他们与英国勾结，企图把西藏地方从祖国分裂出去，变为英国的殖民地。西藏地方政府在英国的唆使下，在今年（1942年）7月6日成立所谓"外交局"，俨然以独立国自居；采用种种卑鄙手段压迫蒙藏委员会驻藏办事处，要他们作为外国代表机关与"外交局"直接打交道，妄想造成既成事实。当经蒙藏委员会驻藏办事处处长孔庆宗严词拒绝，西藏地方当局竟借口搜捕爱国人士，唆使武装警察闯进驻藏办事处捣乱，并停止对驻藏办事处供应，极尽胁迫之能事。驻藏办事处始终坚持不进非法的"外交局"，这一阴谋暂未得逞。看来西藏噶厦在英国的策动下，分裂趋向甚为严重。现在抗战形势日益艰难，自从日本侵入了缅甸，我国对外国际交通几乎全被封锁，急需从中印边境另辟国际联络线，才能同盟国取得联系，减少抗战困难。今西藏地方当局悍然抗拒，完全违背了民族利益。为保障国家统一和坚持抗日战争，这个仗是应该打的。

（二）这个仗能不能够打的问题。康定经昌都至拉萨这一条作战线太长，沿路居住条件、物资条件太差，地形气候特殊，影响于作战甚大。从康定经昌都至拉萨，长达六千一百余里，属横断山脉，海拔最高处达五千余米，山岭峻峭，河流湍急，既无铁路、公路，又无航道，仅有清末赵尔丰所修的一条驿道，可通牦牛和人行，一般商旅从康定至昌都需时一个月，到拉萨则需四个月乃至半年。沿途人烟稀少，军队的给养、弹药，全靠人力和兽力从遥远的后方搬运。西藏高原气候异常恶劣，春天雪大，夏天雨多，秋天好一些，冬天冰冻大，正如当地人所说的："正二三雪封山，四五六淋得哭，七八九正好走，十冬腊学狗爬。"除了秋天，行动都甚为困难。而且因海拔太高，空气稀薄，气温差距甚大。一般风大，生长在平原地区的人不易适应。总之，对于行军、宿营、战斗、后勤都存在特殊的困难。特别是由于历代封建统治的结果，民族关系长期对立，汉藏之间已属不睦，回藏之间更为恶劣，军队所至之处，不能得到当地民众的支持。打这个仗，是困难重重。如果军队没有特殊的编制和装备，没有庞大的辎重和兵站组织，要打到拉萨是不可能的。

（三）蒋介石为什么要搞这一手？真的是为了"维护国家统一"吗？何以他过去对西藏以热振摄政为首的爱国力量并不积极支持，坐视其被卖国分子逼下台而无动于衷；同时对英国及其在西藏的走狗则始终是容忍、迁就，并未采取有力的措施，可见他对国家主权的被侵犯是并不关心的。所谓"维护国家统一"，只不过是官样文章而已。那么，他真是为了坚持抗日战争吗？这更谈不上。他一贯是消极抗日，天天在想方设计向日本投降或和它妥协，绝没有抗战到底的意思。所谓"坚持抗战"，也同样只是一句漂亮话而已。他的真正企图可能有两个，也可以说是一箭双雕：

1. 是新辟国际联络线，使"美援"物资得以大量运入西南大后方，以便他充实自己的力量，准备进行反共的内战，保持他的独裁统治。

2. 是借图藏以图康。自从1930年刘文辉发出"鱼电"反对蒋介石以后，蒋一直怀恨在心，对我们不断进行打击，在前一时期是利用刘湘把二十四军压迫到川康边地，不让刘文辉过问四川政治；刘任西康省主席以后，又在西昌设立所谓"委员长行辕"加以牵制；中间还利用第九世班禅行辕运送班禅灵柩借驻西康甘孜之际，造成甘孜事变，危害西康地方；唆使中央军校学生朱世农、朱世正在西康雅属煽动土匪作乱，诬为民变，企图借口将刘调离西康。这些阴谋虽未得逞，但在蒋介石看来，刘文辉在西康对他的独裁统治终归不利，必欲去之而后甘心。这次对藏用兵，可能是利用机会置二十四军于绝地，将其消灭，好让蒋的嫡系势力来直接控制西康。从蒋介石一贯排除异己、消灭地方势力的以往事实来看，借图藏以图康，是很可能的。

（四）我们应该采取什么办法来处理。根据上面的分析，针对蒋介石的阴谋，我们应采取两条对策。

1. 将计就计，假事真做，变假为真。蒋介石的发动对藏用兵，说是为了"维护国家统一，坚持抗战"，这本来是假的，但是我们要把假事当作真事来做，积极争取和认真策划对藏用兵。这一方面是因为对藏用兵，关系国家民族利益；另一方面是，我们长期局促在西康一隅，没有大的作为，借此把力量由西康伸张到西藏，在政治上开辟一个新的局面，以便经略西南边疆。明知蒋介石的对藏用兵，是别有用心，却不要放过这个机会。

2. 攻防并重。蒋介石借图藏以图康，我们则是既要图藏，又要保康；而且要利用图藏的机会，加强自己的军事实力，扩大自己的政治局面。因此，在对藏用兵的要求下，向蒋介石政府要枪械、要装备、要经费，要物资、要扩大编制、要补充实力，准备以强大的阵容向西藏进兵；同时还要牢靠地保住西康，防止蒋介石嫡系势力的渗入。要求做到进可以攻，退可以守，始终立于不败之地。

刘文辉根据上面的分析，作出了决定。他对我说："你赶快依照这个精神，拟好作战计划意见书，到重庆去接洽，见机行事。"

当时拟订的作战计划意见，大要如下：

（一）西藏军队可能调集到昌都地区作战的兵力，估计为八个代本[①]，合起可动员的民兵，人枪可达八千左右。他们将在金沙江西岸布防，为了保卫昌都将进行顽强的抵抗。

（二）我应组织一个特种装备的加强步兵师（约一万人），并动员民兵五千协同作战。以主力经甘孜、德格渡过金沙江向昌都进攻，一部由巴塘经察雅向昌都前进，实行牵制和威胁。青海骑兵三千，则由玉树经囊谦向昌都及其以西地区威胁藏军左侧背，协同第二十四军夺取昌都。在夺取昌都后，经过一个时期的整补，继续向拉萨推进。在夺取昌都阶段，准备进行金沙江渡河和夺取昌都的两个战斗。

（三）作战准备：

1. 在二十四军抽出一个师的精锐部队，由中央拨山炮、迫击炮各一营，骑兵一营，工兵一连编为加强师，担任出征。另由中央给第二十四军增编一个师，以便继续维持西康全省和由四川划来的几个县的治安。出征

---

① 代本是西藏军队编制的战术单位，兵力相当于一个步兵营，约有五百人。藏军共有十四个代本（包括达赖的禁卫代本两个在内）。平时除禁卫代本外，均分驻各地。驻在昌都地区平时是五个代本。当时二十四军判断藏军遇有战事，可能增派三个代本前来昌都地区。

师照"中央军"标准换补一部分武器，配足必要的弹药和器材。

2. 康藏冰冻期长，气温甚低，出征官兵全体应发给皮衣、军毯；雨季多雨要发雨衣；雪地阳光损坏目力要发有色风镜；沿途一般无居民地可供宿营，要发帐篷九百个；并要照"中央军"标准发足被服、弹袋、水壶、胶鞋等装备。

3. 请拨给必要的通信部队和器材、卫生部队、医院以及军械修理组织。

4. 从康定经甘孜到昌都一路，按习惯程站①组织兵站。每站组织兵站输送队两队。计由康定到金沙江东岸有二十一日行程，须设二十一个兵站，我军到达昌都后须设三十个兵站。计需驮兽（牦牛）九千到一万二千头，组织六七十个驮兽输送队。在向拉萨推进时再按当时情况另行计划。

由四川到康定组织汽车队担任输送，粮食由四川省政府负责供应。

5. 预定作战准备时间为两个月。

二

作战计划意见拟好后，我就带着到重庆去活动。首先去见军委会参谋总长何应钦，代表刘文辉表示接受进攻西藏的任务，陈述作战计划意见和要求。何应钦表面上敷衍了一番。接着就到军令部。这是主管作战的机构，看来他们是从单纯的军事观点出发，对于我们的作战计划意见，表示支持，没有什么异议，满口答应转向蒋介石请示。蒙藏委员会是主管蒙藏

---

① 习惯程站是历来行旅逐渐形成的。清末赵尔丰设的驿站大体是沿袭过去习惯程站，后来也没有大的变易。驿站距离（即每日行程）为四十里至九十里不等。其所以相差很大，是因为有些站距离虽近，都要走一日工夫。或是路不好走，或是海拔高，空气稀薄，走快了呼吸困难。沿途居民少，有些站的距离有近有远，是为了迁就居民点。康定至昌都途程虽是一千八百余里，习惯程站就有三十个，亦即三十日行程。

民族事务的机构，该会委员长吴忠信曾有电报致刘文辉请其出兵西藏，因此我也去见了吴忠信，希望他从旁促成对二十四军的补充，并告知军令部对我们的作战计划意见大体同意，并转给了蒋介石。吴忠信把西藏卖国分子卖国的事实向我谈了一遍，也反映一些蒋介石的失策和无能，最终只得寄希望于一战。大有求战若渴、我们要啥给啥的意味。从军令部和蒙藏委员会的表示看来，对藏用兵势在必行，我们提出的作战计划是可能被接受的。可是军令部转给蒋介石的文件许久没有批下来。我等得不耐烦，想去见蒋介石，照例要在侍从室登记，过了好久才得通知与蒋介石会面。我带着我们新制的康藏地图，按图索骥地把战略战术方面的理由，有条有理地讲述了一番，满想投其所好，讨"元首"的喜欢。殊不知蒋介石口里只是断断续续地"嗯！嗯！嗯！"并不感兴趣。这和他平日喜爱表现"内战内行"干涉下级业务的习惯大不相同。他不待我的话说完，就插嘴说："你同何总长、军令部去商量吧！"他接着假装地问："刘主席好吗？他一天做些什么？"摆起家常来了。我意识到，他是借此来规避"对藏用兵"问题的答复，就没有继续谈下去了。

以后军事委员会开过好几次高级会议，曾经讨论过"对藏用兵"的问题。军令部高级官员认为二十四军的请求，是事实上所需要，应该酌量补充，否则困难不能克服，作战的目的达不到。但是蒋介石总是一次又一次地推诿，说花费太大，须再加考虑，始终不作决定。在这一时期中，何应钦曾从某高级官员处探听："刘文辉是否真正愿意对藏作战？"这位官员给他分析了一番，说刘想为抗战立功，并对西藏情况作过长期的研究，这次对藏用兵，他是愿意一显身手的。与此同时，军令部次长刘斐看见蒋介石迟延不决，在会议上也为此发过议论，说："对藏用兵是大事，二十四军的要求算来也不过一二百万元（硬币），花这点钱是值得的。现在就看打不打，要打就得补充二十四军，如不补充就不打。"所有这一切，当然都不能促使蒋介石作出决定，他葫芦里卖的什么药，看来何应钦、刘斐也是不知道的。

日子一天一天地过去，青海马步芳派来商谈对藏用兵的代表，早已从蒋介石那里领得骑枪二百支、轻机枪五十挺、子弹数万发和一些军费，回青海复命去了。我们提出的对藏作战计划则一直没有下文。蒋为什么这样延宕？他又在想什么名堂？我正在疑虑间，忽然，有一天四川省政府从成都打来一个长途电话通知我，说张群马上乘车来重庆，要我在他到重庆后立即去会他。事实上是，张群到了重庆，首先去见蒋介石，同蒋谈话后才找我谈。张群见着我假惺惺地说一些关心刘文辉的话。我即将对藏作战计划要点和二十四军的要求向张说了一遍。张一开口就说："现在国家艰难，要拿出这么多武器，增编这多军队，支出这多经费，是很困难的。"这是对二十四军提出的要求全盘加以否定。张接着又说："看来你们是感觉兵力不足，中央想派两师中央军来接替二十四军现在的防务。让你们全军开赴前方对藏作战。这样，兵力不就充足了吗？可不可以？"我知道，张群是刚从蒋介石那里领到了指示的，张的谈话当然是代表蒋的意图。蒋介石为了维持他的独裁统治，一贯借题发挥，排除异己，如借什么"抗战"啦、"剿共"啦来消灭地方势力，要造成清一色，实现"家天下"。我们在西康早就作了分析，蒋介石这次对藏用兵的企图，是要"借图藏以图康"，即借这个开辟国际联络线坚持抗战的大题目，把二十四军推到金沙江西岸，使在不毛之地趋于消灭，好让蒋的嫡系势力来控制西康地方。张群这样一谈，证明我们原来所作的分析是完全对头的。这时我已经心中有数，暗想今天免不了要来一场钩心斗角的争论。我对张群说："抗战期间，国家的艰难是可以理解的。不过，对藏用兵是民族抗战的迫切需要，权衡轻重，二十四军的要求是有限的。军令部已经同意我们的意见，说明这是事实上的需要。如果说国家财政困难，为什么对马步芳又如愿以偿地批准他们的要求？同时中央军也不断地成立了许多新的部队，可见国家财政还是可以想办法的。中央军开到西康去接替防务，当然也是一个办法。不过，二十四军戍康多年，对当地情况已经熟悉，军民关系也能相安无事。因此，以两师兵力驻守这辽阔的地区，而能在抗战的动荡局面下达成安定后方的任务。二十四军常常分一个排乃至一个班戍守一地，而没有出过事，如果换成陌生的中央军那是办不到的。若论戍守后防，还是二十四军适宜一些。况且近年来外间常有谣传，说中央军要开到西康来、刘主席要调动，因而人心惶惶，军民疑惧。在目前抗战极端艰苦的情况下，还是不这样做的好。"张群说："那么拨点中央军给刘主席指挥，会同二十四军对藏作战好不好呢？"我说："这也不好，中央军和二十四军装备不同，待遇两样，相形之下，必然会引起地方军队的反感，不好并肩作战。如果要拨军队给刘主席指挥，那么，可否拨川军邓锡侯或潘文华的军队（这一点刘文辉早有示意）。这两部官兵都是四川人，感情素来融洽，利于协同作战。"张群听了沉吟了半晌，又说："那么，先开两师中央军到雅安，以作应援如何？"看来事情越逼越紧了。我说："现在外间已有谣传，说中央要向某些地方部队开刀，人心惶惶不安，还是动不如静。"这时张群的态度显得一下严肃起来，说："军队是国家的军队，指挥权应该统一于元首，元首要怎样调动就得怎样调动。这样国家才会强盛起来。你在陆军大学受过训，应该深知这个道理。"他以大道理来，我也以大道理去。我说："国家的军队当然应该统一，但是不能仅仅要求指挥统一，同时还要求编制统一、装备统一、待遇统一。没有后者就不易保证前者。我们倒很希望国家的军队能够真正统一起来。"这时张群的态度又变得温和了，他说："军队要求国军化，当然不是一时能做得到的。但这只是一个方向。现在中央正在逐步整理军队，你们陆大同学已有许多人参加了这一工作，还是你们少壮派有办法。蒋委员长是你们陆大的校长，他很着重培养陆大同学，将来你是很有前途的。我们今天随便谈谈吧。你刚才说西康地方对中央军有反感，你不能同他们一样，应该看得远一些吧。如果现在中央军开两师到雅安，你的意见怎样？"我当时听到张群谈的这些话，越来越不成话，十分憎恨，觉得很不耐烦了，于是正色地说："我们今天是谈对藏用兵的问题，目的是为抗战开辟国际联络线。如果张先生谈话的目的在此，我的意见已经谈出来了；如果张先生谈话的目的不在此，那么我就无法答复了。"这一下张群闷着了，室内的空气也显得沉寂起来。他想了一想说："好吧，我们大家再考虑一下，缓天再谈吧。"这一场争辩算是终场了。

　　自此以后，张群再没有找我谈了，关于对藏用兵问题也迟迟没有消息。我曾一度去找过吴忠信，想从侧面去探询一个究竟。与吴见面一谈，知道吴对这个问题也感到失望。眼看着西藏卖国分子分裂祖国的行动日益猖狂，而又束手无策。他们唯一的办法，就是对西藏驻重庆的代表加以威吓。他们对西藏代表说："你们再对驻藏办事处为难，我们就要用兵。"后来听说这个虚声恫吓，居然也生了一点效，蒙藏委员会驻藏办事处得免于停止供应的威胁。对藏用兵问题是不是将停止进行？是不是只作为一种"虚声恫吓"了结呢？我又从军令部和各方面打听，都得不到停止用兵的象征，也没有批准我们作战计划的消息。在重庆等的日子多了，实在是无聊。突然有一天何应钦找我去谈话。他对我说："对藏用兵这一公案闹了几个月了。你们的作战计划意见我们研究了，其中所提的要求，也是事实上所需要。但目前国家财政非常困难，担负不了。这中间最大的困难在于：这个地区没有现代的交通，需要设立庞大的兵站机构，费用太大。现在中央考虑暂缓进行作战，先修一条公路，为将来进兵做准备。这一条公路打算从康定经甘孜、石渠到玉树，再由玉树通到青海西宁，叫作康青公路。从玉树到西宁一段由青海负责修筑；从康定到玉树一段，要请刘主席帮忙。你立即回去问问刘主席，看他意见如何？"我答应了何应钦说我马上回西康去当面转达。下来后仔细想想：对藏用兵既是抗战的迫切要求，"中央"为什么舍不得有限的费用呢？对藏用兵是蒋介石图康的好题目、好机会，为什么蒋介石会放手呢？经过许久没有放弃对藏用兵，而在最近放弃，究竟是什么原因？百思不解。从负责人张秉钧打听，才知道停止对藏用兵并不是旁的原因，而是因为最近英国驻华大使馆的武官对何应钦口头抗议说："听说你们要打西藏，我们不同意。"何应钦把这话向蒋介石谈了，蒋介石就吓倒了，不敢对藏用兵了。同时蒋介石感于刘文辉拒绝"中央军"进入西康，图藏既不能，图康也不易，只得打消对藏用兵的计划了。这是蒋介石见不得人的一个秘密。

三

何应钦提出兴修康青公路的问题后，我立即回西康向刘文辉请示。刘一语道破说：蒋介石现在这一着棋，是借图藏以图康的继续。就是要利用修筑康藏青公路为蒋系势力的渗入西康创造条件。其最终目的，是要把二十四军赶出西康。蒋介石的对藏用兵的计划是被"洋大人"打消了，但是图康是没有放手的。建设交通究竟还是一件好事，对发展地方经济、文化都有利，我们不必拒绝，而要将计就计，转祸为福。一面接受修筑公路的计划，同时又要防止蒋系势力渗入。即既要利用可能取得的有利条件，又不要上蒋介石的当。叫我本着这个精神，相机行事，立刻到重庆向何应钦表示同意兴修康青公路。从此，一场新的斗争又开始了。

我把刘文辉同意兴修青藏公路的意思告诉了何应钦以后，蒋介石很快就派了"二陈系"喽啰骆美仑进行修筑康青公路的筹备工作。蒋这次使用的主要法宝是实行兵工筑路，企图借这个题目把"中央军"开到西康，以为这样一来就"师出有名"了。刘文辉看清了这一点，就先走一步，叫我从侧面去活动，谋取康青公路兵工筑路总团长的职务，把兵工指挥权拿到自己手里来。骆美仑起初尚不知道他们"元首"的意图，我向他一表示，他就一口承应。在他看来，由我来任总团长，可以得到二十四军的支持，工作可以顺利进行。殊不知这是一个微妙的政治斗争。过了一些日子，骆美仑从他们"元首"那里领到了指示，知道他自己上了当。但又不便直接回绝我，就把总团长一职的决定权推到兵役署。我们抓住这一点不让步，我又去同程泽润（兵役署署长）拉关系，向程表示我一定要争取筑路总团长一职。我们知道蒋介石决不肯放过这一招，不过是要通过程泽润间接表明刘文辉抵制"中央军"进入西康的决心。狡猾的蒋介石明白了这一点，又值抗日战争正在紧张阶段，他知道如果一定要硬来，必然会引起冲突，影响大后方的安定。因此，他来了一个自我转圜，宣布改变兵工筑路计划，而采用民工筑路。至此，蒋介石这一度图取西康的阴谋遂告破灭了。

这是抗战后期刘文辉同蒋介石在政治上的一场激烈的斗争。蒋要夺西康，刘要保西康，双方为此斗争了好几个回合。一个是针锋相对，锲而不舍；一个是外强中干，投鼠忌器。这说明反动统治局面，存在着不可克服的矛盾，也说明了蒋介石具有脆弱的一面。

刘文辉防范蒋介石，除了在政治、经济、对反动党团各方面的斗争外，特别注意防止蒋介石开兵来西康。这次对藏用兵问题就是这样。此外还有多次的斗争。例如：1939年西昌设"委员长行辕"，张笃伦任主任，张就任之初就想带"中央军"进驻西康，刘文辉不同意，仅许张带一警卫营到西昌（以后该营扩充为团）。1941年蒋介石设第十一补训处于西康，征兵成立三个团的部队摆在西康。驻在雅安大兴场的一个团招纳土匪，舆论哗然，土匪不安。二十四军扬言将前往捉土匪，利用军队演习的行动，哄垮了这一团。兵役署怕引起后方不安，撤销了第十一补训处。1942年，朱世农、朱世正在蒋介石指使之下在雅属造成匪乱，同时借匪乱为题想开兵到雅安来，因二十四军迅速平定了匪乱，表示不需要"中央军"助剿，未能实现。1944年，蒋介石借口西康禁烟废弛，准备开几个缉私团前往西康，由特务头子罗国熙率领前来，并已开始行动。二十四军在川康边境利用便衣武装，沿公路示威，得以阻止。由于刘文辉一贯注意防止蒋介石开兵到西康，截至1949年12月初二十四军武装起义时，西康境内蒋介石的部队仅有驻在西昌的警备司令部的警卫团（即前"委员长行辕的警卫团"）和在二十四军起义前十日空运到西昌的胡宗南匪部三个营。

刘文辉与蒋介石斗争的结果，西康一直掌握在刘文辉手中。1949年冬，共产党和毛主席领导中国人民最后解放大西南，刘文辉正是凭借西康这个地区，才能实行武装起义，反对蒋介石的反动统治，投入了人民的怀抱。这是后话。

康青公路由筹备而开始修筑起来了。即使是民工筑路，蒋介石的中央仍然把持住。"中央筑路机构"由骆美仑紧紧地掌握大权，但一方面驱使西康地方政府负责调派民工。骆美仑发的经费是不适应需要的。地方政府也只能找些土司、头人（农奴主）把民工分派下去，尽力摊发。这样一来，一场剥削农奴、压迫农奴的苦役，灾难性地散布在康北各县。农奴变成了奴隶式的民工，吃不饱、穿不暖，居住条件十分恶劣，还要负担沉重的劳动，受头人和狗腿子的虐待。有病无处医，有伤无人治疗，死在这种苦役下的人不知多少。骆美仑是不管农奴民工的死活的，只晓得如何剥削压榨民工，如何利用中央和地方的矛盾，从中钻空子，大捞一手。从工粮、工资、医药费、工棚费、材料费、建筑费及其他等公费不知贪污多少。对中央则巧立支出名目，大开"财源"，伪造报销；对地方政府则"挟天子以令诸侯"，"紧缩""节流"，以便中饱。只拿两桩事来说，就可想见当时骆的贪污手法：在路局和车站，形式上大搞建筑，实际上偷工减料，建筑房子徒具形式，既不适用又不耐久，只有利于他的贪污报销；工粮的来源，他强调要从四川运济大米，由中央在四川的乐山、邛崃及其附近各县拨粮，不径运西康，就地出售，图获高价；在西康各县购买当地贱价青稞麦发给民工，从中渔利，并报销了庞大的大米运费。他怕人揭露，又拨了好些地方的粮给西康军政人员代为催收、分润嚎余，以图钳口。又借此利用西康军政人员在四川的势力和军队为他催收拨粮，这一笔贪污数字是很大的。结果路修得怎样呢？由于骆美仑贪得无厌和层层剥削，使用在修路上的钱就很少了。他要怎样修就由他怎样修，公路修得路幅狭窄，路基浅薄，路面好多地方不铺砂石，甚至高原地带刨开一条路印子就算了事。石方不做够，排水和防水设备极差，桥梁一般只搭便桥，根本没有什么规格。山高皇帝远，骆美仑在那里胡乱搞，住在重庆的"皇帝"是不知道的。骆美仑把路修得很坏，在抗战胜利后不久就草率宣告通车。在举行通车典礼时，骆贿邀一批新闻记者，用两部汽车从康定颠颠簸簸地把这些人输送到玉树。路上有些地方还不能通车，临时用他的"逢山开路，遇水架桥"的本领，两部新闻车渡过去，反正车上的人是不说真话的。到了玉树，骆美仑打电报给中央报告汽车已通到玉树了。新闻记者纷纷打电报给他们的通讯社和报馆，大吹大擂一番。这一下骆美仑"名成利就"了。这时蒋介石正热衷于"接收"和抢夺人民胜利的果实，对共产党进行罪恶的内战，对这条公路没有什么兴趣了。过了一些时日，骆美仑看事已稳妥，西康边地已无油水可捞，溜出洋去了。蒋介石压榨人民许多血汗拿来兴修的康青公路，自从骆美仑贿邀新闻记者的两部汽车通过以后，这条公路就宣告不通了，直至解放时始终没有再通过一部汽车。赶乌拉（牦牛）的牛娃，指望路修好了乌拉走得快一点，但是"公路"愈走愈坏，雨天烂泥没胫，回想起清朝赵尔丰修的驿道还要好走一些，但赵尔丰修的驿道现在被修康青公路的工程破坏了，再没有驿道好走了，就边走边骂。乌拉把路越踏越坏，变成了"天晴一把刀，下雨一包糟"。时间愈久，路垮的愈多，公路变成河滩和千百条乱沟。行路人也是边走边骂。特别是康北成千上万的老百姓参加过筑路工程，为修这条路，流了多少血汗，受尽了多少折磨，满想路修成好走些，而今却变成"康青道上行路难"，更使他们倾出无限的辛酸泪。这时骆美仑远走高飞了，康青路上只留得"怨声载道"！

蒋介石兴修康青公路的始末，就是康北人民受灾受难的过程。解放以后"康青公路"的痕迹是逐渐消灭了，代替它的是共产党、毛主席给人民带来的幸福的"五彩路"。哪怕康青公路的痕迹完全消灭掉了，但是留在人民心中的蒋介石兴修康青公路的痛苦，是同受蒋介石反动统治二十余年的痛苦一样地永远不会消失的。

蒋介石与龙云的斗争

*方　耀**

我于1939年6月初至1942年7月间，在昆明空军军官学校特务团任团长，在这段时期内，担任一项秘密任务，搜集云南王——龙云的各种情报。

1938年秋，日本帝国主义的侵略军快到武汉前，我从汉口调至昆明空军军官学校工作，当时的云南是龙云的天下，连蒋介石的中央小部队入云南，事前都必须取得龙云的同意。但那些没有自卫能力的，如机关、学校、工厂等却都认为云南安全而源源不断地从沿海迁入。当时云南的主力陆军六个师，也开赴前线作战，留下一个步兵旅，一些地方保安团队担任省防。日本帝国主义侵占我国沿海后，昆明成为西南大后方的重镇，国际主要运输大动脉、交通的枢纽。滇越铁路与滇缅公路进口的物资，都要经过昆明后转运全国各地，战略地位十分重要。后来日本帝国主义侵略越南与缅甸的主要目的也就是为了截断我国的国际通路。当时，云南成了龙云的独立王国，不容外力干预。

1938年蒋介石在汉口接见龙云时，龙云曾提出，要求撤走驻云南的军统特工人员。蒋介石当面否认有此事，而暗中指示军统头目戴笠酌情减少些过于暴露的人，这是耍的两面手法。1939年夏，航空委员会主任周至柔

＊　作者当时任国民党军昆明空军军官学校特务团团长。

受上级指示，要我以职务作掩护，兼理搜集龙云的情报。航委会秘书处处长周鸣湘是周至柔的侄儿，上级叫他从成都飞抵昆明，向我交代任务，要我负责搜集龙云的情报：包括龙云对中央的态度，龙云与汪精卫的关系，云南的现有兵力及布防，团长以上姓名、年龄、出身、籍贯、主要经历、主要人事关系。周交给我一份密电本，重要情报用便机带，当时昆明至四川成都和重庆，几乎天天有飞机来往。一般情报利用有线电报，每月给我一笔固定的经费，可以雇用一名中校，这是为了不使我分散精神影响我的本职业务。我雇了军校六期学生李西平为助手，他是云南人。同时通过上级介绍认识了云南绥靖公署中将参谋长刘耀扬、中将参谋处处长甘芳，有不少情报，从刘耀扬与甘芳两人手里得到。

1939年5月间，我为了迎接空军军官学校教育长周至柔从成都返昆，自学校侧门到巫家坝民航站，见到民航站到市区公路两侧布满了哨兵，站外停满了小轿车。我作为巫家坝空军基地负责警卫的人，对此一无所知而感到吃惊。知道有大人物来临，但不知何人。不久一架巨型民航机从北面飞来徐徐降落，首先步出机舱的是周至柔，紧接着是大汉奸汪精卫，当时对于汪精卫去云南我是迷惑不解的。龙云等军政大员迎上前去与汪精卫握手言欢，乐队奏起三番军礼号，稍事寒暄，由龙云陪同进城。不久，重庆方面开动宣传机器大为宣传，说什么"汪精卫私自出走"而离重庆，我亲眼看到汪精卫堂而皇之地来昆明，同机的有中央大员周至柔，云南的军政首脑龙云。出动大批人马迎接，龙云事前必然获悉此事，所谓汪精卫私自出走，岂不自欺欺人？抗战时期，全国民航公司购买飞机票均由军统人员控制，故汪精卫离开重庆必然经过蒋介石的点头，所谓私自出走，岂不是欺骗全国人民的大骗局？当天汪精卫与龙云举行秘密会谈。汪精卫对云南的军政领导人讲了话，讲话的内容还是重弹"和平运动"的谬论。晚上，龙云为汪精卫设宴招待，翌日，汪精卫离昆明去越南的河内。

汪精卫叛国投敌是和蒋介石合演的一曲双簧戏。汪精卫在幕前，蒋介石在幕后。蒋介石搞的同日本勾结的卖国活动，也是从1938年11月通过日寇参谋本部铃木卓尔中佐在香港通过香港大学教授张治平与宋子文、宋子良、宋美龄的关系与蒋介石勾结谈判，日本大本营派出第八课课长臼井茂树大佐、铃木卓尔中佐和今井武夫曾先后充当日驻华使馆副武官助理、日本侵华派遣军副参谋长等职。宋美龄本人曾以看牙医为名到过香港建立联络组，每天利用香港班机和无线电台与重庆政府联络。

蒋介石为了迷惑人民，密令特务头子戴笠行刺汪精卫——当时汪精卫在河内与陈璧君、曾仲鸣等人住在河内西北八十公里避暑地三岛一家旅馆。而戴笠派了军统特务余乐醒、沈醉赶到河内，于1939年5月21日午夜，沈醉持枪冲进汪精卫住的房间，不料当天晚上汪精卫和曾仲鸣调了房间。曾在睡梦中惊醒见有人冲进，慌忙下床躲在桌下，被沈醉开枪击毙。在此以前1月19日林柏生在香港被特务袭击受伤，汪精卫的外甥沈次高在澳门也被特务暗杀。汪精卫本人由日本参谋本部军务课课长影佐大佐、伊藤犬养和外务省书记官矢野征记到河内保驾转达上海，并准备在南京粉墨登台，于日本帝国主义的刺刀下，组织伪政权，出卖民族利益。汪精卫是孙中山先生的叛徒、民族的败类，抗战开始后，派心腹高崇武与日寇特使影佐密谈。因此，在汉口与重庆提出所谓"和平运动"的谬论，得到日寇赞扬及国民党投降派的拥护。实际是反对抗战、反对国共合作，接受日本帝国主义的殖民统治。1939年10月间，是正值汪精卫当汉奸后不久，陈璧君之侄陈××在龙云的庇护下由昆明逃到越南再转道南京后，充任了汪伪组织的航空署署长。在此前他任中德合办的航空委员会第二飞机制造厂厂长。该厂于抗战间，从南京迁至云南昆明郊区。汪精卫到南京后，汪龙双方曾互派代表联系。这些都说明了龙云与汪精卫之间的亲密程度。

1940年2月间，我因治鼻伤至成都住院，由昆明转来蒋介石的电报欲于重庆召见我。在重庆见到蒋介石时他问了云南的现况，并交给我他最近的言论集，叫我转送给刘耀扬等人，并要我多与其取得联系，因为刘耀扬原是刘峙的参谋长，与中央系有联系。我从与蒋介石的谈话里体会到他对龙云的怀疑。1940年，蒋介石借口中央驻滇的机关和工厂日益增加，事前不与龙云通气就派宪兵十三团一千多人，从贵阳乘汽车运送到昆明。抵达昆明后，该团团长龙涤波为了驻地与任务向龙云请示，龙云气愤地没头没脑大声问他："哪个叫你来的？"龙团长被弄得狼狈不堪，但仍和蔼地回答说："奉委座的命令。"当时宪兵十三团住在昆明市区，负责维持中央机关与工厂官兵的纪律。龙云有自己的云南宪兵。双方执行任务中常发生冲突，实质上是蒋介石与龙云斗争的一种表现形式。

当日寇的魔爪伸至广西北海时，因为广西与云南毗邻，所以对云南的震动也很大。龙云曾召集军政首脑开秘密会议，要大家讨论，北海被日寇占领、云南怎么办的问题。有的主张值此云南受到威胁之时请求中央将卢汉的两个军调回以保卫云南；而另一种意见是，调回卢汉中央决不会同意，应迅速将各县地方团队扩充。龙云同意第二个意见，决定有养兵能力的县扩充县保大队，借机扩充实力，作为对付蒋介石的资本。从这里可以看出龙云对蒋介石的态度了。

1940年时，日寇空军空袭云南日益频繁，特别着重空袭国民党空军基地。云南是蒋介石重要的空军训练基地，空军军官学校本部也在昆明巫家坝，一个分校设在蒙自县，一个分校设在祥云县云南驿，这分校的附属训练基地在楚雄县。第一、第二飞机制造厂也在云南境内。日寇飞机袭击云南驿，击毁了几架飞机，震动了大后方。这次损失的主要原因在于我方没有高射防空武器，所以敌机能够从我方防空监视哨之间的空隙钻进来而飞抵云南驿上空时肆意滥炸。因此蒋介石取得龙云的同意派炮兵四十一团（高射炮）和照测一个中队（四盏灯）到昆明归龙云指挥。航委会为了防止日寇飞机降落机场与空降伞兵，派我为昆明巫家坝机场守备指挥官。此时谣言甚盛，说龙云对重庆态度暧昧，我得航委会密令"为了防止发生意外事件，不惜代价保护机场飞机起飞转移的安全，炮兵四十一团与照测中队统归方耀指挥"。这也同时证实了谣言是有根源的。根据过去的教训，南昌与成都机场曾经发生日寇飞机降落机场后再烧毁我们的飞机的严重事件，为了不让耻辱重演，航委会又令昆明空军军官学校以机场为中心，直径三四里路为周圆，构筑坚固的防御工事，也由我负责指挥施工。部队配合民工做了四个多月，由于巫家坝机场的工事较坚固，龙云的部队看此行动，颇多疑妒，为了应付紧急事变完成任务，我与李团长经常交换意见。

当时在昆明我们与龙云的力量悬殊，龙云有正规军四个步兵团、炮兵团、军分校的学生与宪警部队一万多人；而空军军官学校特务团虽有一个半步兵团的兵力三千多人，但是在昆明只有两千来人，而炮兵四十一团二十几门大炮没有自卫能力。考虑到可用的兵力不多，而且士兵均无作战经验，一旦龙云真要袭击巫家坝机场，我们要完成保护几十架飞机安全起飞是不容易的事。因此，我们下了背水作战的决心，在机场东北的制高点筑起坚固工事，并日夜派兵守备，机场周围构筑了很多堡垒，形成交叉火力，控制一切死角，通往机场的几条公路设置障碍物，万一遭受意外袭击，特务团两千多人即死守机场，炮兵四十一团的二十几门大炮改为平射，以火力封锁机场的公路，并轰击五华山龙云的指挥所。这是我们大概的作战方案，取得航委会的同意。

1941年，日寇侵占了越南、泰国、马来亚、缅甸等国。云南变成抗日战争的前线，蒋介石以抗击日寇侵略为名，将关麟征集团的五十二军与五十四军从广西开到滇南，对越南布防。宋希濂集团的七十一军与杜聿明的第五军从四川、贵州开往昆明市，又调张轸等几个军开入滇南对缅甸布防。派参谋部次长林蔚文为参谋团团长，住于昆明市西山，统一指挥在云南的部队。至此，蒋介石的武力控制了云南的战略要点，龙云要反抗已无能为力了，因而我的工作也失去作用了。但是在蒋介石解决龙云前，昆明还发生了中央与地方的严重冲突，成为蒋介石与龙云斗争的插曲。事情发生在1942年2月间，蒋介石受美国总统罗斯福的委托飞抵印度劝甘地放弃绝食，未成，回到昆明休息。而当时龙云绥署近卫团十一连有一名兵士逃走，被捕在司令部，十一连得知后即由连长率领全连武装士兵，到离市区五六里的黑土凹——空军第五路司令部捉逃兵。交涉时双方争吵起来，十一连就包围司令部，并开枪射击，司令部工作人员纷纷逃走，副司令龚颖澄和参谋长章杰指挥守卫司令部的特务团五连两排士兵应战，双方交战二十分钟。枪声震动了昆明市的军民，据说蒋介石听到枪声后很是慌张，以为发生第二次西安事变了。在昆明市郊的七十一军与第五军一部分上山占领阵地，近卫团十一连连长和两名士兵被打死，其他士兵除逃走一些外，全部被捉住，武器被没收，形势十分严重。出事后不到二十分钟我赶到出事地点，经过查询，认为是一场大误会。事件虽由近卫团挑起，但是报告上级后仍将全部官兵和武器放回。其时，航委会主任周至柔随蒋介石在昆明。我除了向航校教育长王叔铭报告外，又向周至柔作了汇报。由于空军里的派系斗争（王叔铭是反对周至柔的，而我是周至柔一派的），王叔铭就乘机排挤我。他越级向蒋介石面报说："方耀曾搜集龙云的情报，龙云是不满意的，这次事件方耀虽无责任，但考虑到缓和中央与地方关系起见，应表面上严惩方耀，请中央考虑把方耀调离此地降他一级。"蒋介石同意了王叔铭的意见，下手令撤职查办我。周至柔知道后，很是气愤，找我谈了他的看法，认为王叔铭的越级报告是假公济私。周至柔与龙云交情较好，为我向龙云说情。龙云即向蒋介石报告说，此次发生的事件与方耀没有责任，请求免予处分，蒋介石因而又下令撤销前令。一场风波平息了。这件事既反映国民党内部派系斗争，又反映中央系与地方系的斗争。

蒋介石准备暗杀李宗仁的阴谋

沈　醉

1948年11月间，我在昆明担任国民党特务机关国防部保密局云南省站站长时，突然接到保密局局长毛人凤给我一份急电，叫我把云南省站的职务交给副站长皮绍晋代理，立刻赴南京另有任用。我从昆明飞到上海后即转乘火车往南京，他特派保密局总务处处长成希超到车站接我，并送我去玄武门到傅厚岗那条马路上保密局外宾招待所"诚庐"休息。这个地方当时是保密局专门用来作为与中统局、宪兵司令部、国防部二厅等特务机关首脑开会用的，偶尔招待过美方特务头子。平日一般外勤省站负责人去南京，多半招待住安乐酒店或保密局开设的珠江饭店，这次却例外地让我住入诚庐。我对这种招待感到奇怪，便问成希超叫我到南京有什么事，他也弄不清，只听说有一项很重要的工作在等我去做。

当天下午我正准备去见毛人凤时，他却先到诚庐找我，只简单说明这次是由蒋介石指定叫我到南京主持刺杀李宗仁的工作。这个工作原来毛人凤是叫保密局主管暗杀等类工作的行动处处长叶翔之来主持，并进行了一些布置，后来蒋介石知道叶翔之是个文人出身，一向主持内勤工作，连手枪都不会用，便决定调我这个专干这类杀人有经验的刽子手去担任这一项任务。毛人凤说了这几句话之后便邀我一同上车去见蒋介石。

我们从下午三点等到五点多钟，蒋介石才抽出时间接见了我们。他这次谈话态度非常和蔼，很亲切地问了我云南站的工作情况和我的家庭情况，最后才问到我知不知道这次调我到南京的新任务。我说毛局长已告诉了我。他便说明决定叫我主持这项工作是关系到整个大局的问题。他当时还夸口说共产党是迟早可以打败的，而内部的捣乱是比共产党更难处理，所以决定采取这个办法，好使内部统一团结起来一致对外。他还说共产党只有一个敌人所以能打胜仗，我们却有两个三个敌人，几方面要对付，困难就多得多。他一再说明这是关系到党国安危的大事，叫我绝对不能泄露，要我从速布置好以后，只等他一决定行动时，便要绝对能完成使命。末了他还举出荆轲刺秦王等历史上的英雄人物来鼓励我，并对我过去愿意冒险到解放区去寻找戴笠失事的飞机，还提出来赞扬我。听口气，好像叫我为了完成他这一任务，连我的性命也要在所不惜，我在辞出时也坚决表示，为了不辜负他的期望，任何牺牲都能办到。他很高兴地握着我的手对毛人凤说："这是我们最忠实勇敢的同志，他工作上生活上如有困难，你要尽力帮助解决。"

第二天上午我到保密局，毛人凤只找了局长办公室主任潘其武和叶翔之与我四个人进行商量，连副局长徐志道都没有参加。当时决定担任这一任务的单位叫"特别行动组"，进行的办法分为两部分，一是担任暗杀，一是防止李宗仁离开南京。同时也研究了对其他的几个桂系头子也采取同样办法来对付。布置方面由我与叶翔之亲自协商办理，会后由毛人凤分别通知经理处和人事处，凡是特别行动组要钱要人应尽量满足需要。

一星期以后，这个组便作了以下的具体部署：暗杀李宗仁的工作由我主持，毛人凤选派了秦景川、王汉文两个人作为我的助手。秦一向在军统看守所中担任杀人的工作，枪法准确，也很沉着；王为东北惯匪，从小干杀人越货勾当，能以手枪射落空中飞鸟；我在军统中也一向是有名的神枪手。李宗仁当时住在傅厚岗后面，他汽车进出转弯时速度很慢，从两面同时射击很有把握。为了侦察他的行动，便在马路通向他住宅的转角处开设了一个旧书摊子，一面可掩护侦察，一面可以在决定行动时利用这里多站几个人不易被发觉。这个地方是由军统临澧特训班毕业的特务吴德厚担任。

　　为了防止李宗仁突然离开南京，我们又分别派人在光华门外飞机场附近一条小街上开设一家小杂货店为掩护，如发现李到机场乘飞机走的时候，立刻报告毛人凤，通知空军，准备用战斗机在空中将李的座机击毁。当时桂系军队有一部分在安徽，为了防止李等乘火车走，便在江南铁路车站附近买了一个小木房子，派人摆设香烟摊，监视行动。此外，在汤山附近通杭州的公路上，我们也派了两个人开设一家小饭馆，担任监视。另外还在白崇禧的住宅对门我们也开了一家小酒馆，白的卫士成天到这家酒馆里来饮酒聊天，对监视白的行动很方便。当时只有监视甘介侯比较困难，他住的街道名称我现在记不清楚，只记得附近不易找掩护，而由特务摆上一个流动香烟摊。毛人凤拨给特别行动组两部速度最高的小车，准备李宗仁坐火车或汽车离开南京时，可以追到半路上去进行狙击。

　　这个行动组最紧张的时候是1949年1月中旬，那时蒋介石正在考虑是暂时退休交给李宗仁来代理还是把李宗仁暗杀后自己继续干下去，因为淮海战役蒋介石的精锐全部被歼灭后，李宗仁还拥有一部分桂系武力，正在趁机进行逼宫的把戏。在那一段时间中，毛人凤天天叮嘱我做好一切准备，以便蒋介石一下命令就动手。当时我和秦景川、王汉文都准备好每人两支手枪，弹头内都注入最猛烈的毒药，只要射中身上任何地方，都可以引起血液中毒而无法救治。吴德厚开设的旧书摊上也准备好一支手提机枪和几颗炸弹，作为掩护和加强行动的用途。毛人凤怕李宗仁在那几天不出来，又叫我在李的住宅附近进行勘察，以便蒋介石命令下来立即执行。我也作了一番布置。

　　直到1月20日，毛人凤才找我去，叫我马上结束这个组的工作，把所有担任监视的人交给人事处另外安置，只叫我把秦景川、王汉文、吴德厚三个人带回昆明去，准备必要时再为蒋介石去刺杀他所想要杀掉的人。到了1949年9月，毛人凤在昆明见到我的时候，还一再提起这件事。他说蒋介石时常后悔没有在那个时候动手，而留下这一祸根来捣乱。

第 4 章　亲随眼中的蒋介石

我为蒋介石监印的岁月

姜辅成

我自1926年担任北伐军总司令部的监印工作，一直到1946年军委会撤销，解职归里，给蒋介石当了十四年监印官，六年只拿钱不做事的参议。前后二十年时间，由中尉校对员升到少将科长。

监印官职小位卑，责任却重大。蒋介石统治旧中国二十二年，实行军事独裁，他的北伐军总司令部以及以后的军事委员会，党、政、军一手包办。举凡各省主席的任命，军事长官的调动，以及财政军需的调度，一切布告、委任状、训令、指令、代电等，均须盖上他的"玉玺"。

一

1925年以前，我在上海和奉化人应梦卿同做交易所投机买卖，为沪海交易所四号经纪人。交易所的人很多是国民党员。当时国民党CC系头子陈果夫也在上海干这一行，他是物品交易所的四号经纪人。应梦卿留学日本时加入了同盟会，曾为沪军都督陈其美手下监印员，和蒋介石、陈立夫等都相识。这年春季，我们的交易所因经营股票买卖亏本，宣布清理停业。我由杭州高义泰绸庄老板介绍至嘉兴伟成丝厂当收发，应梦卿则离沪投奔蒋介石。那时候，蒋介石已率领北伐军分三路南下。1926年冬季，应梦卿在南昌写信给我，要我立即赶到那边去接他的事，我考虑了一下，怕自己力不胜任，就向伟成丝厂请假三个月，整理行装出发。到了南昌的国民革命军总司令部门口，正欲投刺求见应梦卿，衙门里突然走出两列军乐队，守门的岗位上也增加了不少卫士，荷枪实弹，如临大敌，门卫传达室的人即挥手示意叫我等待片刻。我不知发生了什么意外的事，正在惊慌失措之时，猛听得有人高喊"立正——敬礼"之声，两廊军乐队也"嘀嘀嗒嗒"地吹奏起来。我从号房里向外窥视，只见一顶爬山虎抬着一位将军进门，比前清的巡抚还威风，吓得我心惊肉跳，不敢作声。

爬山虎抬进衙门里，卫兵军乐队也跟着进去了。我才知道那坐在轿子里的人便是闻名全国的北伐军总司令蒋介石。这是我初次领略国民党官场的气派。

应梦卿介绍我跟机要科长陈立夫见面，随即匆匆地把他所担任的监印前校对公文的工作移交给我，第二天就随着白崇禧的东路军出发了。

北伐军总司令部的编制机构听说非常庞大，除总政治部外，还有参谋处、海军处、航空处、军需处、审计处、军法处、副官处、交通处、秘书处等等。但当时正在军事行动时期，各处都分散在几个地方办公。驻在南昌督办衙门的只有参谋处、秘书处和副官处等几个机构。我因一向经营商业，除巴巴结结管好自己分内工作以外，任何事情都不过问，对当时在南昌的活动情形，大都不很了然。我被派在总司令部监印室工作，监印室归机要科领导，机要科又属于秘书处管辖。我除向秘书处处长李仲公和机要科长陈立夫请示交谈以外，连别的部门长官的名字都不很清楚。

监印室工作人员仅有两个。除我以外，另一个是奉化人沈绍洙。初时沈任监印，我当校对。不久沈去九江，我任监印，当个中尉监印员，每月六十元饷金。从这时起，我就掌管了蒋介石的"玉玺"，跟随蒋介石奔走南北。

北伐军总司令部官印，二寸见方，厚约八分，木制，包锡，上加长约三寸的木柄，是个极普通的官印。听说是北伐军从广州誓师出发前，叫一个刻字匠到总司令部当面刻制的。国民党在大革命时代，尚知爱国爱民，一切因陋就简，是还带有几分革命精神的。

"蒋中正"三字的签名章，也是个木章，当时橡皮图章还没普遍使用。

因为随军北上，总司令部随时要移动，印章的保管工作十分重要。陈立夫在我正式担任监印员之时，特地叫我到科长室谈话，叮嘱着若发生动乱不测情事，千万别忘记携带印章，还向我警告说："印在人在，印亡人亡。"

我于1926年冬从嘉兴动身到南昌时，只向伟成丝厂请假三个月，而我的女儿又定在次年阴历三月初一出嫁。自从我到南昌总司令部后，小心翼翼地守住这两颗一大一小的印章，连南昌的大街也没有去过。不知不觉已过去了两个半月，转眼假期将满。我考虑了一下，决定要辞职回去。我的想法是：一、监印员责任非常重大，万一失落印信，就等于失去我的头颅，当时形势虽于国民党有利，但不能保证不会发生不测之事；二、北伐军总司令部从广州出发以来，发给部属的饷金都是角票，当时市上以角票十二角兑换一元钞票，我的中尉饷金是角票六十元，无形中等于打个八折，待遇不如我在伟成丝厂高；三、战事旷日持久，不知何时结束，又不能请假回去，眼前就要耽误我女儿出阁之期，心中很是焦急。

考虑停当后，我就向陈立夫提出辞呈。这时九江已经克复，蒋介石率领总司令部一部分秘书处和副官处人员到九江成立临时办公处。前方不断传来北伐军进军胜利的消息，陈立夫劝我打消辞意，指着第一份前方拍来的电报说："你看，我们不久就可以打下南京，我保证你在阴历三月初一前请假回去，不耽误你女儿的喜期。"我只好唯唯而退。

1927年3月24日，北伐军第二军和第六军攻克南京。听说英美停泊在浦口的军舰开炮向南京城区轰炸，人民死伤甚多。蒋介石为此匆匆赶到南京。我们驻在南昌的总司令部奉命移动，先在九江驻扎几天，然后分乘小炮艇沿长江向南京进发。等总部抵达南京之时，上海方面战事急转直下，上海工人在中国共产党领导下打跑了孙传芳军队，蒋介石已率领原在九江的一班总司令部先遣人员，到上海去了。

总司令部抵达南京时，在是年3月底，离南京克复后不到七天。南京还是满目疮痍，原孙传芳督军衙门里，公文纸张狼藉满地，桌椅杂物残缺不全。可见军阀孙传芳在败退撤走之时，惶惶如丧家之犬，是狼狈不堪言状的了。

我在南京督军衙门（后为国民党政府官衙）共住三天，一时找不到床铺，心想在秩序没有完全恢复以前，不能疏忽大意。于是就在衙门内找到三块旧铺板，铺在临时监印室的石板地上，席地而卧。4月3日接到上海发来的电报，我们秘书处和副官处的留京人员，又都整装向上海出发。

重回上海时，我已由一个商人变为军人了。我们住在龙华交涉员公署。当天，陈立夫就跟我说：“目前一切均未建立制度，大局又未稳定。总司令的印，你要设法自己保管。”

这真是天大的笑话，堂堂北伐军总司令部，找不出一只保险箱，却要我这个小小的监印员自己保管总司令部大印。但上级已向我示意，怎么办呢？只好自想办法。从南昌出发以来，北伐军一路上虽喊出“打倒帝国主义”的口号，但我看到龙华南市一带乱哄哄的，心想还是租界上太平。当晚我就想到有一个堂伯姜忠铨，在外滩三北轮船公司当总会计，决定带着大印去找他设法。我把部印和蒋中正的名字章装在一只黑色的公事包内，到法租界找到我的堂伯，跟他说明来意后，我的堂伯也认为这是一件大事，两人匆匆乘一辆出差汽车赶到外滩三北公司的写字间。公司里的职员都已下班回家了，只有两三个看屋的工友还在。堂伯带我到他的写字间，打开大保险箱，将我的小公事包藏好。听到保险箱的弹簧锁“啪”的一声带上，我这才如释重负地离开了三北公司。

第二天早上八点钟，我又从三北公司的大保险箱里取出总司令部大印，赶到龙华交涉员公署替蒋介石监印。如此来往三天，直到副官处不知从哪里搞来一只半旧的保险箱，我的小公事包才算有了自己的“宿舍”了。

我在上海龙华交涉员公署，约有二十天，深居简出，守住这颗大印，却全然不知外面已发生了“四一二”大屠杀。不久请假回家，主持女儿出嫁，又到嘉兴伟成丝厂正式提出辞职。这时总司令部已迁至南京，我又向南京督军衙门总部报到。

二

南京督军衙门大事修饰，内部粉刷一新，办公用具及桌椅等也添置了不少。跟我第一次到南京时的情形大不相同了。不久又听说国民政府从广州迁来。督军衙门改为国民政府的办公厅，北伐军总司令部另迁至三元巷新址办公。

三元巷总司令部是老式的楼房，房屋并不宽敞。监印室和副官处在楼下，总司令办公室在楼上。参谋处、秘书处、副官处都在总部。其余如军法处、军械处、军需处、交通处等均另设办公地点。总司令办公室有总参谋长杨杰和秘书长邵力子。办公厅主任是嘉兴人吴思豫。参谋处处长葛敬恩、副处长徐培根。该处共分三科，第二科是作战科，科长盛世才，和我时有接触；其余一、三两科很少打交道，所以至今连科长的名字也想不起来了。盛世才所拟的作战计划，带有保密性质，要在计划上盖总司令部大印，是不假手于勤务员的，每次多由他亲自来盖印。我在总司令部是年龄最大的一人，盛世才此时尚是一个三十来岁的青年，有时遇有紧急公事要发，半夜到我的寓所来敲门，高喊"老大哥开门"，我从被窝里披衣而起，开门请他进内等待片刻，这时就不免互相闲谈起来，所以我对盛世才的印象比较深刻。

秘书处处长李仲公，这时好像已派往前线，未见到他来总部办公。秘书处下设文书科和机要科。文书科长毛思诚，是蒋介石原配毛氏的本家。机要科长仍由陈立夫担任，他实际上负秘书处全责，权力很大，还在组织秘密团体。记得有一次，总司令部来了个穿着竹布大衫的青年，在楼下客厅里走来走去，等待着陈立夫回来，像是有机密大事要商谈似的。我到楼上办公厅请示，就看见他，下来见他还没走，很觉诧异，就悄悄问副官处一个姓汪的副官，汪告诉我，那人叫戴笠，是跟陈立夫干秘密工作的。时隔十一年，我在重庆军委会当上校监印员时，一天，办公厅送来一份委任状，赫然发现了戴笠的名字，竟是调查统计局的局长了。

机要科的秘书，有荣宝礼、高凉伯、徐思道三人。除监印室外，主要是译电工作。这时从南昌出发的报务员，只剩了科长一人，其余都由南京电报局调来。监印室仍是我和沈绍洙两人。监印的工作，本来并不太忙，要在作战紧张阶段，发指令和委任的公文是并不太多的。但在这一阶段，却有个例外的差事，那就是交通处每天送来的火车票，每天要盖十余本，忙得不可开交。

当时交通部还没有正式成立，京沪、沪杭以及津浦路的火车票，归总司令部交通处控制，由交通处派员到车站售票。这种火车票非常特别，宽约二寸，长约四寸，分正票和存根两联，是用铅字印刷的，骑缝中间盖上总司令部的大印。买票时要注明从××站到××站字样，以防越站乘车，手续很麻烦。

还有一件颇为特殊的事，也可以提一提。蒋介石中途背叛革命，在全国各地进行反革命大屠杀，但他却自诩为总理的信徒。三元巷总司令部的楼下客厅里，高挂总理遗像。每到星期一，蒋必出席纪念周，全体工作人员站立着听他的讲话，他则操着奉化官话大谈其三民主义。总司令训话结束后，值星副官就将写有全体人员名字的竹签筒双手捧上，蒋介石随手从签筒里抽出一根名签来，被抽到签的人当场要背诵出总理遗嘱，背不出时就要当场受训斥。有些年老记忆较差的人，怕临场心慌出丑，事前向值星副官打个招呼，请他不要将自己的名签插进去，就像小学生怕背书似的。

1927年8月间，桂系勾结唐生智反蒋，迫使蒋介石下台。蒋在下台之前，预先布置好对付反蒋派军事压力的军事调动，如任命奉化人孙星环为宪兵司令，维持京市治安，以便卷土重来。一切布置妥当后，就宣布下野，经上海回到奉化溪口隐居。

蒋介石下野后，北伐军总司令部改组为国民革命军事委员会，大部人员照常供职。这时沈绍洙辞职回家，我升为上尉监印员。军事委员会的大印也是木制的。这个机构采取委员制，由李宗仁、白崇禧、何应钦、李烈钧等九个委员集体负责。由军委会发出的公文，除盖军委会大印外，同时盖上九个委员连署的名字章，委员名字的排列是上四下五。我们秘书处人员，暂时没有变动，办公厅主任则换上了桂系的马晓军。据当时传说，马是李宗仁和白崇禧的先生，桂系将领很尊重他。蒋下野后的军事委员会，大权都掌握在桂系军阀手中。

相隔三四个月以后，蒋介石果然卷土重来，北伐军总司令部又告恢复，马晓军也离开总部调往别处去了。

三

1928年1月，蒋介石准备继续出师北伐，在南京调兵遣将，忙乱一阵。3月初，海陆空军总司令部派遣部分人员随军北上，机要科和副官处参加的人最多。我也带着印信随军出发。大军在徐州驻扎一月，开赴济南，讨伐山东督军张宗昌。

从徐州到济南，经过泰安和曲阜，一路上行军缓慢，使我得便游山玩水。驻军兖州府时，我特地雇车到曲阜孔府去拜访孔子的后代并瞻仰孔庙。

我们在兖州住了三天，又随军迅速向济南进发。正式攻打济南之时，形势十分紧张，总司令部就设在火车上办公。车上已加了煤，万一前方军事失利，可以随时向后撤退。我从南京出发时，定做了一只皮革制成的白旅行背包，总司令部的大印就装在那个背包内，终日不离身边，吃饭睡觉时也带着它。

军阀张宗昌的军队不堪一击，大约只打了五天光景，张宗昌就仓皇撤退了。济南城里的督军衙门凌乱不堪，有一事可见其临逃时的狼狈。张宗昌在山东督军任内，为非作歹，讨了二十八房小老婆，个个都是三寸金莲的小脚女人。我们机要科的人随军进驻济南督军衙门，发现张宗昌卧室内遗留下来的绣花小脚鞋子，狼藉满地。大家当作战利品互相传观，以为戏谑。

这时，张宗昌虽退出济南，但他跟日本人互相勾结，企图纠众反攻。张部拥有意大利制造的轰炸机，这类武器在三十五年前的战场上，是很难对付的。我们驻在济南督军衙门时期，张宗昌派飞机来轰炸总司令部。我听到天上飞机的响声，连忙背上旅行背包，携带印信，逃到郊外草子田里避难，忽听"轰"的一声，炸弹丢在督军衙门附近。等到飞机离去后，我回到总司令部，才知道炸死了副官处一个司书。

这年（1928年）5月3日，济南发生了日军残杀我交涉员蔡公时和屠杀我同胞事件，但蒋介石却认为张宗昌既倒，对日本帝国主义只能退让，曾向部下发出"绝对不能向日本人开枪"的训令，由我盖上总司令部大印发给各部执行。

蒋介石在济南时，住在督军衙门后面一幢房子内，门前有一条贯通南北的溪流。有一天，他派卫士叫我到他的办公室去盖印，我即持印前去。走进门去，见参谋长陈铭枢亦在。我向蒋立正敬礼，蒋还礼后，取出一个三角形的竹布白旗，上书一"令"字，命我在"令"字上盖印。当时我即蘸好印泥，正欲盖印时，蒋对我说："要找些东西垫一垫吧。"随即从他的办公桌抽屉里取出一本书来，叫我将白旗放在书本上，然后盖好总司令部大印，即匆匆持印退出。

这个白布令旗不知是发给哪一个军阀的，至今还是一个谜。我生平为蒋介石监印十四年，也只有这么一次，是在白布上盖印的，好似演京剧那样，将令旗当作命令。

北伐战争很快地结束了，因为蒋介石跟冯玉祥、阎锡山订好盟约，北方大局已定。总司令部全体人员从济南到临清，不久又到保定，我们在那里上馆子大吃著名的黄河鲤鱼，于1928年8月间回到南京。总部仍设在三元巷。

张学良荣任中国海陆空军副司令时，南京总部所发出的委任状、训令等等，一度在总司令蒋中正章后面盖一颗张学良的章。但时隔不久，机要科法文秘书毛庆祥有一天到监印室特地告诉我说："张学良的名字以后不要盖了。"我当即将张的名字章交给他，以后仍保持总司令单独署名的老办法。

1928年10月间，蒋改任国府主席后，总司令部宣告结束，三元巷原址成立军队编遣委员会。全国共划分五个编遣区，准备整编各省军队。机要科科长陈立夫改任建设委员会秘书长，原总司令部人员，一部分留在编遣委员会供职，一部分跟随蒋介石调到国民政府，我也调到国民政府监印室工作。那里的监印室归文书局管辖，局长为江西人杨熙绩。监印室名义上由一个姓杨的秘书为监印员，我为校对员，实际监印的仍是我。

四

国民政府设在孙传芳督军衙门旧址，这时已大事扩建，焕然一新。"革命"成功了，南京国民党要人继北洋军阀掌握了政权，开始骑在人民头上作威作福，讲究生活享受。坐在办公室里，等不到下班，麻将搭子早已兜好。当时请客上馆子的风气很盛，上夫子庙听书或嫖秦淮河歌妓的公务人员，更似过江之鲫，随处可见。

北伐军攻克南京之时，新街口街道狭窄，气派甚小。建都南京后将新街口四周民房数百间拆去，马路展宽，两旁建筑起高楼大厦。国民党大员利用职权向公家借款，纷纷建造起别墅式的小洋房当作公馆。如我等中小公务员，也花钱弄幢房子，把家眷接来同住。

蒋介石出任国民政府主席，由总司令部调去的部属大都升级加薪。如高凌伯、毛思诚原为中校秘书，月薪一百七十五元，调国民政府担任秘书时，月薪突增为六百元。我在总司令部为上尉监印员，月薪八十元，调到国民政府监印室以二等书记官任用，月薪一百二十元。当时物价尚低，生活绰绰有余。

国民政府文官长古应芬，下辖印铸、文书两局。监印室是属于文书科的，毛思诚担任科长，下辖校对室和监印室。当时国民党政府中央及地方行政机关所用的印章，均归印铸局铸造。跟北伐军总司令部时代的情况不大相同，国民政府的官印是颗铜印，后来又掉为白玉，倒是名副其实的"玉玺"了。

原总司令部后期的办公厅主任吴思豫，调为国民政府参军长。吴的妻弟郭兆丰，是总部副官处副官，也被带到国民政府去当科员。

这一时期，是南京国民党政府的黄金时期。虽然历年来不断发生与桂系军阀和冯、阎以及云南、贵州、四川各省新军阀的内战，但南京蒋介石统治集团的大本营，在这几次混乱中不受影响。我们身居南京的大小公务人员，无不有酒且醉，过着"歌舞升平"的享乐生活。

到军委会成立后，我又调到军委会当少校监印员。这时的办公厅主任由朱培德担任，参谋处长是林蔚，副官处长是竺鸣涛。竺不久任杭州保安司令，由姚琮继任为副官处处长。秘书处处长名义上是李仲公，李未到任，由文书科长沈静兼代处长职务。监印室属机要室，机要室由荣宝礼为主任秘书。机要室的工作主要部分是收发电报。荣为陈立夫同学，北伐初期在总司令部当秘书，军委会成立不久，荣又出任上海电报局局长，机要室主任秘书由徐思道继任。

1931年9月，宁粤战争爆发，徐思道偷偷地对我说："听说陈济棠派来间谍，要偷盗军委会官印，这几天你须加小心保管。"我闻言大吃一惊。因为我的责任是替蒋介石保管好这颗"玉玺"，万一"玉玺"被盗，我的性命难保，这事非同小可。于是我和徐思道商定，决定下班时将军委会官印带回我的住所保管，早晚由军委会派公用汽车接送。我回家后，在卧室的床铺下做一个机关，将官印放到地板下面的秘密窟窿里，邀集附近邻居在我家里打牌，晚上杜门不出，小心看管。有时半夜里要发紧急公事，机要室派车来接我，到军委会盖上官印后，也必仍将原印带回，藏在我的床铺下面的特别保险箱里，方才放心安眠。这样提心吊胆地过了两个多月，广东战事结束，我才如释重负，不再将官印带来带去了。

军委会地址在中山东路黄埔路附近，是楼房，建筑并不十分讲究，却是经过蒋介石亲自设计后建造的。当总司令部结束，成立编遣委员会时，蒋介石就在黄埔路中央陆军军官学校东首建造他的私人公馆和军事委员会，蒋介石的公馆造在中间，中央军校和军委会分列两旁。这样，蒋介石不论到军委会或中央军校，都是近在咫尺，安步当车，走上四五十步就可以到达。蒋公馆传达室的大门，是对着军委会边门的，前面有一片绿色的小草坪。蒋介石的汽车开出来，必须经过军委会大门和中央军校的岗位。这一带警卫森严，视作禁地，一般人不能随便到军委会门前。

蒋介石驾驭僚属的方式方法，和封建帝王没有两样，荣辱迁黜，全凭他个人一时喜怒。他名为军委会委员长，却不常见他到会办公，一应公事，多由办公厅主任上蒋公馆请示。偶尔也见他穿着长袍，拖着拖鞋，从公馆里走到军委会办公厅，巡视科室一周。属员必恭立向他示敬，蒋虽挥手叫大家坐下，但那两道锐利的目光，不住地向你的脸上来回扫射，似在探索你是对他怀有敬意，还是貌恭心诈。总之，大家都怕见他，幸而他也是偶然驾临，见到他的时间并不多。

蒋对南京要员及亲信僚属，按月均发额外津贴，由蒋亲自下手谕给军需署，军需署另造津贴人员的名册。这项津贴，是发给这样两种人：一是他的政敌，蒋介石在削弱了他的敌对者兵权以后，往往发给对方巨额津贴加以笼络；二是发给他的亲信爪牙。陈立夫在任建设委员会秘书长时，也领到这项津贴。据我所知，当时领到这项津贴的人，各机关都有，人数在几百个以上。对于一般中小公务员，也由各单位在规定级别的待遇以外，另发额外津贴。我到军委会一年以后，除领到少校饷金一百二十五元以外，另发津贴二十元。这项津贴年有增加，如在一年内不请假，可加津贴五元等等。到抗日战事爆发那一年，我已升为中校监印员，正式薪金一百七十五元，津贴已领到一百二十元。

南京在国民党建都之前，遍地多是一个个小池塘。此后因私人住宅建造日多，土地需要量骤增，地产商人纷纷将小池塘填没，在上面奠基造屋，解决日趋紧张的住宅问题。这样，由于水道淤塞，秋后一阵暴雨，积水无处排泄，街道常有水满之患。记得在1934年或1935年的10月间连日大雨，军委会楼下积水盈尺，足有三个多月不退，汽车在马路口经过，常发生轧毙甲鱼乌龟等事。我的办公室在楼上，窗口可以看到蒋介石的汽车在大水中开进开出。低头下望，军委会门前的大路上出现成队的小鱼群，墙脚边上且已滋生小螺蛳。在我的记忆里，这是时间持续最久的一次大水。

由于这次大水，小汽车成为迫切需要的交通工具，军委会各部门首长，大都由公家供给汽车。机要室因对外接触的机会不多，且全室连主任秘书在内，不到十人，除监印室外，其余都是报务员，照例是没有小汽车的。这时机要室主任秘书徐思道已调任国民政府供职，毛庆祥由建设委员会调来担任机要室主任秘书。毛因上级不派给小汽车，便怂恿丁儒鸿向办公厅主任贺耀组要车。丁儒鸿是个老报务员，从北伐军出发起就替蒋介石收发军事电报。他受毛庆祥指使，便在送呈一个紧急电报的时候，对贺耀组说，机要室经常在半夜里收发军事电报，没有一辆公用小汽车很不方便。贺叫丁打个签呈，就批给机要室一辆小汽车，以备深夜接收译电之用。这辆小汽车拨下后，大水还未退，就当公用汽车，等到大水退尽，毛庆祥便占为己有，一人独用了。毛任机要室主任秘书时间较长，此人官僚习气很深，在我所共事的几个机要科长中，留给我的印象最恶劣的要算毛庆祥这个人了。

毛庆祥，奉化溪口人。他的父亲毛颖甫，在溪口街上开设酒坊，和蒋介石相识。毛庆祥早年留学法国。蒋介石北伐誓师时，毛得其父之力，在南昌总司令部担任法文秘书，北伐胜利后，毛一度任蒋介石公馆里的收发，名义上是蒋的私人秘书。以后又由陈立夫拉到建设委员会供职。他在北伐军总司令部当秘书的时候，和我就相识，倒还谈笑自若，放荡不羁。及至他由建设委员会调至军委会担任机要室主任，以假公济私弄到一辆小汽车，居然官架子十足，盛气凌人。

国民政府文书科科长毛思诚，奉化人，为蒋之原配毛氏的本家，传说是蒋介石的先生。毛庆祥与毛思诚同乡不同族，外人不知，误以毛庆祥为毛氏内侄。有人向毛庆祥问起此事，他只是笑而不答，不置可否。

五

1936年12月12日，蒋介石在西安华清池被张学良部下的卫队长孙铭九扣住了。军委会内人心惶惶，连日只见军政大员进进出出，又听说何应钦等主张派飞机到西安去轰炸，要为蒋介石报仇。军委会隔壁的蒋公馆内，每天停满了去访问宋美龄的大员们的汽车。不久又听说宋美龄跟端纳飞到西安去了。在12月24日下午，南京军委会发出一项通知，说是蒋委员长由张学良陪同回到南京过圣诞节，明天（25日）上午全体工作人员一律到机场上排队迎接。

那天由办公厅主任林蔚领队，乘着五六辆公用汽车开到机场上列队恭候。蒋介石从飞机上下来时，见到他的部下，面有惭羞之色，不如平日昂首仰视、目中无人的神气了。

自从西安事变以后，南京开始在准备抗日军事。军委会东北角上有个土丘，从1937年4月起，动手建造防空洞，但负责设计督造的却是一位德国法西斯军事顾问。工程才进行一半光景，"七七"卢沟桥事变爆发了，军委会便搬进防空洞里办公。不久"八一三"上海战事发生，国民党军队节节败退，南京各机关先后撤退。军委会机要室和副官处以及办公厅工作人员和家属，于1937年11月18日深夜12时，在下关上车。我和妻子带着两个孩子，跟随机关到达下关时，只见车站上行李堆积如山。当晚大雪纷飞，我们匆忙间冒雪挨上铁棚车厢里，因怕敌机轰炸，车上不敢点灯，大家在黑暗中坐车出发。

这部流亡列车，于次日天明到达徐州站，转陇海线开往郑州，又转京汉线于同月24日深夜开到汉口，当晚就在车上住宿。25日清晨，渡江到武昌，成立军委会办公厅。

武昌军委会时期，办公厅主任林蔚另有任用，由贺耀组继任，机要室主任仍为毛庆祥。因连日敌机轰炸，我们在武昌办公不到一星期，就由一个姓张的参议（湖南人）率领部分人员迁往衡山工作。这样，军委会总部分为两部分办公，办公厅主任仍驻武昌，调到衡山去成立工作处的是部分电务员和副官，监印室也一同随往，家属也准许带去。

开往衡山的专车到达长沙时，领队的张参议是长沙人。他的小老婆早在"七七"抗战爆发后就由南京逃至长沙，张认为机会难得，当晚就进城在他小老婆那里过夜。第二天早上8点钟，预定开车的时刻到了，他忽然从长沙城里摇一个电话到车站，通知列车推迟到下午2时开出。大家对他这种以私误公的行为，虽然极度愤恨，也无可如何。

听说开车时刻推迟，我和机要室其他同人，纷纷下车上馆子吃饭。离车站附近有家杂货铺子，那日适逢喜事，新郎新娘正在交拜天地。突然飞来敌机两架，在我们军委会的专车上空盘旋低飞，似欲轰炸这辆列车，因投弹目标不准，误中车站附近那家办喜事的杂货店，新郎新娘连同贺客遭此飞来横祸，一时血肉横飞，死伤枕藉，街上秩序大乱。当地老百姓有跟军委会人员相识者，经过交谈后知是张参议为私事误车，立刻传遍了附近居民。他们说："如果军委会列车于上午8时准时开出，长沙街上这几颗炸弹就不会丢，姓张的真是害人不浅。"

那位张参议听说车站被炸，匆匆赶到，知道老百姓背后在咒骂他。他自知理亏，立即吩咐提早开车，仓皇间离开长沙。

到衡山去的一部分军委会工作人员，驻在衡山县立小学内办公。1937年农历新年，就在衡山度过，武昌办公厅发出的公文和委任状，由机要室派人乘火车到衡山来盖印。有时则盖上空白的公文，以备颁发紧急公文之用。在衡山工作时期，敌机从没有来炸过，倒是相当安全的。

1938年2月间，武昌办公厅命令我们从衡山撤退，重回武昌总部合并办公。所有家属则乘四川民生实业公司的江新轮从武昌撤往重庆。这艘民轮上乘的都是军事机关的眷属。据我老妻事后回忆：当时在宜昌住了十七天，到重庆已在3月下旬了。船上那些少爷、小姐以及老爷、太太，无事消遣，每日打牌，有的还公开在船上抽鸦片。

武昌自古为兵家必争的战略要地，我们从衡山回到武昌办公厅后，敌机天天来轰炸。1938年八九月间，监印室和电报室迁至衡山小学办公。时隔不久，湘桂铁路于10月1日正式通车，军委会奉令撤往桂林，逐步移驻重庆。

桂林是个风景秀丽的山城，山中多岩洞，是天然的防空洞，所以在桂林是不怕敌机来轰炸的。12月初，军委会由办公厅主任贺耀组率领，分乘军用卡车迁往柳州。两星期后，又到贵阳。住约一个月，再迁至遵义。

从贵阳到遵义，要翻过一座高山，通常是只能步行的。因为这是后方交通捷径，军委会发动民工改建了一条绕行通过山区的汽车道。我们机关到达贵阳时候，这条汽车道还没有完工。在贵阳等待一个月，待这条山路筑成后才出发前进。

山上的道路盘旋曲折，从山脚到山顶，据说要经过七十二道蛇行的盘道。翻过山顶下山，道路也是这样曲折难行。因为公路是新筑的，路面狭窄，路旁又多是万丈深渊的悬崖峭壁，开车的司机稍一不慎，就会发生翻车之祸。军委会办公厅全体人员通过这座高山那天，贺耀组的汽车在前，我和机要室的人携带着军委会官印乘着一辆小汽车在后。当我们的车子开到半山岙转弯的道路上，发现有不少汽车跌到路旁沟里去了，望之心惊胆寒。

到了遵义，不久就进驻重庆。1939年的春节，就是在重庆度过的。

六

军委会移驻重庆后，办公厅设在校场口附近。蒋介石私人公馆则在上清寺，贺耀组调到侍从室担任军事处处长，办公厅主任由副官处处长姚琮升任。蒋介石不常来军委会办公，蒋公馆里的侍从室正在扩大它的机构组织，成了战时重庆处理军政大事的决策机关，军委会只办些例行公事。这可以从监印室的工作中看出来。在南京时候，除蒋介石亲笔手令外，一般机密性的公文均须盖上军委会官印，个别特别重要的公文，机要室不录底稿，也由办公厅主任林蔚派人来命我携印到那边去盖。但在重庆校场口，军委会所发的都是通知、委任、通令等半公开文件，重要的机密性文件多由侍从室直接发出，我们这个组织形同虚设。

1939年冬，从北平、汉口、西安等地运来的行营档案，都归并到机要室。机要室人员大为扩充。这时机要室主任毛庆祥得姚琮指示，将原有监印室、电报室扩大设科。第一科管电报，科长丁儒鸿；第二科监印兼档案保管，由我升任科长；第三科密码，由陈宗熙担任科长。

科长都是上校级，底薪二百四十元，津贴每人不同。我在军委会年代最久，所以津贴比一般人也高得多。但我这时已是快近六十岁的老人了，丁儒鸿和陈宗熙正在壮年，和我格格不入。每星期四例行的工作会议，他们两人向毛庆祥汇报工作，莫不掉其如簧之舌，口若悬河，滔滔不绝。而我汇报之时，三言两语，对工作顿生力不胜任之感，兼之监印科人员除原有三个旧员外，又将北平、西安各处行营撤退的机要工作人员，编入七八个人。我身为科长，要具备驾驭下属的能力，而我十几年来只知道捧牢这颗"玉玺"，按照办公厅批示监印，工作是非常机械的。现在要我去管理别人，自问无此能力。

在重庆几年，担心的是敌机不断来轰炸。在离军委会办公处不远的山脚下，筑有防空洞，而归第二科保管的档案，包括从各处行营移交过来的四五十个包有铅皮的木箱，都放在防空洞里，以后侍从室发出的机密文件以及蒋介石亲笔手令的底稿，事后也送到军委会机要室归档。保管的档案箱在一天天增加。最可笑的是在这些保管箱中，有一只长方形的女式手表、珠环、首饰、字画等等，也当作国家的档案列入账册，加以保管。这些劳什子，你道是怎会由军委会机要室保管起来的呢？原来此物还是宋美龄的私人财产。南京撤退时，毛庆祥到蒋公馆去看看有无遗留的物件时，发现在宋美龄的卧室里遗下这几件宝贝，他就郑重其事地收藏起来，把它护送到重庆。他以为拿着这几件东西向宋美龄讨好，可以博得委员长夫人对自己的信任。谁知宋美龄是存心不要这几件过时的饰物，字画也是没有大价值的。毛庆祥只好把这些东西送到机要室保管起来。防空洞里潮气很重，档案箱伏天要在太阳光下晒上几天，才不致发生霉烂。档案事关机密，不慎失落，责任不小。我身为科长，只得亲自出马，到防空洞前空地上看管。

1940年春季，我向毛庆祥建议，说我自感能力不够，最好能不担任科长职务。毛当即表示代向办公厅提出。4月17日，办公厅调我担任上校参议，可以不到军委会办公。我已是一个上了年纪的人，觉得从此可以少见毛庆祥的官僚面孔，在家享享清福，倒是正中下怀。

重庆本来是个生活水平较低的山城，我们初到重庆时，猪肉每斤只有二角，牛肉一元可买四斤四两。谁知到1940年冬季，物价不断狂涨，猪肉每斤一元八角，还要清早去排队才能买到。当地人都埋怨说："物价给下江人搞高了。"我的工资连津贴虽领到三百六十元，生活却一天不如一天。住处又连遭敌机轰炸，第一次住在小巷子行营附近，房子家具都被敌机轰炸毁坏了。幸而这年年底，军委会发给任职十年以上的军官一笔年赏奖金，我领到一张票面三百元的中央银行支票，即以二百元当押租租到了青年里新宅。但不久青年里又遭炸，损失惨重。再搬到化龙桥军委会眷属宿舍，买些家具用品重建家庭，暂时又安居下来。

1944年春，甘肃省主席朱绍良回到重庆担任军委会办公厅主任。朱在北伐时曾任总司令部参谋长，和我相识。一天，我到军委会去闲谈，刚好碰到朱从办公厅外出。他询问我近况。我告诉他住处连续被炸，情况很是困难。这时，我发现朱身边的年轻小副官，以前仅仅是个少尉，此时已升为少将，心里很羡慕他，不住地向他身上注目。朱绍良见我如此，就叫我打一个报告述说生活困难情况，他答应明天送到办公厅去。我即照着他的意思写了报告送上。不多几天，办公厅批示我以少将待遇支薪，这是朱绍良有意帮我的忙。

1946年8月，我已由重庆回到南京。军委会撤销改组为国防部，由白崇禧任国防部部长时，我领了二十一个月退役金，结束了二十年追随蒋介石的生活。

（何国涛　整理）

在蒋介石身边当侍卫官的见闻琐记

周振强

我认识蒋介石最初是在1923年春。那时他在广州军政府孙中山大元帅的大本营内任参谋次长。经当时任大本营高级参谋的陈焯推荐，由他下条子派我到大本营卫士大队当卫士，这是我第一次见到蒋介石。

1924年3月间，孙中山大元帅保送我到黄埔军校第一期学习，蒋介石是校长，我成了他的学生。因为上述关系，也许再加上我是浙江人，他便看中我可以当他的身边侍卫，供其驱策。黄埔军校最早的卫兵排，是经我推荐胡公冕替他组织起来的。

我在黄埔军校学习过程中，他又派我任长洲要塞司令部的卫兵长，给他保镖护院。后来他到南京当了全国陆海空军总司令，我又当了他的侍从副官和卫士大队长。每天跟着他转，有机会看到他的一些生活细节。从这些生活琐事中，也看出了他的为人如何。当然，这些点滴材料，片断观察，只是"一孔之见"，也许有人说我"仆人眼中无英雄"，不管怎么说吧，"见微知著""一叶知秋"，生活琐事中也许埋藏着大文章呢。

一

1924年6月16日，孙中山大元帅亲自主持黄埔军校第一期开学典礼，并且讲了话。接着，蒋介石以校长身份发言，他说："国民党和共产党好比同胞兄弟，亲如骨肉，谁要是反对共产党，谁就是不明大义，愚昧无知，也可以说是自杀。"又说："联俄、联共、扶助农工三大政策是孙总理亲自制定的，是我们国民党人的行动准绳，它和纪律一样，不容许丝毫破坏和违犯，谁要是违犯它，谁就是背叛三民主义。背叛主义的人，就应该枪毙！"言时声色俱厉，慷慨激昂。摆出一副坚决拥护三大政策，主张国共合作的革命者的姿态。我当时站在学生队伍中，听到他的发言，感动得鼓起掌来。

1924年将近年终，蒋介石在长洲要塞司令部官邸宴请俄顾问鲍罗廷和加伦将军。饭后闲谈，蒋介石对俄顾问说："我们国民党人，要在中国实行三民主义，完成国民革命，非拜你们做老师不可。因为你们的革命办法，实在高明，必须按照你们的办法来搞。我看最彻底的办法是国民党能加入第三国际，成为国际共产党的一个支部，使中国革命成为世界革命的一个组织部分。"俄顾问听了哈哈大笑，跷起大拇指连说："好得很，好得很！"当时，我任长洲要塞司令部卫兵长。

表面上，蒋介石以"左"的面貌出现，满口革命辞藻，讲得天花乱坠，暗地里，他在黄埔军校搞了一个小组织，名叫孙文主义学会。打着孙中山的旗号，培养反俄反共。将教职员中反共分子何应钦、王柏龄、顾祝同、刘峙、蒋鼎文等纷纷拉入，又把学生中的贺衷寒、酆悌、胡宗南、潘佑强、曾扩情、邓文仪等也网罗进去作为核心力量。反对孙中山的三大政策，鼓吹孔孟化的三民主义，妄图将孙中山的革命理论，蜕变成孔孟的儒家道统。始作俑者，就是那个道貌岸然的戴季陶。

"中山舰事件"，就是这帮人在蒋介石授意下制造出来的。当时，我任第二师第五团第二营第六连连长，曾亲自参加这一事件。当时第二师师长是刘峙，第五团团长是蒋鼎文，第二营营长是陈志达。

二

1924年9月，我任长洲要塞司令部的卫兵长，蒋介石任黄埔军校校长兼长洲要塞司令。为了安全，他把自己的家眷住在要塞司令部里。他的住房是四间两层的一幢小楼，楼上住的是他的夫人陈洁如和他的小儿子蒋纬国。楼下住的是侍从秘书、副官和警卫人员。我是卫兵长也住在楼下。记得和我同屋住的还有一位姓孙的副官。

蒋介石早晨起得很早，大约在5点钟，他就盥漱完毕，出来散步，通常是到西山。有时也带着小儿子纬国同去。每次散步，我都是尾随其后，加以保护。有一回，他在西山散步时，看见一些坟墓，还有几座石碑。从碑文看来知道是鸦片战争年间，英帝国主义的阵亡将士。蒋介石立即叫我派人将坟墓铲平，将石碑推倒，并说："中国的大好河山，岂容外人践踏，对于帝国主义分子，要叫他在中国死无葬身之地。"

蒋介石是以暗杀陶成章、投靠陈其美起家的。因此，他最怕刺客，随时注意防止刺客的突然袭击。对于警戒保卫特别注意。有一次夜间，大约在12时以后，他亲自出来查夜，发现没有卫兵站岗放哨，不觉大吃一惊，连忙跑到我的住屋，严词责问我为什么这样戒备疏忽，麻痹大意，夜间不派岗哨警戒，倘有暴徒刺客，岂不发生危险事故？怒气冲冲大发脾气。我当即回答说，我在夜间派的是游动哨，到处巡逻，搜索警戒，使坏人无空可钻，布置得如天罗地网，保证能安全休息。说话之间，就有一组巡查从那边走来，他才转怒为喜，连连点头而去。

蒋介石经常在此宴客、开会。对俄顾问特别客气，每当鲍罗廷、加伦将军来去，均吹奏接官号三番，表示欢迎欢送。

有许多重要犯人，也在长洲要塞扣押囚禁。有一次在给犯人送饭时间，我忽然看见原粤军第一师师长梁鸿楷在此囚禁。梁身披镣铐，状极狼狱，形容憔悴，面带愁容。我问他为何被囚在此。他哭丧着脸说："一言难尽，被囚原因，暂时不便相告，只求高抬贵手，放我出去，愿付重大代价，报答救命恩情。"

我当时听到他的哀求，沉吟不能回答。后来经询王柏龄，王说："他是校长交押的重犯，必要时还要对他采取断然处治。要严加看管，万勿使其逃脱，原因不必多问。"

三

1927年6月，我在杭州任黄埔军校第七期预科大队第三队队长。当时大队长是张雪中，也是黄埔军校第一期毕业同学。1928年6月，我同张雪中闹意见，愤而离开杭州，到南京去找蒋介石，请求另派工作。

蒋介石当时在南京任全国陆海空军总司令。他见到我没有说几句话，就派我当他的侍从副官，任务是作会客登记。每天把来访的客人的姓名、住址，登记到会客簿上。

1929年12月间，石友三在津浦路南段发生兵变，首都震动，我率警卫第二营李树森部随蒋到明光车站讨石，归来时，国民政府成立警卫团。蒋介石把他的卫士大队拨归警卫团编为第一营，并派我为第一营营长。将原任卫士大队长王世和调为侍卫长。

王世和不愿当一名光杆的侍卫长，乃向宋美龄建议，请她对蒋介石说："取消卫士大队不大方便，还是保留原来的卫士大队好。"蒋当然听宋美龄的话，于是，国民政府警卫团第一营又恢复了原来卫士大队的番号。我这个营长也改为卫士大队长了。为了满足王世和不当光杆侍卫长的希望，指定我归王世和直接指挥。这样一来，王世和成了我的顶头上司，卫士大队成了王世和的亲兵。

卫士大队辖有三个中队和一个独立卫士排。这个独立卫士排有时也叫卫士班，大约有40名卫士归一个姓包的率领。他们经常拱卫在蒋介石的身边，跟着他出门。第一中队队长为楼月，第二中队队长为陈开越，第三中队队长为陈发极。

卫士大队不仅保卫蒋介石，其他四大家族和某些高级要人的公馆，也是由卫士大队派人守卫着。

每当蒋介石出门时，卫士班紧跟在他的周围，形成贴身保卫圈，其他中队的卫士，则在这个保卫圈的外围构成保卫网。一圈一圈的像蜘蛛网一样。我是卫士大队长，当然是紧跟在蒋介石的身边，随时听从他的呼唤。

有一次，蒋介石在南京到汀泗桥三元巷中央党部开会去，路上有人突然跑出拦车告状。我以为是刺客行凶，当即顺手掏出手枪向其开枪，该人当即倒下。蒋介石闻声急驱车避去。事后调查，拦车告状者是第三十三医院的伤员，状告该院长贪污腐化，侵吞克扣有关伤兵经费等等。我虽向其开枪，但他并未死亡，仅仅造成了一场虚惊。

事后，蒋介石大为震怒，怪我鲁莽开枪，指着我的鼻子，破口大骂："你这个笨蛋，不分青红皂白，随便放枪，险些造成人命血案，真是该死，非枪毙你一次，你才知道厉害！"骂得我狗血喷头，不敢吭一声。

他常常为了些小事情发脾气，拿我出气，有时骂的话不堪入耳，但我还是忍耐着，唯恐得罪了这位"尊神"，影响前途。参军长何成浚、秘书长邵力子常常劝我说："忍耐着吧！蒋先生就是这个脾气。"

我对蒋介石派我任卫士大队长非常感激，认为这是他对我信任，是我前途发展的好机会。为了表现我对他的忠诚，凡是他外出开会，我总是沿途布置岗哨保护他的安全。他的一言一行、一笑一颦，我都处处留意，设法使他欢心。有时他骂我"浑蛋"，我也甘之如饴，从不觉得可耻，甚至拿"打是亲，骂是爱""爱之切，责之严"这些古话来自我解嘲。现在想起来，是多么无聊可笑啊！

蒋介石有时也装出一副笑脸，好像关怀左右的样子，但经常是君临一切，拿我们这帮侍从人员当奴仆看待。

四

1928年6月下旬，南京国民政府正式通过设立裁兵善后委员会，决定在北平召开善后会议。蒋介石率领吴敬恒、张人杰、张群等一行20余人，由宁抵达武汉，与李宗仁会商同去北平，当专车抵达郑州时，又与冯玉祥晤面，相约共同去北平开会。7月3日到达北平，白崇禧、阎锡山亲到车站迎接。相见握手甚欢。

7月6日，蒋、冯、阎、李等，齐赴香山碧云寺孙中山先生灵前致祭。蒋介石抚棺痛哭流涕甚哀，阎锡山、冯玉祥亦频频擦泪相陪，李宗仁挤了挤眼睛，未见流泪下来，站在那里若有所思的样子。其余的人，均肃穆致敬行礼如仪。

7月7日，善后会议开始，一共开了4天，决议先成立编遣委员会再谈裁兵。对于东北只要张学良改挂青天白日满地红的旗帜，就算完成了和平统一，不再用兵。这个决议由蒋、阎、冯、李等签署向五中全会提出。7月25日蒋介石南归，阎、冯、李等亦纷纷散去。

8月8日，五中全会在南京开幕，主要议程一个是各地政治分会的存废问题；另一个是国民政府改组问题；再一个就是成立编遣委员会问题。

关于第一项议程，蒋介石主张中央集权，想裁撤各地政治分会，有些人主张地方分权，不同意取消政治分会。各怀私见，争论不休，闹得无疾而终。

关于第二项议程，决定国民政府实行五院制，推举蒋介石为国府主席，谭延闿为行政院院长，其他立法、司法、考试、监察各院人选由元老中选出。蒋介石提议发表冯玉祥为军政部部长，阎锡山为内政部部长，李宗仁为军事参议院院长，希望他们长驻南京协助中央推行政令。

关于第三项议程，决定成立编遣委员会，设常务委员9—11人，凡集团军总司令及前敌总指挥等均为常务委员。准备成立南京、武汉、太原、开封、沈阳五个编遣区，具体执行编遣工作。

　　1929年1月1日，编遣会议在南京开幕，蒋介石为削弱异己，提出了明显不公的编遣方案：蒋属第一集团军编制大，冯、阎、李所属的第二、第三、第四集团军编制小，引起冯等不满。冯玉祥提出裁弱留强，裁无功留有功的原则，并要求首先编遣第一集团军。由于军队是军阀的命根子，所以各方军阀都力求保住自己的实力，互不相让。会议连续开了25天，得不到满意结果，中间冯玉祥称病溜之大吉，阎锡山也请假离京，李宗仁也在另打主意，各怀鬼胎，互不信任。编遣会议就这样流产了。

　　后来，李宗仁派白崇禧为代表，阎锡山派徐永昌为代表，冯玉祥派鹿钟麟为代表，蒋介石派何应钦为代表，想打开僵局，拟订一个具体可行的折中方案，结果还是与虎谋皮，不欢而散。

　　编遣会议本是蒋介石的"杯酒释兵权"，而冯、阎、李等的私军思想尤其严重，哪肯轻易丢掉枪杆子？结果引起了蒋、李火并，蒋、阎、冯中原混战。扩大会议群起反蒋，张学良巧电勤王进驻平津，阎、冯垮台，才算结束了这场自相残杀的内战。李宗仁南逃两广，成为强弩之末。不久，日军进逼，九一八事变爆发，中华民族已面临生死存亡关头，这不能不说是蒋介石损人利己的恶果。

五

　　1934年春，我在南京教导总队任第一团上校团长。总队长桂永清派德国顾问鲍尔来团担任军事指导。桂永清召集我们开秘密会议，出席的除我以外还有第二团团长胡启儒、炮兵营营长楼迪善、工兵营营长杨厚灿等。桂永清说："校长（蒋介石）准备将军队完全改为德国式，教导总队要成为全军的模范。一切训练教育都要仿照德国希特勒铁卫队的组织精神进行训练。要使全体官兵成为拥护全国领袖蒋委员长的最忠实的铁卫队员。"接着宣布成立复兴社支部，并介绍我和胡启儒、楼迪善、杨厚灿等，加入领导复兴社支部核心"力行社"小组。叫我介绍忠实可靠的若干干部加入复兴社。我介绍一团副李昌龄、二营长睢友蒲、三营长邓文僖、三连长刘殿卿、六连长林兴琳、七连长索本勤加入复兴社。在营连中成立小组，规定每周开会一次，将官兵言行直接向桂永清汇报，作为考核升降依据。

我在团长任内完全按照德顾问鲍尔计划，遵照桂永清的指示办事。在军训方面严格照德式操典进行训练，要求部下学习德国纳粹军人精神，做到绝对服从；在精神教育方面，以三民主义为救国主义，以信仰蒋介石为全国领袖才能救中国，以自信是一个忠于党、忠于领袖的铁卫队员标准来训练部下。

5月间，蒋介石偕训练总监唐生智、侍从室主任钱大钧、军校教育长张治中等来教导总队举行授旗典礼，并讲话勉励大家爱护军旗为全军模范等等。团旗内是青天白日，外镶金黄边穗。典礼后举行会餐，官佐吃的是西餐。

从这方面看，可以看出蒋介石是如何地要学希特勒，要做希特勒式的领袖啊！

1937年7月7日，卢沟桥的枪声响了，抗日战争全面展开。8月13日，淞沪抗战接踵而起。教导总队总队长桂永清已于5月间陪同孔祥熙去英国参加英王加冕典礼，蒋介石派我以副总队长身份代理总队长职务。"八一三"上海战起，张治中率领王敬久第八十七师、孙元良第八十八师赴沪参战，蒋介石打电话叫我派一个步兵团去上海做张治中的卫队。我奉命后，即派第二团团长胡启儒率领该团前往。

六

1940年4月，我由陆军大学特别班第四期毕业后，又到中央训练团党政班十三期受训一个月。当时桂永清任国民政府军事委员会战时工作干部训练团第一团教育长。他保举我到他那里当副教育长。8月间，桂调任驻德主任武官。由我升任中将教育长。蒋介石召见我谈话，问我："当教育长这个工作，你干得了干不了？”我说：“干得了。”他又问我：“你打算怎样训练学生？”我回答说：“我打算注重精神教育，以校长（指蒋）提倡的新生活运动为纲，以《三民主义》《力行哲学》《学庸与科学》为教材，培养学生具备信仰三民主义、拥护革命领袖的精神意志，而又能够明礼义、知廉耻、负责任、守纪律，为抗战建国大业献出一切力量。”

蒋介石听了我这番拍马屁的话，非常高兴，连说：“很好，很好，你就这样干吧！”当时，送给我法币5万元，笑着说，你可拿去作为印刷教材使用，余可自由支配，不必报销。

我得到蒋介石的这个小恩小惠，心里也很高兴，马上回团召开教育会议，令团政治部副主任张璇（正主任滕杰外调）、总队长杨厚灿、萧劲等参加。会上我传达了被蒋介石召见的情况，指示今后教育训练方针及具体教材内容，他们听了皆大欢喜，以为在我这个教育长领导下，他们一定更有美妙的前途——升官发财。

（高德昌　记录整理）

蒋介石的侍从室纪实

秋宗鼎

引　言

蒋介石的侍从室这一机构，过去是非常惹人注目的。因为首先，从当时所处的地位来看，它是蒋身边的一个亲信的工作单位，目标是很显著的。其次，它是直接秉承蒋介石反动独裁统治的实际权力的机关，其顶头上司又是国民党中所称"最高领袖"的蒋介石。凡是在国民党统治下面工作的党、政、军各界，以及直接同蒋接触的各方面朝野人士，有很多人都曾和它发生过联系。在解放前，蒋介石的侍从室这一特殊机构，成为众目睽睽之地，自是可以理解的了。

蒋介石的侍从室的出现，不是偶然的，它是为了蒋个人的政治目的和需要，组织起来的一个独裁统治的御用工具。而且它的组织，也是随着蒋的独裁统治的加深和发展，逐步发展扩大起来的。概括地说，自从这个机构成立以后，大致经过了三个阶段。

一、从1932年，上海的"一·二八"淞沪抗战结束以后，蒋介石担任了军事委员会委员长。在"攘外必先安内"的口号下，继续进行反共反人民的内战，先后在汉口、南昌成立了由他委派的鄂、豫、皖三省"剿共"总司令部和南昌行营。他时常出发鄂、赣，亲自指挥部队，当时，除了他的几个亲信侍从人员如秘书、副官以外，还需临时抽调一两个参谋人员，不断随他到各地去工作。后来，蒋介石听从了杨永泰的建议，把经常跟他随行的参谋人员和他自己的侍从秘书、副官以及侍卫人员等，组织了侍从室，列入蒋家南昌行营的编制之内。并派晏道刚为侍从室主任。这是蒋介石的侍从室的初期阶段。

二、随着国内外形势的发展，从1935年中国工农红军北上抗日，完成陕甘宁边区大进军以后，一直到1945年抗日战争结束，蒋介石准备召集伪"国大"，制定伪宪法以前的十年间，蒋介石的侍从室不断发展扩大，从原来的第一、第二两个处，扩增到三个处，编制和工作内容更加丰富周密了。这一时期是这个机构发展的重要阶段。

三、从1945年11月底，蒋介石的侍从室在名义上虽然撤销了，但按照业务性质，分别编并到"国民政府"（以后改称"总统府"）参军、文官两处的机构以内，成立了军务、政务两个局。从那时候起，一直到1949年蒋家王朝在中国大陆上覆灭时为止，这是蒋介石的侍从室名亡实存的最后阶段。

本文关于蒋介石的侍从室这一历史资料的叙述，是从1936年1月侍从室改组以后开始，至1945年11月底编并到国民党政府成立军务、政务两局，直到1949年南京解放，蒋家王朝覆灭时为止，包括这个机构整个衔接着的后两个历史阶段。

笔者从1936年1月参加蒋介石的侍从室改组以后的工作以来，到1948年最后离开蒋"总统府"的参军处军务局为止，首尾十二年间，先后任侍从室第一处参谋和参军处军务局高级参谋。由于工作调动，有好几次出入其间，累计在这个机关里工作过八年之久。在笔者担任侍从幕僚，参与机要工作的期间，日常料理案牍，或陪见宾客，以及不断随蒋出发各地，耳濡目染，对于蒋介石反人民独裁统治的一系列政治军事措施和这个集团的一些重要人物活动，虽相隔日久，而印象犹存。

为了切实反映蒋介石御用独裁统治机构的真正面貌，从它的组织系统到它的内部各个具体环节，根据事实，分别叙述。旨在尽笔者亲见亲闻，如实地揭露蒋介石反动统治集团内部的一个侧面，提供从事这方面历史研究的参考。希望熟悉这方面史料的读者惠于订正和补充，曷胜欣幸！

先从改组机构说起

1936年1月，蒋介石的侍从室的机构正式改组了。它的全称是："国民政府军事委员会委员长侍从室"。这个机构的改组是同当时国内形势和蒋介石的政治、军事部署有直接关联的。

1935年10月，中国工农红军突破了层层封锁，向陕甘宁边区进军。这时，蒋介石下令撤销了他自己的武昌行营，另在西安成立了西北"剿总"，派张学良以副司令代行"总司令"的职权，指挥东北军继续反人民的内战。蒋介石对湖北的重要人事，也做了一番新的安排：他发表杨永泰为湖北省主席，何成浚为武汉行营（后改为"行辕"）主任，陈继承为武汉警备司令。蒋介石为了抓住他的军委会和党、政的实权，接着改组原来侍从室的组织，成立侍从室第一和第二两个处（以下简称侍一处和侍二处），派钱大钧为侍一处主任，陈布雷为侍二处主任。原侍从室主任晏道刚调西北"剿总"做张学良的参谋长去了。从以上这些人事调动和部署来看，当时蒋介石继续向西北杀进去的意图是很明显的。

侍从室的改组，是由钱大钧、陈布雷两人直接在蒋授意下进行的。两处的基本分工是：侍一处掌军事，侍二处掌政治、党务。处的下面是以组为单位，按顺序排列的。侍一处设三个组：由第一组到第三组，分别主管总务、参谋和警卫；侍二处设两个组：第四组和第五组，第四组主管政治、党务，第五组是侍从秘书组。蒋介石收罗了一批国民党简任以上的党政人员，给以侍从秘书的名义，摆在这个组里，以备咨询，或随时外调使用的。在笔者记忆中的有李惟果、萧赞育、罗贡华、张樊鼎、徐道邻、葛武棨等人，都曾在这里做过侍从秘书。他们有的写写文章，有的研究当时国际问题，或向蒋条陈行政意见，他们没有专职工作。先后调出的有罗贡华任甘肃省民政厅厅长（贺耀组任甘肃省主席的时期），葛武棨任宁夏省教育厅厅长，徐道邻调行政院简任秘书；抗日战争后张彝鼎调阎锡山二战区任政治部主任等。1938年国民党政府西迁重庆以后，第五组的侍从秘书多已先后派出，只剩下了李惟果，以后他改任第五组组长。这时该组主管的业务是党、政、人事和外交。曾任台湾"外交部长"的沈昌焕，当时就在这个组里做过秘书，他是专任美、蒋间的翻译工作的。与此同时，侍二处还增加了一个第六组，主管情报业务，由唐纵担任组长。这时候，侍一处和侍二处的编制，从形式上看来，每一处都配备有三个组了。

侍从室的改组还有一个特点：人员精干，业务集中。因为它随时准备跟随蒋出发到各地活动。根据蒋介石的意图，如果机构庞大了，运用就不灵活，也不便于掌握。从两处主管的业务重点看来，侍一处的第二组（参谋组），最多只有三四个参谋人员；侍二处的第四组（政治、党务组）也只有两三个秘书人员，两组的工作是很繁重的。从侍从室改组后，这两个组的负责人也可以看出，蒋介石对它是多么重视了。第二组组长是由钱大钧自己兼任的；第四组组长是由政学系政客杨永泰一手培养起来的得力助手陈方担任的。因而这两个组也就形成了蒋介石的侍从室的核心。至于侍一处和侍二处的工作，则由两处主任直接对蒋负责。

此外，关于保卫蒋介石驻留和行动的安全，除由他自己的一个警卫大队担任以外，同时跟随蒋行动的，还有着便服的侍卫官和卫士等。这些人员都列入侍一处第三组的编制之内，而另设一侍卫长来统一调动指挥他们的行动。蒋介石的侍从室改组后，侍卫长一职由钱大钧兼任。

由此可见，1936年1月改组后的侍从室，是由侍一处、侍二处和侍卫长三个单位组成的一个统治机构。虽然它的规模不算很大，但地位却已凌驾于国民党政府各部门之上，蒋介石的统治权力更为集中，已经基本上形成国民党反动派统治的"内廷"了。

在抗日战争初期，国民党政府从南京撤退到武汉以后，其军事委员会也在1937年1月间重新改组了。在该会组织系统中，确定了侍从室是"委员长"直辖的一个单位。并在国民党的军委会《组织大纲》中明确规定：

"侍从室在驻留时与办公厅密切联系，掌机要之承启传达，委员长行动时随侍行动。"

1936年到1945年的侍从室

蒋介石的侍从室从1936年1月改组，成立了第一、第二两个处和侍卫长室之后，为他的反动统治机构奠定了基础。经历了八年抗战，一直到1945年抗日战争结束，蒋介石准备召集伪"国大"制定伪宪法，这期间不断发展，从第一、第二两个处，扩增了第三处。在人事上也不断有所变动。这是侍从室的重要历史阶段。为了便于说明它的内部情况，先把它的组织系统列表（见下面的侍从室组织系统表）。

一、侍从室第一处

侍从室于1936年1月改组，蒋介石任命钱大钧做首任侍从室第一处主任。从当时算起，到1945年抗日战争结束后的十年间，侍从室第一处主任一共经历了七任。他们按照先后顺序排列是：钱大钧、林蔚、张治中、贺耀组、林蔚、钱大钧、商震。他们每一任的任期有长有短，一般在一年左右到两年以上或几个月不等。商震是最后一任，他的任期最短，只有三个月。侍从室撤销后，他就改任"国民政府参军长"了。钱大钧和林蔚都先后做过两任，他们每一个人的任期累计都在三年左右，林蔚比钱大钧的任期略长一些。

关于历任侍从室第一处主任的简单情况，据著者回忆，大致如下。

（一）钱大钧（1936年1月至1938年3月）从1936年1月侍从室在南京改组就任时起，任侍从室第一处主任。他曾随蒋介石指挥湘、黔、川、滇各省部队堵截红军和解决两广事变，并随蒋介石到西安，在西安事变时被击伤，直到抗日战争开始后，国民党政府从南京撤退到武汉，于1938年3月间，调航空委员会主任时离职。

（二）林蔚（1938年4月至1939年3月）从1938年三四月间在武汉接替

钱大钧任侍从室第一处主任。这时，侍一处又增设了一个副主任，由侍从室第二组组长邹竞（字效公，保定军校毕业）升任。

林蔚接任不久，日军继续西进，展开了武汉大会战。不久他随蒋介石从武汉撤退到重庆。在重庆市中四路曾家岩附近的德安里，选定了川军将领许绍宗的住宅——"尧庐"，作为蒋介石的侍从室第一、第二两处各组办公的地址。抗战期间至日本投降后，国民党政府迁回南京以前，这两处办公的地址始终没有变动过。

1938年11月，湖南省主席张治中率省府人员从长沙撤退，到重庆见蒋。蒋介石为了顾全自己的面子，于1939年4月初派张治中任侍从室第一处主任，林蔚调任桂林行营参谋长（白崇禧任主任）。

（三）张治中（1939年4月至1940年4月）从1939年4月初接任起，大约在1940年的夏初，国民党军委会的政治部部长陈诚调任第六战区司令长官，赴湖北恩施指挥，蒋介石派张治中接任政治部部长。张就是在此时离开侍从室的。

（四）贺耀组（1940年4月至1942年9月）原任军委会办公厅主任，1940年夏初接替张治中任侍从室第一处主任。他到任不久，笔者从陆军大学毕业，仍派回侍从室第二组工作，同贺在日常工作上接触的机会比较多，知道贺耀组对蒋是很恭顺的，蒋对他也比较客气。他对西南交通和经济方面极感兴趣。1942年秋，国民党政府为了防止走私，管制物资经济，成立了"国家总动员会议"，调贺耀组担任这个机构的秘书长，负责主持。贺耀组在1942年9月间离职。

（五）林蔚（1942年9月至1944年11月）一度曾调任桂林行营参谋长，1940年桂林行营撤销，成立蒋介石的军委会桂林办公厅，以李济深为主任，林蔚调为副主任。贺耀组离职后，蒋调林蔚第二次任侍从室第一处主任，仍兼军委会桂林办公厅副主任职。在林蔚担任侍一处主任的两年多的期间，正是蒋介石极力拉拢美国，希图取得援助的时候。在蒋介石的独裁统治下，当时重庆国民党政府日趋腐朽，特别是粮食、兵役机构以及金融物资等部门贪污舞弊、买卖壮丁和盗窃走私，层出不穷，已达到惊人地步。而且国民党统治集团内部争夺权力，矛盾重重，突出地表现在陈诚同何应钦两派之间的斗争，陈诚终于取代了何应钦，做了军政部部长。于1944年冬发表林蔚为军政部政务次长和钱大钧（钱当时是何应钦任内的政务次长）对调了职务。

（六）钱大钧（1944年12月至1945年8月）1944年11月底第二次调任侍从室第一处主任。一直到1945年8月抗日战争结束，蒋介石派钱大钧任上海市市长为止。大约在同年8月底他离职赴沪。

（七）商震（1945年9月至11月）1945年9月初接替钱大钧任侍从室第一处主任。商震曾学过英语，他能同外国人直接用英语作一般交际性的谈话。在美、蒋互相勾结时，蒋介石就看中了他。先是在1941年1月间，蒋介石为了联络英国，保证西南国际交通线的安全和准备协同英、缅方面的军队对南进日军作战的目的，曾组织了"滇缅参谋考察团"。蒋介石派商震为考察团主任，林蔚为副主任，团员有孙立人等。这就为后来商震代表蒋介石政府出任驻美国军事代表团团长，预先做了准备。商震到职不久，侍从室就酝酿改变组织系统，于1945年11月底侍从室的名义撤销了。以原侍一处的第二组和侍二处的第四组为基础，分别编并到国民政府参军、文官两处之内，成立了军务、政务两个局。商震在结束了侍从室第一处最后一任主任的职务以后，便改任国民政府的参军长了。

从上面历任侍从室第一处主任的人选看来，完全根据蒋介石自己当时的需要和对重要人事上的安排而决定的。在这一历史时期中，钱大钧和林蔚都是以高级军事幕僚长的身份，两度随侍蒋介石的左右，为蒋所信任的。他们两个人具有不同的经历，不同的风格，不同的活动，各有千秋。他们都是同蒋介石的侍从室有关系的重要人物。同时，他们又都是在当时蒋集团内部派系斗争中颇有影响的代表人物。爰就笔者所知，分别概述如下。

钱大钧字慕尹，江苏吴县人。他早年在保定军校六期和日本士官学校第十二期炮科毕业，曾在保定军校八期与何柱国等同任过区队长。后到粤军第一师邓铿部任参谋。以后历任黄埔军校第一、第二期教官和校部参谋长。国民革命军北伐任第三团团长。以后历任师长、军长、中央军校武汉分校八期二总队教育长、保定行营主任、鄂豫皖三省"剿总"和武昌行营参谋长等职。钱大钧属蒋的嫡系，同蒋介石和黄埔学生之间的关系很深。他同何应钦、顾祝同、蒋鼎文、朱绍良等比较接近，同桂系的关系也不即不离。陈诚同钱大钧虽有"师生"的关系①，但由于陈（诚）、何（应钦）之间的利害矛盾很深，因而陈对钱大钧虽然表面尊敬，却暗中排挤他。可是当陈诚还没有完全取得蒋介石的宠信以前，陈还是利用钱大钧的关系替自己向蒋前说好话的。又钱大钧在武汉任张学良的参谋长的时候，同东北军、西北军以及其他杂牌部队的关系搞得还不错，一般高级将领对他都有好感。

钱大钧在北伐时，率部出战辄失利，训练军队也非所长。由于他对蒋介石忠心耿耿，俯首听命，所以蒋很喜欢用他。钱大钧任侍从室第一处主任时，在蒋身边处理文书，安排蒋的生活行动，精细敏捷，颇称蒋意。1936年西南两广事变，钱大钧曾衔蒋命，密赴大庚活动粤军将领余汉谋（保定军校六期，和钱是同学）叛变陈济棠，收到了积极的效果，为蒋所信任。他又兼任蒋的侍卫长，以蒋的近侍人员的身份，周旋于国民党高级军政人员之间，在当时他显得颇为得意。西安事变以后，蒋介石回到南京，痛定思痛，大骂曾扩情"无耻！"、晏道刚"无能！"②。而且颇怀疑钱大钧是否受了张学良的暗示，把停放在临潼车站备蒋行动专用的一列法国造游览客车（简称蓝钢皮）调开，曾经向钱严词诘问。但此事早已经钱大钧向蒋请示过得到批准以后才调开的。钱提出了蒋的批示，加以申辩，蒋自无话可说。念及钱大钧在临潼华清池也被弹射伤，蒋对他依然恢复了

---

①　陈诚系保定军校八期炮科毕业。陈在校学习时，钱大钧曾任炮兵队区队长，所以同陈诚有"师生"的关系。

②　曾扩情，黄埔军校一期毕业，曾任西北"剿总"的政训处处长，晏道刚任西北"剿总"参谋长。西安事变后，他们到南京请见蒋介石。当时蒋的余恨未消，在"请见单"上亲批："曾扩情无耻！晏道刚无能！"并把两人在南京软禁了一个时期，以后不再重用他们了。

信任。

　　钱大钧为人圆滑，胸无城府，性情偏激。他对上级恭顺，然在同寅之间，却易发生龃龉。有时，他对某些黄埔学生，也不假以辞色。因此，在统治集团中嫉恨他的人渐多，在蒋介石面前，他的政治地位也就不那么稳固了。抗战初期，国民政府从南京迁到了武汉，军委会改组。钱大钧得到宋美龄的支持，于1938年3月间，调任航空委员会主任。钱大钧就任还不到一年，大约在1939年初，偶因一笔特别费已经宋美龄批准分配，但在处理时，钱只分配了少数几个高级人员。有人把这件事向蒋告密，蒋下令将钱大钧撤职查办。钱大钧在成都落拓了两年多。于1941年7月间，经何应钦向蒋签准，才安排他任军委会运输统制局参谋长①。

　　1942年6月间，钱在何应钦的支持下，接替曹浩森（曹调江西省主席）任军政部政务次长，仍兼运输统制局参谋长。钱和当时军政部的常务次长张定理（字伯璇，江西人，桂系）相处甚好，成为何应钦的左右手。

　　军政部组织庞大，人事腐败，营私舞弊，在抗战后期已达到了不可收拾的地步。蒋介石受国内外（主要是美国）舆论的责难，于1944年11月底，下令军政部大换班，赶走了何应钦，陈诚上了台。钱大钧同林蔚对调职务。

　　林蔚字蔚文，浙江黄岩人，陆军大学第四期毕业，是蒋介石左右的幕僚"专家"。他原任军委会铨叙厅厅长，掌握国民党政府陆、海、空军人事管理业务多年，而且每遇调动职务，他的原职位从来是不更动的。林蔚为蒋介石服务，谨慎稳重，长于谋划，为蒋所信任。林到侍从室工作，正当日军继续入侵，蒋军节节败退之际。他偏重于对战区的作战规划，关于

---

　　①　运输统制局是抗战中期，蒋介石在重庆为了控制西南国际交通运输的重要机构，隶属国民政府军委会。派蒋的参谋总长何应钦兼任主任，交通部部长张嘉璈兼副主任，俞飞鹏为参谋长。抗战后期，张（嘉璈）、俞（飞鹏）展开了私人权力的斗争，结果，张被俞挤走了，俞飞鹏做了该局的副主任。腾出参谋长一缺，由钱大钧补充。

文书和一般参谋业务的处理，由他的助手于达（侍二组组长）负责。在外表上看来，他不像钱大钧那样活跃，随蒋到各地活动时，也不像钱大钧那样，专在蒋的生活安排上，处处殷勤，讲求纤巧。但是，林却工于心计，对蒋的用人和重要意图常能预为窥测，所以遇机一撮即合，成为蒋介石的左右手。

林蔚为人深沉平易，态度温和，喜怒不形于色。在抗日战争时期，他曾任桂林行营参谋长、军委会桂林办公厅副主任和军令部次长[①]。他同蒋的各方面的关系搞得都很好。林为了巩固自己的地位，还极力交结国民党浙籍将领胡宗南、汤恩伯等以为"外援"，并靠近陈诚，为陈侦伺内情，出谋划策，从而得到陈诚的信赖和支持。由于林始终没有离开过军委会的系统，而且又主持铨叙厅的业务多年，他对蒋政府的一切规章制度和人事关系非常熟悉，所以陈诚挤走了何应钦取得了军政部部长的地位以后，首先调林蔚任政务次长，从此林就成为陈诚的得力助手。并在以后按照美国军事顾问团的意旨，改组国民党政府军委会成立国防部新机构，为陈诚卖了很大气力。

林蔚在蒋介石的属下虽然比不上那些显赫一时的人物，但凭他多年幕僚的一套丰富经验，不仅工于谋人，而且善于谋己，所以他懂得见风使舵，预留地步，常能因缘时会，水到渠成。可称是蒋介石政治集团中幕僚人物的典型。

下面将蒋介石的侍从室第一处各组的情况分述如下：

第一组（简称侍一组）主管经理、会计出纳、医疗卫生、生活福利（包括对蒋介石个人和蒋住宅的生活安排）和交际、接待来宾等项业务。

编制人员有：组长、侍从副官、侍从医官、副官、科员、缮写人员（司书）以及在蒋住宅的看护、厨师、工役等。

[①]　1940年蒋介石撤销其桂林行营，成立军委会桂林办公厅，以李济深为主任。蒋介石对李是不放心的，就派林蔚为副主任。1943年"桂林办公厅"撤销，李济深调任军事参议院院长，并未就职。林蔚调任军令部次长。

第一组虽属侍一处的建制，但它却担负着侍一、侍二两处全部机关事务管理的责任，同时还要兼顾蒋介石在驻留和外出活动的一切生活上供应和安排。所需经费是从蒋介石个人名义的一笔特别费项下开支，并向蒋直接负责。

1936年1月侍从室改组后，莫我若（湖南人，黄埔军校一期生）任第一组组长。1938年，国民党政府从南京撤退到了武汉，同年3月间，蒋派前汉口公安局局长陈希曾为第一组组长。陈希曾系浙江人，是陈英士之侄，与陈果夫、陈立夫是兄弟行。早年同陈果夫在上海做过交易所的生意，和蒋介石早就熟识的，后入广东黄埔军校第一期。毕业后，为蒋介石个人忠实服务。他同蒋的关系密切，是蒋介石左右的一个亲信人物。

陈希曾从1938年3月起到1945年11月底止，任侍一组组长到最后。侍从室名义上撤销以后，在另成军务、政务两局的同时，仍以原来侍一组为基础改组为总务局，隶属国民政府参军处，陈希曾改任总务局局长。陈生活阔绰，喜欢铺张，在蒋介石的侍从室中，对他众以"大少爷"目之。

"侍从副官"是在蒋介石左右担任接待宾客，执行"承启"任务的副官。蒋到各地，他们也跟随一起行动；蒋驻留时，他们就在蒋的官邸轮流值班，听候传唤。一向担任这项职务的是黄埔军校一期生蒋国涛、项传远两人。蒋国涛，浙江奉化人，是蒋介石的族侄辈；项传远，山东人，曾在钱大钧部下任过团长。他们都是蒋介石的学生，对蒋的生活习惯异常熟悉，而且懂得蒋对待各方面人士的关系和态度，因而接待来宾颇能掌握分寸。他们在蒋介石的跟前小心翼翼，十分忠顺，蒋很喜欢他们。另有黄埔军校学生周天健，也做过蒋介石的侍从副官，但任职不久，就调出去了。

抗日战争后期，蒋介石效法美国的制度，取消了侍从副官的名义，改为侍从武官，并挑选军校出身留美毕业的青年军官代替侍从副官的职务。蒋国涛和项传远两人也先后离开了蒋的"内廷"，被派到蒋军部队里工作去了。

另外，还有一名侍从副官叫蒋孝镇（蒋介石的族孙），他是日常伺候蒋介石生活起居的。西安事变时，他随蒋从华清池住室越墙逃匿后山的洞穴中，寸步不离，是蒋介石最亲近的一个侍者。

侍从室还附设了一个医务室，也列在侍一组的编制之内，有大夫和看护共三四人，原由侍从医官陈方之负责主持。陈方之是浙江宁波人，早年留学日本帝大医科，在东京同蒋介石混得很熟。本来这个医务室是备随蒋出发各地行动之需的，也担任侍从室各处员工卫生防护和诊疗的工作。陈为人不加检点，讲话随便，时常夸耀他同蒋的私人友谊，也不免向外泄露过去在日本时关于蒋介石私生活的一些秘密。国民党政府西迁重庆以后，陈方之调为参议闲职，后来任兵工署重庆大渡口钢铁厂的医务顾问，另由曾在德国留过学的一个姓吴的（忘其名）大夫，继任蒋介石的侍从医官，负责医务室的工作。

蒋官邸是指蒋介石长时期驻留的住宅而言，蒋矫情自饰，故不住惹人注意的住宅。他在南京住过中山陵园附近和城内香林寺（南京黄埔路）中央军校校园；在重庆住过曾家岩德安里张群的住宅和黄山附近蒋的别墅。听说蒋同宋美龄的生活很难搞到一起，有时共食，一般是分别进餐，各不相扰。在蒋官邸的侍从工作人员同侍从室各处其他工作人员，一律都由公家供给伙食。

侍从室官兵供给待遇，由侍一组按照原来的成规统一办理，是很特殊化的。因为侍从室属于国民党军委会的组织系统，所以在这里的工作人员不论文职、军职，所有官兵基本上都是比照国民党政府规定的陆军官佐和士兵工资待遇标准发给。除按照军衔级别发给工资外，还另加发本人工资的三分之一，作为津贴。并且官兵一律由公家供给伙食，按照不同的伙食标准，分别就餐。侍二、侍四两组的工作人员（参谋、秘书、文书人员等）因为要经常在夜间办公，还为他们准备了夜点。侍从室的工作人员（无论文职、军职）平时一律着便服（中山装），大约每隔两年还发给每人呢料和哔叽料的中山装各一套，以便在集会或随蒋出发各地时穿着用。一切生活待遇比起当时国民党政府的任何机关都是特别优厚的。

第二组（简称侍二组）主管军事参谋业务。它和侍二处的第四组承蒋介石的旨意，综管军政机要，同属侍从室组织的核心。蒋对它的工作是十分注意的。侍二组主管的业务，几乎包括了军委会所属的各重要部门和其他行政部门。从作战指挥、部队训练、国防装备到交通运输、后勤补给以及人事经理等等，无所不包。凡是蒋的参谋总长所不能决定或不敢决定的一些报告或请示的文件，都经过侍二组，由参谋人员研究审核，签注意见送给蒋介石作最后裁定。还有来自全国各地军政大员请示报告的文电，其中绝大部分是属于人事和经理的文件，这是蒋介石权力最集中，必须亲自处理的。此外，蒋介石自己发布的手令，一天比一天加多，往往干涉到主管机关单位的职权，还要他们"限期具报"。因而公文泛滥，工作效率低落，因循敷衍，相率成风，给蒋自己造成了严重的灾难，于是他大发脾气了。蒋在抗日战争中期，大约在1940年底或1941年初，曾想出了一套所谓"行政三联制"，提出了所谓计划、执行、考核的一套理论和办法，企图挽救他自己招来的"灾难"。并且在他自己的中央训练团的历次集会上大肆宣传他的"行政三联制"，并指着他的文武官吏们厉声说："你们不要当着'委员长'是一个字纸篓，什么事都拿给我看，你们一点责任都不肯负担，那不是对待长官及对待自己的办法，有失政府设官分职的本意！"蒋对他部下的这一番教训，并没有收到什么效果。正因为他一个人搞反共的独裁统治，相信的是特务们的密报和他自己对下级的"察察为明"。他的下级懂得规律，硬着头皮顶住，等待蒋的脾气发泄完了，还是按照老办法办事，早把蒋的所谓"行政三联制"丢到垃圾堆里去了。

侍二组除了处理蒋介石裁决的有关反动统治的方针政策，以及上述须蒋亲自核定的文件以外，还要审阅一些来自各方面的建议和处理事务性的工作，如代蒋通知召见外地各文武官吏，向战区高级指挥官电话传达蒋的重要手令（译成密电码传达）等工作。因此，侍二组的参谋业务是非常繁重的，而且参谋人员是夜以继日地为蒋服务的。

侍二组的业务，既为蒋介石所重视，关于组长和参谋人选，都是经过蒋亲自批准而后任用，也是按照蒋自己规定的标准办法处理的。它的特点就是：官阶不宜过高，年龄不宜太大，以便于指挥调遣。由于侍从室官兵的待遇标准提高，已经比外面优厚了，所以官阶也必须降低。因此参、秘等人员的军衔，一般要比外面降低一级乃至两级任用。比如在外面原来任上校或中校级的，到侍从室工作，就按中校或少校级任用。这样，一方面表明侍从参谋人员的官阶不大，不致引起外人的注意；另一方面参谋人员外调，离开侍从室的时候，凭蒋的一句话，就可以提升一两级任用，所谓"不次之升"，表示蒋对其部下的"恩宠"，使他们对蒋感恩图报，永远做他的忠实奴仆。

蒋介石对侍从参谋人员的任用，首先考虑的是，此人是否为黄埔军校出身，或者是否在反动统治集团中服务的年限较久，更重要的是，还要看是什么人的保荐。这一切都是先决条件。然后，还要凭他自己的经验，召见来人，亲自观察，对黄埔军校各期毕业学生也不例外。蒋特别注意来人的仪表精神，他认为满意，才做最后的决定。用蒋自己的话说："确信万无一失者方可任用！"由此可见，蒋对其侍从工作人员的任用是多么注意和重视。随着客观形势的发展，蒋为了对外装潢门面，标榜提高参谋人员的质量，逐渐挑选从陆军大学各期毕业和曾留学英美的陆海空军人员，充任他的侍从参谋的工作，并把侍从室原来少数参谋人员，先后送入陆大深造。到了抗日战争中后期，侍从室第二组的参谋人员，几乎全部都是出身于陆军大学的"清一色"了。只配备有少数一两个英美留学生，担任外事、翻译或转派侍从武官等项工作。尽管如此，蒋选用他的侍从参谋工作人员的前提、标准和任用程度，从来没有改变过。

1936年1月侍从室改组，钱大钧任侍一处主任，他向蒋推荐武昌行营参谋处副处长刘祖舜（浙江黄岩人，陆大特一期毕业）任侍二组组长。刘就任不久，即转任军分校主任而离职，由钱大钧自己兼任侍二组组长。当时，侍二组只有从军委会办公厅调来的校级参谋秋宗鼎、罗兆宗二人，连同原来的尉级参谋卢集贤等共三人。以后陆续从陆军大学各期毕业生中选调邵存诚、李良岗、丁炎等，人员逐渐增多，并以参谋邵存诚代理侍二组组长。西安事变后，蒋介石被迫抗日，回到南京。他命侍从参谋人员协同军委会主管部门开始研究对日作战的计划和国防工事配备。由于蒋介石对日作战举棋不定，方针不明，一切规划无非纸上空谈，并没有认真地做好准备。

七七卢沟桥炮声一响，蒋介石政府陷于手忙脚乱，这是理所当然的。

抗战开始后，黄埔军校一期生酆悌、刘进先后到侍从室，派在侍二组工作。不久邵存诚调三战区，蒋派酆悌任侍二组组长。酆悌目空一切，盛气凌人，颐指气使，同钱大钧以及侍从参谋人员的关系都搞得很坏。上海战役之后，蒋派他到湖南，旋任长沙警备司令。1938年11月间长沙大火，蒋命钱大钧驰赴长沙处理善后，并将酆悌判以死刑，在长沙处决。酆悌离开侍从室以后，蒋派他的侍从参谋刘进接任侍二组组长。大约在1937年12月初南京岌岌可危之际，蒋外调刘进到河南任戴民权师的副师长，以后接替戴任师长。刘走后，由参谋李良岗代理侍二组组长。1938年3月，钱大钧调航空委员会主任，林蔚接任侍一处主任后，由邹竞任第二组组长。不久邹调升侍一处副主任。林蔚推荐他的亲信于达任侍二组组长。于达从1938年七八月间，在汉口就职后，一直到1944年秋，连续在侍从室工作了六年之久，他成为历任侍一处主任的得力助手。

于达字凭远，浙江黄岩人，保定军校三期和陆军大学九期毕业。他曾在蒋军第一师胡宗南部任参谋长很久，同林蔚的私人关系极深。他调到侍从室工作，对于文书处理，颇为林蔚所信赖。于达在蒋军部队中担任参谋长的工作时间较长，熟悉参谋业务，对蒋极为忠实。在于达任职期间，侍二组同侍二处的第四组在业务上的联系和配合是比较密切的。通过两处文书处理，接触蒋的"批示"，比较全面地理解蒋的意图和他处理各种事务的规律。从而为蒋的侍从参谋人员提供了研究和揣摩的线索，在处理所谓"机要"文件的审核签拟上，更忠顺地为蒋介石的反动统治服务。

1944年秋，于达外调新疆督办公署参谋长，以后转任胡宗南属下的集团军副总司令和一战区副长官，由聂松溪（山东人，黄埔军校二期、陆大九期毕业）继任侍二组组长。

1945年2月间，聂松溪调任蒋军第五十七军军长，由军政部交辎司司长赵桂森接替侍二组组长，一直到1945年冬蒋介石的侍从室撤销时为止。

从上述情况来看，1936年至1945年，侍从室第一处第二组组长职务，更易了好几个人，按照他们任职先后的顺序排列，计有：刘祖舜、钱大钧

（兼）、邵存诚、酆悌、刘进、李良岗（代）、邹竞、于达、聂松溪、赵桂森等十人。至于在这十年之间，侍从参谋人员的出入变动更大，在此就不一一详述了。

第三组（简称侍三组）主管的任务是保卫蒋的安全。包括计划、指挥和具体行动布置等业务。它在编制上，虽属侍一处的建制，但是受侍卫长的直接领导和指挥。关于该组的具体情况和内容，将在"侍卫长"一节中叙述。

二、侍从室第二处

1936年1月，侍从室在南京改组，蒋介石任命陈布雷为侍从室第二处主任。他担任这个职务，一直到1945年11月底，侍从室在重庆办理结束时为止，整整十年。他主持侍二处的业务，还为蒋写了不少文章。他是蒋身边亲信的幕僚人物之一，也是国民党统治集团中的一个重要人物。

侍从室第二处辖三个组：第四、第五、第六组。而以第四组为核心，处理国民党的政治、经济、外交、党务等有关业务，为蒋介石的独裁统治服务。各组组长都是同这一机构共始终的。如侍四组组长陈方、侍五组组长李惟果和侍六组组长唐纵，都是一直担任组长职务的。其他人事安排上，在这十年之间变动不大，是比较稳定的。

关于侍从室第二处主任陈布雷这样一个重要人物，笔者对他了解很少，仅就从片断的回忆里，略述他在侍从室工作中的两三事。

陈布雷字畏垒，浙江慈溪人。早年毕业于浙江省高等学堂，以能写时文见长，大革命以前在上海任《商报》总编辑。族兄陈屺怀善古文辞，是浙江省宁波地区（慈溪过去属宁波府治）所谓知名之士，素为蒋介石所器重。蒋任北伐军总司令时，曾聘陈屺怀做他的私人秘书，未就。陈向蒋推荐了族弟陈布雷担任。大约在1927年北伐军还没有出发以前，陈布雷就到南昌随蒋工作了。以后陈布雷历任浙江省教育厅长兼国民党浙江省党部监察委员会常务委员。1931年或1932年间任南京教育部次长，旋调任国民党中央委员会副秘书长（叶楚伧任秘书长）。陈随蒋多年，蒋发布的重要文电，多出其手。

1936年侍从室改组，陈调任侍二处主任。据笔者印象，从陈布雷瘦弱的身体和干瘪的面庞看来，活像一个老太婆。他说话细声细气，但他为蒋处理文书，分析问题，却是很认真的。陈非常熟悉蒋的意图，他代蒋起草的一些文电稿，颇称蒋意。另据蒋的侍从副官透露，遇有重大事件，蒋时常单独约陈密谈，有时谈至深夜。陈为蒋密谋划策，内容很难为局外人所能知晓。

蒋介石每次对他的文武官吏发表有关方针政策或重要决定的讲话，事先常同陈布雷商量，斟酌拟定讲话提纲。有时蒋自己也写提纲，再经陈为之条理润饰。但是蒋在讲话时，不习惯照念讲稿，还是由他自己信口开河，速记人员照原话一字不易地记录下来，送给陈审阅。经过陈的一番文字加工，最后送给蒋亲自核定发表。在整理过程中，有时，陈觉得蒋的原话不妥当甚至用语粗俗，替他文饰一番。但蒋却往往与其御用文人之见解不同，在他核定发表的文件或讲话小册子最后定稿时，仍把他的原话照样保留下来。

陈布雷对蒋介石的心理状态，考察极为周密。他处处留心，凡是侍一、侍二两处发出的密电稿，都要经他一一审阅。因此，陈对侍从室的业务和蒋指示的精神，有着比较全面的了解。

此外，陈布雷还亲自编制关于蒋介石的日常生活起居和行动的记录。无论是蒋在驻留期间，或出发各地，都规定由值日的侍卫官，负责记录蒋每天的生活起居和行动，填写日报，交给蒋官邸的侍从秘书汪日章或俞国华，汇送给陈布雷按年月编制《蒋介石的实录》。在抗战后期，这项工作交给秘书萧自诚协助办理。

陈的身体本来是很坏的。据随他任誊录的文书人员说，陈每天总是习惯于夜间工作，他靠吸烟刺激精神，必须服用大量安眠药才能够睡觉。陈患很严重的神经衰弱症。在抗日战争期间，随着蒋介石独裁统治的恶性发展，遭到广大人民的反对和国内外舆论的责难与攻击，陈似已意识到蒋政权的江河日下。据陈的秘书王学素向笔者透露，陈布雷同侍四组组长陈方在一起闲谈时，曾在无意中流露出感慨情绪，哀叹说："今天才知道领袖（蒋介石）的地位越高，确是既孤且危的啊！"抗战胜利后，蒋发动了反人民的内战，陈从侍从室第二处主任调回国民党中央委员会副秘书长。1948年淮海战役以后，蒋介石王朝已濒于总崩溃前夕，陈布雷怀着极端伤感和无可奈何的心情，竟服安眠药自杀了。

陈布雷在侍从室第二处任主任的十年中，为蒋介石忠实服务，做了不少事情。记得1940年9月末，德意日军事同盟协定在柏林签字，蒋认为这是"抗战最后胜利唯一的转机"，即向其部下宣示："日军分兵力弱，无力西进，可以放心。只有等候国际局势的转变，期待英美苏的合作，造成最后胜利。"并以此旨，让陈布雷为他起草了一个"手令稿"，于同年10月底向各战区高级将领发出一份密电。在这份密电中，蒋极力向部下散布幻想，坐视成败，保全实力，并以此掩盖他对日妥协和勾结英美的活动。当时，蒋的这一思想在国民党军队内部是起了一定作用的。

关于侍从室第二处各组的情况，大致如下。

第四组（简称侍四组）它和侍二组同属蒋介石的侍从室这一机构的核心。主管的业务是：政治、经济和国民党党务，也包括蒋介石交办的其他机密案件。

组长陈方字芷町，江西人，早年毕业于江西省高等学堂，生平经历不详。蒋介石在南昌、武昌成立行营，陈方任秘书。他在杨永泰的培养下，掌握了官僚政客所惯用的一套所谓权术和办法，成为杨永泰得力的助手。1936年侍从室改组，蒋介石调他任侍四组组长。陈方在国民党反动集团中工作既久，而且随蒋介石工作多年，又继承了杨永泰的衣钵，了解蒋介石的意图，他为蒋出谋献策，揣摩迎合，处理文书，敏捷精到，得到蒋的欢心和信任。陈方是国民党反动统治集团的积极拥护者，他忠实地维护以蒋为首的反动政权，但对蒋的寡头独裁的做法时常表露不满情绪。抗战后期，陈方在重庆向笔者谈及他向蒋建议领导方法问题。他说在建议中提出了所谓"马尾法"，暗示蒋的领导方法像马尾一样"一把抓"，是危险和不合科学的。并引项羽以拔山盖世之雄，连一范增而不能用，刘邦起家泗上亭长以"三不如"终能胜楚的历史，讽示蒋的不善用人。他担心蒋介石这样做法，对整个反动集团不利。结果，蒋介石一阅了之，对他并没有嗔怪。陈方对诗词书法都有一定的造诣，蒋对外的应酬文字，常出其手。尤工兰竹，下笔迅速，各具意态。性嗜酒，有时酒酣耳热，发发牢骚，颇带浓厚的封建社会"名士"习气。1945年侍从室名义撤销，即以原侍四组为基础，成立了军务局，陈任局长。1949年南京政府迁台，听说他从广州逃往香港，就在那年忧愤而死。

侍四组的工作人员，组长以下有侍从秘书、科员、缮写人员等，总共不到十几个人。经常在组内工作的秘书，只有两人。侍从秘书王学素，工作时间最久，曾历西安事变，大约在1944年外调浙江省府委员。还有在蒋介石官邸工作的侍从秘书汪日章、俞国华也列在侍四组编制之内。他们主要担负机要文件的保管和收发的任务。蒋出发时，他们都是跟随行动的。

第五组（简称侍五组）这个组原来是蒋介石专为储备一批行政人员而设。最初由侍二处主任陈布雷兼组长。组内设侍从秘书若干人，没有一定的名额，也没有固定的工作。一律按照上校军衔的待遇，每月从侍从室领取规定标准的工资，备蒋介石随时召见咨询。其中大部分人在抗日战争开始前后，就已经陆续分别派出去了。只有萧赞育、李惟果在这里的时间最久。侍从室第一、第二两处从武汉撤退到重庆，大约在1939年初，侍五组由汪日章任组长。开始主管一些关于国民党党政高级人员（省委，厅局长、专员一级的）的调查考核和安排使用的业务。以后汪日章调任行政院简任秘书，由李惟果任组长。1940年，侍从室第三处成立，以陈果夫为主任，萧赞育为副主任。原来侍五组的人事业务移交给侍三处办理。这个组的职掌，改为主管外交行政。它同外交部发生了直接的联系。

侍五组的工作人员也不多，只有一两个秘书。沈昌焕和邵毓麟都曾做过该组秘书。沈昌焕能讲流利的英语，当时只有三十几岁，经常任蒋介石、宋美龄同美国人之间的翻译工作。邵毓麟原在侍六组随唐纵搞关于日本和朝鲜的国际情报工作，后来调到侍五组任秘书，不久派到外交部工作。

还有蒋介石的速记人员也是列在侍五组的编制之内的。蒋对速记人员的工作和人选非常重视。在侍从室改组以后，一直到国民党政府迁台时止的十几年中，蒋一共用了三个速记人员。他们都是从中央政治学校毕业生中，经过陈果夫的亲自挑选，合乎所谓"忠实可靠，万无一失"的标准，才备蒋任用的。1936年第一次派到侍从室担任速记工作的是萧乃华和萧自诚，两人都是湖南人。西安事变时，他们随蒋介石住在临潼华清池，当军队搜查时，由于萧乃华的抗拒而被枪杀了。以后，长时期以来，由萧自诚一个人担任速记工作。蒋介石撤退到重庆后，又从"中政学校"毕业生中调来一个名叫曹圣芬（湖南人）的协助萧自诚工作。在1944年左右，萧自诚升任侍从秘书，协助陈布雷整理、编辑有关蒋介石的言论和他的《实录》的工作。

速记人员经常同蒋官邸的侍从秘书人员同住在一起，随时听候蒋的传唤，他们也属于蒋的近侍人员的一部分。当时，他们是在蒋介石反共的独裁的政治教育制度下培养出来的学生，对蒋抱着极端的个人崇拜，为蒋忠心耿耿地服务。抗战期中，蒋在中央训练团，分期分批地调训各战区各机关的国民党党、政、军人员，还办了一些训练班（兵役、人事训练班等）。蒋介石也经常住在重庆的浮图关（蒋改名复兴关）上。他的侍从秘书和速记人员，是不离左右的。蒋会客或召见他的部下时，速记人员担任谈话记录。特别是蒋在会客中的"指示"，事后还要抄交侍从室各处主管单位分别处理。由于蒋对其部下讲话的次数过多了，又没有什么新鲜内容，于是速记人员就把他讲过的话，整理编印成所谓《蒋总裁训词选辑》小册子，分发给中央训练团的学员们阅读。每周蒋亲自参加中央训练团举行的"总理纪念周"，在会上总是由教育长王东原照小册子宣读蒋的"训话"，然后由蒋补充几句话，就这样在形式上总算是"总裁"亲临"致训"了。

第六组（简称侍六组）主管情报业务。这个组是1938年蒋介石撤退到武汉以后成立的，派唐纵任组长。它在建制上虽属侍二处，但同时也受侍一处主任的双重领导。而且它在侍从室内部也是一个保密的单位。

蒋介石为了巩固他的法西斯独裁统治，一向重视情报业务和发展特工组织。蒋在内战期间经营的CC和复兴两大特务组织，在抗战开始又重新充实和安排起来了。这两个特务组织送给蒋的密报文件，在1936年侍从室改组时，是按其内容性质，由侍一、侍二两处分别处理的。即：关于"中统局"的情报，是用徐恩曾的名义直接封送给侍二处（第四组）处理的；关于"军统局"的一般情报，如对蒋军部队长的贪污腐化和私生活等项的密报，均用戴笠的名义分类列表，封送给侍一处（第二组）处理。其他涉及政治、经济方面，如抗战初期四川军阀内部矛盾和活动等情报，则由戴笠先送侍二处，经陈布雷、陈方等阅后，会同侍一处（第二组）研究处理。

1938年，蒋介石撤退到武汉，成立了三民主义青年团（简称三青团），复兴系统的特务组织范围更加扩大了。由于情报来源日趋复杂，而且蒋介石都要亲自掌握，所以蒋在其侍从室里成立侍六组，综核一切特工组织的情报业务。

侍六组成立之初，从侍二组调去参谋卢集贤一人和缮写人员数人。后来增设秘书，担任研究和对外面特工组织的联系。邵毓麟和王芃生都曾在该组任过秘书。他们搞的是关于日本和朝鲜方面的特务工作。王芃生在重庆《大公报》星期论文上时常发表关于战时经济方面的文章，也翻译发表一些日本资产阶级的论文，对外掩护他的特务身份。邵毓麟自诩为"日本通"，他还担任过同当时流亡到重庆的"韩国"反日组织的联络工作。关于对日作战的日军行动的情报，仍由侍二组处理。至于中共和八路军活动的情报，则是侍六组业务的一部分。在抗战后期蒋很重视这方面的情报，为他反共反人民积极做准备。并调张国疆（军校九期、陆大十七期）任该组参谋，专搞这方面的工作。

关于组长唐纵我只知道他是湖南人，黄埔军校六期毕业。蒋曾派他做过驻德的副武官。抗战初期回国。唐在德国法西斯主义的直接熏陶下，回国后，对蒋介石表示竭尽忠诚，坚决服从"领袖"，为蒋所"赏识"。唐为人外表温和，沉默寡言，工作上非常精细认真。1945年，侍从室名义上撤销，侍六组业务划归军务、政务两局以后，唐调国民政府参军处参军。大约在1946年春升任内政部次长兼警察总署署长。从此，他就一帆风顺地成为蒋介石的亲信人物了。

侍六组的业务是直接秉承蒋的意旨处理的。除了侍一、侍二两处主任可能知道有关的一部分情况以外，其业务对侍从室内部也是严密封锁的。

抗战后期，侍从室还成立了一个机要组，由蒋直接掌握，受侍二处主任陈布雷的指导，专门处理蒋介石的来往电报，派他的侍从秘书毛庆祥兼任组长。组内配备秘书和译电人员，都是经过毛庆祥亲自挑选的。蒋出发各地，由机要组轮派译电人员随行（以前是从军委会机要组临时抽调的）。因此，这个组是蒋介石小朝廷内部的一个重要的通信单位。

关于军委会机要组（组长毛庆祥）的业务主要包括：翻译收发密码电报；编制和配发各种通用与专用的密码电本；在技术上统一控制各地公私电台。行政组织上隶属于军委会办公厅。此外，机要组还运用专门技术人员，在国际、国内的无线电密码通信中，进行侦听、窃取、研究和处理，是为蒋介石提供情报的一项重要的特务工作。故机要组也是军委会保密的特工单位之一。由于这两个机要组的领导人都是由蒋介石的亲信毛庆祥一人担任，它们的业务必然是密切联系着的。

三、侍卫长

蒋介石的侍卫长这一职称是很早就有的。当侍从室还没有改组以前，即远在南昌行营时期，经常跟随蒋到各处活动的，就已经由宣铁吾（黄埔军校一期毕业）担任侍卫长了。以后宣铁吾调职，由何云继任。何云字玉龙，浙江人，曾任公安局局长。据闻，何云在广州大革命前后，曾担任过蒋的保卫工作，对蒋非常忠实，是为蒋一贯信任的。1936年1月侍从室改组，成立了侍一、侍二两处以后，何云因年老多病，迭向蒋申请辞职，获准，安置他住在杭州西湖边休养。蒋旋派钱大钧兼任侍卫长。

改组后的侍从室，规定侍卫长负责指挥第三组和警卫大队。在蒋驻留和出发各地期间，担任保卫工作。

第三组（简称侍三组）设组长一人和警卫人员若干人。为蒋介石服务的警卫人员，按他们的分工，又区分为侍卫和警卫两部分。侍卫人员，轮班随侍蒋的左右担任保卫工作，有军官和军士之分。军官叫作侍卫官（从中尉到中校级），军士叫作卫士（又称便衣卫士）。他们一律着便服（按季发中山装，由侍从室供给），佩带武器。在蒋驻留的官邸或出发各地活动时，不分昼夜，都由侍三组配备侍卫官和便衣卫士，轮流值班，担任护卫。侍卫官几乎全是蒋的乡亲故旧，不用外人。

侍三组的警卫人员，由警卫股、特务股和警卫大队三部分组成。

警卫股担任蒋驻留和外出活动的警卫计划，安排内外勤人员和调动武装警卫部队（包括驻军、警察和宪兵部队），并监督检查警卫计划的执行情况和必要的安全措施。

特务股是根据警卫计划，同当地驻军、警察、宪兵以及特务机关（当时各大中城市都有"军统局"派驻的特务分支机关，如"稽查处"之类的单位）切取联系，采取侦察防护等行动，以保证蒋居住和行动的安全。

警卫大队是一支保卫蒋介石"内廷"的亲兵。大概是由三个步兵连、一个骑兵连和一个机炮连（机关枪、步兵炮）组成。大队长是楼秉国（浙江人）。各级军官都是从中央军官学校和中央警官学校挑选来的。士兵都是江南人，绝大部分是从浙江师管区征集来的"子弟兵"。蒋在南京时住在黄埔路中央军校校园里，又从警卫大队中挑选了一批军士和上等兵，编组一个卫士队（相当一个连），经常驻扎在蒋的官邸附近。蒋介石左右的便衣卫士，就是从卫士队里挑选出来的。这个卫士队又成为蒋的"禁卫"亲兵了。蒋单独乘飞机出发各地行动，如果不是长期驻在某地时，只带几个警卫和侍卫人员随行就够了，一般是不调动卫士队的。记得1936年蒋介石从武汉乘民生公司轮船"民主号"入川，以及他在西安事变前，从洛阳乘火车到西安，都是有卫士队随行的。蒋介石住在陕西临潼华清池时，就调了卫士队一个区队（相当一个排）护卫他。区队长毛裕礼就是在西安事变时被打死的。

侍从室在南京改组时，设第三组，派蒋孝先任组长，陈善周、黎铁汉分任警卫、特务两股的股长。陈、黎两人都是经戴笠向蒋推荐委任的，蒋孝先是蒋的族孙辈，同蒋的亲随侍从副官蒋孝镇是兄弟行。他毕业于黄埔军校一期，在九一八事变前后，任过北平宪兵第三团团长。蒋孝先在北平镇压抗日进步运动，大批屠杀革命战士和无辜青年，坚决与人民为敌，是蒋介石反共反人民的急先锋。蒋孝先调侍三组组长兼任副侍卫长，关于蒋介石的保卫工作，实际上是由蒋孝先一人负责，钱大钧不过徒有虚名，对外撑撑门面而已。蒋孝先除对蒋介石一人卑顺外，却极骄矜自恃，平时不苟言笑，面部阴森可怖。侍从室的工作人员甚至有人望而远遁。1936年10月间蒋介石在洛阳过五十岁生日，蒋孝先随行。他当时同驻西安的宪兵第一团团长杨镇亚（西安事变时被杀），互相勾结，逮捕了大批知识青年，诬以反蒋抗日的罪名，严刑拷打。西安事变前夕，蒋孝先正在西安城内，尽情欢乐。翌日（12月12日）清晨，他同侍一组会计蒋某（忘其名，是到城内取款的）同乘汽车赶回临潼，在半路上被东北军第一〇五师的岗哨截住，驶入临潼城内，经该师驻在城内的部队讯问。当时蒋孝先还不知道发生了什么事情，他向部队表明了自己的身份和姓名。嗣后，部队又问他："你是不是做过北平宪兵第三团团长的蒋孝先？"他答"不错"。于是，这个罪大恶极的反共、反人民、反对民族抗日的急先锋，当即被就地执行枪决了。蒋会计被讯明后释放，他携款绕道逃回了西安。

西安事变以后，蒋介石回到了南京，派警卫股股长陈善周代理侍三组组长，钱大钧仍担任侍卫长。1938年，蒋介石撤退到武汉。是年3月间，钱大钧调任航空委员会主任，离开了侍从室，蒋任王世和为第三组组长，代理副侍卫长。侍卫长一缺未补人。

王世和是浙江奉化人。据说他跟蒋有亲属关系。早年以随从身份，跟蒋到过广东。蒋任黄埔军校校长时，王世和也参加了黄埔军校一期学习。王世和体态臃肿，性情粗鄙，临事飞扬跋扈，自以为跟随蒋介石便足以骄人。平日好酒嗜赌，屡受蒋的呵斥，毫不在意。王酒后每肆言无所顾忌，时常卖弄他是蒋跟前的亲信，借此自重。据他自己说：在广东黄埔军校时，白天在队上学习，晚间睡在蒋的寝室门口，亲加护卫。还听到他自己津津乐道，关于蒋介石派他伴送邓演达到南京城外，在麒麟门附近，由他亲手加害的血腥罪行。大约在1942年前后，蒋的侍卫人员中，忽然发现有人在重庆参加了青红帮的组织和活动，据传查出官兵有十余人。蒋闻报大为震怒，就把王世和给赶走了。他请求到陆大特别班学习。听说，在抗战结束以后，王又被调到西北，安插在胡宗南的部下，任某个集团军副总司令。

王世和离职后，蒋介石派冯圣法任副侍卫长，陈善周任侍三组组长。大约在1944年春，蒋调俞济时（浙江奉化人，俞飞鹏之侄，黄埔军校一期毕业。当时任蒋军某集团军副总司令）任侍卫长。

俞济时是侍从室的最后一任侍卫长。他从1944年起，到1945年底侍从室名义上撤销，始终担任侍卫长职。

1945年，侍从室结束，机构有的撤销了，有的改组了，独有蒋介石的侍卫长以及他所属的警卫组织、人员和军队，仍旧被原封不动地保留了下来，转移于国民政府的编制之内，受蒋直辖。蒋任命俞济时为军务局局长仍兼侍卫长。俞任职直到南京政府最后迁台时为止。

四、侍从室第三处

1938年侍从室随蒋从武汉转移到了重庆以后，侍一处和侍二处的内部组织，经过调整更加充实了。蒋介石对人事权的控制，从来是抓得很紧的。按照蒋的规定，凡属国民党政府军委会和行政院所属机关、部队，以及中央和地方各行政单位的高级军、政主管人员的任免，必须经过蒋亲自核定，然后交给主管部门发布命令。关于高级行政人员的储备、考核、挑选、任用，蒋介石曾命侍二处第五组负责主管。由于业务范围涉及的方面较广，而且情况也比较复杂，需要调查和研究。大约在1939年底或1940年初，陈果夫秉承蒋的意旨，提出了"由党（国民党）培植掌握新干部"的计划，向蒋建议成立一个独立单位，专门办理人事调查、登记、考核的业务，经蒋批准。为便于蒋的直接掌握和业务保密起见，就在侍从室系统下成立了第三处。

侍从室第三处成立，蒋派陈果夫为主任，萧赞育为副主任，并在重庆南温泉中央政治学校附近选定了侍从室第三处的办公地址。原来侍五组主管的部分人事资料和它主管的业务，都移交给侍三处办理。

侍从室第三处按照顺序成立了第七、第八、第九等三个组。陈果夫身兼数职，他经常把精力放在控制陈家党和国民党中央政治学校的工作上。

侍三处的内部业务，由副主任萧赞育负责。侍从室第三处的工作，大体上是按照下列步骤逐步开展起来的。首先，它是整理原来已有的人事资料，并以此为基础建立其业务的。其次，它是通过各种组织，主要是"中央训练团"的组织，进行联络、吸收和甄选各方面为南京政府忠实服务的"人才"。最后，他们建立了一套比较完整的人事登记制度，进一步调查、统计和考核，以加强人事的管理和控制。关于侍三处人事登记作用，按照他们当时吹嘘的说法是："一面为集纳人事资料的尾闾，一面为供应人事资料的源泉。"以上也就是整个侍三处业务的主要内容。

侍三处成立后，开始向蒋政府有关机关搜集人事资料。他们以军委会（铨叙厅）和考试院铨叙部分别提供的全国各军事机关科长以上人员简历册和全国荐任以上主管人员名册以及全国各机关的概况、隶属和相互关系的资料与统计图表等，进行整理。并把这些档案材料，作为机关登记运用的基础。

在侍三处的工作中，是把组织工作摆在首要地位的。他们是以国民党CC特务组织为核心，采取各种方式，对人事进行联络、拉拢、甄选和控制。据了解主要有以下几种活动方式。

（一）成立所谓"实业计划学会"。陈立夫是该会负责人。陈立夫原系北洋大学毕业。他本来是学工程的。利用"实业计划学会"的组织，在研究学术的幌子下，拉拢当时一些高级知识分子和知名之士，如大学教授、工程师以及科学研究工作者，通过侍从室第三处向蒋介石推荐。

（二）成立"中央训练团"受训结业学员通讯处，隶属侍三处。派CC系的小头目吴铸人为主任，梁子青为副主任。规定"中训团"受训结业的学员，回到工作岗位以后，要按时和"通讯处"联系。并规定学员报告的内容：除个人读书、工作和所在机关单位的活动情况以外，还要汇报周围旁人的思想情况。侍三处根据汇报，进行考核、登记，择优予以升迁。

随着情况的发展，"中训团"在重庆办了三十几期，受训的学员越来越多了。在抗战后期，侍三处取消了学员个人通信的办法。把各期受训结业的学员，按地区或机关单位组成通讯小组。定期召开小组会，由侍三处指定的小组长负责汇报学员的动态和思想情况。

（三）在中央训练团成立高级班。抽调国民党厅、司、局长和专员级官吏来团受训，期限半年。结业后，由侍三处登记，直接掌握，作为培养使用的对象。

（四）控制考铨处。考铨处是国民党考试院铨叙部派在各地方的分支机关（两三个省份设一个考铨处）。陈果夫首先把CC系的人塞进各地考铨处当处长，随即掌握了考铨处。就用偷梁换柱的办法，侍三处便可以直接指挥各地方考铨处，撒布人事情报网，对地方人事进行染指。

此外，侍三处还逐步建立了比较完整的一套人事登记制度和方法。它运用了人事登记的技术，把经过调查和从各个方面搜集到的人事资料，经过分析研究，制成各种登记卡片，同各种原始资料构成人事登记卷。然后按指定姓名和指定范围，制成各类索引片，依照运用程序一索即得。

侍三处人事登记，是把已经参加登记的每一个人，编列一个号码，制成姓名索引片。可以通过姓名索引片，查其已否登记和此人的详细情形。他们的中心工作，还在于分类，也就是把籍贯、出身、职业、专长分成四大类，进行登记，并制成索引片。

从上列可以看出，侍三处人事登记的目的，是在蒋介石的反动统治下，对从中央到地方的人事加强管理和控制。对"中训团"各期学员的登记特别重视。据姜超岳同笔者谈话透露，蒋介石在1943年曾手令侍三处甄选二十名陕、甘、宁籍的土木工程人才，要专科以上学校毕业，要有实务经验，同时还要曾在"中训团"受训毕业而目前赋闲的。按当时正是蒋介石发动三次反共高潮被粉碎以后，解放区得到进一步巩固和扩大的时期。为什么蒋介石在这个时期需要这么多具备各种条件的陕、甘、宁籍的工程技术人员？其目的和阴谋何在？是颇耐人寻味的。

侍三处把汉奸也列入所谓"特种人才"之内。他们公然承认投降敌伪为有"功"，这种人事管理和控制的范围竟扩大到敌伪方面去了。

侍三处于1945年11月间撤销。关于人事考核和"中训团"学员通讯小组领导等项业务，并入以后成立的政务局继续办理。

军务局和政务局

1945年抗日战争结束以后，蒋介石为了抢夺人民胜利的果实，不惜牺牲和出卖中国的主权，获取美帝国主义的"援助"，举行反人民的大内战。特别是为了得到美国的"军事援助"，国民党蒋介石俯首听命美国政府的指示，在美国军事顾问团的支配下，不得不改组他的军事官僚机构——国民政府军事委员会，以适应美军的要求。同时，蒋积极准备召集伪"国大"，制定伪宪法，以早日实现其"总统"的美梦。这就是蒋介石为什么撤销了他的侍从室，另在国民政府内成立军务和政务两局的原因。

1945年11月底以前，侍从室三个处全部撤销了。以原侍一处的第二组和侍二处的第四组为基础，改组成为军务局和政务局，分别隶属于国民政府参军、文官两处之内。原侍三处的业务并入了政务局。原侍一处的第一组全部转移到参军处的编制内，成立了总务局。原侍卫长及其警卫组织，仍旧保留原状，并入国民政府，归蒋直辖。1945年12月国民政府的官僚机构进行了重新调整。其编组情况大致如下。

在国民政府之下，设参军、文官和主计三处（原组织形式未变），由参军长、文官长和主计长分别主持。他们是平行的相当于部长级的特任官，都直接对蒋负责。调整后以商震为参军长，吴鼎昌为文官长，陈其采（原任）为主计长。

参军处设总务局（新设）、军务局（新设）和典礼局（原有）等三个局。以陈希曾为总务局局长，俞济时为军务局局长，吴思豫（原任）为典礼局局长。

参军处还设简任级（将级）参军名额若干人。当时，侍从参谋皮宗敢担任蒋介石与马歇尔之间的翻译，曾被提升参军处参军，在重庆参加"三人会议小组"的工作。又原侍六组组长唐纵，在侍从室撤销后，也调任参军处参军。

文官处设文书局（原有）、政务局（新设）和印铸局（原有）等三个局。以许静芝（原任）为文书局局长，陈方为政务局局长。原任印铸局局长已忘其名。

俞济时兼任侍卫长，冯圣法为副侍卫长。关于国民政府的警卫工作与以前基本相同。由俞济时秉承蒋之意旨，执行他的警卫计划，直接向蒋负责。

军务局和政务局成立以后，代替了原侍从室的全部工作。虽然，在形式上，参军、文官两长，接替了过去侍一、侍二两处主任的职位，但在实质上，蒋却直接抓住了"军务"和"政务"两局，赋予两个局长（俞济时和陈方）以更大的权力，允许他们向蒋直接请示汇报。参军、文官两长只不过是对外的一副招牌而已。

从1945年12月至1949年国民党政府在南京总崩溃时止，参军长一职，共计经过商震、薛岳和孙连仲等三任。文官长一职，始终由吴鼎昌担任。

国民政府的官僚机构，经过这次调整，直到1948年5月蒋介石反动统治集团在南京召集伪国民大会，选举蒋介石为"总统"，李宗仁为"副总统"，国民政府改称"总统府"以后，这个机构始终没有变动。

关于军务局和政务局的组织、人员和主管业务的概况，大致如下。

一、军务局。在局长俞济时的主持下，军务局设办公室和由第一至第六等六个科。由两个副局长分别指导各单位，处理他们的业务。各科室设高级参谋、参谋（陆海空军军官）、专员、秘书、副官、科员以及文书事务员等各级工作人员，大约有六十人。

办公室由文书和总务（人事）两部分人员（包括副官、科员、文书、事务员等）组成。处理文书的收发、缮校、档案保管和人员供给等事务性的工作。派一个高级参谋负责主持。

各科整理好送给蒋批阅的呈表，统由办公室汇集转送蒋官邸侍从秘书（周鸿涛），仍照以前惯例处理。

关于军务局的业务分工，比起原来侍从室各组，更为细致。它把各科的业务，区分为公开和秘密两部分。第一、第二、第三科属于公开部分：第一科主管编制、装备、人事、战斗序列、兵役、训练等业务的审核；第二科主管计划作战和作战情报业务的审核；第三科主管国防、交通、补给、后勤、外事的研究和审核。这三个科和办公室的业务由第一副局长负责指导。

军务局第四、五、六科属于秘密部分：第四科主管国际、国内情报业务；第五科主管解放区的情报业务和军法案件的审核；第六科主管"军统局"的情报业务。这三个科的业务，由第二副局长负责指导。对内也是保密的。

当军务局成立之初，蒋派他的侍卫长俞济时任局长。俞当时还不熟悉侍从室的参谋业务，就由原侍二组组长赵桂森担任副局长。首先，以原侍二组为基础，改组成立军务局第一、第二、第三科。经蒋核准调傅亚夫、林森木、秋宗鼎为高级参谋，分别兼任第一、第二、第三科科长，主持各科的业务。当时，蒋正在极力勾结美国，酝酿改变其军事统治机器，成立国防部。不久，派参军长商震为出席联合国军参谋会议代表团团长，率代表团赴英，赵桂森任团员，随商震一同出国。以后赵回国，调任国防部联勤总部工作，由毛景彪（浙江奉化人，陆大第十三期毕业）继任副局长。随后，以原侍六组为基础，成立了第四、第五、第六三个科。继续发表韩溶章、沈重宇和张国疆为高级参谋，分别主持各科的业务。为了保密，派简任秘书贺楚强（字子谦，湖南人，属CC系，同陈果夫关系较深）负责指导这三个科的"特务"工作。

办公室是最后成立的。派杨学房为高级参谋。旋任毛景彪为军务局第一副局长，负责指导办公室和一、第二、第三科。贺楚强提升为第二副局长，负责指导第四、第五、第六科。

在军务局任过高级参谋的还有杨振兴、朱耀武、于天宠等人；任过参谋的有汪锡钧、梁中宇、陈廷缜（外事）、牟言诰（空军）等；任过专员的有高萝南（军需）、严传杲（军医）等人。其余不具述了。

二、政务局。原来"侍从室"第二处、第三处撤销以后，即以原侍四组为基础，成立政务局。陈方任局长。

政务局设三个科，包括原来侍四组（政治和国民党党务），侍五组（外交）和侍六组的一部（有关"中统局"的情报业务）以及原"侍从室"第三处有关人事考核和"中训团"毕业学员通信、组织、领导等业务。简任秘书（兼科长）人员有曾资生、李白虹、陈汉平、叶实之等人。

政务局成立后，蒋通过这个御用工具来控制行政院的官僚机器。因此，政务局的权力更为集中，地位特殊，几乎凌驾于行政院之上。

1945年抗战结束后，行政院的机构曾经过一次调整。原行政院置秘书、政务两个处，由于运转不便，把政务处裁撤了，原有事务和员额并入了秘书处，并在秘书长之外另置副秘书长一人。张群和张厉生分任正、副秘书长。此外删除了赈济委员会，加入了水利委员会。当时行政院共辖十四个单位，即内政、外交、军政、财政、经济、教育、交通、农林、社会、粮食、司法行政等部和水利、蒙藏、侨务三个委员会。蒋政府政务局成立后，除军政部以外，把行政院其余所属十三个单位的业务，几乎全部包办下来。再加上各省、市机构的人事和财务经理部分，各级主管往往越级请求，政务局也就径自包揽，签报蒋批交行政院照办。以致引起了反动统治集团内部矛盾的逐渐加深。

军务局和政务局于1946年4月从重庆迁回南京，即在国民政府（后改称"总统府"）内安排办公地址：军务局在国民政府西花园，政务局位于蒋的办公室的附近。因此，更便于蒋对其御用工具的直接指挥与运用。

同时，在蒋介石的另一个庞大的军事统治机器——国防部成立后，也要通过军务局对它进行指挥和调遣。

蒋为了改组其军事统治机构，于抗日战争结束后，在美军顾问团的建议下，经过了七八个月的酝酿与研究，并考虑人事上的安排，终于在1946年5月底宣布裁撤了军事委员会及其所属各部、会以及行政院的军政部，改在行政院下设立国防部。

1946年6月1日国防部正式成立。同时，蒋介石命令发表特任白崇禧为国防部部长，陈诚为参谋总长；任命林蔚、秦德纯、刘士毅为国防部次长；任命刘斐、郭忏、范汉杰为参谋次长。特任顾祝同为陆军总司令，陈诚为海军总司令，周至柔为空军总司令，黄振球为联合勤务总司令，还发表了几个副总司令。这个庞大的官僚机构的产生，并没有给蒋带来什么好处，相反却给他添了许多麻烦。由于机构庞大，人员太多，彼此不相统属。而且这些军事头子们各顾本位，都打算向蒋"邀宠"，甚至互相倾轧，以致呼应不灵，尾大不掉。蒋介石依靠"美援"，发动大规模内战，妄图消灭中国人民解放军的武装力量，结果却走向自己的反面。

在上述情况下，仅就笔者在当时工作中接触到的几项比较突出的事例，作简要叙述。

一、国防部成立以后，就时常发生工作上的官僚主义和事极不统一的现象，为蒋增加了很重负担。例如：1946年11月间，陈诚以参谋总长名义，为东北部队燃煤费用请拨发专款案，是由国防部预算局主办的。其中煤价一项，预算每斤合东北流通券八元。当经军务局电询杜聿明的东北"长官部"，据复：东北煤价，官价每市斤流通券二元一角，市价每市斤流通券四元二角。军务局即据以核减，签报蒋介石。蒋批示："为何预算局与杜长官的实际报告相差如此之巨？可知该预算局长谎报乱算。此太不忠实，应撤职严惩！"又如1947年10月间，"联勤总部"奉蒋之命，从西安空运陕北榆林一个团的武器（十六吨多），装备该地蒋军进行内战。当时，他们包用中国航空公司的C-47运输机一架，运送这批武器。结果，在榆林机场附近，被我人民武装力量击毁。因而引起了"联勤总部"和空军总部的争执，打了官司。因为蒋家空军总部坚持非有蒋的手令，不能派军用飞机空运。时值蒋离开南京，飞往外地，"联勤总部"无法取得蒋的手令。他们包民航机费了种种手续，并牵涉到机场的借用和无线电领航等种种技术问题。民航机对危险地域又不愿应差，勉强派机一架，而空军事先对于机场情形又未能及时通知"联勤总部"。事情发生后，国防部派次长林蔚，召集两部开会和解，结果不了了之。

二、1946年下半年开始，蒋介石就靠下达"手令"维持其反动统治的"威信"。他的"手令"既多且滥。到1947年夏季以后，蒋介石政府已陷入中国人民重重包围之中，蒋依然乞灵于"手令"，并责令军务局对"手令"加强检查催办的制度。军务局就把这项工作，提到首要地位。几乎像债主逼索欠账一样，每隔三五天就要向受令者（单位）发出通知书，查询办理情况。在蒋军屡次被歼失利的时候，蒋介石表现得焦躁万状。有时他的"手启"电报，甫经发出，接着就去电报催报。终于使蒋的"手令"也失效了。只有靠他亲自出马到各战场去督战。他的幕僚们已经懂得了一条规律，即蒋飞临前线之日，就是注定该地将要解放之时。

三、1947年，蒋介石的国防部所属机关、部队以及各地联勤兵站机构贪污盗窃，层出不穷，部队军心动摇，岌岌可危。俞济时向蒋建议：由国防部挑选人员，组织"视察组"，打着国民政府（"总统府"）的旗号，派赴各地区监督检查各机关、部队等单位的工作，并规定他们直接向军务局密报。这是公开派遣的。还有秘密派遣的一批所谓"视察官"，是由俞济时直接掌握的。其任务是对"军统"特务组织进行秘密调查。因为"军统"特务组织派驻各地的分支机关（各大中城市"稽查处"之类的特务组织）敲诈勒索，作恶多端，民怨沸腾，已经动摇了蒋介石反动政权的根本。就在1948年三四月间，蒋命俞济时遴选一批"视察官"，分赴华北、华东、华南、西南等处，并为他们在当地公开的军事机关安排一定的职位或名义作为掩护，以便利他们进行工作。并规定他们随时向俞济时密报，由俞转报蒋处理。这又是蒋对待其特务组织所采取的一种特工手段。濒临蒋政府在南京总崩溃的前夕，无论蒋介石如何挣扎，他本人的反动独裁、蒋军的美械装备和"复兴"的特工组织，所有这一切都挽救不了反动政权注定灭亡之命运。

关于军务局和政务局以及蒋介石政府在南京最后覆灭的情况，由于笔者早已离开，只有留待其他知情者去回忆补充了。

从文书处理看蒋介石的独裁统治

前文已提到侍一处的第二组和侍二处的第四组是侍从室这一机构的核心。因为这两个组是蒋"内廷"的幕僚工作单位，是一向为蒋所重视的。抗战胜利后，改组成立的军务、政务两局，也是以这两个组的工作为基础的。他们的工作是通过文书处参与蒋的独裁统治"机要"的。以下仅就他们在文书处理方面所反映的一些具体情况，逐项揭露蒋介石反动独裁统治的内幕。

一、包揽一切

侍二组主管的业务内容分类，大致包括军政、军令、军训（军事教育）、国防设计、绥靖、兵役、军需、军医、兵工、后勤、补给、公路工程、交通、通信、运输、空军、海军、军法、人事、情报、建议等业务（国民党政府军务局主管的业务，基本与此相同）。侍四组是主管政治、党务、秘书业务的。它管辖的范围包括行政院所属各院、部、会，国防最高委员会和国民党中央执行委员会，以及"中统局"特务组织等单位。外面各省、市地方行政首脑向蒋请示汇报的文电，统由侍四组负责处理。按侍四组主管的业务内容分类，大致包括行政、外交、财政、司法、铁路、交通、邮电、水利、教育、卫生、经济、侨务、蒙藏、抚恤、党务、人事、情报、建议等（蒋政府政务局主管的业务，基本与此相同）。

从这个所谓"核心幕僚"机构所管辖的业务范围和它的内容来看，蒋介石把党、政、军大权集中在自己手里，包揽一切，巨细靡遗，这是很清楚的。正因为这样，为蒋忠实服务的幕僚们，服从其意旨，在纷繁的文书处理方面，为他设计了一套公文处理的程式，并且不断加以改进，最后，成为侍从室特定的文书制度了。

二、文书加工

蒋介石所过问的事情，虽然项目纷繁，但就形式而论，不外乎是来自下面向他请示、汇报以及各种建议、来信等文件。最初，按照过去官僚机关一般公文处理方式，经过摘由，提出幕僚的初步意见（所谓"拟办"），随同原件一并送给蒋核批。由于文件太多，蒋是不耐烦批阅的，有时还惹他大发脾气。据说，有一次蒋介石在南昌，正在集中精力，考虑他的碉堡政策，一心一意地想消灭工农革命武装力量时，很久不去批阅公文。可是幕僚们又不敢积压，不能不送给他看。因为日子多了，文书积累不少。当蒋看到这一大堆文件摆在他面前时，就大发雷霆，申斥他的幕僚们，并且在文件上批道："你们打算把我搅糊涂了，想从中作弊吗？"幕僚们碰了钉子之后，想出一个办法：先把收到的文电，经过一番整理加工，摘出文件要点，提出处理意见，并设计了一种表格的形式。边框里面，直行分印：来文（电）机关或姓名、文别、日期、内容摘要以及拟办、批示等各栏，由缮写人员用毛笔端正的小楷填写进去，表的上面正中印着"呈阅"二字。然后分别轻重缓急，送蒋批阅。结果，蒋介石认为满意了。这种表是由政学系政客杨永泰等一批人在南昌设计，并开始使用的。侍从室在南京改组以后，他的幕僚们又在原来的基础上加以改良，根据不同文件的内容，发展成为"呈阅""呈核""报告""情报"等几种表式。

侍二和侍四组工作人员在研究整理文书，提出解决问题的初步意见的同时，就考虑到应该适用哪一种表式，并按照问题的内容和性质，决定是单独地（专案）还是汇集地列在某种表上，以便于蒋的审核和批阅。这种表式经过长期使用，终于成为侍从室的特定文书制度了。

三、揣摩迎合

在文书处理的过程中，侍从室的参谋和秘书人员是从多方面为蒋服务的。他们每人都备有经办案牍的分类日志，按日记录蒋对某件事的批语，以便随时查案签注，便于蒋在批阅文件时的先后对照和联系。幕僚们多方揣摩蒋的心理，窥测其意图，掌握其思想动向的规律；然后抓住时机，投其所好，或因势利导，这就是他们办事的诀窍。当然，他们弄得不对头，也难免要碰钉子。碰的次数多了，有了经验，更学会掌握分寸、见机而作了。

蒋介石的部下，有嫡系、杂牌之分。这些人总是想着向蒋一手要钱，一手要权，以达到他们私人的欲望。蒋久历江湖，懂得他部下的心理。为了巩固自己的反动统治地位，他把嫡系部队当作亲信，杂牌部队目为异己，这里显然就有亲疏远近之分。蒋肚子里对人对事是有一本细账的。幕僚们猜透了蒋的这种心理，遇有弄不清某些人同蒋的关系，或蒋喜怒不定，难以捉摸的时候，就干脆不拟初步意见，用"呈核"二字，听蒋自己决定。往往蒋自会独出心裁，凭自己的意志处理一切。积日既久，其参谋和秘书人员，大多成为善于揣摩，俯仰依人和雕琢文字的"绍兴师爷"。

四、内部收发

蒋介石平日一向习惯在上午看公文。其余时间或会客，或参加会议，或外出点名训话。晚上除特殊情况外，多半是他私人活动的时间。据他身边的侍从副官蒋孝镇说，蒋常在晚间到孔祥熙、戴季陶家里去玩。如果没有什么特殊事情，如召集临时会议等，他经常是在11时左右，做了祈祷（蒋是基督教徒）然后就寝。当时，专管蒋文书内收发的侍从秘书是汪日章和他的助手俞国华，两人都是浙江奉化人。汪日章是留法学美术的，俞国华是俞飞鹏的侄儿，曾在清华大学读过书。连同侍从秘书毛庆祥，这几个人同蒋朝夕相从，都是蒋亲近的内侍人员。

蒋批阅后的表报或下达的"手令"，仍然是通过侍从秘书，分别送给侍二、侍四两组去处理。两组根据蒋的批示或"手令"，用蒋的名义发布命令。

根据惯例，凡是用蒋的名义发出的电报（或代电），前面除了写明收件人的官衔以外，还要使用别号，并称兄道弟。这在当时国民党上层统治阶级中已形成了一种风气。例如，蒋介石发给冯玉祥、阎锡山的电报，总是称冯副委员长焕章大哥（有时称焕章如兄），阎长官百川兄，下面称弟署名。蒋对林森表示"尊敬"，称林主席，下署蒋中正。对黄埔学生的称谓又不同了，如对胡宗南总是称宗南弟，对康泽称兆民弟等。对杂牌将领也要看关系，看是什么人。大致一般用别号称兄，或只称官衔，独对马鸿逵总是称少云世兄（因蒋同马鸿逵的父亲马福祥是拜盟兄弟）。这充分说明，在蒋介石反动统治集团中，存在着浓厚的封建习惯，而且上行下效，相沿成风。

五、越级请求

除此以外，有些电报不经过侍一和侍二两处，从军委会机要组或侍从室机要组在收译来电以后，就由毛庆祥直接送给蒋的。蒋的私人电报和秘密情报，一向是这样办理的。凡是蒋直接发出去的电报，也都交给毛庆祥从机要组译发。这样的电报尾上只注一"机"字，或者不注字。据毛庆祥透露，这类电报经过一个时期，由于事件发展逐渐公开，或者同某种业务有关，才偶尔从毛庆祥那里抄录电报底稿，送给两组，以便于承办。因为这类电报，经过极少数人之手，外人是无从知道的。但是，无论如何，它却瞒不了毛庆祥和几个经手译电人员的。1949年，全国解放，蒋介石国民党败逃台湾。听说这个掌握蒋介石秘密的毛庆祥，也在那时离开了蒋，到美洲漫游去了。

1947年，国民党政府日趋腐朽没落，蒋介石坚决与人民为敌，作垂死的挣扎，权力更为集中。其左右俞济时、陈方，更凭借蒋的权势大肆包揽，以图提高自己的地位。因而蒋属下的军政大小头目，互相效尤，为越级向蒋请求，开辟了一条捷径。特别是请领款项，请拨物资等事，都纷纷报蒋批准，交行政院照办。因而引起了蒋政府主管机关的不满。大约在1947年11月间，行政院院长张群给蒋一份呈文："请饬主管对于越级呈读之文电，均径交行政院核办，不予呈阅，以节辛劳。"这无疑是对蒋提出的抗议书，从这里也可以看出蒋介石反动统治集团，濒临总崩溃的前夕，统治阶级内部矛盾的发展和争权夺势的斗争，已经表面化了。

六、蒋介石的"阅"字

侍从室收到来自各方面的建议书，报告书之类的文件，蒋是不大感兴趣的。蒋的幕僚代他阅读这类文件，并作出提要。蒋首先看是什么人的建议，其次才看内容。如果是他素日相信的人，或是为他吹捧的御用文人，以及当时知名的学者，蒋也许另眼相待。有时蒋还用红蓝铅笔在原件上或在表上的文件提要的某些词句的旁边，加上圈点，表示欣赏。回忆抗战前，蒋派驻德国使馆武官蒋方震（蒋百里）从欧洲报道德意法西斯统治的情况，蒋就非常欣赏。

依照蒋的习惯，凡是经他看过的文件，包括下级向他请示汇报的文件，根据不同内容，有的照拟办批交主管单位核办或参考，有的便批一"阅"字。蒋批公文有时用毛笔，有时用红蓝铅笔，他的书法本属平常，有时字迹过于潦草，使人难于辨认。蒋把草写的"阅"字，竟画成弯弯曲曲，好像一条蠕动着的蚯蚓，后面向来是不签名的，看惯了的人，一望而知这是蒋的亲笔。

蒋批的"阅"字，据他的幕僚们体会，是具有不同含义的。大概有以下几种情况：最普通的一种情况是签一"阅"字了之，归档存查。一种情况是已被蒋采取或部分采取的意见，但蒋却又别出心裁，下达"手令"或"指示"。这样的"阅"字，意味着把文件暂时撂过一边。另外一种情况是既不肯定，也不否定，还在考虑，但蒋又故弄玄虚，使人莫测高深，也批个"阅"字。有时，蒋想起来，还向侍从室管档案的人索取重阅，又在上面画上了一个爬虫的符号，如此等等。这许多不同情况的"阅"字，蒋的幕僚人员因为看得多了，也会善于鉴别的。

关于来信，有的是向蒋阿谀邀宠，歌功颂德的，遇到蒋高兴，便命陈方或秘书人员属稿，予以奖勉之词，代他作复。

蒋介石最不喜欢人家对他提出批评，更讨厌别人揭发反动统治集团内部的缺点。即使是为了维护和巩固其统治地位，向他进以忠荩之言，蒋也是不爱听的。据笔者所知，在抗日战争前后，要算冯玉祥写给蒋介石的信为最多了，其中大部分是属于如何带兵、训练和爱护士兵的建议。抗战中期，蒋军官兵，骄奢淫逸，军纪荡然，士气低落。后方军政机关，因循敷衍，效率极低。这正是蒋消极抗日、积极反共的必然结果。1941年6月初，冯玉祥在重庆给蒋介石的一封信里，向蒋痛陈当前军政积弊，言颇切直，一共用了三十五张八行信纸。这封信分两部分：第一部分关于军事的有四项。大意是希望蒋切实注意军事改进，去除虚言搪塞的毛病；增强军队的战斗力，积极准备反攻；使战士衣食无缺，后方尽力节约，以励士气；注意士兵精神教育和战斗训练；严赏罚，平待遇，以感召各军共同作战。第二部分是关于政治的，也有四项。大意是抗战政治当仍加意整刷，务使军民特别是舆论界彻底明了抗战"国策"；使他们了解蒋的意旨，以免贻误时机；尤须振作精神，讲求效率，不容敷衍怠慢；公务支出，力求节约，地方之间，力求协助，不容猜忌；更求吸收人才，改善公务员生活，提倡正当娱乐，奖励下情上达。冯玉祥在这封信里，切实反映了当时国民政府消极抗日、苟且偷安的真实情况。当时侍二组参谋人员为蒋作了详细提要，并附原信，送蒋核阅。讵料蒋这时正集中全力，乞求美英帝国主义的援助，并醉心于加强反共力量的所谓"统一意志"，在重庆大办"中央训练团"之际，冯这封信，蒋怎能看得下去呢？结果只报发一"阅"字，予以"留中"了。

七、"手令"政治

蒋介石在军事上的独裁，还表现在他对命令权从来是不送给别人的。军事委员会内军政、军令、军训、后勤等部门，都经常要用蒋的名义发布命令。因此，在蒋军所属部队、机关、学校里，蒋的号令极为冗滥。蒋的兼职非常之多，所以用蒋的名义发布的命令，还时常发生矛盾，使受令者无所适从，甚至还闹过蒋自己命令自己的一些笑柄。久之，蒋的号令，自然就成为具文而不为其属下所重视了。

蒋的"手令"，从数量上看，确实达到了惊人地步。仅就笔者目睹，从1936年1月起，到1948年4月止，这一段时间里，侍从室（包括以后蒋政府的军务、政务两局）积累收藏蒋的"手令"已达一百二十多公文箱之多。如果把1936年以前的和没有收回来的蒋的"手令"攒在一起，恐怕还不只这些了。

从蒋"手令"的内容看来，几乎无所不包。大概军事的比政治的多，党务方面的较少。在我印象里，蒋一贯用官位和金钱笼络其属下，这是蒋搞独裁统治的重要手段之一。所以在蒋的"手令"中，属于人事经理部分的占有很大的比重。特别是关于成立机构，附属机构的名称，蒋可算是这方面的"专家"，有许多政府机关的名称都是蒋自己所独创的。例如成立蒋自己的"行营""行辕"和"剿总"之类的机构等。还有重要人事的安排方面，蒋总是蓄意制造矛盾，以便于掌握。

有的带有通令性质的蒋的重要文告或"指示"，往往要经过陈布雷或陈方等起草而以"手令"形式发布。也有的是由蒋口述，经侍从秘书记录整理，最后再由陈布雷作文字上的修正，由侍从秘书代书，后面由蒋签名，然后交给侍从室承办。在抗战后期，乃至国民党政权快要垮台以前的一段时间里，每天都要看到这样的"手令"一两份。据侍从秘书俞国华说，他天天整理蒋的"手令"，夜以继日，无暇他顾。想见这时蒋"手令"之多，确实可观了。

还有关于蒋军部队指挥，除了作战方针、计划，必须经蒋亲自核定以外，一般是由军委会的军令部用蒋的名义发布命令的。蒋直接下达电令或"手令"在作战指挥上不免要和军令部发生抵触，从而引起军令系统上的混乱，"手令"不灵，蒋就只好亲自出马到各战场上去督战了。

我在侍从室及"总统府"的见闻

朱永堃

　　我于1945年2月进入国民政府军事委员会委员长侍从室，分配在第一处第二组任中校参谋。这个侍从室是抗战时期事实上的最高权力机关，凌驾于国民政府各院委之上，堪称是中央政府的"凤凰池"，它的唯一任务就是执行蒋介石的指令。

　　那时候在重庆的一般文武官员眼中，这个机关简直是高不可攀，大有"一登龙门，则身价十倍"之感，也就是"近水楼台先得月"。

　　事实上也是这样，要进这个机关，必须具有"黄、陆、浙"三个条件才行。所谓"黄"是指黄埔，"陆"指陆军大学，"浙"则是浙江人。我是黄埔第10期，又于1944年从第19期陆大毕业，虽是上海人，当时习惯上是把上海当作浙江的一部分的。

一、我是怎样进侍从室的

　　我从黄埔10期（当时已改名为中央军官学校）毕业后，1936年分配到上海保安总团第一团第八连任中尉分队长（等于排长），同空军一起警卫虹桥飞机场，八一三上海抗战发出的第一枪，就是我们和空军在虹桥机场放的。

　　事情的起因是当时日本侵略军为了挑衅，由其驻丰田纱厂的海军陆战队西部派遣队队长大山勇夫，率士兵斋藤要藏共二人，乘汽车到虹桥路直闯虹桥机场。我保安团驻机场卫兵喝令停车，日方反开枪示威，机场卫兵乃开枪射击，将大山勇夫击毙车内，斋藤要藏弃车向田野逃跑，被士兵击毙。这第一枪揭开了淞沪抗战的序幕。

　　淞沪抗战很符合我们将士久蓄待发的心愿，在敌人发动进攻后，莫不同仇敌忾，奋勇杀敌。团长身负重伤，全团人员几乎伤亡殆尽，我是少数幸存者之一，被整编调至江西吉安，后来辗转调到中央军令部任少校参谋。1942年8月，到陆军大学学习，1944年12月毕业。

　　当时惯例，学员从陆大毕业后，可选择三条出路：一是回原单位，二是托人介绍另觅出路，三是设法进侍从室。进侍从室最难，我又没有奥援，但当时少年心高气傲，一心想进入这个"凤凰池"，前途才可能有发展。

　　恰巧在重庆山洞陆大时，结识了国民党元老钮永键。有一天我向他谈起这个志愿，他说："很巧，新任的侍从室主任钱大钧是我的学生，我可以介绍你去。"

　　于是我就恭笔写了个履历片，由他介绍去见了钱大钧，一星期后，得到通知命去报到，听候委员长传见，决定去留。

　　这次蒋介石传见的共有三个人，均属本届陆大毕业生。一是黄埔第8期的成其志，一是我这个第10期的，另一个是第11期的周菊村。

　　侍从室有侍从武官和侍卫官两种。蒋介石当时有侍从武官陆海空军各一人，其职责是接待登记晋见人员，安排晋见时间，领导晋见人员进入会客室，以及在晋见前指导和监督晋见人员解除武装带、武器及军人魂佩剑，脱去军帽、手套等等，并作必要的指示如晋见时命坐即坐，不必客气等等。

　　侍卫官的职责是专管警卫，持枪（手枪）立在蒋介石的门口，不论在办公室、会客室、餐厅，每天24小时都有侍卫官轮流值班，持枪站立在房门口，担任警卫。

我们这次是由陆军侍从武官皮宗敬领进的。他见到成其志的履历是黄埔8期，资格最老，就安排在第一个，我第二个，周菊村第三个。我们这天都是戎装整齐，仪容飒爽地到官邸报到，听候传见，时为下午3时。蒋介石是上午9—12点，下午3点起办公。我们在会客室旁一个小间等候时，隐约听见蒋介石和陈诚谈话的声音，但听不清楚谈话的内容，盖会客室大而深，待客的沙发放在最里面，所以不容易听清。

陈诚走后，成其志先进去，只一两分钟就退了出来。我进会客室后，见蒋介石在大沙发前面，等我鞠躬敬礼后，即挥手示意命坐在旁边小沙发上。我不敢采取孟夫子主张的"说大人，则藐之"的办法，只敢毕恭毕敬地用半个屁股侧身坐在小沙发边沿上，听候询问。

蒋介石记忆力真强，看了我的履历片上曾在上海保安团的官职时，还记得就是我们在八一三淞沪抗战发的第一枪。随后问我在军校和陆大学什么学科？我说是后勤，他说"好"。事实上在军校时是分步、骑、炮、工、交五个兵科，我学的是步科；而在陆大是不分科的。陆大的主要学科是战术、战史、辎重勤务（后勤）以及其他辅助学科如军队教育学、国际政治、心理学等等。陆大学员都不分科别，以上主要学科都得学，我因为对辎重勤务较有兴趣，比较钻得深一些，所以对答时说是后勤。

蒋介石和我约谈了五分钟，始挥手示意退出。传见后，三个人中圈定了我和周菊村二人，成其志所以落选，是因为他烟瘾很大，手指都熏黄了，晋见时又不能戴手套，很容易显露出来。而蒋介石自从政后，最讨厌部下吸烟，鸦片不用说了，纸烟也不例外。成其志就因有此嗜好，以致名落孙山。

我被派在第一处第二组任中校参谋，负责审核第五战区上报的各种军务工作，一直到胜利后随钱大钧到上海警备司令部任第二科科长，后来又回到侍从室，旋改在总统府三局任局长室上校参谋。虽然我没有条件在侍从室和总统府参预机要，但平日所见所闻及亲身经历，或多或少有堪供参考者，愿简要地提供出来。

二、侍从室及总统府的组织和工作

我是1945年2月进侍从室的，那时还在抗战，委员长官邸和侍从室都在重庆曾家岩，彼此只隔一条马路，而这条道可通大街的马路路口，为了警卫上的安全已被隔断。因此官邸和侍从室一处办公室，分在马路两边，遥遥相对，犹如在一个大院子里。

侍从室的组织概况

侍从室新到任的主任是钱大钧，其前任张治中甫离职。

侍从室下设两个处：第一处主任由钱大钧兼，下设三个组：第一组组长陈希曾，专管总务，其办公室即在官邸外侧；第二组组长聂松溪，专营军事，是第一处的核心组，设在侍从室方面第一幢楼楼下，上面是第六组。二组原来设有"奸伪业务"，由段仲宇负责，后并入第六组。所谓"奸"，是指中国共产党；"伪"是指汉奸组织，自此可见当时蒋政权对国共合作的态度。第三组组长竺培基，主管警卫，也就是侍卫组，所有侍卫官二三十名及警卫团均属此组领导。侍从室主任及第一处主任办公室在第二幢楼，第三幢楼则由第三组使用。

第二处主任陈布雷，下设四、五两个组，一管政务，一管党务，陶希圣在二处。因为笔者在一处，与二处无业务上联系，故情况不明。四组主管文书，组长是陈方；五组主管机要，原由陈布雷自兼，后改为陶希圣。陶希圣、高宗武二人曾随汪精卫至上海筹组伪国民政府，旋以不满汪对日敌屈从，不俟其"还都"即逃回重庆。当时上海报刊曾以"但见高陶出走，不见党人来归"讥讽汪伪政府。

至于管理全国人事另有第三处，由陈果夫主持，不在曾家岩办公。第六组组长唐纵，主管情报，所有军统、中统、宪兵队及其他特务组织的情报，均由该组主管，原来二组的"奸伪业务"也拨归它办理。其办公室即设在我们二组楼上，应归一处领导。

第二组主管军事，对当时11个战区有关军事的报告，都由组长责成各主管参谋，根据各战区的战报，每天把敌我双方战线分别用红、蓝色小旗在官邸和第二组地图室内军用地图上标出，并把重要呈文仔细审核后，文内重点用红、蓝笔标出，以便抄写人员据以抄入"呈表"内，经组长转呈处室主任核阅后送蒋介石过目。

所谓"呈表"，是杨永泰在蒋介石幕府时创办的一种处理公文的科学方法。

原来蒋介石办公室每天收到的公文为数甚多，经秘书们区分后，仅重要的公文数量也不得了，光是应呈送蒋介石亲阅的最重要公文，每天也看不完。为了减轻蒋介石的负担，杨永泰创办了"呈表"的办法，即把那些最重要公文，每件作一行，分四栏，即来文名称单位、摘由、拟办和批示。一张呈表有十几行，也就是十几件，必须由蒋介石亲阅的重要公文，摘要地列入一张表内。

呈表用上好宣纸印制，承办单位遴选善书者，根据主管参谋标出的内容作为"摘由"，用毛笔恭楷缮入。所有工作人员都要能写一笔好字，更须有一定的文化水平才能做好"摘由"，它需要言简意赅，把公文重点用少数文字综合起来。

"拟办"是由主要组签的拟办意见，当然也要言简意赅地写出来。"批示"栏则留给蒋介石亲笔批示，或批出办法或批"阅"字即付存档。

有了这个"呈表"办法，简化了蒋介石批阅公事的许多手续，节省了许多精力和时间，不致被烦琐的公文压得喘不过气来，对于他的日理万机，方便得多了。

依照当时的惯例，二组每天晚上及时把造好的呈表锁在一只铅皮箱内，送给专管呈表的机要秘书周宏涛，由他整理后于第二天上午送呈蒋介石阅。这只铅皮箱的锁有两把钥匙，由组长聂松溪和周宏涛各执一把。第二天下午两三点钟，批表发回来，即由参谋们拟稿，由组送请侍从室和一处主任审核划行。所拟文稿一般多是代电之类。

我们每天的工作很不轻松，经常要打夜工坐夜班，所以生活待遇比较好些，膳食由公家供给，除早、午、晚三餐外，还有一顿夜宵。每餐小菜都很丰富，有许多是当时市上难以买到的菜肴。薪俸也比一般机关加半倍发给，即按军阶规定的标准加1／2。制服等物也由公家供应，均系上好质量的进口货。外界视侍从室的工作人员是近水楼台先得月，但是此中辛苦也非局外人所能了解。古话说"伴君如伴虎"，在这里当差，每天都得提心吊胆地谨慎从事，精神上是够紧张的。

侍从室的变迁

1948年上半年，国民党单方面在南京召开国民代表大会选举蒋介石为总统后，侍从室改为总统府，内设参军处和文官处。

参军长先后由薛岳、商震、孙连仲担任，下设三个局：第一局主管总务，局长陈希曾；第二局主管警卫，局长石祖德；第三局主管军务，所有军事及情报均属之，亦名军务局，局长俞济时。我在第三局局长室任上校参谋。

俞济时是蒋介石的外甥，奉化溪口人，黄埔一期毕业，随蒋介石东征陈炯明。北伐时以战功累升至师长，北伐胜利后在南京任八十八师师长。八一三抗战时任五十八师师长，后调任侍从室中将侍卫长，侍从室第三组及警卫团均直属侍卫长管辖。抗战胜利前不久，并兼任第三十四集团军总司令。解放前夕，以俞为首，率同侍卫、参谋人员和石祖德、周宏涛、周菊村及笔者等人，随蒋介石和蒋经国由南京到奉化溪口，最后辗转到台湾。

文官长为吴鼎昌，下设第四、第五、第六三个局。第四局主管政务，局长陈方；第五局主管党务，局长不详；第六局即典礼局，局长不详。

三、我所了解的蒋介石

我在侍从室和总统府随蒋介石几年，对他平日的生活细节及办公时的处事态度，略知一二，愿就记忆所及分别概述如后。

前面曾提到他第一次传见我时，看见我的履历片，还记得我们保安总团为淞沪抗战发的第一枪，说明他的记忆力远非一般人所能及；同时他从政以来力避烟酒，成其志就因嗜吸香烟，两指熏黄而落选。他不但不近烟酒，连茶也不喝。记得他在军校作纪念周时，一讲台上只放一杯白开水，我还以为这是在众人面前故意做作，比进侍从室后，才知道他一直喝白开水，的确是人前人后一样。

蒋介石平时膳食也很俭朴。记得在1947年冬，南京正下大雪，他为了考虑问题，偕宋美龄到庐山去住了些日子。我们少数参谋人员和几位帮他抄写日记的老夫子随侍在旁。除夕时，他和夫人招待我们参谋人员吃年夜饭，只有江西省主席王陵基和侍卫长俞济时在座。他夫妇二人分坐两头主座，王坐在他左手，俞在右手，我们分坐在中间其他客位。

那天并没有什么山珍海味名贵菜肴，只有一只烤火鸡较为突出。这天是中菜西吃，宋美龄对蒋介石很关心，说今天火鸡烧得很酥，劝他多吃一点。平时蒋介石吃饭并不讲究，不是美食家。因为是一口假牙，菜要烧得烂些。那天晚上的年饭，连酒也没有备。

蒋介石的私生活也很严谨，没有听说什么桃色事情，不像《金陵春梦》和《侍卫官杂记》说的那样。因为侍卫官中，我有不少同学，他们日夜不离蒋介石的左右，若有何桃色事，他们不会不传谈的。

蒋介石习惯写日记，从不间断，无论多忙，他临睡前总要写好日记。他聘请了几位有文学素养并写得一手好字的老夫子，为他抄写日记，无论到哪里都要带上他们。又喜读《曾文正公全集》，也经常带在身边。

蒋介石看公文很仔细。有一次，宁夏省主席马鸿逵保荐一个人进陆军大学特别班。陆大虽属军令部领导，但特别班的学员人选必须由他亲批。于是军令部打报告请示。

当时军令部部长徐永昌，不常到部，平时公事都由次长熊斌代行。这份报告的拟稿人误把宁夏作为青海，马鸿逵的"逵"字写作"达"。这件公文，从科里拟稿，直到熊斌划行发出，无人发现这个错误。

幸好这份报告未经二组即直呈蒋介石，被蒋发现，批道："逵误为达字，是抄写人员错误；宁夏误为青海，可见办事人员之糊涂也！"说明他看公文并不马虎。

蒋介石对战事也很重视。有一次第五战区司令长官李宗仁深夜发来急电说："南阳情况危急！"我立即以红卷夹呈报蒋介石（红卷夹是特急公文用，一般是蓝卷夹）。蒋介石阅后，即命我到官邸地图室等候，时为上午7时。

须臾，蒋介石即偕钱大钧和美军"飞虎队"长陈纳德来，接过我拿的指示棒，把南阳地区的形势地图仔细地研究了一下，即命陈纳德派飞机去轰炸他指出的日军阵地。后来知道，我方飞机即于当日上午11时完成了任务，南阳地区始转危为安。

西安事变后，张学良随蒋飞南京，即被软禁起来，但是并不杀他。逃台湾时蒋介石还把张学良带了去，一直活到现在，并且允许赵四小姐陪侍张学良。而对于杨虎城，则把他夫妻和秘书在抗战时都关押在贵州息烽，1949年9月被送到重庆中美合作所的白公馆关押，临解放前全被杀死。

为什么对这两个人如此区别对待呢？据说，蒋介石对张学良一直视同子侄，西安事变时，张学良力主释蒋，并亲自陪送蒋介石夫妇回南京，保障蒋介石的安全。可能由此关系，对张、杨二人乃区别对待。

蒋介石虽不让张学良恢复自由，但比较优待，在拘留地既为他设了网球场，又对他研究明史尽量提供所需参考资料。我有个黄埔第10期同学沙宗乾，曾任看管张学良的宪兵连长，是他亲口对我讲的。但是特务们曲解了蒋介石意图，多次签请杀张学良。据我亲见蒋介石的批示就有三次，都只批个"阅"字而保留了张学良的性命，其他我未见到的远不知有多少。

在重庆时，军统特务头子戴笠，平日就收买好了蒋介石的左右随侍人员，把蒋介石的一举一动都随时报告给他。有一天，蒋介石因西安事变时摔伤的腰部疼痛难忍，用手捶腰说："张学良这小子害得我好苦！"

戴笠得悉后，认为正是献殷勤的好机会，就亲自上签呈说："张学良以下犯上，罪大恶极，在押多年，无悔改表现，拟予处决，可否？请指示。"蒋介石批个"阅"字，始作罢。

后来戴笠又用军统局正式公文呈请杀张学良，我在批表上看见，来文机关是戴笠，事由是"拟处决张学良"，又被蒋批了个"阅"字。原来戴笠对蒋介石上报有两种方式：一种是他亲笔书写，上有"请呈校座"和"生戴笠"字样；一种是用正式公文，恭楷在上好宣纸上缮写，盖军统局公章。蒋介石批的"阅"字也很奇特，似一龙形。二组根据批示，两次通知戴笠说："签呈奉批阅，存档。"

另一次是在总统府时，军务局管军法及情报的第五科科长张国疆呈请处决张学良的报告，也被批了个"阅"字。我是局长室的上校参谋，看见了批回来的报告。由此可见，蒋介石手下的亲信，并不知蒋介石无意杀张学良，虽戴笠亦如此。若蒋介石无意保留张学良的性命，恐怕早就被以他的血来染红这些人的顶子了。

关于蒋介石坚持写日记的事，据知是从黄埔建校时起，每日必记，西安事变被扣留期间也未间断。有位为他缮写日记的老夫子对我说，蒋在日记中谈到张学良，写道："汉卿小事聪明，大事糊涂"，这是他对张学良的评价。虽然传说张曾把他在九一八当天密令张不抵抗的文件保留住，如果杀了张，这份文件会被公布出来，因而投鼠忌器。是不是有关系？就难说了。

蒋介石对国民党元老面子上相当尊重，有一次林森主席因回其别墅路上所乘汽车急刹车，致被弹起头触车顶受伤，蒋介石即前往问候，欲惩司机，经林森为其缓颊，始免予处分。有两次乘车经曾家岩大街见吴稚晖、钮永键安步当车，即下车劝其同乘送回家去。吴正在1930年受上海日本总领事馆掩护，办了个《江南晚报》极力进行反对蒋介石的宣传，被诱捕到南京，后来仍选吴做院长，不计前嫌。

蒋介石在重庆时，凡是要谒见他的，必须先在侍从室登记，听候安排时间传见，但对壮烈殉国的抗日高级将领，甚至连非嫡系如郝梦龄将军的遗属等，都特别优待。如郝夫人每次去看他，都随到随见，并且给以经济接济，我看见过他给郝夫人3000元的手谕。

蒋介石最厌恶下属的奢侈生活。前文说过，他平日的生活相当俭朴，与传说他早年在上海交易所的花天酒地大不相同，可能是他从政后的一个大转变，因此对下属的奢侈生活深恶痛绝。胜利后还都南京，仍偕夫人住在黄埔路旧官邸。这所建筑并不考究，内部结构及布置也相当朴素。当时南京市市长选了一套富丽堂皇，堪称第一号原汪精卫的住宅，作为对"领袖"的孝敬诚意，被他怒斥，不久连乌纱帽也摘掉了。

时任南京警备司令的冷欣，胜利初期"劫收"南京大发其财，生活极端骄奢淫逸。蒋介石闻之后，怒斥之为"小人得志，得意忘形！"不久即被撤职。

钱大钧是他的心腹，胜利后出任上海市市长且兼警备司令，总算是红极一时的人物。后因有人向蒋介石密报他在上海的官邸如何的考究，仅以庭院来说，汽车进去也要走15分钟。虽属夸大其词，但蒋介石听了很不高兴，因而恩宠渐衰，终于去职。

由此可见，蒋介石也希望下属廉洁奉公，可惜当时的政治制度，不可能遏止这些弊端。

四、其他

关于宋美龄

蒋介石自从与宋美龄结婚后，伉俪感情甚笃，甚少龃龉，据侍卫官们讲，每当夫人发脾气时，他则微笑应付过去。有次张治中去看望他们，正值夫人大发脾气，以所着高跟鞋遥掷蒋介石，正中肩头，鞋落沙发前，张治中登楼入室，见蒋介石被掷中后仍微笑相待。张治中见此情，将鞋拾起送至宋美龄面前，为蒋介石解了围，这是侍卫官竺启华亲见对我说的。

我们都知宋美龄会英语，当蒋介石与外宾相见时，则由她代为翻译。而宋美龄精通国学，则不为人所知。据说，有一次幕僚拟一文件，中有二字颇费斟酌，难以下笔，宋美龄提出二字，颇为恰当，众人皆叹服。

蒋氏寻根认祖

据宜兴县志载：县内有侯爵蒋某人的坟墓，蒋介石认为可能是蒋姓的远祖，颇为重视。1946年蒋介石六十大寿时，曾偕夫人至宜兴避寿，且就便扫墓。

事前，派笔者与一侍卫官先去了解沿路交通情况。这是京杭公路的一段，经过八年抗战的军事破坏，路面破损不堪。我绘了一张地图，说明各段破坏情况及侯墓的位置，蒋介石即下令将路面全部修好。当他的车驾经过时，当地官员还动员民众在公路两旁夹道欢迎。我们车队至宜兴，换乘小火轮抵达侯墓，蒋介石夫妇亲自祭奠，以示慎终追远之意。后来这座侯墓经地方官吏整修一新。

枪毙兵役署署长程泽润

抗战时的兵役署掌握了征兵大权，战时后方的"抓壮丁"就是它的最大"德政"。被抓的壮丁大都是穷苦无告的老百姓，那些有财有势的人家和官府勾结从中敲诈勒索，他们的子弟自然不在被抓之列。抓壮丁的结果，成了国民党失去民心一个重要因素。

兵役部门对抓来的壮丁，为了怕他们逃跑，一般都是绳捆索绑，一串一串像拴大闸蟹似的关押起来，他们还克扣壮丁的伙食费，把这些可怜的"囚徒"饿得半死不活。关押的地方更是非人所能忍受，一般连垫草都没有，即使有也很稀薄潮湿，因而被抓的壮丁是在九死一生的情况下活过来的，变成了"病丁、弱丁"，作为国民党军队的兵源，影响了它的战斗力，不但害了穷苦无告的老百姓，而且也害了国民党自己。

蒋介石高高在上，下情不能上达，并不晓得实际情况。所以他一听到并且亲眼看见这种情况，不由得怒火冲天，将兵役署署长程泽润明正典刑。

据我了解，事情是戴季陶的儿子和蒋纬国私交甚笃，他把兵役署在熏庆关押被抓壮丁惨象告诉了蒋纬国，并陪他去看了现场。蒋纬国也感到义愤填膺，回来就报告他的老头子。蒋介石初听时，并不十分相信，就叫蒋纬国陪同他去看现场，一见果然属实，当时勃然大怒，立命兵役署署长程泽润到当地来见。

这位程大署长是保定军校出身，陆军大学毕业，平时能言善道，颇以才气横溢自豪，正在家中为50岁生日祝寿，宾客满堂，觥筹交错，突奉召见，即驰往关押壮丁的地方。

蒋介石对他大加申斥，并用手杖劈头盖脑痛击程泽润的头部。程泽润不敢躲避，跪在地下恳求饶恕。

随后，蒋介石命将程泽润关押，令军法总监何成濬审理此案。何成濬拟判15年徒刑，呈报上来，蒋介石即批："应严处以枪毙可也！"

侍从室主任钱大钧见批示后，留不发出，意欲为程缓颊，如此拖了两个多月。蒋介石忆及此案，始知其情，大怒，命军法执行总监部立即执行。程泽润临服刑前，曾上书蒋介石，乞他惜才饶命，但蒋介石不为所动。凡枪毙此类犯人，例须拍照将枪毙后情况呈阅。我在二组看见这个照片，是从胸前穿过，未出头部，仅血溅满身，给他留了个全尸。

此事传说不一，互有出入。另据虞廷芳言，程泽润当时甚受蒋介石信任，已将其由兵役署署长调升为点验委员会主任，前主任为钱大钧。虞廷芳当时是点委会代理科长，曾往兵役署向程泽润请示履新日期，程面告定于9月1日上午。

前主任钱大钧乃于8月3日下午在点验委员会设宴十余桌，与全体官佐告别。兵役署亦设宴多桌为程泽润送别，并祝贺其新职，两处酒席同时举行。正在觥筹交错之际，突然电话到来，钱大钧仓皇离席，第二天原应去接程泽润来履新，亦作罢。

后闻系因殴打新兵事件罹祸。传是蒋纬国应友约赴宴，途中闻有人呼救声，乃往巡视，悉知殴打新兵事件，返告其父，共同往看，果得真情，于是即由卫队通知侍从室。转电程泽润到场，受蒋杖击并令其下跪。

闻声赶来者有参谋总长何应钦、侍从室主任林蔚文、秘书俞国华，军政部政务次长兼点委会主任钱大钧等，劝蒋介石息怒返回官邸。临行，蒋介石责成何应钦把程送军法总监法办，判徒刑5年。

在执行中，程泽润以为不久可以出狱，怡然自得。不意为军统局戴笠搜集程在兵役署任期内，有命令新兵为他搬运砖瓦建筑新官舍及其他贪污等事实，秘呈蒋介石。蒋介石大怒，立命枪决，并未通过军法总监部，系由军统派员往狱中执行。

另据邱汉生言，据他听闻是因程泽润克扣壮丁军饷及其他虐待事项，为蒋介石所知，与蒋纬国至现场查看，召程来见即挥杖痛笞。程泽润一向恃才傲物，属何应钦系统，当场抗言士可杀不可辱，如认为有罪请依法办理。本来不致被判死刑，且曾上书陈情求恕，因陈诚与何争权有隙，借程案给何打击，程泽润乃不得免。与程同案被枪毙的，尚有一个曾任蒋介石警卫多年的李团长。

根据上述情况，时间只虞廷芳有，是1944年8月31日，此时我尚未进侍从室，所谓蒋纬国根据戴公子所述向其父反映，及蒋介石怒笞程泽润事，不是亲见，而是耳闻传说。但由蒋纬国反映均无异说，只是邱与我所言虐待壮丁事基本相同。虞廷芳以为是殴打新兵，若如是，问题并不甚严重，似无返报其父同往查看的必要，所以不如说是虐待壮丁问题较为合理。

虞廷芳提供的"闻声赶来的何应钦等"，较有价值，盖程泽润如邱汉生所说是何应钦系统，钱大钧的赶到且当时非侍从室主任也是事实，我缺此项资料，但他提到钱大钧拟为程泽润缓颊事，与虞文说他们是点委会前后任，可能有一定的交情。至于程泽润是何时被枪毙，均无日期，但虞文所述原判5年，后始被戴笠加速了他送命，应隔了一段时间，到了1945年里，所以我得以见到其被执行的照片。戴笠的提供罪证是否与陈诚授意有关，就难说了。

（杨　宸　整理）

忆国民政府军事委员会委员长侍从室

周梅庵*

抗战初期，蒋介石在重庆曾家岩成立国民政府军事委员会委员长侍从室，关于党政军的国家大事和一切政令全部由侍从室掌握处理，但是不对外行文，门口也不挂牌。

笔者那时在侍从室机要组任少校组员，任职时间很长，从成立时起直到侍从室撤销为止。担任的工作是收发、登记、拟稿、管档。现将我亲身经历和所见所闻比较突出的事记录下来，还望知其事者帮助补充或予以纠正。

一、侍从室机要组的职权

侍从室机要组成立于1942年，其组长为毛庆祥，是蒋介石的内侄，其职权之大是无与伦比的。他一身兼任数要职：军事委员会办公厅机要室主任、军事委员会技术研究室主任，都是中将级。他曾留学法国，对研究密

* 作者曾任国民政府军事委员会委员长侍从室机要组少校组员。国民党军事机关与辖属，文史资料存稿选编军事机构（上）忆国民政府军事委员会委员长侍从室。

电码很有兴趣，因此他的部属多数属于对军电密码富有经验的技术人员。

机要组成立时用人很少，全部在军事委员会办公厅机要室的现职人员中物色调来。机要组副组长徐宏清，机要秘书张廷桢，秘书朱少先，专员王俊杰、吴兴民，上尉译电员王礼安等三人，此外还有少校组员周梅庵、中尉副官罗乃清、少尉司书柳青康，一共有12人。该组的职权是管理收管密电和党政军密码本的编制、使用、换发、保管等事项。关于军事委员会办公厅机要室、军委会的技术研究室，以及军电管理处、译电人员训练班等机构均归机要组全权控制，一遇重要事件统由该组召集以上有关部门开会研究，作出最后决定，并以命令方式交下去执行。

在重庆抗战时期，凡属下达作战命令和部队调动布防以及有关军事情报等等的电信联络，统由机要组掌握与对方互通密电，如果线路中断时，就通过无线电拍发电报，并在必要时，还可利用电话报告作战情况，但拿起话机就可讲话的，必须先由对方电务人员把要说的话写成密码报出，再由接话人翻译出来然后处理，以防止情况被别人偷听，泄露机密。

蒋介石有时巡察外省或去某战区亲自指挥时，其随从人员除一部分侍卫外，必须携带的还有机要组的译电员，每次都由该组的秘书张廷桢率领电务人员二三人携带必要的密电本随机出发。事毕返回时，他们都能得到意外收获满载而归。例如某省主席或者是司令长官对随从人员赠送衣料和土特产品等，作为犒赏之用。在这里我应该指出张廷桢与毛庆祥的关系，张的妻子和毛的妻子是两姐妹，系连襟裙带关系，当然是异常亲密，因此得到蒋介石的特别信任，每次出发均由张一人包办电务工作。他的官运亨通，先任侍从室的秘书，抗战胜利后提升为国民政府机要室主任秘书，在改组总统府时升为机要室副主任，去台湾后又成为总统府机要室中将主任。

二、侍从室对特务情报军电的控制

军事委员会调查统计局（简称军统局）是属于侍从室领导的一个特务

机构，其局长一职原规定应由侍从室第一处主任兼，但事实并非如此，历届主任完全没有过问，而统由副局长戴笠一手全权包办。他的组织秘密，对外向来不公开，门口也不挂牌，他所做的工作连我们侍从室的人都不知道。在抗战初期，侍从室总务组有一位姓童的职员爱看进步书刊，他在办公时间内经常偷看《新华日报》（当时有通告禁止购阅），有一天忽被军统局传去禁闭起来，诬他有共产党的嫌疑，如不承认，则严刑拷打，此人后来下落不明。

军统局在各部门各军事单位都派遣秘密工作人员，尤其注重前后方部队长官的一举一动，不时向蒋介石作密报（所有密电情报都由侍从室译出呈阅），甚至对某军长挪用公款做投机生意，或对某师长狂嫖滥赌的事等等，都有秘密情报，蒋利用它作耳目。

1944年，戴笠在重庆山洞设有秘密办公室一处，在他身边伺候的有年轻勤务兵二人，一名何义全，一名李伢子。何义全年纪最小，只19岁，很顽皮不懂事，每次戴出去以后，他就偷偷地跑到附近民家去赌博，只留李伢子在室看屋，因戴笠屡屡回来终不见何义全的面，遂起疑心追问，李伢子不肯说实话，故亲自出去找寻，结果在一处民家把他拖出来，当场打了一顿，警告他如果下次不改就枪毙他，岂知何义全年小胆大，当此话如耳边风，还偷窃了戴的钱出去赌博，因此被戴下令枪毙了。

三、侍从室的机要组与军事委员会的机要室

军事委员会办公厅下设一个机要室，主任为毛庆祥，副主任为徐宏涛，设有第一、第二两科，分别掌管收发电报，编制和印密码本，以及党政军的密本使用、换发、保管等事项，并附设专线电总机收发报室（其人员、器材统由电信总局管理），还有国防部派送的无线电台。其工作性质虽与侍从室的机要组大同小异，但是它的业务范围要大得多，机要室主任毛庆祥，兼侍从室机要组长，两处都属一个人领导。

关于该室每天收来密电译出后的处理办法，即视其性质，如系普通的或例行公务，就送办公室主任批阅并抄副本转知有关部门处理，凡属重要而带请示的电报，必须送侍从室转呈蒋介石亲自核批后再行处理。总之，无论党政军的一切要事，都逃不出侍从室的这一关口。

军事委员会机要室第一科的译电员有20余人之多，昼夜不停地收发电报。每个译电员必须具备保密的条件，还要懂密码技术和加减码表的使用方法，对每一个电报的认识非常熟练，来电如系明码，则不用翻电本，就可将内容全部一字不差地写出；如果是密码，则须在保密员处将原电本取出，按照加减码的规定翻译。倘遇错了码子译不成文时，则研究分析，万一研译不出，只有发电追询原发电人，要其照该电再发一次，直到问题解决为止。

此外还有电务员数人专管摘要事项，把来电的重点简单扼要地写在摘要纸的事由一栏，例如某军长来电：（一）催发几月份军饷，（二）催发冬季服装等等，送蒋阅批后，则将所抄副件交有关部门处理，原电留存科室归档。

第二科的职掌范围是编、印、发党政军所用的密电本和配附的加减码表，尤其是军用本最重要。其中专用本（红色）是发给行营主任和司令长官用的；通用本（蓝色）是发给军师长等用的；对通本（黄色）是发给党政首长或部长用的。每个密本所配属的加减码表都有详细说明，夹在密本内，但是没有密码技术能力的，还是无法运用，必须经过译电训练方可胜任。

蒋介石对于军用密本非常重视。我记得有一次机要室所派译电员王星舟随蒋去西安回来，不知在什么地方丢失了一个通用本，被蒋知道后就把王星舟移交给侍卫长，并将王关进禁闭室。此人后来是否释放，不得而知。

四、技术研究室

军事委员会技术研究室设在重庆南岸黄梅垭南山，是专门研究国内外情报密码的一个技术机构，其主任为毛庆祥，秘书主任薛藩滋，人事科科长毛玉珊，秘书魏士俊，总务科科长余同文，情报整理室秘书吴国瑞，以上人员均属主任办公室的成员。下分四组，分别掌管业务，第一组组长孙少珊，管理中文密码；第二组组长黎椿寿，管理外文密码；第三组组长王忠良，管理外文密码。以上均系研究密电码工作，任务繁重，其中以第二组黎椿寿研究日本海军密码卓有成效，获得蒋介石赏给的特别奖金。第四组组长吴兆麟专管窃听世界各国及国内情报电码，并设有大型收发报机，昼夜工作不停（地址在黄梅垭正对面半山上）。该室研译出来的情报经过整理后即送侍从室机要组处理。

1945年1月，毛庆祥因身兼数职忙不过来，便辞去技术研究室主任一职，并保荐侍从室专员王俊杰调任该室少将主任，同时又由军统局调来萧坚白担任少将副主任。抗战胜利后，该室全部工作人员陆续分水路和空运，迁往南京小营地区继续办公。

1946年10月，因侍从室机构已撤销，不得已才将原有的技术研究室改编为国防部第二厅技术研究室，现职人员共有200余人。当时成立主任办公室，主任王俊杰，副主任萧坚白、谢朝章，其他人员均按原有级别和职务未更动。1948年1月，侍从系（王俊杰）、军统系（萧坚白）双方发生争权夺利的冲突，结果王俊杰被排挤停职，后到台湾省政府任秘书。当时从军统局调来魏大铭接任技术研究室主任，而副主任二人均未变动，秘书主任调用金戈，人事科科长杨宝康，后又调王维宪继任，总务科科长田德标，整理组组长樊桑甫，中央电监组组长张络民，下设编、印、发及军电法规、军电人员管理登记等科。

1949年1月，南京开始紧张撤退，该室全体人员先迁逃上海，后由上海再迁广州，除在上海的中外文研译人员全部送往台湾外，其余编印发的工作人员140余人迁往广州市多宝路多宝坊继续办公。

同年6月，魏大铭由台湾来到广州，把技术研究室的140余人就地遣散了80余人，仅留60人改编为国防部第二厅第四处，处长为冉一鹤，副处长袁世奇，内分五个科，有发本科科长王忠良，编本科科长沈彭年，军电法规科科长潘汝舟，军电人员登记科科长束志复，总务科科长王维宪。1949年8月，这批人员又逃往重庆，驻复兴关继续办公，直到11月间国防部二厅全部人员奉命遣散。每人发给资遣费，校官发黄金二两，尉官发黄金一两五钱，士兵发黄金五钱，领到遣散费后的第三天重庆就解放了。

五、军电管理处

军电管理处名义上是军事委员会的系统，而实际隶属于侍从室直接领导，与机要组有密切关系，其处长一职由机要组的副组长徐宏涛兼理。徐系浙江奉化人，曾留学法国，与毛庆祥是同学，感情很好，交际手段非常高明，因此在抗战后期张笃伦被毛庆祥保荐任重庆市市长时，徐宏涛也被保荐任重庆市的社会局局长，这是一个肥缺。那时贪污盗窃上行下效，到处风行，不足为奇。例如在渝的一般奸商申请领开厂营业的执照时，必须花上一笔巨额的运动费，才能准许发照开业，这是无官不贪的一个具体例子。

军电管理处的职权，一是军电保密，凡属军事机关或部队首长发来的电报，不论有线电或无线电均须按照规定一律用加减码表循环使用方法的密电拍发，否则如被军电处查出某电是用明码发出的，失去了保密作用，马上就要以军委会名义向发电的部队首长提出严重警告，同时视情节轻重给该电务员以记过或罚薪和降级等处分。因蒋介石对军电保密问题特别重视，故在管理方面格外严格。二是对全部译电人员的调查登记，训练任用，统一管理等等。在训练方面已另有译电人员训练班招收学员，负责训练，毕业后统由军电管理处分配到军事机关和部队中去，有时还须派往军事委员会办公厅机要室先行实习三个月，再正式派充译电员，因为军电密码的技术相当烦琐，如不专心学习和熟练，就无法担任这项工作。

六、攻破日本偷袭珍珠港的密码

在重庆抗战时期，技术室研究外文密码以日本的军电为主要目标，集中在第二组研译的有黎椿寿、孙少珊、聂文逊、朱少先等，他们都是通晓日文曾留学日本多年而富有密码经验的技术人才。

黎椿寿领导几位密码专家夜以继日地在第二组密室合作研究，遂于1941年下半年把从无线电收发报窃听得来的日本海陆军发出的密电码研译成功，并能掌握它的密码变换和掩护等方法。蒋介石知道后深为嘉许，除犒赏特别奖金外，还通知该室总务科，为通宵达旦研究的人员每夜预备鸡汤、牛奶和面包充饥，以资鼓励。

有一次（时间记不得了）技术研究室送来急件，是一份日本海军密电的译稿，内容大意是日本海军部密令它的航空母舰、主力舰、巡洋舰等开往太平洋中某一小岛（岛名已忘记）集中待命，矛头可能是指向珍珠港的。毛庆祥接阅此急件后加以研究，并查看太平洋全图和该小岛距离珍珠港的远近，乃亲自上楼送蒋介石核查，而蒋阅后马上以电话邀请美驻华大使魏德迈前来侍从室谈话，密谈约一小时，魏即将原电抄件带去。后据侍卫官传说，魏德迈很不相信，认为日本所派特使来栖三郎带了他的美籍夫人正在白宫与罗斯福总统谈判，还没有结果，决不至于发生意外。他更不相信中国有如此技术人才，能攻破日本的海军密码。因此魏还要研究和考虑，延搁了两天半的时间，他才把原电密码译送华盛顿。哪知事已迟了，珍珠港海军基地于头一天被日本航空母舰的飞机突然偷袭，惨遭轰炸。

罗斯福被日本欺骗受到这次痛苦的教训后，遂下决心对日本作战。同时派遣研究密码技术的代表团数十人来中国学习，并亲笔写信给蒋介石提出中美合作问题。当时由蒋密谕交戴笠负责处理，开始成立了中美合作所，以后逐步扩大组织，包括情报、间谍、特务、暗杀等等。

七、日本投降时陈公博的一封密电

在抗战胜利、日本投降时，技术研究室的无线电台忽然接获由南京汪伪国民政府代主席陈公博发出的一封密电，经机要秘书张廷桢审查电码时发现是宇密，但在抗战八年中从未有宇密电本发出，故无法研译，异常着急。后来译电员王礼安想起陈公博在抗战前曾当过实业部部长，发过通电密电本，于是在旧档案箱中翻出宇密原底本，便将原电全文译出："重庆委员长蒋钧鉴，日本已正式投降，关于日军应缴械的武器装备粮弹仓库以及南京所管辖的各军队均着令在原地待命，希钧座速派负责大员来宁协商接收办法，以免被他方劫夺，惟公博之命运请恩予保全为祷。"蒋介石接阅后即批复一电，大意是电悉，应予嘉勉，已派军政部部长何应钦专机来宁负责全权处理，希与何部长洽办可也。同时蒋与美军司令部负责人举行会谈作出决定，由美方调派大批军用运输机（包括陈纳德的航空志愿大队），于即日起将集中芷江的机械化部队约一个师全部空运南京布防，一面派何应钦乘专机率领随员到达南京布置受降事宜。

据侍从室所派懂日文的参谋周大谟（跟随何应钦去宁工作）回来时说，那天举行受降仪式时，日方所派代表是冈村宁次，还有随从武官二人，态度还是很傲慢无礼，因周大谟用日语与该武官谈话中提及这次日本侵略中国的战事失败，日本武士道也没有用处，作何感想。其中有一武官答复说，日本皇军作战没有失败，只是中国的朋友交得好，换言之，就是说中国不是靠自己的力量打败日本的。由此可见，日本军人征服东亚的侵略美梦至死不悟。关于陈公博的命运，何应钦在渝临行时，蒋介石早已面授机宜，故在处理受降的事毕以后，把他关押起来做了阶下囚，1946年南京最高法院开庭审理两次，最后经过公审大会判决予以枪毙。

（1963年）

我当蒋介石侍从医官的见闻

吴麟孙

进入侍从室

我是浙江嘉兴人，生于1901年，1922年从浙江医专毕业后，赴德国留学，1925年取得医学博士学位，与德国女子薛蔼瑞结婚，翌年回国至广州。在广州，遇见许多浙江医专的同学，他们都在北伐部队里做医务工作，也拉我进去。从此，我参加了北伐革命运动。我们随军打到长沙后，所有的医务工作者重新编组，医务处处长陈方之见我为人老实，推荐我当了总司令部（总司令是蒋介石）上校侍从医官。北伐军到达南昌后，总司令部取消，改设军事委员会，蒋介石任委员长，我原任的总司令部检诊所（医务室）主任，也随着结束，改任军医院院长。

军医院归军政部军医司领导，司长是陈辉（字光甫）。1933年，他派我到欧洲考察各国军医事业，我就携眷（德妻和七岁女儿）同乘意大利邮船赴欧。回国后改任南京警察厅医务所所长，时为1935年。抗战爆发后，我在汉口遇到军医署署长胡兰生，叫我当陆军医院院长，至重庆改为十四路军医院，旋结束。正失业间，遇到当时军事委员会委员长侍从室侍卫长王世和，他说侍从室正缺少一名侍从医官，想介绍我任此职。由于北伐时我就担任过蒋的侍从医官，蒋知道我，就批准了。从此，我"官复原职",随侍在蒋身边,直至抗战胜利后蒋当了总统,改任我为军医署副署长才离开,前后共23年。

侍从室的组织机构和人员情况

那时,侍从室共有三个处。一处、二处随蒋住重庆曾家岩德安里,三处驻南温泉。第一处主管军事,张治中、贺耀组、钱大钧、宣铁吾都当过第一处主任。听说,蒋不喜欢贺耀组,因为他抽鸦片,精神萎靡不振,蒋面斥他说:"像你这样,怎样接见外宾?"第二处主管政治机要,主任为陈布雷,为人质朴,对蒋极忠,对人宽厚,肯帮助别人。在重庆时,通货膨胀,物价暴涨,我虽拿少将待遇,因为不会捞外快,生活难维持,求他帮忙,他介绍我到农民银行兼了一个行医职务,增加点收入。他嗜香烟,患失眠,当时重庆高级香烟难得,香港沦陷前杜月笙常由香港带给他三五牌香烟和安眠药。第三处主管党务及人事,主任陈果夫,他是个老肺痨病患者,实际工作由主任秘书罗时实主持。

第一处下辖三个组,第一组组长陈希曾,负责总务和治安;第二组组长于达,负责军事;第三组组长石祖德,负责警卫。这个组设有便衣卫士,所穿便衣由公家发给,都是毛料做的。平时,蒋办公室门外,经常有两个侍卫官轮值(侍卫官由侍卫长领导,不属三处),大门内由便衣卫士警戒,凡来晋谒蒋的,都要经过这两道关卡。石祖德是黄埔一期学生,抗战胜利后,继俞济时为侍卫长。第二处下辖第四、第五、第六三个组,第四组组长陈方(字芷町),主管一般性文书,第五组组长原由陈布雷兼,后让给陶希圣,主管机要。第六组组长唐纵(字乃建),主管情报。第三处似只有一个人事组,确情不详,据说中央训练团和中央政治学校都归第三处领导—三个处之外,另设侍卫长,负责蒋的生活和保卫事宜。除了一批侍卫官和便衣卫士外,还设有医务组和特务组,医务组由我任组长,特务组组长黎铁汉,副组长陈善周。蒋外出时,由特务组人员在马路上担任警卫，在家时，由第三组负责。侍从室秘书有毛庆祥、沈昌焕、周宏涛等，周且是随从秘书。侍从室的组织和各组人选、任务，时有变动。

侍从室人员中，陈布雷对我很关心，前文已提到，沈昌焕、俞国华、周宏涛同我有来往，沈常请我到他家喝咖啡，俞曾经手从伦敦替蒋经国赠送我3000美元，周就更熟悉了，解放前夕我到上海，没有房子，周把他在复兴中路868号的房子借给我，解我燃眉之急，听说他到台湾后，任过主计长。

关于蒋介石

蒋介石不嗜烟酒，连茶也不喝，在重庆的办公室陈设相当简单，办公桌上只有两杯一凉一热的白开水。饭菜不讲究，因为装了假牙，要吃煮得很烂的东西。假牙常常取下来，由蒋孝镇负责保管。有一次在重庆德安里，看见拐角处有烘山芋的，叫人买来，大啖一顿。

我是侍从医官，经常给蒋看病。我每逢奉召去看病时，总是先见宋美龄夫人，从她那里了解病情后，才由她陪同前去。蒋不喜欢别人在他面前吸烟，除了孔祥熙可以在他面前吸雪茄外，别人不敢。我是吸烟的，蒋曾批评我说："你们当医生的怎么也吸烟？"为此，当我在宋美龄那里接受烟茶招待后，临去蒋的办公室前，她总叫我漱口，不要有烟味。

1926年蒋介石率北伐军进军江西，我携眷随军到达南昌后，亲眼看到蒋的三太太陈洁如，她和蒋住在西花园，常常坐轿子进出总司令部。这位三太太感到寂寞，想找一位女伴，经人推荐我的妻子和她交了朋友，我妻子是德国人，喜吃西餐，陈洁如那里中西菜都有，所以我妻子乐意同她往来。

至于姚夫人，我也曾奉蒋之命到苏州为她看过病。她为人忠厚，信奉佛教，成天念经，蒋纬国就是她带大的。

我曾两次随蒋到他的奉化溪口老家。在那里，他有两所房子，一所是旧式的砖木结构房子，一所比较新式一点，也不怎么讲究。只见到蒋母王夫人的墓，没有见到他父亲的。

蒋介石在上海东平路的房子，据说是宋子文作为妹妹的陪嫁赠送给蒋的，后面的院子是后来向交通银行买的地皮，这样官邸才比较宽敞些。蒋在重庆德安里的房子，是陈希曾花5万元替蒋买的，是一所三层楼洋房，卫生间很考究，是绿色的。这个陈希曾最初是上海市公安局局长，到侍从室后，任第一处第一组组长，第一组管后勤，买房子是他的分内事。

蒋平时很严肃，不苟言笑，但也有例外。有一次侍从室各组组长以上人员在溪口聚餐，蒋也参加了，宋子安在座，席间宋说了什么事不卫生的话，蒋笑着指着我说："不卫生找他好了。"

据我所知，蒋发过几次脾气：一次是刚到南京时，警卫团团长金某（忘其名，俞济时时任该团营长）搞到了一部汽车，当时南京马路很窄，汽车极少，金坐在里面扬扬得意，恰巧碰见了蒋坐车过来，见金居然也坐了汽车，很不高兴，回去就将金撤职。还有一次在南京三元巷时，有位黄埔军校学生求见蒋，请派工作，王世和不允见，两人吵了起来。其实蒋对这位学生已下条子派了工作，当他闻知吵架后，一怒而把条子撕去。

蒋介石有个外甥叫竺培风，娶杨森女儿杨郁文为妻。竺是空军，因飞机失事身亡，蒋甚为哀痛，整整一天没有吃饭，后来给杨郁文2万美元，叫她去美国读书。

抗战胜利后，蒋介石到上海，住东平路官邸，他正患眼病，所以我也跟随同来。他问我，什么时候可以好？我说三天可以好，他就吩咐这月15日在跑马厅阅兵。我当时捏了一把汗，生怕万一到时好不了，幸亏到时居然好了，没有影响他检阅。

关于宋美龄

我在侍从室，受到蒋夫人宋美龄的照顾，如前文所述，我每次去给蒋看病前，都得到夫人招待。宋美龄因患慢性皮肤炎，不能吃鱼腥虾蟹，只吃些鸡蛋牛奶。有一次她问我怎样才能治好这个病，我说重庆气候不适宜这种病的治疗，昆明比较合适。不料第二天，她就叫我陪她乘"美龄"号飞机飞昆明。在昆明，龙云介绍了个医生给她，说用砻糠煎水洗澡可以治皮肤炎，她大概采用了这个法子，但未见有何效果。抗战前上海小报说她用牛奶洗澡，这是齐东野人之语，因为用牛奶洗澡并不舒服，也不能治病。在昆明时，黄仁霖随侍在侧，宋美龄叫他照顾我的伙食，但是他只知道向夫人献殷勤，对我这个小小的侍从医官，根本不放在眼里，我只能和同去的保姆蔡妈及西菜师傅陈杏奎一块吃。后来宋知道了，对黄也不怎么批评。回重庆后，蒋对我说："你这次随夫人出去，对她照顾得很好，谢谢你。"宋美龄喜欢打桥牌，常常邀请魏道明、郑毓琇夫妇去玩，宋霭龄也参加。

1948年，我女儿考取公费留美读书，宋美龄知道后，叫我带女儿去见她。去的时候，女儿只穿了一件海昌蓝布旗袍，显得寒酸，宋见后就叫宋子安替她送了300元美钞作为馈赠。我感到这笔钱不好收，婉言辞谢了，事后听说夫人很不高兴。宋美龄对我的关心还表现在我调任军医署副署长这件事上。蒋当选总统后，下了条子任命我为军医署副署长，但迟迟没有发表，我去替宋看病时，问及此事，她打电话给陈诚的夫人谭祥，很快就发表了。

关于蒋经国兄弟

我和蒋家兄弟在重庆时比较熟悉，他们在侍从室没有职务，常到医务室来摆龙门阵，佣人们分别称他们为大少爷、二少爷。经国叫我大夫，纬国叫我博士或郎中先生。有一次纬国在我那儿看见其父为我题的"卫生医国"四字，就说，你开了卫生酱园啦！经国和我接触较多，有一次他带了罐头和酒，邀我到重庆附近的黄山游玩，吃一顿野餐。那天我喝得酩酊大醉，恰巧蒋介石要我去替他看病，我虽酒醉，但神智尚清，知道酒醉后不能去看病，结果没有去。蒋介石听说我喝醉了，大发脾气，待问清楚是和蒋经国一道喝酒，才没有追究。经国对我比较关心，在重庆时，他听说我经济困难，就叫替他管钱的俞国华从伦敦汇给我3000美元。1942年蒋经国夫人生了孩子，要我替他找个保姆，我不敢找不了解的人去干，我前妻生的女儿是助产学校毕业，就叫她去当这个差。事后，经国向蒋报告时，他竟说："吴医生怎么会有这么大的女儿？"这说明，我跟他多年，他并不了解我的家庭情况。

侍从室的甘苦

在一般人看来，侍从室是神秘的，是当时的"凤凰室"，一登龙门，身价百倍。我这个侍从医官，由于有了侍从室这块牌子，常常被人厚礼相待。即是戴笠对我也很拉拢。在重庆时，常请我到他家喝咖啡，借以了解蒋的喜怒哀乐，以便选择晋见时机，随机应变。由于有了侍从室这块牌子，几乎当了"汽车阶级"。原来有一次，云南省财政厅厅长陆子安，奉蒋召来重庆谈话，这位厅长晋见时诡称有病，蒋为了拉拢他，嘱我拿了他的名片去陆的寓所替他看病，我没有见到他，原来他外出游玩了。他回寓所后，怕我向蒋汇报，戳穿了他说谎的西洋镜，赶快托陈布雷向我打招呼，回昆明时还把新买的一部汽车，叫在重庆的富滇银行行长（忘其姓名）送给我，不料他所托非人，竟被这位行长把汽车吞没了。我听说此事后，曾向蒋经国谈起，蒋一笑置之。抗战胜利后，我从南京到上海办事，碰到时任上海市市长的钱大钧，我们是老相识，他问我要不要房子，可以随便挑选。我因在南京工作，上海有房子无用，还得请人看管，很不合算，就谢绝了，有人说我是傻瓜，有了房子还愁顶不出去，拿进金条吗？

不过在侍从室当官也不容易，因为伴君如伴虎，时时都提心吊胆。拿我们医务组来说，要侍候好那些大人物的确相当伤脑筋。听说抗战以前我调离侍从室后，改由东京帝国大学毕业的董道芸继任侍从医官。有一次他为蒋介石量体温，蒋认为他未把体温计消毒（我估计早已消毒，但未在蒋面前再消毒一次），把他大骂一顿，结果董离开了侍从室，改由容跃隆继任。抗战时，容随宋美龄由重庆飞新疆，宋在飞机上有些失眠，容医生给她服了罗米那，谁知宋有慢性皮肤病，而且反应过敏，服药后很难过，对容颜不满意，自然也就失去信任了。有一次，我随蒋介石到凉山视察，公路很坏，我在卡车上颠簸几小时，屁股都磨破了，回到重庆后又值轮休，在家养伤，恰巧蒋经国的儿子病了，叫我去看病。他住在南岸，路远，还要过江，我去晚了一些，他颇不高兴。我曾向陈布雷的表弟翁达（时任陈的秘书）表示想离开侍从室，翁说："你不要命了？！"原来进侍从室固然不容易，进来后也不能随便离开，否则会被认为想背叛，性命难保。

留在大陆

解放前夕，军医署署长林可胜（张静江的女婿）奉蒋经国之命劝我到台湾去，并说由经国请蒋介石命令陈诚（时任台湾省主席）替我准备一切，保证我全家在台湾的生活。以后，蒋经国和俞济时、周宏涛也到我家劝说，我以台湾房子紧张，我无黄金美钞顶房为由，表示不愿去。经国说："你想留在这里替毛先生看病呀！"我说："蒋家用过的人，毛先生未必要。"其实，我不肯去台湾，固然是没有钱，主要还是由于当时对国民党当权派失去信赖，所以没有随他们到台湾去。

（杨　实　整理）

我为蒋介石、汪精卫、宋美龄治病经历

黄厚璞*

南京中央医院成立的时候，正是国民党发动"剿共"的年代。他们从美国买来全套野战医院设备，安置在中山东路逸仙桥下和中山门当中的一块土地上。这里位于黄埔路口中央军校的前边，医院的左邻就是"励志社"。这片地皮宽大，后来又盖起了卫生部、研究所、图书馆，以及高级护士学校等等。南京中央医院开办那一年，我在美国纽黑文物理医学研究院当研究生。北京协和医学院院长顾临到纽黑文出席罗氏基金年会，他在院校注册部查看了我的考试成绩分数单，回国后就把我的情况介绍给国民党卫生署署长兼南京中央医院院长刘瑞恒。后来我转入纽约中心医学院实习，就接到南京卫生署的通知，让我到中央医院去工作。我打定主意等实习结束再参加康州注册考试，以便把几张洋文凭领取到手。1930年8月回国，9月下旬到中央医院报到。

院长刘瑞恒说："你来得正好，此间工作非常紧张，希望你多多出力。目前医院没有物理治疗经费预算，因为医院经费年初财政部已经批好不能再添，你得自己想想办法。"于是，我的工作就在分文没有的情况下开始了。每天该进行的治疗到病房去做，写临床记录借检验科的写字台，

---

* 作者曾任国民党南京中央医院医师。

治疗书写完便在房前空地上劈锯医院不用的自来水管子，试制大小号烤电器。有一天刘瑞恒陪同行政院院长谭延闿来医院视察，一眼看见我正在那儿上螺丝钉。刘问我："你干什么哪？"我回答说："您不是说理疗没经费吗，我做几个大小号烤电器，好给病人烤电治疗关节强直。"谭问："她在做什么？"刘说："她负责物理治疗，刚从国外留学归来，今年没有这项经费，只好因陋就简。"说完扬长而去。

有一天，内科主任刘继成伴同谭延闿来找我，说谭院长腰腿疼痛，烤烤电可以吧？我就给谭烤电、按摩、治疗。一个疗程后，病情好转疼痛消失。谭说上海疗养院和一些较大医院都有新式水电治疗设备，南京若能建起来就太方便了。他又说今年财政部经费无法变通，他个人可以捐助一笔。当时他开了一张三千元的支票，交会计科指定为理疗科专用基金，加上每天理疗收费，到年底，我购买了几件必需的紫外线灯、红外线灯、大小号超高频电疗器、平流感应治疗机、超短波治疗机，医院拨给三间房子，就建立起小小的理疗科。

我担任的这个物理治疗冷门工作，在旧社会里是不受重视的，只好小心翼翼地工作。

日本侵华之前，国民党元老张静江坐车在汤山路上发生了交通事故，右腿重伤，送到中央医院救治，经过一系列外科手术处理之后，转给理疗科。张静江是个老年病号，每晨醒得特早，理疗科给他电疗也必须提前。清晨7点钟左右就开始治疗，8点前后他睡觉休息。蒋介石常在7：00来看望张静江，张静江平卧病床上两眼直盯着蒋介石，蒋介石站立在床前面对着张，二人面对面相顾无言。我们则继续着治疗，注视着机器表针度数和病人的伤腿。空气非常严肃紧张，连呼吸声都能数得清楚。约七八分钟蒋介石就走了。张静江的治疗，是隔日一次，蒋介石的探视是三天两头。有一天蒋忽然问我们说："你们在此地给他做什么？"我回答："进行电疗。"又问："有什么用处？"我答："加速愈合，其次是放松疼痛。"蒋又问我："那么能不能也把他那两只膝盖治好？"我答："他那两膝是膝闭锁症形成瘫痪痼疾，膝骨质已有变化并过于年久无能为力。如果是在早期，还是有办法的。"蒋听后没说什么。

后来，行政院院长汪精卫在国民党部开会被刺，当时刺客被张学良和张继抓住。汪所遭受的狙击未中要害，两颗子弹一射中左踝部，另一粒子弹射入右额皮下太阳穴前上边的部位，伤势并不十分严重。送到中央医院急救包扎后，汪本人心情十分沉重，夫人陈璧君更气得非同小可。医院外科将二楼病房南头四间房间给汪住，每天探望的要人们络绎不绝。病房堆满了花盆、花篮，出入的过道也好像是"百花深处"。医院门内外军警林立，戒备森严，如临大敌。

数日后汪病情好转，他知道没有性命危险，只是担心他的仪容受损，前额愈合后结成一个大疤，不胜遗憾，终日焦虑。汪和家属时常追问外科大夫，外科便将这个问题转给我理疗科。我当时一想，这是个整复外科手术，首要的应当进行缓解新生结疤纤维，其次尽量化解堆积的皮色素，再则应当按压新生隆凸硬结。于是开始半流电解结合紫外线、红外线照射与轻微度电振治疗等。汪每天抱着镜子，顾影自怜。众人皆知汪精卫是个美男子，他自己对于修容也特别注意。汪精卫在医院休养，蒋介石经常来探望。汪和蒋说话时，常夸奖我们工作好。经过一个阶段治疗后，汪脸上疤痕并不明显。出院后我们还常到他家里出诊。

西安事变后，蒋介石跳墙跌伤胸椎，到杭州西湖别墅休养。上海、南京两地的著名华洋医师云集杭州诊治，想尽了一切办法，吃药、打针、上石膏、打支架，应有尽有。只是他背部疼痛，不时隐约出现。蒋和刘瑞恒署长、上海骨科医院牛惠霖医生商议："能不能也叫南京中央医院的电疗科给我想个办法？"蒋介石本人提出这个意见，刘署长、牛医生和南京鼓楼医院的郑祖穆大夫，自然也都同意。当时励志社总干事黄仁霖听到蒋的意图，马上乘飞机到南京和代理院长沈克非提出后，黄仁霖找我谈话，决定次日就走，赶快预备。我和科里同事商议决定，护士王委良伴我同去。我们带上轻便携提式中波电疗机和一些应用物品，原计划搭意大利墨索里尼赠给蒋的飞机前往，后因天阴雾大，改乘小汽车由京杭国道，早发晚至。到达后我们被安置在西湖滨上的大华旅馆。当晚郑祖穆大夫来，他说："到蒋委员长那里去工作，可不是简单的，一切应用物品事前必须准备妥当。"我们先检查、测验一番机器性能，再试验一下杭州市用电流是否适用，机器零件路上运输有无损伤等等，然后又把我们要进行的治疗，先在郑大夫的臂上试验一次才算仔细准备完毕。

次日上午9时，黄仁霖来接。黄对我们说，乘车时不要掀窗帘，不可外视，这是纪律。我们虽然很希望看看湖滨景致，但不敢轻举妄动。车开到公馆门前停下，黄仁霖领我们走进客厅，见蒋正在会客。

又等了十几分钟，蒋召见我们，由黄仁霖引见，我们鞠躬问安，蒋很客气地说："路上辛苦啦。"我回答："还好还好。您忙，我们工作吧，别耽误您的时间。"便顺手拿治疗仪器。蒋看见我们垫仪器的旧破毛巾，就瞪眼说："毛巾怎么这样破啊？"我说："这破毛巾是作机器垫的，不用作治疗。"蒋告诉黄仁霖："赶快给他们买几条新毛巾。"我这钉子一碰，就更加胆怯了，生怕再出别的毛病。我在开始治疗之前向蒋解释治疗进行中的感觉和电流电增强异常情况等等，开始治疗。王委良协助放置电极电垫照料病人，我俩如履薄冰如临深渊。二十分钟治疗手术后，蒋觉得背部的疼痛减轻脊骨也稍缓松些，他略有笑容，并说："若是我的背脊再痛还要叫你们来治的。"我回答："听命。"工作完毕，我们向蒋告辞，一回到旅馆就与世外隔绝了。

此后每天早9点前就去工作。我们进去后，鞠躬礼毕一言不发，就开始治疗，事后再鞠躬退出，谁也不吭气儿，如聋如哑。大致疗效还好，蒋从来也不曾让我们再做一次，因为蒋的休养作风，不是按照医嘱，而是医生得听病人的命令，我们也习惯了。一个疗程以后，蒋已经能够从平卧的位置上，起来在椅子上坐着会客。一天上午，他高兴地对我说："黄医官，依弗同我讲言话，晓得地个宁蛮好白相。今朝请侬吃饭，到'楼外楼'去吃糖醋鲤鱼好哇啦？"我鞠躬致谢。王委良和我回到旅馆，她说："今天请咱们吃饭倒是个新鲜事儿。"中午之前黄仁霖让全体医官都到"楼外楼"去，蒋本人也乘车前去。开始我默想主人请客一定是主客一起吃饭，哪里知道汽车开到楼外楼饭馆时，蒋的侍卫官早已另定专室单给蒋一人独自享用，我们这些医官则大家一起进餐。

蒋介石在杭州疗养期间，本来宋美龄是陪伴的。没几天，蒋公馆附近有人家漆棺材，蒋夫人的皮肤对油漆过敏，脸、手臂红肿痒痛，不得不离开杭州回到上海去。蒋介石则每日按时治疗、会客、看公事，高兴起来走走，毫无病痛的样子。

忽然黄仁霖总干事通知我们准备离开杭州，往哪儿去没说。我们收拾医疗电机及一些随带的工具零件，整装待发。他送我们到火车站时，才知道是去上海。到达上海北站又把我们送到静安寺路国际饭店住下，次日下午又送我们到蒋公馆去。所乘的车子上面的车窗帘仍是固定黑色的，内外看不见，等到车停到家门口时，走进楼内窗帘还是黑色看不清道路。有人拿手电筒引路，我们俩跟着上楼。上楼一看，只见蒋夫人宋美龄正等待着我们，蒋介石坐在大沙发椅上发笑，旁边有牛惠霖医生陪伴。此时宋美龄与人谈话，老是讲英语，牛医生也讲英语，牛医生向我问长问短还是英语。因为有蒋介石在座，我很不自然。蒋介石听着大家都谈的是英文，他也插进一两句浙江土音的国语，恰恰是大家用英语会话的内容。我转身说："委员长会听英语。"蒋介石笑着说："弗为弗为。"这是江南土音，等于国语的"不会不会"。给宋治疗之后，我们告辞出来，当晚乘京沪夜车回南京中央医院。

我与蒋介石接触的二三事

文　强*

珍珠港事件后奉命回渝的召见

1941年12月7日珍珠港事变前后，我自上海到香港，经澳门，在战火中回到了重庆。我是1940年秋奉调驻上海代表军统局参加上海统一委员会，同时又兼这个委员会领导下的策反委员会主任委员（其主要任务是将矛头指向日军和汪伪做斗争）；我在沪一年多，任务执行已告一段落，又奉命调渝。在途中听到了珍珠港事件发生的消息，成为目击港、澳沦为敌手的见证人。这就是我在戴笠的请求和安排下，得到"校长召见"的由来。

1942年2月初旬，我自香港脱险，辗转逃到了桂林，搭乘中国航空公司飞机到达重庆。未见戴笠前，先与同自港逃难归来的连谋去上清寺军事委员会侍从室第六组见了组长唐纵。原来我俩人同去的用意，是一种久别后的访问，不料从谈话中了解，在我尚在桂林时，戴笠即安排我在被蒋召见之列，我听说后只是将信将疑而已。见唐的次日，我去见了戴笠。在共进晚餐后，他摒弃了其他共餐的人，挽着我的手到内室，两人对坐而谈，

* 作者时任国民政府上海统一委员会的策反委员会主任委员、国民党军统局东北办事处主任。

静听我汇报两年来与日、汪做斗争的重要情况。本来我是深深了解戴的个性的，戴平日是不容许他身边的人员作冗长的汇报的，也是从来少有发问的，这次却是破例，既唯恐我言之不详，又插问一些在我思想上全未做好准备的问题。这次的长谈足有四个多小时才告结束，我已疲惫不堪，他则精神振奋。当我回旅邸后才忽然领会过来，他之所以为此破例振奋的原因，原来是要我做好充分准备，在被"校长召见"时，能作出恰如其分的、令蒋满意的汇报，使他的面子好看，从而得到蒋更宠爱的信任。

在决定我去见蒋的前一天，戴又找我去说了一个多钟头，叮嘱我注意三件事："第一，谈到与日、汪做斗争的问题，不能说我们倒霉的一面，要谈斗必胜的一面，转不了弯的地方也要巧妙地一笔带过；第二，谈珍珠港事件，要说先有情报判断，并说我（戴）早有电报指示，密切注视日军偷袭香港；第三，注意服装整洁，海外归来，不必戎装，西装以深灰色、青色都可，切不可穿艳色及打花领带，皮鞋要有胶底，没有响声。"他就是如此为我画好了所谓召见的框框，用心良苦，可以想见。

也就是与戴笠第二次谈话的下午5时许，戴亲自坐车来接我一同到侍从室，他引我下车，穿门进户，非常熟悉而自然。由他密布的内卫群，都向他点头哈腰，对侍卫长也不通报，一举手而过。他安排我坐等在会客室的外面，他自己便溜进内室，一转出来便叫我叩门而入，他便坐在我等候之处，一直到召见告毕。

蒋介石和宋美龄端坐在沙发上，一位青年参谋捧着记录簿肃立一旁，我敬礼后听候吩咐。

蒋向我注视了一下，叫我坐在他的对面，然后慢吞吞地说："你是本校四期学生，戴副局长已向我报告了，你刚自沦陷区归来，又目睹了在香港英日战争的经过情况，简要地向本校长和夫人说说。"

我脑子里的腹稿是按戴笠定的框框，小心翼翼，唯恐一言不当，祸福莫测。最先说到与日、汪斗争的焦点，是敌我双方争夺上海这一远东国际市场问题：南京汪伪傀儡政权是离不开上海市场在经济上的支援的，如果他们争取不了上海，等于腹中无食，寿命不保，徒有躯壳；如我中央失了上海市场，则亦经济来源窘困，对于长期抗战前途是不可弥补的损失。接着，我说到策反工作已收到了相当的效果，重点是打通了并掌握了巨奸陈公博、周佛海、罗君强、丁默村、唐蟒等一批叛逆的旧部，其他中层下层弃暗投明者，正在踊跃来归；但自中条山战役失利后，华北、华东、华南各地区投敌附逆的杂牌军将领，如老北洋军系、西北军系、东北军系、粤军系等等，都逐渐增多，仅就军事方面的将级人员，为数不少于两百人，如加上党政高级人员投敌附逆者，总数不会少于三百名，这股民族败类附逆之风必须刹住，尤重我党政军内部之防范，务求不使蚁穴溃堤。第三，皖南事变是一次深切的教训，虽然在大江以南已给予新四军以歼灭性的打击，但大江以北的中共势力则相对的益形发展渗透之中，肃清新四军有形的武力固非易事，而摧毁其群众组织，扑杀其政治影响，则敌伪绝非对手，我中央则鞭长莫及，只恐星火燎原，势必日益壮大。学生（指我自己）自抗战军兴五年多来，寸步未离东南，故深知此情，如不急谋对策，国事前途必将贻患难平。且此事一再警报有案，也曾与唐生明同学多次交换过意见。第四，学生奉命调渝途经香港，适逢珍珠港偷袭事件发生，香港、新加坡、马尼拉等太平洋战略要地相继沦陷，在英、美诸强心目中虽均视为意外，而从我方掌握的情报资料来剖析判断，则实属早在意料之中，戴副局长也曾多次向我传达校长的指示，谆谆警惕，了如指掌，惜乎西方人士不以为意（我说到此时，蒋介石面有得色，并望着陪坐的蒋夫人宋美龄微微一笑）；今太平洋英、美战略要地既失，预料远东大战必将打出我之国门。虽然日军自以为得计，实则鼠目寸光，有如蛇吞象，后患无穷，不过是昙花一现而已；英、美获此惨痛教训，其以邻为壑、损人利己的政策，有如自食其果，尔后必将寝食难安，合谋雪煎，与日军不共戴天。总之，瞻望前途，为我国长期抗战创造了一崭新局面；同时也预料西方诸强势必合谋并力以抗日的阵容出现，苏联在轴心国空前压力下，势必无路可走，必当借助西强之力，方可苟存下去。珍珠港事件对人不利，对我则是千载难逢之机。日军当权者如此下了一着蠢棋，逞一时之快，埋下了败亡之忧。我国坚持长期抗战之策，纵目前困难更多一些，前途则十分乐观有利。

以上是我回忆当时重点汇报的内容。蒋介石听完我的四点议论后，哼哼哈哈，假惺惺地问及我的家眷何在及子女受教育的情况，关怀备至，我那时是受宠若惊，深感安慰的。当我一一答复后，他严肃地指示说："今天谈的，要写出一份简明扼要的书面报告，不要空言，要条陈对策。"又说："你对新四军的分析，有些缺乏信心，也就是对共产党的力量估计过大，今后要绝对相信本校长'研机于事物始生之处……心意初动之时'的哲理，切不可长他人的志气、灭自己的威风。"（上面两语是蒋介石鼓吹法西斯主义的著作《力行哲学》一书中语。笔者注。）

我谈完话退出，戴笠叫我等着。他随即又溜入内室，不到五分钟出来了，笑容满面地说："校长可高兴了，要我给你一笔特别费，还要你写一书面报告，不要用钢笔写，要用毛笔楷书写，起好稿，先送我过目，我对校长的重要报告，都是亲笔楷书，字要写大一点，不要蝇头小楷，校长不喜欢看。"

戴笠坠机之死后的一次召见

1946年3月17日戴笠坠机死后，军统局内外惶恐不安，"树倒猢狲散"一语，可以形容当年的情况。

我听到戴笠的死讯，正是苏联红军自沈阳北撤后，也是我第一次到沈阳去视察的当日晚间（当时我任军统东北办事处主任，管辖东北九省四市的军统特务组织），我的秘书陈绎如自锦州打来长途电话，告及戴笠之死。次晨我即乘军用机回到了锦州，转平飞渝。军统局一年一度的"四一"纪念大会，改为对戴笠的追悼会。在这次追悼会后的第一天，军统局安排好了"领袖"召见的节目。被召见的外勤单位的负责头目是省市站长一级；内勤单位的负责头目，是处室主官到副主官一级。而且对外勤单位的是各别接见，用谈话的方式；对内勤单位的则用排队列册点名的方式，注目代言唱名而过。由于戴笠死后，军统内外人心惶惑，蒋介石心中是有数的，在追悼会中他亲自主祭，亲书"碧血千秋"挂在灵幛前，流泪以泣，当着全体到会的大小喽啰们，一再声言："戴局长不幸逝世，是党国的损失，是十分痛心的事……但戴局长虽死，他的忠诚体国的遗志，虽死犹生。他死了有本委员长在，只要你们团结如一个人一样，便能继承遗志，做党国的干城、本委员长的耳目。如有任何困难之处，一定负责如戴局长在生一般来解决。"

4月2日上午9时，也就是四一追悼会的次日，因继任局长郑介民尚在北平军调部未归，我们便由该局主任秘书毛人凤率领，按召见名单的次序前往晋谒。

蒋介石这次的召见，仍然是有夫人宋美龄陪坐在一旁，另外就是侍从青年参谋为之作谈话记录。毛人凤向我说，每人接见谈话三分钟至五分钟，没有必要，注意不要延长时间，领袖日理万机，不能不有所规定。当然，有关这些所谓接见的规定，早三天便有通知、演习，难怪许多被召见的大特务发牢骚说："这比朝见封建帝皇还难！"事实也是如此。

我照着唱名走入会客室，蒋介石威严地注目，叫我坐下，接着便按名单上的履历表问道："你是军校四期学生，是在珍珠港事变后回国的，召见过，并写过书面报告的。好、好、好！雨农弟不幸为国捐躯了，今后的担子落在同学们的身上，你在东北的担子不轻，要竭尽全力，辅助熊主任、杜长官（熊主任指熊式辉，时任国民政府东北行营主任；杜长官指杜聿明，时任东北保安司令长官），特别要注意苏联及中共问题。"接着又问我："有无困难？有无请求之处？"我立即答复说："谨遵校长的指示，有困难自己克服，也无请求之处。"他又是一连三个"好、好、好"地停了下来。正在我准备退出时，他忽然提到对四平街大战问题，问我有何看法？这是我在思想上一点也没有准备的事，而且我心里明白，全美械装备的王牌军新一军孙立人部，进攻四平吃了败仗，伤亡很重，显然是碰在东北民主联军的硬钉子上，这是蒋介石所最放心不下的事——我考虑及此，便大胆地判断说："四平之战，原来没有料到会打成胶着状态，这与杜光亭（聿明）学长入院治病有关。我看我军出关士气正旺，美械装备优良，东北民心可鼓，有了这些优越的条件，定可取胜无疑；而且我在四平大战前夕，即亲自与孙立人、廖耀湘、杨彬等一批将领有所研讨过，也向郑桂庭代长官谈过，他们对取胜是具有信心的。熊主任深谋远虑，信心颇坚，与桂庭兄能商量办事，将帅和睦，军心团固。一切请校长放心。"我说完后，即不再谈其他。这时正做告退状，蒋介石语侍从参谋，叫来一青年侍卫手持照相机，叫我立于他与宋美龄的后面，拍了一张留作纪念的照片。后来我了解到，在内战期间蒋接见中央训练团受训的高级军官及党政高级人员，都是采取如此的笼络手法，我曾亲见军统大特务潘其武将蒋介石题款盖章的一帧照片，放大到二十英寸那么大悬挂着；像我那样留念的拍照，凡召见过的人也几乎都有的。蒋介石笼络手段的特点，是对他的学生一律称弟，题款为赠的照片，一定是亲书某某某弟的别号，决不直书其名。黄维的别号叫埃我，蒋介石错写为"培我"，以后黄维便将错就错，以"培我"为荣，这是黄与我谈到当年受蒋迷信之深的一桩笑话，信手记下一笔，也可概见一斑了。

石家庄被围时在北平圆恩寺的一次召见

1947年11月初旬，我在东北受到陈诚的打击，调离工作岗位，暂在北平住家。虽然保密局先后征求我的同意，派遣了两次工作，我却采取了金蝉脱壳的手法，敬鬼神而远之。我当年有着一套明哲保身的想法，认为戴雨农（笠）死后，已失知音靠山，绝难有我的出路。再则，由军统缩编改组后的保密局，粥少僧多，正在大闹郑（介民）、唐（纵）、毛（人凤）三派争权夺利的尖锐矛盾，近朱者赤，近墨者黑，只要谁染上了色彩，不论是参加了哪一派，都有杀身之祸。处在如此狗咬狗的局面下，不能不打脱身之计，这就是我在北平被召见前的心情和处境。

记得正是石家庄被中国人民解放军包围、危在旦夕之际，我了解到坐镇在北平的行辕主任李宗仁和战区指挥官孙连仲等，如同热锅上的蚂蚁一样，想不出解救之策。蒋介石飞来北平，在怀仁堂召开过一次军事会议，结果不但没有使石家庄得到解围，反而空运了两个团去送了"礼"。怀仁堂开过军事会议的次日，我忽然接到俞济时的电话，说是校长要召见我，时间定在接电话的次日，地点在圆恩寺。

我照例按规定时间提早一小时到了圆恩寺，见了俞济时和侍卫长石祖德，列名登记，将我引进外会客室。在会客室中遇到了东北行营下台的主任熊式辉和绥远来的傅作义两将军，寒暄片刻，俞济时即将我引进内室，见蒋介石坐在一只小沙发上，身边没有记录的参谋，指定我坐在他对面的一张靠背椅上。我以为又要按履历表来点开场白，不料这次召见，他根本不了解我已离开了东北。当然，我也不便在他的面前对陈辞修（诚）在东北赶走熊（式辉）、杜（聿明）和打击我的情况来说长道短。可是我在俞济时的面前则是说得清清楚楚的，难道俞是他的亲信，也不敢对陈辞修的胡作非为有所反映吗？我正在琢磨蒋的心理，不知道他究竟要说些什么话。我真是料不到他竟会劈头盖脑地向我说："你谈谈东北情况，为什么会坏到如此程度？"像这么笼统的发问，有如一部二十四史，不知从何谈起。我迫而不得不说老实话，便大胆地说："报告校长，我已随熊主任、杜长官离开了东北，听说是陈辞修总长到东北大加整顿，调换了一批不利于东北工作的将领……"我的话刚说到此，蒋介石立即打断了我的陈述，看来，他的语气很温和，并没有动怒，只是轻轻地插入说："我要你谈的是对付共产党在东北军事上的冬季攻势打得怎么样？其他的可以不谈。"于是我立即取出我随身杂记本从容地说道："冬季攻势，我军处境极为不利，沈（阳）、锦（州）、四（平）、长（春）四大据点，若四平不保，则点线难以贯通，有如南北满腰斩。经过两年来的争夺战，我军士气渐衰，补给不济，内争又多，一言难尽。凡此种种原因所在，与一年前相较，敌我易势，我军之劣势，在熊、杜主持时期未能挽回，今后恐事倍功半，难有万全之策……"当我正在迟疑不敢再往下说时，蒋介石已经察觉，立即敲桌而言，厉声指着我说："你可大胆地说下去，不必有任何顾虑，你既是本校长的耳目，就应该言无不尽。"我谨慎地望着他，感到并无不悦之色，才又将随身亲记的情报摘录一条条地照着念下去，大意是如下的几条：

第一，新编第五军陈林达军所部被东北民主联军吃掉一个整师，陈林达军长被俘。

第二，七十一军军长陈明仁死守四平有功，获得青天白日勋章，中外皆知，鼓舞军心民气，乃我军引誉讴歌的事。自陈总长履新未久，即将有殊勋的功臣撤职查办，株连受过者将级军官即有冯恺、张树勋等十余人之多。此事是非不明，民怨沸腾。

第三，综计自陈总长撤销东北保安司令长官部、兼任东北行营主任未满三月以来，损失国军有生力量已达十五个团有多。

我照念完毕后又补充说："学生调离东北，来平已有月余，故无其他情况可报。"

蒋介石听到这里，不禁眉心双锁，将茶杯一推，又指着我低声地说："你所说的都是有根有据，为什么本校长完全不知？这样下去，不是要误国误民、亡国灭种吗？你回去后，要将所念的情况详抄一份送俞济时，不必由其他的人代转。"我鞠躬告退，未走几步，蒋又叫我转来问道："你现在的职务是什么？"我答复说："我现在北平养病，郑介民局长曾有电给我，将任为中华民国驻日代表团一中将组长，征求我的同意然后上报。另一安排，是征求我的同意调西北为胡宗南学长之助。"蒋听完了我的回答，便命令式地说："为宗南之助，乃当务之急，你曾在西北多年，不必作其他的考虑。"我没有再言其他而出。

回忆我与蒋介石接触二三事

孙越崎

我从20世纪30年代起至解放前夕和蒋介石有些接触，回忆在我的工作上与他接触比较重要的有以下几件事。

蒋介石到嘉峪关视察玉门油矿

蒋介石于1942年9月间到甘肃油矿局玉门县老君庙矿场（以下简称玉门油矿）来视察。他不是专为视察玉门油矿来的，而主要是为了新疆问题陪宋美龄飞到嘉峪关，从嘉峪关机场送她去迪化（乌鲁木齐）。其目的是走盛世才之妻邱毓芳的内线，勾结盛世才进一步反共、反苏和投蒋而来的。

这里所谓新疆问题，即新疆边防督办盛世才原来靠苏联的军事援助，打败了回族骁将马仲英，统治了新疆，并邀请中国共产党派人去帮助他治理新疆。但他对斯大林不放心，怀疑斯大林总有一天不要他，同时对中共也耍两面派的手法。当1942年夏天德国法西斯军队打到斯大林格勒附近时，他认为斯大林格勒不久将陷落，苏联要失败，所以就反共反苏投向蒋介石。他先电蒋介石邀朱绍良、翁文灏等去迪化，与朱绍良商谈军事上的具体布置后，实行易帜投蒋。但还有不少重要问题，尚待解决。宋美龄这次去迪化的使命，据后来推想，她要去完成一个多月以前朱绍良在新疆所没有完成的任务。蒋介石派宋美龄去迪化，就是通过盛世才之妻、新疆女子师范学院院长邱毓芳与盛世才做秘密勾结的工作，如盛世才的地位和名称问题，对付中共的问题，对付苏联的问题，以及国民党派遣党政人员去新疆的问题等等。

嘉峪关在酒泉以西二十八公里，是我国万里长城的西端终点，也是古时通向西方的丝绸之路的主要站点之一。嘉峪关有泉水从地下涌出，但一出嘉峪关至玉门油矿八十多公里，中间没有水，也无树木人烟，是一片戈壁滩。敌人如果当天攻不破嘉峪关，由于无水，只有立即撤退的一途。万里长城以嘉峪关为终点，大概这是一个重要原因。嘉峪关本有很多人家，但蒋介石来嘉峪关时，那里已荒凉多年，只有十多户人家。他不住酒泉，而住嘉峪关，因那里人家少，容易保卫。他住的房是临时新盖的平房，与民房有一段距离。他到的时候，屋子还相当潮湿。

我当时是玉门油矿总经理，接到蒋介石到嘉峪关的通知后，我即去嘉峪关与他见面。他在嘉峪关停留约一星期，专等宋美龄回来，在此期间，蒋介石就近来玉门油矿视察。

在叙述蒋介石视察油矿前，我想先叙述一下玉门油矿当时的概况。

一、地理环境。玉门油矿在祁连山北麓的戈壁滩上，西到玉门县三十公里，东至嘉峪关八十多公里，至酒泉一百多公里，至重庆约两千五百公里，海拔两千五百米。从嘉峪关到油矿一路全是戈壁滩，除矮小的骆驼草外，既无草木，也无人烟，是个不毛之地。有条石油河从祁连山里向北流，经过油田后不远，潜入戈壁滩不见了。幸有这条小河，油矿就地有水，否则人是无法生存的，油矿也是无法开采的。但从河床把水提升到戈壁滩上，约有一百米高，才能饮用。

戈壁滩上的土壤，沙子太多，不能烧砖瓦，盖房全用"干打垒"为墙，屋顶拱状形，上盖沙土拌油渣，以避雨雪。后来我们从三十里以外运土到矿区，与当地沙土混合烧砖瓦，才能建造高大的房屋。木料须从酒泉以东，距矿约一百八十公里的祁连山上，自己砍伐，拖到公路旁，用汽车运来。

　　油矿不但纬度高，而且海拔也高，一年中有半年冰冻，最初矿区取暖、做饭、烧水，都从西边几十里以外的祁连山里自开小煤窑，须用骆驼、驴、马驮运至公路边。而炼油剩下来的重油和油渣，我们当时没有裂化设备，无法再炼成轻质油成品，作为废物舍弃，很可惜。我鼓励职工想办法把这些废品作为燃料，代替煤炭来取暖、做饭、烧水。不久机械修造厂厂长单哲颖（后在安徽淮南煤矿）与该厂员工研究制造出来一种烧这些废品油的炉子。既利用了本矿的资源，又不要再到远地开小煤窑，特别省了一大笔骆驼运费，减轻了汽油、煤油、柴油等生产成本。但烧这废油的油烟很大，特别在冬季，风从北来，南面为祁连山挡住，迷漫的烟雾，笼罩在油矿上空不散，对环境卫生非常有害。到我辞去油矿职务时，这问题尚未得到解决。

　　二、器材物资的采购转运。玉门油矿是在抗战期间武汉失守以后开办的，那时我国所有港口已被封锁。我们曾派人向美国购买了一套蒸馏裂化联合炼油设备和钻探一千米深的旋转钻机十套，原定先运至越南海防。因海防被日军占领，一部分钻机改运缅甸仰光，而不久仰光仓库又被轰炸，损失很大。万里迢迢抢运到玉门油矿后，只能拼凑成完整的三套钻机。至于炼油设备，虽已向美国订购，但一部分也在途中被炸毁，有些还没有交货，所以一点也没有到矿。当时的炼油厂是完全由自己设计制造安装的，但只是釜式蒸馏式的，不是裂化式的，因为本国不会做高压设备和无缝钢管，因此只能从原油中炼出汽油百分之十八，以及一部分煤油和含蜡柴油。

　　当时大后方只有重庆一地靠上海拆迁来的小工厂，尚能制造一些小型机械，而油矿用的钻机、套管和高压设备全不会做，即使照图仿造，也因钢的质量差、有砂眼、不耐高压，根本不能用。我们向重庆一二百家从上海迁来的小工厂订购普通车床、水泵、油泵、炼油釜闸门等设备配件，并向各地搜购由沦陷区拆迁来的和由重庆江北自来水厂拆来的各种管子、马达等，经两千五百公里的长途汽车运输到矿区。

　　另外打井用的水泥，只有重庆一家生产，也要用汽车运到玉门，还有打井用的重晶石，以前不开油矿，根本不知哪里有。临时在重庆下游的涪陵地区找着了，由水路上运至重庆，再用汽车运到玉门。矿区自设破碎机厂，大石块轧成小石块，再轧成细块，最后球磨机磨成能筛下一平方英寸面积有二百个孔眼的筛子的细粉，掺在泥浆里，打进井中，以压住油喷。

由于上述情况，因而将油矿局设在重庆，专办财务及搜购器材。并且自设运输处于重庆歌乐山，沿途设了十几个车站，把各种器材物资，源源不断地运输到玉门矿区。如果不在重庆设油矿局，不大力搜购各种器材并自办运输，那么玉门油矿的建设和生产，就一件事也办不了。此外，生产的油品，除在矿区售给西北公路等用油单位以及各地用的煤油外，多余的产品也由自己车队运到兰州、重庆，由油矿局销售。所以重庆的油矿局名义上是玉门油矿的上级机关，实际上是专为矿区服务的机构，而且真正做到了这点。前方生产建设在玉门，后方搜购转运在重庆，这是当时玉门油矿总的布局，也是当时油矿生产建设能够很快成功的关键所在。

三、职工生活问题。玉门全县不过三万人，县城不过两三千人。油矿职工和家属总数约万人，玉门县是帮不了油矿多大的忙的。油矿的粮食一小部分从酒泉购运，大部分要到离矿区约三百公里至七百公里的永登、武威、张掖等地买来。矿区自设粮仓、面粉厂磨面，卖给职工。面粉厂是新式钢磨，厂房三四层楼高，规模不小。

白菜从玉门县附近赤金堡和嘉峪关两地自办农场，运菜来矿区，在戈壁滩峭壁里凿洞储藏，随时取用。还有一个规模很大的供销社，等于一个百货公司和副食品商场，有布匹、衣服、鞋帽和干鲜水果等，并自制醋、酱油等调料，自办各种修理服务，如理发、修鞋、补衣、浴池等生活设施，以及职工自己组织的京剧、秦腔、曲艺等文艺娱乐活动，在荒无人烟的戈壁滩上，自成一个社会。所以外来的人，如不经油矿的照料，食宿都成问题，根本没有容身之地。

四、工人问题。油矿开办时，工人来源由国民党政府批准，把酒泉、玉门、金塔三县每年征兵名额拨给油矿当工人。这些人在油矿做工，既不必远离家乡，也不用去打仗，比服兵役高兴多了，因此情绪相当安定。同时这些工人来自社会各阶层的各行各业，学校教员、财会、文书、铁工、木工、泥水工、裁缝、酿造工等都有，正为油矿孤悬在戈壁滩上自成一个社会所需要。一方愿意，一方需要，各得其所，比较安心工作。后来不少人成为油矿的职员和技工。当然在当时社会制度下，工人特别是普通工人受到的压迫和剥削是相当重的。

五、职员问题。当时玉门油矿是我国第一个比较正规的油矿，在这以前，除延长油矿做过一些工作外，我国没有人有开发油矿的经验。我是北洋大学和北京大学矿冶系毕业，又留学美国继续研究并在洛杉矶油矿和得克萨斯州油矿实习参观过。当时的矿长严爽是北京大学矿冶系毕业的，也到美国实习参观过油矿。物探地质师翁文波在英国留学后到波兰油田实习过，还有炼油厂厂长金开英，曾留学美国，担任过重庆动力油料厂厂长，后来调到油矿工作。只有我们四个人虽在国外看过油矿，但也没有实际经验。此外，当时国内大学毕业生没有人见过油矿。所以玉门油矿刚开办时，除少数人员是从其他单位调来的以外，大部分青年技术人员只好每年招请我国大学毕业生，主要是陕南城固的西北工学院和昆明的西南联大化工系的毕业生，其他大学毕业的也有一些。他们都是刚出校门二十多岁的青年人，当然更没有经验。他们并不是分配去的，在别处可以谋得工作，要走可以随时走的。即使在抗战时期，玉门也是一个比较偏僻艰苦的地方，所以很多人不安心于长期留在玉门矿区生活，这是可以理解的。特别对这些青年人的婚姻问题，难于解决，是个大问题。我就有计划地陆续招请重庆的青年女学生送到油矿，安排在会计、财务、医务、学校等部门工作。这样使矿区的青年男女生活大为活跃。后来都在油矿成家立业，对油矿发生了感情，就一直留在矿区工作，给油矿培养了一大批青年人才。这又是玉门油矿成功的重要因素之一。

总之，从上述五个问题来看，有了资源，还得要有专门知识和长期安心工作的员工，以及生产建设所必需的器材，这是办好玉门油矿不可缺少的条件。

蒋介石从嘉峪关来油矿视察时，油矿开办已二年多，矿区一切设备，还很简陋。他和宁夏主席马鸿逵的兄弟马鸿宾坐在第一辆汽车，由我陪同前行，后边有胡宗南等六七辆小汽车同去。在油矿看了几个油井。胡宗南紧跟着他，不离身边，好像是在保护他。

我们当时开采的油层，取名K层和L层，K层很浅，L层比较深些，但一般油井也不过四百五十米至七百米左右，都是浅井。我们从美国买的钻机只能打一千米的浅井，幸而油层浅，否则也打不出油来。

我还陪蒋介石看了矿区的炼油厂和电厂、机厂等其他设施。他一边看，一边说：不容易，不容易。他们在油矿吃了中饭，按照侍从长王世和的关照，给蒋一人在另屋独桌，四菜一汤，无人作陪。我和矿长严爽，炼油厂厂长金开英，总务处处长靳范隅等分别陪同胡宗南等吃饭。蒋午睡一小时后，我向他介绍了严爽（已故）、金开英（在台湾）和地质师孙健初（已故）、物探地质师翁文波（后在石油部）、靳范隅（已故）及重庆油矿局炼厂工料课长邹明（后在石油部）等六七人与他见面，汇报油矿的一些情况。

当天下午我陪他同返嘉峪关，仍是他与马鸿宾和我三人同车。蒋离矿时，当我的面，对胡宗南说，孙某他们在这个地方办矿，看来困难不少，你要支持他。

来矿时，我在车上除给蒋介石介绍一路情况外，主要介绍油矿开办的经过。回去时，他说了些视察油矿的感想。大意是在这样荒凉偏僻的地方建设确是很困难的，以后有什么问题，随时告知我，一定支持你。当时他对盛世才"内向祖国"（当时的话）很得意。他又知道我是学矿的，并在一个月前同朱绍良、翁文灏去过新疆。所以他说，在此抗战期间，新疆回归是很重要的一件大事。他大谈新疆有金矿，对国家建设很有利。当时我想起我在1923—1929年曾在东北吉林的穆棱煤矿（现属黑龙江省的鸡西矿务局）工作过五年八个月，又曾参观过抚顺、本溪的煤矿和沈阳、长春、哈尔滨、大连等城市，对东北农工矿企业，经济建设情况知道得比较多。这时东北已沦陷十二年之久，因此我有意识地对他大谈我所知道的东北情况，目的为促起他对东北的更多认识和对收复东北的重要性。我特别谈了东北地上和地下的资源，东北的地下矿产资源有煤和铁，地上农业资源有大豆、高粱和小麦，因有这几种农产品而兴办的工厂有火磨（面粉厂）、油坊（榨大豆油厂）及酒精厂（高粱为原料）等。煤矿如抚顺、本溪、穆棱、鹤岗等，钢铁如鞍山、本溪，交通如南满、中东等铁路和大连、营口等港口，说明东北是中国经济建设的重要基地，当时称为中国的"后院"。新疆固然重要，但与东北在经济上的重要性来比，有天渊之别。而且东北也有很多金矿，并不比新疆差。我又说，中国的地下资源，总地讲，铁在东北，煤在华北，油在西北（当时只知延长、玉门、独山子三个油矿），所以北方很重要。我虽然没有明说收复东北、华北的话，但已"尽在不言中"了。他在汽车上一路听了我的谈话，引起了他的极大兴趣。当时他邀马鸿宾同坐一车，表示他对宁夏回族的尊重。而马鸿宾以客卿的身份得此同车优遇，也很感奋，就迎合地说："今天听了孙先生的一席话，胜读十年书。"蒋点头称是。

嘉峪关因无人管理，年久失修，城砖脱落，城楼倾斜，破旧得相当严重。蒋看了玉门油矿以后，对我说，你除了办油矿以外，给你另外一个工作，这嘉峪关城楼由你负责修复。我想修复城楼工程不小，最难的是没有木料，我就竭力推辞说："集中精力办油矿，能否办好，尚有问题，实在无力再修城楼。这是地方政府的事情，应由地方来管这件事，我无论如何不能担任。"他也以为然，就不再提了。

宋美龄由迪化回到嘉峪关，和我们大家照了相。第二天蒋和宋美龄就飞返重庆。胡宗南等回西安，我也回到油矿。

三天后，蒋介石从重庆打一电报给我，由邹明翻译，我回忆内容有四点：

一、感谢我在油矿对他的招待；

二、要我草拟战后经济建设计划；

三、要我保举人才；

四、寄给我一本专用密电码，以便我与他通信联系。此电是交重庆经济部用资源委员会与我所用的密电发来的。过了几天，他的专用密电本寄到了。我用这密电本给他复电说："关于战后经济建设计划，我一个人是做不了的，且在油矿也没有资料可供参考，等我11月间回重庆后再考虑。关于保举人才的问题，也等我返重庆后再说。"后来我回到重庆的第三天，蒋介石侍从室打电话叫我去看他。见面后他先问我战后经济建设计划的问题，我说回来向翁文灏讲了，翁说你已叫他和陈立夫共同拟订战后经济建设计划，他们已开过会，找了经济部、交通部（铁道部）、兵工署一批人组成了一个定名为"国父实业计划研究会"，叫我就参加这个组织。我以后就在这个组织里提供我的意见就行了。他同意了。他又问我保举人才呢，我说，还来不及很好考虑。他说好，你考虑后写信给我。过了一些时候，我写一信保举了十个人，列了一个表，内有姓名、籍贯、年龄、学历、经历、现在工作职务等。主要是两种人，一种是学经济的，一种是学工程技术的。寄去后，他又找我说，你保举人才的信收到了，这些人现在都有重要工作岗位，我请你保举的，是现在没有重要工作，但在经济建设方面有真才实学，可到我侍从室里，在我身边帮助做工作的人。我说以前不了解你的这个意图，这种人很难得，待我再考虑考虑。他说好。后来我想这有点像过去所谓"举逸才"或"孝廉方正"一类性质，我没有这样的人。从此我没有再去信，他也没有来催我，此事就不了了之。

蒋介石这次到玉门油矿来，我当时没有向他提出帮助解决油矿具体问题的要求，但事后有一件事是我电请他帮助解决的。这就是油矿的油井昼夜不停地流到集油池，再输送到炼油厂，炼出汽油、煤油、柴油、油渣和蜡烛等产品。但来买油的不但数量时多时少，而且夜间不来，只白天装运，因此矿上必须有贮油的油罐（Tank）以资周转。我们以前只从长沙拆过两个油罐到玉门，远远不能适应昼夜炼油周转的需要。这是生产上的一个大问题。而我们自己又不会做贮油罐的薄钢板，我曾请求经济部资源委员会在重庆收集五十三加仑的油桶，代替油罐以为贮油周转之用。但他们都无办法，这成为我们油矿能否昼夜连续生产的问题。因此我就打电报给蒋介石，请求拨给油矿六万个五十三加仑的空油桶，以资周转之用。他即令饬后勤总司令部拨运了约三万个。拨到的空油桶，虽多破旧的，经过我们检修后，大部分能用上，解决了大问题。而且来买油的单位都自带五十三加仑的空油桶，我们就以装好油的油桶与空油桶交换，这样装运大为加快，用户也都称便，真是一举两得。

蒋介石来矿以后第二年春末，他叫蒋经国、蒋纬国兄弟二人一路坐汽车北来，经过西安、兰州来玉门油矿参观。我现在只记得蒋经国一句话："我们从南到北，一路看桃花。"当时熊向晖在胡宗南那里做地下工作，并陪同蒋经国、蒋纬国一路来到玉门油矿，这是我近来才知道的。

我任敌伪产业处理局长时与蒋介石的接触

1945年8月，日本投降后，国民党政府军政机关纷纷抢先派员在各地收复区接收敌伪产业。当时国民党政府行政院院长宋子文鉴于收复地区的敌伪产业是一大财源，而那时各地接收情形非常紊乱，为了不失时机地把这批财富抓取到手，于11月决定全国所有接收的敌伪工矿企业、房地产及仓库物资统一由其处理。在行政院直接领导下设立了四个地区的敌伪产业处理局：即设在上海的苏、浙、皖敌伪产业处理局；设在北平的河北、平、津敌伪产业处理局；设在青岛的鲁、豫敌伪产业处理局和设在广州的两广敌伪产业处理局。它们代表行政院处理各地区接收的一切敌伪产业。

我于1945年10月间由国民党政府经济部派为东北区特派员，负责接收东北地区的工矿企业，正在重庆招聘和组织各项技术和管理人员准备前往东北。但因当时东北地区由苏联军队占领，尚难前去接收。宋子文以我一时不能前往东北，即于1945年11月下旬派我为行政院河北、平、津敌伪产业处理局局长。我即率同部分原拟前往东北接收人员五十余人于11月30日乘专机飞抵北平，即于12月1日成立了河北、平、津敌伪产业处理局。立即在平、津等地登报公告：河北、平、津区所有中央和地方各接收机构应遵照行政院规定，凡接收的一切敌伪工矿企业、房地产和物资等，均应速将接收清册报送处理局统一处理，一律不得各自处理。各接收机构对处理局的这个公告，均呈观望态度，根本没有一个单位遵照公告将接收清册报来。因此，处理局的工作无法开展。那时国民党政府的政令，不但对地方机关无法贯彻，就是对直属行政院的各部会派去的接收单位，也很难贯彻执行。而新设立的处理局想把当时的军事委员会委员长北平行辕、第十一战区司令部、河北省政府、平、津两市政府以及中央各部会在华北的各特派员办公处所接收的敌伪产业完全拿过来统一处理，就如同要把他们刚到嘴的肥肉又吐出来一样，谈何容易，焉能实现？处理局的工作不能顺利开展，自属意料中事。

在处理局成立之前，华北最高军政机关的北平行辕早已成立一个河北、平、津敌伪产业清查委员会，由行辕主任李宗仁任该会主任委员，华北地方各军政首脑均被派为该委员会的委员。以后又在天津成立了河北、平、津敌伪产业清查委员会天津分会，由张子奇任主任委员。该清查委员会成立后，接收了不少敌伪物资，由北平行辕通过该会自行处理。我到北平成立敌伪产业处理局后，其职权与该清查委员会正相矛盾。李宗仁于是以北平行辕名义加派我为该清查委员会委员，企图把处理局置于清查委员会领导之下，仍可由清查委员会自行处理敌伪产业。这样更增加了我对于执行处理局职权的困难。

正当处理局虽已成立而无法推进工作之际，1945年11月中旬，蒋介石于日本投降后第一次来北平视察。当时北平行辕主任李宗仁、第十一战区司令长官兼河北省政府主席孙连仲、北平市长熊斌、天津市长张廷谔等华北地方军政首脑趁此机会，纷纷以华北人民受尽日伪压迫，所有敌伪产业都是华北人民受尽剥削的民脂民膏，人民生活困苦不堪等情况为借口，条呈蒋介石准将所接收的敌伪产业交华北各地方机关处理，作为救济之用。蒋介石为了笼络地方军政人员，并未与行政院电商，一一予以批准，并将其批示抄交处理局照办。我接到此批示的副本后，感到这与宋子文设置敌伪产业处理局的原意不符，两头为难。于是我也针锋相对地将行政院规定敌伪产业应由处理局统一处理的办法，向蒋介石当面作了说明，并代蒋拟好一个批示："华北敌伪产业应照行政院规定，由处理局统一处理。"对此，蒋也当面批示照办。

同时还有河北地方元老鹿钟麟与张继的爱人崔振华等，在"大河北主义"的精神支配下，与华北各军政首脑相配合，向蒋介石说：他们到北平城墙上向四方瞭望，见所有工厂的烟囱都未冒烟，工厂停闭，人民生计困难，孙越崎一向办理工矿企业，应请他负责恢复这些工厂，迅速生产。于是蒋介石就面嘱我拟订一个"平津工厂复工计划"，于三天内（在他离平前）面交给他。

当时处理局成立不过半月，各接收机关尚未将接收清册及接收后情况报来，因而对当地各企业情况完全没有掌握，底数不明。这个复工计划根本无法草拟，但又不得不按期交卷。我不得已商得当时随蒋同来北平的国民政府参军长商震同意（抗战前我在河南中福煤矿任整理专员和总经理时，商震任河南省政府主席，接触多次，早已熟识），由商震以参军长名义召集中央各部会特派员及有关单位的负责人到蒋介石的住处（圆恩寺）开会，嘱令即日将所接收敌伪产业清册报送处理局。但会后报来的，仍寥若晨星。在此情况下，我只好由处理局同事顾毓琼从经济部冀、察、晋、热特派员办公处弄到一些日本华北重工业株式会社的残缺不全的资料，由顾毓琼会同沈嘉元、董询谋和我四个人，连夜闭门造车，边起草、边打印，搞了一个通宵，拟出一个所谓"河北、平、津工矿复工初步计划"，第二天早上在蒋介石离平前，我遵限当面交卷，应付了事。他看也不看，就交秘书收下，即离北平飞返南京了。其实蒋介石要我作这个复工计划，并不是真正关心华北工业生产，只是应各地方当局和地方元老的请求而提出来的。这些地方当局和元老们的目的是一方面要求把处理敌伪产业的权力交给他们；另一方面把复工的责任加在处理局身上，以分散处理局的精力。用心很深，其谋甚毒。蒋介石不加考虑就把复工任务交给了我。蒋介石这种乱批条子的做法，造成了处理局工作更加混乱的局面。

蒋介石走后，地方当局就以新闻报道的方式，把蒋给他们处理敌伪产业的批示，在平津报纸上发表了。处理局本来已经无法开展工作，这样一来，就更没人理睬了。处理局虽然也有蒋介石的批示，但地方政府当局是实力派，即使把蒋给我的批示也予以发表，并无助于当时僵局的打开。

因此，蒋介石离平后，我立即将以上情况详细电报南京宋子文请示如何办理。宋接电后即于1945年12月下旬飞到北平，住东交民巷旧海关署。我当即详细向宋子文汇报情况，并告以我也得到蒋介石给我的按照行政院规定所有敌伪产业交由处理局处理的批示。宋看了以后非常高兴，当即电告蒋介石：到平后，看到您给处理局孙越崎局长的批示，当遵照与有关方面洽商，将敌伪产业一律移交处理局处理。电报内不提蒋批给地方当局的批示。电报发出后，宋子文由我陪同去中南海，单独与李宗仁商量。李为人比较开明，同意取消他主持的敌伪产业清查委员会，把该会接收的敌伪产业移交处理局处理。他们二人并商定次日上午在中南海李宗仁办公的勤政殿召集各地方当局及中央各部会特派员和其他有关单位负责人开会。

宋子文邀我次日晨到他住处，与他同进早餐。早餐时，他对我说："今天开会时，我要责备你几句，说你工作不力，必须抓紧时间，遵照行政院规定和蒋给你的批示办理，这样，今天的会可以开得有力量，而对你以后也容易推动工作。"

是日上午开会时，北平行辕主任李宗仁、十一战区司令长官兼河北省政府主席孙连仲、北平市长熊斌、天津市长张廷谔和副市长杜建时、热河省政府主席刘多荃（河北平津敌伪产业处理局也管山西、察哈尔、绥远、热河等省，当时热河省政府主席刘多荃正在北平，故也参加），及中央各部会特派员石志仁、王翼臣等三四十人都参加了会议。宋子文先讲了行政院设立敌伪产业处理局原委的一套冠冕堂皇的话，处理局将处理敌伪产业所得价款一律解交中央国库，以便回笼货币，平抑物价，是国家财政方面的一项重要措施；地方需款另由中央核拨，不得自行处理敌伪产业，将款挪用等等。宋子文在会上并宣布了蒋介石给孙越崎的批示，指责孙越崎开展工作不力，有负中央委托。最后宣布宋本人暂留北平，在中南海居仁堂设行政院院长临时办公处，限令各接收单位必须于五天内将接收原始清册交到院长临时办公处点收，以便交处理局登记处理。会后，宋子文每天亲自到居仁堂坐镇办公，并接见华北党、政、军各方面的负责人谈话，各接收单位也就开始将接收清册送来。处理局人员除少数留守外，都到居仁堂作为院长办公处的工作人员，办理点收清册等事务工作。

宋子文在北平留了六七天，将处理局工作亲自布置就绪后，我就随他于1946年元旦同机飞往天津，又停留了几天，也同样作了安排。李宗仁设在天津的敌伪产业清查委员会天津分会撤销，并入处理局天津办事处。至此，处理局的工作，由于宋子文的亲自到平、津两地督促布置，并得到李宗仁的合作，才打开了局面，得以逐步顺利进行。

处理局工作一旦展开，原假北平中国银行的办公地点，不敷应用，同时工作人员也亟待充实加强。当宋子文离平之前，我请他批准将东交民巷御河桥二号原日本大使馆和总领事馆拨作处理局的办公处。那时正有一批原定随我去东北接收的工矿技术和管理人员乘"美江"轮出川抵汉，我请宋子文批准包了一架专机将其中五十余人由汉口直飞北平，充实了处理局的工作班子。这为处理工作的顺利开展创造了条件。以后又在天津、唐山、太原、石家庄四地分设了处理局办事处，分管各地区的敌伪产业处理工作。

到1946年底，完成了宋子文当初交给我的处理敌伪产业价款一千亿元法币的任务后，我于1947年1月份就辞去处理局局长职务，于1947年2月转东北，3月到南京就任资源委员会副委员长之职。经行政院令派原任处理局副局长张子奇继任河北、平、津敌伪产业处理局局长。

综上所述，从我在处理局任局长时与蒋介石的接触中，可以看到蒋介石的办事独断专行，杂乱无章，不和下边甚至不和行政院通气，乱批条子。本来在处理敌伪产业问题上，中央与地方有争夺，有矛盾，由于蒋到北平的随意乱批，就更增加了矛盾的复杂性。在国民党统治时期的官场中，曾流传过一句话："委员长大家可以用。"这里说的有关处理敌伪产业，他既批给地方当局，又批示给我，就是一个具体的例证。

谈判中苏合办东北重工业的经过

1945年8月，日本投降后，苏联远东军很快占领了我国东北全境。苏联远东军总司令马利诺夫斯基元帅通知国民党政府，允许中国政府派往东北的行政人员（省政府主席和市长等）去东北接收各级地方政府，而工矿企业、铁路交通、兵工厂等接收人员和国民党政府军队一律不许进入东北。在这种情况下，国民党政府委派的军事委员会委员长东北行辕主任熊式辉，东北经济委员会主任委员张嘉璈，东北九省省政府主席和哈尔滨、长春、大连、沈阳等市市长，分批由重庆乘飞机先后抵达长春。熊式辉在行辕门口挂出了军事委员会委员长东北行辕的牌子，挂出后，苏联远东军总司令部很快提出了抗议照会，照会声称，我们只同意你们的行政人员来接管，不许军事人员出关，现在军事委员会人员也来了，这是不允许的。结果，熊式辉只好摘去了这块牌子。其实，国民党政府的军事人员根本没有出关，东北保安司令长官杜聿明及其所属的新一军、新六军等部队，全部集结在秦皇岛、唐山一带待命。我当时的职务是经济部资源委员会副主任兼经济部东北特派员，负责接收东北的煤矿、铁矿、钼矿、钢铁厂、电工制造厂、机器制造厂、发电厂、炼油厂、水泥厂等重工业企业。由于苏方的阻挠也不能出关，而我组织的大批去东北接收人员除留一部分骨干外，其余只好改派到其他地区去。当时国民党政府行政院院长宋子文因我不能去东北，就临时委任我为河北、平津、山西、绥远、察哈尔、热河敌伪产业处理局局长（机构设在北平），处理从日伪接收下来的厂矿、房地产和仓库物资。1946年1月，正值蒋介石、宋子文先后离北平回重庆，河北、平、津敌伪产业处理局工作正在开展之际，国民党政府外交部部长王世杰、经济部部长翁文灏奉蒋介石的命令，打电报要我立刻回到重庆，说有要事相商。我即飞到重庆后，见到王世杰、翁文灏，他们告诉我说，张嘉璈到东北后就和苏联远东军总司令的经济顾问库兹涅佐夫谈判。苏联提出的除已合办的中长铁路（从满洲里到绥芬河，哈尔滨到大连、沈阳到安东）外，还提出他们认为是战利品的全部东北重工业企业都要中苏合办。张嘉璈已与库兹涅佐夫谈判了几次，不得结果。张请求将谈判升级，改由国民党中央政府与苏联驻华大使在重庆直接谈判。这次要我来，就是让我协助张嘉璈继续与苏方在东北谈判。第二天，我和王世杰、翁文灏一起到蒋介石的官邸曾家岩去见蒋介石。蒋介石拿出张嘉璈给蒋的信让我看。信的内容与王世杰、翁文灏同我谈的情况大体相同。不过信中特别强调了苏方的态度，既蛮横又强硬，如不答允，决不会罢休。最后强烈请求把谈判地点移至重庆，由外交部经济部直接同苏联大使办交涉。我看完信后，蒋介石同我说：“这件事我已同王世杰、翁文灏谈过了，还是由地方政府同苏方办交涉为宜，中央政府就不要出面了。”临走，蒋介石又说：“你回去同王世杰、翁文灏一起去商量商量吧。”在重庆期间，我同王世杰、翁文灏讨论了好几次。总的精神是坚持由地方政府出面与苏方谈判，顶住苏方提出的无理要求。离开重庆之前，我又去见蒋介石，蒋介石说：“这次就派你做张嘉璈的经济顾问，协助张嘉璈同苏联办交涉。”蒋还亲笔写了一封信给张嘉璈，让我带给他。信上说：此事还是以地方政府出面办理较为适宜，今派孙越崎做你的经济顾问，协助你办理此事。最后说，事关重大，望兄勉为其难吧。临别前，我又问蒋介石，对这件事我方究竟应持什么态度，遵循什么样的方针？蒋介石说：“全面合办不行，少数合办可以，敷衍敷衍吧。”这样，我就从重庆飞回北平，当即转机飞往长春。到长春后，我把蒋介石的亲笔信交给张嘉璈，张看完以后，面有愠色，很不高兴地说：“这么大的事，本应该中央出面谈判。中国历来同外国人办交涉总是丧权辱国，而办交涉的人最后总要落一个卖国贼的恶名，王世杰、翁文灏不愿意在中央同苏联人办交涉，将来把罪名推在我身上，他们真会打算。好吧，只好我同你一起去和他们交涉了。”从他这段话里，我进一步了解到，不管是中央政府还是地方政府谁都不愿意同苏联人谈判，谁都不愿意负这个责任。见此情景，我决定在谈判时持坚定态度，决不干对不起祖宗的事。我到长春后的第三四天，张嘉璈邀请库兹涅佐夫到中长铁路中方理事长办公地点来谈判。我方参加谈判的人员共三人，张嘉璈、我和一名译员，苏方参加谈判的有四人，除库兹涅佐夫外，还有两名代表和一名译员。谈判一开始，张嘉璈就把我介绍给苏方，要我陈述中国方面的原则立场，而他自己则坐在首席位置上一言不发。我首先说了几句客套话，然后提出我方的建议。我说："苏联方面想和我方合办东北重要厂矿企业的事，我们慎重地考虑了，我们的意见是：本溪湖（现在的本溪市）的煤矿和钢铁厂等几个厂矿企业可以合办。至于抚顺煤矿、鞍山钢铁厂、阜新煤矿等厂矿企业应由中国人自己来办。"接着我又补充说："本溪湖的钢铁厂所用的铁矿石来自南芬富铁矿，这里距工厂只有二十多公里，而炼焦用的煤和石灰石就在工厂附近，具有这样优越条件的钢铁厂是世界少有的。我们提出这些工厂与你们合办是大大有利可图的企业。"我为什么能提出这样的建议呢？1923年至1929年，我在北满穆棱煤矿工作了将近六年；在这期间，我先后到过南满和北满的不少厂矿，对东北的工矿企业比较熟悉，虽然事隔多年，但东北的大致情况还是比较了解的。在抗战期间，在外国刊物上，也辗转知道一些日本在东北的经济建设概况，所以我能提一些比较具体的建议。

我的话音刚落，库兹涅佐夫立即反驳道："中方代表的发言与我方提出的建议差距很大，看来中方没有诚意，对此深表遗憾。"接着他傲慢地说："中国东北的所有厂矿企业都是我们远东军的战利品，我方提出与你们合办这些厂矿企业，已经很照顾你们了。而我们要求同你们合办这些企业不是有利可图和无利可图的问题。老实说，我们怕你们将来同美国人合办，如果你们同美国人合办这些企业，美国就会以满洲为基地进攻我们。我们认为苏中合办这些企业不是什么经济问题，主要是政治问题，原则问题。"当我要反驳时，他当即指着我说："要合办就全部合办，没有其他商谈的余地。"同时谈到合办的股份时，我国公司法规定，我占百分之五十一，外国占百分之四十九。他说："这是战利品，必须各占一半。"我说碍于法律规定，无法通融。他说："法律是人订的，为了苏中的友好关系，你们可以修改法律。"我听了库兹涅佐夫的这些无理的话，立即反驳道："你们是社会主义国家，但照你这样说话，同以前日本帝国主义对我们有什么区别？"库兹涅佐夫立刻火冒三丈地叫嚷道："你说我们同日本帝国主义一样吗？那么我就马上打电报给莫斯科，说是你说的。"他的态度十分傲慢。我也不客气地回敬道："那就随你的便吧！"会谈就这样陷入僵局，不欢而散。临走时，彼此连招呼都没打。过了三四天，张嘉璈为了缓和一下气氛，给苏方参加谈判的人员发了请帖，请他们到上次谈判地点吃茶点。这次苏方来的人员和上次一样。会上，双方代表都讲了一些礼节性的应酬话。自始至终没谈合办厂矿企业的事。从此不了了之。会谈结束以后，我就乘飞机由长春转北平直飞重庆，向蒋介石、王世杰、翁文灏报告整个谈判经过，他们听了我的报告，蒋介石说："很好很好，就这样吧。"

这次中苏谈判以苏方失败而告终，但苏联方面决不善罢甘休，竭力进行报复。1946年2月底，苏联远东军从我国东北开始撤军，在撤军过程中，把东北的重要工厂设备能拆走的全部拆走，不能全部拆走的，就拆走一些重要的机器和部件，一些铁路的钢轨也被苏军拆走了，还运走不少火车头，车辆和大量军火物资。有些机器的部件上，已用红油漆写上运往苏联某某地方的某某厂矿，但实际未及运走。东北的工业和交通运输经苏联远东军大肆拆运破坏之后，不少工厂长期不能恢复。

苏联远东军从我国东北陆续撤走后，杜聿明的部队就陆续出关，我也率领一批人员到东北，开始接收东北的重工业。1946年10月，我将接收的全部厂矿企业移交给行政院资源委员会管理。1947年1月底，我辞去行政院河北、平、津敌伪产业处理局局长职务，回到南京就任行政院资源委员会副委员长。

第 5 章　大打内战的总统与黯然落幕

蒋介石做总统的一个片断

胡次威

从选举第一届国大代表说起

1935年，我在浙江省做兰溪区行政督察专员，当时国民党政府正要选举第一届国大代表，由中央选举事务总处派我兼兰溪区选举监督，寄来一张简派状和一块长方形的关防，要我立即成立区选举事务所。

不久，接到浙江省政府和浙江省党部的会衔密电，附有代表候选人名单，要我支持他们一律当选。自然，所有候选人都是清一色的国民党党员。我随即召集所属十一县的县长到兰溪开会，在会议席上宣布了密电和名单，请大家发表意见。有的县长认为这张名单无法执行，因为有一些候选人是不见经传的无名小卒，有一些候选人在本地声名狼藉，劣迹昭著，谁都不会选他们。可是多数的县长认为所谓选举也只不过是那么一回事，至关重要的还是选举方法问题。

浙江省政府和省党部的密令，明摆着是不能不执行的，我当然同意后一种意见，和县长们在选举方法上商决了三个问题：

一、选举人名册问题。各县都未作过选举权人的调查，根本无法编制选举人名册。大家认为这样更好，选举人识字的不多，原可由代书人代为签名领取选举票，那就正好发动各该县政府全体职员翻开"百家姓"和"千字文"，用大代数里的排列法任意编造。

二、秘密名单以外的候选人参加竞选问题。为了在面子上做得好看一些，准许他们自由参加竞选，即使他们带人前来投票，至多也不过投几十张或者几百张票，这样一点票数，谁也不能当选。

三、保障秘密名单所提的候选人当选问题。大家一致认为必须在投票结束后，立即估计他们所得的票数，临时发动各县政府全体职员漏夜写投票，缺多少补多少，以补到他们足够当选的票数为止。

我还排定日程亲往各县监选，能敷衍的就敷衍，能弥缝的就弥缝，务使其不致出事。最后又想出一条掩耳盗铃的办法，要各县县长把选举票柜送到兰溪，在行政督察专员公署集中开票。我曾发现有不少的选举票在票柜里摆得十分整齐，显然是打开柜子成沓地放进去的，而不是一张一张投进去的。好在唱票、计票、监票的先生们都是"自家人"，大家都心照不宣。至于那些秘密名单以外的候选人，已明知其不能当选，谁也不愿既花路费又费时间来欣赏这最后的一场把戏。

江苏省的第一届国大代表选举票，办得晚一些，我在1936年调往该省做江宁区行政督察专员兼江宁区选举监督，又适逢其会。我在浙江已有了一套违法舞弊的经验，到了江苏只是召集所属各县的县长到江宁东山秘密开会，面授机宜，他们据以如法炮制，那就不在话下了。

"处处老鸦一般黑"，全国其他各省各区选举第一届国大代表的手法，和我差不了多少，可能有些地区比我还要搞得更糟。可以肯定地说，如不违法舞弊的话，那一千多名的第一届国大代表谁也当选不了。

可是国民党政府的宪法，便是这些代表老爷们隔了十多年之后在南京开会制定的。谁能说这不是"滑天下之大稽"的奇文呢！

国民党内部对宪法草案的一场争吵

抗战胜利后，蒋介石处心积虑要做总统，因而不顾一切，一面发动内战，一面召开第一届国民代表大会制定宪法。

在抗战前，立法院起草过一个宪法草案，叫作"五五宪法草案"。"五五宪法草案"对总统的职权有所限制，蒋介石原本是不满意这个草案的。正在此时，张君劢和曾琦通过行政院院长张群，向蒋介石提出要求，说要重新来一个各党各派都能同意的宪法草案，提交国民代表大会讨论，否则民社党和青年党就不参加国民政府。在蒋介石同意之下，张君劢草拟了若干宪法原则，其中最突出的有四条：

一、总统的任期定为四年，只得连选连任一次；

二、实行"责任内阁制"，由行政院对立法院负责；

三、实行自治；

四、设置大法官九名，解释宪法和法律。

蒋介石自有他的打算，对这些意见一律接受。

蒋介石随即指定王宠惠、吴铁城和王世杰等三人负责起草，由王世杰执笔，只一个星期拟成了一部宪法草案。先在国民党内部进行讨论，开会地点在中央党部，我以中央候补执行委员出席了这次会议。到会的约七八十人，由王世杰主持。

在王世杰报告起草经过以后，大家就吵开了。有不少的人认为这个草案远不及"五五宪法草案"，根本要不得。还有人大骂张君劢冒充宪法专家，招摇撞骗，不能让他瞎出主意破坏国民党的党治。王世杰一再说明只能就案言案，不能涉及根本问题。于是书归正传，转而讨论草案的具体内容。

不料这样一来，吵得更凶。争执得最厉害的有这样几个问题：

一、要不要在宪法草案第一条规定"遵奉三民主义"的问题；

二、领土范围应该怎样规定的问题；

三、国民代表大会闭会以后要不要设置常务委员会的问题；

四、总统在国民代表大会闭会期间，应不应有紧急处分权的问题；

五、总统应不应有否决法律权的问题；

六、总统的连任次数要不要加以限制的问题；

七、各省应该是行政区划还是自治区域的问题；

八、要不要设置大法官的问题。

发言的先生们各有各的企图。例如，希望蒋介石做总统的人，即极力主张总统应该有紧急处分权和法律否决权，也不要限制总统连任次数。不愿意蒋介石做总统的人，则与前一种人的意见完全相反。彼此争吵，互不相让，从下午吵到深夜。王世杰同蒋介石通了一次电话，最后宣布说："这个草案是蒋先生同意了的。各位的意见都很好。夜深了，散会吧。"一场争吵也就不了自了。

不几天，中央党部又召开会议讨论第二届国民代表大会的组织原则，被邀约的是各院部会的代表，只有十几个人，我代表内政部出席了这次会议，由王宠惠主持。

王宠惠首先提出第二届国大代表的名额问题，他认为至多不能超过一千二百人，其中区域代表占百分之七十，团体代表占百分之二十。社会部长谷正纲表示反对，他说："不管是多少代表，社会团体的代表至少要六百人才够分配。"王宠惠回答："你不能占去全部名额的二分之一。"谷说："我是主张在一千二百人之外再加六百人。"王宠惠再答："没有这样大的会场。"谷又说："就应该建筑一个大会场。"王说："这名额是蒋先生决定了的。"谷说："你应该去报告蒋先生，不能随便驳回我的意见。"他们二人唱了一出"二人台"，其他的人只是偶尔插上几句。吵了两个多钟头宣布散会，以后这个会议也没有再开。应该说这是国民党内部在宪法草案争吵中的一段插曲吧。

"我不做总统，谁做总统"

蒋介石想做总统铁了心了，可是想不到美国驻华大使司徒雷登会向他传达美国主子的命令，要他把总统让给另一美国奴才自称"过河卒子"的胡适。

其实，在南京国民党官场里，大家早已知道事情有些不妙了。司徒雷登的前任是赫尔利，在他辞职回国的时候，蒋介石特意为他开了一个欢送会。赫尔利竟在欢送会上大骂国民党政府贪污无能，气得蒋介石脸红脖子粗。在座的国民党官员们，面面相觑，不知所措，连素有"大炮"之名的谷正纲也一言不发。当然，奴才失去了主子的欢心，应该是多么的难过啊！

在第二届国民代表大会开会的前几天，中央党部召开了一次临时全体会议，讨论总统候选人的提名，由蒋介石亲自主持，我以中央候补执行委员列席了这次会议。

蒋介石先谈了一套总统人选是怎样的重要，第二届国民代表大会的主要议程是选举总统，应由国民党提出总统候选人。最后才说到据他的看法，总统候选人必须具备这样四个条件：

一、文人；

二、学者专家；

三、国际知名之士；

四、不一定是国民党党员。

大家心中有数，具备这样四个条件的显然是胡适而不是蒋介石。我的旁座是吴国桢，他对我说："司徒雷登真行，大概这次蒋先生真要退让贤路吧。"在蒋介石讲话之后，即宣布暂时休会，下午再开。

这天下午开会，蒋介石未到，由何应钦主持，大家便闹开了。有人在议论了四个条件之余，直截了当地提胡适做总统候选人。有人不同意，认为胡适不配做总统，纷纷提出吴稚晖、于右任、居正做总统候选人。这些人在发言中，都先把蒋介石恭维了一番，说他如何如何"劳苦功高"，为了爱护"领袖"，应该让他"暂时"休息一下。也有人提出蒋介石可以不做总统，但是他不能不做军事委员会委员长或者是行政院院长。发言的多是一些比较年轻、对蒋介石素来不大满意的人，特别是黄宇人一再上台发言，闹得最起劲。吴稚晖、于右任、居正、戴季陶、孔祥熙、张群、张治中、陈布雷、陈诚等，坐在前排一声不响。只有吴稚晖发过一次言，说他自己衰庸老朽不配做总统，应该提蒋介石为总统候选人。大家哪里肯听，足足闹了一个下午，主持宣布散会，明天上午继续再开。

第二天上午的会议由蒋介石主持，会场空气甚为紧张。我当时这样想："快要作结论了，大概是提吴稚晖，决不会提胡适。"蒋介石怒气冲冲地先把提胡适做总统候选人的大骂了一顿，接着唱了一出"丑表功"，说他自己如何追随总理（指孙中山先生）参加革命，如何誓师北伐定都南京，如何削平内乱，又如何打败日本。最后他咬牙切齿地说："我是国民党党员，以身许国，不计生死。我要完成总理遗志，对国民革命负责到底。我不做总统，谁做总统！"他说完之后，向全场扫视一周。于是先由前排发起，引起了疏疏落落的掌声，随即宣告闭会，一哄而散。

我在事后问张群："蒋先生既然愿意做总统，为什么又要提出四个条件影射胡适呢？"他回答说："难道你还不知道这是'民意测验'吗？"啊，原来如此！

蒋介石也终于当选了总统。事后有人说，还算好，没有像李宗仁、孙科竞选副总统那样请客拉票、贿赂公行。可是据我所知，属于CC系统的国大代表，就经常"叨扰"陈果夫和陈立夫，最后还每人送了三十万元路费。曹锟贿选总统只对每一名"猪仔议员"赏洋五千元，比之蒋介石那就未免过于"寒碜"了！

其他有关的二三事

在宪法草案未提交第一届国民代表大会讨论以前，还要先送交立法院经过所谓"立法程序"正式通过。

有一天，最高法院院长夏勤（他是我在北京朝阳大学读书时的教务长，解放后死在香港），匆匆忙忙地来找我，说："糟了！刚才立法院通过宪法草案把最高法院取消了。怎么办？"我说："真糟，连疏通都来不及了！"后来商定由我写一篇文章，主张恢复最高法院。我把这篇文章送给《中央日报》总编辑陶希圣，他把它作为代论登在《中央日报》的社论栏。立法委员先生们着慌了，赶快提出复议，恢复了最高法院。据我想，陶希圣不会不请示蒋介石，我这篇文章也正合蒋介石的胃口。

　　第一届国大代表们纷纷主张，要在国民代表大会闭会以后，设置一个常务委员会，连具有国民党党籍的代表也是这样主张。内政部部长张厉生同我谈起了这件事（我当时是内政部次长），他说："蒋先生坚决反对在国民代表大会闭会以后设置常务委员会，有了常务委员会不但遇事掣肘，把这一班穷凶极恶的人摆在南京，随时向各院部会荐人惹事，也就够瞧的了。"他要我写一篇文章谈谈这个问题，特别是要在"总理遗教"中找根据，才能说服具有国民党党籍的国大代表。我写好之后送给陶希圣，登在《中央日报》的专载栏。

　　我不是国大代表，可是我在这期间搞的是国大代表和宪法方面的工作，替蒋介石卖力，做了国民党反动派的帮凶。

　　蒋介石当选了总统，于1948年5月1日在总统府举行"宣誓典礼"，我被邀参加了这次"典礼"。这一次的扮演，先出台的是穿长袍马褂的监选人吴稚晖，随着一文一武。文的是国民代表大会秘书长洪兰友，穿一套硬领燕尾服，左手捧着一顶黑呢大礼帽；武的好像是黄镇球，穿的陆军便服。副总统李宗仁比蒋介石先上台，穿的陆军便服，挂了一排大大小小的勋章。最后才出现了总统蒋介石，穿的长袍马褂，佩戴一枚青天白日勋章。内政部次长彭昭贤坐在我的旁边，他说："老胡，你看！洪兰友像不像一个耍魔术的？"我说："本来就是耍魔术嘛！"我们两人都心中有数，即便这种玩笑，谁也不会"凿"谁的"壁脚"。其实，在当时的那种场面下，有此同样感觉的不止我和彭昭贤。

　　刚一散会，我还没有走出总统府的大礼堂就遇着陈布雷。他说："不要走，到后花园照相去。"我同他一起到了后花园。不过我很奇怪，为什么参加这次照相的人并不多？

蒋介石破坏和平进攻东北始末

杜聿明

　　抗日战争胜利后，蒋介石为了抢夺人民胜利果实，勾结美国，调兵遣将，在东北经过三年的激烈战争，从猖狂进攻到最后全部被歼。其间，蒋介石三易东北主帅。1945年9月，任命熊式辉为东北行营主任；同年10月18日，任命我为东北保安司令长官。我于1947年被人民解放军打得放弃安东，身患重病，于7月8日离职，司令长官交给郑洞国接替。到8月，蒋又任命陈诚为东北行辕主任，将长官部撤销，集军政大权于陈诚一人之手。陈诚不但未能挽救蒋军的危亡，局势反而更加恶化。1948年2月，蒋介石又改任卫立煌为东北"剿匪"总司令，10月20日又调我为副司令。最后仍然逃不脱在东北彻底失败的命运。

　　这份材料所叙述的，是我自1945年任东北保安司令长官起，衔蒋介石之命勾结美国进攻东北解放区、抢夺胜利果实的种种内幕情况。主要内容包括东北保安司令长官部成立经过，美蒋勾结接收东北的阴谋策划，破坏和平进攻榆锦，明停暗打劫收长、沈等问题，写到1946年6月7日蒋介石明令东北停战为止。关于我从1947年下半年起的一些亲身经历，将在以后陆续提供材料。

"东北长官部"成立经过

当1945年7月旧"中苏友好同盟条约"（以下简称旧中苏条约）商定期间，蒋介石集团拟议成立"东北保安司令长官司令部"（以下简称东北长官部）。我记得是年7月中旬，旧中苏条约初稿已经宋子文等在莫斯科举行谈判后拟定。正在这时，熊式辉即来昆明征求我的意见说，中苏条约即将签订，在条约签订后，苏联即出兵东北对日宣战。在苏联军队对日作战期间，依照条约第十二条规定，中国行政人员将空运东北，在业已收复的领土内执行三项任务：（一）在敌人业已肃清的区域，依照中国法律设立行政机构；（二）协助在已收复领土内建立中国军队（包括正规军及非正规军）与苏联军队的合作关系；（三）保证中国行政机构与苏联军队总司令之积极合作，并依据苏联军队总司令之需要及愿望，特予地方当局指示，俾得收协力合作的效果。熊当时得意地说："根据中苏条约的签订，中国可以很快地收复东北，东北沦陷区将比华北、华中、华南收复得更早。老头子（指蒋介石）已内定要我（熊自称）担任东北行营主任，军事由张文白（即张治中）担任。我认为我同张合作不来，老头子说可以另选人核夺。如果光亭（我的别号）兄能够同意的话，我就去同老头子建议。"我对熊说："东北抗日军事重要，外交错综复杂，我这个不学无术经验不足的人恐怕难以胜任。"熊见我未反对，也了解我说的是一套客气话，就说他非常欢迎我去，并吹嘘他的军事、政治、外交手腕后说："在东北只要同苏联处好，一切都没有问题。"同时和我谈了许多拉拢的话，即匆忙飞返重庆。

熊式辉到重庆后即运用他的政治手腕，开始做他东北党政军各方人事上的选择和安排。只因东北是土地肥沃、物产丰富、工业建设又比较内地发达的一个区域，许多官员们都想在苏联军队（以下简称苏军）击退日军侵略军之后，分到一碗现成饭。于是僧多粥少，争食者众，各方奔走活动几乎无法应付。为了豢养更多的官僚政客，瓜分东北人民胜利的果实，提出许多划分东北行政区的方案。8月9日苏联对日宣战，以迅雷不及掩耳的战略战术打得日本关东军百万劲旅土崩瓦解，迫使日本不得不无条件投降。正当举国狂欢庆祝胜利之际，蒋介石集团反而忧心忡忡，张皇失措，连旧中苏条约中规定应派到驻苏军总部的"军事代表团"也无法派出；只是连夜召集紧急会议，于11日发布了几个命令。这几个命令的要旨是：（一）一般通令给各省市政府、各战区司令长官——"日本投降确期，应由我国与盟国同时宣布，在政府未公告前，全国军民工作一如战时，不得稍有疏懈"。（二）命令他自己的嫡系部队——"加紧作战，一切努力依照既定军事计划与命令，积极推进勿稍疏懈"。（三）命令沦陷区各色伪军——"应就现在驻地，安谧地方，乘机赎罪，努力自救；非经本委员长许可，不得擅自迁移驻地，或受任何部队改编"。（四）命令解放区抗日部队——"所有该集团军所属部队，应就原地驻防待命，其在各战区作战地境内之部队并应接受各区司令长官之管辖；政府对于敌军之缴械，敌俘之收容，伪军之处理及收复地区之恢复，政权之行使等事项，均已统筹决定，分令实施。为维护国家命令之尊严，恪守盟邦共同协议之规定，各部队勿再擅自行动为要"。这时重庆蒋家党政军各机关都忙于遴选心腹，准备到南京、上海、天津、北平、广州、武汉等重要城市进行劫收。在这种情况下，蒋介石集团就把限制人民解放军收复失地，解除日军武装的任务放在第一位；而把东北分赃的问题，暂时搁置，幻想从苏军手中，把东北整个地接收过来。

就这样，一直拖延到8月31日始发表熊式辉为军事委员会委员长东北行营主任，并以国民政府名义明令划分东北三省为九省。9月5日又发表任命东北九省二市主席、市长的命令：徐箴主辽宁，高惜冰主安东；刘翰东主辽北；郑道儒主吉林（未到任，后改任梁华盛）；关吉玉主松江；吴瀚涛主合江；韩骏杰主黑龙江；彭济群主嫩江；吴焕章主兴安。沈怡为大连市市长；杨绰庵为哈尔滨市市长。同时发表熊式辉兼军事委员会委员长东北行营政治委员会主任委员，莫德惠、朱霁青、万福麟、马占山、邹作华、冯庸为委员；张嘉璈为东北行营经济委员会主任委员；蒋经国为外交部驻东北特派员；潘公弼为宣传部东北特派员。

东北人事分赃，经过蒋介石内部各派系间一个多月的争夺斗争，在政治方面虽然初步拟定发表，而在军事方面则仍举棋未定。一则因蒋军在美国大力支持下，正忙于在关内各地劫收人民的果实，无兵可调，亦无法运往东北；二则因蒋介石、熊式辉对于东北军事人选各有成见。蒋曾一度属意于关麟征，召关到重庆商讨，决定成立东北保安司令长官司令部，并于10月8日发表关麟征为东北保安司令长官。熊当时对关的自高自大、目中无人的态度极表不满，可是又不能提出反对。事有凑巧，龙云被逼下台后，由何应钦、宋子文陪他到了重庆。龙逢人大骂我，并对关麟征说，一定要惩办我，调离云南，欢迎关麟征去云南，关亦表示同意。于是蒋介石将计就计，施用一套权诈手段，于16日发表命令，将我撤职查办，调关麟征为云南警备总司令，以息龙云之愤。过了两天，却又发表我为东北保安司令长官。蒋介石集团内部对东北的人事争夺，至此初步告一段落。

美蒋勾结劫收东北的阴谋策划

蒋介石的政策方针

抗日战争胜利后，蒋介石的对内政策是假和平真备战，勾结美国劫收人民的胜利果实。他的方针是：集中全力，先劫收关内，再劫收关外。我了解到蒋介石的企图后，即由昆明电蒋建议："国军这次接收敌占领区，在解除日军武装的同时，请令大军所至各地，将共产党的武装游击队一律肃清，以消除今后建国之后患。"当即得到蒋介石的复电"嘉许"。

蒋介石在执行上述政策方针的时候，幻想在苏军完全消灭日本关东军后，从苏军手中毫不费力地把东北接收过来；以后看到人民解放军已到东北恢复秩序，即进一步勾结美国，采取以武力劫收东北的办法；最后，以东北的人民解放军声势日大，遂在马歇尔的大力撑腰下，集中精锐部队向东北大举进攻。

当苏军对日宣战击败日本关东军，迫使日本无条件投降时，蒋介石的军队大部分还躲在后方，仓促之间，无法大量开到关内各敌占区，更无法运到东北去，只有幻想等苏军完全消灭日本关东军之后，根据旧中苏条约苏联对华三项声明的第二项规定"苏联重申中国在东三省之完全主权及领土行政之完整"，从苏军手中接收东北。蒋介石于10月10日命东北行营主任熊式辉去长春，就是为实现他这一幻想的。10月18日发表我任东北保安司令长官后，22日蒋介石对我当面指示中也说："你到长春去与苏军接洽，要他们根据中苏条约，掩护国军在东北各港口（指旅大、营口、葫芦岛等港口）登陆，接收领土主权。"当时我曾听外交界传说，在重庆与苏联驻华大使馆交涉接收东北并无结果；军令部主管人员也说，熊式辉来电说，在长春与苏军商谈，尚无具体接收办法，东北共产党到处有活动，八路军已从海陆两路进入东北。但究竟真实情况如何，谁也不清楚。我即问蒋介石："假如共军确已先入东北，苏军又不承担掩护国军接收的任务，下一步怎么办？"蒋说："你先到长春去见马林诺夫斯基元帅再说。根据条约规定，他们一定要对中国负掩护接收之责。"又说："你先到南京见何总司令问问他的意见，再到上海见美军第七舰队司令金开德，看他一次能运输国军多少，能否掩护国军登陆，然后到长春去见熊式辉、蒋经国，同苏军交涉掩护国军登陆事宜。第二步计划等你从长春接洽回重庆来再说。"

我于11月24日到南京见了何应钦。何说："共产党现在到处捣乱，破坏我们的受降计划，平汉路新乡以北高树勋部已吃了亏（实际高已起义），津浦路方面也被阻在徐州附近。据报共军已从山东及山海关水陆两路进入东北，将来东北接收也是极其复杂的。你照委员长（指蒋介石，以下同）的指示先去接头，以后东北的事直接向委员长请示。"这时，何的参谋长萧毅肃来见何，请何批阅"令平汉、津浦两路沿线蒋军向人民解放军进攻，迅速恢复交通"的公文。何将命令画行后，两人共同埋怨蒋军将领沉迷于声色货利的贪污腐化生活，部队行动迟缓，言下极为忧虑。萧建议严令申斥，何则犹豫未决。

25日，我到上海见美第七舰队司令金开德，代表蒋介石请求美舰支援，运输蒋军到东北登陆。关于此项接洽的经过，下一节还要详述。

大概是27日我到北平，次日飞长春，当晚在苏军总司令部（原日本关东军司令部）见了马林诺夫斯基元帅，与我同去的有参谋长赵家骧及东北外交特派员蒋经国。我向他表示敬意后，即开始为接收东北问题交谈。马林诺夫斯基元帅对我表示极为友好，他说："我们苏联始终要同中国人民友好的，中苏友好关系，我深信是永久的，因为我们早就有了优秀的孙中山和列宁他们两人的友谊。……杜将军带中国军队接收东北的领土主权，苏军很欢迎，你们从海路陆路来我们都欢迎。"他并同我亲切地说明旅顺、大连地区为苏军另一元帅指挥范围，安东、营口以北西至山海关都属他的指挥范围；苏军解除日军武装后即准备撤退，现山海关、葫芦岛已没有苏军，只有人民解放军部队，营口尚有苏军少数部队，云云。我当时即提出请苏军在营口掩护"国军"登陆问题，经过双方共同商讨后，马林诺夫斯基元帅同意蒋军在营口登陆，并给我画了一份苏军位置图，写明苏军营口警备司令（姓名现记不清）及掩护蒋军登陆要旨送给我。我认为已完成蒋介石交给我的任务，向马林诺夫斯基元帅表示谢意，握手告别。临别时马林诺夫斯基元帅还一再说，欢迎我早日再来长春，中苏共同携手合作，两国人民过和平的生活。我离开苏军司令部后，去向熊式辉汇报时，心想：苏联元帅亲切和蔼、直直爽爽谈问题，讲中苏友好合作关系不像美军将领那样骄横跋扈，目空一切，对苏外交关系也不像重庆所传说的那么复杂棘手。

次日（29日）向张嘉璈研究了东北军费问题。张说中央已决定不久发行东北流通券，与伪满币等价使用，在未正式发行以前暂用伪满币。当时交我营口某商号所开300万元伪满币的支票（以后蒋军未至营口，支票未兑）作为蒋军登陆营口的经费。

29日，我由长春飞北平，30日到重庆，向蒋介石汇报，并将苏军所送地图给蒋介石看。蒋喜形于色，表示十分高兴，并说已同美顾问团交涉好，由美舰运输第十三军及五十二军到营口登陆接收东北，现十三军已运至秦皇岛，五十二军亦将从越南起运，令我迅速到秦皇岛乘美舰赴营口与苏军接洽登陆办法。

第 5 章 大打内战的总统与黯然落幕

我于10月31日带必要人员飞北平，经天津转秦皇岛，11月3日，同美第七舰队代理司令巴贝一同乘美舰脱罗尔号到营口与苏军联络。到营口后，先派美蒋联络人员上岸接洽，发现这时苏军已宣布自东北撤退，苏军司令离去，人民解放军已接收营口，维持治安。我碰了这一鼻子灰，觉得蒋军势不可能在苏军掩护下在东北登陆，急忙飞重庆向蒋介石请示。

至此，蒋家军幻想从苏军手中劫收东北已成泡影。但蒋介石及其亲信们对于劫收东北尚未死心，相反的是用尽心机及各种手段想从人民手中夺取东北。这期间，熊式辉已准备将北平附近之第五师及收编的伪满军第二总队许赓扬部及第×总队刘德溥部空运长春，开始劫收长春市。彭济群接收嫩江省，刘翰东接收辽北省。我在去重庆的途中拟定进一步勾结美军以武力劫收东北人民果实的意见书，大意是：第一，请蒋介石迅速抽调十个军，以美舰队掩护由营口或葫芦岛强行登陆，先肃清东北"共军"，再回师关内作战；第二，请建立东北地方武力，按九省二市收编伪军十一个保安支队，准备整训后接替蒋军防务；第三，请委派九省二市十一个军事特派员，深入各省市发动敌伪残余向人民解放军后方捣乱。

11月5日前后，我到重庆将营口侦察情况向蒋介石陈述，蒋介石尴尬异常，窘态毕露。他说，一定要打出关东，问我的意见如何？我说既不能和平接收，即不惜使用武力。蒋介石看了我的意见书后，对第一项，他说十个军调不出，可以两个军先从山海关打出去。但他并无把握，要我同军令部研究后，再作最后决定。对第二项，当时批交熊式辉核办，第三项拟由长官部任命。

这时军令部根据各方特务报告，判断山海关解放军近十万人，以两个军进攻不可能。我从秦皇岛侦察的结果，判断解放军在山海关者为李运昌等部五万人左右（实际只三万人左右），两个军集中后可以向山海关进攻，但必须增加后续部队。军令部亦未同意。我向蒋介石汇报后，他说："先将天津以东划归东北行营作战境地，你指挥十三军、五十二军及九十四军先打下山海关再说。"但蒋并未给我正式命令。我到北平后，即接何应钦奉军事委员会指示给我命令，划天津以东归东北行营，并令我指挥十三、五十二、九十二及九十四各军先向热河进攻，收复承德。熊式辉这时令调九十四军第五师空运长春接收，但我仍本蒋介石的指示，计划先打山海关。这时熊式辉、李宗仁对天津划归东北行营，发生尖锐矛盾，双方争夺结果，第五师未空运长春，仅空运两个东北保安总队到长春，进攻热河计划遂亦搁浅。

美蒋勾结内幕

当日本军国主义投降前，美帝国主义分子已经在美军顾问团的策划下渗透到蒋军部队基层单位（连）以内，控制着蒋军的装备（部队是否美械装备由美军决定）、训练（美械及半美械装备必须接受美式训练）及部分人事权（如新三十师师长胡素由美方请撤换；又如第五十七军刘安祺部由西安调至昆明，赴印参战时，美方对团长以上干部一律不要，迫令将该军编散）。日本投降后，美军即进一步控制蒋军的指挥权。按照蒋介石、何应钦的计划，为了向人民抢收胜利的果实，即令原来各战区的蒋军向敌伪区急进，可是美军提出异议，并指明南京、上海、广州、天津、北平等大都市必须由美械装备的部队前往受降接收，否则美军即以停止对蒋军的运输援助为要挟。为争夺受降指挥权，美蒋间曾经发生过激烈的矛盾斗争：美军曾将运到印度应交给中国的中型、重型（三十吨级）战车三百余辆移交英军，并将在云南各机场的军用飞机千余架及其他装备予以破坏，迫使蒋介石屈服。（还在1944年间，蒋介石与史迪威就曾经一度为争夺指挥权而决裂过）顾祝同曾为争夺南京、上海受降权亲到重庆，由于上述原因，未能达到目的。我曾问萧毅肃（何应钦的参谋长）："为什么不令邻近战区的部队受降，而一定要等待美军空运部队前往受降呢？"萧说："你不了解情况，为了受降的问题，中美双方争执很激烈。美军要一手包办全国各地的受降权，最后才决定这一折中方案，不然美方就不担任国军的运输。共军大部都在敌后，比我们前进得更快，将更不堪设想。只有依靠美国空运，我们才能抢在前头。"这说明美蒋间的争夺是相对的，美蒋共同敌视人民则是绝对的。

美蒋之间的上述矛盾解决之后，美国即于9月15日前后，宣布蒋介石要美国供应的20只舰艇中先"赠予"8艘（内有驱逐舰4艘，潜水艇4艘）。28日又宣布将云南各机场的残余设备交蒋空军接管。等蒋介石进一步承认出卖中国人民更多的利益时（具体内容见1946年先后公布的美蒋条约，这里不赘述。据当时外交界人士说，都是蒋介石的亲手外交，密议的内容外界知者甚少），美国在华头目魏德迈即于10月31日在旧金山宣布："为完成美军对中国政府之协作，自将运送中央政府部队至中国境内各战略地区。"（所指战略地区系指东北，因这时南京、上海、天津、北平由美机运输蒋军劫收工作已初步完成。）魏德迈亦即由美来到重庆，于11月10日又宣布："美军将组织军事顾问团，其任务系协助中国部队之技术训练。"14日美国务卿贝尔纳斯告报界称："杜鲁门总统下令再予中国租借协助。"这时美蒋勾结屠杀中国人民的阴谋策划已基本确定。

我于10月25日到上海，请求美军支援，将蒋军部队运往东北。美第七舰队司令金开德，非常"慷慨"，满口承认他的舰队来中国，就是为支援中国接收完整的领土主权；并说第七舰队的运输舰、登陆艇均已准备完成，只要美国政府在重庆谈判决定，他马上可以执行命令，上海起运的部队三日内可运到秦皇岛港口或其他口岸，越南部队约一周可以运到。我当晚将向金开德接洽的情况电报蒋介石。

10月31日，我再衔蒋介石之命到秦皇岛进一步与美国勾结。当日到北平，11月2日到天津会见了美驻天津第三陆战队司令洛克，代蒋介石慰问美军，并赞扬美军协助中国接收的热情，乞求美军维持天津、秦皇岛段铁路的安全。洛克欣然允诺。我当时认为美军很够朋友，为了联络感情，当晚在跑马厅参加了洛克举行的美军晚会。

11月3日我到秦皇岛，与美第七舰队代理司令巴贝中将同乘美舰脱罗尔号到营口与苏军联络，发现苏军已开始撤退，人民解放军已接收营口，巴贝即拟将美舰直驶营口港内。由于兵舰不能直接靠岸，又见岸上的警卫都是人民解放军，巴贝建议以小汽艇载运参谋人员先登陆联络，再下船与苏军接洽。我表示同意，巴贝即下令调动小汽艇，载运中美参谋人员及译员，携带无线电报话机在营口登陆，一面令大舰小艇完成战斗准备，他并亲自在报话机上接听上岸联络人员的报告准备及时给以指示。经数十分钟的交涉，始知苏军已离营口。巴贝给我做了一个鬼脸，我即下令将联络人员撤上兵舰。巴贝说："杜将军，美国才是中国的真正朋友，你相信吧？"我说："的确，美国在历史上从来就是支援中国统一的真实朋友。以目前的情况看，要接收东北主权，恐怕非用武力不能解决。"乃进一步与巴贝商议，沿营口至葫芦岛间侦察若干登陆点，以便尔后由美舰运输并掩护蒋军在东北强行登陆。巴贝表示：他很愿意以第七舰队全部力量协助中国完成收复东北的任务，如果美国政府同意的话，海军陆战队登陆舰艇及登陆战车均可协助中国军队在东北登陆。这时巴贝已下令美舰开航。他拿出东北沿海地图，根据原先美国测好的精密军用图，沿营口至葫芦岛间进行实地侦察，并在葫芦岛港外两三公里的海面上停航数十分钟，观察全岛情况，加以详细地记载（当时曾决定若干处登陆点，现已记不清楚了）。我勾结美国并拟订美蒋合作在东北强行登陆的计划，因未得美蒋协商同意而未实施。但以后不久，在巴贝的支援下，将东北蒋军先遣部队（第十三军及五十二军）运到，向东北人民解放军进攻。打到锦州的时候，我为了酬谢美国的支援，曾电邀巴贝来锦访问，于1945年12月初，派专车到葫芦岛将巴贝及其重要幕僚人员和新闻记者接至锦州，大宴两日，以示我对美国的真诚。

破坏和平进攻榆锦

情况判断、决心及处置

11月5日我到重庆，6日蒋介石决定破坏和平，向榆锦人民解放军进攻，我乃于7日飞北平，8日乘火车到达秦皇岛，即开始进攻榆锦人民解放军的罪恶活动。经过将近一周的威力侦察、侦探搜索和便衣特务深入山海关内的侦察，综合双方情况判断如下。

（一）人民解放军方面

冀东军区司令员李运昌指挥人民解放军五万余人（实际三万余人）早已接收山海关，并在山海关、角山寺、九门口和义院口一带构筑工事，防止蒋军进犯。其主力在山海关、角山寺附近，义院口、九门口仅有一小部。

这时林彪所率领的解放军主力尚未到达，山海关方面系冀东军区部队，虽然装备不全、火力薄弱、补给困难，但士气非常旺盛，战斗意志坚强，运用阵地战与游击战的战略战术十分灵活，经常集中局部优势兵力打击蒋军。如在秦（秦皇岛）榆公路沙河西岸某村落于11月11日前后一个晚上，向蒋军攻击，即消灭了蒋军十三军八十九师的一个连的大部分，并有小部深入蒋军阵地内部，使十三军自己混战了一晚。

（二）蒋军方面

第十三军已于11月初全部运抵秦皇岛，并推进至山海关以西沙河附近地区与人民解放军对峙；第五十二军主力（两个师）亦于11月14日前后先后集中于海阳镇附近。另一师约两日内可运抵秦皇岛。

蒋军这时集中的两个军，十三军是全部美械装备，火力强大；五十二军系半美械装备，火力中等。补给依靠秦皇岛及北宁路，较为便利。但经过八年抗战，蒋军这时进犯东北，破坏和平，师出无名，除了少数高级好战将领之外，极大多数中下级军官尤其是士兵厌战心理浓厚，不明白为什么要打内战，因而士气低落，毫无战斗意志。而且战略战术又无统一思想指导，各有私见，各有主张，各自为阵，各保自己实力。特别是八十九师的一个连被消灭，引起一些人的惊惧和混乱。据被消灭的这个连的连长逃回来说：人民解放军在东北接收了日本的武器，又有沈阳兵工厂大量制造武器弹药供应，他们的战术神妙，战力坚强，火力非常强大。在攻打沙河阵地之前，他们集中优势炮火将村落房屋工事在数十分钟内完全摧毁，全连死伤殆尽，因而阵地失守。随即有一小部解放军深入蒋军阵地内部，引起十三军八十九师与另一个师发生混战。到天亮后清查，未见一个人民解放军，而蒋军自相残杀却伤亡了不少的人。师长万宅仁将以上情况报告石觉后，石觉即刻召集全军紧急会议，研究对策。石觉认为人民解放军火力强大，唯一的对策即是离开村落，构筑各个散兵坑阵地，以避免人民解放军的炮火杀伤。开会后石觉即一面命令全军离开村落，改变阵地，构筑工事，一面向我汇报。石觉认为他的判断正确，改变战法十分必要，并建议速令五十二军也采用这一战术，同时要我考虑能否攻击山海关的问题。

我听了石觉的报告后，觉得有些诧异。他的报告同我得到的"山海关解放军武器破烂，没有炮火"的情报完全不同。那么对山海关攻乎守乎，就成为我心中萦绕的中心问题。随即叫石觉先行回去，将沙河阵地恢复，等我将全盘情况研究后再作决定。石觉走后，我将当时从山海关收集的情报又加以仔细地研究，认为山海关解放军不可能有那样优势的炮火，可能是十三军士气低落，战斗意志消沉，对战局感到悲观，因而夸大了解放军的火力。同时又感到要给蒋介石打天下，要完成我包打山海关、收复东北的任务，非亲身到第一线把双方情况弄清楚不可。乃决定于13日早晨集合十三军军长、师长、团长及被解放军消灭的这一连逃回来的官长，亲到沙河研究情况。到沙河后，我问那个连长哪个村庄被解放军打毁？他先说是北头的一个。进村后，无一间房屋被毁，他又说他搞错了是中间的那一个。又到中间几家屋内查看，也无一处被打破。我发现一位老农民在家里，就问他："前天晚上这里打得怎么样？"他说："啊！打得好厉害！"又问："这时你在哪里？"他说："就在这间屋里。"再问："你不怕吗？"他说："手榴弹打不倒这堵墙，我蹲在墙脚下，破片也打不上。"他接着说："八路军一来就把村庄包围，你们老总慌忙跑出去，被手榴弹打死几个人，其余的都缴枪了。八路军打得可刁哩。从前日本鬼子大炮机关枪都打不过八路军……"这位老农民未说尽的意思是蒋军打不过八路军。我觉得他很有军事常识，就问他八路军到山海关的情况，他说他是老百姓，不懂得。再问他炮弹有没有打到院内来，他说没有，只在东边墙上打了几炮。我一看就是手榴弹的弹痕。当即召集各官长研究后，一致认为沙河战斗，解放军方面并无炮火，只有手榴弹，某连长是谎报军情，应予处分。原来在抗日期间，十三军在汤恩伯的指挥下，一直未打过硬仗。汤的一手是以小部队与日军接触，听到炮声就跑。十三军的实力，算是保全下来了，但这个部队的战力是非常薄弱的。

当日午后我召集十三军的营长以上官长在秦皇岛开会，一方面说明解放军的火力并不是如某连长讲的那样强大，火力战力皆不及十三军，为该军打气；另一方面重申蒋介石的连坐法，将某连长记处死刑，令其立功赎罪；并令石觉在两日以内用威力搜索，虏获解放军人员以明了当面的情况。虽然该军始终未能把当面的情况弄清楚，但这次的侦察，倒增加了我向山海关解放军进攻的决心，拟待五十二军集中后，即发动进攻山海关的战争。

鉴于以上情况，我决心向山海关进攻，并作如下处置：（1）命第三处拟订进攻山海关计划；（2）命第二处继续搜索山海关情况；（3）命各部队积极准备进攻山海关。

11月13日第三处拟订向山海关人民解放军进攻的计划，要旨如下：

（一）方针：蒋军以击破山海关"共军"一举收复东北之目的，着以主力从山海关正面攻击，以有力之一部经义院口向山海关以东十公里铁路附近之某地（现记不清地名）迂回，截断"共军"后路，协同蒋军主力将"共军"包围于渤海沿岸而击灭之。

（二）军队部署

（1）以一个军为正面攻击部队，以主力展开于沙河西岸，向山海关正面之"共军"攻击前进，置重点于右翼；以一部出九门口（含）经角山寺东麓向山海关之"共军"侧背包围攻击。

（2）以一个加强师为迂回部队，先击破义院口之"共军"，迅速向山海关以东约十公里之某地迂回攻击前进，截断"共军"后路，阻止"共军"东退，协同主力将"共军"包围于渤海沿岸而"消灭"之。

（3）以一个军（欠一师）为总预备队，位置于海阳镇以东，随战况之推移向山海关前进。

（4）交通、通信、补给从略。

（三）指导要领

（1）正面攻击，以步炮联合优势之火力先摧毁"共军"既设工事，掩护步兵突入阵地，继续扩大战果，将"共军"包围消灭之。

（2）左翼迂回及包围部队应先一日开始攻击，占领九门口、义院口，于主力开始攻击时到达山海关以东十公里之某地附近，截断"共军"退路，协同主力将"共军"包围彻底消灭。

（3）如"共军"利用山海关城市既设工事顽强抵抗，蒋军应逐渐缩小包围，将"共军"包围于山海关城郊而消灭之。

（4）如"共军"以一部阻止山海关攻击部队，主力向蒋军迂回部队攻击，迂回部队应立于不败之地，牵制"共军"主力，正面部队应一举击破"共军"之一部，协同迂回部队将"共军"包围而击灭之。

（5）如"共军"受蒋军迂回部队之威胁而向东撤退，应即不失时机，大胆追击，迫使"共军"无法占领阵地而在野战中击灭之。

根据以上计划，我于11月14日晚下达向山海关人民解放军攻击命令，其要旨如下：

（一）情况判断及方针，如前，从略。

（二）令十三军主力第四师、第八十九师于15日黄昏前在山海关以西沙河西岸就攻击准备位置，准备16日拂晓后向山海关包围进攻，保持重点于右翼。以有力之一部即五十四师于15日先攻占九门口以策应第二十五师之迂回，于16日拂晓开始协同主力向山海关城东三里堡攻击前进，协同主力将"共军"包围于山海关城郊附近而歼灭之。如"共军"先行撤退，即应尾追前进。

（三）令第五十二军第二十五师为迂回部队，于15日联系第五十四师先攻占义院口，一面休整，一面侦察情况及道路地形，于15日晚出发，向山海关以东约十公里之某地迂回攻击前进，截断"共军"后路，阻止"共军"东退，协同主力第十三军将"共军"包围于海岸附近而消灭之。

（四）令第五十二军（欠第二十五师及一九五师）为总预备队，集结于海阳镇以东地区，随战况之推移向山海关前进。

（五）各部队通信：各部队间以电话为主，军与长官部间以无线电为主，在可能情况下架设有线电话，补给携带法币，就地采购。

山海关战斗

11月15日上午4时前后，第十三军之第五十四师向九门口攻击前进，迂回部队第二十五师亦开始向义院口攻击前进。这时我对第五十四师是否能执行命令依限攻击前进，颇不放心，对第二十五师的使用，则信心较大，认为师长刘世懋可以彻底执行我的命令。于是我亲到九门口附近视察。经过数小时战斗后，于当日午后1时左右，第五十四师顺利占领九门口。我即对五十四师师长史松泉等予以嘉奖鼓励，并指示其16日必须发扬勇敢善战的精神，一气打到山海关以东三里堡铁路附近，协同主力将"共军"包围"消灭"。以后我即回到秦皇岛火车上（这时司令部设于火车上）。晚间得第二十五师师长刘世懋报告，亦顺利占领了义院口，仅有少数"共军"未经激战即向东撤退。同时接十三军军长石觉电话报告，本日侦察结果，山海关正面之"共军"正在加强构筑工事，尚无动摇模样。

这天晚上，我综合以上情况，认为打出山海关已有初步把握，同参谋长赵家骧、总顾问焦实斋、第二处处长简洁、第三处处长姜汉卿等大谈进占山海关后政治军事各项措施。政治上，由焦实斋召集地方人士开会调查研究，选举县长。军事上，由赵家骧在司令部处理一切业务，拟订尔后前进计划及部署，深入解放区搜集情报。我自己于16日随十三军军部指挥前进。

16日拂晓，正式开始向解放军进攻，炮火连天。打到7时左右，十三军右翼主攻之第四师仍在原地未动。石觉对我说："共军顽强异常，打到现在，阵地屹然未动。"我约石觉同到铁路以南炮兵阵地视察，见山海关以南阵地上仅有少数机枪掩体，并无火力射出，乃督促第一线部队前进。他们说，"共军"机枪掩体未打毁，不能发起冲锋。我令第四师右翼之一团应不失时机立即抢渡沙河发起冲锋。在该团渡河时，解放军阵地上仅有少数枪声，经蒋军掩护渡河的机枪炮火制压，解放军机枪即停止射击。右翼团安全渡河攻进解放军阵地，这时始发现解放军主力早已撤退。我判断迂回部队第二十五师及第五十四师皆可到达铁路附近，令石觉给各师下追击命令，迅速与迂回部队会师包围消灭"共军"。

到午后4时左右，我主观上认为各师已到山海关以东十公里附近会师，但石觉说尚未得报告。我即从车站出发，乘吉普车沿公路视察各部战斗情况，沿途均未看到十三军部队。行至三里堡附近，见五十四师有一个连在准备宿营警戒，当将连长找来，他对我说："今天中午在这里缴了共军几十人的枪，以南及以东各村落皆有退下来的共军，凌乱异常。我报告团长要前进，团长说奉师长命令就在这里警戒待命。"我问他们团长、师长在什么地方？该连长说："团部离这里三里多路，师部还在九门口山脚下，离这里有十来里路。"问第四师及八十九师的部队在哪里，该连长说附近只有他一个连，其余部队皆未看到。

我听了这个连长的话心里非常恼火，一则对石觉、史松泉未照我的命令进行追击，这样打下去，对接收东北的前途影响很大；二则是以少数部队分散突击，有被解放军消灭的危险；三则担心解放军主力集中消灭第二十五师。当即驱车返回秦皇岛，准备次日的行动。

当晚接第二十五师刘世懋电称：山海关"共军"主力已于本日午前经北宁路两侧向绥中方面溃退，请示明日行动。

侵占绥中

16日晚，我综合各方情况研究后，决心在林彪元帅的主力未到达以前继续向绥中追击前进，其命令要旨如下：

（一）昨（15日）在山海关附近击退之"共军"分数路向绥中方向溃退。我军以继续击灭"共军"、收复东北之目的，明日（17日）分两路向绥中追击前进。

（二）右追击队：第十三军于明日（17日）午前6时出发，沿榆沈公路两侧向绥中追击前进，左与第五十二军二十五师切取联系。沿途如遇"共军"后尾掩护部队，应迅速包围击灭继续前进。如遇"共军"主力占领阵地，即寻求其左翼协同我左追击队包围击灭之。

（三）左追击队：第五十二军第二十五师，于明日（17日）午前6时由现地出发，沿榆沈公路以北大道向绥中追击前进，右与十三军切取联系，沿途如遇"共军"少数掩护部队应迅速包围击灭，继续前进。如遇"共军"主力占领阵地，即寻求其右翼协同我右追击队包围击灭之。

（四）第二梯队：第五十二军（欠二十五师及一九五师）为第二梯队，在右追出队后跟进，特别注重两翼搜索。

（五）令将山海关铁路大桥修好，长官部指挥列车即开往绥中。

17日午前6时各部出发后，我带必要的幕僚赶往山海关东北十公里附近，令石觉将连长以上官长（除前卫外）集合，作山海关战斗检讨讲话，部队仍继续前进，等讲完话后以汽车送各官长归队。

官长集合后，我为了了解各部执行命令情况，先问第四师营连长追击情况，都说实行了战场追击扫荡，虏获一部"共军"及武器。又追问为什么不实行战场外追击？大家都无言对答，望着石觉看。这时石觉说："共军早已脱离战场，恐怕追不上，所以未令各师追击。"我为了证明石觉的判断是错误的，即问五十四师到达公路上的连长，该连长说他在中午前后到公路附近某村缴得许多枪，东北村庄"共军"甚多，他兵力单薄不敢前进。我这一临时的战斗检讨讲话，本来想指责五十四师未照命令到达指定地点及十三军各师不实行追击的责任。由于石觉把责任承担起来，我为避免与石觉正面冲突，只有将原来打算指责各师的话临时改为奖励五十四师，说五十四师先头部队能照命令到达三里堡附近，缴获人员武器甚多，该连勇敢善战，除当众宣布表扬全连外，并将这次有功官兵呈请另行奖励。接着，我又说了一番希望各将领督率所部奋勇前进的话。

讲话完毕，将各官长送回部队，我也沿途乘吉普车超越各部队向前走，听到部队中有许多官兵吵吵嚷嚷。官长下车后，照我的指示督促部队迅速前进，有的士兵说："长官真神气，在战斗行军中还召集官长开会。"有的骂："他妈的，官长坐着车子跑，他不知道老子两条腿跑了几个钟头还未休息，又要加油跑。"有的骂："这样一望无际的大坝子（四川语），要老子把腿跑断也跑不完。"诸如此类我当时认为不堪入耳之言，沿途都可以听到，只有装作听不着，一直往前赶。

在午后3时左右到绥中以西前卫附近，忽见十三军军部及直属部队掉头向后跑。调查结果，说奉军长命令，前面发生情况，令退后五里宿营。我急忙赶上前去，见石觉指挥部队正向绥中西关外某高地（地名已记不起）攻击。石觉对我说，"共军"十分顽强，恐怕今天打不到绥中。我观测后，令石觉以预备队向解放军左翼包围攻击，解放军即自动撤退。同时左追击队二十五师方面之枪炮声亦渐停止。

这时我判断解放军将利用夜间退出绥中，令立即追进绥中，而石觉则判断解放军必守绥中，不愿追击。两人争执甚久，最后同意先遣部队侦察后再下追击令。不久天晚，各部队皆已宿营。我也在前卫附近的一个独立家屋内住下，并令石觉将前卫团的电话与我直接架通。我和这个团的团长（记不清姓名）通话后，他说绥中情况尚未侦察清楚，队伍正在吃饭，饭后即向绥中搜索前进。我鼓励这个团长说："你这一团今晚进了绥中，我给重赏。"晚间12时左右得该团报告说已进入绥中，"共军"于黄昏后已全部撤走。于是蒋军于11月18日侵占了绥中。

蒋军到达绥中后，一方面军纪涣散，伤病兵无处收容，后方交通、通信、补给都赶不上；另一方面，对兴城以北锦西、葫芦岛情况都不明了，不敢贸然前进，即在绥中停止四日，加以整补，并处理地方政治经济有关事项，同时运用各种手段侦察各方解放军情况。

进犯兴城、锦西、葫芦岛

经过三日侦察结果，得知当时情况如下：

兴城、锦西、葫芦岛一带山峦重叠，地形险要，解放军方面仍属冀热辽军区部队，有依据既设工事阻止蒋军进犯、等待主力到达，然后打击蒋军之企图。同时乐亭附近之游击队不断出现于北宁路附近，袭击蒋军交通运输。而林彪元帅之主力已经由热河到达绥中西北某镇附近，并有指战员曾与绥中电话局通话了解情况，但为蒋军高级情报参谋（以后任第二处处长）吴宝荣所截接。他一面伪称为八路军，一面即将情况向我报告。当时我的决心、处置如下：

决心：在"共军"主力未集结以前，以蒋军主力迅速击破兴城、锦西、葫芦岛"共军"向锦州前进，以有力之一小部汽车输送向某镇佯攻，以牵制"共军"主力。

处置：

（一）令十三军主力为右攻击兵团，于22日晨开始向兴城攻击前进，协同左兵团迂回部队将"共军"包围于兴城附近消灭之。以有力之一小部加强团用汽车输向某镇佯攻牵制"共军"主力。

（二）令五十二军（欠一个师）为左攻击兵团，连接右兵团于22日晨向兴城西北攻击前进，但应先遣一个师（第二师）于21日晚出发于22日晨向兴城东北迂回到达铁路附近，协同右翼兵团将"共军"包围于兴城附近而消灭之。

（三）令五十二军一九五师继续担任乐亭附近之扫荡（这一项已于两日前用个别电令下达）。

根据以上决心处置下达命令后，各部队即分别开始行动。我随十三军沿锦榆公路前进。午前9时左右，我得到长官部派至兴城的便探回报说，兴城"共军"昨晚开始至今晨已全部向北撤退，而十三军的战斗搜索根据居民说，兴城附近内外全是"共军"，将该军迷惑得裹足不敢前进。但这时听到左翼五十二军方面有稀疏炮声，兴城内异常沉寂。我判断便探情报较为正确，即驱车前往前卫部队督促迅速前进，10时左右先头进入兴城，我即到县政府。

不久接第二师师长刘玉章电话说：他在半夜后得到兴城便探报告，说"共军"已向锦西撤退，他即决心不到兴城而向锦西超越追击，约9时即进入锦西。"共军"兴城撤退部队尚不知蒋军进入兴城，缴枪甚多。现在他本人在县政府。葫芦岛"共军"步炮数千人正沿锦西以东海岸向锦州撤退。我在电话中嘉奖刘玉章的决心正确，打得非常漂亮，令刘立刻派部队追击。刘说：锦西太大，兵力不够，现兴城方面仍有"共军"大队退下来，缴枪也来不及。部队出了锦西，"共军"一旦反攻，就毫无办法。我觉得刘的意见有道理，要他量力而为之。这时刘叹了一口气说，不是他不敢打，实在力量不够啊。我即令兴城蒋军迅速向锦西前进。午后又接刘电话说：葫芦岛"共军"全部撤退，已派某部收复该岛，码头完整，锦西工厂甚多，大部完整。于是蒋军于一日之间侵占了兴城、锦西、葫芦岛三个要点。同时得十三军加强团报告，绥中西北某镇之"共军"已向北去。

蒋军到达锦西后，蒋介石连电嘉奖，鼓励他的部下"击灭共军，完成收复东北任务"。

锦州战斗

11月22日午后我到锦西后，即准备继续向锦州进犯。同时得悉守备锦州之解放军为第十一、第十二、第十九、第二十等旅及警备第一旅、炮兵旅等不完整部队。林彪部队之主力正沿辽热边区向锦州方向前进中。锦州"共军"装备较差，弹药缺乏。我即本原定方针决心继续向锦州包围攻击。

23日午后下达命令要旨如下：

（一）蒋军以一举收复锦州、奠定迅速接收东北基础之目的，于24日开始向锦州包围攻击前进。

（二）五十二军（欠一九五师）为右攻击兵团经×××向大凌河东岸攻击前进；到达大凌河甸子后，以一部向沟帮子挺进，主力相机策应锦州之战斗。

（三）第十三军为左攻击兵团，主力沿塔山高桥向锦州攻击前进，以有力之一部沿大小红螺山道向锦州西面攻击前进；到达锦州后即以有力之一部进入千军寨构筑工事，以防"共军"反攻。

（四）第一九五师即由乐亭开昌黎东运锦西为总预备队，随战况之推移前进（对该师以个别命令由无线电拍发）。

命令下达后，各兵团于24日开始行动。因解放军这时有计划地撤出，中间仅有局部前哨战斗。蒋军于26日晨即进入锦州。同日山海关至锦州火车亦通。

蒋军进至锦州的当晚，林彪主力第一师、第三师已到达高桥附近，截断蒋军后路；北面千军寨附近，解放军亦开始反攻。蒋军一时仓促应战：一面令十三军（欠五十四师）固守锦州，一面令五十四师回师南下，令由昌黎抵锦西之一九五师星夜北上，南北夹击解放军。由于蒋军初入东北，一切欺骗、狡诈、压迫、剥削人民的原形尚未毕露，对于沦陷于日伪14年之久的东北人民尚有一定的欺骗作用；加以当时东北地方各保甲长及铁路人员多属伪满时代人员，又与蒋军勾结，蒋军得以适时得到情报，调动部队应付解放军的进攻。在高桥附近的解放军经过一度激战，即自行撤退。而向千军寨附近反攻的解放军已将八十九师主力击溃，千军寨附近蒋军的主要阵地大部失守，十三军军长及八十九师师长先后告急。正在这千钧一发之际，北路解放军亦开始北撤，蒋军始免于被歼。

蒋军进据锦州后，蒋介石来电，一面慰勉有加，一面严令非有他的手令不准继续前进。我接到蒋介石这一指示后，虽然不同意蒋介石的处置，但又不敢违抗他的命令。同时由于解放军在千军寨附近给蒋军以严重的打击，我也感到如不加以整补，有被解放军击灭的危险，不得不令蒋军停止于锦州附近。一面整补正规军，一面招兵买马大肆扩充地方武力。令绥中、兴城、锦西、锦州各县每县成立一个保安大队；收编伪满残余及东北地方土匪武力为保安支队，计这时正式命令编成的有北票沁布多尔济的第一支队，长白山、永吉间孔宪荣的第二支队，建昌（牤牛营子）附近于大川的第三支队，乌钦附近王化兴（王为副司令，其司令为一蒙王）的第四支队。

明停暗打

蒋介石于12月上旬召我到重庆，除处理"盖印法币"外，又当面指示东北以后的军事行动：（一）对新民以东以北苏军占领区，用外交方式接收，即一面由重庆政府及长春的熊式辉根据中苏条约交涉接收；一面令我将部队推进到新民附近，直接同苏军保持联系，随时准备接收。（二）对新民以西应逐渐向解放区扫荡，并打通承锦铁路，扩大蒋军占领区，巩固北宁路之安全。

在这期间，熊式辉在长春要求苏军延期撤退，幻想从苏军手中攫取人民的胜利果实。据国民党中央社12月1日讯："关于苏军自东北撤退一事，中苏两国政府经磋商后，业经同意改订以明年1月3日为完成撤退之期。"又据当时《大公报》转载塔斯社关于东北苏军暂缓撤离的双方谈商经过称："马林诺夫斯基元帅曾以关于依照8月14日的苏中条约，苏军从满洲撤退的计划书递交中国政府的长春熊式辉将军。这个计划规定：到1945年12月3日，所有一切苏军就都从满洲撤退，中国代表们一再申明，中国政府在向满洲运送它的军队方面，由于中国非政府的军队在若干地方出现而受到颇大的困难。中国政府考虑到满洲的局势，特对苏联政府申明：倘若苏军依照规定的时间从满洲撤退，中国政府就要面向极端困难的局势，因为那个时候，中国政府既不能把自己的军队运到满洲，也不能在满洲组织民政机关。鉴于这一点，苏联政府已对中国政府表示许可，将暂缓从满洲撤退，这事已由中国政府异常满意地接受了。苏联和中国双方并且商定：当由马林诺夫斯基和中国政府的代表们在长春就这一点举行谈判。"这就是当时的实际情况。在谈判过程中，并商讨决定在苏军延期一个月撤退期间，蒋军空运长春接收苏军防务，苏方派员随时同蒋军联络，并协助接收各地行政。另外还商讨了有关中长路及中苏经济合作等问题，由于双方立场不同，后一部分始终未达成协议。25日，蒋经国飞往莫斯科。28日苏外长莫洛托夫表示："苏军已解除中国东北之日军武装并予遣调，然而由于中国政府之要求，苏军之撤退将延至明年2月1日。"

根据中苏在长春的决定，熊式辉这时即坐镇长春，依照蒋介石和平接收的一手开始劫收东北人民的果实，先空运了保安第二总队到长春市，接着令辽宁省主席徐箴于12月8日在锦州成立省政府开始办公。13日，长春市市长赵君迈接收长春市政，前伪满市长曹肇元仍被留用，改任咨议。长春警察局局长张炯接事后，前伪满局长刘志亦仍留用，改任副局长。22日，国民党中央银行长春分行开幕，发行东北九省流通券。27日，国民党沈阳市长董文琦接收沈阳市政，并设中央银行沈阳分行。

蒋介石劫收东北各省的人民政权，与广大东北人民的利益是背道而驰的。苏军撤退后，人民解放军即起来将蒋军长春第二总队消灭，市长赵君迈被俘。

在这期间，我本着蒋介石破坏和平的一手，积极在锦州准备向解放区进攻。蒋介石为监督他的部下彻底执行他劫收人民胜利果实的阴谋，于12月12日"特派沈鸿烈前往东北各省暨平津视察接收事宜"。沈大概是12月中旬到锦州的。

12月16日，中共和谈代表到重庆，议定叶剑英元帅为三人小组中共方面代表。18日，叶对记者表示：内战正在日益扩大中，其最严重的区域在平津迄张家口、承德，东至沿海之三角地带中，若此一带之武装冲突停止，则其他地区不成问题。

中共寻求和平的努力和诚意，全国人民一致希望和平的热望，以及国内国际舆论的压力，迫使蒋介石不能不举行和谈。由于蒋介石根本无和平的诚意，他一面与中共表面举行和谈，一面令国民党军队向解放区积极进攻。我接到蒋介石的指示后，我的司令部人员直属部队特务团、通讯营、汽车等于22日由美舰运葫芦岛转锦州。23日即令五十二军（欠一九五师）冒雪由沟帮子向北镇、黑山解放军进攻，当即侵占北镇，24日侵占黑山。在这里发现解放军的番号为第二师第二十五旅、第三师之第十旅、独立第二十二旅、三十旅各部队。

蒋军进入北镇、黑山后，一面积极准备与苏军取得联系接收沈阳，一面仍积极以武力向解放区进犯，幻想打通承锦路，确保阜新、北票矿区，巩固北宁路的安全。12月27日，我命令十三军及五十二军之一九五师向义县、北票、阜新进攻，同时令五十二军第二十五师向盘山、营口攻击前进。命令下达后，第二十五师于1946年1月9日侵占盘山，10日进入营口。嗣后蒋军自新民、彰武与苏军取得联系，于1月5日派彭璧生为沈阳前进指挥所主任，同苏军商定1月15日接收沈阳。这一来蒋军兵力分散各处，无力开赴沈阳接收，只得幻想借停战令下达后解放军不再反攻营口，即令第二十五师留一个加强营守备营口，将主力于13日由营口乘火车经盘山、沟帮子转开沈阳铁西区准备接收。而人民解放军于当晚进攻营口，激战两昼夜，将营长吴占林击毙，全营被歼。1月11日经苏军同意，蒋军第二师进入新民，14日蒋军第八十九师进入彰武，迄26日该两县苏军完全撤退至沈阳。

第十三军及第一九五师奉命后，于12月28日侵占义县，继续向解放军进犯。我并亲往十三军指挥。30日侵占阜新城市及矿区，1946年1月4日侵占北票市及矿区，5日侵占朝阳，沿铁路继续向叶柏寿、建平、凌源进犯。9日侵占叶柏寿，10日占凌源。当晚接到蒋介石"令一亨×××"密电，大意说：停战令即将下，于1月13日午夜起生效，着令各将领督率所部星夜攻击前进，务于停战令下达生效前占领平泉等重要城市。

我接到蒋介石密令后，即令第十三军（欠八十九师）附第一九五师迅速向平泉攻击前进，经数度激战，于13日侵占平泉及黄土梁子附近。另一部侵占建平、黑水、古山等地。在热河各战役中发现解放军为第七师第二十二旅、第二十七旅，第三师第一旅、第三旅，第十二混成旅，建平支队及山炮第一团等各部队。13日蒋介石正式电令于24时起停战，蒋军乃在上述各地停止待命。这就是蒋介石明停暗打的事实。以后在马歇尔的大力撑腰下，蒋介石才集中他的精锐部队大举向东北解放军进攻。

蒋军劫收沈阳前后

如前所述，蒋军破坏和平进攻东北人民解放军到达新民、彰武、阜新、北票、凌源、平泉等县后，借停战令下后的喘息时间，一面令各部队就地整训，一面令各县强征壮丁补充各部伤残缺额，同时收编东北伪军残余、地主恶霸武装及地方散匪，以充实蒋军反革命的武装，准备借口东北不在停战协定范围之内，再度破坏和平向东北人民解放军进攻。记得我在一个短短的时期内，即强令辽西走廊各县强征壮丁一万名，补充了十三军、五十二军的缺额，另外各部队也强拉了不少的壮丁。

自从在山海关发动反人民战争起，我总是日夜不停地亲临前线指挥蒋军向解放军进攻。12月30日随十三军到达阜新后，因腰腿疼痛不能支持，当晚即返锦州，但我仇视人民之心并未稍减，躺在床上仍日夜谋划向解放军进攻。除前面所说在停战令下以前侵占各县以外，经与新民、彰武之苏军取得联系后，于1946年1月5日派彭璧生为前进指挥所主任，赴沈阳与苏军商讨接收东北办法，经苏方同意于1月11日派第五十二军第二师进驻新民，14日派第十三军八十九师进驻彰武，15日以火车运输第五十二军二十五师进驻沈阳铁西区。迄1月26日苏军从新民、彰武撤退，蒋军完全接收了新民、彰武两县防务。而沈阳市，苏军仍未同意接收。

我的病经医生检查，认为是肾结核，除开刀切除左肾外，别无办法，最后决定到北平医治。就在我这样病势垂危决定离开锦州就医之际，还不肯放下屠杀人民的屠刀，于2月9日下达了向北宁路两侧进攻的命令，企图消灭沿路不断打击蒋军的人民武装，维持北宁路的交通，为尔后劫收沈阳创造条件。这个命令的要旨是：

（一）为确保北宁路交通之安全，着自2月9日起编两个扫荡队分向盘山、台安、辽中及公主屯、秀水河子、鹜欢池等处扫荡。

（二）着新六军新二十二师为南路扫荡队，向盘山、台安、辽中等县扫荡。

（三）着五十二军第二师为中路扫荡队，沿北宁路两侧向新民以东扫荡。

（四）着第十三军八十九师为北路扫荡队，分向公主屯、秀水河子、鹜欢池等地扫荡。

蒋军扫荡队开始扫荡后，南路新二十二师10日以一部侵占盘山、台安，14日侵占辽中，解放军皆主动撤退，未发生重大战斗。北路第八十九师于10日侵占公主屯、鹜欢池，11日以一个加强团侵占秀水河子。解放军抓住八十九师士气低落、战斗力薄弱的弱点，林彪元帅集中第一师、第三师及东北人民自治军第一支队、独立炮兵旅各部队，于14日晚一个夜袭，即将该团全部消灭，团长只身逃回。这是蒋军在东北第一次整个团被解放军消灭的开始。同时新二十二师在沙岭附近亦被解放军攻击甚烈。我卧在床上得到这一消息后，表面上装作镇静，并责怪十三军战力薄弱，指挥无能，不能机动灵活应付情况；而内心却非常丧气，感到蒋军想以两个军接收东北，势不可能。我乃连夜电蒋介石申述意见，略谓接收东北领土主权，以秀水河子战斗经验看来，"共军"日益强大，战略战术非常机动神速，势非增加兵力不可。同时，见形势不利，我即仓促决定于18日乘专机飞北平医病。到达北平后，消息不让外界知道，怕影响东北蒋军士气，秘密入白塔寺附近中和医院（即现在北京人民医院）。经医院检查后决定动手术，必须有家属签字，我即借此电蒋介石将我的母亲、妻子、儿女及佣人等十来个人，由昆明用专机接到北平来。大约拖到3月16日才开始动手术，割了左肾。

这时，蒋介石得到马歇尔的大力支持，集中美太平洋第七舰队的运输舰，从上海、广州、越南等地陆续运输蒋军新六军（已先到一部）、新一军、第七十一军、第六十军、第九十三军等五个军在秦皇岛登陆，转运东北扩大内战。

新六军之新二十二师先头部队于2月中旬到达盘山后不久，据报解放军即以五个旅兵力，自14日向沙岭新二十二师之一部猛攻，连战三日，以该师全系美械装备，火力强大，解放军有相当数字的伤亡，即行主动撤退。新六军是蒋军中的王牌部队，初到东北，即受到严重的打击，虽未被解放军消灭，也打得筋疲力尽，龟缩于既设阵地内，未敢出来向解放军追击。

在这期间，蒋军以兵力尚未完全集中，又受到解放军的几次严重打击，不敢轻举妄动。新六军在盘山、辽中、沟帮子附近，第五十二军在新民、沈阳铁西区一带占领阵地，掩护蒋军主力集中后准备接收沈阳苏军防务并大举向解放军进攻。十三军及一九五师在凌源、平泉一带，一方面掩护北宁路两侧安全，一方面积极准备进攻承德。

这里要补充的是，我在锦州决定赴北平诊病时，就怕我的病一时不能痊愈，自己既舍不得丢掉在东北的高官厚禄，又怕万一在我病的期间蒋介石派别人代替我的职务。在蒋家王朝"一朝天子一朝臣"的情况下，同我一道去东北的几百幕僚人员也会都丢掉饭碗，所以在电蒋介石请假诊病的同时，保荐第三方面军副司令官郑洞国为东北副司令长官代理长官职务。因郑与我两度同学（黄埔一期及军校高教班），又在第五军任我的副军长兼荣誉师师长，做事认真，打仗稳当有准。我俩曾在桂南昆仑关攻坚歼灭日军战役中共过生死患难，双方能以互谅互信。他又有以中国远征军副总指挥打通滇缅路的声誉，预料蒋介石不会不准。由他代理职务，又可以保全我的班底，因此急电郑先来北平面谈。郑于2月20日前来北平，到中和医院与我长谈甚久，我将东北双方情况及内部经理人事都向郑作了介绍，准备万一我的病不治的话，即请郑接替我的职务，并请郑早日到南京向蒋介石请示后，即赴东北履新。

东北工商业比较关内发达，是一个有油可揩的肥缺，蒋军各方对于东北争夺者大有人在，曾得到重庆、南京、北平各办事处的消息说，陈诚、胡宗南等都向蒋介石保荐人要接我的事，我虽然内心有谱，认为东北天下是我给蒋介石卖命打出来的，蒋介石不会不仁不义马上换掉我。可是未见蒋介石发表郑的命令，心中尚未落实，忐忑不安。于是再电蒋介石请示，蒋始复电准任郑为东北保安司令长官部副司令长官，在我养病期间准由郑代理司令长官职务。郑在南京亲见蒋介石后于3月初先行赴锦州视事，但正式命令一直拖到3月16日始发表。

这时与我同时发表的东北保安司令长官部副司令长官梁华盛（因梁于命令发表后回广东原籍省亲）也从广东赶来北平见我，说听我有病，特由家赶来听我吩咐，意思也想代理长官职务。我虽然与梁是同期同学，但梁的个性作风与郑不同，处事轻率，易变决心，可以共安乐，而不可以共患难。原来不打算将东北重任托付与梁，即对梁说：“校长（指蒋介石）已令桂庭（郑的别号）兄代理长官职务，一切到锦后同他研究办理。”

3月15日，军统特务头子戴笠忽然来北平中和医院看我，我觉得十分诧异。因我与戴相识十余年，不论过去在南京或重庆，只有我看他，他从来也未看过我，这次突如其来，必然衔蒋之命，来看我病情如何，是否能再为蒋介石卖命打江山：如果我自己对疾病无信心的话，他同蒋介石一说，即有更换的可能。我决心不愿丢掉我这个东北二王（上面还有大王是熊式辉）的饭碗，即准备如何应付这一难关。戴来见面后，详细询问我的病状及身体情况，并问究竟是什么病？我说，经多方检查证明是肾结核，据大夫说非割掉一个腰子不可，明天（3月16日）动手术后，两周就可以出院，大概下月底（指4月底）可以返部。我想先发制人堵住戴的口，可是戴表现得对我非常关切。他问主治大夫是谁？我说是一位有名的泌尿科专家谢元甫。他又问多大年岁？我说，他有60多岁。他说这样大的年龄行手术可能有问题。我说据一般人说，谢大夫手术高明，大概不会有什么问题。他说："我从前在上海割盲肠，一个英国有名的老大夫给我动手术，结果这个老家伙动作迟钝，弄了半个多小时才缝住伤口，以后伤口老不好，拖了好久，我的身体就是这样弄坏的。你如果动手术后发生类似情况，一则坏了你的身体，再则有误老头子（指蒋介石）接收东北的大计。"他一再劝我另请精力充沛、手术高明的医生。我因已与谢大夫约好，并想早日回去抓住自己的权力，就坚持次日开刀。戴见我非常坚决，即说他连夜去找谢元甫看看是否有把握，并拍拍他自己的胸膛说："光亭兄，你的病我应该替你负责请好大夫。在我未回话之前，你可千万不要贸然动手术。"说完急急忙忙告别走了。当天晚上10时左右，我的副官报告我，说谢大夫来电话，说有个戴笠为你的病一定要找他谈谈，他听说戴是军统的头子，吓得全家不安，不敢开门。戴又吵闹不休，难以应付，特打电话来问见了会不会生问题？（因这时军统特务到处打门捕人，没收财产，弄得鸡犬不宁，所以谢有顾虑。）我叫副官同谢说，戴是我的好朋友，除关心我的病外不会有什么意外的。谢才接见了戴，谈到午夜12时。戴又到医院对我说："谢大夫年龄虽大，但体力健康，动手术无问题。谢说你动手术后两周内可以出院。祝你保重，早复健康。"这时我才明白戴的来意就是希望我早日回到东北进行反共反人民的战争。戴临走又同我说，过去他对我未帮忙，今后将以全力支持我，决定在东北成立军警督察处，由文强任处长；并说："文强是我们的好同学，在西北工作多年，经验丰富，办法多，我要他好好地帮你做事。"从此东北人民在蒋介石的飞机、坦克、枪炮屠杀下又增加了一项特务枷锁。随后两个交警总队开到东北，担任北宁路及中长路的武装检查，打算实行法西斯警察制度来统治迫害东北广大人民。

戴同我这样亲切的交谈后，我觉得戴是蒋介石的耳目心腹，他可以左右蒋介石的决心，今后得到戴的支持，我可以在东北稳坐江山，心中才落了实，不疑蒋再有将我调换的事。

但过了半月（4月初），蒋即来电问我治病情况如何？我复电说，开刀后经过良好，刀口已愈，但体力未复，尚须一定时期休养。同时各方传说更调我的议论甚嚣尘上，我在院中听到这些消息，日夜不安，怕丢了官，一再要求出院回部。谢大夫对我说："伤口虽愈，尚未巩固，出院后不能马上工作。"正在这时，蒋介石已派范汉杰到东北，名义上是协助熊式辉指挥作战，实际上是要范到东北准备接替我的职务。我听到这一消息后，觉得自己倒霉，因病丢官，非常郁闷。又想：范去也好，反正是为蒋介石打江山，只要他在东北打开局面，把共产党赶走，蒋氏王朝稳定，不会没有我的一官半职；假如范到东北打不开双方相持的局面，那时我再去同蒋介石卖命，倒会增加蒋介石对我的信任。

到4月中旬，我已出院休养了几天。蒋军在东北发动的疯狂内战，不仅未达到蒋介石4月2日攻下四平街的如意算盘，反而在进犯本溪时遭到惨败，攻打四平的计划因而受到顿挫（后面再详述）。东北有些将领如赵家骧、赵公武纷纷来电，说范到东北尚未正式发表命令，也未作出收复东北的任何计划，只要视察部队，恐怕范要用胡宗南的一套来整东北各将领，以致军心惶恐不安，士无斗志，要我立即返部主持大计。这时蒋介石亦从重庆来电，要我即日到贵州去见。我认为蒋介石召见我，不外是要我回东北，或者要调换我，即电复蒋说："大病初愈，不适于长途飞行，拟即日返部报命。"蒋复电略说："吾弟既能返部，即毋庸来见。望速指挥部队收复东北领土主权，有厚望也。"我认为在相持一个多月的局面下，我回东北出风头的日子到了，即于4月16日返沈。

先是，东北行营主任熊式辉，因在长春执行蒋介石接收东北的第一个方针失败，已于3月初回到锦州，郑洞国、梁华盛亦先后到锦州。据我以后了解，熊、郑、梁等到锦州后，即令新六军、第五十二军于3月7日开始分头向解放军进犯。新六军新二十二师主力当日侵占辽中东南之肖寨门、三台子、七台子等地，一部于同日侵占台安东南辽河东之八宠胡同；第十四师于10日推进至沈阳以西大民屯附近；第二〇七师推进至沈阳西北之公主屯附近；第五十二军第二师于10日推进至沈阳西之皇姑屯附近，与1月15日进驻铁西区的第二十五师取得联系。

3月10日蒋军获悉苏军将于13日撤出沈阳，但并未接到苏军正式通知。已到沈阳以西之蒋军第五十二军，既要避免与苏军发生误会，又不能不及时劫收沈阳市，乃利用沈阳前进指挥所的联系和便衣的秘密侦察，发现苏军撤退，即自动前往接收。13日，第五十二军全部进入沈阳市，南面进占浑河铁桥；北面侵占北陵飞机场，并以汽车输送第二师第四团向解放军驻地山黎红屯进犯而占领之，另以一部侵占八家子。同时新一军之第五十师亦进占沈阳西之平安堡。

蒋军劫收沈阳，除沈阳铁西工业区及沈阳兵工厂重要机器被苏军迁走外，市内水电通信等设备均完整，市面亦较安定。当时沈阳市工商界及居民，一方受敌伪14年的残酷统治，渴望解放，另方面受蒋政权的虚伪宣传，曾经对蒋帮抱着一定的幻想，因此蒋军才能安全顺利地接收了沈阳。

进犯本溪

蒋军进入沈阳后，即分令各部队向解放区猖狂进攻，其概略情况如下：

第一，令第五十二军于3月17日开始沿浑河两岸向抚顺进犯。沿途解放军利用崎岖山道、诱敌深入、乘虚击灭的战法，给蒋军以沉重的打击，并将右翼浑河北岸之第二十五师击退，损失甚大。浑河南岸第二师进入抚顺，解放军于21日主动撤退，抚顺新旧两城和东北三大煤矿之一的抚顺煤矿及发电厂等均为蒋军劫收。

第二，令新六军主力（欠二〇七师）、第九十四军第五师，第七十一军第八十八师等部队于3月18日由辽中附近向辽阳进犯。21日侵占辽阳后，又分三路向鞍山、海城、营口进犯。解放军分头阻击蒋军，打得蒋军首尾不应，分进而不能合击。迄4月1日，解放军已达到打击蒋军消耗其有生力量之目的，主动撤出鞍山，2日撤出营口。东北钢铁工业中心之鞍山及营口海港遂为蒋军侵占。

第三，令新一军自3月18日开始沿中长路两侧北犯。经过激烈战斗，蒋军于22日进占铁岭，3月27日侵入开原，4月4日侵入昌图。

第四，令第七十一军（欠八十八师）向康平、法库进犯。由于解放军的打击，进展迟缓，至4月4日侵占法库，18日侵占老四平街。

以上即是在本溪战前蒋军猖狂进攻后的基本态势。

蒋军劫收铁岭、抚顺、鞍山、营口等重要城市后，为进一步扩大内战，东北行营主任熊式辉及蒋介石派来策划东北军事的范汉杰等，4月5日由锦州飞沈阳，行营设于原苏军司令部。代理司令长官郑洞国、参谋长赵家骧及长官部人员，亦于5日专车到沈，长官部设在沈阳铁路局大楼。这批蒋帮高级人员到达沈阳后，遂积极策划向解放区进犯。据我以后了解，熊式辉当时以本溪为解放军的重要据点之一，地形险要，易守难攻，又有十万重兵集结，直接威胁着沈阳，即令第五十二军军长赵公武指挥第二十五师由抚顺出发，新六军之第十四师由辽阳出发，分两个纵队于4月7日向本溪进攻。解放军看破蒋军分进不能合击之弱点，一面顽强阻击第十四师的进攻，一面集中优势兵力围歼第二十五师，将该师一个团完全包围消灭，其中有一部因厌恶内战放下了武器。第二十五师司令部即将被围，师长刘世懋见情势不利，率部落荒撤逃，同时第十四师亦受重大损失。蒋军部队集体放下武器，在东北尚属首次，震撼了东北蒋军各将领。特别是熊式辉，在他亲自指挥下出此意外，真有说不出的苦恼和恐惧，想抽调兵力再行报复，又陷于解放军游击队四方八面的牵制，无法抽调，遂放弃进犯本溪企图。事过多日，熊式辉对我说起蒋军进犯本溪的惨败，以及士气低落、军心动摇的情景，谈虎色变，犹有余悸。

如前所说，4月10日我到沈阳后，蒋军在东北的部队已由原来的两个军增加到七个多军及四个保安总队（收编的伪军）。同时解放军的野战军也增加到20多万人，各地革命根据地亦已初步建立，东北广大人民的觉悟逐渐提高，反对内战，要求和平运动越来越高涨。这时曾被蒋军在苏军手中接收的四平街、长春、哈尔滨等城市的政权，已被人民赶掉，武装亦被解除。而蒋军进犯本溪又遭惨败，攻击四平街也受顿挫（下节还要说的），其他各地均与解放军形成相持状态，并不断地受到解放军的打击牵制。蒋军兵力分散，任何一方面都不能形成优势兵力向解放军进攻。

我到沈阳的头两天了解这些情况后，心中也非常沮丧，不像原来的那种想法，以为一到沈阳，就可调兵遣将显露一手，相反地倒成了一个难题。但是从我的顽固思想上还是对解放军不服气，认为东北所以形成今天的僵局，是由于以争城夺地为目的，未能集中主力击溃解放军的主力。而如何集中蒋军主力击破解放军的主力或一部，就成了我反复考虑的中心问题。因之决定在最初十来天内，一方面以现有的态势，让郑洞国指挥继续向四平街进攻；另一方面大力布置情报网，向本溪、四平及其他各方面收集情报，待情况确实明了后再定决策。

经过十来天的侦察研究结果，作出情况判断、决心和处置如下：

（一）情况判断

第一，解放军：在本溪方面人民解放军有一、六、七、八、九、十、十一、二十一、二十二、二十三等旅，及南满第三纵队两个警卫团共十多万人。在四平街方面的解放军，有第一师、第七旅、第八旅、第二旅、第五十九旅、独立旅、辽西第七旅、第十七旅、第十九旅及炮兵团等各部队，也有十多万人。两方面兵力虽然大体相等，而火力战力四平街方面较优于本溪方面，林彪元帅又亲在这方面指挥。

第二，蒋军：对四平街方面，自3月18日新一军及七十一军（欠一师）分两路向四平街攻击以来，将近四十日，经解放军的沉重打击，损失惨重，士气颓丧，非增加兵力无法打开僵局。对本溪方面，上次两个师攻击虽然失败，可是目前新六军主力在辽阳，第五十二军主力在苏家屯以东及抚顺地区，对本溪形成包围侧击态势。如这次稍加调整，可增加至两个军以上的兵力，对本溪攻击较四平街方面为易。而且本溪方面调整部署，增加兵力，不影响四平街方面的战斗。

第三，从地形上判断，本溪与沈阳唇齿相连，为沈阳门户，解放军大军集结本溪附近，直接威胁沈阳安全。如将本溪"共军"压迫至连山关以南，既可保障沈阳安全，又可抽调一军以上兵力对四平街作战。

根据以上初步判断，遂分别邀请赵公武及廖耀湘两军长来谈，先打本溪、再攻四平街的腹案。赵公武认为只要五十二军不分割使用，攻下本溪后防守连山关一带阵地，掩护沈阳安全绝无问题。廖耀湘原来即有先攻本溪的腹案，他认为在攻击本溪中，他担任右翼沿太子河两岸向桥头方面包围攻击，可操胜算。他俩一致认为必先攻取本溪，安全沈阳门户，再集中优势兵力攻下四平街，进取长春，方可无后顾之虞。我同赵、廖两军长谈后，认为自己的判断得到他们的同意，更有了操胜算的基础。

（二）决心

蒋军以收复本溪进取连山关保障沈阳安全之目的，决心先集中有力之一部向本溪迅速攻击前进。

（三）处置

（1）令正在向沈阳集中的第六十军（除一八二师已在铁岭外）以一师接替鞍山、海城、大石桥、营口等处新六军及八十八师的防务，军部及一个师驻抚顺，接替五十二军第二师的防务。（2）令新六军（欠二〇七师）及八十八师将防务移交后集结于辽阳附近，对本溪方面警戒搜索，并侦察沿太子河两岸的地形交通，准备包围攻击本溪。（3）令第五十二军第二师将抚顺防务移交后，即归还建制，准备向本溪攻击。

以上情况判断及决心、处置，与熊式辉经过多次商讨，熊起初顾虑很大，怕兵力不足，又蹈上次覆辙。经我多次申述利害，认为确有把握，中间一度同意。我即于4月27日令集中于辽阳及苏家屯附近之新六军（附八十八师欠二〇七师）及五十二军于4月28日拂晓后开始在空军掩护下分两路向本溪攻击前进。

于命令下达的同时，我恐怕熊式辉变更决心，即亲身前往红庙附近前进指挥所同郑洞国商讨对四平街方面暂时停止攻击，令各部队加紧整理，准备在侵占本溪后即抽调一个军以上的兵力向四平街攻击。当日并对外宣称我赴四平街前线督战，我历来就惯使用这种声东击西的诡计，怕当时在沈阳的三人小组了解我的阴谋通报解放军对蒋军不利。

4月29日清晨，蒋军侵犯本溪战斗开始的同时，熊式辉接到我的判断决心处置的报告，又听到沈阳南方机声嗡嗡不停，炮火连天，即打电话找我。我的参谋长赵家骧对熊说我已到红庙去了，熊即找赵到行营，对赵说："本溪共军兵力略与四平街相等，我们两个军打四平街打了这样久相持不下，现在以两个军打本溪，万一同上次一样吃了亏，则沈阳将不保。况且抚顺、鞍山、营口都非常重要，叫六十军去守也不可靠。"他要赵马上打电话叫我回沈，另谋万全之计。我既不能违熊式辉之命，又不愿放弃我进犯本溪的顽固计划，就要赵报告熊式辉，说四平街的情况也很吃紧，必须召集各将领开会调整部署；待我同各将领研究决定后，即晚赶回沈阳，向熊请示。其实我的意思是，我和熊在东北内战的指挥上，双方之间历来就有不同的见解，同他谈到什么时候也无法解决，只有打开僵局以后，才能取得熊的信任，放手让我指挥作战。如果今天的序战打得好，有进展，晚上回去熊不会强迫我改变决心；万一打得碰了钉子，到晚上再改变计划也来得及。至于对六十军的看法，我也与熊不同。我认为云南部队虽非蒋军嫡系，可是在反共反人民的立场上，他们非到绝望时不会轻易动摇，只要我信任他们的高级将领、照顾部队的装备较差情况，不给予他们重要任务，守后方城市，万一发生情况，再以大军支援，不会出什么意外。

到黄昏前后，得到赵、廖两军进展的捷报，说十分顺利，我始乘车返沈，向熊式辉汇报。熊也在当日得到各方面的报告，认为两军打得很好，并不坚持他的意见，但又对我说："共军非常狡猾，要小心，不要套到口袋内吃亏。"我说："这次攻击正面大，已形成包围敌人的态势。我要新六军置重点于右，先五十二军进出于桥头附近，五十二军置重点于左，正面以空炮掩护下迅速猛烈进迫，使敌人不易转移兵力包围任何一个部队。就是说，我们用两个拳头打敌人，使其没有还手的余地。主任的考虑也是很重要的，我从明天起直接掌握情况，指导前方各部队进攻，经常注意主任的指示，不使部队吃亏。"熊认为我尚能接受他的意见，面带笑容，非常高兴。

　　蒋军向本溪进犯两三日后，忽据廖耀湘报告：第八十八师师长胡家骥不服从指挥。原来是廖耀湘命令八十八师经太子河南岸向×××（地点现记不清）包围攻击前进，但胡家骥出去不远，即停滞不前。廖要胡迅速继续前进，胡同廖吵闹不休，最后丢下部队到沈阳去了。我接到这个报告后非常愤怒，要廖找回胡迅速完成任务。廖知道我的作战要求非常严格，如果不能按照命令完成任务，会受严重处分。他对我说，找胡回来也来不及，他设法调整部署，如期完成任务。

　　与此同时，我令第五十二军迅速攻击前进，以防解放军发现八十八师的弱点，转移兵力消灭该师。正在我担心前方出纰漏怒气未息之际，胡家骥来见我，说："廖耀湘指挥不公，将全军主要任务交给八十八师担任，而新六军主力尚未参与战斗。八十八师已打得筋疲力尽，无法前进（事后查明这是事实），廖还怪我畏缩不前。这样使我无以对部下见长官，所以回来请示。"我劝胡迅速回部指挥，立功赎罪（擅离职守之罪）。胡坚决不愿回师。我认为胡既胆怯，又不服从命令，即以临阵擅离职守罪名将胡撤职押办，另任我的亲信韩增栋为八十八师师长，令其克日到任，指挥八十八师继续作战。这一人事更动，我未同七十一军军长陈明仁商量，以后造成陈、韩间的尖锐矛盾。

　　经过这一人事上的波折，八十八师当然不能照原令攻击前进。廖耀湘部本来可以先五十二军进入本溪进出桥头，可是经调整部署后再攻击前进，远远落后于五十二军。及5月3日五十二军已进入本溪，而新六军左翼尚未接近本溪，右翼亦未越过太子河南岸进出桥头。正在这期间（大概是2日或3日），蒋军空军发现解放军有近万人经本溪南宫原以西×山南侧向西南运动，判断可能是抽调部队打击新六军或八十八师，或者撤退。蒋军空军轰炸机一出现，解放军即隐蔽得看不出目标。有一个空军驾驶员以狡猾的战术先低空盘旋山北数十分钟，待解放军正集合大队运动时，他从山后迅速窜到山前，以低空投掷美制"面包栏"炸弹（是一种专门杀伤人马的炸弹），杀伤不少解放军战士（据当时估计有两千多人）。当晚，解放军主力继续主动南撤。蒋军继续前进，于5月4日侵占宫原，5月6日侵占桥头。在蒋军侵占桥头时，桥头以东山头上有解放军一部占领掩护阵地，打得非常出色，五十二军之一部以步炮联合久攻不下，以后以空军、机关枪及炮火向解放军据点直接扫射掩护地面部队攻击，经过近一日的激烈战斗，蒋军牺牲极大，始攻下这一据点进出桥头，进占连山关及其东西一带阵地。至此，蒋军进犯本溪之战役告一段落。

四平街会战

在蒋军进犯本溪的战役中，蒋军在解放军的顽强打击下，付出很大的代价，虽然东北"煤钢之都"的名城被蒋军夺取，可是又给蒋军增加一个重包袱，不得不派重兵守备。我当时并不了解解放军战略战术的运用，把解放军主动放弃一些大城市，准备集中野战军消灭蒋军的有生力量，看成蒋军已将解放军打得溃不成军，至少短时期内不易恢复战力，所以敢于大胆抽调兵力转运于四平街方面向解放军进攻。

早在3月22日蒋军新一军侵占铁岭后，蒋介石以东北停战协定即将生效，限令在4月2日以前占领四平街。当时熊式辉及郑洞国决定派副长官梁华盛到中长路前线铁岭设指挥所，指挥新一军及第七十一军向四平街进犯。

3月下旬至4月初，正是辽北地区化雪季节，沿途道路泥泞，蒋军都是美械重装备，车炮转运不便，行动迟缓。而解放军装备轻，运用机动迅速，以林彪元帅之三三制一点两面战术，打得蒋军晕头转向，草木皆兵。蒋军虽以美械大炮、火箭炮及空军无情地轰击解放军阵地及各城镇村落，亦不能稍挫解放军的锐气，只要解放军未主动撤退，蒋军决不敢轻举冒进。一直打到3月27日，蒋军新一军始侵入开原，4月4日侵入昌图，同时左翼第七十一军亦侵入法库。

这时，蒋介石限令侵占四平街的限期已过，尚不能完成任务。据赵家骧以后对我说，当时熊式辉坐卧不安，特别是在4月7日进犯本溪惨败后，熊有许多天晚上睡不着，找赵家骧等彻夜研究各方情况，企图打开僵局。而各方面蒋军均被解放军牵制，一筹莫展，只有严令梁华盛督率两军向四平街急进。梁沿中长路正面指挥新一军数次由昌图北犯，均遭解放军猛烈的反击，打得新一军垂头丧气，岌岌可危。梁日夜哇哇乱叫，要求熊派兵增援。熊认为梁沉不住气，就同郑洞国商量，要郑到前方指挥，调梁回沈阳。

4月10日前后，郑到开原指挥所。这时解放军主力已转移右翼，打击蒋军左翼第七十一军，中长路正面蒋军增加了一个师（第一九五师）继续向四平街攻击，以一个师由左翼包围攻击，略有进展。郑即将指挥所推进至红庙车站，指挥新一军在空军与炮兵的掩护下向四平街城市攻击，激战数日，曾一度突入四平街，因后续部队支援不及时，被解放军消灭，结果伤亡惨重，攻击顿挫。蒋军左翼之第七十一军，于15日在金家屯以北大洼附近遭解放军以智取胜，将八十七师一个团消灭，并将其全师击溃，师长黄炎落荒南逃。据事后我回沈阳调查，该师一个团被歼灭的原因是：当蒋军由法库金家屯向八面城北进时，解放军早已有预料，即在大洼附近的一个集市上和当地人民一齐做了准备。蒋军到达时，当地的人都说解放军早走了，附近都没有解放军。他们则照常熙熙攘攘互相交易，还有一部分居民假装欢迎蒋军。实则解放军便衣武装布满集市，大队埋伏四周，蒋军并未察觉。八十七师先头团到达后即行休息，许多官兵到集市上买吃买喝。正在乱糟糟的时候，突然里应外合，枪声四起，蒋军猝不及防，全团即被缴械。而后面的部队也同时被解放军截成几段，打得落花流水，全师向后溃逃。

解放军完成了这一战斗任务后，当晚主动后撤，蒋军于16日始有一部进入大洼。蒋军经过这一严重打击，一时部队混乱，士气低落。这时第七十一军军长陈明仁本人尚在沈阳，而蒋介石已接到特务的密告，过了一天蒋介石来电略说：八十七师受此意外损失，据报陈明仁并未随军前进，着即查办具报。赵家骧来问我如何办，我考虑了一下对赵说："给他顶回去，就说在战斗发生前已派车将陈送到前方。另外通知桂庭（郑洞国号）要陈赶快回部队。"陈回部队后，将部队加以整饬，才继续向八面城攻击。到4月25日始侵入八面城。

当蒋军于5月6日进占本溪南桥头附近时，即发现解放军有两个纵队左右兵力由西丰方向南下，有切断中长路包围蒋军的模样，开原和铁岭先后告急。我一面先调第一九五师及八十八师星夜开往铁岭、开原附近，掩护中长路的安全，以便新六军日后在开原附近集中；一面令新六军击破太子河南岸的解放军后，即迅速集中辽阳附近，日夜以火车输送向开原附近集中。13日前后，新六军在开原附近集中，我准备14日开始对四平街解放军实行两翼包围迂回攻击。回忆当时（5月13日）下达进攻四平街的命令要旨如下：

（一）本溪之"共军"已被我军击溃，伤亡惨重，向连山关以南安东境内溃退。现我六十军一部及五十二军主力在营口、海城、连山关间占领阵地搜索警戒中。

四平街之"敌"约三个纵队，现在老爷庙、四平街、旧四平及昌北以东赵家沟、任家屯一带占领阵地，顽强抵抗，与我新一军及第七十一军（欠八十八师）对峙中。

"共军"之一部约两个纵队在中长路以东南下与我铁岭、开原之一八二师、第八十八师及一九五师发生局部接触，有切断中长路的企图。

（二）我军以击破四平街之"敌"，一举收复长春、永吉之目的于5月14日晨由两翼包围攻击，将"敌"压迫于辽河套内而消灭之。尔后分向东丰、海龙、长春、永吉、德惠、农安、三江口、郑家屯追击前进。攻击重点保持于右翼。

（三）右翼兵团（新六军附八十八师）于13日在邵家店、莲花街、大台子山一带就攻击准备位置，于14日开始经西丰、赫尔苏向四平街之"敌"左翼迂回包围攻击前进，以一部协同第一九五师（该师由指挥所直接指挥）迅速揳入"敌"左翼阵地合福屯、老爷庙、三不管屯高地，主力指向赫尔苏、公主岭攻击前进。协同中央兵团将"敌"包围于辽河套内歼灭之，尔后继续追击前进，第一到达线公主岭以南辽河套内，第二到达线梅河口、海龙、盘石、双阳、长春，第三到达线小丰满、永吉、其塔木及松花江东岸要点。

作战地境线：开原、大台子山、哈福屯、公主岭、长春、九台、其塔木之线，线上属右兵团。

（四）中央兵团（新一军）于14日由现地发起攻击，击破当面之"敌"，即迅速追击，与左右两兵团协力将"敌"压迫于辽河套内而歼灭之。第一到达线公主岭以西小城子，第二到达线长春以西双城子之线，第三到达线德惠、农安和松花江北岸要点。

作战地境：旧四平、榆树台、小城子、双城子、农安之线，线上属中央兵团。

（五）左翼兵团（第七十一军欠八十八师）于14日由现地发起攻势，协同中央兵团向双山、昌北以北占领阵地之"敌"右翼包围攻击，击破当面之"敌"后，即转向三江口、郑家屯方向追击前进，并确实占领郑家屯、双山，肃清附近之"敌"。

蒋军各部队如令于14日在飞机炮火协同下大举向解放军进攻。右翼兵团于当晚在威堡附近遭解放军猛攻，激战一夜，到拂晓前解放军主动撤退。蒋军继续前进，沿途仅有局部战斗，于17日侵占西丰，18日进出平岗。当晚向哈福屯攻击之一九五师与解放军发生激烈战斗，随即侵入哈福屯，并进出老爷岭。蒋军中央及左翼两兵团向解放军猛烈进攻，连续5日，除左右两兵团均有进展外，中央兵团之新一军遭解放军顽强阻击，毫无进展。及18日晚，解放军实行战略撤退，19日四平街成一空城，新一军始侵入四平街。历时两月之四平街会战，至此结束。

阴谋进犯长春、永吉

当侵占四平之战正在激烈进行时，蒋介石看到我的反动计划要一举侵犯长春、永吉，在当时全国人民的反对内战、要求和平的压力下，他唯恐长春附近遭到解放军的顽强打击，形成双方胶着状态，又同四平街一样旷日持久造成师老兵疲的现象，反不如侵占四平后，适可而止。同时他也担心对四平街攻击的成败，特派副参谋总长白崇禧于5月17日飞沈阳视察。当晚我向白分析了双方情况，说明我的判断决心处置以后，白认为只要将四平街打下，对中共的和谈即有面子，并说蒋介石的意见，不拟再向长春北进，一则为缓和舆论的非难，再则可以整训部队，养精蓄锐，待与中共和谈不成再行大举进攻。我说："第一，攻击四平街的目的，就是为了击败共军主力，一举收复长春、永吉，如果不乘胜追击前进，必将前功尽弃。第二，停战后，国军整补，共军也会整补，而共军扩充得非常迅速，国军却不能尽量扩充。鉴于去年11月26日到锦后奉令停止，到今年3月底为止这三个月之间，共军兵力增加一倍多，国军当时以两个军可以顺利打到锦州，而现有七个多军却到处被共军牵制，尚不能顺利打下本溪、四平街，说明停战是对共军有利而对我军不利。第三，现在命令已经下达了，大军作战收回成命不是那么简单，中途变更部署也是很困难的，反而引起部队的疑虑混乱，有被敌人各个击破的危险。第四，长春为东北首府，永吉小丰满水电站为东北唯一的动力资源，一举收复，对于政治上影响国际意义重大。在军事上，可与共军隔江（松花江）对峙，形成天堑，对我军有利。在经济上，可以依靠小丰满的电力供给长春、沈阳、鞍山等处用电，发展工业。否则，小丰满电站被共军控制，东北用电都成问题。"白虽然同意我的说法，可是他对进占长春十分怀疑，说："南京和共产党协议，国军不进入长春，如果无十分把握的话，即到公主岭为止，不必继续向长春北进。"我坚持自己的意见，不到长春绝不停止。白也有意借此拿下长春，向蒋介石邀功，就说："我看只要能拿下长春，蒋先生也不会不高兴吧！咱们明天到前方看看再决定。"

18日我同白崇禧一同到开原指挥所，见到郑洞国后知道右兵团迂回到赫尔苏附近，并未遇到解放军的坚强抵抗，正在继续向公主岭前进中。白很高兴，又一同到红庙前方视察。我们两人在火车上研究是否有把握一举攻下长、永的问题。白一再问我有无把握，我说："绝对有把握。"最后白说："如果确有把握的话，我也同意一举收复长春、永吉。那么你照原计划打，我马上回去同委员长讲，收复长春、永吉后再与共产党谈判下停战令。"我同白当晚急忙赶返沈阳。次日（19日）白上机起飞前，已得到蒋军进入四平街的消息，他临时决定不在北平停留即径飞南京。

白的专机起飞后，我综合连得陆空各方面战斗及侦察情况判断，解放军是受蒋军优势兵力两翼威胁而主动脱离战场实行撤退，辽河套内不会有重大的战斗；但解放军也不会让蒋军在辽北地区高枕无忧，更不会轻易放弃长春、永吉，可能是保持主力于长春、永吉、哈尔滨方面，各以有力之一部向通辽、梅河口方面作离心撤退，待蒋军补给线延长兵力分散后，再集中优势兵力打击蒋军。当时我的决心、处置如下：

决心：蒋军以乘胜追击一举收复长春、永吉之目的，决心以扇形追击打破"共军"之离心退却，保持追击重点于长、永方面。

处置：

（一）令右翼兵团（新六军附八十八师及一九五师）分为右追击队，以有力之一部为右侧追击队，经东丰向海龙、梅河口方面追击前进；以主力向长春、永吉、小丰满方面及松花江东岸要点追击前进。右侧追击队作战地境，由该兵团自行区分。

（二）令中央兵团（新一军）为中央追击队，沿中长路（不含）以西经怀德、长春、德惠、农安方面向松花江北岸要点追击前进。另以一小部经梨树方面"扫荡"辽河套内的残"敌"。

（三）令左翼兵团为左追击队，扫清辽河套内"敌"人后向辽源、双山追击前进。

（四）各追击队作战地境线及控制线如13日命令中所示。

（五）各追击队应采取各种手段大胆迅速跟踪追击，以广正面搜索，捕捉"共军"部队，集中主力包围歼灭。

（六）各追击队通信联络以无线电为主，并尽量利用各地既设有线电，长官部通信指挥部应组成四个话报抢修队，随各追击队之进展，抢修各地话报线。

以上决心处置先以个别电令下达，再行补发合同命令。同时并分令孙、廖两军，首先进入长春奖东北流通券100万元。

我将以上电令下达后，诚恐右中两追击队不能密切协同，在分进未能合击之际被解放军各个击破，当晚即乘专车赴前方泉头指挥所指挥。20日清晨在泉头指挥所，郑洞国对我说："新一军孙立人回来后，反不如他不回来好指挥。今天孙的队伍尚未出发，仅令五十师一个师向公主岭、长春方面追击前进。"我问什么原因？郑可能怕我对孙发脾气，当时并未说原因，只说可找孙谈谈再说，并说："陈明仁及廖耀湘各军均照令前进。"我听了郑的意见后，觉得对两翼队都可以放心，只是孙的中央队不能配合前进，蒋军就少一个重要指头，万一解放军看出蒋军破绽，对新六军集中主力反攻，也会吃不消。

我心急如焚，即同郑马上赶往四平街，到达双庙子车站后，得知通四平街桥梁尚未修好，即在该站停留指挥。不久新一军军长孙立人来见我说："部队作战过久，疲劳不堪，要求停止整补。"我忍耐着火气，对他详细分析了以上的情况判断及决心处置，希望他能遵令向长春追击前进；并说如果只令第五十师一个师前进，在长春遇到"敌人"反扑，五十师吃了亏不仅是新一军损失，而且影响整个"国军"声誉。孙仍坚决不追击前进，并称梨树附近尚有大批"敌人"，扫荡也要三五日时间，否则大军北进，后路被"敌"截断，危险甚大。我说："据各方情报判断，梨树不会有大量'敌人'，如果到今天（20日）还有的话，正是压迫到辽河套内消灭'敌人'的难得机会，更应迅速出发追击。"孙无可奈何，我说："正面仍令五十师追击，主力先将梨树之'敌'消灭后再行北进。"（其实孙是决心不服从命令前进，想借此搪塞，后面还要说的。）显然孙的意见是同我的追击命令大相径庭的，我当然不能同意，力劝孙率部遵令前进，对梨树方面派一个加强团已足。孙即反唇指责："长官部第三处不明情况即下命令（其实是指责我的，不过他不敢正面说）部队北进，后方截断，谁负责任？"我当然不会接受孙这种毫无军事常识的意见和指责，即问孙："你看到命令没有？原来命令中就令新一军以一部扫荡梨树方面之'敌'，现在还未派出，假如出了问题，你看应该谁负责？"说得孙面红耳赤，仍然不肯前进。郑洞国从旁规劝，孙亦不理。一直争吵到12时左右，孙仍在纠缠不清。我处于这种抗命不服的将领之前，只有以命令强迫他前进，对孙说："现在已到中午，各路进展极顺利，并未遇到敌人的抵抗。新一军应迅速照令前进，否则长春攻不下，出了问题要你负责。梨树你派一个团，出了问题我负责。"孙见势成僵局，在各参谋人员的催促之下始快快回部，仍未理睬我的命令。但他也怕北进的五十师受梨树方面解放军的袭击，会吃亏，曾派遣一部前往扫荡，当晚向我报告"梨树之'敌'经派队扫荡后，已向辽河北岸撤退，正面五十师到达辽河南岸附近"。

我见孙不接受命令，亦无可奈何。到21日得到廖耀湘的报告，说公主岭附近出于意料之外，并未发现"共军"有大部队企图抵抗的情况，已顺利占领，同时占领了西安、伊通等县，均未发生重大情况。这时我才放心，判断解放军在长春不会有决战性的防御，即令新一军之第五十师归廖耀湘指挥，继续向长春、永吉等地照原令追击前进。

各部队分头前进后，于22日侵占范家屯、东丰，一小部进入长春，23日全部侵入长春。左翼队侵占辽源。右翼队，24日侵占梅河口、海龙，26日侵占双阳，27日侵占盘石、九台，28日侵占永吉，29日劫收小丰满水电站并侵占老爷岭、德惠及松花江北岸桥头堡，30日继续侵占农安、烟筒山等地，31日侵占桦甸、拉法等县镇。由于蒋军被一时"胜利"冲昏头脑，兵力过于分散，二○七师的一个营在桦甸附近被解放军歼灭。

蒋军争城夺地，在东北侵占了广大的地区和主要城市以及工业区水电站等，不能不派遣重兵处处防守，争夺的城市愈多，兵力愈形分散，包袱愈背愈重，形成处处挨打被吃的局面。

蒋介石亲来送礼

如前所说，我同白崇禧阴谋不顾全国人民反对内战、要求和平的愿望，决心继续向长春、永吉进攻。白飞返南京后蒋介石认为白同我的阴谋符合他的愿望，即于蒋军宣布收复长春的同一天（23日）飞到沈阳，亲自指挥蒋军向解放区进攻。蒋军各高级将领，原来都以直接"通天"为荣，对于中间的指挥命令，本来有些人不愿服从。蒋介石一到之后，更加深了这种矛盾，我原来的指挥命令系统也被打乱。蒋介石同意孙立人部休息三日，对海城之危不救，致使一八四师海城起义。蒋又以拉法地位重要，令以一团死守，结果全部被歼。经过情形分述如下：

在蒋介石到达沈阳时，鞍山、海城方面情况已非常吃紧。第一八四师以一个师分驻于鞍山、海城、大石桥、营口等地，兵力分散，处处薄弱，解放军来攻，该师师长潘朔端纷电告急。我想：在蒋介石来沈之时，使一八四师吃亏，沈阳门户洞开，万一解放军来个奇袭，沈阳没一个正规部队，蒋介石以下和在沈的将领会被解放军一网打尽。乃集中数十列火车，限令新一军（欠第五十师）于5月26日以前集中辽阳，迅速解鞍山、海城之围。命令下达后，我恐怕孙立人不能遵照命令，即见蒋介石说明第一八四师兵力分散，又非基本部队，万一救援不及，会影响全军士气，现已令四平街新一军星夜前往解围。我又说，如孙立人来见时，请命令孙一定要遵照命令迅速解围。蒋当时曾很郑重地对我说："一定要新一军赶快解一八四师之围。"次日蒋忽然召我去说："我已允许孙立人休息三天，再去解一八四师之围，应令一八四师死守待援。"我听了非常诧异，觉得老头子（指蒋介石）有些糊涂，情况这样吃紧，还要孙休息三天，便对蒋说："这样鞍山、海城会出乱子，沈阳亦将危急。"蒋说："不要紧，我看一八四师守得住。"我当时对蒋放纵孙立人贻误戎机十分不满，但亦无可奈何，只有一面令本溪之五十二军抽调一师前往增援，一面等27日运新一军去解围。

新一军先头部队于28日到辽阳的时候，鞍山之一团已情况不明，海城守军亦危在旦夕，部分阵地已被解放军突破，据说潘朔端还处分了一个官长，而孙立人仍在辽阳按兵不动。及29日，全军（欠第五十师）集中后，孙才慢吞吞地派了一个师南进到鞍山，而海城潘朔端已经起义，解放军主动撤退。到6月4日孙立人才大报"捷报"，说收复海城。这就是蒋介石到沈后的第一批礼物。

潘朔端起义后，震撼了整个蒋军。熊式辉和我以及许多将领，都认为潘的起义完全是因孙立人的自私自利、见危不救而逼起的，可是蒋介石对此却一声未响。

孙立人为什么不遵照我的命令追击前进，当时我并不了解，以后才知道孙因我在 5 月 13 日及 19 日两日的命令中把中长路以东的作战地境线划归右翼新六军，同时新六军这时（5 月 19 日）先头部队已到赫尔苏附近，新一军无论如何迅速，也赶不到新六军之前进入长春。孙立人觉得收复长春之名利争不到，就借口说我指挥不公道：攻四平街打硬仗，要新一军担任，而收复长春名城，却交给新六军，所以他满腹牢骚，不愿遵令前进。

孙为什么敢于违抗命令呢？因孙是留美学生，他以美国为第一靠山，蒋介石为第二靠山。远在 1942 年中国远征军在缅甸时，孙任新三十八师师长，在彦南阳解英军之围曾立过功。当远征军在缅甸失败时，他不服从蒋介石和我的命令，而听美军史迪威的命令，随英军之后退入印度，因此深得史迪威的称誉。以后史支持孙任新一军军长，并想从多方培养孙的威望实力，准备做美国侵华的代理人之一。孙亦死心塌地与美国勾结，甘心做美国的忠实走狗。在抗日战争胜利后不久，孙立人即应英王之请，经蒋介石批准赴伦敦受勋。孙到伦敦后，即与美帝国主义分子勾结，擅赴美国。蒋介石见报载孙赴美的消息后，曾大发雷霆，电孙即日返回。孙对蒋的限令置之不理，仍在美国到处参观。蒋碍于美国主子的情面，对孙也无可奈何。我记得在四平街久攻不下之际，蒋介石曾电我征询新一军军长人选的问题。我认为蒋介石是想假我的手对孙开刀。我考虑了许多情况，以为孙在东北没有美国主子直接做他的靠山，在我大权独揽之下，孙也不至于再像缅甸那样不听我的命令，同时不明不白地撤换一个将领，总会引起许多的非难，不如等孙回来看看他的表现再说。正在犹豫未决之际，孙由美返国，在蒋军侵占四平街的前两天他已回到部队。没想到孙回到部队后，骄横跋扈，为了争名夺利，不听命令，我非常后悔。

蒋介石到沈阳后送的第二批礼物，就是当蒋军于 5 月 28 日侵占永吉后，我很得意，以为蒋介石即将下达停战令，从此可以同解放军隔江对峙，为蒋军保全东北的半壁江山，即亲见蒋介石"报捷"。蒋打开地图一看，见拉法为永吉以东铁路公路的交叉点，即说："拉法非常重要，必须派兵一团固守。"我以为蒋介石的指示，比我原来隔江对峙的腹案积极，即令廖耀湘派一加强团固守拉法。蒋军八十八师之一个加强团遂于5月31日侵占拉法。

6月3日，蒋介石亲赴长春，在飞机场大厅中召集长春市地方豪绅巨富地主慰问后，又召集廖耀湘等指示机宜，再对廖说拉法为战略要点，必须以一个加强团固守。

拉法是蒋军一个孤立的据点，后方交通联络补给不便，地形低洼，无险可守。而蒋军各将领对于蒋介石的指示，都视若"圣旨"，不顾具体情况，机械地服从指示，不敢独断专行应付紧急情况。当守备拉法的团长发现解放军发动大规模的进攻时，该团长（记不清姓名）曾连电请示师长韩增栋，韩要他死守待援。再吃紧时，请示廖耀湘，廖也要他死守待援并令韩派队增援。最后韩以兵力分散，抽调部队救援不及，直接来电请示我。我还是要他死守待援，并令韩以全力前往解围。及6月9日前后，八十八师支援部队到达老爷岭时，该团已全部被歼，仅有少数散兵逃回，团长被打死。解放军并将该团长尸体装棺材送回。

这个团被歼后，蒋军各级将领互相推卸责任。韩怪廖指挥不当，将该团摆得太远，孤军深入，支援不及。廖怪八十八师士气差，战力弱，一个加强团还不能达成固守这个据点的任务。我则怪该团警惕性太差，防御工事未做好，所以被"敌人"一打就垮；同时又怪廖、韩掌握情况不确，不能及时集中力量支援。而蒋介石（于6月4日左右返回南京）得到这一噩耗后，复电说"这是共军破坏停战，破坏和平"，要我交三人小组向中共提出交涉。这时三人小组内的国民党代表及蒋家宣传机器，一齐开动，诬蔑中共。其实破坏停战、破坏和平的并非中共，而是蒋介石本人和他的喽啰。我自己本人就是首先在东北破坏和平发动战争，并坚持战争的一个刽子手。

东北停战以后

蒋介石由沈阳返南京后，于6月6日在中共同意之下，明令东北停战半个月，自6月7日起生效。蒋介石所以在这时下达停战令：第一是，蒋军在东北被解放军打得伤亡惨重，被解放军整师整团地消灭了将近三个师（第一八四师起义，第五十二军一个多团，第七十一军两个加强团，二〇七师的一个营被歼）；第二是，在全世界舆论及全国人民反对战争要求和平的压力下，蒋介石不得不假惺惺地装出和平的姿态，而骨子里却是想在会议桌上消灭人民的武力，万一在和谈中达不到他的阴谋目的，就诬蔑中共破坏和谈，待蒋军整补充实调整部署后，再向解放区大举进攻。

蒋介石于下达停战令的同时，派专人（姓名记不清）乘专机飞长春送来两个文件。

第一个文件说，从北平三人小组中得到中共的秘密文件，主要内容是：（一）中共和谈是为拖延时间，争取主动，决不同国民党解决任何实际问题；（二）中共利用停战和谈机会，加大扩充部队，准备反攻；（三）和谈是要削弱国民党实力，让国民党裁军，中共部队则不让国民党整编（所记大意也许有错误）。来人说：这个文件是国民党打进北平三人小组的特务搞来的，为了这个特务能继续打入共产党组织内部工作，华北和南京都不便发表这个文件，要我作为长春"虏获"文件之一，在报上公开发表，揭露中共"阴谋"。我看了这个文件后，认为这个伪造文件，既符合我诬蔑共产党的反动思想，又可以夸耀我收复长春的"战果"（其实长春是解放军主动撤退，蒋军一无所获），即交中央社作为长春"虏获"中共的文件发表。

第二个文件是，送来一幅预定同中共协定在东北整军的地图。这份图上，将解放军限制在佳木斯、齐齐哈尔等几个小城市中，而蒋军则满布于东北九省、二市的省会、各主要工矿城市及交通要道。来人说："委员长（指蒋介石）拟订这个方案，作为同中共停战后具体谈判双方实行整军基础，特来征求我的意见。"并说："如中共不接受这一方案，国军将继续以武力接收整个东北。"我看了这一方案，是蒋介石妄图把解放军限制在极小的地区内，借整军的幌子而消灭解放军。我在东北同解放军较量的经验，认为在战场上绝对不可能得到这些东西，而今天能在和谈中得到这样的成就我是满意的，就同来人说："我完全同意这个整军方案，并无补充意见。"但我怀疑共产党是否能够接受这个苛刻的整军方案，就问："中共是否可以同意？"他说："委员长说马歇尔同意这一方案，他可以使中共同意的。"并说："中共自四平街大败后，求和甚切，南京中美各方认为东北共军已不能再战。"其实我心中明白，并未同他争论。

我认为蒋介石所以拿来上述的两个文件，是要我表示态度，虚张声势，威吓解放军接受蒋的整军阴谋。我即在长春招待中外记者发表狂妄的声明说："停战令下达后，国军已遵令在东北全面停止战斗，而共军不遵守停战命令，现正集中两万余人主力向拉法国军攻击。如果共军在停战期间不确实遵守停战协定实行整军的话，国军准备于半月后继续接收东北领土主权。"蒋介石见我发表谈话后，还假惺惺地来电责备我说："据三人小组报告，在东北停战令下达生效后，你仍发表谈话，要继续向共军进攻，是否属实？"我将以上大意电复后，蒋反来电说："在15日停战期间，务必严守命令不准开火，严饬所属一体遵照，并应加紧整训部队准备接收东北领土主权。"

显然这是蒋介石一贯骗人的手法，他从来没有履行"双十协定"及历次停战令的诚意，而是在获得喘息机会的时候，一面准备力量，一面制造借口为下一步向解放军进攻创造条件。东北的停战，也正是在这样的情况下实现的。在上述这一阶段，我为蒋介石反动集团打天下扮演了一个主要角色。

附　录

东北保安司令长官部主官姓名及所辖部队番号

中将司令长官	杜聿明
中将副司令长官	郑洞国
中将副司令长官	梁华盛
上将副司令长官	马占山

少将参谋长	赵家骧
第九十四军中将军长	牟廷芳
副军长	杨文泉
副军长	郑挺锋
第五师少将师长	李则芬
第四十三师少将师长	李士林
第一二一师少将师长	朱敬民
第十三军中将军长	石　觉
中将副军长	舒　荣
第四师少将师长	骆振韶
第五十四师少将师长	史松泉（后任宋邦纬）
第八十九师少将师长	万宅仁（后任刘建章）
第五十二军中将军长	赵公武（后任梁　恺）
少将副军长	梁　恺
少将副军长	郑明新
第二师少将师长	刘玉章
第二十五师少将师长	刘世懋（后任李正谊、胡晋生）
第一九五师少将师长	陈林达
新六军中将军长	廖耀湘
中将副军长	舒适存
新二十二师少将师长	李　涛
第十四师少将师长	龙天武
第二○七师少将师长	罗又伦
新一军中将军长	孙立人（后任潘裕昆）
新三十八师少将师长	李　鸿
新三十师少将师长	唐守治（后任文小山）
第五十师少将师长	潘裕昆（后任杨　温）
第七十一军中将军长	陈明仁

少将副军长　　　　向凤武

第八十七师少将师长　熊新民

第八十八师少将师长　胡家骥（后任韩增栋、彭　鄂）

第九十一师少将师长　赵　琳（后任戴海容）

第一集团军中将总司令　孙　渡

第六十军中将军长　　曾泽生

第一八二师少将师长　白肇学

第一八四师少将师长　潘朔端（后任陈开文）

暂二十一师少将师长　陇　曜

第九十三军中将军长　卢浚泉

少将副军长　　　　盛家兴

暂十八师少将师长　许毅詹（后任景　阳）

暂二十师少将师长　李韶侪（后任王世高）

暂二十二师少将师长　龙泽汇（后任李长雄）

长官部所辖部队有以上八个军，自1946年春将第九十四军划归北平行营，实际东北只有七个正规军。另有十一个保安支队，九个保安区司令，四个保安总队及炮兵第七团、第十一团、第十六团，高射炮第六团，工兵第二团、第十团，通信兵第六团，辎重第十七团、第二十五团，战车第三团第一营，铁甲车第三大队。

此外有九个军事特派员：辽宁熊正平，辽北靳汝民，安东王晶周，吉林刘懋元，松江邱立亭，黑龙江高士栋，合江孟吉荣，嫩江岳崇，热河秦靖宇。

解放战争中蒋介石来沈情况所见

李中奇*

解放战争中，蒋介石曾多次来沈阳策划内战，指挥国民党军队向解放区猖狂进攻和部署顽抗，直至最后一败涂地。蒋介石到沈阳，多住在国民党励志社分社。我当时作为励志社沈阳分社主任参与接待过蒋介石，现将我亲历、亲闻的一些情况回忆如下。

一

抗战时，我在重庆侍从室警卫团励志社分社当主任。1946年11月10日，我由北平来沈阳筹建励志社分社，到了1947年春天，准备工作大体就绪。这一年5月下旬，解放军发动强大的夏季攻势，围攻东北战略重镇四平，战斗异常激烈。5月30日，蒋介石由南京飞抵沈阳，随行人员有国防部作战厅长刘斐、蒋介石的侍卫长俞济时、蒋的警卫室主任石祖德及私人秘书曹圣芬等人。蒋一行人在北陵机场下飞机后，在东北行辕主任熊式辉的迎接下，直奔康宁街东北行辕招待所。我得到消息，赶到那里，蒋介石

＊　作者时任国民党励志社沈阳分社主任。

正在楼上同熊式辉谈话，只碰见刘斐怀里抱着一大堆地图往楼上去，同蒋介石、熊式辉研究四平作战方案。俞济时告诉我："由于来得突然，人又多，我们一些随行人员的住处都还没有安排好，房间里四大皆空。"我赶紧打电话让励志社的人用汽车拉来床、被褥、地毯、办公桌等，并派来工友张罗收拾房间。后来，我将沈阳励志社室内各种设施及布置的照片交给俞济时，告诉他沈阳励志社已筹建修缮完毕，蒋下次来可住励志社（蒋去各大城市习惯于住在励志社，因蒋自兼社长，一切公费，由蒋从机密费中开支）。

当年8月初，陈诚以参谋总长的身份从南京乘"天雄号"专机飞沈，接替熊式辉任东北行辕主任，南京励志社总社副总干事厉志山同机前来，检查沈阳励志社筹备情况。据厉讲，这次是蒋介石让他来的，蒋对他说："你去看看沈阳励志社布置得怎么样？下次去我要住在那里。"在厉的亲自监督下，我们又进行了一番准备，特从长春励志社空运两架飞机的家具、地毯等，蒋介石的卧室、会客室、办公室、餐厅、窗户都精心进行了布置，还把我从南京总社专门找来的蒋介石、宋美龄的生活照片，及蒋六十寿诞全家合影等一些相片分别挂在这些房间里。

二

1947年9月中旬，人民解放军开始发动秋季攻势。是月，蒋介石乘C-54型专机再次来沈，从南京起飞后由空中给陈诚发来一个电报，告诉他三小时后到沈阳。陈诚接电报后，让他的副官打电话叫我去一趟，我到了东北"剿总"四楼陈诚办公室，只见陈诚半躺在一个长沙发上，正在看文件。我进去问候他："总长身体好些了吧？"（陈诚患十二指肠溃疡病，到东北后战争紧张，旧病发作很厉害。）他说："好些了，好些了。"紧接着他就问："你们那儿暖气生了没有？"我回答说："生了。"他说："南京有人要来。"我问他多少人，他说："六七十人。"过了一会儿又说："来不来还不一定，你要保密！"我说："晓得，我马上回去布置。"出来后，我就在"剿总"给励志社同事打了个电话，告诉他们有消息，南京要来人，限两小时内准备就绪。回去后，我到对面中山公园暖房，临时借了几十盆盛开的鲜花，用汽车拉回摆好。我又进行了督促检查，将暖气加足。厨房火生好，工友们一律穿好白号衣。这时沈阳警备司令部保密室主任陈仙洲（军统特务，前天津市警备司令部稽查处长）带着十几个四十多岁的老牌特务，来楼上楼下仔细检查了安全情况，布置了警卫。等蒋介石先行机上的侍卫官及警卫组组长刘树滋到达以后，再由他们把军统的人替换下来。

我一切布置妥当后，打电话给鹿鸣春饭庄，订妥八菜一汤一桌共计八桌的菜肴，派汽车拉来，随即驱车前往北陵机场。在机场迎接蒋介石的有以陈诚为首的东北军政要员。蒋介石的座机是美国赠送给他的四引擎巨型专机，沿途有十二架战斗机护航。我到机场时，已听见机声了。陈诚故意眼望天空，漫不经心地问道："总统这次来，住在哪里啊？"先到的蒋介石侍卫官说："住在励志社，这位就是励志社李主任。"说着，把我介绍给陈诚。陈诚"噢！噢！"答应着和我握握手。实际上陈诚刚刚把我找去见过面，这只不过是为了摆摆架子，故作姿态罢了。

上午10点30分，飞机着陆停稳。蒋介石身着军装，头戴大檐帽，佩五颗金星特级上将领衔，披着黑披风走下飞机。陈诚高声喊："立正！敬礼！"军乐队开始奏乐。蒋介石由陈诚陪同，检阅仪仗队及军政要员行列，然后乘汽车进城，沿途马路两边由军统特训班学员穿着西服担任警卫，一直到励志社。励志社周围的哨兵已由日常担任警卫的东北"剿总"警卫团特务排换成了宪兵。蒋介石下车后，头一次登上沈阳励志社门前的台阶，抬头往上瞅，看到楼正面由他手书的"励志社"三个大字。这时，身旁的侍卫官告诉他："这就是励志社，这位就是励志社李主任。"蒋介石向我打了个招呼，继续往前走，进入大厅，他站住了说："叫励志社主任来！"我赶紧过去。他说："你在前面领路。"我领他上楼，来到他的房间，这是一个套房——一间卧室，一间会客室，一间办公室。蒋介石进去后，吩咐他的侍卫官："马上叫廖司令官（廖耀湘）来！"然后站在会客室用玻璃杯喝白开水（蒋自与宋美龄结婚后不抽烟、不饮酒、不喝茶及咖啡，成为虔诚的基督教徒）。此时我一直站在门口，见没事了就走下楼来，在洗手间碰上警卫室主任兼警卫师师长石祖德（我同他是十多年的老同事），他对我说："你准备见一见！"我说："好！"话音刚落，蒋的侍卫官下来，对我说蒋找我去。我急忙上楼，进了房间，给蒋介石敬了个礼，就立正站在他对面。蒋一面喝着白开水，一面问："这是什么房子？"我回答说："在伪满时代是'大山会馆'，是个体育馆，大山是日俄战争时期的日本元帅。"蒋介石点点头说："噢！噢！噢！我知道！我知道！"（大山毕业于日本士官学校，被该校誉为杰出的"英才"，蒋也曾在日本士官学校学习，自然知道）接着，蒋介石又问我，这里有多少房子？有哪些设备？有多少人？还问我有没有游泳池？我说："有一个小游泳池，对面公园有个大的。"蒋问："是什么公园？"我回答："中山公园。"蒋说："好，好，好！"我顺便提了一句："我过去在先生的警卫部队先后服务有十年。"蒋随口说："噢！噢！噢！"他端着玻璃杯慢慢饮水，好似在想什么问题，在思考着别的事情。我一看到这情况，就不再往下说了——因为多年跟蒋的经验，在他面前是不便多说话的，他问什么，你就答什么，否则没好处。于是，我向蒋敬个礼，就出来了。一会儿，廖耀湘来了，和蒋在屋里密谈，没有多大工夫，廖就出来了。

陈诚等人又来了，蒋向陈诚要二十万分之一的军用地图看，陈赶紧下楼找他的两个参谋长（东北行辕参谋长董英斌、副参谋长董彦平）去拿。半小时过去了，地图还没拿来，陈诚从屋里走出走进，急得如热锅上的蚂蚁，连声说："地图！地图！怎还没拿来？找董参谋长！"董英斌从楼下餐厅走出来，对陈诚说："去取了！去取了！"陈诚急得又犯了胃病，让副官给他拿药吃。这时，赵家骧（杜聿明的参谋长）来了，我和他挺熟，就问他："你这皮包里带着地图没有？"他说："带着呢！"我说："拿出来看看吧！"他说："哎！又没找我要地图，我何必多事呢？这次把我调回来就够意思了，还出什么头？"因陈诚来后，将东北行辕和保安司令长官部合并，集大权于一身，赵家骧被调到锦州任第二督训处处长去了。在许多人建议下，陈诚才准予将其调回，派战斗机驾驶员李梦华接回途中，飞机发生故障迫降沙滩上，幸在蒋军防地，免遭被俘，因此赵对陈牢骚满腹，敢怒而不敢言，一时还未安置。我说："都啥时候了，你还观望！你的地图是多少万分之一的？"他说："是十万分之一的。"我说："我给你问问。"我上楼告诉蒋的侍卫官说："赵参谋长有个十万分之一的军用地图，你问问陈总长能不能用？如能用，马上拿进去。"侍卫官进去请示后，出来说："行！行！"于是将地图拿了进去。

　　蒋看完地图，简单了解了战况，已是中午，便留陈诚、楚溪春（沈阳城防司令官），另有张作相、马占山、万福麟（都是张作霖旧部，是东北的元老派。蒋介石对他们比较客气，单独接见了他们，并和他们握了手。蒋一般是不同别人握手的）一起进餐。蒋在二楼玻璃房餐厅和他们边吃边谈话。蒋不大善于辞令，会客方式主要是问和听。蒋介石平时中午吃的是西餐（三菜一汤），这是固定的；如果吃中餐就是六菜一汤。食物都是在南京准备好的，由蒋的两名厨师乘先行机带来，然后厨师在沈阳准备蒋的用餐，如离开沈阳就带走，别的厨师做的饭菜他是不吃的。蒋吃中餐采取中餐西吃的方式，就是用两副筷子和勺，一副可以进口，另一副用来夹菜、舀汤，而不能入口。

　　蒋介石吃完午饭后，习惯要午睡一小时，到下午1点多钟起床。就在这个时刻，突然有人打来电话，找励志社李主任讲话。我接过电话，问是哪一位。对方自称："我是西卿。"这名字很陌生，但又不便直问，只好从侧面了解他在哪里，回答说："我现在铁路宾馆。"哟，使我恍然大悟，他一定是张学铭（张学良的二弟，"剿总"中将总参议）。我说："你怎么没下来？快要走了。"张学铭说："我没交通工具啊！"我说马上派人派车接你来，于是又对会计科长巩开铭说："你快乘车到铁路宾馆，把'二埋汰'（张学铭的外号）接来。"片刻，张学铭来了，穿着整齐的呢军服，挂中将领章，脸刮得干干净净，上嘴唇留一小撮胡子，白手套，呢绑腿，黑皮鞋，一本正经，神气十足地走入大厅。如按常规晋见蒋介石，须先登记挂号等待传见，为了争取时间，我将张学铭直接领上楼，因蒋介石正在同廖耀湘谈话，侍卫官让我们进入餐厅休息室。这时陈诚正独自愁眉苦脸坐在那里，张学铭看见陈立即敬礼，恰好，侍卫官来报告总长说总统找，陈诚急忙迎出，这时蒋介石送出廖耀湘，一面披披风，一面行至走廊。张学铭走出餐厅，站在旁边面对蒋行礼。蒋点点头，脚步未停，首先问张学铭："你不是去天津看病了吗？什么时候回来的？病治好了吗？你现在哪里？"陈诚跟上一步说："报告总统，他现在我这里。"蒋对张说："你要好好帮陈总长的忙啊！"张学铭始终站在原处，未容他答话，蒋、陈即一前一后走下楼去，乘汽车去北陵机场，蒋立即飞返北平。

当晚在太原街中苏联谊社，我与张学铭不期而遇。张首先说："赵作华不够朋友，本已跟他说好，搭他的车同去机场为蒋总统送行，谁知他自己先溜了，真是势利眼！若我哥哥在东北，他决不会对我这样！"又说："我今天去见总统，事前经过充分思考，想好好同他谈一谈。谁知蒋总统的记性真好，因我去天津戒烟，他见面首先问去天津治病的事，问病治好没有？他这一问，把我想要说的话，全都吓忘了。"

三

1948年1月7日，人民解放军以迅雷不及掩耳之势，在辽西公主屯歼灭了蒋军新五军，并活捉了军长陈林达。陈诚被打得蒙头转向，手足无措，病倒在床，连夜向南京蒋介石告急。蒋急忙于10日亲飞沈阳，随行的有范汉杰、刘斐、俞济时等人，于当日上午10点40分飞抵沈阳北陵机场。蒋来之前，命华北"剿总"总司令傅作义到沈商议。傅和其他国民党高级将领不一样，不穿将校呢军服，不戴大檐帽，而是穿一身鼓鼓囊囊的灰棉布军服，头戴皮帽子，足穿一双大头鞋，挂着上将领章，给人以朴素的感觉。傅作义和东北"剿总"副总司令罗卓英、空军副总司令王叔铭原来都准备在励志社门前迎蒋，后又经商量，决定一同去北陵机场迎接，我也一同前往。

从机场到励志社后，蒋介石照例先看地图，向傅、罗问战况，研究华北与东北联合行动方案。这时，东北一些军政要员听说蒋来了，都到一楼会议厅等候接见。我记得当时沈阳市市长金镇穿着中山装站在大厅，我对他说："怎么样？不去见见吗？"金镇装腔作势地说："我这个人有个怪脾气，就是一辈子不愿见大官。"但一会儿，他还是从上衣袋中取出一张名片，我接过交给杨侍卫官，拿上楼去见蒋。杨出来后说："总统正在研究军事部署，没有时间，非常抱歉，就不见了。"后来，我听杨侍卫官私下对我说："实际上是蒋接过名片，看过之后，很反感，直摇头说：'这个家伙！我不见，我不见！'"当时我听了还挺纳闷，蒋既对金镇印象不好，又为什么让他担任沈阳市长这样重要的角色呢？这中间有何奥妙就不得而知了。

中午，蒋介石留傅作义、罗卓英共进午餐，边吃边谈。午餐后，睡完觉，蒋到"剿总"召集军政要员开会，听取公主屯战役经过报告，晚上回到励志社，单独吃晚饭。饭后，蒋把廖耀湘（主力兵团司令官）叫到办公室密谈，面授机宜，约一个小时。然后，蒋按惯例写日记、书信，读圣经、祈祷，10点钟以后睡觉。他的床上有块木板，因西安事变时腰摔伤，遵医嘱睡硬板床，宋美龄则睡席梦思床。

第二天早饭前，傅作义拿着昨晚拟好的作战方案，赶来请蒋介石批。蒋批完后，即乘专机飞回北平。蒋介石的专机，外形看是庞然大物，机头是透明室，是驾驶机组专用的；前舱是办公室，餐厅兼双人吊铺；中舱是侍从人员及侍卫官休息室，尾部一侧是仓库，一侧是厕所。驾驶员依复恩，山东人，航校毕业，两次留美单独驾机飞回（直到飞机报废无事故），被誉为"空运之王"。蒋介石乘机前，全机组站队（正副驾驶、机务、报务、领航等），飞机起飞后可直接通话、通报，十分便利，一次加足油量可由南京不停往返。8日上午10时蒋飞离沈阳。

四

　　陈诚在东北招架不住，派其妻谭祥（谭延闿之女）亲自飞南京，向其干妈宋美龄哀求将其调回，遗缺另选贤能。蒋介石给予安慰，随后派南京中央医院院长齐寿南飞沈为陈诊治。蒋介石亲笔写了一封信，命南京励志社总社干事黄耀祖陪同来沈，将信面递陈诚，嘱其暂勉为其难，待继任人选物色确定后，再行调回予以重任。陈诚初到东北声称"要收复东北民心"，结果连军心也被失掉了，灰溜溜地抱病逃回南京，1948年1月17日，蒋介石命令卫立煌接替陈诚为东北"剿总"总司令，赵家骧仍任参谋长。这一年的9月中旬，人民解放军发动了震惊中外的辽沈战役，开始解决沈阳、长春、锦州三个孤立地区之敌。蒋介石慌忙于10月2日赶到沈阳，同来的有郭忏（联勤总司令）、周至柔（空军总司令）、俞济时（军务局局长）、石祖德（警卫室主任）等人。

　　我记得这一次是沈阳警备司令部稽查处处长崔志光（军统少将，蒋后几次来沈都是他负责警卫）头一天先得北平的密电，他转告我第二天蒋要来沈。2日午前，蒋抵沈，到励志社。这一次，蒋走上楼，我紧跟在他身后，行至餐厅时，侍卫官将门打开。蒋介石心中慌乱，竟在原地打了一个转身，并未进去，说："快找卫总司令来！我了解了解情况！"这种神情不安的情况，我是从来没有见过的。侍卫官接过披风，蒋匆匆进入会客室，随即卫立煌、罗卓英赶到，他们共同观看二十万分之一的军用地图，商讨对策。午餐后，蒋到"剿总"召集军长以上高级将领参加的军事会议，研究布置作战方案；晚间，召集师长以上将领及辽宁省厅长以上人员在"剿总"会餐，餐后又召集师长以上军官训话。据侍卫官回来对我说，蒋训话非常沉痛，说："我这次来，就是救你们出去，这个仗打到现在，如再不能打胜，将来前途不堪设想。我要做战犯，你们都要当俘虏！成败在此一举！"蒋介石训话回来就寝前，又单独在办公室召见了廖耀湘，面授机宜达一小时，门外由侍卫官站岗谁也不得入内。第二天午饭后，蒋介石离沈飞往北平。

蒋介石在"剿总"会餐时，励志社卧室内留副官斯绍凯看家，我没事走进卧室随便看看，只见斯副官正在收拾挂在墙上的蒋介石"全家福"照片。这张照片是抗战胜利还都后，1946年阴历九月十五日，蒋介石过六十岁大寿时全家在南京官邸的合影。蒋穿长袍马褂，宋美龄穿紫缎花旗袍，分男左女右端坐当中；蒋经国、蒋方良夫妇并排站在蒋介石后面，长孙蒋孝文站在祖父左侧，孙女蒋孝章站在宋美龄右侧；蒋纬国、石静宜夫妇（尚无子女）并立在宋美龄后面，蒋孝武当时才一岁多，坐在宋美龄膝上。此照为励志社摄影干事胡宗贤所摄，1947年我去南京开会时带回，挂在蒋介石卧室。斯副官见我进来，一边用桌布包"全家福"照片，同时对我说："李主任！方才先生（蒋的侍从室人员对蒋的内部称呼）说了，卧室里墙上挂的那张'全家福'照片，他这次要带回南京去，告诉你一声。"我听到这话，预感到蒋介石可能要放弃沈阳，今后不会再来了。当晚，蒋介石的警卫室主任石祖德对我说："廖兵团要西进，我知道他一动，沈阳就空虚了，往后我们不一定再来了，你可以先飞北平等着，什么时候需要你来，我会临时通知你。"于是，第二天我就随蒋的先行机飞往北平。

蒋介石一年四季披黑披风，出门不离身，因此社会上传说他的披风是防弹衣，还传说穿在身上冬暖夏凉，能起护身作用，传说纷纭。据我所知，这件披风是20世纪30年代初蒋介石由侍从室委托励志社经手，让南京李顺昌军服店裁制而成，还经过试穿、修改，并非什么神秘之物。一般不知情者以讹传讹，神乎其神，乱说一通。

解放战争进行至第三年，大局已演变成为："没有东北，就没有华北，没有华北，就没有江南。"战局的重点在东北战场，因而蒋介石多次亲临东北战场指挥。

1948年10月，我在北平住了二十天。10月18日《北平日报》登载："蒋介石、宋美龄分别由京、沪乘专机飞沈，下机后，乘汽车径赴励志社官邸休息。"我急忙向空军联系飞机，迟至22日方始回沈。据同事刘健称，我走后蒋又分别于10月2日、15日、18日三次飞来督战。前两次仍住励志社，最后一次未进城，只在北陵机场召卫立煌等开了个会，就乘原机回北平。宋美龄则只住一夜，就飞往北平。

金圆券发行后蒋介石在上海
勒逼金银外汇的回忆

戴立庵

  1948年8月19日傍晚的时候，我接到中央银行抄送南京国民党政府行政院给俞鸿钧（当时的中央银行总裁）的一个电报，大意说：请他邀约上海金融界的人于明日到南京行政院开会。所邀的人有宋汉章、钱新之、赵棣华、李馥荪、徐寄庼、王志莘、傅汝霖、杜月笙、徐国懋、沈日新等十余人，我亦在被邀之列。我当时打电话问中央银行是什么事情，俞鸿钧不在行，不得要领。当晚回家路经南京路西藏路，看到那里有一座电动新闻牌，说明天起改革币制，要发行金圆券了。这个消息来得很突然，我想行政院邀我们可能就是谈这件事情。第二天到了南京行政院，主持会议的是当时的行政院院长翁文灏、财政部长王云五、政务次长徐柏园，记录是财政部钱币司帮办薛臻龄。会议开始，由翁文灏说明发行金圆券的原委，希望大家拥护，出席的人表示拥护，没有异议，也谈了一些金融界困难情况。我当时没有发言，在会议将近结束的时候，徐柏园指名要我讲话，说我在财政部主管金融多年，现在又是联合银行总经理，有这样两重身份，问我对于这次改革币制意见如何。我于是起立发言，大意是：在抗战末期到胜利以后，建议改革币制的很多，当时财政部内部亦有此项主张，我们研究的结果，认为条件不够，不能轻于尝试。现在当局勇气百倍，决定实行，我们当然希望它成功。不过从已公布的各项办法粗粗看过一遍，觉得有三点矛盾冲突之处：首先，办法内规定各种物品不得超过8月19日的价格，同时对公用交通事业的收费又可调整价格，电力和运输的支出与物价成本有关，都是构成物价的因素，如果同意它调整价格，又何能限制其他物品不加价呢？其次，限期收兑黄金、白银和外国币券来充实准备，办法很好，但是大批新券出笼，骤然增加庞大的购买力，对市场压力很大，也是值得考虑的问题。（第三点已记不起）这些问题，当局谅亦看到，一定会统筹兼顾，我所说的可能是过虑云云。我说完，大家默不作声，不久会议即散。在我走出会议室的时候，薛臻舻跑过来轻轻向我说："你的话太直率了，他们听了会不高兴的。"我说："'驷不及舌'，既说了又有什么办法呢？"随后，上海来的一班人去到励志社见蒋介石，蒋亦希望大家拥护新币制。大家照例颂扬一番，我没有发言，一场会见就此结束。会后，我到财政部会见当时的常务次长李傥（偶君）。李对我说："你是财政部的老人，希望对于新币制竭力拥护。"我没有多讲，就作别回上海。

不久，盛传蒋经国担任上海经济管制督导员，并已来沪筹备（名义上，上海区经济管制督导员是俞鸿钧，蒋经国是副督导员，但实际上俞鸿钧绝不过问，完全由蒋经国一手包办）。8月底，中南银行胡惠春（胡笔江的儿子，这时是中南银行上海分行经理）叫人告诉我：听说蒋经国这回来沪，对我将有不利，要我注意。我当时颇为惊异，但亦没有十分注意。这时行政院经济管制委员会上海区三个管制机构的组织规则和委员人选都已公布：一是物资调节委员会，委员刘攻芸、李立侠、程远帆、束云章、杨绰庵、江杓、沈熙瑞、沈镇南、张兹闿、张希为、王岚僧；二是检查委员会，委员蒋经国、俞叔平、宣铁吾、周力行、林崇墉、张勇年、张毓泉、王云南；三是物价审议委员会，委员吴国桢、吴开先、潘公展、方治、李立侠、徐寄顾、吴蕴初、水祥云。同时马路上有大群所谓"经济戡乱大队"游行叫嚣，造成紧张局势。

9月8日下午出版的特务宣铁吾所办的《大众夜报》，用头条新闻大字标题，说我联合上海商业银行逃避大量金银外汇，还编造了许多诬蔑我的事项，对我大肆攻击。我当时很冲动地拿起报纸，就奔向中央银行找蒋经国。正值蒋在开会，我看到了俞鸿钧和徐柏园。徐柏园是专为各银行陈报外汇资产而来上海的。俞鸿钧劝我不必见蒋，暗示见了蒋对我未必有利。当天夜晚，《申报》的记者来访问，我将《大众夜报》对我的攻击加以驳诘，我的谈话第二天《申报》登出。这事对我不啻是晴天霹雳，真是丈二和尚摸不着头脑，对于为什么要加我这样大的罪名感到困惑；但从俞鸿钧的语气看来，胡惠春要我注意的话是不无因的。以后几天，《大众夜报》每天都有攻击和诬蔑我的新闻。这时中央银行通知各商业银行限期陈报持有外汇资产数额。当时上海银钱行庄都有明暗两套账簿，黄金外汇都在暗账收付，明账中看不到，这是我参加金融业后才知道的。联合银行甫于8月1日改组成立，我到行不久，联合银行的外汇资产，除出善后债券列于明账外，其余的外币证券、外币存款、库存黄金都是暗账，我从未见过，亦未问过，因此我问当时的联合银行董事长钱新之如何陈报。钱新之把联合银行总管理处几位高级职员和上海分行经理、副理邀在一起，当众对我说："我们和盘托出，决不牵累你。"又说："你们把表准备好，我明天和戴总经理一同亲自送往中央银行。"

这时报载9月6日那一天，蒋介石在南京国民党中央党部扩大纪念周上恶狠狠地说："目前尚有一个问题，即商业银行对于政府法令尚存观望态度，其所保留之黄金、白银及外汇，仍未遵照政府的规定移存于中央银行，并闻上海银行公会理事会拟集合上海所有各行庄，凑集1000万美元，卖给中央银行，便算塞责了事。可知上海银行界领袖对国家、对政府和人民之祸福利害，仍如过去二三十年前，只爱金钱、不爱国家，只知自私、不知民生的脑筋毫没改变。在'共匪'这样猖獗、人民这样痛苦，尤其是前方官兵这样流血牺牲的时候，政府为要加强'戡乱建国'的力量，决心实行这一个重大的改革，其成败利钝，实有关于国家民族的生死存亡，而若辈拥有巨量金银外汇的，尤其是几家大银行，这样自私自利，藐视法令，罔知大义，真令人痛心。这种行为固然是直接破坏政府'戡乱建国'

的国策，而其间接实无异助长'共匪'的内乱。彼等既不爱国家，国家对彼等自亦无所姑息，故政府已责成上海负责当局，限其于本星期三以前令各大商业银行将所有外汇自动向中央银行登记存放，届时如其再虚与委蛇，观望延宕，或捏造假账，不据实陈报存放，那政府只有依法处理，不得不采取进一步的措置予以严厉的制裁。"这些胡说，完全是流氓讹诈的口吻，可谓无耻至极。那时蒋介石只要想加害某人，就加以破坏"戡乱建国"的罪名，他们就可以生杀予夺，为所欲为，这回也如法炮制。同时，蒋介石又亲自打电话给俞鸿钧，要他立即查封浙江第一银行。因为浙江第一银行董事长李馥荪是当时上海银行业同业公会的理事长，蒋介石认为凑集1000万美元卖给中央银行的主意是他出的，因此就拿浙江第一银行首先开刀，借以恐吓其他银行。俞鸿钧对于这个"命令"，因为上海环境关系，不敢执行。李馥荪又托了和蒋介石关系密切的已故中央银行常务理事叶琢堂的女婿李叔明向蒋说情，才得无事。钱新之知道这事的严重性，不是可以应付过去的，所以有"和盘托出"的话。在这样淫威镇压之下，上海各商业银行在9月10日左右，都将所存的黄金、白银、外币及其他外汇资产列表报告中央银行。

9月10日，我忽然接到一封信，由蒋经国具名，约我于9月11日上午到梵皇渡路乐义饭店某号一叙。我当时打电话问钱新之，他说：他也有的，不过他今晚要去南京，已复信改期再谈。我感到这是"霸王请客"，吉少凶多，但又不能不去，因此11日的早晨到了乐义饭店。约定谈话的房间，是个套间，我先坐在外间，只听到里间讲话声音很大，似有争执模样，看到桌上会客的名单有十余人，周作民也在内，已会过了。不久里面走出来的人是李馥荪，面红耳赤，神色颓唐，和我点点头就离去。这时里面邀我进去，只见蒋经国站在那里，房间内朝窗摆了两张沙发，中间隔着一张茶几，旁边一张沙发有人坐在那里。蒋经国招呼我坐下，因我在南京曾和他同过一次席，所以还认得。起先寒暄几句，后来渐入正文。蒋问我："近几天的报纸你看到吗？"我说："已看到，正要请督导员彻查。至于联合银行的黄金外汇，已经开单于昨天和钱新之先生一同面送中央银行俞总裁和财政部徐次长了。"蒋重复《大众夜报》攻击我的事，要我承认，我说："这是无稽之谈。"蒋不以为然。我说："《大众夜报》说我私人财产达2亿美元以上，这种连常识都没有的话，你也会相信吗？况且这事可以调查的。"蒋仍纠缠不已，而且做出很严厉的样子。我说："那么，请你把具体事实和证据拿出来，让我也可甘服。"蒋思索一会说："要拿，到法庭上再拿，我正在考虑送你到法庭还是到特种刑庭。"我说："听你的便。"谈话就在这样情况下结束。在我站起来要走的时候，蒋又说："希望你考虑考虑，下次再谈。"我一面说"没有什么考虑"，一面就走出了套间。在我们谈话中间，蒋经国曾几次站起来在房间内往来走动，似乎在想什么心事。后来有人对我说：同一天早上蒋经国和周作民会见的时候，蒋一再追问周作民有多少外汇，周说有5000美元，蒋大为愤怒，一再说要打电话给警察局把周作民拘留起来，并站起来做出要打电话的姿态。我想他在房间里往来走动，可能也想以同样的方法恐吓我，不过没有做出罢了。在乐义饭店谈话后几天，《大众夜报》又以头条新闻大号字说蒋经国传讯我云云，并且在四川路汉口路附近即联合银行门口张贴起跨过马路的大横幅指名攻击我。我感觉到问题严重，但我每天仍照常到行。小报上又说：戴某有恃无恐，镇静如常。这时抢购物品风潮已开始，物价亦有波动，尽管《大众夜报》和一些小报对我还不断攻击，蒋经国在我离开乐义饭店时虽说下次再谈，我也时刻准备着，但在那一段时间内没有再找我。到了9月24日早晨，联合银行来了一个穿警察制服的"官员"，名片上刻着"刑警督察长程义宽"，说要会我。我见了他，他拿出一张预先写好的"切结"，要我签名盖章，并且要正当行号做保人。原"切结"上并不说明原因，只是说："某某非经核准，不得私自离沪。"我问来人："我究竟犯了什么罪，要这样处理？"他说："对不起，我是奉命办理。"在这样情况下，我如不照办，立刻就会遭到难堪，但仓促间找谁作保呢？想起太平洋保险公司设在联合银行楼上，我问来人，找太平洋保险公司作保何如？他同意了。我即打电话给该公司的协理浦心雅请他下来一下，我把原委说明，他同意作保，随即办好手续。我看程义宽手上还拿着同样的纸头一卷，问我："周作民住在哪里？"我说："可以问金城银行。"周作民自乐义饭店出来后，很受震动，即避居虹桥疗养院，事后知道程义宽并没有和周作民见面，周的"切结"由金城银行的有关机关诚孚公司作保。从9月24日起，《大众夜报》和一些小报间或还在攻击，蒋经国对我再没有其他的动作，直到金圆券崩溃，蒋经国离沪后，那张"切结"由俞鸿钧交还我。可惜当时我就把它扯碎了，否则倒是一个沉痛的纪念。不久，钱新之对我谈起：在南京会见蒋介石，谈到了上海的事，蒋说："小孩子胡闹。"这一幕丑剧，蒋介石是唯一的主持人，现在却说"胡闹"，推得干干净净，这是他一贯的作风。蒋氏父子用了这样穷凶极恶的手段，对于帮助他起家的伙伴——南北金融资本家，想反转过来一棍子打死，而且李馥荪这时还是金圆券发行准备监理委员会的主任委员，也不稍留余地，可谓咎由自取。在上海一地，蒋介石掠夺了黄金114.6万余两，美钞3452万余元，港币1100万元，银圆369万余元，银子96万余两（截至1948年10月底数目）。但是各银行的外币存款和外币证券搜括数目和他们的企图相差很远。原因是各银行的外汇资产虽经申报，除了因行庄增资结售一部分外汇和少数需要头寸的银行将所持外汇结与中央银行外，其余银行仅仅办到申报手续为止，所有外汇资产仍在自己的户头上面，没有转账过户，而且金圆券崩溃太快，没有时间让他们进行勒逼。他所掠夺到的，多数是人民所有的黄金、美钞、港币、银圆。据说蒋介石的亲信吴忠信的老婆对人说："经国是我抱大的，现在连我的棺材本，都被他抢去了。"吴忠信的老婆尚且如此，一般老百姓遭受的祸害更可想而知了。

金圆券是蒋介石掠夺人民财富的恶毒的手段，开始就用杀害手段来达到他的目的。他首先枪毙了与孙科有关的林王公司的王春哲，然后对当时金融界几个头面人物施行种种威胁，意思就是说，"你们究竟要命还是要钱"。蒋介石在南京纪念周上的威吓和蒋经国在上海乐义饭店形同强盗绑票的胁迫，父子串双簧，目的就在黄金、美钞，问题是很显明的。在当时我想，像李馥荪、周作民这些人在金融界素负"盛名"，把他们做个榜样来威吓人还有作用，像我这样的人，也值得做榜样吗？后来事实逐渐明了，这里面的原因是很为复杂的。第一，我虽然在金融界不久，但金融界熟知我的名字，把我做个榜样，可以威吓金融界其他的人。第二，我在金圆券发行的第一天，就在南京行政院指出它的弱点，这是他们最忌讳和最痛恨的。因此在我回上海不久，蒋介石的侍从室就有电报给淞沪警备司令部，叫它注意我的行动。第三，由于钱币司管理金融的关系，经常和特务有利益冲突，从重庆到南京我一直是特务"欲得而甘心"的对象。在重庆时特务头子郑介民曾向俞鸿钧说："你们的钱币司长戴铭礼假借儿子十岁做寿为名，要各银行送礼。"俞鸿钧转而问我，我说："我今年没有十岁的儿子，但今年我母亲七十岁却是个好题目，我没有利用，何必去用儿子的名义呢？"另一桩事是在胜利后不久我还在重庆的时候，有一个姓白的人，携带申请北洋保商银行复业的公文并附有军统局的证件，证明在平津沦陷期间北洋保商银行曾为军统局做了很多掩护工作，以此作为复业的理由，请财政部批准复业。这个姓白的是军统局派在华北的特务头子。我说，北洋保商银行是王克敏的事业，是大家都晓得的，王克敏是汉奸，如果他办的银行可复业，何以见谅于社会，这事不好办。姓白的说，他"对抗战有功"。我说："你们的证件既不便向外面公布，老百姓怎能知道呢？"姓白的天天来催，后来财政部把这个案件向行政院请示，行政院搁置不复。在那特务横行的时代，有办不通的事，在他们说来是极为失"面子"的，而且也堵塞了他们发财的机会。因此姓白的极为愤怒，在外扬言要收拾我。蒋经国的督导员办公处原是特务的大本营，这次是他们收拾我的机会了。另外，我和蒋经国还有一段不愉快的经过：抗战胜利后，在上海的某商业银行（这家银行随后即倒闭，行名已记不起）查账报告中，有十五六个户头没有姓名，都用某某记，数目既大，进出又很频繁，投机倒把的情况很为显明，这银行是当时邮政储金汇业局局长徐继庄暗中经营的。徐继庄说：这十五六个户头，是蒋经国弟兄所开的。我很气愤地说："我不管这些，蒋经国就可以不守法，为所欲为吗？"这些鬼打架的事情，不值得一谈，但是综合起来看，蛛丝马迹很显然的。因为有这些关系，我就成为他们的对象，和李馥荪、周作民同样充作牺牲品，实现他们的恐怖政策。由于各银行已办理"陈报"，他们目的已达到，所以没有进一步加以迫害。《大众夜报》在对我大肆攻击的时候也说过：政府目前对此案尚无有所行动的表示，一切恐将视今日上海各行庄依限办理缴存金银外汇之结果如何以为断。由此说明蒋氏父子串演这幕丑剧，目的在掠夺黄金外汇，作为他们的逃跑的资本。

蒋介石盗取黄金、银圆及外币的经过

詹特芳

　　1949年元旦，辽沈战役以蒋军全军覆灭而告终，淮海战役接近尾声，兵团司令也难生还，平津傅作义又在搞单独和谈，蒋介石的赌本几乎拼光了，台湾虽还有些兵力，但多系新兵，胡宗南剩下的残兵败将，也无补于大局，如果仅靠江南一带的杂牌队伍，根本无法支持，为了赢得一点喘息机会，蒋介石一方面委派一些编练司令到各省再搜括一批炮灰，准备卷土重来，同时派陈诚主持台湾，作为最后基地。另一方面，则将计就计把打着和谈招牌的李宗仁推到前台，蒋于1月21日宣布下野，由李代理总统。

　　蒋的这步将计就计的险棋，李宗仁也知道得清清楚楚。但是李并没有退却，而是接受了蒋的挑战，走马上任。所以蒋、李之间的斗争是：要么李趁蒋危难之际，逐步地将蒋挤下台去，要么蒋利用李作个挡箭牌，搞点假和谈，争取一段喘息机会，侯元气恢复后，再将李一脚踢开。这种控制与反控制、夺权与反夺权的斗争，主要反映在两个方面，即兵权与财权，兵权方面我知道的不多，现在只谈财权方面。

　　这时候，金圆券已经没有人要了，如我们领工资拿到金圆券后，马上就换成银圆、美钞或黄金，如果稍有延迟，即要蒙受贬值损失，有时一个办公室十来个人，管生活的人领取工资后，先不发给本人，而是先跑到市场换成银圆、港币或美钞，再来按人分发。由此可见，当时金圆券贬值之

539

速，已经不是早晚市价不同而是按钟点计算了。所以蒋只要将中央银行总库黄金、银圆及外币提光，那就是等于把李宗仁的财权，全部夺走。

我们撤退到上海后，有一天蒋将吴嵩庆叫去，亲笔下了一个条子，叫他到中央银行总库将全部黄金、银圆及外币提走。

吴嵩庆是浙江镇海县人，法国巴黎大学毕业，由于懂外语，抗战时曾在航空委员会当过秘书、财务处长等职务，这样就与侍从室及宋美龄等拉上了一点关系，以后在中训团高级党政班受训，参加了陈立夫所办的"国父实业计划研究会"。所以，他与CC也有渊源，王东原到湖北当省主席时，吴又当上了湖北财政厅厅长。1946年冬他想搜罗一批忠实于他个人的基层干部，采取了挂名考试的办法，招收一批甲级税务人员，分发到各县担任税务局长，培植个人势力。1947年1月，他将我派到浠水县任税务局长，解放军到达浠水时，吴又将我调回财政厅任视察员。由于吴是我的顶头上司，关系颇为密切。

1947年冬，国民党在军队后勤部门要搞什么会审人员超然制度，联勤总部的财务署长，应由国民政府主计处委派，于是吴又经主计长徐堪向蒋介石推荐担任联勤总部的中将财务署长。

总之，吴是一个内线人物，对外没有什么太大的名气，地位也并不算高，但是他却可以通过侍从室的关系与蒋本人搭上钩，当然也决不会为桂系所拉去。蒋规定：所有这些硬通货，全部由蒋本人亲自掌握，吴对蒋个人负责，有关开支调运及分配等事项的报告，直接送蒋本人亲批，不由任何人转，发款一定要见到蒋本人亲笔批条，才能办理。

这时我已当上了吴的中校机要秘书，因为我是他从湖北带去的亲信，自然对他忠心耿耿，唯命是从，由于我在中央方面，交往不多，保密方面，他也比较放心。署长办公室共有秘书六人，只有我同吴在一个办公室内。具体任务是：（1）守电话，整天不离开办公室，不参加任何会议；（2）代拆吴亲启函件，拟复他个人的私函；（3）保管吴个人的机要文件。自吴接管这批黄金、银圆后，我便理所当然地成了他的忠实助手，至于具体任务，主要是缮写（不是拟稿，稿由吴亲拟）对蒋的报告。对蒋的报告，跟一般报告不同，必须是正楷大字，不能简写横写，更不能使用1、2、3等阿拉伯字；财经方面的报告，必须是提纲式的，否则他就不看。除此以外，那就是经管吴与蒋侍从室的一本专用密电码本了。来往电报，不经译电室由我直接翻译。由于这些工作关系，使我逐步了解了一点蒋介石核心层的内幕及黄金、银圆的盗用情况，分述如下：

一、外币：约合8000万美元（这个数字，我是听吴嵩庆口头谈的，具体情况，我不清楚，因外币提出后，马上就交给台湾银行了）。

蒋介石和他周围的人都非常清楚，淮海战役后，虽然也作了些固守江南、确保上海、成立南昌行营以及经营西南等花招，用以自欺欺人，而实际谁都明白，大陆已经站不住脚了。因此，设法将台币与金圆券脱离关系，台币直接与美钞挂上钩，有外汇牌价，金圆券在台湾不能流通，这样大陆与台湾就形成两个国家银行了，蒋政权就可以在大陆上毫无顾忌地发行金圆券。每撤退一地，人民政府手中的金圆券，只是废纸一张，不会影响台湾的金融。台币的准备金从何而来？主要是这次提取的外币。

台湾由陈诚在那里主管，李宗仁根本无法染指。

二、黄金：中央银行原报告有90万两，经过这次彻底核对，实存92万两，多出2万两，绝大部分是金块，每块10余斤至20余斤不等，块面刻有成色及重量字样。

另外还有黄金4200余两，据说这是蒋介石私人存的，为了便于记载，我们将它立为专户，称为特种黄金存款，而黄金实物仍混在一起。这本来是个掩耳盗铃的事。蒋介石自取得国民党的统治权后，早已化家为国进而化国为家了。如这次他一下台，马上就将中央银行的全部黄金、银圆及外币提走，这是根据银行规定的哪一条？历来蒋批发的不少私人赠款，还不都是在国库的金银中支出的吗？（4200余两，一直未动）

三、银圆：约计3000万元。

以上这些人民血汗，经由吴嵩庆以军费名义全部提走后，其中黄金及银圆用了一艘海军兵舰，由上海运到厦门，在厦门存放了一个短时期，又移至台湾。当时具体负责这件工作的人，有财务署收支司副司长董德成、总务科科长李光烈等，但他们都是临时抽调的，有的人可能还不知道其中内幕。

提出以后，蒋介石一方面大发金圆券，一方面对于一些较为可靠的部队或认为必须应付的单位或个人，适当给予一点黄金或银圆，如广州、重庆、成都、兰州、天水、汉中等地，都分有一点，甚至连长沙、昆明也准备分配一少部分（后来因程潜、卢汉等态度不明，未运）。

具体怎样给，给予谁，当时连吴嵩庆也不太知道，都是蒋介石（或侍从室即以后的总裁办公室）与那些收款人谈妥后通知吴嵩庆照办。我们当时就是将黄金、银圆运至接收处（有时运至机场），对方马上有人来领。至于一般军费，还是照财务署原来规定办理，反正有的是纸币。

可是战局发展太快了，一个计划还未实施，又作第二个，第二个刚刚开始，情况又不对了。有的地方，仅仅运去一半，中途又停止。加上蒋介石那时背时倒灶，手长衣袖短，老底子就这么一点点，用一个，少一个。美国自南京撤还顾问后，整天价叫着要直接援助到地方兵团，所以蒋也慌了神，一件事三反四复，没有一个定准。本来吴对蒋的报告底稿，大部分是由我保管的，后来因变化太多太快，有的还是吴、蒋口头决定的，我只好一切按吴嵩庆手中的记事本来办。有一次他大发脾气，骂我是饭桶，他说："你是秘书咧！不是缮写员咧！"我只好忍气吞声，幸有董德成说了句公道话，他说："这些过程，除署长一人外，谁也搞不清楚，老头子（指蒋）说的话，谁也不在场。"

1949年八九月间，为调金银事，吴嵩庆带我乘飞机到台湾去了一趟，在台湾整整住了一个月。那时吴的家属已搬到台湾去了，我住在台湾后勤司令部内，也就是金银存放的库房内。当时金库总负责人是王逸芬（台湾收支办事处主任），另有两个保管人，姓名我忘了，他们三人都是蒋介石侍从室的亲信。

截至1949年11月重庆解放前夕，我将账据报告底稿交吴为止，台湾尚存黄金22万两。吴手中存有黄金七块，约2000两，这七个金块，是吴逃离重庆时，我同他亲自搬到他小卧车上的。至于台湾所存银圆，已经全部交给海军了。

吴嵩庆总算是蒋的亲信，蒋介石才会将这样机密而又重要的财经任务，交给他办。可是吴私下里却常常抱怨。有一次我听到吴对一位朋友讲："老头子不知怎么搞的，书面报告他不看，要我念给他听，当时他已经口头指示了，以后又说不知道。有的报告，他已经亲批了，他自己忘了不但不认账，反而大发脾气，我又不敢顶，只有认倒霉。"当我听到吴这样说时，心中不禁暗想：你老吴又何尝不是这样，有他这样的主子，必有你们这样的奴才，更有我们这些奴才的奴才。现在我才知道，在独裁统治下，这是必然产物。

撤退到广州后，有一次蒋批给马鸿逵2万块银圆，条子已经亲笔批了，可是就在马手下人来领钱之前，蒋经国由黄埔来了一个电话，叫不要发。这真是一服难吃的苦口药，蒋亲自批发的条子，怎能不给钱呢？又不敢明言，吴只好一个劲地说好话，准备挨骂，要知道这些人都是开口就骂动手就打的反动军人，而吴嵩庆又是个文人，真有些对付不过来。又有一次，财政部长徐堪到蒋处说，广东的金圆券实在对付不下去了，必须抛5万两黄金压一压涨风，蒋同意并亲笔批发5万两黄金。可是也跟上次情况一样，在财政部领钱人还未来时，黄埔俞济时（蒋的侍从长）的电话已经来了，一句话，不要发。这一次更难对付了，徐堪是吴的恩人，吴之所以能当上财务署长，是当初徐做主计长时向蒋推荐的，怎么办呢？只好硬着头皮顶。记得那天徐因未领到黄金在电话内骂吴时，吴急得满头大汗，真不知如何是好，只好一个劲地喊"可公可公"（徐堪又名徐可亭，旧社会下属对顶头上司最尊敬的称呼是公，故喊可公），要求可公原谅，然又说不出一个所以然来，更不敢说明得了蒋介石不发的电话。一直等到徐在电话内骂够了，才将电话一甩，见蒋去了。不久报上登载一条消息：财政部长徐堪因病辞职，遗缺由关吉玉递补。

吴当时确实难过了一阵子，但因他那时已找到了蒋这样更大的靠山，有恃无恐，一会儿又笑逐颜开了。

蒋介石要弄了不少人，但他也有被比他更狡猾的流氓要弄过的经历。

有一次一个曾当过地方杂牌军师长、湘粤桂一带的地头蛇，据他本人讲，掌握有相当数量的地下武装，袍哥弟兄们不少，将来共产党打来后，他可以在当地拉起几万人的地方武装打游击，只是缺乏武器及给养。当时输昏了头的蒋介石，以为曾国藩转世了，大为欣赏，准给武器并即时批发银圆1万元，暂作活动费。来领钱的人，也是威威赫赫的军需官，可是后据人揭露，他是光杆司令，即使加上几个亲信，也不过十来人，以后听说（吴嵩庆语）骗子领钱后，已赴香港吃西餐去了。那时广州已近解放，蒋已无暇追查，只好哑巴吃黄连皱皱眉头而已！

伪"国大"开会时，就有人说："美国害了蒋介石，蒋介石害了自己。"这句俏皮话，看来不无道理。蒋要争取美援，处处迎合美国心意，搞什么扩大政府基础的把戏，反而使指挥棒越来越失灵。到广州后孙科到处胡说八道，李宗仁和谈不成，忽然又搞出了个阎锡山来当行政院院长，当时本想让居正先来充任的，但是包括民、青两党在内的立法院又没有通过，蒋介石不得不又抽出时间来做立法委员的工作，没有别的办法，只有用钱收买，我记的账目之中，还有几笔是送给立法委员的（姓名及款数均忘了）。

吴嵩庆由于搞这事有功，蒋也赏了他1万银圆。

以上就是蒋介石在下野时盗取黄金、银圆和外币的经过。

蒋介石发表求和声明的经过

程思远

我是国民党阵营里分裂出来的一个，曾参加蒋介石在南京所召集的"最后的晚餐"，亲自听到蒋介石"求和声明"的讲话。蒋介石所以发布这一声明，有外因也有内因。这些外因与内因，我稍有了解，准备一幕一幕地写将出来，用以揭开蒋介石南京反动统治集团崩溃的历程。我现先从蒋介石发表求和声明写起。

南京政府的美国主子为什么要中途换马

1947年7月间，我应北平行辕主任李宗仁的电邀，从上海乘"空中霸王"号飞机来到北平，李氏派行辕参议刘仲华把我接到北京饭店安顿。当晚，我在中南海内李宗仁的办公大楼同他共进晚餐，饭后长谈两小时。至此，我才了解到，李宗仁所以邀我北上，是因为他准备在明春国民大会召开时竞选副总统，要我对此进行必要的准备。

一星期后，我回到南京，带有李宗仁给蒋介石、吴忠信（倪卿）的两封亲笔信，李在两函中都表明他要竞选副总统，要求蒋介石予以批准，而希望吴倪卿在蒋前善为疏通，并随时打听消息告知。这两封信很快就送到收信人那里去了。李宗仁另外还有一封给司徒雷登的英文信，外用火漆密封，李氏要我面交美使馆顾问傅泾波转送。事后证明，李宗仁的竞选，实出自司徒雷登的鼓励。而后者有此一举，又是华府当局对南京政府作出了中途换马的打算。

当解放战争进入第二个年头，即1947年，蒋军处处失利，人民解放军已打进国统区里。蒋介石的美国主子在亲蒋众议员周以德的压力下，特派魏德迈于7月21日来华对南京政府进行调查。一个月后，魏德迈离华前夕，即8月24日，在黄埔路官邸蒋介石所设的欢送茶会上，向国民党高级军政人员宣读了一篇访华声明，全文措辞对蒋介石及其南京政府充满着极端蔑视和侮辱之意。魏德迈指责蒋介石政府"麻木不仁""贪污无能"；又谓"中国的复兴有待于富有感召力的领袖"①。这无异明白表示，蒋介石不中用了，需要把他一脚踢开。

魏德迈返美以后，马歇尔主持的美国务院把前者的访华报告向司徒雷登征询意见。1947年9月8日，司徒雷登向国务院答复说：一切迹象表明，"象征国民党统治的蒋介石，其资望已日趋式微，甚至被视为过去的人物……李宗仁的资望日高，说他对国民政府没有好感的谣传，不足置信"②。这段文字十分清楚，司徒雷登这时已经向华府当局举荐李宗仁以取代蒋介石。这也足以说明，李宗仁在10月间决定竞选副总统完全是出自杜鲁门政府有计划的安排。

但桂系首要人物如白崇禧、黄绍竑等，却并不知道李宗仁竞选的政治背景，认为成功的希望很少。他们曾要我函劝李宗仁放弃此一意图，另行竞选监察院院长。但李对白、黄的建议毫不理睬，仍照旧进行竞选活动。因此，12月中旬，李宗仁又要我偕同安徽银行行长张岳灵由宁转沪飞平，对竞选事作进一步的部署。张岳灵原来替李品仙管钱，负责竞选费用的筹措当能胜任愉快。12月23日我由北平回到上海，次日傍晚，蒋经国夫人蒋

---

① 司徒雷登：《在中国五十年》。
② 美国务院：《中美关系白皮书》。

方良同韦永成夫妇特在国际饭店十四层楼设宴请我吃饭。照我看来，蒋经国对我此行深表关注，但并没有作任何表示。

李宗仁竞选副总统加剧了国民党内部的矛盾

蒋介石对李宗仁竞选副总统一事，直到1948年3月上旬还没有什么表示。因此李宗仁以为蒋已同意了，特于3月11日在北平中南海对新闻记者首次发表竞选副总统的谈话。竞选事务委员会也在南京正式成立，由邱昌渭主持其事。

可是以后事态的发展，完全出乎李宗仁意料之外。3月16日，蒋介石召见孙科，次日后者即公开表态，也要竞选副总统。十分清楚，孙科背后有蒋介石撑腰。这么一来，李宗仁的处境就大大不妙了：第一，孙科是孙中山先生的儿子，又是现任国民政府副主席（主席是蒋介石），易于取得人们的支持；第二，人们已经知道总统一职，非蒋介石莫属，蒋与李宗仁都是军人，当然以孙科同蒋搭档较为适宜；第三，孙为粤人，广东人当然支持他，李失粤援，自易失败。白崇禧发现情势对李不利，曾对我说："我们只好力尽人事罢了。"

李宗仁于3月22日由北平飞抵上海，在那里发表竞选言论。他反复地陈述这样的意见：如果当选副总统，当尽力所能及，在政治上进行民主政策。几日后，他到了南京。那时国民党人竞选副总统的，除李宗仁、孙科外，还有于右任、程潜这两人。蒋介石发现这种情况，特决定总统、副总统的候选人，应由国民党中央提名，并派定陈立夫负责领导国民大会内的党团干部会议，所有国民党籍的国民代表都要受党团干部会议的约束，违反者予以党纪制裁。

4月3日夜，蒋介石在他的黄埔路官邸召见李宗仁，对李说："总统、副总统的候选人，均由中央提名。副总统候选人，已内定由孙哲生（孙科）出任，希望你顾全大局，退出竞选。"

李宗仁不顾蒋介石的劝告，理直气壮地说："半年以前，我已经向总裁请示，如果你不赞成，我当然唯命是听。不料你一直没有什么表示，所以我就积极准备一切。事到如今，我已经欲罢不能了。"

4月3日，通过黄绍竑的联系，李宗仁同于右任、程潜建立了一条有关竞选副总统的联合战线，一致反对副总统候选人由党内提名的决定，此一举措得到了复兴系、三青团地方干部的广泛支持。

原来，自抗战胜利以后，陈氏的CC系声势日张，显然与蒋、宋、孔并驾齐驱，成为四大家族之一。1947年9月12日，国民党六届四中全会通过《统一党团组织案》（三民主义青年团并入中国国民党），自是各省、市、县的国民党主委由CC系分子担任，而副主委则由三青团（大部分是复兴系分子）分子担任。由于争权夺利，CC系与三青团分子的矛盾日益激化。在1948年4月初国民大会第一次大会前夕，三青团的地方干部大部分得以国大代表身份来到南京。他们得知蒋介石以中央组织部长陈立夫成立党团组织，支持孙科竞选，如果后者胜利，则蒋介石更将信赖陈立夫，而CC得势，自非他们之利。于是，为了对付陈立夫的CC系，蓝（蓝衣社）、埔（黄埔系）、青（三青团）的一些骨干分子，如汤如炎、白瑜、周天贤、任国荣、郎维汉、刘先云、郑代恩、许伯超等，一致支持李宗仁竞选。虽经贺衷寒、袁守谦劝阻，也不理会。此一发展，实非蒋介石所能逆料。

4月4日，国民党第六届中央执行委员会临时全体会议在南京丁家桥中央党部礼堂举行，全会议程是专门讨论总统、副总统候选人问题。蒋介石主持会议，他首先讲话，主张首届总统应提出一位党外人士担任，并提出三项入选标准：（一）在学术上有成就者；（二）在国际上有声誉者；（三）曾对国家有贡献者。蒋介石并表示，他无意于竞选总统，宁愿当行政院院长。蒋介石说完了话，就离开会场。当时议论纷纷，人们以为蒋要推胡适来当总统，甚至有人说蒋已派王世杰征求胡适同意了。

休息后继续开会，由孙科主持，黄埔系多数人主张蒋不当总统，让他做有实权的行政院院长，但CC系和戴季陶则主张仍应推蒋做总统候选人。张道藩且说："如果赞成总裁不做总统，请问有什么办法要国大代表另选他人？"结果经上、下午两次讨论，仍一致推蒋做总统候选人，由陈布雷打电话告诉蒋，蒋仍不赞同，最后决定交中央常务委员会研究后再行决定。

4月5日上午9时，中央常委会在丁家桥中央党部会议厅召开，研究蒋介石当不当总统候选人问题。会上仍是两种意见尖锐对立，久久不能作出决定。张群看到事不宜迟，就站起来说："并不是总裁不愿意当总统，而是依据宪法规定，总统是一位虚位元首，所以他不愿处于有职无权的地位。如果常委会能想出一个补救办法，规定在特定期间，赋予总统以紧急处置的权力，他还是要当总统的。"常委会当即推定张群、陈立夫、陈布雷等三人前去见蒋，转达常委会意见，如蒋愿任总统，当在宪法外另订条款，赋予他以必要的权力。

4月5日下午4时，中央常委会继续开会。张群发言："已征得总裁同意，在宪法外另定条文，如临时条款之类，使总统在特定时期得为紧急处置。在这个条件下，他愿意当总统候选人。"常委会当即照张群所提意见通过如仪。所以国民党政府的宪法，在还没有实行以前，已遭到蒋介石的破坏了。这就是4月18日"国大"通过《动员戡乱时期临时条款》的由来。

4月6日上午9时，国民党临全会继续开会，由张群代表常委会作关于本届总统候选人提名问题的研究报告，建议以蒋介石为本届总统候选人，当即由全会决定：本届总统候选人，仍拥护总裁竞选，但党不提名，本党同志得依法联署提名，唯下届总统、副总统竞选，应由党提名。在通过此一决议时，经张群说明：根据此一决议，总裁和居正同志都可以依法连署竞选总统（居正是经指定陪蒋竞选的）；李宗仁、孙科、程潜、于右任四位同志都可以连署竞选副总统。

蒋介石因为由党内提名竞选的主张（主要是用来整李宗仁）被国民党临全会议打消，心里很不高兴。4月12日，他在总理纪念周中借题发挥，大骂不受党的约束的人，并援引1913年国民党员不听孙中山先生的命令从而招致全党分裂的故事作为鉴戒。这些话的矛头，主要是指向李宗仁。

4月19日，国民大会举行第十三次大会，进行选举总统，蒋介石以两千四百三十票当选。居正作为陪选人，也得到二百六十九票。废票三十五张，有的在蒋的姓名上面打×，更有写孙中山的。

4月23日，国民大会选举副总统开始了。整个过程波涛汹涌，险象频生。是日开票结果：

李宗仁七百五十四票，孙科五百五十九票，程潜五百二十二票，于右任四百九十三票，莫德惠二百一十八票，徐傅霖二百一十四票。

由于无人得到超过代表总额一半的票数，依选举法的规定，定次日将前三名，即李宗仁、孙科、程潜，进行第二次选举。

23日下午发生了一些意外的情况：一是龚德柏所办的《救国日报》刊载了孙科和他的"小妾"蓝妮的故事，广东"国大"代表十分恼火，由国民政府参军长薛岳率领前往，把这家报馆捣毁了。事后李宗仁嘱我把金条四根交给刘士毅转给龚德柏，以示关注之意。二是蒋介石召见贺衷寒、袁守谦，面嘱他们立即为程潜助选，并拨出一笔相当可观的竞选费交他们支配。蒋介石的理由是，他现在已知道孙哲生不是李德邻（李宗仁）的对手，只有帮助程颂云（程潜），才能击败李宗仁。贺、袁与程潜原无深切的关系，只以同是湖南人，又有蒋介石的吩咐，也就欣然应命，事实上是蒋要程来分李的票而使孙科当选。

4月24日，第二次投票结果，李宗仁一千一百六十三票，孙科九百四十五票，程潜六百一十六票，名次仍然未变，依法必须进行第三次的选举。

可是风暴突然起来了。

24日下午，蒋介石再召见贺衷寒、袁守谦，要他们把所有为程潜争得的票全部改投孙科。贺、袁出来后大发牢骚，说蒋介石不把他们当人。同时蒋又示意程潜，令其放弃竞选，他将起用其助选人，补偿其竞选费，要程将选票全部投孙。程严词拒绝，当晚即发表声明放弃竞选。

李宗仁与程潜在竞选中原订有"攻守同盟"的口头协定，程既放弃竞选，李宗仁势难单独进行。24日晚饭后，李宗仁召集白崇禧、黄绍竑、黄旭初、邱昌渭、程思远等到大悲巷雍园一号白崇禧寓所举行会谈。最后，与会众人一致认为放弃竞选较为有利，遂于午夜后2时作出放弃竞选的决定。

4月25日，南京各报赫然刊载李宗仁、程潜放弃竞选的声明。李、程两人在声明中指出，这次国民大会在选举副总统时，存在着某种压力，使各代表不能本其自由意志投票。李宗仁还补充说，最近有人制造谣言，谓本人此次竞选，志在"逼宫"，谣诼纷兴，人心震撼。为肃清流言，消除误会，不得不放弃竞选，以免影响大会的进行。

李宗仁、程潜放弃竞选的行动激起了其支持者的愤激情绪，纷纷罢选，25日的国民大会竟不能如期举行。孙科处境尴尬，也被迫放弃竞选。在这种情况下，"国大"不得不被迫停开。25日下午4时，蒋介石召开中常会，决定派人劝请各候选人取消放弃竞选，俟在会外协商取得结果后再开国民大会。

26日的疏通工作，并无任何结果。27日，蒋介石召见白崇禧，说："北伐和抗战两个时期，因有你和德邻的帮助而得到最后胜利。今天这个局面，仍需要你们两位支持。希望你劝促德邻重新参加竞选。我一定全力支持他，以达到合作到底的目的。"白崇禧回报李宗仁，谓蒋信誓旦旦，自应对他信任。黄绍竑听了心里有数，只看着天花板微笑。李宗仁沉吟一下，终于答应取消放弃竞选的行动，但说："总不能私相授受，要由主席团出来转圜才行。"

4月28日，国民大会重开，进行第三次投票。李宗仁得一千一百五十六票，孙科得一千零四十票，程潜得五百一十五票。这表明蒋介石仍支持孙科，他对白崇禧所说的话不足置信。但是蒋介石劝李宗仁重新出来竞选，已使李在政治上处于十分有利的地位。这时李宗仁俨然成为国民党内争取民主改革的代表人物，凡是二十年来对蒋介石不满的人，大多站到李宗仁这边来了。

最后一次投票，竞选者只有李宗仁、孙科两人。依选举法规定，只以比较的多数当选，所以即使一票之差，也可以决定双方的胜败。这样短兵相接，情况就显得特别紧张。28日夜间，是蒋李斗争的紧要关头。蒋介石在黄埔路官邸亲自发号施令，蒋经国在南京中央饭店设置机关，为孙科竞选部署一切。但即使如此，也无裨于孙科所处的劣势，因为蒋介石此时已成为孤家寡人，极端孤立，极端虚弱。二十年来的反动统治，而今分崩离析，败相毕呈。

4月29日上午9时，国民大会进行副总统第四次选举，直到午后方计票完毕，结果李宗仁得一千四百三十八票，孙科得一千二百九十五票。李以微弱的多数战胜了孙科当选国民党政府第一届副总统。李宗仁竞选胜利了，但国民党内部的分裂也更加激化了。

有人说，李宗仁之所以能当选，乃得自金钱的助力。但蒋介石为四大家族之首，他既全力支持孙科，在物质基础上当然远远超过李宗仁。对此有一个主要因素易为人们所忽略，那就是当时对现状不满和反对CC这两股主流，恰巧为李宗仁用上而已。

国民党内部进一步分化

1948年5月8日，所谓"行宪"后第一届立法委员首次在南京举行会议。是日中午，蒋介石在他的黄埔路官邸约集CC系、政学系、朱家骅系和黄埔系的国民党的中常委兼立法委员的骨干分子陈立夫、张道藩、谷正鼎、赖琏、吴铁城、王启江、刘健群、黄宇人、倪文亚、汤如炎、白瑜等举行午餐会，就立法院院长和行政院院长人选问题征询意见。实际上是想在立法院选举正副院长和对新任行政院院长使用同意权时，都应受党的约束，也就是唯蒋之命是听，不能有所异议。

席间，蒋介石先提行政院院长的人选问题。他说他想就张岳军（张群）、何敬之（何应钦）两人中选择一位担任行宪后的首任行政院院长，希望大家表示意见。久之无人出声。随后黄宇人起立发言，说："何以不提胡适之？"蒋闻语面色一沉说："书生不能办事。"停了一会儿，赖琏说："我赞成何敬之先生。"蒋介石又说："他要负责军事。"这就表明蒋介石要人们赞成张群当行政院院长，但没有人讲话。蒋等得不耐烦，即宣布表决："赞成张岳军同志的请起立！"在座的人都站起来。

之后，蒋介石又提孙科、陈立夫为立法院长、副院长候选人。大家对孙科当立法院长都一致支持，但黄埔系的黄宇人、汤如炎和朱家骅系的王启江却对陈立夫当立法院副院长表示反对。于是他们同CC系的张道藩、赖琏展开激辩。反对陈立夫的理由是"立法院的正副院长，应以平素在党内党外少有恩怨的同志来担任，才能协调各方面的立法委员，为民主宪政树立良好的基础"，而陈立夫显然不能担负此一使命。蒋介石看到双方相持不下，即宣布表决，要赞成陈立夫的人起立。结果，不仅CC分子一致应声而起，就是黄埔系分子也相继起立，只黄宇人坐着不动，汤如炎做半坐半立状。蒋介石问汤："你这个样子是赞成，还是反对？"汤如炎说："我原来是反对的，既然大家赞成，我只好服从。"蒋又对黄宇人说："民主是要少数服从多数的，你是否服从多数的决定？"黄宇人起立说："我不过是代表一票，起立与否都没有实际的意义。"蒋听了十分震怒。宋美龄发现情形不对，对蒋低语道："今天谈了很久，可以休息了吧？"蒋于是宣布散会。

几日后，经过酝酿，黄埔系、三青团、朱家骅系以及政学系的立法委员即在新街口东南角一家银行一楼上举行午餐会，相约另举傅斯年当立法院副院长，以与陈立夫抗衡。在会上，政学系的文群发言，列举反对陈立夫和支持傅斯年的理由，要求大家整齐步伐。刘不同则抨击蒋介石的亲信腐败无能。其他发言的人都认为立法院副院长不应当由一个搞派系的人来担任，会场情绪十分热烈。合众社驻南京的记者张国兴也到场旁听。

自是以后，他们每隔一两天就在原处举行午餐，餐费都由邱昌渭支付。有一次邱昌渭带的钱不够，由他在账单上签字。次日邱派人到供应午餐的安乐餐厅清偿欠款，并索回签字的账单。餐馆经理说，欠账登在簿上，但账单找不到了。过了一两天，黄埔系的刘健群、黄宇人就听到与军统有关系的立委说，中统已向蒋报告，说这次反对陈立夫、支持傅斯年的竞选活动，是李宗仁发动的，并附上邱昌渭签字的那张账单为证。这样，蒋对李宗仁的恶感更深了。

5月17日，立法院投票选举院长、副院长，孙科、陈立夫当选，反对

CC的联合阵线终于失败。其所以如此，是因为有一部分人给CC收买了。

5月18日，第一届立法院第一次会如期正式开会。20日，蒋介石、李宗仁就首任总统、副总统职。21日，蒋介石召集国民党籍的全体立法委员到丁家桥中央党部举行谈话会。会上，蒋介石提出以张群为行政院院长，要大家在立法院行使同意权时一致支持。蒋发言后即先离席，谈话会由国民党中央党部秘书长吴铁城主持。CC的立委一致主张用假投票的方式进行选举，以供蒋介石的参考。吴铁城知道他们的意图是借此来反对张群组阁，因而坚主在投票后不要当场开票，容后由中央党部秘书处将投票结果提出报告。但此一意见未为参加投票的立委所接受。开票结果，何应钦得票最多，张群见此情形，当晚离开南京去上海，表示不就行政院院长，而何应钦也谦逊一番。5月24日，蒋不得已始提名翁文灏组阁。

5月间，蒋介石有一次召集CC和黄埔系的中常委兼立委到黄埔路官邸午餐。席间有人提出，国民党籍的立法委员可不可以组织一个像俱乐部性质的组织，借以联络感情，蒋介石点头答应。CC看到机不可失，即抢先在立法院内成立了一个"革新俱乐部"。与此同时，政学系的立法委员在得到吴铁城的支持下成立了"民主自由社"。三青团的刘健群和朱家骅系的王启江发现此种情况，深恐反对CC的联合阵线从此分裂，主张组成一个坚实的团体，定名为"新政俱乐部"。不久，立法院内国民党籍的立委即分为三大组合："革新俱乐部""新政俱乐部"和"民主自由社"。

1948年下半年，蒋介石亲自导演了一系列的希腊式悲剧，军事形势进入一个新的转折点，国共双方力量对比已经发生了根本的变化。在此不利形势下，蒋介石于11月26日批准翁文灏辞职，提名孙科为行政院院长。孙科的提名经立法院同意后，却滞留上海，迟迟不入宁。直到12月20日孙科始宣布新内阁组织完成，吴铁城、张群、陈立夫等均参加新阁，号称"全党一致"的实力内阁。

孙科、陈立夫既离开立法院，CC即与刘健群接触，表示愿意拥他出任立法院副院长，希望"新政俱乐部"方面能同意CC提名的人为立法院长。与此同时，"民主自由社"提出以吴铁城为立法院长，经得"新政俱乐部"同意。可是不久，孙科提名吴铁城为行政院副院长，势须放弃立法院长的选举。在"民主自由社"和"新政俱乐部"多次协商后，改提童冠贤为立法院长候选人以取代吴铁城，仍推刘健群为副院长。12月24日，立法院改选院长、副院长，童冠贤、刘健群当选。这是"新政俱乐部"和"民主自由社"并肩战斗的胜利，提出李培基为院长候选人落选了。童冠贤当选为立法院长，后来对李宗仁所发起的和谈活动，起了一种推动作用。

蒋介石对桂系采取的报复措施及其后果

李宗仁当选副总统以后，蒋介石内心异常愤慨，就表现为免去白崇禧的国防部部长，遗缺以何应钦继任。白对此心情如何不得而知，但其夫人马佩璋有一天却对我板着面孔说："思远！你同邱毅吾（邱昌渭）做了一桩好事，把德公选为副总统，而把我们健生拉下台了。"愤慨之情，溢于言表。

在5月31日蒋发表何应钦为国防部部长以前，已对白崇禧说要任命他为华中"剿总"总司令。这表明李宗仁要来南京，白崇禧必须他去，这是蒋对李、白采取隔离安置的一种安排。回顾1927年8月上旬，冯玉祥电南京军政首要，主张召开宁汉双方国民党中委举行会议，解决宁汉合作问题。8月8日李宗仁、何应钦、白崇禧联名电复冯玉祥，表示宁汉双方"只有整个之善后，并无两派之争执"。蒋介石虽也联署，但名列第四。8月12日，蒋即通电下野，盖此时蒋介石误会李、何、白暗中合作迫他下台。抗战以后，蒋对李、白总是采取"分而治之"的手法，不使他们在一个地方工作，以免造成一种威胁态势。例如，抗战期间，白入宁任副总参谋长，李宗仁即去徐州任第五战区司令长官；及抗战结束，白任国防部部长，李宗仁就到北平任行辕主任。现在李来白去，自非例常的人事调动，实具有重大的政治意义。

两年以前，白崇禧任南京政府首任国防部部长，但陈诚是参谋总长，白、陈不和，蒋所深知，所以白不仅有职无权，且不能参加黄埔路官邸的作战会报。因此，白对陈诚，向我发过多次牢骚；对参加作战会报的那些人，白处以异常蔑视的态度。1947年，台湾人民发动了"二二八"武装起义，反抗蒋介石政权的残酷统治。事变以后，蒋介石需要派一个有威望的国民党军政大员前往台湾，办理善后工作。他考虑结果，以为白崇禧最为适宜。3月17日，白崇禧飞抵台湾，宣布处理台变四项基本原则，危机遂告解除。白返南京后，蒋拟以白任张群内阁的副院长仍兼国防部部长以酬其功，但白力辞。这是蒋白关系比较融洽的一个时期。是年11月10日，蒋介石召见白崇禧，以人民解放军刘伯承、邓小平统率的中原野战军七个纵队于夏秋间强渡黄河，向大别山进军，直接威胁南京，他要白崇禧在九江设立国防部部长指挥所，以对抗大别山区的刘邓大军。11月中，国防部部长九江指挥所正式成立。这是白自任国防部部长以来蒋首次给他以部队的指挥权。他所以反对李宗仁竞选副总统，就是害怕李氏此举会危及他的固有地位。

现在蒋介石要把白崇禧外放，白乘机提出一个建议，认为守江必守淮，这是一个战略原则，主张华中只能成立一个战区，以期兵力能够集中使用。因此他的华中"剿总"总部将设在蚌埠，而以重兵运动于江淮河汉之间，以巩固南京这个政治中枢的防卫。但是蒋介石说，徐州将成立另一个"剿总"，以刘峙为总司令；华中"剿总"将设武汉，仅指挥江北上游部队。白崇禧以为中原划分两个战区，缓急不能相顾，根本违背了他的"守江必守淮"的战略方针，如此分兵使用，前途不堪设想。但蒋不允所请，径将任命发表。6月6日，白崇禧邀李宗仁和我在他的大悲巷雍园一号寓所午餐，说他将赴上海住一个时期，非俟蒋答应他的要求，绝不接受此项任命。

不多几天，蒋介石派吴忠信到上海去劝白崇禧回南京接受新命，白不为所动。后来又叫黄绍竑去劝他，黄一到上海即打电话给住在虹口的白崇禧。白在电话中说："你如果代表那个人来劝我，那我们便没有什么好谈。"黄说："当然是那个人叫我来，但我自己还有别的看法。"等到两人一见面，黄绍竑就开门见山地说："人家都说你是小诸葛，现在我看你这个诸葛亮，实在太不亮了。这些年来你在南京，不过是笼中之鸟，既然蒋介石要放你出去，你何不借此机会远走高飞？你到武汉之后，把广西部队掌握在自己手里，一到时机成熟，就可以制造形势，迫蒋介石下台，让德邻（李宗仁）出来代理总统，开创一个新的政治局面，岂不是一举而数利吗？"白一听此说于己有利，随即回南京，同李宗仁面谈一切。6月28日，白崇禧在汉口就华中"剿总"职务，他的"守江必守淮"的主张也就搁置不谈了。

何应钦继白崇禧任国防部部长以后，司徒雷登曾向蒋介石建议，在作战部署上要保证使何应钦同美国军事顾问团团长巴大维密切合作，可是蒋口头答应却并不实行。因此司徒雷登于6月14日报告美国务院，说蒋介石曾保证同意他的建议："令何应钦将军与巴大维将军密切合作，共同指挥作战，其后蒋委员长食言，仍由其本人用命令径由无能之参谋总长（程注：指顾祝同），而亲自指挥作战。"①

8月22日，司徒雷登又报告说："巴大维将军曾就当时军事行动所引起之若干特殊问题，向委员长有所建议，但此项建议每不为其所重视。巴大维将军执行其使命所遭遇之最严重困难，全因中国统帅部不能达成其任务所致。"②

这表明美蒋关系在继续恶化，司徒雷登正企图把战败责任完全推在蒋介石身上。

1948年9月间，在解放济南的同时，毛主席抓住当时经济、政治、军事形势均对中国人民革命有利的大好时机，毅然发动了对国民党蒋介石的战略决战，先后组织和指挥了辽沈、淮海、平津三大战役。10月19日锦州解放，辽沈战役的胜利已成定局。10月23日，即长春解放的关键时刻，司徒雷登针对当时国民政府所面临的恶劣情势，向马歇尔主持的国务院提出了

---

①② 均见美国务院：《中美关系白皮书》。

五点建议，其中第二项，即"是否可建议委员长退休，让位与李宗仁"①。尽管马歇尔对此议提出的答复是："美国政府不应置身于建议委员长退休或其他华人为中国政府领袖的地位"②，但司徒雷登仍悄悄地在进行和谈运动，以期借此逼蒋下台。

与此同时，在锦州失守以后，何应钦深深感到：徐淮会战可能随即展开。22日，他召集了参谋总长顾祝同，次长刘斐、萧毅肃，第三厅厅长郭汝瑰等举行会议，研究中原作战的计划。结果决定，由白崇禧统一指挥华中和徐州两个"剿总"所属的部队，以期集中兵力，保卫南京中枢。这本来是白崇禧6月初提出的计划，可是被蒋介石否决了。现在危机迫切，又由何应钦旧事重提，请蒋重新考虑。此一方案，23日由郭汝瑰送北平请蒋核定。郭汝瑰临行时，顾祝同再三对他说："白健生统一指挥是暂时的，会战结束后，华中和徐州两个'剿总'仍分区负责。"可是蒋介石听了，却对郭汝瑰说："就叫他统一指挥下去好了。"24日，何应钦电白崇禧告以由他统一指挥大军的决定，并以"酉敬阳挥电"下达此项作战指示。

10月27日廖耀湘兵团在辽西大虎山地区全部覆灭。蒋介石在东北亲手丢掉了三个机械化兵团之后，于10月30日自北平飞回南京。他一下飞机，即召集翁文灏、何应钦、张群等举行紧急会议。会上，蒋介石放弃了平常的乐观腔调，描述目前的军事情势为抗日战争结束以来之"最严重者"。据合众社报道，"蒋以最阴郁和最悲观的腔调讲话"。会后，蒋嘱何应钦即用长途电话召白崇禧即日从汉口飞南京，就中原统一指挥问题，作进一步的洽商。

10月30日下午4时，白崇禧飞抵南京，5时即参加何应钦在国防部召开的关于讨论中原作战的会议。在会上，白崇禧答应统一指挥中原各军，并对华中"剿总"所属部队作了一些更动部署的拟议。可是31日上午10时继续开会时，白突然改变主意，坚决不肯统一指挥华中、徐州两个"剿

---

① ② 均见美国务院：《中美关系白皮书》。

总"。为什么一夜之间，白崇禧就作一百八十度的转变呢？这里面大有文章。原来白一贯主张"守江必守淮"，而为达此目的，应将主力部署淮河以南，采取攻势防御。可是此时，徐州"剿总"所属的几个兵团，却以徐州为中心，像一字形布置在陇海线上，要想变更部署，已经时不我与了。他怕蒋介石造成圈套，要他上当；并且他发现那时宁沪一带政治气氛有点异样，呼吁和谈的声浪正在兴起，他觉得还是在汉口静观风向为好。

11月2日，沈阳解放，至此历时五十天的辽沈战役，以歼灭东北境内国民党军队四十七万余人的伟大胜利结束。辽沈战役的胜利，使人民解放军总数迅速增至三百万人，国民党军迅速减到二百九十万人，因此人民解放军在数量上已经超过国民党军。这是中国革命的成功和中国和平的实现已经迫近的标志。11月6日，人民解放军在毛主席的领导和指挥下，又发动了淮海战役。淮海战役爆发后，蒋军又节节惨败，出现了土崩瓦解之势。当时蒋介石曾电华中"剿总"总司令白崇禧要河南省主席张轸（兼兵团司令）带领吴绍周、罗广义、胡琏三个军由河南东开，以支援淮海战区。张轸觉得去则必败，所以不愿前往。后来蒋才派了黄维去。11月二十一二日，人民解放军在徐州以东全歼黄百韬兵团，淮海战役第一阶段结束。两天以后，黄维兵团的二十二万人马，在东进途中，被压缩于以双堆集为中心的包围圈内，重重被困，插翅难逃。这时，蒋介石为想解黄维之围，忙于把宋希濂兵团的第二十八军和第二十军东调，白崇禧对此迭加梗阻，几经顾祝同出面疏通，最后才答应放走。可是到了后来蒋要调走第二军时，白崇禧就以辞职为要挟，在调兵这个问题上使蒋白关系到了破裂的边缘。

11月间，蒋介石在军事、经济、外交各条战线上均遭到致命的挫折，军事失利，已如上述。在经济上，蒋介石于8月19日以《临时条款》授予的特权发行一种叫作"金圆券"的新币，抢光了国民党统治区人民的金银外汇。他通过此一敲骨吸髓的掠夺手法，从人民手中抢走了三亿七千多万美元的金条、银圆和外币，而四大家族却已先期把他们握有的外汇存放到外国去了。到了11月11日，金圆券的发行额已超过了原定的极限，终于走上了旧法币的命运，使全国人民生活日益陷入水深火热之中。与此同时，

11月初美国大选的结果，适与蒋介石预期的相反。当孔宋豪门纷将其家小和财产运去美国之际，CC头子陈立夫突被蒋派往美国，以参加"世界道德重整运动会"为名，进行不可告人的政治活动。根据1952年秋发行的一期《报道》杂志揭露，陈立夫此次来美，携有蒋介石致杜威州长一函，在彼返上海时，曾对某新闻周刊（程注：指《新闻天地》）发表一非常的谈话。他说："杜威之当选为美国总统，几乎系一定不移者。"又说："如果杜威当选，对于以军事援助中国，将采取一种非常的办法。"可是非常不幸，1948年美国大选结果，杜鲁门连任美国总统，此实出乎蒋介石意料之外。蒋介石接到此一消息后，立于11月9日写信给杜鲁门，内称："支持国民政府作战目标的美国政策，如能见诸一篇坚决的宣言，将可维持军队的士气与人民的信心，因而加强中国政府的地位，以从事于正在北方与华中展开的大战。"蒋介石此一要求，被杜鲁门在11月12日的复信中严词拒绝了。于是蒋介石决定派宋美龄赴美亲向杜鲁门呼吁。11月24日，宋美龄同美国务卿通长途电话，表示她要访美。马歇尔要她以私人资格前来，并允派一美国海军专机供她乘坐。11月28日，宋美龄飞美，12月3日访晤马歇尔，10日又访晤杜鲁门。宋先后向马、杜提出一整套关于要求美国援助蒋介石的计划，其中包括：

一、美国发表支持蒋介石政府反共目标的正式宣言；

二、派一高级军官来中国主持反共战争之战略与供应的计划；

三、核准一个军援与经援蒋介石政府的三年计划，每年约需十亿美元。[①]

这些要求同时被拒绝了。美国当局认为："现在局势恶化之程度，除实际调用美国军队外，任何大量之军事援助，均于事无补。"[②]

这无异给蒋介石泼了一盆冷水。

12月初，我正在武汉，白崇禧对我说，不久以前，梅贻琦、晏阳初、

---

① 董显光：《蒋总统传》。

② 美国务院：《中美关系白皮书》。

卢作孚联袂从宁沪经汉口入川。根据他们反映，宁沪和谈空气高涨，盼武汉方面有所行动。白打算把西南各省民意机关首脑邀来汉口，共同发起一项呼吁和平的运动，目的在迫蒋下台。白要我为此到湘桂粤一行。可是12月5日晚上，李宗仁突与白崇禧通长途电话，要我于6日飞返南京。我事后方知，李宗仁所以要我赶回来，是因为吴忠信曾于4日夜来傅厚岗副总统官邸看他，说蒋当天召见了吴忠信，要他接替吴鼎昌当总统府秘书长。吴忠信说，他不是秘书长的材料，力辞不就。后来蒋介石终于向吴摊牌，说："观察最近内外情势，我干不下去了。我走开后，势必由李德邻来过渡。你的任务是拉德邻上轿，等到任务完成，去留由你决定。"李宗仁得此信息，认为局势将变得很快，要我留在南京等候发展。

十天以后，蒋介石终于派张群、张治中、吴忠信来傅厚岗看李宗仁，就蒋介石下野问题进行初步洽商，经过两次会谈，成立了下面非正式的协议：

一、蒋总统为便于政策的转变，主动下野；

二、李副总统依法代行总统职权，宣布和平主张；

三、和谈由行政院主持；

四、和谈的准备：

甲、组织举国一致的内阁，其人选另行研究；

乙、运用外交，特别加强对美、英、苏的关系，以期有利于和平的实现；

丙、主动争取不满政府与主张和平的政治团体及民主人士，共同为致力和平而努力。

这项协议，由吴忠信带回给蒋介石，同时由我用长途电话告知白崇禧。白用粤语对我说："蒋下野必须辞职，由李德公正式就任总统，不能用代理名义。如果名不正，那就什么事都办不了。"他并说，对此必须坚持到底，不能有所让步。

12月20日，孙科宣布他的新内阁组织完成，政学系的吴铁城任行政院副院长，CC头子陈立夫和朱家骅都当了政务委员，表明它是"举党一致"的内阁。

此时美大使司徒雷登已表明他的坚决立场，认为蒋介石下野为必要之举。司徒雷登的中国顾问傅泾波，于孙科就任行政院院长后，曾往访问，明告孙科说："蒋总统下野，为进行和谈所必需。"次日孙科去看司徒雷登，问起傅泾波的建议是否出自他的意见。司徒雷登答复说："作为一个美国大使，他不能发表正式的意见，但以私人资格言，确实忠诚赞助和谈运动。"[①]

这表明司徒雷登正在对蒋施加压力，必欲去之而后快。

12月24日，蒋介石正式发表吴忠信为总统府秘书长，这是蒋介石准备下台的重要人事安排。据吴对李宗仁说，蒋介石下野的日期预定为1949年元旦，同日由李接任。可是就在这一天，白崇禧忽从汉口发出"亥敬"电（亥：代12月；敬：代24日），给南京张群、张治中转蒋介石，另送一份给我亲交新任行政院院长孙科。原电摘录于下：

"……民心代表军心，民气犹如士气。默察近日民心离散，士气消沉，遂使军事失利，主力兵团损失殆尽。倘无喘息整补之机会，则无论如何牺牲，亦无救于各个之崩溃。言念及此，忧心如焚！崇禧辱承知遇，垂二十余年，当兹危急存亡之秋，不能再有片刻犹豫之时。倘知而不言，或言而不尽，对国家为不忠，对民族为不孝。故敢不避斧钺，披肝沥胆，上渎钧听，并贡刍荛：

一、相机将真正谋和诚意转知美国，请美、英、苏出面调处，共同斡旋和平；

二、由民意机关向双方呼吁和平，恢复和平谈判；

三、双方军队应在原地停止军事行动，听候和平谈判解决，并望乘京沪平津尚在吾人掌握之中，迅作对内对外和谈部署，争取时间。"

白崇禧发出的和平呼吁，事前没有同李宗仁商量。李宗仁从我手里看到该电原文，就说："糟了，蒋介石可能误会我们逼他早日下台，从而老羞成怒，故意把事情拖下去。"

事情正如李宗仁所料的那样，从24日起，李宗仁再不能从吴忠信那里

---

① 董显光：《蒋总统传》。

打听到关于蒋介石下野的消息了。白崇禧这一举动，不仅对李宗仁无所补益，反而引起了蒋介石的一些误会：

一、自东北、徐州两次会战战败，东北精锐和徐州方面杜聿明所统率的主力绝大部分都丧失了，白在华中是一个比较完整的军事力量，蒋以为白正在利用这种声势对他进行威胁。

二、长沙绥靖主任兼湖南省政府主席程潜也同时致电蒋介石，倡议与中共谈和。程并要求蒋介石下野，以利国共和谈的进行。蒋因此怀疑白、程勾结逼他下野。

三、蒋介石以为早在一周以前已派了张群等，同李宗仁商谈有关职权交替问题，为什么白崇禧还要有此一举？蒋误会李迫不及待，授意白造成形势，逼他早日去职。

蒋介石一贯个性倔强，不受人们威吓，所以白电来后，他就不再谈引退问题了。

黄埔路官邸的最后晚餐

白崇禧以"亥敬"电发出后，蒋介石迄无任何反应；同时他又听到平津战役爆发，塘沽战争激烈，蒋于28日电召阎锡山、胡宗南、卢汉到南京有所指示，29日又发表陈诚为台湾省政府主席。凡此种种，均非谋求和平的部署。所以12月30日，白崇禧又对蒋发出"亥全"电，重申前电主张，电云："当今局势，战既不易，和亦困难。顾念时间迫促，稍纵即逝，鄙意似应迅将谋和诚意，转告友邦，公之国人，使外力支援和平，民众拥护和平。对方如果接受，借此摆脱困境，创造新机，诚一举而两利也。总之，无论和战，必须速谋决定，时不我与，恳请趁早英断。"

蒋介石在收到上电的同时，河南省政府主席张轸也发来"亥卅"电，表达同样主张。因此蒋介石更怀疑白崇禧正在湘、鄂、豫三省开展一次迫蒋下台的运动，时局发展到了这一地步，他不能一声不吭了。

12月31日下午，我接到总统府总务局交际科的书面通知，要我于下午7时到黄埔路官邸便餐一叙。我到时发现蒋介石府邸里火树银花，照耀夺目，天花板下，彩带缤纷，四周墙壁也还贴着圣诞节的七彩剪纸，从表面来看，充分显示着节日的气氛，但是在座的人们表情阴郁，好似大祸临头，忧心忡忡。

这晚到会的有副总统李宗仁，行政院院长孙科，立法院长童冠贤，监察院长于右任，总统府秘书长吴忠信以及国民党中央常务委员张群、张治中、邵力子、陈立夫、谷正纲、张道藩、谷正鼎、赖琏、肖铮、刘健群、黄少谷、倪文亚、柳克述、蒋经国、何浩若、贺衷寒、王世杰、王宠惠、范予遂、肖同兹、王启江、张其昀、郑彦棻、吴铁城、朱家骅、张厉生等等，共四十多人。

移时蒋介石出来，招呼人们就座吃饭。饭后，蒋介石以低沉的语调说：“现在局面严重，党内有人主张和谈。我对于这样一个重大问题，不能不有所表示。现拟好一篇文告，准备在元旦发表。现在请岳军先生朗诵一遍，征求大家意见。”蒋讲话时板起面孔，似乎十分恼火。

这是蒋介石下野谋和的文告，出自总统府政务局局长陈方的手笔。自蒋介石的文胆陈布雷看到蒋朝绝望，于11月13日在南京自杀以后，蒋要发表什么文章，只能依靠这个由杨永泰一手提拔的“江西才子”了。张群把全文念完以后，全场一片静寂，鸦雀无声。

李宗仁坐在蒋介石右手，蒋问李对这篇文告有什么意见。李宗仁答道：“我与总统并无不同的意见。”跟着CC骨干分子谷正纲、谷正鼎、张道藩等先后发言。他们都极力反对发表这个文告，因为它表示蒋有下野谋和的意向，这将对于士气人心发生重大的影响。肖同兹、范予遂等则表示相反的见解。当CC分子争论蒋介石不应公开表示下野时，蒋介石火冒三丈，他破口大骂道：“我并不要离开，只是你们党员要我退职；我之愿下野，不是因为共党，而是因为本党中的某一派系。”[①]

---

① 董显光：《蒋总统传》。

随即对张群说，有关他下野的一句话必须列入，言毕即愤然离开宴会厅。当时人们都十分清楚，蒋介石所说逼他下野的"某一派系"，即是以李宗仁、白崇禧为头目的桂系。

次日，即1949年元旦，蒋介石的求和文告发表了。其中引人注目的一句话是："个人进退出处，绝不萦怀，而取决于国民之公意。"

同日，蒋介石电白崇禧云："亥敬、亥全两电均悉。中正元旦文告，谅荷阅及，披肝沥胆而出，自问耿耿此心，可质天日。今日吾人既已倾吐精诚，重启和平之门，唯言和之难，卓见已详。如何方可化干戈为玉帛，想兄熟虑深筹，必已有所策划，甚冀惠示其详，俾资借镜。今大计虽已昭明，而前途演变尚极微妙。望兄激励华中军民，持以宁静，借期齐一步骤，巩固基础，然后可战可和，乃可运用自如，则幸矣！"

这一天，蒋介石召集国民党高级官员在南京总统府举行"团拜"仪式。礼成后，他邀李宗仁到礼堂后面休息室去谈话。蒋对李说："就当前局势来说，我当然不能再干下去了。但是在我走开以前，必须有所布置，否则你就不容易接手，请你告诉健生（程注：指白崇禧）也明白这个道理，制止湖北、河南两省参议会不要再发表通电，以免动摇人心。"

新年中，南京、上海一带谣言很多，说蒋介石元旦求和文告的发表，实际上是白崇禧前后两份电报所逼成，甚至说李宗仁正在实行他竞选副总统时就已定下的"逼宫"计划。①

蒋介石求和声明所引起的反应

蒋介石的求和声明发表以后，各方反应冷淡。大家所重视的和等待的，乃是中共方面的反应。1月5日，新华社发出了以《评战犯求和》为题

---

① 1948年4月，选举副总统期间，蒋帮特务曾散发传单，说李宗仁如竞选胜利，必将实行"逼宫"，迫蒋下野。

的一篇评论，把蒋介石的这个求和声明的外衣一层层地剥开，使它在光天化日之下原形毕露。之后，毛主席在《四分五裂的反动派为什么还要空喊"全面和平"》一文里一针见血地指出："去年12月25日，白崇禧及其指导下的湖北省参议会向蒋介石提出了'和平解决'的问题，迫使蒋介石不得不在今年1月1日发布在五个条件下进行和谈的声明。蒋介石希望从白崇禧手里夺回和平攻势的发明权，并在新的商标下继续其旧的统治。"历史事实证明了毛主席的英明论断。

蒋介石怎样企图"在新的商标下继续其旧的统治"呢？蒋经国在《危急存亡之秋》一文中作了概括的说明。他说他的父亲当年所以决定引退，由于考虑到下面三个因素："甲、党政军积重难返，非退无法彻底整顿与改造；乙、打破半死不活之环境；丙、另起炉灶，重定基础。"①

关于第三点的具体措施，就是蒋介石任命陈诚为台湾省主席的同时，派蒋经国为国民党台湾省党部主任委员。这是蒋介石准备在全国解放之后，退守台湾，执行其"家天下，父传子"反动政策的新起点。三十年来的历史证明，局促台湾的蒋介石父子政权日趋孤立，而整个形势的发展则对社会主义祖国日益有利。特别在中日和约签订之后，引起了一系列的连锁反应，连美国金融界重要刊物《福布斯》也对台湾当局施加压力。所以台湾回归祖国，已为大势所趋，人心所向，成为一股不可逆转的时代潮流。在此形势下，现在台湾省的国民党人，只有一条出路，那就是回到祖国怀抱，完成统一大业。历史的经验教训，可资借鉴。

---

① 蒋经国：《负重致远》第一二三页。

蒋介石在南京召集的
最后一次重要军事会议

宋希濂

　　蒋介石、陈诚过高地估计了自已的力量，过低地估计了人民的力量，把中国共产党代表中国人民的愿望，力争和平、反对内战的一切努力，看作胆怯和力量薄弱的表现，悍然违反全国人民的意志，撕毁停战协定和政协决议，向解放区大举进犯。自1946年7月起至1948年7月止的两年中，在人民解放军的痛击下，蒋军被歼灭了二百六十多万人。在整个华北、东北地区，仅剩下济南、新乡、太原、北平、天津、张家口、唐山、秦皇岛、锦州、沈阳、长春等几个孤点。而在国民党反动统治区域内，则是通货膨胀、物价飞涨、征兵征粮急于星火，使广大人民陷于水深火热之中。人民为了求生存，展开了反饥饿、反内战、反迫害的英勇斗争。在这两条战线上，革命势力汹涌澎湃，弄得反动派手忙脚乱，人心惶惶，不可终日。在这种形势下，蒋介石在南京召集了一次重要军事会议，也是最后的一次全面军事会议。这次会议的目的，就是企图作垂死的挣扎，来维持其摇摇欲坠的反动统治。

　　会议的时间是1948年7月下旬至8月上旬，历时七天。

　　会议的地点是在南京国民党政府国防部大礼堂。

会议的参加者有蒋介石、何应钦、顾祝同、白崇禧、林蔚、刘斐、萧毅肃、关麟征、周至柔、王叔铭、桂永清、郭忏、汤恩伯、范汉杰、杜聿明、宋希濂、黄维、李默庵、霍揆彰、孙立人、黄百韬和刘峙的代表李树正、胡宗南的代表沈策，以及军长余锦源等二十余人，加上国防部一些主要负责的厅长、署长等，共一百二十余人。

会议由蒋介石、何应钦、顾祝同三人轮流主持。蒋介石在会议开幕时的发言，充满了沮丧的神气，对前途完全丧失了信心。他把两年来在军事上的惨败，完全归咎于许多战场指挥官的贪污腐化、贪生怕死、指挥无能。他感慨地说："我们在军事力量上本来大过共匪数十倍，制空权、制海权完全掌握在政府手中，论形势较过去在江西围剿时还要有利。但由于在接收时许多高级军官大发接收财，奢侈荒淫，沉溺于酒色之中，弄得将骄兵逸，纪律败坏，军无斗志。可以说，我们的失败，就是失败于接收。"最后，他郑重地警告大家说："现在共匪势力日益强大，匪势日益猖獗，大家如果再不觉悟、再不努力，到明年这个时候能不能再在这里开会都成问题。万一共党控制了中国，则吾辈将死无葬身之地。"

会议的头两天以大部分时间就1948年上半年几个较大的战役的失败，进行了检讨，尤着重于西北战场的宜川战役（此役胡宗南部刘戡所指挥的五个师共三万余人被消灭）和中原战场的豫东战役（区寿年兵团六个师和黄百韬兵团一部共九万余人被消灭）。大家因为知道胡宗南是蒋介石最信任的人，对于他指挥上的错误，只是轻描淡写地说说就算了；集中地批判了邱清泉（时任兵团司令）的骄横跋扈，对区寿年兵团被围时坐视不救的行为。同时，还演了一幕滑稽戏，说是黄百韬救援区寿年兵团行动很积极，救出了区兵团的一个师，作战有功，由蒋介石亲自授给他一枚所谓国民政府的最高勋章——青天白日勋章。

会议的第三天，由当时任国防部部长的何应钦作全盘军事形势的报告，这是会议期间最紧张的一幕，也是蒋介石、何应钦间矛盾尖锐化的集中表现。何应钦的报告的头一段对中国共产党所领导的人民解放军大肆诬蔑，企图把内战的责任推给中共；第二段就悬挂的许多军事地图说明各个战场的双方态势；第三段也是最动人心弦的一段，他赤裸裸地公开了两年来作战损耗的数字。计：兵员的死伤、被俘、失踪总数共三百余万人；步枪一百万支、轻重机枪共约七万挺，山炮、野炮、重炮共一千余门，迫击炮、小炮共一万五千余门；还有战车、装甲车、汽车以及大批的通信器材和大量的各种弹药数字，我记不清楚了。他报告的最后一段，只是几句抽象的话，因为他提不出挽救危局的任何方案。

何应钦的报告刚一结束，大家就议论开了，每一个人的心情都是沉重的。有的说："共产党在江西时，只有那样一点力量，打了十年都解决不了他，现在共产党已发展成为这样大的力量，这个仗怎样打下去？"有的说："陈辞修太可厌，这个仗就是他极力主张打的，胡说什么三个月五个月解决共军主力，结果弄得一败涂地，他应负完全责任。"也有的说："中国的存亡（应该说是蒋介石王朝的存亡），和美国的利益息息相关，他们决不会坐视不救，美国一定会大力来帮助我们的。"议论纷纭，总地说来，充满了悲观疑虑的情绪，真是连一点欢乐的影子也没有了。

何应钦为什么要把这些数字公开报告出来呢？他是具有两种用意的。第一，两年来对人民解放军作战失败得这样惨重，表明他是不负任何责任的，因为军队指挥权和军政大权这两年来都是由陈诚掌握着；第二，1944年蒋介石和陈诚迫使何应钦交出军政部部长，其后又派他到纽约去充当派驻联合国的军事代表团团长，既无实权，又无事做，何应钦是极不甘心的。他作这样的报告，实际上就是对蒋介石和陈诚的泄愤和报复。

蒋介石的次子蒋纬国那时任装甲兵司令部的上校参谋长（司令是徐庭瑶），蒋介石特地叫他参加这次会议。同时蒋介石又派他的两个侍从秘书轮流到会，记录每个人发言的内容并观察会场的情况。这一天何应钦的报告和一班情绪的反应，他们立即向蒋介石汇报了。据曹圣芬（上述两个侍从秘书之一，湖南人，中央政治大学毕业）以后对我说："当我们共同把会场情形和何部长报告内容向总统报告时，先生（指蒋介石）气得满脸红涨，连胡子都翘起来了，两手撑着在室内走了许久。"第二天也就是会议的第四天，蒋介石穿着军服，挂着他自己发给他自己的一枚最高勋章和美国杜鲁门总统赠给他的一枚勋章，气汹汹地走上了讲台，把脸孔绷得紧紧的，把凶恶的目光向会场一扫，随即开始发言了。他说："我自黄埔建军二十多年以来，经过许多的艰难险阻，总是抱着大无畏的精神和百折不回的决心，坚持奋斗，终能化险为夷，渡过种种难关。自对共匪作战两年来，军事上遭受了挫折，这是不容讳言的事实。但今天最重要的是我们大家同心同德，共济时艰，抱定'有敌无我''有我无敌'的决心，激励士气，来挽救危机争取胜利，而不是要互相埋怨，互相倾轧。尤其我们这些高级负责人，更应坚定信心，处在危疑震撼之际，更宜力持镇静，绝不可有丝毫悲观失败的情绪和论调，以致影响士气，影响全局……"很显然，蒋介石这一番话，是针对何应钦说的。但这位何部长坐在主席台上若无其事地倾听着，没有任何激动和不安的表情。蒋介石继续说："对共产党的问题除军事斗争外，还有政治、经济、文化、宣传各方面的斗争，而最重要的问题是个哲学问题。"我听了他这一段话，好像进入了迷魂阵似的，是怎样的一个哲学问题呢？以我这个仅具有初中文化程度的人，向来把哲学当作一门高不可攀的学问，蒋介石打了败仗，为什么扯到哲学上面去了呢？蒋介石在发言中既没有说出他自己的哲学是什么，共产党人的哲学是什么，也没有说出对付的方法，更使我感到莫名其妙。最后，蒋介石说："现在我们在军事上，海空军占绝对优势，陆军还有几百万人；在经济上，有九亿美元的基金，长江流域及以南地区物产丰富，粮食绝无问题；国民政府仍然统治着广大的地区，有众多的人力可以征调。就总的力量对比来说，我们要比共产党大过许多倍，没有任何悲观失望的理由。'破山中之贼易，去心中之贼难'，现在最要紧的就是要打破大家害怕共匪的心理。"他并讲了一段大汉奸和封建皇帝的奴才曾国藩、胡林翼、左宗棠、李鸿章等人扫平太平天国及捻军的历史，勉励大家一心一德，矢勤矢勇，担负起削平大难，挽救国家民族的重大责任（是要大家为挽救四大家族的国家去奋斗）。

会议的第五、第六两天，多为参加会议的人的发言。哪些人说了话，内容如何，我记不清楚了。但有一个总的印象，就是几乎所有发言的人，都是申诉本指挥单位处境的困难，向国防部要求增加部队，要求新成立部队的番号，要武器、要新兵、要军粮、要器材、要车辆、要弹药……总之一句话：全是困难、危险、叫苦。

我也在会上讲了约二十分钟的话，除了简要地报告新疆的情况外，我提出了三个问题：

一、我今年由新疆两次来南京，路过兰州、西安、武汉等地，会见过不少的军官，他们都说对共产党的仗很难打，前方部队充满了悲观和厌战的情绪，几乎所有官兵都不明白为什么要打这个仗。师出无名，怎能鼓励士气呢？

二、现在几百万元的法币抵不上一块钱，而物价仍然不断飞涨，几乎是一天几个价钱。弄得老百姓叫苦连天，人心惶惶，人民对政府的向心力一天一天地减少，离心力一天一天地加大。如再不设法稳定物价，安定人心，又怎能进行这样大规模的战争呢？

三、由于物价飞涨，待遇太低，士兵吃不饱、穿不暖、面黄肌瘦、精神萎靡，许多中下级军官每月所得，不能维持其家属最低限度的生活，自杀者有之，卖淫者有之，弃儿鬻女者有之。这怎能维系军心使之杀敌制胜呢？总统说，现政府还有基金九亿美元之多，我建议：自8月起，所有官兵的副食费一律改发现洋，每人每月三元，将校尉级的薪金也改发现洋，自每人每月五元起至三十元不等，最多者不得超过三十元，借以维持官兵们的生活。我的发言尤以我的建议得到了与会者许多人的同情，孙立人、黄百韬、李树正等在发言中都支持我的意见。

会议的第七天也是最后的一天，由参谋总长顾祝同提出一个战略方案，原文记不得，大意是这样的：为巩固长江以南地区，防止"共军"渡江起见，应暂时停止战略性的进攻，将现在长江以北、黄河以南地区的部队，编组成为几个较强大的机动兵团，将原有的小兵团概行归并。这几个兵团应置于徐蚌地区、信阳地区、襄樊地区，其主要任务是防止"共军"渡江，并相机打击"共军"。在长江以南地区迅速编练第二线兵团。这个方案获得了全场一致的同意。这个方案也就是国民党反动集团企图做垂死挣扎的方案，但很快地被伟大的毛主席军事思想彻底粉碎了。

闭会后的第二天下午7点，蒋介石和宋美龄在励志社宴请参加会议的人，蒋介石又讲了一些打气的话，并散发了一篇题目叫《为什么要剿共？》的宣传印刷品，他叫大家带些回去对官兵讲解。这篇东西的内容仍然是什么"共产党是不要国家民族的，共党是苏俄的第五纵队，共产党人不要历史、不要文化、不孝父母、共产公妻……"的陈词滥调，想以此来迷惑人心，鼓励士气。这个中国历史上最大的卖国贼和最凶恶的暴君，早已众叛亲离，陷于全民包围、空前孤立的地位，他的一切阴谋和一切挣扎，都是徒劳的。

会议后的第三天，蒋介石叫我和杜聿明、黄维去见，他对杜聿明说："现在派你去徐州'剿总'当副总司令并兼一个兵团司令，徐蚌为首都门户，关系甚大，我们有强大的兵力在这个地区，共军是不敢轻举渡江的。"对我说："你不必回新疆去了，现在调你为华中'剿总'的副总司令并兼一个兵团司令，位置于鄂西北地区，主要是要防止共军进入四川及阻止共军在宜沙一带渡江窜入湘西。"对黄维说："派你到平汉路的信阳一带编组一个兵团，主要是防止共军进犯武汉。"他对我们把任务交代后，还说了一套早已证明无用的他那战略战术。杜聿明曾提出他不兼兵团司令，由邱清泉担任，蒋介石当时没有同意。我对于新的任命，没有多大兴趣，于8月10日偕眷带着小孩到上海、杭州一带去旅行，在车上遇着范汉杰（他那时任东北"剿总"的副总司令兼锦州指挥所主任）夫妇，他对于自己的任务，感到困难重重，不想再干下去。我们于8月19日下午2时回到南京。当天下午5时蒋介石把我和范汉杰、黄维三人找去，问我们为什么还没有走，我们不敢说不想干，只说还有些问题正在和国防部接洽尚未获得解决。蒋介石带着很严厉的态度说："不行！你们可派一个人留此办理。"他随即叫军务局局长俞济时通知空军总部，于明天派飞机把我们送走。

蒋介石下野回溪口的见闻

侯定远

经杭返籍，无限悲哀

1949年1月17日，蒋介石被迫通电下野，虽仍不甘心，另有其垂死挣扎的阴谋，但大势已去，众叛亲离，怎么也掩盖不了他的狼狈窘态。

1月17日下午，由陈诚、陈仪、汤恩伯、蒋经国、俞济时等跟随，蒋介石从南京飞抵杭州，为了蒋介石要吃西湖醋鱼，陈仪特在楼外楼菜馆设宴招待。尽管陈仪这位东道主不断劝敬，可是蒋介石食不甘味，仅在每样菜上用筷子点点。在座的陈诚、汤恩伯等亦大有食不下咽之态。陈诚显得格外孝敬，带着哀求的语调说："请总统多少吃一点才好。"蒋介石点点头，但拿起筷子来而中止者再三。席未终，陈诚又打破寂静和沉闷的空气说："总统的胃口既不好，还是早点回去休息的好。"于是一同驱车送蒋介石到笕桥飞机场航空学校宿夜。当时写述人侯定远任职杭州保警总队长，奉陈仪面嘱，亲自在楼外楼担任警戒，窥见蒋介石等食不下咽的凄凉情景，自己亦曾黯然神伤，私自流泪，大有"栋折栅崩、兔死狐悲"之感。次日仍由陈诚等原班人马送蒋介石回溪口故居。

东拼西凑，组织保驾部队

溪口位于四明山麓。当时的四明山，为中共浙东游击纵队根据地。纵队声势极为浩大，因此蒋经国、俞济时对溪口警卫，煞费心机，认为八十七军在宁波整训，值得提防。因该军军长段沄是程潜的干女婿，程潜当时已倾向于和平解放。俞济时初建议由汤恩伯选调一个可靠的军担任溪口外围警戒，蒋介石说："还是调交警部队好。"俞济时遂一面电交警局长周伟龙抽调可靠劲旅担任溪口外围警戒，一面电七十三军军长李天霞，并派专人送亲笔信给李天霞，嘱他在原七十三军与七十四军的老人中（俞济时曾充七十四军军长）以军校毕业、忠实可靠者编组侍卫总队。当时周伟龙即以交警第三旅第九总队开驻浙东嵊县，第十二总队开往慈豁及余姚一带，并亲函交由该旅长杨遇春转俞济时说："交警第三旅是素质较好的交警部队，历经东北、华北、苏北诸战役，富有作战经验，官兵多属江浙子弟，可保无虞。"其实俞济时是想调实力较强的第五、第六两总队，而周伟龙当时企图把交警局部队拖到湖南编一个兵团，自当兵团司令，或拖上山以观局势变化（后来事泄被害），遂以刚从华北战场逃出的残缺不全的第九和第十二两总队应付其事，托词拒调五、六两总队。此时俞济时尚未发觉周伟龙的图谋，故未置疑。李天霞接到俞济时的电报和信件后，认为事关总统安危，保举有责，经过同副军长常孝德、高参韦弦（写述人）密商，郑重其事地挑选了中下级干部约一百五十人，以七十七师某团中校副团长史璞如（与常孝德连襟）为侍卫总队长，率领开往溪口担任内卫。此时，俞济时与蒋经国认为光靠交警第三旅仍不够安全，又由蒋经国从汉口把国防部绥靖总队调集宁波。该总队是蒋经国亲手培训的武装特务，与康泽过去领导的别动总队的组织形式和性质相同，总队长刘培初是蒋经国的骨干。4月下旬解放军开始渡江时，俞济时又来到杭州，从浙江省保安处干部训练班教育长阙渊处挑选了浙江籍可靠的军士三十名，作为蒋介石的卫士。在这期间，蒋经国曾以太子身份，分别召见了驻溪口外围团长以上的部队长，设宴招待，亲自把盏，除慰勉外，特别强调"反共不会孤立，美国必然会出兵干涉"。4月12日在武岭中学客厅召集绥靖总队的刘培初、项充如及写述人刘裕绥等十二人说："家贫出孝子、国难出忠良，当我们走上坡路时别人跟着我们跑，而我们走下坡路时你们在华中地区费了不少周折，一心向往开到我跟前……"又说："上海只要我们能守住三个月，美国不可能不出兵……美国是资本主义国家，苏联是社会主义国家，两个主义不能并存于世界，顶多三年，美苏必要一战。"饭后，他叫大家在溪口各处参观游览，以资笼络。

"礼贤下士"，别有用心

约在3月上旬，蒋介石召见了一个宁波同乡浙大教授张其昀。蒋装着"礼贤下士"的样子向张征询"国事意见"，张迎合蒋的心理说："蒋先生虽暂不履行总统职权，但应以党国民生为重，请以总裁身份主持党国大计。"两人谈得投机，蒋介石留张在武岭中学居住，待之如上宾，一连密谈三天，蒋慨叹地向张说："司徒雷登大使最好能移住杭州，那里是他出生之地、第二故乡，距溪口不远，这里景色也不逊于庐山，如能敦促大使来此一游，就再好没有。"弦外之音，以溪口比庐山，是指司徒雷登不如当年马歇尔九上庐山，向蒋移樽就教，而今司徒雷登反耽在南京，支持李宗仁，把蒋介石冷落在一边。想通过张其昀拉拢一批名流学者出面邀请司徒雷登以"杭州荣誉市民"称号（是周象贤任杭州市长时赠给司徒雷登的荣誉称号）来杭居住，从而再布置与蒋会谈，借以加强蒋美关系，抬高蒋的威信。嗣后张衔命奔走于京沪杭间，始终未能找到支持者，遂以民主人士兼学者的身份，就和谈破裂问题在《东南日报》发表《告中共首席代表周恩来的公开信》，大发谬论，为蒋介石开脱罪责，以报答蒋的知遇之恩。以后张因有此反动活动而获得蒋的更加宠信，被邀赴台湾，任国民党改造委员会委员兼秘书长，人们称张为陈布雷第二。（上述情况是因张其昀曾就邀请司徒雷登到杭州居住，商之于周象贤，周以"不在其位，不谋其政"而辞之，但从而获悉张、蒋内幕情节如上。又，沪台中联轮公司总经理周曹裔亦知其事。）

宴请邻亲，强颜为欢

春节期间，蒋介石父子特从宁波邀请戏班到溪口蒋氏家祠演戏，说是"与民同乐"和"招待乡亲"（贾亦斌在场），又设宴请其乡邻亲友，谓之"共度春节"。席间，蒋强颜为欢地说："今天请诸位来此喝杯淡酒，往后还要请诸位到南京去喝酒。"又询问："王世和现在何处？"（王历任蒋的卫士大队长及侍卫长职，抗战胜利后闲住上海，蒋家父子对王早已置之不理。）王父即席推说："世和在宁波诊病。"蒋即对王世和之父说："世和不能再糊涂了，流落不得，还是回到我身边来的好。"［事后王父转知王世和赶回溪口，先见蒋经国，并表示"愿追随先生（指蒋介石）到底"。蒋经国对王说："你只有同我们在一起干，只要你忠心如旧，还是有办法的。"］席间还查询毛庆祥下落（毛曾充蒋的机要室主任，也是蒋的内侄）及其父的身后情况，当听到毛庆祥已离沪去港时，蒋慨叹地说："树高千丈，叶落归根，庆祥未必想到这句话。"

扫墓游山，烦恼异常

蒋介石清明扫墓，本为常规，这次更郑重其事，带了蒋经国及其媳方良和孙儿爱伦、爱民，一路到鱼鳞岙祭拜蒋母及亡兄蒋锡侯与发妻毛氏之墓。在蒋母墓前亲自跪拜，喃喃祈祷以至涕泪，连声嘱蒋经国夫妇和孙儿爱伦、爱民"多磕几个头"。可是方良只鞠了一个躬，蒋介石怒目而视，并说"俄国人不懂礼节"。

雪窦寺是蒋母生前作为护法与修行之地，蒋介石父子曾数度由入山亭登四明山东部到雪窦寺凭吊其遗迹，礼拜佛像并登妙高台眺望和漫步千丈岩，不像当年叱咤风云之暇，寄情于山水之乐，只是徘徊沮丧。在归途中催轿夫加快步伐，轿夫因而喘气不止，蒋介石就厉声斥骂："不准喘气！"事后这班轿夫说："蒋大总统这次回家不比往常，脾气特别大，替他抬轿，不论上山下山，既要走得快，又不准喘气，还骂我们该死，真是变了变了！"

仓皇逃离溪口，惦念宁波花园

4月下旬，人民解放军胜利渡江，在宁波的国防部绥靖总队的一部分于4月23日在副总队长项充如率领下起义，投奔四明山浙东游击纵队。此时，蒋介石仓皇逃离溪口到杭州笕桥机场航空学校，指挥宁沪杭地带的反人民战争。当交警第十总队进入溪口接替侍卫总队所担任的内卫警戒时，该总队副总队长姜溢三（写述人）亲见蒋家各室什物狼藉，瓷器食具、儿童玩具以及地毯沙发被褥等遗弃满地，无人过问，武岭中学和武岭医院均已关门停办，仅留一年约七十岁的老校长蒋某。由此可知蒋介石走时的狼狈情况。

4月27日，解放军快要截断浙赣铁路并对上海形成包围时，蒋介石飞回宁波登上"太平号"军舰，准备赴淞沪亲自指挥所谓大上海保卫战。离宁波前，特别叫王世和到宁波江北岸新马路与草马路转角处他的花园内找看管花园的表妹夫钱玉麟夫妇到舰上见面，详细询问花园情况后说："你们没有替公家做过事，想来没有什么关系，好好看管花园，将来我还要来看看的，你们替我看管花园多年，也没有特别好处，现在给你们一百块银圆，以防万一。"

登陆金塘岛，四访普济寺

蒋介石在吴淞指挥上海反人民战争惨败后，约于5月25日，乘"太平号"军舰至舟山群岛的金塘岛洋面，停泊十余日之久。这期间曾四次登陆金塘，带蒋经国、俞济时等亲信侍从二十余人，专访普济寺，每次都焚香祷拜果如和尚塑像，并与该寺年约八十岁的老住持长谈，询问果如和尚生平事迹，索阅果如和尚生前照片及遗墨梅桩等，嘱老住持好好保藏，最后由俞济时给老和尚五块银圆作茶资。当时驻在该岛的一〇二师政工组长张盛吉（写述人）对蒋行踪颇感奇特，为此查询该寺老住持："总统何以对果如佛像如此虔敬崇拜？"老住持说："果如和尚是金塘岛人，幼年在普济寺出家，中年到溪口雪窦寺为住持，蒋母皈依佛教，即拜果如为师，总统幼年也在果如和尚前常聆教益。"

（写述人有郑重为、侯定远、韦弦、
刘裕绥、姜溢三、张盛吉等）

蒋介石下野后在福州召开军事会议前后

蒋介石"下野"后蒋军崩溃的情况

  蒋介石于1949年1月21日宣布"下野",迄是年6月下旬召开福州军事会议时止,这一阶段历时近半年,他的主要阴谋和诡计:一是假与共产党和谈,一是防范李宗仁的夺位,一是企保东南半壁,一是确定台湾作为挣扎基地。

  蒋介石下野,政权交由副总统李宗仁代理,是内外夹攻所迫成的:一面由于淮海战役主力丧失殆尽,为了获得喘息时间作最后挣扎,假装与共产党和谈;一面由于一败再败引起美国朝野不满,为此乃以"退休"为名,让李宗仁上台来应付过关。蒋介石的所谓下野实际上是假的,他不是甘心失败或下台的,只是退居在幕后指挥,和1927年下野到日本、1931年12月下野到溪口的阴谋,基本上是一样的。淮海战役惨败,蒋介石得悉杜聿明被俘、邱清泉"自杀"后,在1949年1月12日即命其长子蒋经国带同总统府第三局局长俞济时、警卫组主任石祖德、参军施觉民、警卫总队长任世桂、通信总队长(人名忘记)等先后至溪口,布置通信网及警卫安全网。迨1月22日蒋退出南京总统府回到溪口后,溪口与各方面电讯畅通无阻,策划指挥俨如司令台,内外围岗哨森严,和南京黄埔路的官邸基本上毫无二致；每天频繁召见党政官员及高级将领，<u>丝毫看不出是退休的状态</u>。蒋介石口口声声下野不再执政，甚至说要终老雪窦寺（溪口的住所），骨子里却是一分钟也不肯放弃权力。这是他一生"好话讲尽、坏事做尽"的一套狡诈权术。

李宗仁上台代理总统，蒋介石本想把他作为傀儡，但李宗仁在美国驻华大使司徒雷登怂恿下，野心勃勃想取蒋而代之。起初是明顺暗争，后来却明争明斗，但归根到底，桂系实力有限，是斗不过蒋介石的。当李宗仁甫行上台，想和李济深联系，发表七项措施，主张释放政治犯，特别是要释放张学良、杨虎城。据我的小同乡当时任总统府参军长的李汉魂3月间来福州对我说："蒋总统很不同意德公（李宗仁）这种做法，所以要放也放不了。"因此，所谓七项措施也只是徒托空言。3月间，李宗仁和行政院院长孙科不能相容①。孙科向蒋介石请求辞职，蒋鉴于李、孙不和，加以当时立法、监察委员们反对孙科的人很多，均认为"阿斗无能"（一班人以孙科比"阿斗"），蒋征得李宗仁同意后，也不再支持孙科，准其辞职。于是李趁机推荐与自己关系较深的蒋系首要分子国防部部长何应钦继任行政院院长，认为这对自己控制政权方面，可能有些便利。但在蒋操纵之下，何任院长三个月，对李毫无裨益。蒋、李矛盾在政府迁至广州后日趋尖锐。6月间，蒋授意何应钦辞职，并提出以阎锡山继任。蒋特由马公岛飞至台北转广州（住在梅花村一号陈济棠公馆）和李一再商量，始取得同意。唯李宗仁要求蒋将华中军政长官白崇禧调任国防部部长，企图直接掌握实权，蒋却坚持由阎锡山兼任，未予同意。

7月上旬，国防部派第一厅副厅长何志浩为代表（公开名义为中央各军事学校毕业生护党救国非常委员会的代表）来福州传达：（一）宣读李宗仁迫蒋介石出国的三封信件长达3000余言；（二）揭露李宗仁要调白崇禧回任国防部部长的阴谋，是想以全国仅存的180万军队和共产党作和谈及投

① 1931年广州组织西南政府以来，李、孙两人私交一向就很坏，李宗仁上台给孙压力，孙科对其侄儿孙乾说，有李宗仁这个军阀在，根本就不愿再干。

降的本钱，劝各级带兵官勿受其愚弄。据何志浩告诉我说："蒋介石对李迫其出国甚为不满，蒋、李是无法并存的。"听取这项传达的有中央军校及各兵科专门学校与陆军大学出身的将级军官60余人。

蒋介石退居幕后指挥，在军事上特别重视东南地区。因为三江（江苏、浙江、江西）与闽粤是他夺取政权以来的基地，至于西北、西南、两湖与广西地区，幅员虽大而力量薄弱，苟存不易。蒋自2月初即以薛岳继宋子文任广东省主席，以朱绍良继李良荣任福建省主席，以陈诚继任台湾省主席，以陈诚的心腹方天（国防部参谋次长）继胡家凤任江西省主席。此外，蒋又设立京沪杭警备总司令部，以汤恩伯为总司令统一指挥江苏、浙江及皖南军政；并为便利汤的指挥，以"忠实可靠、反共坚决"的丁治磐充任江苏省主席兼第一绥靖区司令官直归汤恩伯统辖。又以周嵒（陈诚的心腹）继陈仪任浙江省主席兼京沪杭警备副总司令归汤恩伯指挥。至于陈仪的去职，是3月上旬蒋在溪口下手令将其免职，22日又下令将其扣留在上海，同时并密令汤恩伯执行（按：陈已被蒋杀害于台湾）。其原因有二：主因是陈仪看到大势已去，不想顽抗到底，曾密函汤恩伯，劝其不再抵抗。汤将原件密报蒋介石，蒋认为陈通敌叛国，故予扣押。次因是汤恩伯在北洋军阀时代经陈仪（当时任浙军第一师师长）一手提拔，这时陈任主席，汤任京沪杭总司令，不便指挥陈仪，因此非调开陈仪不可。所以在蒋未扣陈仪之前，汤就一再力保其同乡同事又是部属的周继任陈原来的职位。

3月间，张治中至溪口和蒋介石商谈和平谈判问题，后来又在南京由新任行政院院长何应钦主持几度召开会议，就中央所提八项条件作基础加以研究。当由李宗仁、何应钦和国民党中央公推三位委员组织指导委员会，并订出九点与中共商谈的草案。国防部并作出了国共停战协定的底线要求七点。3月下旬，国民党南京政府决定派往北平进行和平谈判的代表人选是：首席代表张治中，代表邵力子、黄绍竑、章士钊、刘斐、李蒸。

4月中旬，国共双方代表拟定了和平协定草案八条二十四款，由黄绍竑带回南京。蒋介石在溪口接到顾祝同的报告非常愤怒，彻夜徘徊，频频拍案，说："文白（张治中字）无能，丧权辱国。"4月21日，福州绥靖主任朱绍良对我们讲话说："蒋总统由溪口来电话，共产党所拟的八条二十四款，条款苛刻，难于容忍。如今局面，和是必亡，战可能不亡，望转告将士备战。"从此国共的和谈宣告破裂。

和谈破裂后，人民解放军即开始渡江。在镇江、南通之间，南京、芜湖之间，安庆、九江之间，中国人民解放军第二野战军刘伯承部、第三野战军陈毅部共约百万大军，均在24小时内强渡长江南下。23日，南京卫戍总司令张耀明率部弃城逃窜，作为封建买办官僚的统治中心的南京，从此解放。同日，担任江防的部队在芜湖附近的第七绥靖区张世希部，在铜陵、贵池附近的第八兵团刘汝明部，在安庆、九江间的第八绥靖区夏威部，均行溃退。在皖南及浙江的第二线兵团如第十七兵团侯镜如部、第六兵团李延年部、第九编练部（预备兵团）张雪中部，在江西地区的第二编练部（后改为第十二兵团）、第三编练部（后改为第二十三兵团）胡琏及沈发藻等部均在4月底向南逃窜粤闽地区，沿途被解放军追截，溃不成军。

长江被突破后，汤恩伯被迫收容残部及原担任防守上海的各军，做固守上海的准备。4月底，蒋介石由溪口潜至上海，在龙华机场向汤恩伯、陈大庆（上海警备司令）、石觉（上海防守司令）、毛瀛初（上海区空军司令）指示机宜之后，即飞台北转马公岛（澎湖列岛的主岛）。汤恩伯所率的上海守备部队22.2万余人（包括地方团队），计有三十七军罗泽闿部（罗在上海战败逃台后和汤恩伯打官司，为蒋介石所扣押）、五十二军刘玉章部、七十五军吴仲直部、十二军舒荣部、五十四军阙汉骞部、一二三军顾锡九部、二十一军王克俊部、五十一军王秉钺部（以上共为八个军）及朱致一的独立九十五师、邹鹏奇的独立九十九师、蓝啸声的青年军二〇四师、暂编第八师等和交警支队曹铁身部、江苏保安旅孙宗玖部，企图固守上海，希望上海变为国际共管，持续半年的守备来迎接第三次世界大战。（蒋经国告诉我，美国已保证第三次世界大战最迟在1950年春开始。）

汤恩伯将上海市构成外围、主阵、核心三种阵地进行抵抗。但备战4个月，作战只半个月（由5月12日至27日）即行崩溃。蒋介石率领空军总司令周至柔、海军总司令桂永清，在上海作战开始后5日，即由马公岛乘兵舰来至吴淞口督战。5月23日蒋介石看到外围工事尽毁，阵地俱失，知道如再继续作战就会全部被歼，于是手令汤恩伯逐次掩护从海上撤退，将一些基本部队撤出（如七十五军、五十二军、五十四军等三个军及九十五师、九十九师、二〇四师等三个独立师）。其余非基本部队除投降外均被歼。这是蒋介石下野后亲自指挥战斗的实况。

当上海外围蒋军各部溃败时，参谋总长顾祝同曾电令第十七兵团司令官侯镜如、第七绥靖区司令官张世希、第八兵团司令官刘汝明、第九编练部司令官张雪中、第七兵团（南京卫戍总部改编）司令官张耀明，统归京沪杭副总司令兼金华指挥所主任（另兼第六兵团司令官）李延年指挥，但这些司令官们相应不理，一味率残部分道逃入福建。当时，刘汝明、张雪中等部在第二野战军的一部（后来查明不足一个军）追赶下，退入闽北之南平，刘部竟又擅自退至闽西南之龙岩，由长江一溃就达1500里。而李延年、张世希、侯镜如等部在第三野战军的一部（后来查明也不足一个军）追赶下，退入闽东之福安、长乐及福州附近。其中只有第十一师刘鼎汉部，因是陈诚的基本部队，在闽东三都澳为陈诚派船将该部接往台湾。

退集福建的蒋军残部，除刘汝明兵团尚勉强成为部队外，其余各部队均已破烂不堪。5月间，参谋总长顾祝同携带整编福建部队方案，乘专机至台湾和陈诚磋商之后，又飞往马公岛请示蒋介石，决定作如下的整编：

（一）第六兵团司令部、第十七兵团司令部、第七绥靖区司令部、第九编练司令部等四个战略单位，决定保留第六兵团司令部番号，其余一律裁撤。

（二）以上单位各司令官李延年、张雪中、张世希、侯镜如等一律改任福州绥靖公署副主任，李延年兼任第六兵团司令官。

（三）第八兵团刘汝明部暂不整编，容点验后决定。

（四）第七十三军、第八十八军及第七靖绥区直属官兵合并为一个军，保留七十三军番号，撤销八十八军番号，以李天霞任军长，原属各军均编成一个师，保留十五师及一一六师番号。

（五）第七十四军、第八十五军及第九编练部直属部队，合并为一个军，保留七十四军番号，撤销八十五军番号，以劳冠英任军长。原七十四军缩编为一个师，保留五十一师番号。原八十五军直属部队及二一六师合并为一个师，仍保留二一六师番号。另保留二十三师番号。

（六）第一〇六军王修身部保留番号，第十七兵团直属部队编入该军补充。

（七）第一二五军吉星文部缩编为独立第三十七师，吉星文改任该师师长。

（八）第二十军军长杨干才阵亡后，该军随第七绥靖区司令部退抵福州之部队编成一个独立团，准予开回四川，重新组织第二十军。

（九）成立福州绥靖公署军官团，以侯镜如兼任团长，方先觉任副团长。凡属各兵团、绥区、各军师编余军官一律册报该团受训，薪粮照发，出缺优先任用。

6月间，蒋介石仍在马公，一面要陈诚加紧训练由上海退回台湾的部队，一面到浙江定海视察舟山群岛兵要地理与守军情况。接着就到广州和余汉谋、薛岳研究守备广东的问题，同时和李宗仁商讨任用阎锡山为行政院院长。6月中旬，蒋电知朱绍良，说要到福州视察福建防务。21日他乘飞机到了福州，并召开军事会议。

蒋介石召开福州军事会议的原因

蒋介石一向重视福建地区，认为浙江、江苏、福建、广东、台湾五省在政略上、战略上非常重要：除物资丰富外，在兵要地理上有沿海的凭借和便利，有国际盟邦的直接支援。他在下野前20多天，在南京黄埔路官邸召见我时曾说："福建非常重要，没有福建就没有台湾。你到福建协助李良荣主席注意闽浙边区、闽粤边区和闽台之间的联系。你所带的独立第五十师是战略预备师，是美械装备，应好好训练，作为防卫福建的有生力量。"（按：我已发表为陆军第一训练处副处长，后来改任第一编遣司令部副司令官，蒋要我不到差，赶快到福建兼掌该师。因福建很重要，没有部队布防。）

　　福建在解放前，装备优良、兵员充足的部队只有这一个独立第五十师（全部美械）。5月上旬，长江江防各军溃集福建的残部和在淮海战役被消灭后在福建重建的各军师均未征集起来，所以，蒋对福建的防务是很放心不下的。蒋下野时，李宗仁进入总统府将文官处和参军处所属各局加以改组，大有"一朝天子一朝臣"的样子。他以李汉魂任参军长接替薛岳，以刘士毅任该处第三局局长接替俞济时。因此，蒋下野后将侍从系的人事预为安置，重点摆在闽、台地区。除留蒋经国、俞济时分任国民党总裁办公室正副主任随在左右外，其原第三局主要人员一部安置在陈诚的台湾警备总部，一部安置在朱绍良的福州绥靖公署工作（按：朱、陈两人均曾任过蒋介石的总参谋长）。其亲信侍从如参军施觉民，发表为福州市警察局局长，原警卫室主任石祖德，发表为厦门警备司令。

　　石祖德告诉我：蒋的原来计划第一步住溪口故乡，第二步迁至福州之鼓岭，第三步迁至厦门之鼓浪屿，最后才迁至台北之草山或澎湖之马公。后来因上海战事失败很快，才匆匆由吴淞乘兵舰逃至马公，不再迁住福建。迨6月间，蒋介石看到福建已成前线，该地区军事与政治，中央与地方，嫡系与杂牌，矛盾重重。蒋介石为了策划固守福建，解决有关问题，所以才飞到福州来面授机宜。据朱绍良、俞济时、汤恩伯、李延年、石祖德、施觉民等人谈及当时蒋飞闽的原因，及蒋在6月21日下午在福建飞机场召见我时所谈的问题，综合起来约有以下几点。

　　（一）为了鼓励士气、收揽人心。自4月下旬长江江防被解放军突破，5月下旬上海被解放军占领后，退抵福建的残破部队虽一度加以整编，但军心涣散、军纪废弛。在4月下旬至5月中旬20多天中，一退2000里以上，沿途军行所至，鸡犬不宁。因为形成流窜，后勤系统已乱了套。在苏皖边、浙闽边，居民生计一扫而光，借粮征草，俨如浩劫，民怨沸腾。自第二野战军一部长驱进入闽北、第三野战军一部长驱进入闽东后，退守闽中闽江以北各部队俱无作战信心，老是想渡过闽江逃往闽南来苟全性命。蒋介石为了稳定人心，所以要亲来抚慰以示关怀，表明他还是三军统帅，并不是群龙无首的乱局。

（二）为了表达要坚守福州的企图。自人民解放军进入闽境之后，蒋介石曾在上海及马公电告福州绥署主任朱绍良，要将福州附近构筑一个半永久性的防御工事，做坚强的防卫作战准备。但朱绍良阳奉阴违，一面受"福建上将"（海军上将萨镇冰及陈绍宽）的影响，他们希望朱绍良不要在福州决战，以免地方糜烂；一面听信绥署副主任吴石的进言，认为斯大林格勒堡垒式的上海都守不了半个月，福州南有乌龙江，东临大海，形成背水之阵，如何能固守？何况山地作战又是"共军"起家的本领。（按：吴石因有通共嫌疑，为福建特务头子王调勋告发，于1950年在台北为蒋介石所杀害。）同时福州市长何震也陈述福州贫困，征工征料多有困难。因此朱对死守福州毫无信心。蒋介石虽然三令五申，但朱仍未计划建筑半永久性的工事，只是要陈士章在福州西北，要李以劻在福州大小北岭、王修身在福州东北，构筑一线野战工事，应付一下。据李良荣6月15日来福州告诉我，他在马公见蒋时，蒋对朱在福州备战不力，表示忧虑，准备要亲来福州视察。

（三）为了再度整编部队与调整装备。由于各部退抵福建后，虽经5月间裁编一次，取消了一些兵团、绥区及几个军师番号，但6月间查明留下来在福建地区的部队人数仍不充实，冒名顶替的现象普遍存在。在福州补给区及财务处领粮饷人数近23万人，实有人数相去甚远。由于改发银圆券，台湾中央银行动用储备黄金过巨，蒋介石认为非再度核实兵员、裁减番号，不但国库空虚，而且造成无可战的部队。但一再裁撤，又怕官兵们心理变化，故亲来作精神动员一次，然后下手整编。同时看到退集福建各部队装备（武器、被服、装具）不良，在退却时不仅重武器弃尽，连轻武器也损失不少，甚至连行军锅灶都丢光了。当时美国国防部鉴于国民党军队作战不力，也无意积极再行补充。为了切实调整新旧武器加以使用，蒋特来福州，要求各军今后要爱枪如命，借以纠正依赖美械源源补充的"大少爷不在乎"的心理。

（四）为了调和中央与福建地方人士的关系。自蒋介石下野后，福建地方绅士看到战局不利，排外心理日趋严重，中央与地方间的隔阂也较前加剧。福建参议会公然反对征兵，主张闽人治闽。福建海军耆宿萨镇冰曾说："民国以来，福建受外省人统治已30余年，蒋上台以来20余年中更加厉害。"曾任海军总司令的陈绍宽被陈诚压迫解甲归来，也是牢骚满腹。他的部属一位参谋长杨仲雅及曾任海军次长的李世甲说过类似的话，说什么福建人在共产党方面还出了一个邓子恢任中原政府主席，在国民党则空空如也，连本省主席也要外省人来当（这些情况我在5月间曾函告蒋经国转报蒋介石）。1949年1月前任福建省主席李良荣报准国防部在福建成立一个一二一军，该军军长沈向奎曾受到闽南人陆军上将张贞的指示，各级军官一定要起用闽南人。在4月间，闽北师管区司令谭道平调国防部参谋总长办公室服务，遗缺经顾祝同报准蒋介石以总统府高参于天宠调充，但福建参议会议长丁超五反对，电请国防部阻其到任，而主张以该师管区副司令闽人吴某充任，于是国防部不得不答应，否则就征不了兵。蒋介石迫于形势不敢施行压制手段，只好收买利用，所以到福州来进行调和一下。据蒋的亲随告诉我，蒋原来是想在福建省府召集党政军重要人员开会和谈话的，后来听说福州情况复杂，不敢入城，故临时改在飞机场开会。

（五）为了调解朱绍良、李延年和刘汝明的关系。在福建地区不仅有中央与地方、军队与政府、党务与政治的矛盾，就是军队指挥官之间也是矛盾突出，其中以朱绍良、李延年和刘汝明之间（嫡系与杂牌）为甚。

李延年与刘汝明远在1948年冬淮海战役期间即有矛盾。那时李任徐州"剿总"副总司令兼蚌埠指挥所主任，曾指挥过刘汝明，当时刘骄横自恃不听指挥。同年4月下旬，防守长江的部队撤退时，李延年任京沪杭警备副总司令兼浙江指挥所主任驻金华时，国防部命令凡属南撤入闽各兵团、绥区及编练司令部（二线预备兵团）统归李延年指挥，而刘因存在蚌埠前嫌，又不听其指挥。因此两人之间矛盾颇大，两人入闽互不见面。

朱绍良与刘汝明因一向不在一个战场或地区相处，原无宿怨。1949年5月上旬，刘率第八兵团南窜抵闽北之建瓯，照理进入福建自应受福建最高指挥部——福州绥靖公署的指挥，唯刘部进入闽境数百里，竟不向朱报告情况。后来由朱派少将高参汤位东到建瓯和刘联络，刘也不买账，朱为此特向蒋介石控告刘企图不明。后来刘兵团的五十五军七十四师李益智部，在南窜途中迷失方向，与该兵团失去联络，擅自窜抵福州附近，朱便立即派人收容并想加以改编。这使刘大为不满，向蒋告状。因此刘入闽近两月未与朱会面，连电报往返也甚少。刘原是西北系宋哲元旧部，为人跋扈，平日除对蒋介石、何应钦、顾祝同外，对其余的人均不大买账。因此蒋介石企图来闽调和他们之间的矛盾。

（六）蒋的亲随秘书曹圣芬在机场对我说及两件事：（1）李宗仁和朱绍良电信交往频繁。蒋介石得报，李宗仁想在6月底或7月上旬来榕一行，故赶在李之前先来福州布置。因蒋、李之间争权，6月中旬在广州已经争得面红耳赤了。（2）蒋介石急于在东南成立军政统一指挥机构——东南军政长官公署。关于长官的人选，陈诚与朱绍良互相谦让，蒋介石需要来福州与朱磋商，以便决定。

会议经过与蒋介石讲话要点

1949年6月21日上午9时30分至下午2时30分，蒋介石在福州市南郊飞机场办公大楼召开临时军事会议。参加的人员有福州绥靖公署主任兼福州省主席朱绍良，东南前进指挥所主任（前京沪杭警备总司令）汤恩伯，福州绥署副主任吴石，参谋长范诵尧（兼代福建保安司令），第六兵团司令官李延年，副司令官梁栋新，参谋长任同棠，第二十五军军长陈士章，第七十三军军长李天霞（迟到），第七十四军军长劳冠英，第九十六军军长于兆龙，第一〇六军军长王修身，独立第三十七师师长吉星文，兼独立第五十师师长李以劻，各军的师长，各师的团长，联勤总部第一补给分区司令缪启贤及其直辖通信兵团、监护团的团长，福州绥署各处处长，第六兵团司令部各处处长与绥署、兵团部直辖的宪兵、警卫、特务、水警等独立团团长，各军各师的副军长、副师长等80余人。缺席未赶到的人员有：第八兵团司令官刘汝明，副司令官兼五十五军军长曹福林，第六十八军军长刘汝珍及所属各师师长，第二十二兵团司令官李良荣，副司令官唐云山、方先觉，第九军军长徐志勖，第五军军长高吉人，第一二一军军长沈向奎及各军所属师长。这些人因驻防闽西、闽南地区，而蒋介石又提前来福州开会，故未能赶到。蒋临时指示汤恩伯将会议要点带到厦门传达，另改时间蒋本人再至厦门召训。此外，国民党总裁办公室主任俞济时、参军兼福州警察局局长施觉民、总裁警卫室主任兼厦门警备司令石祖德、总裁机要秘书曹圣芬等均行列席。

蒋介石于21日上午8时带领亲随人员俞济时等由台北松山机场起飞，9时到达，原想先往福州市巡视一番，当时福州市民已奉命悬旗相迎，后因安全保障问题终止。蒋到达后休息片刻，9时30分开会，由曹圣芬及绥署秘书曾某担任记录。其经过概况如下。

（一）各单位主官报告军情概况

开会后，首先由福州绥署参谋长兼代福建全省保安司令范诵尧，报告福建省内的战况，说6月中旬"共军"陈毅部一个军已进入闽东，刘伯承部一个军已进入闽北，以及福建原有的"土共"（游击队）在闽东、闽西、闽北的活动情况（其中报告闽西陈永生部颇为详细）。然后他又说明福建全省国民党军队的布防情况，具体陈述在闽江以北第六兵团、闽西南第八兵团、闽南第二十二兵团的情况。再次报告福建地方保安团队使用情况及当前各行政专署与各县的治安情况（蒋当时对着地图，记下位置）。

其次由福建后勤补给司令缪启贤报告福建地区军粮、被服、械弹与装具车辆情况，特别强调福建军粮不足，已向地方借粮500万斤以上，希望台湾军粮按期接上，以维军民信用便利作战（蒋当时怒形于色，匆匆记下）。

最后由各军军长、各独立师长相继报告部队防务情况。除独立第五十师原在福建担任治安是美械装备、兵员充足、无所要求外，其余各军军长多要求补充兵员、武器和服装。二十五军军长陈士章提出，该军服装难以蔽体。七十四军军长劳冠英报告，该军兵多枪少，曾经再三请求补发，但迟迟未能领到。他说，将来应战不力，责任归谁担负。九十六军军长于兆龙、一〇六军军长王修身，虽均毕业陆大为蒋所识，但自知出身杂牌并非嫡系，和陈士章、劳冠英不能相比，恐要求过分，激起蒋介石怒恼，认为该军兵员不足、装备不良会将部队裁掉，所以在报告中提出的要求，关于人马、武器、服装的问题十分慎重。蒋当场询问，回答亦不奢望，只求保住番号的苟存。独立三十七师师长吉星文部是淮海战役后，冯治安的第三绥靖区残余部队组成的，吉星文自知该师兵员械弹不足，却不敢请求补充，只要求蒋介石准将该师调至河南打游击（蒋记下，一笑置之，不答）。

各部队报告毕，守平潭岛的七十三军军长李天霞因船误点迟到，由第六兵团司令官李延年代为报告该军人员武器待补状况，并提出平潭岛"土共（游击队）猖獗"，该岛兵单有所顾虑的问题。最后由福州绥署主任朱绍良将闽东、闽北地区守土不力、弃职潜逃的行政人员加以惩办的情况作了报告。东南前进所主任汤恩伯将闽浙边、闽粤边情况及闽海边三都澳、平潭岛、马祖岛、金门岛、东山岛的视察情况作了补充报告。蒋介石与朱、汤、李四人就地图谈了一些有关攻守计划后，随即对全体与会人员讲话，并就名册点名。

（二）蒋介石在会场讲话的要点

首先，他说他是以国民党总裁身份来和大家见面、来和大家共安危的。他说："我是一个下野的总统，论理不应再问国事，一切由李代总统来处理危局和共'匪'作斗争。但想起总理（孙中山）生前的付托，勉以'安危他日终须仗，甘苦来时要共尝'的遗言，现正是我党危难关头，所以我以党的总裁地位来领导大家和共产党作殊死战。个人引退半年来，没有片刻忘怀久经患难的袍泽，望大家勠力同心，争取最后胜利。"（他说这段话时，故意表示振奋的样子，发出微笑。）

其次他讲到"生平待士不薄"，何以今天弄到士兵衣不蔽体的问题。他说："本人自民国十三年迄今，东征、北伐、剿共、抗日，为统帅已达25年，对官兵生活一向关心。今日士兵衣不蔽体，使我心中难过。我在溪口时，后来在上海及马公岛，曾一再注意到各军的服装问题。因产棉区多陷入'匪区'，我预知原料困难，曾多次要联勤郭总司令作最大努力的筹划。据郭说在6月以前搞好250万至280万套夏服不成问题。我在马公岛了解福建地区已拨足16万套服装，按实际人数基本上每兵一套是够分配的。今天据陈军长报告该军士兵衣不蔽体，使我愧对部属。福州补给区缪司令（当时缪站起来，蒋怒加斥责），你是干什么的？16万套服装如何分配的？立刻列表来报，彻底查明下落，否则就应法办。缪司令你听清楚了没有？（缪答：听清了，马上遵命办理。）希望各军长、师长回去，好好安慰部下，保证服装有着落。我回台湾即令补运。总之这些事是使我痛心的。"（当时缪本人吓得发抖，会后他对我说陈士章这个家伙在会上向蒋老头告状，几乎要我脑袋搬家呀！）

再次蒋讲到由于"我们一败再败，盟邦失去信心，如今美援困难，应作最艰苦奋斗"的问题。他说："三年来各战场均失败，主要原因固然是我诚不足以感众，也由于各级将领无德无能。刚才听到各军、师长报告，除独立第五十师李以劻部兵员武器充实外，其余全省各军兵员、武器均差得颇多。这个问题当前靠征兵、靠美援，俱难济于事，特别武器一项不易解决。美械愈来愈难，国械各兵工厂俱在大后方，每月产量有限，全国分配不足之数相差甚巨。大家应当知道：我们的盟邦美国，自抗日后期由于我国政略胜利（按：蒋所指是国民党投靠美国的好处），得到美援、美械的装备（完整的与不完整的参半），六七年以来已装备我军将近100个师，并有其他重武器、化学武器。大战结束后，美国目下存在菲律宾及日本冲绳基地的武器有限。盟邦看到我们屡打败仗，将它援助的东西转而送给了敌人，并壮大了敌人，朝野俱有不满，认为援蒋等于援共，真使我惭愧之至。现在武器来源不容易，大家再不知艰难，随便遗弃武器如阔少爷一样，就只有束手待擒。依当前情况，将来美械补充固难，就是国械土造也难如数补充。敌人把我们的武器抢去，部队战力强大起来，把我们的兵俘去，反过枪头来杀我们，的确是我们奇耻。如果大家不下决心，以一死报国，将为百代的罪人。"蒋介石说到这里，好像很难过，指着七十四军军长劳冠英说："劳军长，你听清楚没有？你所带的部队，就是有人没有枪，何等可耻！各军师长、团长回到部队去，要传达我的指示，人人做到爱枪如命。"

最后他讲到无福建即无台湾，决心固守福建以巩固台湾外围问题。他说："守长江及浙江的部队溃退到福建，是在5月上旬。当时陈毅主力攻上海，只刘伯承一部跟踪入闽。所幸敌人摸不清福州底细，所以没有长驱直入。如果敌人洞悉你们狼狈状态，一个团就可以占领福州了。你们任兵团、绥区司令的，只顾逃命，弃盔丢甲，沿途扰民，来到福建。我姑念前劳，未令国防部严加追究。除裁撤大单位外，把大家保留下来，编余的悉有安置。现在各部队士气不振，军纪废弛。据报当师长、团长、营长的仍想南逃，有些未经批准竟擅去台湾。对福建兵要之地竟失去信心，良可浩叹！大家应当知道台湾将是党国的复兴地，它的地位的重要性异于寻常。比方台湾是头颅，福建就是手足，没有福建即无以确保台湾。以福建而言，守不住闽江以北，闽南也难以确保。今后大家要树立雄心壮志，和共'匪'顽强斗下去。最迟到明年春，世界反共联军就会和我们一道驱逐赤俄势力，清除赤色恐怖。希望大家回去转达所属，知道我的希望与决心。在共'匪'未入福建之前，迅速整顿，做保卫福建的准备，用自己热血来巩固台湾，国土就一定能够恢复。"（蒋介石这番话，当时由于我的部队及另指挥的三个保安团分防闽浙边境的寿宁、福安及闽粤边境的厦门、金门、海澄、云霄及福州地区军队尚未集中，曾编印出来发至连长一级。）

福州军事会议决定的问题

蒋介石讲话完毕，随即与朱绍良、汤恩伯、李延年、俞济时交谈了几分钟，并作出决定。主要内容，记录如次：

（一）关于防务方面

1. 进入福建之解放军，在6月16日以前，除第二野刘伯承部一个军进入福建北部，占古田之解放军不足一个师。第三野陈毅部占上海后，现在浙江休息，进入闽东边境的仅一小部。现在守备闽江以北地区之七十四军、一〇六军、九十六军、二十五军及独立五十师、独立三十七师仍固守罗源、连江迄福州西北大湖、雪峰、古田附近之线。

2. 九十六军及独立五十师（福建保安第五团、第六团与突击团均由该师指挥）做收复古田的准备；收复后应加以固守，以巩固福州外围据点。

3. 七十三军仍确守平潭岛，加强据点，实行清乡，并封锁福清海口与平潭间交通，严格检查。

4. 驻漳龙地区之第八兵团、泉厦地区之二十二兵团不北调。闽江以北兵力不足，将由台湾抽调增防，并加强重火力的配置。

5. 原决定独立五十师调金门归还二十二兵团建制暂缓实施，容收复古田后再定。

6. 守福州之二十五军、一〇六军及七十四军之二十三师迅速加强工事，近郊要点应构成半永久性工事以资固守，征工征料由福州绥署统一计划之。

以上统由福州绥署朱主任速作调整布置。

（二）关于调整机构与整编方面

1. 国防部已迁广州，东南沿海防务重要。为确保东南（以台湾为中心）诸省，决定成立东南军政长官公署，统一指挥浙江（当时只有舟山群岛）、福建、广东、台湾四省军政事宜，长官人选决定后另行电达。

2. 政府发行银圆券后，动用黄金、白银，经费困难，严禁吃空，决定核实各部队兵员，认真估计战力。即行成立东南区点验整编委员会，以蒋鼎文、俞飞鹏充正副主委，速行计划点编。

3. 为充实部队战力，今后决定进行裁减大单位，充实师以下单位，以健全战略师为主，军与兵团一级尽量减少。在福建区应如何调整，迨点验后决定。

以上由国防部命令施行。

（三）关于后勤补给方面

1. 在闽各军有兵员而武器不足者，福州补给区速将现存台湾高雄约两个师的国械装备运闽，先发给守备连江、平潭之七十三、七十四两个军，其余平均酌量补充，以资应急。不足之数另行由后方设法调用一部。

2. 凡属在闽部队是美械装备部队，如独立第五十师之弹药，尽速由台湾补给区补足三个基数。马尾弹库所存之国械弹药，速行发足闽江以北各军，以资备战。

3. 军粮缺乏系由于船只困难所迟误，应由福州绥署朱主任与联勤副总司令兼台湾港口司令何世礼协商定运，不得再误。所欠地方民粮，扫数清还。

4. 在福建地区各军就地所借军粮一律清还，并办妥手续以免影响军心。福州绥署及福建省府迅速命令清查，不许延误。

5. 服装不足，限在本月底清查确实数量，由福州补给区向台湾补给区补足，每人一套夏服。这件事缪司令火速办妥，迟误即究办。

6. 关于马尾要塞重建工程及福州防御工程费，另案预算，能在就地征用者速行构筑，不得延误。

蒋介石在会后召集将领个别谈话纪要

蒋介石于6月21日下午1时20分，在飞机场大楼与全体与会官员聚餐。蒋与同席的人员谈天，问各军师长的年龄、籍贯、家庭情况。午餐后，蒋通知俞济时传见独立师长以上将领，由曹圣芬做记录。被传见个别谈话的计有朱绍良、汤恩伯、李延年、王修身、陈士章、劳冠英、于兆龙、吉星文、李以劻等九人。下面所记的谈话内容，除蒋介石亲自对我讲的之外，对其他各人所谈的，一部分是听曹圣芬告诉我的，一部分是其本人告诉我的，一部分是本人的亲信告诉我的。兹记要点如下。

对朱绍良谈话内容　据曹圣芬及朱的女婿邓墨林（福州绥署第一处处长）说有五点内容：（1）蒋征询朱关于东南军政长官人选意见，蒋表示他及陈辞修（诚）的意见，以朱充任最适宜，从而可以让出福州绥署主任交汤恩伯接任。而朱表示，一定要陈辞修担任，因陈在台情况熟悉，而且过去历任军政部部长、参谋总长多年，对东南各省军政人事、指挥调度较为便利。蒋当时点首，并说回台与辞修商量决定后再电告。（2）蒋要朱调整部署之后，在解放军未进攻以前，如情况许可，应到闽南视察，并亲到漳州和刘汝明见面，消除前嫌，以示同舟共济之意。（3）蒋要朱饬令各专员、县长加强地方团队，利用党团骨干征集志愿兵，配合正规军作战。（4）蒋要朱对地方参议会加以诱导，不要上共产党的当；在危难关头应军政一心、军民一心，不应轻率提出反政府的意见。蒋对朱说，不可过于温情，对在地方有煽动行为者应严惩不贷，使其畏慑。（5）对朱说明福建在战略上的重要，希望朱在战前多加计划、部署，并行督战，以稳定局势。

对汤恩伯谈话内容　据曹圣芬告诉我，蒋要汤对福建作全面的计划，区分大陆要点守备与沿海岛屿守备两案。在"共军"未继续南进前，着重乘兵舰沿岛布防，加强督练，并整饬官兵颓唐现象。

对李延年谈话内容　李会后对我说，蒋谈话要点如下：（1）蒋要李一定攻下古田，使福州有一个耳目。李认为古田隔福州过远，即使攻下也难守得住。当前"共军"人少，如陈毅主力南下，情况就立刻变化。（2）蒋要李死守福州，以巩固台湾外围。李说："死不足惜，不过在今天，我李延年进也危险退也危险，陈诚再做我的顶头上司，他能饶我吗？"

对王修身、陈士章、劳冠英、于兆龙等谈话内容　蒋和他们谈话的时间颇短。据他们在会后说，主要是询问部队人马、装备、训练、防务有无困难等情况，对这次会议决定事项有何感想，有无其他意见等。据我当时观察，于兆龙、陈士章出来有些喜形于色，而王修身、劳冠英则有不快之感。

对吉星文谈话内容　吉星文对我说："（1）总统对我要求调至河南打游击一事表示同意，不过他说我们部队里眷属太多，打游击要轻装，应事前做好准备，可将全部眷属迁台。（2）总统说我的部队原是冯治安的一点底子，应好好保存下来，因张自忠总司令在世时对国家有过功劳。总统准备调我部至闽南，归刘汝明指挥，这一点使我很不安。我对总统说：'恐怕刘司令官会吃掉我的部队。'总统说：'我会关照你，有困难可立即电告我。'这使我很感动，因我的部队一再减编，官兵是不安心的呀！"

对李以劻谈话内容　李是最后被召见的一个，谈话时间较长。

蒋召见李时，甫坐下，蒋先要李将离开总统府半年来，在福建地区所见到的重要事情扼要报告。李将一些混乱现象报告完毕，蒋提出一些问题问我，李一一答复，由曹圣芬记录下来，特别的问题，蒋也亲自记下。当时对话如下：

蒋问："据报朱一民（绍良）主任每日醉酒吟诗，对备战很松弛，是否属实？"

李答："他饮白兰地酒是经常的，但不很醉。得空时，爱和福州官僚、文人聊天，有时和省府秘书长曾小鲁互相吟诗。他对福建备战，不很积极。一般看来很平静，死守福州的信心不大。两月前李汉魂（总统府参军长）来榕，朱要我作陪。席间李汉魂对朱说，历史上守福建没有成功的先例，劝朱注意调整部署。朱当时曾表示：'国家成败兴亡定于数，非人力所能挽回。'前月萨镇冰、陈绍宽、丁超五、何震等人向商人筹款，组成福州市民自卫队300人，目的是在国军撤退前后，由自卫队临时维持治安。这件事事前是朱主任默许的。如今校长你要我们死守福州，上述这些事情，请校长估计一下。"（蒋亲自记下）

蒋问："加强福州工事问题，我一再向顾总长（祝同）说过，要国防部赶快进行，也一再函告一民加紧构成半永久性筑城，作持久战打算。但是据报福州工事做得太差，没有一点计划。是否征工征料难，还是福州绥署不奉行我的指示，到底是什么原因？"

李答："在福州外围，野战工事有了一点，但很薄弱。除了一〇六军在福州东郊、独立五十师在福州大小北岭、二十五军在福州西北郊由鼎湖山麓迄洪山桥构成若干掩体外，有计划的守备问题，福州绥署并未明确区分任务。至于半永久性筑城却没有一点。福州市长何震说，在福州做工事，征工征料不容易，除非政府拿出钱来。在上海有外围、主阵、核心三线工事，都守不住，何况福州这个背水城市呢？"（蒋听后，只是摇头感叹，并问李何震哪里人，什么出身。）

蒋问："福州绥署副主任吴石，由国防部史料局长调回福建以来，据报有厌战论调，并曾多次向人说，国民党不亡，是无天理。你听他讲过这些话吗？他在陆军大学任教时，你在陆大肄业，听过他的课吗？你可以谈谈他的情况。"

李答："我1940年考入陆大时，吴已调至柳州任第四战区参谋长，没有听过他的课。1942年我毕业陆大，回第九战区工作，路经广西参加柳州陆大同学聚餐时，才和他认识。1947年我在国防部工作时，曾见过几次面。他是从战略上来谈戡乱问题，他认为长期打下去会把我们拖败，在战场上要想三年五载将共军消灭实不可能。因战线长、战场宽，在江西'围剿'三年尚不成，何况今天共产党羽毛已丰乎？今年5月底他来福州，不久邀我到温泉路家中吃饭时，说：（1）福州易攻难守，最大的地障是背靠乌龙江；（2）福建是山岳地区，便利于打游击，但打游击乃是共产党起家本事，我们的游击本事比共产党差远了；（3）从三年国共战争来看，今日之国民党无可战之将，也无可战之兵，他这个绥署副主任心有余而力不足，同样也是饭桶；（4）当今之计，从政略、战略、战术、战斗的诸方面来看，一线之望可以持久者是守岛屿，因共方无战船不能水战。"（蒋随即记下）

蒋问："福建省参议会在我引退时，据报曾策划反对征兵，连招募志愿兵也反对，是否属实？也曾主张过要以'闽人治闽'和'联省自治'等问题是否属实？福建人对中央还有什么不满的？"

李答："福建省参议会丁议长超五及大部分省县参议员，排外心理很重，唯闽南、闽北两派地域观念的隔阂，在意见上也不完全一致。总地说来，以闽北人尤以福州的士绅、官僚、政客、退役将校为甚。例如，去年年底校长派我来福州兼任独立五十师时，当时在南京、在福州就有许多参政员、参议员骂过李良荣主席，认为李丢尽福建人的脸，在福建成立一个独立师还要保荐一个广东人来当师长。今年春总统府参军施觉民调兼福州警察局局长，第三局高参于天宠调任闽北师管区司令，参议会就大肆反对，认为'福建人只配当兵不配当官'。他们说，福建成为浙江和其他外省人的殖民地了。又说，真奇怪，共产党对福建人不轻视，国民党对福建人却薄待至此，这种兵还能应征吗？这种仗还能打吗？丁议长和在香港的李济深有来往，平时自恃是国民党元老，朱主任、李主席对他都奈何不得。请校长注意这些事情的影响，这对守福建、守福州的困难是分不开的。至于联省自治或福建自治问题，在校长下野后，他们认为大势已去，朝廷无主，只有各自为政。这种论调在3月间还有所闻，近月来却没有听到了。"（蒋当即吩咐曹秘书要好好记下来研究，他自己也记下要点。）

蒋问："李司令官吉甫（延年）对战局信心怎样？吃大烟的瘾戒断了吗？是否还常常打麻将，他有什么困难之处？"

李答："近月来李司令官的思想是消极悲观的。他前月告诉我：自总统引退后，人心大变，战也亡，不战也亡，这是中华民国国运问题。目下福建尽是败亡之将、惊弓之鸟，只知上骗总统下压官兵，对上浮报对下克扣，打起仗来只知保全性命。至于李吉甫本人，生活腐化总统是明白的。他到福州以来，爱在福州宫巷二十号林则徐重孙林长墉家中吸大烟、打麻将是事实。不过他打仗有办法，算断敌情比较精确，气量较宏，统驭上也较服众。李本人对总统是忠实的，但对陈总长（诚）则非常不满，在思想上亲何（应钦）轻陈的倾向是一贯的。"（蒋频频点首，没有记下。）

当李谈完李延年情况后，蒋说："时间到了我不再进城了，原来是想乘车进城巡视，看看福州父老的，容下次再来吧！"最后他问李还有意见吗？还有困难吗？

李答："校长要我和九十六军一道负责收复古田，这个任务比较困难。九十六军是杂牌底子，素质复杂，兵员装备都不充足，即使攻下古田，固守也不容易。当前福州外围兵力单薄，加上军粮不足补给线太长，攻守都有困难。校长不是说留得青山在，不怕没柴烧吗？目前解放军正在休整，这是共产党作战惯例，一个大战役之后一定有一个时间是休整。我们守闽江以北的部队有八万之众，如果我们在陈毅主力未入闽进攻福州之前，有计划地将主力撤过闽江这一条非常不利的地障，逐步抵抗撤至闽南，这对持久作战很有利，对巩固台湾外围更有实际效果。我向校长直言，并非怕死，而是为大局着想。"

蒋仰首叹气后说出如下的话："你当我的学生，难道不知'先制之利''先发制人''先声夺人''安定人心'的重要性吗？没有军队还有国家吗？保全军力是重要的，但福州过早落在共'匪'手里其政治影响甚大。台湾人半数以上原籍福建，对故乡十分关怀。南洋一带的侨胞，也是福建籍占多数。如果他们知道福州失了，就认为福建失了，就更误解为我们国民党彻底失败了。这种心理上的变化，就会使我们失去海外侨胞的同情与支持。所以为了大局，福州是必须死守的。希望你体会我的心事放胆去做，只要将领有必胜信心，处绝地也可以生。同时你应知道我们政略是成功的（指靠美国而言），有我领导你们，有台湾在，即使大陆尽失，也可复兴。"

下午3时左右，蒋介石由朱绍良陪同赴飞机场，他乘坐的"美龄号"飞机已升火待发。我是最后一个离开蒋介石的。当我跑步赶至飞机场跑道边时，汤恩伯早已率领与会将校列队相送。在蒋未到达前，听说与会的军师长们，特别是团长和军师参谋长们，趁机溜进"美龄号"飞机，分别坐一坐，会心地相对微笑。蒋介石到达机场时，汤恩伯急忙叫集合，这些军官们才蜂拥出来站队。汤指示他们对蒋介石要"目迎目送"。迨蒋起飞后，朱绍良宣布："各回原防，听候具体指示后行动。"散场时，我看表已是下午3时30分。

会议后执行蒋介石命令的情况

由6月21日开会完毕迄7月底止，在这30多天中，朱绍良在粮秣、弹械的补充方面，对蒋介石的命令是奉命唯谨认真执行的，其他方面的情况分条综述于下。

（一）国防部东南区点编委员会的成立及其点编经过

（1）福建地区点验经过：蒋介石回台湾不久，为了彻底核实东南各省兵员与装备、策划东南半壁的确保方案，急急地于7月1日成立一个国防部东南区点编委员会，并授该会主委有决定师以上战略番号撤销与保留的特权。该会主任委员由陆军上将、战略委员蒋鼎文调充，副主任委员由陆军上将、战略委员俞飞鹏调充。下辖：浙江点编组，福建第一、第二点编组，广东第一、第二点编组，台湾第一、第二点编组，海南岛点编组。蒋鼎文亲率福建第一、第二点编组到福建来。福建第一点编组负责闽北地区，由台湾军管区中将副司令郑冰如充组长；福建第二点编组负责闽南地区，由国防部监察局中将局长彭位仁充组长。该会规定在点验人员、武器时，前线守备部队，除哨兵外一律到点，非守备前线的后防部队，除卫兵外一律到点，否则以逃点论处。福建地区在7月4日迄15日点验完毕，蒋鼎文飞回草山向蒋介石汇报。据朱绍良说，在点验中，中央系统的第六兵团各军师、第二十二兵团各军师尚顺利，唯在漳州地区点验第八兵团各军师则甚感棘手。因该兵团是地方系统，兵员缺额过多，在点验过程发现有计划地集体冒名顶替：点甲军时，乙军抽兵顶替；点乙军时，甲军抽兵顶替。点验人员无之奈何。7月15日蒋鼎文在福州省立一中第六兵团李延年司令部召集师长以上开座谈会时说："福建地区原领军粮军饷人数22万人以上，这次点验结果，不足18万人。其中刘汝明兵团的人数仍未核定，容请示总裁之后再定。这种现象非迅速整编就无法和共军作战。福建乃台湾生命线，充实战力乃刻不容缓的大事。希望各军师长体念国家危难、粮饷不足之苦，为了挽救大局，一定要执行整编命令。"这次点验雷厉风行，点验委员们是严肃进行的。例如，蒋介石命令九十六军及独立五十师要迅即进攻古田，所以先行点验。独立五十师守在福州西北100里之大湖前线，点验人员亲到排哨点进行点验。九十六军在开拔至雪峰前两天，即在福州飞机场点验，他们想抽调部队或借兵冒名顶替，十分困难。但在这次点验过程中，各级官兵俱是怨声载道的。

（2）福建地区整编经过：1949年7月中旬，点验核实人马、械弹与部队质量后，蒋鼎文飞回台北，提出整编方案签请蒋介石批准，即以国防部兼部长阎锡山名义发布福建地区陆军部队整编命令，其要点如下：

甲、第六兵团李延年部所辖各军师的整编：1. 该兵团之七十三军李天霞部番号保留；该军所辖之十五师及一一六师番号保留，该军原辖之七十七师毛定松部未归建，番号撤销；该军兵力不足，将交警第二旅杨遇春部拨入该军补充（该旅是特务部队后来抗命南窜）。2. 该兵团之七十四军劳冠英部，番号保留；该军所辖之五十一师、二一六师番号保留；该军之二十三师兵力不足，撤销番号，官兵拨并补充。3. 该兵团之九十六军于兆龙部、一〇六军王修身部合并为一个军，保留九十六军番号，以于兆龙任军长，一〇六军番号撤销。原九十六军所辖两个师，合并成一个师，原一〇六军所辖两个师合并成一个师，以章毓金、吴剑秋分任师长。

乙、第二十二兵团李良荣部所辖各军师的整编：1. 该兵团之第五军高吉人部、第一二一军沈向奎部、独立第五十师李以劻部、空军警备第一旅劳锡洸部合并为一个军，编成三个师，保留第五军番号，以沈向奎任军长。原第五军的三个师合并为一个师，保留二〇〇师番号，以叶敬任师长。原一二一军番号撤销，所辖三二五师吕省吾部、三五〇师黄建墉部，番号撤销，该军官兵一部编入五十师，一部编入四十五师补充。独立第五十师不再独立，改为第五军军内师，番号保留，仍以李以劻兼任师长（后来因该师驻防在福州西北前线，朱绍良向蒋介石请准保持独立不改编，仍归福州绥署直辖）。空军警备第一旅改编为第五军之四十五师，以劳锡洸任师长。2. 该兵团之第九军徐志勖部、第二十五军陈士章部，合并为一个军，保留第二十五军番号，以陈士章任军长，第九军番号撤销。原第二十五军之两个师编成一个师，保留四十师番号，以曾正我任师长。原第九军所辖之两个师编成一个师，保留一六六师番号，以叶会西任师长。

丙、第八兵团刘汝明部所辖各军的整编：该兵团所辖之五十五军曹福林部、六十八军刘汝珍部，保留番号，军内各师暂不调整，另以福州绥署直辖之独立三十七师吉星文部拨入该兵团补充，该独立三十七师番号撤销。

各部编余的军官，一律送闽南军官团归方先觉收训，保持原级原薪，出缺优先遴选补实。这次点验整编结果，军师单位兵力是核实了一些，但在紧张形势下，改编缺乏训练时间，军心是极其动摇涣散的。

（二）东南军政长官公署的成立经过

蒋介石对东南沿海江苏、浙江、福建、广东、台湾五省非常重视（按：6月下旬，江苏全境已解放，浙江只留下以定海为中心的舟山群岛地区未解放，为周喦、石觉、郭忏等部所盘踞，江苏流亡主席丁治磐也逃踞于此），这是由于：1. 在兵要地理上，这些地区海口较多，容易接受美国的支援，进可攻，退可守；即使全国大陆尽失，沿海地区也有岛屿可以凭借。2. 在经济条件上，东南是富庶之地，蒋在该地区历史渊源较为深长。再则当地的买办、地主、缙绅、仕商对蒋比较驯服，不仅是蒋起家之地，而且浙江乃蒋家乡所在之地，故蒋在淮海战役后将命根寄托在东南的挣扎，比其他各省为甚。

自蒋介石在6月下旬开会回台之后，因福建的朱绍良、汤恩伯，广东的余汉谋、薛岳，浙江的周喦、丁治磐，均先后表示拥护陈诚任东南军政长官来统筹兼顾以资确保东南，于是在6月25日蒋介石即发表陈诚任东南军政长官，以王东原、罗卓英副之。6月27日至6月底，东南军政会议于台北召开，规定苏、浙、闽、粤、台五省主席，闽粤绥靖主任，各兵团司令或副司令，各绥署参谋长，驻台各军师长出席参加。蒋介石在会上重申确保台湾，作为"复兴"中华民族基地，集中可能集中的力量，巩固东南各省防务，借以巩固台湾外围屏障的决心。陈诚在会上指示，除军令、军政有关业务外，并谈了编制、装备、训练、运用与补给等问题。7月1日东南军政长官公署开始行使职权，于是蒋介石在福州召开的军事会议对东南防务取得一致意见的阴谋得以实现。第六兵团副司令梁栋新出席会议归来，曾带回文件七件，我7月上旬到该兵团部看过一次。

（三）进攻古田的经过

古田位于福州西北约100公里，四面皆山，城厢位置很低，乃福州通向闽北至浙江必经之道。蒋介石认为古田是福州外围唯一战略要点，非据有古田即难以确保福州。7月中旬刚刚点验部队完毕，军队如何整编尚未决定前，李延年转达国防部参谋总长顾祝同电给于兆龙、李以劻，大意是："奉总裁手谕，该两部决定保留并加以充实，照福州会议定案，在敌军未增援前，九十六军火速开雪峰与原守备大湖之独立五十师协力收复古田（该师暂归该军指挥），以巩固福州外围。"朱绍良并给予该两部一些"战临费"作为鼓励，并令补给区储备军粮半月配合作战。

7月25日该两部即以一部兵力向古田搜索前进。九十六军一部进至古田东南之山村曹洋厅附近，独立第五十师一部进至古田东南之天洋、下坑地区搜索。九十六军及独立第五十师先头部队，均被驻守古田之解放军所阻击，伤亡了一部分。于兆龙、李以劻据报，古田原有第二野战军的一个师，现在已调入江西归建，新接防的部队是第三野战军第十兵团第二十八军朱绍清部先头部队，第十兵团叶飞司令员带主力已抵建瓯。在7月下旬，我陆续据报情况也是如此。因此所谓"收复"古田任务，我认为不可能完成，于是据实电报请示机宜。随得朱绍良复电，要我撤回大湖转为守备；九十六军也调整部署，7月底全闽江以北部队均一面守备一面整编。蒋介石期望占领古田的幻想，因此便冰消云散不再重提了。

（四）由台湾调兵来福州增援的经过

守福州及闽江以北部队，自7月间点验整编之后，撤销一个军和五个师的番号，兵力甚为不足，朱绍良、李延年均甚隐忧。当他们洞悉第三野战军陈毅所部著名的第十兵团叶飞部已入闽后，基于福州会议定案，因闽南的第八、第二十二兵团不能北调，应由台湾调兵增援，朱绍良电请陈诚从台湾抽兵增防，以资固守福州，却迟迟未得复。迨7月下旬，陈诚始由台湾高雄抽出第五十二军刘玉章部之二十五师一个加强团3000人附山炮兵一连，由该师副师长阙某（四川人，名字忘）率领来榕，弄得朱绍良啼笑皆非。

当时台湾陆军训练司令孙立人，也曾来视察一次，并向朱说明台湾兵力情况。他说，台湾在本年5月以前，只有八十军唐守治部及第六军戴朴部，都是在东北失败后收容官兵重建的，没有作战经验。自上海战役后，撤回台湾的五十四军阙汉骞部、七十五军吴仲直部、五十二军刘玉章部、九十九军邹鹏奇部和青年军二〇四师蓝啸声部，俱是残破不全，尚未补充完毕，须迨8月间始能外调。所以当前只能抽调五十二军的一部，8月上旬该军始能开拔前来，等语。在这情况下，福州防守兵力捉襟见肘。蒋介石要朱绍良固守，全是主观梦想，心有余而力不足，不过是蒋介石的阴谋诡计而已。

福州于8月17日解放，朱绍良、李延年只身乘飞机逃跑。全战役在人民解放军第十兵团主力打击下，守军七万余人几乎全部被歼。

祖国大陆解放后台湾国民党内派系斗争之一瞥

周一志

扩大和制造部属之间的矛盾，利用这种矛盾实行分而治之，这是蒋介石的一贯统治办法。在国民党统治全国的20余年中，在财政上曾有孔祥熙与宋子文之间的对立；在军事上曾有何应钦与陈诚之间的对立；在党务方面更是派系林立，不仅陈氏兄弟（立夫、果夫）与朱家骅之间，CC系与复兴社之间，而且军统与中统，亦即戴笠与徐恩曾之间，均在不同时期存在着相互倾轧的对立与争斗。就是在军统这一特务系统之内，蒋介石也蓄意让李士珍在警察系统内另搞一个小系统。祖国大陆解放后，国民党蒋介石虽然退守台湾等海岛之一隅，然其内部的派系斗争，非但没有止息，且有愈演愈烈之势。

CC系的没落

1945年春，陈氏兄弟眼看日本必败，亟欲把国民党的组织大权从戴季陶所支持的朱家骅手里夺回来。当年春季，CC系组织各种座谈会，指使

CC系的中委在会上慷慨陈词，甚至指责蒋介石不民主，其意是向蒋施加压力。蒋介石嗅到这种气氛，于是让朱家骅辞职，任陈果夫为组织部长。当时CC系上下兴高采烈，争说"老帅"又出马了。然而，蒋介石从重庆回到南京以后，随时都有牺牲陈氏兄弟，扶经国抓"党"权的打算。只是由于当时军事形势急遽变化，中央军被人民解放军打得落花流水，致使蒋介石穷于应付，无暇顾及党务。

1949年，陈诚在台湾省由省主席继阎锡山之后任行政院院长。而立法院于1950年被CC系所操纵，陈诚视若芒刺，乃会同蒋经国策划驱逐陈立夫离台。一次，陈诚特发请帖约CC系的大将余井塘及张道藩两人吃饭，余、张知道陈诚此举一定有其用意，在饭后就问陈诚："院长有什么意思，请指示吧！"陈诚对余、张说："我请你们传达我的一句话：陈立夫是个浑蛋！"再没有说别的话。蒋经国也趁机在下边攻击陈立夫。因此，陈立夫只得请求到美国去，好像是用出席所谓"世界道德重振会"会议的名义离台赴美的。陈立夫走时，陈诚还假意到机场相送。陈立夫到美国，即在纽约的"长岛"买了一所房子养"来杭"鸡消遣度日。陈果夫大约在1952年因肺病而死。张道藩从此投靠了陈诚。闹了20多年的CC系，因一个头子被逐，一个头子身死，便树倒猢狲散了。

抑制陈诚

在黄埔军校时，当何应钦已是教导团长，陈诚只不过是个连长。陈诚以后的发迹，完全是蒋介石、宋美龄一手培植的结果。陈诚的妻子是谭延闿的女儿、宋美龄的干女儿，陈、谭的结合，是宋美龄亲手撮合的。陈诚在黄埔军校及北伐时，对邓演达表面十分尊敬。1931年邓也对我说过："陈诚是拥护他的政治主张的。"但曾几何时，邓演达即遭捕而转送南京。陈诚在蒋介石手下发迹以后，总是承担蒋所交给的困难任务。有时蒋搞坏了一些事情，陈诚总是站出来，一口承揽错误的责任，代蒋受过。因此，蒋对陈十分满意。据说，在北伐军打到长江，国民政府在南京建都时，陈诚曾对知心密友说："我明明是一个老虎，也要装成狗的模样，等到有了权力以后，再恢复老虎的本性来办大事啊！"总之，蒋、陈之间的关系是比别人不大相同的。

但是，当蒋经国从苏联回国以后，特别是蒋介石到了晚年，一心想传子，蒋、陈之间的关系自然就起了变化。蒋经国与陈诚之间的矛盾日渐尖锐起来。据我1957年离港以前所知，蒋经国这时在台湾的所谓国民党改造委员会的力量，比陈诚的势力要大，中央党部秘书长也由唐纵担任。唐是黄埔学生，早已是蒋经国"太子系"的人了。过去一个时期，台湾由俞鸿钧做行政院院长，被人讥为"蜀中无大将，廖化做先锋"。内情是，俞是蒋经国拉出来的，因此一切听命于蒋经国。美国也看中了陈诚，特别是陈诚的亲戚俞大维是亲美派。俞是文人而做国防部部长，不时伴随美国人去金门、马祖视察。蒋介石到台湾以后的特务工作，已经统由国防部下的"保密局"负责。保密局完全由蒋经国主持。王世杰、孙立人、吴国桢、胡适等人，都与蒋经国有矛盾。陈诚也同这些人一样，不赞成蒋经国的作风。仅举1953年梁寒操到台湾时一件事情为例，即可说明蒋经国与陈诚之间暗中勾心斗角是多么尖锐。梁寒操在重庆时已逐渐脱离孙科而接近陈诚。祖国大陆解放后，梁在香港本已预定到南洋某地当一华侨学校校长。但是英国人对于政治色彩鲜明的人，不论表现左或右，都不愿意让其进入自己的殖民地，以免引起政治上的纠葛和麻烦。因此，梁没有去成南洋。有一个时期，梁在香港也参加过"第三条道路"的一些活动。后来，梁看到所谓"第三条道路"活动七零八落，加之美国又以第七舰队进入台湾海峡，他就决心到台湾去实行所谓"归队"了。梁到台湾以后，陈诚千方百计拉他。大约是1952年，梁第二次去台湾时，住进了台北市某招待所，第二天清晨，他发现自己所有箱子的衣物、书籍等全被盗了。因此，弄得他起床时十分狼狈。后由陈诚立即派人看望，并拨款给梁寒操购了衣服，买了箱子。此事并非普通盗窃，而是蒋经国派特务有意偷去，以便秘密检查有什么形迹可疑之处。明查梁寒操，实为对付陈诚。后来梁把全家搬到台湾，陈诚叫梁做台湾广播公司董事长，据说是一个很可观的"肥缺"。

瓦解政学系

大约是1953年，接近政学系的王世杰任总统府秘书长，他揣测美国人的意向，极力推动召开所谓"反共救国会议"。因美国人于1951年在香港导演过中国"第三条道路"活动，结果一些老、少政客你争我夺，成了一场"争骗美元"的活动。当时，顾孟余、许崇智、李宗仁等"争挂头牌"，闹了许多笑话。美国人看了，乃决定停止这一导演，但希望蒋介石把顾孟余、张君劢等人收容到台湾，蒋当时也欣然答应。而后，蒋不肯兑现。为此，王世杰曾同蒋经国大吵大闹，王竟以诸葛亮"鞠躬尽瘁，死而后已"自命，因而触怒了蒋介石，王世杰立即被免职查办。吴铁城同王世杰原是同盟者，特别到蒋处替王求情。蒋对吴也很不客气，骂了一阵，还打碎了一个茶杯，最后几乎是把吴赶出大门。吴铁城回到家里以后，感情激动，夜不能寐，他患有高血压病，平日每晚吃一粒安眠药即可入睡，那夜吃了三粒。第二天早晨，吴的家人发现吴已一命呜呼。王世杰以后在台湾新办的一所由美国人出钱的教会大学当了几年教授。1959年又被陈诚任为行政院政务委员。

王世杰策动召开所谓反共救国会议，一方面是秉承美国人的意志，一方面也是政学系当时在政治上的姿态。张群躲在后面。王世杰同吴铁城在前台最卖力，结果遭到蒋氏父子的打击。政学系从此更加噤若寒蝉。张群后来不得不就任总统府秘书长，做一个恭顺的幕僚了事。

驱吴罢孙

20世纪50年代中后期，美国想在台湾国民党各派中扶植一文、一武：

文的是吴国桢，武的是孙立人。这两个人受美国教育很深，作风也符合美国人的胃口。吴国桢一向强调资产阶级法制观念，主张拘捕人犯须在24小时内转送法院审理。对蒋经国指挥的特务活动不甚满意，因而发生矛盾。孙立人曾毕业于美国军事学校，是按美国方式训练陆军的执行者。蒋介石害怕孙利用职权培植个人势力。"卧榻之旁，岂容他人鼾睡"，蒋氏父子把吴、孙视为眼中之钉。

　　我同李宗仁在1954年曾搞过"国民党复兴同志会"的活动。当时，李宗仁由纽约赴旧金山推动此事，时值吴国桢已到美国。有一次，李从旧金山回纽约，事先在电话中与吴约好，他将在吴住的芝加哥城转道，吴旋至机场接李。李在吴的住所住了一天两夜，两人在一起进行了深谈。我和程思远、陈孚木三人在香港收到李宗仁亲笔信，详细地介绍了吴国桢所谈的离台经过。吴说，1953年，蒋介石过生日，蒋夫妇到台北附近某山别墅避寿。那天特约吴国桢夫妇上山吃晚饭，并留吴在山上过夜。蒋氏夫妇表面上态度殷切。第二天，吴国桢因台北有约会，谢绝了蒋氏夫妇再留他们的厚意。吴氏夫妇下山离开别墅时，发觉开汽车的司机不在了，派人找也没有找到，只得由蒋宅另派一名司机开车下山。那一天，正巧吴的妻子大闹腹泻，一开车就非下车不可，只得马上停车到路旁一老百姓家中解决此事。等到吴夫妇从老百姓家回到汽车旁时，发现这位新司机容色遽改。原来司机发觉汽车的前边两个车轮和后边的一个车轮外面的螺丝钉都被取下了，如果不是停车而及早发觉，到某个转弯处，车轮必飞脱车身，到那时，吴氏夫妇和司机都会粉身碎骨。吴此时恍然大悟，蒋氏父子要对他们下毒手了！但吴氏夫妇不敢稍露声色，不久他就辞去台湾省主席之职，调为行政院政务委员。又过了一段时间，吴暗中运动美国某两个团体，邀吴到美国讲学。蒋介石开始不让去，后来美方及吴国桢又施展了一些手段，蒋不能不允许吴去美。吴氏夫妇离开台北时，陈诚特到机场相送。吴到美国之后，逐渐揭露蒋氏父子独裁统治；以后，吴反对蒋氏父子的态度更趋表面化，台北当局就开除了吴的国民党籍，并免去其一切职务。台湾本拟扣留吴的儿女，以后觉得此举无济于事，反给吴以攻击的借口，只得让吴的儿女们去美国了。

蒋介石为了撤掉孙立人的陆军训练总司令的职务，指使特务制造了一个案子，硬说孙曾包庇其亲戚某人，而某人是大陆上在台湾的间谍，硬把孙立人与此案拉在一起。为此案蒋特派黄少谷及其他两个军法官审讯了孙。结果由黄少谷一个人写了一篇案情处理经过，内容说孙与此案并无直接责任，但有所谓失察之罪，主张对孙不处刑；但孙在一定时期应居家休养反省云云。蒋介石表示接受黄草拟的报告书，并亲笔写了几个字给孙，嘱孙在家安心读书。这就是吴国祯、孙立人所落的下场。

诸元老纷遭贬逐

1954年蒋介石召开第二届所谓"国大"时，孔祥熙竟异想天开地想参加竞选副总统，特派曾任台湾省主席的魏道明从美国到台北窥察行情。陈诚和蒋经国看穿了魏来台的用意，陈遂命某报发表文章，大骂豪门，并影射魏道明是豪门走狗，似乎要与魏算其任台湾省主席时的旧账。这样一来，孔自知参加竞选无望，魏即停止活动，后来又在台住了很长一段时间，最后走了宋美龄的门路，好不容易才被允许离台返美。

白崇禧被蒋骗到台湾以后，就处在一种无形的软禁状态之中。白的妻子有一次从台北去香港，到了机场，检查人员对她说："你的皮包里如果有信件，应该交出来寄去，不应该由你带去。"白妻果取出一信，随手撕毁，说没有什么要事，不必交出邮寄了。

白崇禧和薛岳两个人的家，大约在1952年被蒋经国派人去检查，"翻箱倒箧"，连地板都被挖开彻底搜查了一番。白、薛二人打电话质问蒋经国，他回答说："并非我的意思，你不信，打电话去问总统好了。"白、薛又打电话问蒋介石，蒋回答说："知道此事，不仅对你们两人如此，人人都应该这样来一次。"实际上，只有薛、白两家如此。搜查结果，据说取走不少黄金、美钞等。那几年，每逢台北攻击李宗仁时，白无一例外地随声附和发表一通攻击李的言论。"国大"罢免李宗仁副总统之职时，白故意高高举起赞成罢免的票，以表心迹。白实际上成了可怜的"待决之囚"。

何应钦在台湾名义上是所谓战略顾问委员会主任委员，以后又成了参加所谓"道德重整会"的"专家"了。有一次何氏夫妇住在东京，久久不回台湾，蒋介石对他不很放心，特地派张群去东京"接"回台湾。

阎锡山在1949年祖国大陆解放之际，曾因勾结CC系而一度担任行政院院长。后来由陈诚继阎为行政院院长，阎即在台北附近的某山上居住。据说在写什么"反共"理论文章。阎的大部分外汇，叫亲信在日本做生意，钱是不成问题的，仍不失为"山西票号"的作风。蒋介石利用CC系一度利用阎之后，对阎的态度越来越坏。后来甚至连阎下山坐汽车所用汽油都很难得到了。

朱家骅是张静江、戴季陶一手扶植起来的，曾在党务方面与CC系一度对立，朱本人后来看到李宗仁政治地位上升转而附李，蒋介石从此对朱大为不满，认为朱忘恩负义，把朱的"中央研究院"的头衔给了胡适，朱的部下甘家馨等也从事"第三条道路"的活动，蒋氏父子因此对朱更加怀恨。朱在台湾便完全失意了。